학현 변형윤 교수 근영

학현 변형윤 전집 6

한국의 대외경제정책

학현 변형윤 전집 간행위원회 엮음

지식산업사

학현 변형윤 전집 간행위원회

고　　　　문 : 박우희 안병직 김세원 이경의 정기준 김수행
간행위원장 : 강철규
편 집 위 원 : 정일용(위원장) 김태동 이근식 장세진 이정우
　　　　　　　박순일 신상기 윤진호 장지상 김용복 원승연
후 원 위 원 : 홍용찬(위원장) 이종태 성기학 이종기

학현 변형윤 전집 6
한국의 대외경제정책

초판 1쇄 인쇄　2012. 10. 10.
초판 1쇄 발행　2012. 10. 15.

지은이　　변 형 윤
펴낸이　　김 경 희
펴낸곳　　㈜지식산업사
　　　　　본사 • 경기도 파주시 교하읍 문발리 520-12
　　　　　　전화 (031)955-4226~7 팩스 (031)955-4228
　　　　　서울사무소 • 서울시 종로구 통의동 35-18
　　　　　　전화 (02)734-1978　　팩스 (02)720-7900
　　　　　한글문패　　지식산업사
　　　　　영문문패　　www.jisik.co.kr
　　　　　전자우편　　jsp@jisik.co.kr
　　　　　등록번호　　1-363
　　　　　등록날짜　　1969. 5. 8.
책값은 뒤표지에 있습니다.
ⓒ 변형윤, 2012
ISBN　978-89-423-3099-7 (94320)
ISBN　978-89-423-0066-2 (전9권)

이 책을 읽고 지은이에게 문의하고자 하는 이는
지식산업사 전자우편으로 연락 바랍니다.

발간사

이 전집은 우리나라 경제학계의 큰 별인 학현 변형윤 선생이 1955년 9월 서울대학교 상과대학 교수로 부임한 뒤 지금까지 경제학자로서, 교육자로서, 실천적 지성으로서 활동하면서 쓴 글과 선생의 사회 활동에 관한 기록을 모두 모은 것이다. 이 전집은 선생께서 50여 년 동안 학문 활동 및 사회 활동을 하면서 발표한 학술 논문, 다양한 매체에 기고한 에세이, 칼럼, 서평, 좌담 및 대담, 강연문, 기념사 등을 주제별로 나누어 모두 아홉 권으로 정리하였다. 이와 함께 대담 형식의 학현 선생 대화록을 출간하였다. 전집과 대화록을 통해 학현 선생의 깊은 학문세계와 치열했던 사회 활동의 선보를 처음으로 한 자리에서 살필 수 있도록 하였다.

학현 선생에게는 여러 가지 별칭이 붙어 다닌다. '학현학파의 창시자'라는 말 이외에도 '서울 상대의 산 증인', '한국경제학계의 거목', '진보경제학계의 대부', '대쪽 선비', '만년 야당', '이 시대의 마지막 의인' 등이 그것이다. 모두 학현 선생의 삶과 학문의 한 면모를 드러내는 말이라고 할 수 있다.

교육자, 학자, 실천적 지식인으로서 선생의 일생은 그대로 굴곡진 우리 현대사의 굽이굽이를 반영하는 것이기도 했다. 선생은 지금은 북한 땅이 된 황해도 황주에서 유교 가문의 장손으로 태어나 경기중학교를 거쳐 1945년 서울대학교 상과대학의 전신인 경성경제전문학교에 입학하였다. 그 뒤 지금까지 60여 년의 세월 동안 학생으로서, 교수로서, 학장으로서, 명예교수로서 서울상대와 떼려야 뗄 수 없는 관계를 가져온 '영원한 상대인(人)'이다. 선생은 1955년 서울상대 교수로 부임하여 1992년 정년퇴임하기까지 37년 동안 제자들 교육에 진력하였다. 선생은 무엇보다도 4·19 학생혁명 뒤 걷잡을 수 없는 소용돌이에 휩싸여 있던 서울상대를 손수 재건하였고 교무과장으로서, 또 학장으로서 서울상대를 한국 최고의 인재의 산실로 발전시킨 주역이었다. 학현 선생은 제자 교육에는 무서울 정도의 엄격함과 열정으로 임하셨지만 또 한편으로는 끝없는 자상함과 배려로 제자와 후학을 돌보아 주기도 했다. 1970년대 선생께서 서울상대 학장직에 있을 때, 민주화 운동 과정에서 제적될 위기에 처한 제자들을 보호하기 위해 학장직을 내던지면서까지 애썼고, 경찰에 연행되거나 구속된 제자들을 위해 몸소 경찰서와 법원을 드나들었던 일은 지금도 많은 졸업생들의 기억에 뚜렷이 남아 있는 일화이다.

학현 선생은 경제학자로서도 경제학의 여러 분야에서 선구적인 업적을 남겼다. 선생은 1950년대 후반기에 당시로서는 아직 생소했던 경제수학, 통계학, 수리경제학, 그리고 계량경제학을 한국경제학계에 도입하여 새로운 학문을 일으켰다. 1960년대에는 누구보다 앞서 경제발전론과 경제변동론의 최신 동향을 한국경제학계에 소개하였다. 무엇보다도 선생은 일생에 걸쳐 앨프리드 마셜(Alfred Marshall, 영국의 경제학자)의 학문을 연구하고 소개하는 일에 헌신했을 정도로 '마셜학파'의 대가이기도 했다. "냉철한 머리, 따뜻한 가슴"이라는 마셜의 경구는 지금까지도 학현 선생의 좌우명이 되고 있을 정도로 선생은 마셜을 사표로 삼고 있다. 그러나 역시 학현 선생의 최대의 학문적 업적은 '한국경제학' 또는 '학현경제학'의 체계를 제시한 데 있다. 학현 선생은 일찍이 "한국경제의 현실과 밀착된 한국적 경제학의 정립"을 자신의 경제학 연구의 목표라고 밝힌 바 있다. 선생은 늘 경제학을 추상적인 이론의 틀에 가두어 두지 않고, 우리 현실에 바탕을 둔 연구이자, 곧 인간에 관한 연구로 승화시키고자 노력하였다. 이를 위해 현실분석의 수단으로서 통계학, 계량경제학 등 방법론 과목에 대한 학습이, 경제개발에 필요한 이론적 뒷받침을 위해서는 경제변동론, 경제성장론, 경제발전론에 대한 연구가, 그리고 경제발전의 가치와 방향 정립을 위해서는 경제학사, 경제철학 및 경제사상사에 대한 공부가 필요함을 역설하고 있다. 이 가운데서도 선생은 인간을 모든 가치의 중심에 놓은 '인간 중심의 가치'에 기초해서 한국경제의 발전 방향을 제시하고 한국경제를 분석하였다. 그러한 점에서 선생은 경제학을 실증과학의 범주에서 도덕과학의 범주로 끌어올리고 있다고 할 수 있다.

선생의 대표작에 속한다고 할 수 있는 《한국경제의 진단과 반성》(1980), 《한국경제연구》(1986), 《한국경제론》(1989) 등의 저서에 명시적으로 또는 묵시적으로 전제되어 있는 경제발전의 가치는 첫째, 평등과 분배의 정의, 둘째, 균형적 경제발전, 셋째, 자립경제 등이다. 또한 이 세 가지 가치가 실현되는 과정을 경제 민주화로 파악하고 있다. 학현 선생을 분배주의자, 평등주의자, 구조주의자, 그리고 민족주의자, 민주주의자로 규정하는 것은 선생의 이러한 가치지향성에 말미암는다 하겠다. 이로써 학현 선생의 '한국경제학'은 한국적 현실에서 진보적 경제학의 새 지평을 열었다고 할 수 있다.

학현 선생은 이러한 학문적 업적을 토대로 하여 이를 널리 전파하고 계승하는 일에도 진력하였다. 선생이 1980년의 민주화 운동으로 말미암아 서울대 교수에서 강제로 밀려나 해직교수 생활을 하던 시절 창립한 '학현연구실'은 이후 서울사회경제연구소로 확대, 개편되면서 우리 사회의 진보·개혁적 경제학자들이 모여드는 중심 구실을 하여 왔다. 그뿐만 아니라 선생은 한국의 대표적인 진보적 경제학자들의 모임인 '한국사회경제학회'와 주류경제학에 비판적인 개혁적 경제학자들의 모임인 '한국경제발전학회'를 직접 창립하였고, 회장 및 이사장으로서 후배, 제자들의 든든한 보호막 구실을 하고 있다. 이렇게 하여 선생의 뜻을 따르는 진보적, 개혁적 경제학자들이 선생의 큰 그늘 아래 모여드니 언론에서는 이를 '학현학파'라고 부르고 있다. 학현학파는 '인간 존중'을 핵심적 가치로 삼으면서, 경제정의와 균형발전의 실현을 도모하는 경제학파라 하겠다. 오늘날 학현학파는 우리 사회의 여러 곳에서 활동하면서 민주화와 경제정의 실현을 위해 연구하고 실천하는 학자들의 집단으로 성장하였다.

학현 선생은 결코 상아탑에 안주하는 학자는 아니다. 지성인으로서 사회적 실천을 매우 중시하였다. 옳지 않은 일에는 끝없이 분노하고 저항하였다. 1960년 4·19 학생혁명 당시 자유당 독재체제에 저항하던 다수의 학생과 시민이 경찰의 발포로 희생되자 선생은 분연히 궐기하여 4·25 교수데모에 참여함으로써 4·19 혁명이 성공하는 데 결정적 계기를 만들었다. 선생은 또한 1980년 이른바 '서울의 봄' 시절에는 서울대 교수협의회 회장으로서 민주화를 촉구하는 시국선언에 앞장섰다가 군부정권에 의해 중앙정보부 남산분실로 끌려가 고초를 당하였고 드디어 4년간 해직교수 생활을 해야만 했다. 서울대 교수직에 복직한 뒤에도 학현 선생의 민주화를 위한 활동은 더 넓어지고 더 깊어졌다. 선생은 1987년의 민주화 운동 이후 창립된, 우리나라 시민운동의 효시

라 할 수 있는 '경제정의실천시민연합'의 초대 공동대표로서 경제정의와 경제민주화를 위해 노력하였다. 선생은 또 이 시대의 스승으로서 경제민주화, 사회민주화, 언론민주화, 학원민주화 그리고 민족 통일을 위한 다양한 활동을 이끌었다. 선생은 그야말로 언행일치의 삶, 학문과 생활이 일치하는 삶을 사셨다고 할 수 있다. 독자들은 그 구체적 내용을 이 전집과 선생의 대화록을 통해서 확인할 수 있을 것이다.

학현 선생의 가르침을 따르는 제자들은 선생의 회갑 기념으로 《한국경제론》(1987), 서울대학교 교수정년퇴임 기념으로 《경제민주화의 길》(1992), 그리고 고희 기념으로 《한국경제의 구조개혁 과제》(1997)를 출간한 바 있다. 7년 전 선생의 팔순을 앞두고 서울사회경제연구소의 제자들을 중심으로 기념논문집 발간 문제를 논의하였으나 선생께서 극구 말리는 바람에 그냥 넘긴 일이 있다.

이 전집을 본격적으로 준비하게 된 계기는 한국사회경제학회, 한국경제발전학회 그리고 서울사회경제연구소 공동 주최로 2009년 8월 대구에서 열린 공동학술대회였다. 세계 경제위기가 확산되고, 한국 사회의 양극화가 심화되어 가고 있으며, 민생과 민주주의가 후퇴하고 있는 정치·경제의 현실을 극복하기 위해서는 새로운 가치, 새로운 접근방법이 필요하다는 데 학술대회 참가자들은 인식을 같이하였다. 그리고 그러한 새로운 가치, 새로운 접근방법을 실천하기 위한 첫 걸음으로 경제정의, 균형발전, 그리고 자립적 국민경제의 실현이라는 과제를 끌어안고 평생 연구하고 실천하신 학현 선생의 삶과 학문을 되돌아보는 것이 필요하다는 데도 의견이 모아졌다. 이리하여 선생의 전집 발간을 위한 간행위원회가 꾸려져 작업에 착수하게 되었다. 이후 3년간에 걸친 노력 끝에 마침내 학현 선생의 학문과 삶의 전모를 모은 전집 발간에 이르게 되었다.

이 전집은 9권으로 구성되어 있다. 대화록을 합하면 모두 10권이 되는 셈이다. 제1권은 경제사상과 경제철학에 관한 선생의 연구를 모았다. 아담 스미스, 앨프리드 마셜, 존 메이너드 케인스, 조지프 슘페터, 그리고 군나르 뮈르달 등의 경제학자에 대한 선생의 연구를 이 책에 모았다. 독자들은 이를 통해 한국 경제발전의 가치 형성에 이들의 이론적, 철학적 논의가 어떤 영향을 미쳤는지 알게 될 것이다.

제2권은 경제학 각 분야, 특히 경제변동론, 경제성장론, 경제발전론, 경제체제론, 그리고 수리경제학, 계량경제학에 대한 선생의 이론적 연구를 수록하였다. 이를 통해 독자들은 선생의 경제학 연구가 얼마나 광범하고 또 선구적인 것인지를 확인할 수 있을 것이다.

한국경제에 관한 선생의 글은 제3권에서 제7권까지 다섯 권으로 나누어 정리하였다. 제3권에는 경제개발계획과 개발전략에 관한 글을, 제4권에는 한국 경제성장의 역사적 과정과 성장의 모순에 관한 글을, 제5권에는 산업구조와 인구구조의 분석에 관한 글을, 제6권에는 세계경제와 한국의 무역구조, 그리고 대외경제정책에 관한 글을, 그리고 제7권에는 경제민주화와 한국경제의 과제에 관한 글을 수록하였다. 통일, 경제윤리, 환경문제에 관한 글도 제7권에 포함시켰다.

제8권에는 학현 선생이 일상 생활에서 느낀 감상을 서술한 가벼운 에세이를 모았다. 주제가 일정하지 않은 짧은 글들이지만 오히려 세상사에 관한 선생의 높은 식견과 인품의 향기를 읽을 수 있을 것이다.

제9권에는 학현 선생의 '삶의 발자취'라는 제목으로 선생의 다양한 사회활동 가운데 쓴 강연, 기념사, 축사, 치사뿐만 아니라 대중매체에 보도된 선생에 대한 평, 그리고 각종 화보를 포함한 활동 보도 내용도 함께 실었다.

요즘처럼 사회가 어지럽고 나아갈 방향이 잘 보이지 않을수록 큰 가르침을 주고 올바른 방향을 알려줄 수 있는 큰 스승의 존재를 우러르게 되는 법이다. 따라서 학현 선생의 학문과 인품을 직접 보고 배울 수 있는 기회를 가졌던 우리 제자들은 이를 참으로 행운이라 여기고 자랑으로 삼지 않을 수 없다. 선생께서는 여든을 훌쩍 넘긴 연세에도 불구하고 요즈음도 매일 서울사회경제연구소에 나와서 글을 읽고, 사색하며, 집필 활동도 하고 있다. 우리 모두 선생의 건강과 장수를 기원해 마지않는다.

이 전집을 발간하는 과정에서 수많은 사람들의 열성과 노력이 있었다. 전집 발간을 위해 애써준 전집간행위원회 위원 여러분, 전집 발간을 재정적으로 후원해주신 분들, 그리고 기꺼이 출판을 맡아 수고해주신 지식산업사 김경희 사장과 직원 여러분에게 깊은 감사를 드린다.

2012년 9월
학현 변형윤 전집 간행위원회 위원장
강 철 규

차 례

제2편 대외경제정책

학현 변형윤 전집 차례

제1편
무역정책과 무역구조

한국 수출의 추세와 예측

1. 서 론

한 나라의 국제수지의 개선은 수출입, 용역거래, 장단기 자본거래 등 여러 가지 면에서 검토할 수 있다. 그러나 우리나라의 경우에는 수출입의 불균형, 즉 과도한 입초(入超) 현상이 무역수지의 대폭적인 적자를 초래하고 나아가서 국제수지의 적자도 초래하고 있다.

사실 1959년에서 1964년까지 사이에 수출은 평균 40.1퍼센트 증가했고 수입은 평균 2.9퍼센트 증가했다고는 하나 평균해서 약 3억 달러의 입초액(入超額)을 나타내고 있다(〈표 1, 2〉). 따라서 우리나라의 경우에는 과도한 입초 현상의 방지, 즉 수출입 차액의 축소가 국제수지 개선의 지름길이라고 할 수 있다. 이 점에서 수출증진과 수입억제, 수입대체[1] 등을 서두는 것은 매우 적절한 일이라고 할 수 있다.

---

1) 경제기획원, 《계간 경제조사》, 1964년 9월호, pp. 81~82.

<표 1-1> 수출입 증가율

	수출증가율	수입증가율
1959	16.4	−19.7
1960	70.3	13.1
1961	24.7	−8.0
1962	34.0	33.4
1963	58.4	32.8
1964	37.2	−27.8
평균	40.1	2.9

출처: 한국은행 조사부, 《경제통계연보》, 1965에서 작성.

<표 1-2> 수출입수지

(단위: 백만 달러)

	수 취(A)	지 출(B)	A−B
1959	19.7	273.4	−253.7
1960	32.8	305.4	−272.6
1961	40.9	283.1	−242.2
1962	54.8	388.5	−333.7
1963	86.8	497.0	−410.2
1964	119.1	364.9	−245.8
평균			−293.0

주: 1) 통관기준이며 그 평가는 모두 FOB 기준임. 수입에는 각종 원조 및 구호물자 수입
    액을 포함 조정함.
출처: 한국은행 조사부, 《경제통계연보》, 1965.

그러나 1967년 3억 달러 수출이니 1971년 6억~7억 달러 수출이니 하는 데 대해서는, 그리고 수출증가가 국제수지 개선에 크게 기여하고 있는 것처럼 말하는 데 대해서는 이의를 제기하지 않을 수 없다. 과연 1967년 3억 달러 수출 혹은 1971년 6억~7억 달러 수출은 실현 가능할 것인가. 그리고 과연 수출증가는 국제수지 개선에 크게 기여하고 있는가?

이 글은 바로 이러한 물음에 대한 답을 얻기 위해서 시도된 것이다. 이하에서는 우선 수출추이를 개관하고 다음에 그것의 일부에 의거한 예측과 이에서 얻은 예측액의 평가를 하고 끝으로 결론의 유도와 앞으로의 정책적 제안을 하는 순서를 취한다.

2. 수출의 추이(1)

1) 형태별 수출

〈표 2〉에서 보는 바와 같이 보세가공수출은 1962년부터 시작되었다. 아직은 그 비중이 작은 편이지만 앞으로는 점차 커질 것이 예상된다. 현재 주요 보세가공품으로서는 의류, 알루미늄 원판, 면포, 조화(造花), 스웨터, 비닐제품, 부인요대, 모자이크, 타월, 트랜지스터라디오, 야구 글러브, 재봉기, 인형의상 등이 들어진다(〈표 2-1〉). 그러나 의류가 단연 큰 비중을 차지하고 있다. 그리고 주요 보세가공품 수출시장으로서는 미국, 베트남, 캐나다, 스웨덴, 일본, 홍콩, 네덜란드, 영국 등

〈표 2〉 형태별 수출

(단위: 천 달러)

	일반수출	보세가공	기 타	총 액
1959	19,162(96.7)	−	650(3.3)	19,812(100.0)
1960	31,832(96.7)	−	995(3.3)	32,827(100.0)
1961	38,646(94.5)	−	2,231(5.5)	40,878(100.0)
1962	52,834(96.2)	970(1.8)	1,009(2.0)	54,813(100.0)
1963	76,682(88.3)	4,855(5.6)	5,265(6.1)	86,802(100.0)
1964	111,035(93.3)	5,355(4.5)	2,668(2.2)	119,058(100.0)

주: 통관기준이며 FOB 가격임.

이 들어진다(〈표 2-2〉). 그러나 역시 미국이 단연 큰 비중을 차지하고 있다. 이 보세가공수출은 가공수출과 아울러 우리나라 수출상품의 다양화 경향을 마련해 주고 있다.

<표 2-1> 상품별 보세가공수출

	1963	1964
의류	93.1	67.3
알루미늄 원판	–	6.8
면포	–	6.2
조화	1.9	5.5
스웨터	0.3	5.0
비닐제품(장갑 슬리퍼)	1.4	3.5
부인요대	–	1.6
모자이크·타월	0.9	0.8
트랜지스터 라디오	–	0.7
야구 글러브	0.2	0.2
재봉기	0.4	0.2
인형의상	1.3	–
기타	0.5	2.2
총 액	100.0	100.0

주: 구성비를 표시함.
출처: 보세가공협회 자료에서 작성.

<표 2-2> 시장별 보세가공수출

	1963	1964
미 국	93.3	75.0
베 트 남	–	6.8
캐 나 다	1.6	3.6
스 웨 덴	–	3.0
일 본	1.6	2.1
홍 콩	2.1	1.8
네 덜 란 드	0.3	1.7
영 국	0.5	1.1
기 타	0.6	4.9
총 액	100.0	100.0

주: 구성비를 표시함.
출처: 보세가공협회 자료에서 작성.

2) 상품별 수출

(1) 1959년에서 1964년까지의 수출 추세에서 수출상품은 대체로 다음과 같이 분류해 볼 수 있다(〈부표 1〉).[2]

---

2) 분류할 때에는 그래프를 사용했으나 여기서는 생략했다.

ㄱ. 상승형

  1) 급격한 상승형: 선어개류, 건어개류, 패류 및 연체동물, 어개류
     (별게 이외의 것), 생사, 아연광, 단판·합판, 면
     직물, 인견직물, 의류

  2) 완만한 상승행: 선과(鮮果), 스테어타이트, 한천

  3) 증감을 수반하는 상승형: 김, 중정석, 철광, 비금철강, 수골(獸
     骨), 식물성원재료, 인삼

  4) 감소에서 상승으로의 전환형: 석재, 형석, 연광

ㄴ. 하강형

  1) 급격한 하강형

  2) 완만한 하강형: 간유

  3) 증감을 수반하는 하강형: 소두, 유류, 수피, 부잠사, 철강설, 보크
     사이트 및 알루미늄광, 돈모

  4) 증가에서 감소로의 전환형: 염장어개류, 무연탄

ㄷ. 보합형: 모피, 흑연, 식물성섬유

ㄹ. 파동형(증감반복형): 돈(豚), 연초, 고령토, 맹그니스, 비식용해조
     류, 박하뇌 및 환, 인삼정, 수정, 오배자, 중
     석

ㅁ. 불규칙형: 쌀, 니켈광, 선철, 철강판

　이에서 알 수 있는 바와 같이 계속해서 큰 증가를 기대할 수 있는
상품은 선어개류, 건어개류, 패류 및 연체동물, 어개류(별게 이외의 것),
생사, 아연광, 단판·합판, 면직물, 인견직물, 의류 등이다. 그리고 쌀,
선철, 철강판 등은 정책적으로 혹은 우연적·일시적으로 수출이 이루어
지는 상품이다.

(2) 〈표 3〉은 〈부표 1〉에서 950천 달러 이상의 증감이 있은 상품을 선정하여 그 증감액을 연차별로 표시한 표이다. 이 표의 소계와 계의 비교에서 알 수 있는 바와 같이 1960년에는 선어개류, 쌀, 중석, 면직물이 1961년에는 돈, 건어개류, 생사, 철광, 무연탄, 단판·합판이 1962년에는 선어개류, 패류 및 연체동물, 쌀, 생사, 단판·합판, 면직물이 1963년에는 돈, 철광, 돈모, 단판·합판, 면직물, 의류, 철강판이, 1964년에는 건어개류, 패류 및 연체동물, 쌀, 김, 생사, 단판·합판, 면직물이 각각 수출증가에 크게 기여하고 있다.

〈표 3〉 연차별 증감액

(단위: 천 달러)

	1960	1961	1962	1963	1964
돈		+1,753	(−990)	+2,202	(−2,631)
선 어 개 류	+958		+ 2,172		
건 어 개 류		+1,520			+2,091
패류 및 연체동물			+1,814		+1,829
쌀	2,988	(−3,256)	+8,418	(−8,149)	+1,576
김					+4,167
생 사		+1,868	+1,113		+1,069
철 광		+1,789		+2,063	
중 석	+1,304		(−1,124)		(−1,579)
돈 모				+1,040	(−1,784)
무 연 탄		+1,062			
단 판 · 합 판		+1,196	+1,072	+4,024	+5,109
면 직 물	+1,018	(−1,586)	+977	+2,455	+6,830
의 류				+3,524	+1,971
철 강 판				+7,815	(−6,175)
소 계	6,268	+9,188	+15,566	+23,123	+24,642
		(−4,842)	(−2,114)	(−8,149)	(−12,669)
계	+11,171	+3,715	+ 14,151	+20,757	+21,035
기 타	+1,844	+4,336	(−116)	+11,132	+11,221
총 액	+13,015	+8,051	+13,935	+31,989	+32,256

3. 수출의 추이(2)

1) 상품류별, 용도별, 상품부문별 수출

(1) 상품류별 수출

〈표 4〉에서 알 수 있는 바와 같이 비식용원료, 식료품 및 산 동물, 원료별제품이 큰 비중을 차지하고 있다. 이들의 합계는 평균해서 총액의 86.1퍼센트나 된다. 1961년까지는 비식용원료, 식료품 및 산 동물, 원료별제품의 순위를 취해 왔으나 1962년에는 식료품 및 산 동물, 비식용원료, 원료별제품, 1963년부터는 원료별제품, 비식용원료, 식료품 및 산 동물의 순위를 취하게 되었다. 원료품제품은 1962년까지는 약 10퍼센트밖에 차지하지 못하고 있었으나 1963년부터 격증하여 30여 퍼센트를 차지하게 되어 수위가 되었다.

〈표 4〉 상품별 수출

(단위: 천 달러)

	총 액	식료품 및 산 동물	음료 및 연초	비식용 원료	광물성연료, 윤활유 및 관련품
1959	19,812	4,118	106	11,713	657
	(100.0)	(20.8)	(0.5)	(59.1)	(3.3)
1960	32,827	9,701	451	15,816	1,147
	(100.0)	(29.6)	(1.4)	(48.2)	(3.5)
1961	40,878	8,949	184	20,958	2,209
	(100.0)	(21.7)	(0.5)	(51.3)	(5.4)
1962	54,813	21,847	141	19,372	2,760
	(100.0)	(39.9)	(0.3)	(35.3)	(5.0)
1963	86,802	17,841	250	26,405	2,579
	(100.0)	(20.6)	(0.3)	(30.4)	(3.0)
1964	119,058	26,360	184	31,442	2,488
	(100.0)	(22.1)	(0.1)	(26.3)	(2.7)

	동물성 유지	화학 제품	원료별 제품	기계류 및 운반용기기	잡제품	미분류
1959	177	115	2,139	48	86	653
	(0.9)	(0.6)	(10.8)	(0.2)	(0.4)	(3.4)
1960	199	401	3,937	88	93	995
	(0.6)	(1.2)	(12.0)	(0.3)	(0.3)	(2.9)
1961	118	550	4,004	884	791	2,232
	(0.3)	(1.3)	(9.8)	(2.2)	(1.9)	(5.6)
1962	69	990	6,177	1,446	1,954	57
	(0.1)	(1.8)	(11.3)	(2.6)	(3.6)	(0.1)
1963	92	904	28,115	4,067	6,041	146
	(0.1)	(1.0)	(32.4)	(4.7)	(7.4)	(0.1)
1964	88	630	42,310	2,204	13,197	164
	(0.0)	(0.5)	(35.4)	(1.8)	(11.0)	(0.1)

출처: 한국은행 조사부, 《조사월보》, 1965년 3월호.

〈표 5〉 용도별 수출

(단위: 천 달러)

	1961	1962	1963	1964
식 량	507 (1.2)	8,925 (16.3)	716 (0.1)	2,353 (2.0)
원 료	27,419(67.0)	28,100 (51.2)	44,987 (52.0)	73,780 (62.0)
투 자 재	952 (2.3)	1,452 (2.6)	3,966 (4.0)	1,742 (1.5)
소 비 재	9,859(24.1)	16,267 (29.8)	36,905 (43.0)	41,109 (34.5)
기타 미분류	2,141 (5.4)	69 (0.1)	168 (0.0)	74 (0.0)
총 액	40,878(100.0)	54,813(100.0)	86,802(100.0)	119,058(100.0)

주: 1) 통관기준이며 FOB 가격임.
　 2) 작성방법: 한국은행 조사부의 S.I.T.C.(Standard International Trade Classification)
　　 별 수출계수를 1954년 8월 USOM에서 발표한 Classification by Use of Commodities
　　 Entering into International Trade에 의거 분류집계 하였음.
출처: 한국은행 조사부.

(2) 용도별 수출

〈표 5〉에서 알 수 있는 바와 같이 원료의 비중이 가장 크다. 다음이
소비재인데 그 비중은 1962년부터 커지고 있다. 원료와 소비재의 비중

은 평균해서 총액의 90.7퍼센트나 된다. 그러나 투자재의 수출은 극히 미미한 비중밖에 차지하지 못하고 있다. 따라서 우리나라의 수출은 원료·소비재수출형이라고 할 수 있다. 이것은 우리나라가 후진국인 데 기인함은 물론이다.

(3) 상품부문별 수출

〈표 6〉에서 알 수 있는 바와 같이 광산물은 1962년까지는 가장 큰 비중을 차지하고 있었으나 1964년에는 제3위가 되었다. 다음에 수산물은 1962년까지는 가장 작은 비중을 차지하고 있었으나 1964년에는 제2위가 되었다. 셋째로 제2위를 차지하던 농산물은 1963년부터 제4위가 되어 가장 작은 비중을 차지하고 있다.

끝으로 공산물은 1963년부터 가장 큰 비중을 차지하고 있다. 이것의 비중은 1960년에는 16.0퍼센트밖에 안 되었으나 1963년부터 50퍼센트를 초과하고 있다. 그리하여 1960년에 84퍼센트 대 16퍼센트이던 1차산품(농산물, 수산물, 광산물) 대 2차산품(공산물)의 비율은 1963년부터는 약 48퍼센트 대 52퍼센트로 바뀌고 있다.3)

---

3) 다음 한국은행 자료에 따르면 1963년 이후에도 아직 2차산품(공산물)의 비중이 50%를 초과하지 못하고 있다.

	1962	1963	1964
1차산품	79.4	53.2	50.4
2차산품	20.6	46.8	49.6
계	100.0	100.0	100.0

출처: 한국은행, 《연차보고서》, 1964, p. 119.

<표 6> 상품부문별 수출

(단위: 천 달러)

	1960	1961	1962	1963	1964
농 산 물	9,583 (29.1)	8,151 (19.0)	13,041 (23.0)	11,222 (13.3)	13,562 (10.4)
수 산 물	4,589 (13.9)	7,293 (17.0)	2,474 (22.0)	13,090 (15.5)	24,050 (19.9)
광 산 물	13,505 (41.0)	18,018 (42.0)	15,877 (28.0)	16,446 (19.5)	21,917 (18.1)
공 산 물	5,270 (16.0)	9,439 (22.0)	15,310 (27.0)	43,610 (51.7)	62,322 (51.6)
총 액	32,947(100.0)	42,901(100.0)	56,702(100.0)	84,368(100.0)	120,851(100.0)

출처: 상공부.

2) 시장별 수출

<표 7>과 <표 8>은 <부표 2>에서 작성한 표이다. <표 7>에서 알 수 있는 바와 같이 대체적으로 보아 선진국에 대한 수출은 그 비중이 점감하고 있고 후진국에 대한 수출은 그 비중이 점증하고 있다고는 하나 선진국에 대한 수출의 비중은 여전히 매우 크다. 더욱이 일본과 미국이 차지하는 비중은 매우 크다. 그리고 후진국에서 홍콩이 차지하는 비중은 베트남에 대한 수출이 컸던 1963년을 제외하고서는 매우 크다. 이와 같이 우리나라의 수출은 일본, 미국, 홍콩에 크게 의존하고 있다. <표 7-1>에서 알 수 있는 바와 같이 이 3개 시장은 평균해서 수출총액의 75.9퍼센트를 차지하고 있다. 이것은 물론 역사적, 지리적, 정치적인 이유에 기인한다. 따라서 우리나라의 수출시장은 선진국의존형이며 소수국의존형이라고 할 수 있다.

이 밖에 <표 7>에서 알 수 있는 바와 같이 1963년에는 후진국에 대한 수출의 비중이 격증하고 있고 1964년에는 그것이 격감하고 반대로 선진국에 대한 수출의 비중이 격증하고 있다. 이것은 <표 8>이 말해 주는 바와 같이 1964년에는 일본, 미국, 영국, 기타 유럽 국가들에 대한 수출이 증가한 데 기인한다.

〈표 7〉 시장별 수출

(단위: 천 달러)

	1959	1960	1961	1962	1963	1964
일　　　본	12,680 (64.0)	20,175 (61.4)	19,397 (47.5)	23,482 (42.8)	24,841 (28.6)	38,159 (32.5)
미　　　국	2,133 (10.8)	3,647 (11.2)	6,821 (16.6)	11,976 (21.8)	24,287 (28.0)	35,566 (29.4)
소　　　계	14,813 (74.8)	23,822 (72.6)	26,218 (64.1)	35,459 (64.6)	49,118 (56.6)	73,725 (61.9)
기　　　타	2,253 (11.3)	4,303 (13.1)	3,378 (8.3)	6,617 (12.2)	8,396 (9.7)	16,821 (14.2)
선　진　국	17,066 (86.1)	28,125 (85.7)	29,596 (72.4)	42,076 (76.8)	57,514 (66.3)	90,546 (76.1)
홍　　　콩	1,032 (5.2)	2,726 (8.3)	7,385 (18.0)	4,682 (8.5)	9,120 (10.5)	11,615 (9.8)
기　　　타	1,064 (5.4)	981 (3.0)	1,665 (4.1)	7,950 (14.6)	20,043 (23.1)	16,872 (14.1)
후　진　국	2,096 (10.6)	3,707 (11.3)	9,050 (22.1)	12,638 (23.1)	29,163 (33.6)	28,487 (23.9)
국별미상분	650 (3.3)	995 (3.0)	2,232 (5.5)	99 (0.2)	125 (0.1)	25 (0)
총　　　액	19,812 (100.0)	32,827 (100.0)	40,878 (100.0)	54,813 (100.0)	86,802 (100.0)	119,058 (100.0)

주: ① 선진국은 미국, 캐나다, 유럽 제국, 일본 및 대양주를 포함함.
　　② 괄호 안은 총액에 대한 구성비를 표시함.
출처: 〈부표 2〉에서 작성.

〈표 7-1〉 일본, 미국, 홍콩 3개 시장의 비중

1959	0.800	1963	0.671
1960	0.809	1964	0.717
1961	0.821		
1962	0.731	평 균	0.759

출처: 〈부표 2〉에서 작성.

또 〈표 8〉에서 알 수 있는 바와 같이 미국에 대한 수출은 계속 증가해 오고 있으며 특히 1963년부터 격증하고 있다. 그리하여 〈표 7〉이 말해 주는 바와 같이 미국에 대한 수출은 1963년부터 일본에 대한 그것과 거의 비슷하게 되었다. 이것은 1963년에는 돈모, 단판·합판, 의류, 면직물 등의 격증에 기인하는 바 크며 1964년에는 생사, 단판·합판, 중석 등의 격증에 기인하는 바 크다〔〈부표 3〉 주(註)의 ①, ②, ③〕.

〈표 8〉 연차별 증감액

(단위: 천 달러)

	1960	1961	1962	1963	1964
아 세 아 주					
홍　　　콩	+1,693	+4,659	(−2,703)	+4,438	
일　　　본	+7,495		+4,086		+13,318
베 트 남				+11,310	(−5,826)
기　　　타			+3,970		
유 럽 주					
네 덜 란 드	(−747)				
영　　　국	+1,031				+4,923
기　　　타	+1,649	(−1,579)			+2,714
아 메 리 카 주					
미　　　국	+1,514	+3,174	+5,155	+12,311	+11,278
총　액	+13,015	+8,051	+13,935	+31,989	+32,256

출처: 〈부표 2〉에서 작성.

끝으로 〈표 9〉에서 알 수 있는 바와 같이 지리적 조건이 유리함에도 불구하고 ECAFE 지역에 대한 수출은 저조했다. 그러나 베트남에 대한 수출이 급증한 데 그 주원인이 있기는 하지만 1963년에는 격증하여 31.6퍼센트의 비중을 차지하게 되었다.

<표 9> 시장별 수출

(단위: 천 달러)

	1959	1960	1961	1962	1963
일 본	12,680 (64.0)	20,175 (61.4)	19,397 (47.5)	23,483 (42.8)	24,841 (28.6)
미 국	2,133 (10.8)	3,647 (11.2)	6,821 (16.6)	11,976 (21.8)	24,287 (28.0)
E C A F E	1,321 (6.7)	3,710 (11.3)	9,141 (22.3)	8,590 (15.7)	27,415 (31.6)
기 타	3,678 (18.5)	5,295 (16.1)	5,519 (13.6)	10,764 (19.7)	10,259 (11.8)
계	19,812(100.0)	32,827(100.0)	40,878(100.0)	54,813(100.0)	86,802(100.0)

주: ① 통관기준이며 FOB 가격임.
　　② ECAFE는 정회원국 20개국과 준회원국 2개국 포함이며 일본을 제외함.
출처: 한국은행 조사부.

3) 상품별, 시장별 수출

<부표 3>에서 다음을 유도할 수 있다.

주요 시장	주요 상품
일 본	선어개류, 쌀, 김, 흑연, 철광, 무연탄
미 국	생사, 돈모, 단판·합판, 직편물, 의류, 신발류
ECAFE	돈, 건·염어개류, 한천, 고무제품, 직사 및 사, 철동판
기 타	쌀, 사탕 및 봉밀, 생사, 중석

이에서 알 수 있는 바와 같이 우리나라는 일본과 기타에 대해서는 주로 1차산품을, 미국에 대해서는 2차산품을, 그리고 ECAFE에 대해서는 1차산품과 2차산품을 수출하고 있다.

4. 수출의 예측

1) 예측법

수출의 예측법에는 여러 가지가 있다. 그러나 대체적으로 보아 함수식을 유도하지 않고 수출업자들의 예상과 국내의 공급사정의 변화 등을 감안해서 예측하는 방법과 함수식을 유도하여 그것을 사용해서 예측하는 방법의 두 가지로 대별할 수 있다. 그런데 후자는 다시 두 가지로 나뉜다. 하나는 시간을 함수식의 설명변수로 하는 방법(추세방정식을 이용하는 방법) 혹은 세계소득 및 그 지수, 수출상대가격(한 나라의 수출가격÷세계무역단가) 및 그 지수, 개인소비지출 및 그 지수, 산업활동지수, 광공업생산지수 등을 함수식 설명변수로 하는 방법(회귀방정식을 이용하는 방법)이다.[4] 그리고 다른 하나는 수출결합도지수를 함수식의 설명변수로 하는 방법이다.[5] 이 방법은 세계수요의 변동뿐 아니라

---

4) 함수식이 피설명변수 즉 함수로서 수출총액을 취하느냐, 유별 혹은 상품별 수출액을 취하느냐에 따라서 이 방법은 거시적 방법과 미시적 방법으로 나뉘기도 한다.

5) 한 나라의 수출결합도지수는 (그 나라의 특정 상대국 수출액÷그 나라의 수출총액)÷(특정 상대국의 수입총액÷세계의 수입총액)을 말한다. 이 수출결합도지수를 사용해서 예측하는 방법은 다음과 같이 수출결합도지수의 추세치와 수출액 간의 관계식에서 수출액을 추정하는 방법을 말한다. (수출결합도지수) $I_i = a_i + b_{it}$ t: 시간 (수출액) $X_i = c_i + d_i I_i$

이제 수출결합도지수의 계산 예를 들어두면 다음과 같다.

	한국의 특정한 수출액 (A, 천 달러)	한국의 총수출액 (B, 천 달러)	총특정국의 총수입액 (C, 백만 달러)	세계의 총수입액 (D, 백만 달러)	A÷B (E)	C÷D (F)	E÷F (G)
미 국							
1962	11,976	54,813	7,764	132,100	0.218	0.134	1.627
1963	24,287	86,802	18,590	142,900	0.380	0.130	2.153
일 본							
1962	23,483	54,813	5,637	132,100	0.428	0.043	9.953
1963	24,841	86,802	6,737	142,900	0.286	0.047	6.085

* (G)란에 있는 것이 바로 수출결합도지수이다.

그것과 수출국 측의 조정과의 합력(合力)에 의해서 수출국의 수출이 변화한다고 보는 점에서 또 상품별로, 상대국별로, 상품별·상대국별로 상세히 수출예측을 할 수 있어서 서로 비교할 수 있다는 점에서 장점이 있다.

이들 여러 방법 중에서 이 글은 추세방정식을 이용하는 방법을 택하기로 한다. 그 이유는 다음과 같다. 첫째로 주관적인 요소의 개입을 배제한다. 둘째로 1959년과 1964년 사이에는 상당히 큰 추세변동을 보이고 있다. 셋째로 수출의 변동을 설명하는 요인에는 추세적 요인 외에 해외적 요인(세계경기),[6] 국내적 요인(수출압력의 존재)이 있는데 회귀방정식을 이용할 때에는 이들을 감안한다는 점에서 장점이 있겠으나 우선 자료의 한계에 부닥치게 되며, 다음에 자료를 이용할 수 있다고 해도 설명변수의 예측치를 수출의 예측을 위해서 또 사용하여야 하므로 이 가운데 오차를 내포하게 된다. 이것은 수출결합도지수를 설명변수로 하는 경우에도 그대로 적용된다.

이제 채택된 이 방법을 적용하여 유별로 수출액을 예측하고 그것을 사용하여 수출총액을 산정하면 (경우 I), 그리고 또 일본, 미국, 홍콩별로 수출액을 예측하고 그것을 사용하여 수출총액을 산정하면 (경우 II) 각각 다음과 같다. 단 예측에 있어서는 세계수요에 급격한 변동이 없으며 공급은 원활히 이루어진다는 것이 상정된다.

2) 예측액

(1) 우선 $X = a + bt$(t는 시간)로 하여 〈표 4〉와 〈표 7〉에서 유별 및 시장별로 다음의 예측식을 유도한다. 물론 예측식의 형(形)방정식으로

---

6) 해외적 요인으로서는 이 밖에 각국이 취하는 수입제한조치 등의 정책적인 요인이 있다. 그러나 이것은 수출함수식에 반영할 수 없다.

서는 $X=a+bt+ct^2$ 등을 사용할 수도 있다. 그러나 장기예측에 이런 식을 사용하는 것은 무모한 일이다.

ㄱ. 경우 Ⅰ

단위: 천 달러, 기점: 1963=0

① 식료품 및 산 동물: $X=21,425.17+4,415.11t$

② 음료 및 연초: $X=203.32-6.09t$

③ 비식용원료: $X=26,458.23+3,675.46t$

④ 광물성연료, 윤활유: $X=2,573.42+400.06t$

⑤ 동물성 유지: $X=88.90-23.29t$

⑥ 화학제품: $X=792.22+129.26t$

⑦ 원료별제품: $X=26,256.80+7,873.20t$

⑧ 기계류 : $X=2,453.83+665.11t$

⑨ 잡제품: $X=7,424.03+2,446.91t$

ㄴ. 경우 Ⅱ

단위: 천 달러, 기점: 1963=0

① 일본: $X=29,142.6+4,013.4t$

② 미국: $X=24,110.52+6,692.57t$

③ 홍콩: $X=9,067.37+1,982.69t$

(2) 다음에 유도된 예측식을 사용하여 유별 및 시장별 수출액을 예측한다.

ㄱ. 경우　Ⅰ

(단위: 천 달러)

연 차	t	식료품 및 산동물	음료 및 연초	비식용원료	광물성연료, 윤활유
1965	2	30,255.39	191.14	33,809.15	3,373.54
1966	3	34,670.50	185.05	37,484.61	3,773.60
1967	4	39,085.61	178.96	41,160.07	4,173.66
1968	5	43,500.72	172.87	44,835.53	4,573.72
1969	6	47,918.30	166.78	48,510.99	4,973.78
1970	7	52,330.94	160.69	52,186.45	5,373.84
1971	8	56,746.05	154.60	55,861.91	5,773.90

동물성 유지*	화학제품	원료별제품	기계류	잡제품
150	1,050.74	42,003.20	3,784.05	12,317.05
150	1,180.00	49,876.40	4,449.16	14,763.96
150	1,309.26	57,749.60	5,114.27	17,210.87
150	1,438.52	65,622.80	5,779.38	19,657.78
150	1,567.78	73,496.20	6,444.49	22,104.69
150	1,697.04	81,369.20	7,109.60	24,551.60
150	1,826.30	89,242.40	7,774.71	26,998.51

* $X=88.90-23.29t$ 대신에 평균해서 150천 달러를 유지하는 것으로 보아 이 수치를 사용하기로 했음.

ㄴ. 경우　Ⅱ

(단위: 천 달러)

연 차	t	일 본	미 국	홍 콩
1965	2	37,169.4	37,495.66	13,032.75
1966	3	41,182.8	44,188.23	15,015.44
1967	4	45,196.2	50,880.80	16,998.13
1968	5	49,209.6	57,573.37	18,980.82
1969	6	53,223.0	64,265.94	20,963.51
1970	7	57,236.4	70,958.51	22,946.20
1971	8	61,249.8	77,651.08	24,928.89

(3) 끝으로 수출총액을 산정한다.

ㄱ. 경우 I

이제 미분류를 평균해서 200천 달러를 유지하는 것으로 보아 10개류별의 예측액을 합계하면 다음의 〈표 10〉의 A가 얻어진다. 그러나 이것은 단순 예측액에 불과하다. 따라서 그것에 정부의 정책적인 수출, 신규 수출, 신시장 개척 등에 기인하는 수출을 과거의 추세로 보아 10퍼센트로 가정해서 이를 가산하여 수출총액의 예측치로 삼을 필요가 있다. 이 수치는 〈표 10〉의 B에 표시되어 있다. 대체적으로 1971년에는 약 2억 7천만 달러의 수출이 예상된다.

〈표 10〉 수출의 예측(1)

(단위: 천 달러)

연 차	A	B
1965	127,134.26	139,847.69
1966	146,733.28	161,406.61
1967	166,332.30	182,965.53
1968	185,931.32	204,524.45
1969	205,532.81	226,086.10
1970	225,129.36	247,642.30
1971	244,728.38	269,201.22

ㄴ. 경우 II

이제 일본, 미국, 홍콩의 예측액을 합계하면 다음의 〈표 11〉의 A가 얻어진다. 따라서 이들 3개 시장에 대한 수출액이 수출총액의 65퍼센트를 차지하는 경우와 60퍼센트를 차지하는 경우에는 이 A에 1.54와 1.67을 곱함으로써 수출총액의 예측치를 구할 수 있다. 이들 3개 시장이 수출총

액의 60퍼센트를 차지한다고 하면 1971년에는 약 2억 7천만 달러의 수
출이 예상된다.

〈표 11〉 수출의 예측(2)

(단위: 천 달러)

연 차	A	B	C
1965	87,697.83	135,054.66	146,455.38
1966	100,386.47	154,595.16	167,645.40
1967	113,015.13	174,043.30	188,735.27
1968	125,763.79	193,676.24	210,025.53
1969	138,452.45	213,217.77	231,215.59
1970	151,141.11	232,757.09	252,405.65
1971	163,829.67	252,297.69	273,359.55

3) 예측액의 평가

상기 예측에서 알 수 있는 바와 같이 두 가지 상정하에서는 10퍼센
트의 정책적 효과를 고려한다고 해도 또 우리나라의 수출이 크게 의
존하고 있는 3개 시장에 대한 수출액이 수출총액에서 차지하는 비중
을 60퍼센트로 한다고 해도 1971년에 가서 3억 달러를 돌파할 수 없
다는 결론이 얻어진다. 그런데 이 예측액의 달성마저 어려운 편이 아
닐까 생각한다. 그 이유는 다음과 같다.

(1) 〈표 1〉에서 알 수 있는 바와 같이 그간의 수출증가율은 매우 크
다. 그런데 이와 같은 큰 수출증가는 수출업자들의 시장개척, 생산성
향상, 경영합리화 등의 노력보다는 도리어 금융재정상의 특혜들을 주
축으로 하는 수출진흥책에 기인한다.[7] 그리고 그것은 국내 균형의 파
괴를 수반하고 있다. 즉 그것은 재정금융상의 특혜에 따른 통화량의

---

7) 한국은행 조사부, 《수출증진을 위한 각종 우대책의 평가분석》, 1965.

증가를 통해서 물가상승에 압력을 가하여 경제안정을 파괴하고 있다[8]. 따라서 이러한 재정금융상의 특혜들은 오랫동안 지속할 수 없다. 그렇다면 앞으로도 그간의 추세가 그대로 계속된다고는 말할 수 없지 않을까?

(2) 생산성 향상, 경영합리화는 모르되 시장개척은 다음과 같은 이유로 해서 결코 쉬운 일이 아니다.

무역에는 여러 가지 장해가 있다. 우선 수송거리라는 자연적 장해가 있다. 운임만큼 수입국에서의 상품가격이 비싸질 것이므로 지리적인 이유로 해서 유럽, 아프리카, 남아메리카의 국가들과 호주 등에 대한 수출확장은 기대하기 어렵지 않을까? 다음에 관세, 수입수량 제한, 환관리 등의 인위적 장해가 있다. 선진국을 중심으로 무역의 자유화를 위한 노력이 이루어지고 있기는 하나 이의 제거에는 오랜 시간이 걸릴 것이다. 끝으로 외국의 기술진보라든가 외국의 공업화 등의 장해가 있다. 그런데 우리나라와 동일한 처지에 있는 여러 후진국이 공업화를 서두르고 있다.

이에 더해서 넉시(R. Nurkse), 프레비시(R. Prebisch) 등이 각각 그들의 논문[9]에서 밝히고 있는 바와 같이 상대적으로 보아서 선진국과 후진국의 무역은 줄어들고 그 대신 선진국 상호 간의 무역은 늘어가는 경향을 갖고 있다.

(3) 수출증가를 위해서는 세계수요의 변동에 민감하게 적응해가는 것도 꼭 필요한 일이다. 세계수요의 변동에 민감하게 적응해가기 위해서는 부단한 산업개편이 불가피하다. 그런데 부단한 산업개편의 추진

---

8) 한국은행, 《연차보고서》, 1964, p. 107 참조.
9) ① R. Nurkse, *Patterns of Trade and Development*, 1961.
　 ② R. Prebisch, *Towards a New Trade Policy for Development*, 1964.

은 결코 쉬운 일이 아니다.

(4) 상기 예측에서는 10퍼센트의 정책효과 혹은 3개 시장이 차지하는 비중의 10퍼센트 또는 그 이상의 감소라는 정책적 노력을 고려하고 있다. 그런데 이들은 결코 적은 수치가 아니다.

5. 수출의 역할

여기서는 수출의 국제수지 개선에 대한 기여도만을 취급한다.

1) 수출의 조(粗)기여도

〈표 2〉에서 알 수 있는 바와 같이 1963년에 수출입수지차가 410.2백만 달러이던 것이 1964년에 245.8백만 달러로 격감했는데 〈표 12〉에서 알 수 있는 바와 같이 이것은 주로 수입이 132.9백만 달러나 감소한 데 기인한다. 1963년에 수출입수지차가 410.2백만 달러나 된 것은 동년에 흉작으로 인한 과도한 양곡도입과 철도기관차, 철도차량, 화물자동차 등의 도입으로 수입이 급격히 증가한 데 기인하며 1964년에 그것이 245.8백만 달러로 격감한 것은 이들이 감소한 데 기인한다. 1964년에는 밀, 쌀, 유아(硫安), 철도기관차, 철도차량의 수입감소액의 합계만도 75,293천 달러나 된다(〈부표 4〉)[10] 이와 같은 수입감소로 해서 〈표 13〉에서 알 수 있는 바와 같이 1964년에는 외환보유액의 감소

---

10) 〈부표 4〉의 소계, 미분류, 총액의 비교에서 알 수 있는 바와 같이 1960년과 1961년에는 미분류가, 그리고 소계, 미분류, 총액, 주의 비교에서 알 수 있는 바와 같이 1962년에는 목재, 조면(繰綿), 유기화학품, 무기화학품, 요소, 유안, 화학비료, 인견사, 인조섬유직사, 철강판, 개폐기, 유선전선장치 및 동 부분품이, 1963년에는 밀, 쌀, 보리, 목재, 조면, 철강판, 강관, 기관, 철도기관차, 철도차량, 화물자동차가, 1964년에는 밀, 쌀, 목재, 경유, 중유, 유안, 인조섬유직사, 철강판, 강관, 철도기관차, 철도차량이 각각 수입증감에 크게 기여하고 있다.

액도 격감하고 있다. 따라서 수출증가는 국제수지 개선에 별로 크게 기여한 바 없다.

<표 12> 수출입수지 증감액

(단위: 백만 달러)

	수취수감액	지불증감액
1960	+13.1	+32.0
1961	+8.1	−22.3
1962	+13.9	+107.0
1963	+32.0	+106.9
1964	+32.3	−132.9

출처: 한국은행 조사부, 《경제통계연보》, 1965에서 작성.

<표 13> 외환보유액

(단위: 천 달러)

	보유액	증감액
1959	145,496	+633
1960	155,196	+9,700
1961	205,206	+50,010
1962	166,793	−38,313
1963	129,633	−37,160
1964	128,900	−733

출처: 한국은행 조사부, 《경제통계연보》, 1965.

2) 수출의 순(純)기여도

외화가득액은 <표 14>에서 알 수 있는 바와 같이 그 증가액이 수출총액의 증가액에 비해서 1962년을 제외하고서는 훨씬 적다. 특히 1963년과 1964년에는 외화가득액의 증가액은 수출총액의 증가액의 50퍼센트 이하로 되어 있다. 이것은 수출총액에서 56.7퍼센트[11]나 차지하는 공산물(보세가공품 포함)의 외화가득률이 42.8퍼센트로서 외화가득액에서는 겨우 36.0퍼센트밖에 차지하지 못하고 있는 데서 알 수 있는 바와 같이(〈표 15〉) 외화가득률이 낮은 공산물수출이 격감한 데 기인한다. 공산물은 외화가득률이 낮아서[12] 수출총액에서는 56.7퍼센트나 차지하면서도, 23.4퍼센트밖에 차지하지 못하고 있는 농수산물(외화가득률은 100%임)과 외화가득액에서 차지하는 비중에서는 거의 동일하다. 그런데 이와 같은 공산물의 수출은 이미 상품부문별 수출에서 본 바와 같이 1962년까지 겨우 30퍼센트 미만이었던 것이 1963년부터는 50퍼센트를 상회할 정도로 격증하고 있다.

〈표 14〉 가득액 및 가득률

(단위: 천 달러)

구분 \ 연도	수출총액	증가액 (A)	가득액	증가액(%) (B)	가득률	A/B
1960	32,827		27,009		82.3	
1961	40,878	+8,051	31,902	+4,893	78.1	60.7
1962	54,813	+13,935	44,867	+11,965	81.9	85.8
1963	86,802	+31,989	56,900	+12,033	67.3	37.6
1964	119,056	+32,254	72,718	+15,818	61.3	49.0

출처: 한국생산성본부 자료와 한국은행 조사부 자료에서 작성.

---

11) 〈표 6〉에 따르면 51.7%이며 3.2의 주1)에 따르면 46.8%이다.
12) 한국은행 조사부, 《조사자료》 A-15에 따르면 가공품 12개 품목과 보세가공품 12개 품목의 평균 외화가득은 다음과 같다. 이에서 알 수 있는 바와 같이 이들의 외화가득률은 매우 낮다.

	1962	1963
가공품 가중평균	25.3%	22.5%
보세가공품 가리평균	23.0	24.0
총 가중평균	25.1	23.0

<표 15> 상품부문별 가득률 및 가득액(1963)

(단위: 천 달러)

	수출액		가득률	가득액	
	금액	구성비		금액	구성비
농 수 산 물	19,788	23.4	100.0	19,788	34.8
광 산 물	16,283	19.3	100.0	16,283	28.6
공 산 물	47,868	56.7	42.8	20,502	36.0
기 타	486	0.6	67.3	327	0.6
합 계	84,425	100.0	67.3	56,900	100.0

주: 이 표의 수출액과 구성비는 <표 6>의 그것과 차이가 있음. <표 6>에 따르면 1963년의
공산물의 수출액은 43,610천 달러이고 구성비는 51.7%임.
출처: 한국생산성본부.

이와 같이 수출총액의 증가액보다도 외화가득액의 증가액이 훨씬 적을진댄 외화가득액에 기여를 통해서 볼 때에는 더욱더 수출증가는 국제수지 개선에 별로 크게 기여한 바 없다고 할 수 있다.

결국 이렇게 보면 수출증가는 수입감소 또는 최대한의 수입억제와 외화가득률의 인상을 수반하지 않는 한 국제수지 개선과 관련해서 생각할 때 별로 큰 의의를 갖지 못하는 셈이다.

6. 결 론

이상의 고찰에서 다음의 결론이 유도된다.

(1) 이미 본 바와 같이 상기 예측액의 달성마저 무리한 편이다. 따라서 공급능력에는 어려움이 없고 세계수요가 우리나라에 특별히 유리하도록 급격히 변동한다든가, 일본 및 미국과의 정치적 절충의 성공·베트남 파병의 대가의 대폭 확장 같은 일이 일어난다든가 할 때 혹은 중계수출, 위탁수출의 급격한 증가가 있을 때를 제외하고서는 단기간에나 적용시켜야 무리가 없을 2차 포물선을 겨우 몇 년간의 자료에

적용해서 얻은 1967년 3억 달러 수출 혹은 1971년 6억~7억 달러 수출은 불가능하다고 할 수 있다.

(2) 앞으로는 수출업자들의 시장개척, 생산성 향상, 경영합리화 등의 노력을 적극 지원하는 것을 주축으로 하고 재정금융상의 특혜는 국내균형을 파괴하지 않는 한도 내에서 고려하는 수출진흥책을 통해서 그간의 수출 추세를 지속시켜야 한다. 현재의 수출진흥종합시책[13]을 보면 단일변동환율제의 실시를 내세우면서 또 재정금융상의 특혜의 계속도 내걸고 있다. 일단 단일변동환률제가 실시된 이상 재정금융상의 특혜는 되도록 없애거나 혹은 국내균형을 파괴하지 않는 한도 내에서 고려하도록 하여야 할 것이다. 재정금융상의 특혜는 국내균형을 파괴하지 않는 한도 내에서 고려하며, 수출진흥종합시책에서 또 내걸고 있는 해외시장 개척과 경제외교 확대를 위한 노력, 생산성 향상을 위한 기술적 지원, 경영합리화를 위한 지도, 기타 제도상의 지원 등을 실효를 거두는 방향으로 적극 추진하며, 세계수요의 변동에 기민하게 적응하기 위한 산업개편을 적극 추진하는 데 그치고 어디까지나 수출확장의 열쇠는 수출업자들의 자발적인 시장개척, 생산성 향상, 경영합리화 등의 노력에 맡기는 것이 앞으로 정부가 취할 태도가 아닐까? 정부의 해외시장 개척과 경제외교 확대를 위한 노력에서는 발라기오(Ballagio) 회의의 보고서, 프레비시의 논문, ECAFE 보고[14] 등을 더 참고할 필요가 있을 것이다.

---

13) 대한민국정부, 《행정백서》, 1965.
14) ① 日本 一橋大學經濟硏究所, 《經濟硏究》, 1964년 4월호, pp. 149~156.
　　② (ⅰ) R. Prebisch, *op. cit.*
　　　(ⅱ) 한국은행 조사부, 《UN 무역개발회의와 후진국》(조사자료 A-20호),
　　　　　pp. 41~42.
　　③ 경제기획원, 《계간 경제조사》, 1964년 9월호.

(2) 수출증가는 수입감소 내지 최대한의 수입억제 그리고 외화가득률의 인상과 병행되어야 한다. 이미 본 바와 같이 수입증가를 초래하는 한, 또 외화가득률의 인상을 수반하지 않는 한 수출증가는 국제수지 개선에 별로 크게 기여하지 못한다.

그런데 도리어 다음과 같은 이유에서 앞으로 수입이 증가할 가능성이 있다. 첫째로 우리나라는 공업화의 초기단계에 있다. 따라서 시설재와 원자재의 도입을 필요로 한다. 둘째로 수출증가를 위해서는 부단한 산업개편의 추진이 불가피한데 이것은 앞에서 말한 바와 같이 어려운 일일 뿐 아니라 또 부단한 시설재와 원자재의 도입을 필요로 한다. 셋째로 가공수출(보세가공수출 포함)은 〈표 16〉에서 알 수 있는 바와 같이 매우 큰 원료 수입의 증가를 수반하게 된다. 넷째로 주 10)에서 본 바와 같이 여러 상품의 증감이 수입의 증감에 크게 기여하고 있는데 이들은 주로 풍흉, 차관도입 사정, 원조 사정 등에 기인해서 수입된다.

〈표 16〉 주요 제조공업의 원료수입 의존도

	원　　　　　　　　료	수　입　의　존　도
제　　　　　　분	소　　　　　　맥	100
제　　　　　　당	원　　　　　　당	100
주　　　　　　맥	맥　아　,　　호　프	100
면　　　방　　　직	원　　　　　　면	97
모　　　방　　　직	원　모　·　반　제　원　모	100
합　성　섬　유	주　　　원　　　료	100
화　　　　　　약	화　　학　　원　　료	5
합　성　수　지	주　　　원　　　료	99
유　　　　　　지	주　　　원　　　료	90
인　　견　　직　　물	주　　　원　　　료	100
합　　　　　　판	목　　　　　　재	100
제　　　　　　재	목　　　　　　재	81
제　　　　　　지	펄　　　　　　프	100
고　　　　　　무	생　고　무　,　합　성　고　무	99
시　　　멘　　　트	보　　조　　원　　료	36

출처: 대한무역진흥공사, 《무역진흥》 제7호.

따라서 이들은 기복이 심하다. 끝으로 수입대체산업은 그 자체가 시설재와 원자재의 도입을 필요로 할 뿐 아니라 그것을 잘못 육성하면 사치성향을 높이므로 간접적으로 수입증가를 초래할 가능성이 있다.[15]

한편 수입억제 특히 생활수준의 억제를 필요로 하는 기초적 수입의 억제는 매우 어려운 일이다. 기초적 수입은 우리가 꼭 필요로 하면서 국내의 공급만으로는 부족하여 외국으로부터 수입하지 않으면 안 되는 것을 말한다. 이의 대표적인 예로서는 식량과 섬유원료 등을 들 수 있다.

그러나 수출의 경우와 달라서 수입은 우리의 노력에만 달려 있으므로 수입감소 또는 최대한의 수입억제는 기필코 이룩하여야 한다.[16] 현재 정부는 단일변동환율제의 실시, 특관세의 부과, 쿼터제의 실시 등으로 수입억제를 도모하고 있으며 또 한편 수입대체를 서둘고 있다. 그러나 이에서 더 나아가서 각 분야에 걸쳐서 철저히 낭비를 제거하도록 힘써야 할 것이며, 매우 어려운 일이기는 하지만 기초적 수입의 억제를 강행하여야 할 것이며, 또 수입대체산업은 외화절약에 크게 기여하거나 수출산업으로 전환할 수 있는 것에 한정하는 식으로 엄선해서 육성하여야 할 것이다.

외화가득률의 인상도 결코 쉬운 일이 아니다. 그러나 이것 역시 우리의 노력에 달려 있으므로 기필코 이룩하여야 한다. 총외화가득률의

---

15) 수입대체에 대해서는 G. M. Meier, *Leading Issues in Development Economics*, p. 216과 *The Indian Economic Journal*, October~December 1964, pp. 95~96을 참조하라.

16) 혹시 수입감소는 경제규모의 축소를 의미한다고 생각할는지 모른다. 그러나 그것은 낭비나 비합리적인 배분이 존재하지 않는 경우에만 타당하다. 우리나라의 경우에는 낭비나 비합리적인 배분이 존재하는 것이 분명할진댄, 수입감소 즉 경제규모의 축소는 결코 아니다.

인상을 위해서는 우선 1차산품의 수출증가를 계속 도모한다. 다음에 2
차산품 수출로의 전환과 확장을 서둘면서 수출 2차산품의 외화가득률
의 인상을 도모한다. 수출 2차산품의 외자가득률은 수입대체산업의 육
성에 의한 수입의존의 수출용 원자재의 국내조달, 국산원자재의 활용
제고, 원료절약, 기술개선 등을 통해서 인상할 수 있다.

그간의 추세에서 보면 선어개류, 건어개류, 패류 및 연체동물, 어개
류(별게 이외의 것), 생사, 아연광 등의 1차산품과 단판·합판, 면직물,
인견직물, 의류 등의 2차산품이 급격하게 증가하고 있으므로 이들에
중점을 두고 외화가득률의 인상을 도모할 필요가 있을 것이다. 그리고
더 나아가서 점차로 원료 수출형에서 완제품 수출형으로의 전환도 서
두를 필요가 있을 것이다.

〈부표 1〉 주요 상품별 수출

(단위: 천 달러)

	1959	1960	1961	1962	1963	1964
돈	134	711	2,464	1,474	3,676	1,045
선 어 개 류	602	1,560	1,274	3,446	3,698	4,219
건 어 개 류	516	982	2,502	2,485	2,729	4,820
염 장 어 개 류	86	147	172	56	2	10
패 류 및 연 체 동 물	–	–	–	1,814	2,199	4,028
어개류(별게 이외의 것)	22	28	65	262	364	876
쌀	775	3,763	507	8,925	776	2,352
선 과	65	75	58	186	279	320
소 두	570	17	305	97	71	25
김	1,191	1,288	893	749	1,337	5,504
주 류	17	186	173	74	45	29
연 초	89	265	10	66	204	140
모 피	132	140	99	136	105	164
수 피	178	387	91	117	84	31
부 잠 사	244	357	297	286	447	621
생 사	744	981	2,849	3,962	4,662	5,732

식 물 성 섬 유	27	40	209	5	5	5
석 재 (미 가 공)	91	176	36	–	29	402
고 령 토	110	246	209	137	271	247
흑 연	626	827	848	834	863	873
형 석	389	754	688	567	777	1,156
스 테 이 타 이 트	428	220	361	462	551	835
중 정 석	21	7	17	16	37	60
철 광	2,178	2,463	4,252	3,849	5,912	5,989
철 광 설	19	–	37	34	10	18
니 켈 광	–	–	17	22	8	–
보크사이트 및 알루미늄광	88	34	24	27	1	–
연 광	171	176	223	152	518	886
아 연 광	–	53	25	27	90	330
맹 그 니 스 광	14	5	14	–	–	6
중 석	3,397	4,701	4,498	3,374	3,075	4,654
비 금 속 광	148	267	118	416	779	1,508
수 골	66	137	41	114	104	203
돈 모	630	807	1,070	987	2,027	243
오 배 자	52	235	135	26	85	96
인 삼	72	114	196	159	438	1,154
식 물 성 원 재 료	90	263	825	664	1,341	1,721
한 천	717	929	1,142	1,322	1,739	2,035
비 식 용 해 조 류	270	612	381	367	699	549
무 연 탄	657	1,147	2,209	2,740	2,578	2,405
간 유	171	190	114	39	–	9
박 하 뇌 및 환	3	94	106	65	298	109
인 삼 정	29	205	213	42	48	60
단 판 · 합 판	11	21	1,217	2,289	6,313	11,422
면 직 물	1,425	2,443	857	1,834	4,289	11,119
인 견 직 물	–	–	–	–	529	1,455
의 류	–	–	2	1,119	4,643	6,614
수 정	122	58	35	25	156	22
선 철	–	464	390	–	–	–
철 강 판	–	–	–	475	8,290	2,115
소 계	17,387	28,558	32,273	46,424	67,181	88,216
기 타	2,425	4,269	8,605	8,489	19,621	30,842
총 액	19,812	32,827	40,878	54,813	86,802	119,058

출처: 한국은행 조사부, 《조사월보》, 1965년 3월호.

<부표 2> 주요 국별 수출

(단위: 천 달러)

	1959	1960	1961	1962	1963	1964
아 시 아 주	14,776	23,882	28,416	35,703	53,737	66,026
중 국	127	384	530	1,354	722	1,947
홍 콩	1,032	2,726	7,385	4,682	9,120	11,615
일 본	12,680	20,175	19,397	23,483	23,841	38,159
필 리 핀	–	–	139	321	2,596	1,174
태 국	41	89	242	405	1,582	2,644
베 트 남	–	45	65	830	12,140	6,314
기 타	896	438	658	4,628	2,736	4,174
유 럽 주	2,253	4,300	3,249	6,298	7,908	15,716
프 랑 스	26	7	36	974	538	750
서 독	494	632	981	244	1,275	1,146
이 탈 리 아	10	5	615	1,972	1,810	833
네 덜 란 드	762	15	23	723	1,599	2,664
벨 기 에	76	1,657	18	251	339	1,764
영 국	858	1,889	1,421	1,632	1,587	6,510
기 타	27	95	155	502	760	3,049
아 메 리 카 주	2,133	3,647	6,860	12,486	24,551	36,313
캐 나 다	–	–	7	142	248	448
미 국	2,133	3,647	6,821	11,976	24,287	35,566
기 타	–	–	32	368	16	299
대 양 주	–	3	122	177	240	657
아 프 리 카 주	–	–	–	49	142	321
국 별 미 상 분	650	995	2,232	99	225	25
총 액	19,812	32,827	40,878	54,813	86,802	119,058

주: 통관기준이며 FOB 가격임.
출처: 한국은행 조사부.

〈부표 3〉 상품별 주요 시장별 수출

(단위: 천 달러)

상 품	주요 시장	1959	1960	1961	1962	1963
돈	ECAFE	134	643	2,443	1,413	3,590
선 어 개 류	일 본	538	1,207	1,172	3,306	3,344
건 염 어 개 류	ECAFE	224	668	2,040	1,781	1,530
	일 본	359	418	512	867	1,276
쌀	일 본	–	3,763	507	6,038	–
	기 타	775	–	–	2,812	776
김	일 본	1,073	1,182	791	671	1,182
사탕 및 봉밀	기 타	–	–	–	528	776
생 사	미 국[1]	472	720	2,042	2,070	2,207
	기 타	–	83	391	1,892	2,449
흑 연	일 본	622	812	813	768	773
철 광	일 본	2,614	2,400	4,021	3,586	5,917
중 석	미 국[2]	399	492	1,470	1,427	438
	일 본	1,140	569	768	115	472
	기 타	1,800	3,386	1,947	1,828	2,165
돈 모	미 국	576	761	810	599	1,605
한 천	ECAFE	169	380	641	753	925
	일 본	337	197	254	293	593
무 연 탄	일 본	657	1,147	2,201	2,735	2,569
고 무 제 품	ECAFE	–	–	–	76	477
단 판·합 판	미 국[3]	–	–	1,016	1,811	6,192
직 사 및 사	ECAFE	–	–	15	51	1,187
면 직 물	미 국	139	300	318	1,830	2,925
	일 본	1,286	2,143	459	–	110
철 강 판	ECAFE	–	–	–	461	8,269
의 류	미 국	–	–	1	978	4,096
신 발 류	미 국	–	–	27	223	674

주: 1) 1964년의 수출액은 4,363천 달러임.
　　2) 1964년의 수출액은 722천 달러임.
　　3) 1964년의 수출액은 11,110천 달러임.

〈부표 4〉* 연차별 수입증감액

(단위: 천 달러)

	1960	1961	1962	1963	1964
분 유	−	−	+1,287	−	−1,159
밀	+4,884	+4,641	+2,034	+40,422	−29,665
쌀	−	−	−	+17,525	−17,522
보 리	−	+5,221	+1,311	+7,254	−
밀 가 루	−	−	+2,773	+2,795	−2,538
원 당	−	−	−1,775	−	−
당 밀	−	−	−1,920	−	−
대 두	−	−	−	−	+1,048
천 연 고 무 액	−	−1,131	−	+1,260	−2,061
목 재	+1,463	−	+11,213	+4,124	−4,048
화 학 목 재 펄 프	−	+1,757	+3,691	−	−
양 모	−	−	+2,874	+1,157	−1,270
세 척 양 모	−	−	+1,784	−	−1,235
조 면	−2,137	−	+4,756	+3,974	−
스 프 및 인 조 섬 유	−	−	−	+2,574	−
유 연 탄	−8,410	+3,747	−2,118	−	−
원 유 및 정 제 용 조 유	−	−	−	−	+12,441
자 동 차 용 휘 발 유	−2,161	−	−1,866	−	−1,449
등 유	−1,258	−	−	−	−1,834
경 유	−1,768	+1,780	+2,838	+1,660	−4,157
중 유	−1,434	−	+3,297	+1,484	−8,171
윤 활 유	−	−1,218	−	−	−
피 치 및 아 스 팔 트	−2,593	−	+1,663	−	−1,355
유 기 화 학 품	−	−	+6,465	+1,167	−
무 기 화 학 품	−	−	+5,118	+1,675	−
요 소	−	−	+9,469	−9,445	+7,634
유 안	+2,764	1,470	+6,323	−2,607	−12,460
초 안	−	−2,223	+1,088	−1,136	−
인 산 석 회	+2,092	−3,188	−824	−2,292	−
화 학 비 료	+1,027	−7,515	+5,441	+997	+12,823
합 성 수 지	−	−	−	−	−1,375
스 프 직 사	+1,345	−	−1,112	−1,808	−
인 견 사	−4,346	+1,285	+4,381	−2,585	−2,984
인 조 섬 유 직 사	−1,889	−	−11,946	−	−5,323
면 직 물	−	−	−	+1,739	−
시 멘 트	−	−	+2,104	+1,653	−4,517

철강의 괴편립(塊片粒) 및 동 1 차 제 품	−	+1,074	−1,675	+3,515	−1,229
봉 강 및 형 강	−	−	+2,072	−	−
철 강 판	+1,102	−3,197	+4,815	+4,678	−7,703
철 강 대	−	−	+2,064	−	−
궤 조 (r a i l)	−	−	+1,007	+1,095	−1,984
강 관	−	−	+1,711	+4,040	−4,832
알 루 미 늄	−	−	+2,678	−	−1,865
아 연	−	−	−	+1,151	−1,198
기 관	−	−	−	+6,645	−2,813
보일러를 갖추지 않은 증기 기 관	−	−	−	+3,094	−2,236
내 연 기 관	−	+2,291	+3,834	−3,739	−1,545
섬 유 기 계 및 동 부 분 품 과 부 속 품	−	−1,022	+2,030	+2,118	+989
기 체 압 축 기	−	−	−	−	−1,127
기 중 기	−	−	+1,277	+1,181	−
발 전 기	−	+5,260	−5,413	−	−
개폐기, 차단기, 조정기 및 배 전 반	−	−	+5,169	−2,162	−1,279
절 연 전 선	−	−	−	+1,377	−1,037
유선통신장치 및 동 부분품	−	−	+4,634	−3,549	+3,093
무선전신기 및 무선전화기	−	−	+3,303	−3,110	−
철 도 기 관 차	−	−	−	+10,624	−10,814
철 도 차 량	−	−	−	+5,030	−4,581
철 도 차 량 부 분 품	−	−	−	+2,322	−1,970
승 용 자 동 차	−	−	+1,221	+1,178	−2,049
화 물 자 동 차	−	−	−	+3,959	−2,643
선 박	−5,380	−	−	+3,280	−1,497
소 계	+16,933	+27,006	+126,671	+145,589	+39,195
	−31,376	−25,082	−20,646	−34,098	−155,523
미분류	+30,103	−16,636	−30,635	−269	+68
총 액	+39,720	−27,385	+105,640	+138,491	−155,822

* 본 표는 1,000천 달러 이상의 증감이 있는 상품을 선정하여 그 증감액을 연차별로 표시한 표임.
주: 3,900천 달러 이상의 합계:
  1962년: +79,730천 달러.
  1963년: +108,275천 달러.
  1964년: −113,793천 달러.

대일무역수지의 불균형과 그 시정방안[*]

1. 서 론

우리나라의 대일무역수지의 역조는 어제오늘에 생겨난 문제가 아니라, 8·15 이후 계속되어온 고질이다. 그러나 수입수요의 대부분을 원조에 의존하고 따라서 유상무역거래의 비중이 낮았을 때에는 대일무역적자의 절대액이 별로 크지 않았을 뿐 아니라, 이는 무상원조로 보전할 수 있었다. 그런데 최근에 이르러 대일무역수지의 불균형 문제가 크게 부각된 것은 미국의 대한(對韓)무상원조가 격감하고 있을 뿐만 아니라, 제1차 및 제2차 경제개발 5개년계획의 추진과 더불어 크게 팽창한 수입수요를 충족하기 위한 가용외환에 대한 의식이 예민해진 데다가 대일수출입격차는 절대액에 있어서는 물론 상대적으로도 더욱더 벌어지는 현상을 보이고 있기 때문이다. 그리하여 대일무역수지 불균형의 문제는 최근 한일 간의 각종 회의에서 양국 간에 해결되어야 할 가장 중요한 현안의 하나로 다루어지고 있고, 또 해결을 위한 여러 가지 방안이 제시되고, 또 실천되고 있다.

이 글에서는 우선 한일 간의 무역추이를 개관하고 무역불균형의 요인을 추출한 다음, 우리나라와 일본의 경제사정을 고려하여 우리나라의 대일무역수지를 개선하는 데 도움이 될 수 있는 방안을 찾아내고자 한다.

2. 대일무역의 추이

1) 총대일무역의 추이

우리나라의 무역규모는 1960년대에 들어서서 급격한 팽창을 보이고 있다. 1960년과 비교하여 볼 때 1968년에는 수출은 14배 이상으로 늘었고, 일반 및 차관수입도 13배 이상으로 늘어났다.[1] 그러나 이 가운데 대일무역은 수출증대가 5배도 못 되는 데 대하여 수입은 무려 31배가 늘어났다. 그리하여 전체적인 수입 대 수출의 비는 1.5~2.5 사이에서 소폭의 진동을 보이고 있는 데 반하여, 대일무역의 수입 대 수출의 비는, 1960년의 0.89에서부터 계속 증가하여, 1968년에는 5.63으로까지 악화하였다.

여기서 볼 때 최근에 대일무역수지가 급속도로 악화하고 있는 원인은 1960~68년의 기간 동안에 대일수입의 증가 속도는 전체 수입의 증가 속도의 배가 넘는 데도 불구하고 대일수출의 증가 속도는 전체

---

* 이 글은 본인의 명의로 되어 있으나, 서울대학교 상과대학 정기준 전임강사와의 공동작업 결과임을 밝혀둔다.

1) 우리나라에서는 무역통계의 작성에 있어서 통관기준과 결제기준의 두 가지 방법이 채택·사용되고 있다. 그리고 두 기준에 의한 통계는 〈표 1〉에 비교되어 있는 바와 같이 다소간의 차이를 보이고 있다. 그런데 통관기준에 의한 국별·품목별 무역통계는 구하기 어려워 이 글에서는 결제기준에 의한 통계를 사용하기로 한다. 그리고 무역수지에 문제가 되는 것은 유상거래(有償去來)이므로, 무역수지의 비교에는 KFX에 의한 일반수입과 차관수입을 수출과 비교하고 있음을 말해둔다.

〈표 1〉 대일무역의 추이

(단위: 1,000달러)

	통관기준			결제기준		수입 대 수출	지수(%)	
	수 출	수 입	일반 및 차관수입	수 출	일반 및 차관수입		수 출	일반 및 차관수입
1960	32,827[1]	343,527	97,168	32,385	84,898	2.62	100	100
	20,175	70,400	미상	18,973	16,851	0.89	100	100
1961	40,878	316,142	103,138	42,901	100,591	2.34	132	118
	19,397	69,212	미상	21,587	38,551	1.79	114	229
1962	54,813	421,782[2]	183,524	미상	미상	–	–	–
	23,483	109,171	미상					
1963	86,802	560,273	284,832	85,337	236,131	2.77	264	278
	24,841	159,345	126,136[3]	미상	미상	–	–	–
1964	119,058	404,351	219,111	115,147	182,482	1.58	356	215
	38,158	110,117	86,441	39,153	86,072	2.20	206	511
1965	175,082	463,442	279,833	172,257	279,028	1.62	532	329
	43,974	166,628	151,868	45,702	143,737	3.15	241	853
1966	250,334	716,441	502,804	248,360	458,572	1.85	767	540
	66,293	293,794	276,817	66,214	229,340	3.46	349	1,361
1967	320,229	996,246	840,845	320,226	754,189	2.36	989	888
	84,723	443,025	421,228	88,927	329,528	3.71	469	1,956
1968				464,912	1,134,440	2.44	1,436	1,336
				92,864	522,384	5.63	489	3,100

주: 상단은 총무역, 하단은 대일무역임.
　　1) 31,832로도 되어 있음.(1961년도 《무역연감》)
　　2) 415,234로도 되어 있음.(1963년도 《무역연감》, p. 876)
　　3) 일반수입만임.
자료: 한국은행, 《경제통계연보》, 각 연도판.
　　　한국무역협회, 《무역연감》, 각 연도판.

수출의 증가 속도의 3분의 1밖에 안 된다는 사실에 있음을 뚜렷이 알
수 있다.

이와 같은 대일무역 불균형의 악화 현상을 가져오게 한 원인을 우
선 상품류별 무역의 추이에서 찾아보자.

2) 상품류별 대일무역의 추이

〈수 출〉

앞에서 본 바와 같이 우리나라의 수출은 1960~68년 기간 동안에 14배 이상으로 늘어났는데도 불구하고 대일수출은 5배에도 미달하는 것을 볼 수 있다. 이와 같이 대일수출이 상대적으로 부진한 이유는 수출 증가속도가 느린 품목이 대일수출에서 차지하는 비중이 크다는 것, 아니면 품목별로 대일수출의존도가 줄어들고 있는 것, 또는 그 둘 다에서 찾을 수 있을 것이다.

〈표 2〉에서 볼 수 있는 바와 같이 우리나라의 대일수출액에서 제1차산품이 차지하는 비율은 1960년의 86.5퍼센트 1962년의 95.5퍼센트에서 1968년에는 72.2퍼센트로 대체로 완만한 하강경향을 나타내고 있다. 그리고 제2차산품의 경향은 그와 정반대이다. 그러나 대일수출에서 제1차산품 구성비의 하강경향은 우리나라의 수출액 전체에 비하여 극히 느린 것이다. 즉 수출액 전체로 볼 때 제1차산품의 비중은 1960년의 85.5퍼센트에서 급속도로 떨어져 1968년에는 30.1퍼센트에 이르고 있다.

여기서 우리는 대일수출 증가속도가 부진한 가장 큰 이유가 제1차산품 중심의 수출구조를 탈피하지 못하였다는 사실에 있음을 알 수 있다. 왜냐하면 제1차산품은 일반적으로 개발속도가 느린 것을 그 속성으로 하고 있기 때문이다.

대일수출에서 차지하는 상품류별 구성의 추이를 좀더 자세히 살펴보면, 식료품의 비중은 약간의 증감은 있으나 뚜렷한 추세를 나타내지는 않고 있으며, 비식용원재료는 식료품과 함께 가장 큰 비중을 차지하는 상품류로서, 그 비중은 약한 감소추세를 나타내고 있다. 광물성

〈표 2〉 상품류별 대일수출의 추이

(단위: 1,000달러)

	식료품 및 산 동물	음료 및 연초	비식용 원재료	광물성 연료	동식물성 유지	제1차 산품 계	화학 제품	원료별 제품	기계류	잡제품	특수 거래품	제2차 산품 계	총 계
1960	7,663	249	17,598	1,459	218	27,187	572	3,764	−	107	755	5,198	32,385
	5,946	−	8,847	1,459	167	16,418	3	2,536		13	4	2,555	18,973
1961	8,441	10	25,531	2,379	211	36,572	670	2,253	−	266	3,140	6,329	42,901
	5,138	−	12,562	2,379	148	20,227	147	1,082		131	−	1,360	21,587
1962	21,847	141	19,372	2,760	69	44,189	990	6,177	1,446	1,954	57	10,624	54,813
	11,540	3	8,069	2,754	69	22,435	18	539	288	194	6	1,045	23,483
1963	17,841	250	26,405	2,579	92	47,168	904	28,115	4,067	6,401	146	39,634	86,802
	7,107	3	12,691	2,569	48	22,418	12	1,152	788	410	76	2,438	24,841
1964	25,155	164	30,864	2,692	179	59,054	443	42,154	2,031	11,276	189	56,093	115,147
	17,783	3	15,059	2,586	33	35,464	19	2,199	836	641	−	3,689	39,153
1965	30,055	916	39,016	2,244	55	72,285	778	67,185	3,816	27,920	274	99,972	172,257
	22,023	4	16,660	2,206	37	40,934	129	3,409	426	797	4	4,768	45,702
1966	45,468	6,485	54,868	1,637	31	108,488	876	79,724	7,608	51,555	106	139,872	248,360
	3,882	23	26,068	1,637	7	59,617	208	3,168	476	2,725	80	6,657	66,214
1967	45,545	7,392	66,523	2,144	50	122,651	2,514	94,229	7,275	94,431	130	198,575	320,226
	32,210	41	37,056	1,830	37	71,175	106	5,074	675	11,775	121	17,752	88,927
1968	55,382	10,368	71,610	2,564	153	140,077	2,753	133,896	7,323	180,682	180	324,835	462,192
	29,330	19	35,505	2,078	89	67,022	109	4,810	557	20,198	168	25,842	92,864

주: 상단은 총무역, 하단은 대일무역임.
　　1962, 63년은 통관기준임.
자료: 한국무역협회, 《무역연감》, 각 연도판.
　　1968년은 한국은행, 《외환통계월보》.

〈표 2-1〉 대일수출의 상품류별 구성의 추이

(단위: %)

	식료품 및 산 동물	음료 및 연초	비식용원재료	광물성연료	동식물성유지	계
1960	31.3	–	46.6	7.7	0.9	86.5(84.2)
1961	23.8	–	58.2	11.0	0.7	93.7(85.2)
1962	49.1	–	34.4	11.7	0.3	95.5(80.6)
1963	28.6	–	51.1	10.3	0.2	90.2(54.3)
1964	45.4	–	38.5	6.6	0.1	90.6(51.3)
1965	48.2	–	36.5	4.8	0.1	89.6(42.0)
1966	48.1	–	39.4	2.5	0.0	90.0(43.7)
1967	36.2	–	41.7	2.1	0.0	80.0(38.0)
1968	31.6	–	38.2	2.2	0.1	72.2(30.1)

	화학제품	원료별제품	기계류	잡제품	특수거래품	제2차산품 계	총계 1,000달러
1960	0.0	13.4	–	0.1	0.0	13.5(15.8)	18,973
1961	0.7	5.0	–	0.6	–	6.3(14.8)	21,587
1962	0.1	2.3	1.2	0.8	0.0	4.5(19.4)	23,483
1963	0.0	4.6	3.2	1.7	0.3	9.8(45.7)	24,841
1964	0.0	5.6	2.1	1.6	–	9.4(48.7)	39,153
1965	0.3	7.5	0.9	1.7	0.0	10.4(58.0)	45,702
1966	0.3	4.8	0.7	4.1	0.1	10.0(56.3)	66,214
1967	0.1	5.7	0.8	13.2	0.1	20.0(62.0)	88,927
1968	0.1	5.2	0.6	21.8	0.2	27.8(69.9)	92,864

주: 괄호 안은 우리나라 총수출의 구성비임.
자료: 〈표 2〉 참조.

연료는 수출의 대비액에 있어서는 결코 줄어들고 있다고 말할 수 없으나 그 차지하는 비중은 다른 상품류들의 증가 때문에 비교적 급속도로 떨어지는 경향을 보이고 있다.

제2차산품으로서 원료별제품의 비중은 약한 상승의 기미를 보이나 그리 뚜렷하지 못하다. 그러나 잡제품의 비중은 근년에 급속도로 상승하여 1968년에는 21.8퍼센트로, 비식용원재료와 식료품 다음가는 비중을 차지하게 되었다.

이상에서 본 바와 같이 대일수출의 증가속도가 상대적으로 느린 이

〈표 2-2〉 수출의 상품류별 대일의존도의 추이

(단위: %)

	식료품	음료 및 연초	비식용 원재료	광물성연료	동식물성 유지	제1차산품 계
1960	77.6	–	50.3	100.0	76.6	60.4
1961	60.9	–	49.2	100.0	70.1	55.3
1962	52.8	2.1	41.7	99.8	100.0	50.8
1963	39.8	1.2	48.1	99.6	52.2	47.5
1964	70.7	1.8	48.8	96.1	18.4	60.1
1965	73.3	0.4	42.7	98.3	67.2	56.6
1966	70.1	0.4	47.5	100.0	22.6	55.0
1967	70.7	0.6	55.7	85.4	74.0	58.5
1968	53.0	0.2	49.6	81.0	58.2	48.6

	화학제품	원료별 제품	기계류	잡제품	특수 거래품	제2차산품 계	총 계
1960	0.5	67.4	–	12.1	0.5	49.1	58.6
1961	21.9	48.0	–	49.2	–	21.5	50.3
1962	1.8	8.7	19.9	9.9	10.5	9.8	42.8
1963	1.3	4.1	19.4	6.4	52.1	6.2	28.6
1964	4.3	5.2	40.9	5.7	–	6.6	34.0
1965	16.6	5.1	11.2	2.9	1.5	4.8	26.5
1966	23.7	4.0	6.3	5.3	75.5	4.8	26.7
1967	4.2	5.4	9.3	12.5	93.1	8.9	27.8
1968	4.0	3.6	7.6	11.2	93.3	8.0	20.0

자료: 〈표 2〉 참조.

유 가운데 가장 중요한 것은 제1차산품 중심의 수출구조를 가졌다는 것이며 이러한 부정적인 구조는 개선되어 가는 징조가 근년에 약간씩 나타나고 있다.

다음 수출의 상품류별 대일의존도를 보면, 〈표 2-2〉에서 알 수 있는 바와 같이 제1차산품은 1960~68년간에 대체로 50~60퍼센트를 차지하고 있는 데 반하여, 제2차산품은 1960년과 1961년의 예외적인 해를 제외하고는 모두 10퍼센트 미만이다. 그러나 의존도의 변화에는 어떤 뚜렷한 경향이 나타나고 있지는 않다. 그런데 수출총액의 대일의존도를 보면 1960년의 58.6퍼센트로부터 1968년의 20.00퍼센트에 이르기까지 급격한 하강경향을 보이고 있다. 이는 수출의 대일의존도가 낮은 제2차산품의 총수출에서의 비중이 급속도로 커진 것을 반영하는 것이다.

상품류별 대일의존도를 좀더 자세히 보면, 식료품의 수출은 대일의존도의 변화가 비교적 심하지만, 어떤 추세를 가지고 변화하는 것은 아니며, 비식용원재료는 50퍼센트 전후에서 매우 안정적이며, 광물성 연료는 거의 전부가 대일수출에 의존하고 있다. 제2차산품으로서는 잡제품이 근년에 대일수출의존도가 퍽 높아지고 있다.

〈수 입〉

앞에서 본 바와 같이 우리나라의 수입은 1960~68년 기간 동안에 13배 가량 증가하였는데 그 가운데 대일수입은 31배가 증가하였다.

이와 같이 대일수입의 증가속도가 전체 수입의 증가속도보다 큰 이유는 앞의 수출의 경우와 마찬가지로, 상품류별 수입 비중의 변화추이와 상품류별 수입의 대일의존도의 변화추이를 봄으로써 밝힐 수 있을 것이다.

〈표 3-1〉에 따르면, 제1차산품의 대일수입에서 차지하는 비율은 1961년 이후 대체로 저하되는 경향을 보여주고 있으며, 반대로 제2차산품은 1961년의 84.3퍼센트로부터 1968년의 94.1퍼센트에 이르기까지 지속적인 증가추세를 보이고 있다. 그런데 우리나라 수입 전체의 제1차산품과 제2차산품의 수입비율은 그리 뚜렷한 경향을 보이지 않고 있는 것과 비교하여 보면, 대일수입은 제2차산품 수입 쪽으로 기울어지고 있다고 말할 수 있다.

<표 3> 상품류별 대일수입의 추이

(단위: 1,000달러)

	식료품 및 산 동물	음료 및 연초	비식용 원료	광물성 연료	동식물성 유지	제1차 산품 계	화학제품	원료별 제품	기계류	잡제품	특수 거래품	제2차 산품 계
1960	10,343	−	13,774	2,492	1,111	27,720	13,777	23,426	11,274	3,678	23	57,178
	150		364	371	45	930	4,967	6,823	2,887	1,244	−	15,921
1961	9,174	−	13,055	3,153	855	26,237	25,250	23,191	21,887	4,015	11	74,354
	352		4,144	1,318	251	6,065	11,851	11,895	6,780	6,950	9	32,486
1962	42,099	86	89,690	30,606	3,856	166,337	92,314	73,093	69,783	10,241	1,457	246,888
	559	6	5,677	2,761	391	9,394	26,245	35,857	32,502	4,882	290	99,777
1963	120,601	326	107,073	34,377	4,781	217,156	79,980	88,328	115,579	8,033	1,198	293,117
	4,971	52	10,916	3,134	410	23,854	37,113	48,283	49,360	3,735	370	138,861
1964	12,014	191	31,965	14,709	776	59,655	39,647	28,351	31,868	3,794	19,166	122,827
	102	−	6,396	4,546	84	11,108	27,560	19,973	19,634	2,656	5,144	74,964
1965	17,560	144	47,006	22,893	658	88,261	62,592	49,238	54,657	5,775	18,507	190,767
	62	−	10,914	4,443	421	15,840	52,840	40,665	25,049	4,152	5,191	127,897
1966	20,732	376	89,038	20,572	1,060	131,778	55,353	80,057	84,537	5,839	101,007	326,794
	463	−	15,624	4,020	497	20,604	40,456	67,880	39,175	3,953	57,271	208,736
1967	85,156	976	133,275	61,571	937	281,915	74.543	138,963	170,473	11,096	77,200	472,274
	1,277	10	18,452	7,418	615	27,772	47,108	109,156	106,405	7,754	31,334	301,756
1968	105,235	1,588	203,441	64,842	1,693	376,800	98,778	171,782	271,643	22,839	192,597	757,640
	2,566	20	20,519	6,032	1,580	30,717	63,650	142,566	147,784	17,433	120,228	491,667

주: 상단은 총무역, 하단은 대일무역임.
　　1962, 63년은 통관기준이며, 원조가 포함되어 있어 다른 연도와 직접 비교할 수 없음.
자료: 한국무역협회, 《무역연감》, 각 연도판. 1968년은 한국외환은행, 《외환통계월보》.

〈표 3-1〉 대일수입의 상품류별 구성의 추이

(단위: %)

	식료품 및 산 동물	음료 및 연초	비식용 원재료	광물성 연료	동식물성 유지	제1차산품 계
1960	0.9	–	2.2	2.2	0.3	5.5(32.7)
1961	0.9	–	10.7	3.4	0.7	15.7(26.1)
1962	0.5	–	5.2	2.5	0.4	8.6(40.1)
1963	3.1	–	6.8	2.0	0.3	15.0(47.7)
1964	0.1	–	7.4	5.3	0.1	12.9(32.7)
1965	0.0	–	7.6	3.1	0.3	11.0(31.6)
1966	0.2	–	6.8	1.8	0.2	9.0(28.7)
1967	0.4	–	5.6	2.3	0.2	8.4(37.4)
1968	0.5	–	3.9	1.2	0.3	5.9(33.2)

	화학 제품	원료별 제품	기계류	잡제품	특수 거래품	제2차산품 계	총 계
1960	29.5	40.5	17.1	7.4	–	94.5(67.3)	16,851
1961	30.7	30.9	17.6	5.1	–	84.3(73.9)	38,551
1962	24.0	32.8	29.8	4.5	0.3	91.4(59.9)	109,171
1963	23.3	30.3	31.0	2.3	0.2	85.0(52.3)	159,345
1964	32.0	23.2	22.8	3.1	6.0	87.1(67.3)	86,072
1965	36.8	28.3	17.4	2.9	3.6	89.0(68.4)	143,737
1966	17.6	29.6	17.1	1.7	25.0	91.0(71.3)	229,340
1967	14.3	33.1	32.3	2.4	9.5	91.6(62.6)	329,528
1968	12.2	27.3	28.3	3.3	23.0	94.1(66.8)	522,384

주: 괄호 안은 우리나라 총수입의 구성비임.
자료: 〈표 3〉 참조.

대일수입의 상품류별 구성의 추이를 좀더 자세히 보면, 세1차산품 중에서는 비식용원재료가 약간 하강경향을 보이는 이외에는 다른 유에서는 뚜렷한 경향을 찾아볼 수 없다. 제2차산품 중에서는 화학제품의 하락경향이 뚜렷하고, 반면 기계류에 있어서는 근년에 커다란 증가를 보이고 있다.

다음에 수입의 상품류별 대일의존도의 추이를 보면 제1차산품은 1960~68년의 기간의 초기에는 기복이 심하나 1964년 이후로는 대일의존도의 지속적인 감소를 보이고 있고, 1968년에는 8.2퍼센트라는 극

〈표 3-2〉 수입의 상품류별 대일의존도의 추이

(단위: %)

	식료품 및 산 동물	음료 및 연초	비식용 원재료	광물성 연료	동식물성 유지	제1차산품 계
1960	1.5	–	2.6	14.9	4.1	3.4
1961	3.8	–	31.7	41.8	29.4	23.1
1962	1.3	7.0	6.3	9.0	10.1	5.6
1963	4.1	16.0	10.2	9.1	8.6	8.9
1964	0.9	–	19.9	30.9	10.8	18.6
1965	0.4	–	23.2	19.4	64.0	17.9
1966	2.2	–	17.5	19.5	46.9	15.6
1967	1.5	1.0	13.8	12.0	65.6	9.9
1968	2.4	1.3	10.1	9.3	93.3	8.2

	화학 제품	원료별 제품	기계류	잡제품	특수 거래품	제2차산품 계	총 계
1960	36.1	24.0	25.6	33.8	–	27.8	19.8
1961	46.9	51.3	31.0	48.6	81.8	43.7	38.3
1962	28.4	49.1	46.6	47.7	19.9	40.4	26.3
1963	46.4	54.7	42.7	46.5	30.9	47.4	28.4
1964	69.5	70.4	61.6	70.0	26.8	61.0	47.2
1965	84.4	82.6	45.8	71.9	28.0	67.4	31.5
1966	73.1	84.8	46.3	67.7	56.7	63.9	50.0
1967	63.2	78.6	62.4	69.9	40.6	63.9	43.7
1968	64.4	83.0	54.4	76.3	62.4	64.9	46.0

자료: 〈표 3〉 참조.

히 낮은 의존도를 보이고 있다. 이와 달리 제2차산품의 수입의 대일의 존도는 1964년 이후 60퍼센트 이상의 높은 수준에서 소폭의 변동을 보이고 있다.

　대일수입의존도의 추이를 상품류별로 좀더 자세히 관찰해 보면, 비식용원재료와 광물성연료의 의존도는 1964년 이후 지속적인 감소를 나타내고 있고, 동식물성유지는 증가를 나타내고 있다. 그리고 제2차산품의 거의 모든 상품류는 증가추세를 보이고 있다.

　이상에서 본 바와 같이 대일수입은 상품류별 구성의 추이를 보나, 상품류별 대일의존도를 보나 모두 대일수입의 급격한 증가를 가져오게 되어 있다. 즉, 그 두 요인은 상승적으로 작용하여 대일수입의 증가속도가 총수입의 증가속도의 배 이상으로 되게 하는 데 기여하고 있다.

지금까지 우리는 상품류별로 대일무역의 증감추이를 보았는데, 이것으로서는 구체적으로 어떤 품목이 어떻게 변동하여 왔는가를 알아보기 힘들다. 따라서 아래에서는 상품류를 더 세분한 주요 상품군별로 대일무역의 추이를 살펴보기로 한다.

3) 주요 상품군별 대일무역의 추이

〈수 출〉

다음의 〈표 4〉는 우리나라의 대일수출 상품군 가운데서 그 비중이 큰 9개 상품군의 대일수출의 추이를 보인 것이다.

앞에서 우리는 대일수출에서 식료품과 비식용원재료가 큰 비중을 차지하고 있음을 보았는데 이 표에 따르면 식료품 가운데 어패류와 과실 및 채소, 비식용원재료 가운데 직물섬유 및 설섬유, 비금속광물, 금속광 및 금속설, 동식물성원료 그리고 그 밖의 석탄, 직물용사 및 직물류, 의류의 9개 상품군이 대일수출액의 거의 전부를 구성하고 있음을 알 수 있다. 즉 〈표 4〉에서 알 수 있는 바와 같이 이 9개 상품군이 차지하는 비율은 연도에 따라 약간의 차이는 있으나 대체로 전체 대일수출액의 90퍼센트 전후를 점하고 있다.

이 9개의 상품군 가운데서 1963~68년 기간에 가장 큰 비중을 차지하고 있는 상품군은 1965년의 예외가 있는 것을 제외하고는 단연 금속광 및 금속설이다. 그리고 1965년까지만 해도 겨우 1퍼센트밖에 차지하지 못하던 의류가 1968년에는 20.3퍼센트라는 괄목할 신장을 이

<표 4> 주요 상품군별 수출의 추이

	03 어 개 류	05 과 실 및 채 소	26 직물섬유 및 설직물	27 비 금 속 광 물	28 금속광 및 금 속 설
1963	10,254	2,096	5,002	3,053	11,261
	6,125	1,532	201	2,671	7,973
1964	14,307	6,462	6,057	3,532	14,521
	9,589	5,507	249	2,871	10,074
1965	19,692	4,708	7,109	3,886	17,817
	13,812	4,073	111	3,082	10,847
1966	27,035	8,437	12,649	4,830	26,099
	15,875	7,281	2,590	3,915	16,250
1967	26,658	16,543	20,218	6,325	27,077
	16,240	14,621	9,687	5,233	16,958
1968	24,585	15,792	22,331	7,190	31,681
	13,907	14,003	5,414	5,803	21,031

	29 동 식 물 성 원 재 료	32 석 탄	65 직물용사 및 직 물 류	84 의 류	계
1963	6,450	2,542	7,779	4,217	52,654
	2,211	2,524	844	94	24,175
1964	6,349	2,609	19,474	6,359	79,670
	1,672	2,586	1,646	124	34,318
1965	9,824	2,211	26,361	18,963	110,571
	2,507	2,206	2,595	454	39,687
1966	11,009	1,637	31,660	30,272	153,628
	3,233	1,637	1,935	2,027	54,743
1967	12,679	1,974	42,923	58,946	213,343
	5,145	1,812	2,028	10,733	82,457
1968	10,262	2,371	52,581	119,799	286,592
	3,247	2,078	2,714	18,859	87,056

주: 상단은 총수출, 하단은 대일수출.
자료: 한국무역협회, 《무역연감》 각 연도판.

룩한 것이 특기할 만한 일이다.

수출의 대일의존도를 주요 상품군별로 보면 <표 4-2>에 나타나 있는 바와 같이 대일수출액의 비중이 큰 어패류와 금속광 및 금속설은 그 대일의존도에 있어서 극히 안정적이며 근년에 대일수출의 중요성

〈표 4-1〉 대일수출의 주요 상품군별 구성의 추이

	03 어 개 류	05 과 실 및 채 소	26 직물섬유 및 설직물	27 비 금 속 광 물	28 금속광 및 금 속 설
1963	24.7	6.2	0.8	10.8	32.1
1964	24.5	14.1	0.6	7.3	25.7
1965	30.2	8.9	0.2	6.7	23.7
1966	24.0	11.0	3.9	5.9	24.5
1967	18.3	16.4	10.9	5.9	19.1
1968	15.0	15.1	5.8	6.2	22.7
	29 동 식 물 성 원 재 료	32 석 탄	65 직 물 용 사 및 직물류	84 의 류	계
1963	8.9	10.2	3.4	0.4	97.3
1964	4.3	6.6	4.2	0.3	87.6
1965	5.5	4.8	5.7	1.0	86.8
1966	4.9	2.5	2.9	3.1	82.7
1967	5.8	2.0	2.3	12.1	92.7
1968	3.5	2.2	2.9	20.3	93.8

주: 1963년의 수치는 통관기준의 총대일수출에 대한 비임.
자료: 〈표 4〉 참조.

〈표 4-2〉 수출의 주요 상품군별 대일의존도의 추이

	03 어 개 류	05 과 실 및 채 소	26 직물섬유 및 설직물	27 비 금 속 광 물	28 금속광 및 금 속 설
1963	59.7	73.1	4.0	87.5	70.8
1964	67.0	85.2	4.1	81.3	69.4
1965	70.1	86.5	1.6	79.3	60.9
1966	58.7	85.3	20.5	81.1	62.3
1967	60.9	88.4	47.9	82.7	62.6
1968	56.6	88.7	24.2	80.7	66.4
	29 동 식 물 성 원 재 료	32 석 탄	65 직 물 용 사 및 직 물 류	84 의 류	
1963	34.3	99.3	10.8	2.2	
1964	26.3	99.1	8.5	2.0	
1965	25.5	99.8	9.8	2.4	
1966	29.4	100.0	6.1	6.7	
1967	40.6	91.8	4.7	18.2	
1968	31.6	87.6	5.2	15.7	

자료: 〈표 4〉 참조.

이 크게 높아진 직물섬유 및 설섬유와 의류는 대일의존도도 함께 높
아지고 있다.

<표 5> 주요 상품군별 대일수입의 추이

	26 직 물 섬 유 및 설 직 물	56 화 학 비 료	65 직 물 용 사 및 직 물 류	67 철 강 재
1963	13,421 4,964	25,915 25,545	10,881 8,590	21,962 18,639
1964	15,431 5,033	21,701 18,380	10,792 8,616	12,095 8,852
1965	20,102 8,956	41,211 41,199	21,049 19,776	19,786 16,270
1966	27,335 11,597	23,004 21,707	33,810 32,251	28,483 26,102
1967	34,499 13,642	19,401 16,092	60,769 54,405	40,698 32,102
1968	41,843 12,888	23,260 17,338	87,504 ※82,175	47,560 35,127

	71, 72, 73 기 계 류	93 시 설 재	계	수입총액
1963	58,209 36,974	29,605 1,007	159,993 95,719	236,131 미 상
1964	31,868 19,634	18,788 5,144	110,675 65,659	182,482 86,072
1965	54,657 25,049	18,704 5,378	175,509 116,628	279,028 143,737
1966	84,537 39,175	100,932 57,205	298,101 188,037	458,572 229,340
1967	170,473 106,405	77,123 31,320	402,967 235,966	754,189 329,528
1968	271,643 147,784	189,821 119,931	661,631 415,235	1,134,440 522,384

주: ※ 개산치임.
　　상단은 총수입, 하단은 대일수입.
　자료: 한국무역협회, 《무역연감》 각 연도판.
　　　1968년은 한국은행, 《외환통계월보》, 1968년 12월.

〈수 입〉

〈표 5〉는 우리나라의 일본으로부터의 수입 가운데서 비중이 큰 6개의 주요 상품군의 대일수입 추이를 보인 것이다. 여기서 기계류는 일반기계, 전기기계 및 수송기계를 포함하며 시설재는 플랜트 자체의 수입을 의미한다.

〈표 5-1〉에 따르면 이 6개 상품군이 차지하는 비중은 총대일수입액의 80퍼센트 정도가 된다. 그리고 이 상품군 가운데 화학비료의 수입비중이 줄어드는 것은 국내 비료공장의 가동 때문이며, 직물용사 및 직물류가 늘어나는 것은 가공수출이 활발해지고 있기 때문인 것으로 보인다. 그리고 근년에 철강재의 비중이 줄어들고 있는 것으로 나타나고 있는데, 이는 시설재 속에 철강재로 분류되어야 할 부분이 상당히 많을 것을 감안한다면 실제로는 줄어들고 있는 것이 아니다.

위의 수입의 주요 상품군의 대일의존도는 〈표 5-2〉에서 보는 바와 같이 1963~68년의 전 기간에 걸쳐서 매우 높은 의존도를 보이고 있

〈표 5-1〉 대일수입의 주요 상품군별 구성의 추이

	26 직물섬유 및 설직물	56 화학비료	65 직물용사 및 직물류	67 철 강 재	71, 72, 73 기 계 류	93 시 설 재	계
1963[1]	3.9	20.3	6.8	14.8	29.3[2]	0.8	75.8
1964	5.8	21.4	10.0	10.3	22.8	6.0	76.3
1965	6.2	28.7	13.8	11.3	17.4	3.7	81.1
1966	5.1	9.5	14.1	11.4	17.1	24.9	82.0
1967	4.1	4.9	16.5	9.7	32.3	9.5	77.1
1968	2.5	3.3	15.7	6.7	28.3	23.0	79.5

주: 1) 1963년은 통관기준의 일반수입(12,613,600만 달러)에 대한 비임.
  2) 결제기준이므로, 통관기준인 유별 통계와는 다름.
자료: 〈표 5〉 참조.

〈표 5-2〉 수입의 주요 상품군별 대일의존도의 추이

	26 직 물 섬 유 및 설직물	56 화 학 비 료	65 직 물 용 사 및 직물류	67 철 강 재	71, 72, 73 기 계 류	93 시 설 재	계
1963	37.0	98.6	78.9	85.9	42.7	34.0	59.8
1964	32.6	84.7	79.8	73.2	61.6	27.4	59.3
1965	44.6	100.0	94.0	82.2	45.8	28.8	66.5
1966	42.4	94.4	95.4	91.6	46.3	56.7	63.1
1967	39.5	82.9	89.5	78.9	62.4	40.6	63.0
1968	30.8	74.5	93.9	73.9	54.4	63.2	62.8

다. 그리고 이 높은 대일의존도는 같은 기간의 전반에서보다 후반에
더욱 높아진 것으로 나타나고 있다.

4) 주요 품목별 대일무역의 추이

〈수 출〉

앞의 분석에서 우리나라의 대일무역의 추이 및 현황이 어느 정도
밝혀졌지만, 구체적인 품목을 가지고 다시 한번 살펴보기로 한다.

〈표 6〉은 대일수출품에서 비중이 큰 것으로 24개 품목을 뽑은 것이
다. 이 표에 따르면 24개 품목 가운데서 식료품과 비식용원재료에 속
하는 품목이 무려 21개이며 기타는 단지 3개이다. 그리고 그 나머지
3개 품목 가운데도 2개만이 제2차산품이다. 즉 이 표에서 우리는 우리
나라 수출품의 구성 면에서 대일무역 불균형의 원인의 일면을 실감하
게 된다.

그리고 〈표 6-1〉을 보면 이들 대부분의 품목은 수출의 대일의존도

<표 6> 주요 품목별 대일수출의 추이

	0311 활 어	0312 선 어 (鮮魚)	0313 새 우	0321 오징어	0340 어개젓	0350 냉 간 어개류	0360 어개류 통조림	0410 쌀	0550 김	2630 생 사 (生絲)	2710 규 석 및 규 사	2721 고령토
1960	–	1,331	123	1,087	–	–	–	2,997	1,260	1,314	–	267
		1,317	14	214				2,997	1,105	180		235
1961	–	1,857	203	2,256	–	–	–	1,365	971	2,730	–	242
		1,857	60	221				1,365	821	465		242
1962	–	3,446	–	1,814	–	–	273	8,925	749	3,962	–	137
		3,306		345			12	6,038	671	–		136
1963	1,278	3,328	1,253	1,701	848	866	329	868	1,668	4,152	175	269
	682	3,326	483	392	848	289	25	–	1,504	8	152	267
1964	1,148	5,054	1,129	4,006	539	1,171	682	2,269	5,487	5,591	312	229
	1,122	4,939	546	1,741	528	552	37	2,269	5,246	154	291	222
1965	1,148	7,642	2,018	4,847	809	641	2,249	3,161	3,779	6,702	418	361
	1,123	6,062	918	3,462	803	305	1,068	3,080	3,513	65	412	327
1966	3,047	10,279	2,354	5,589	1,268	1,877	1,754	7,292	6,831	11,358	649	397
	1,723	5,443	1,150	3,928	1,259	1,499	703	7,278	6,634	2,087	626	392
1967	2,210	7,699	4,609	4,469	1,527	3,994	258	2	14,450	18,219	1,146	531
	2,160	4,338	2,788	3,294	1,527	1,395	7	0	13,966	8,229	1,118	491
1968	–	–	–	–	–	☆	217	0	13,890	20,563	818	823
							108	0	13,621	4,318	776	707

	2722 2723 흑 연	2724 형 석	2725 활 석	2810 철 광	2840 연 광	2850 아연광	8260 중 석	2870 몰리브 덴광	2924 한 천	3210 무연탄	6531 면직물	8410 외의류
1960	916	917	241	3,177	242	–	4,671	255	1,112	1,459	–	
	891	654	188	3,177	109		381	56	227	1,459		
1961	967	745	421	5,322	213	–	5,133	246	1,188	2,379	–	
	936	723	369	5,322	172		674	239	222	2,379		
1962	834	567	–	3,849	152	27	3,374	–	1,322	2,741	–	
	768	513		3,586	152	27	115		293	2,735		
1963	914	816	591	6,800	437	93	3,287	502	1,749	2,541	331	459
	836	785	403	6,719	241	80	491	380	700	2,524	159	1
1964	913	856	801	6,941	959	359	4,815	993	1,176	2,609	221	3,056
	783	760	477	6,731	709	200	1,145	885	269	2,586	82	21
1965	972	839	728	7,052	1,339	855	6,567	1,616	1,622	2,211	536	3,834
	781	766	316	7,035	1,229	855	452	932	745	2,206	478	322
1966	968	1,046	1,143	8,134	2,915	1,752	10,050	1,939	2,747	1,637	689	14,563
	821	971	677	8,035	2,397	1,752	2,247	1,441	1,711	1,637	430	883
1967	1,165	1,119	1,409	9,798	1,718	2,608	10,323	1,324	5,816	1,974	951	53,227
	991	1,003	872	7,090	21,706	2,608	3,934	908	2,361	1,812	465	10,356
1968	1,073	1,640	1,828	10,588	3,354	2,106	12,859	1,304	1,773	2,371	1,483	☆
	855	1,505	1,122	10,516	3,098	2,102	3,892	873	990	2,078	243	

주: –표는 미상, ☆표는 분류기준의 변경으로 확인할 수 없는 것을 가리킴.
　　상단은 총수출, 하단은 대일수출.
자료: 한국무역협회, 《무역연감》, 각 연도판. 1968년은 한국은행, 《외환통계월보》, 1968년 12월.

<표 6-1> 수출의 주요 품목별 대일의존도의 추이

	0311 활 어	0312 선 어 (鮮魚)	0313 새 우	0321 오징어	0340 어개젓	0350 냉 간 어개류	0360 어개류 통조림	0410 쌀	0550 김	2630 생 사 (生絲)	2710 규 석 및 규 사	2721 고령토
1960	–	92.0	11.4	19.7	–	–	–	100.0	87.7	13.7	–	88.0
1961	–	100.0	29.6	9.8	–	–	–	100.0	84.6	17.0	–	100.0
1962	–	95.9	–	17.0	–	–	4.4	67.7	89.6	–	–	99.3
1963	53.4	99.9	38.5	23.0	100.0	33.4	7.6	–	90.2	0.2	86.9	99.3
1964	97.7	97.7	48.4	43.5	98.0	47.1	5.4	100.0	95.6	2.8	93.3	96.9
1965	97.7	79.3	45.5	71.4	99.3	47.6	47.5	97.4	93.0	1.0	98.6	90.6
1966	56.5	53.0	48.9	70.3	99.3	79.9	40.1	99.8	97.1	18.4	96.5	98.7
1967	97.7	56.3	60.5	73.7	100.0	34.9	2.7	0.0	96.7	45.2	97.6	92.5
1968	–	–	–	–	–	–	49.8	0.0	98.1	21.0	94.9	85.9

	2722 2723 흑 연	2724 형 석	2725 활 석	2810 철 광	2840 연 광	2850 아연광	8260 중 석	2870 몰리브 덴광	2924 한 천	3210 무연탄	6531 면직물	8410 외의류
1960	97.3	71.3	78.0	100.0	45.0	–	8.2	22.0	20.4	100.0	–	–
1961	96.8	97.0	87.6	100.0	80.8	–	13.1	97.2	18.7	100.0	–	–
1962	92.1	90.5	–	93.2	100.0	100.0	3.4	–	22.2	99.8	–	–
1963	91.5	96.2	68.2	98.8	55.1	86.0	14.9	75.7	40.0	99.3	48.0	0.0
1964	85.8	88.8	59.6	97.0	73.9	78.0	23.8	89.1	22.9	99.1	37.1	0.7
1965	80.3	91.3	43.4	99.8	91.8	100.0	6.9	57.7	45.9	99.8	89.2	8.4
1966	84.8	92.8	59.2	98.8	82.2	100.0	22.4	74.3	62.3	100.0	62.4	5.7
1967	85.1	89.6	61.9	72.4	99.3	100.0	38.1	68.6	40.6	91.8	48.9	19.5
1968	79.7	91.8	61.4	99.3	92.4	93.8	30.3	66.9	55.8	87.6	16.4	–

자료: <표 6> 참조.

도 매우 높아 1963년에는 23개 품목 가운데 14개 품목이 50퍼센트를 넘으며, 1967년에는 23개 품목 가운데서 16개 품목이 50퍼센트를 넘고 있어 대일수출액이 큰 품목은 대일의존도가 더욱 높아짐을 나타내고 있다.

이 24개 주요 품목 가운데 근년에 크게 대일수출이 늘어나고 있는 품목은 활어, 새우, 어개젓, 김, 생사, 형석, 철광, 연광, 중석 등의 제1차산품을 들 수 있고, 제2차산품인 외의(겉옷)류를 들 수 있다. 이 가운데 제1차산품은 모두 우리나라의 전통적인 수출품이지만 대일수출품으로서의 외의류는 그 대부분이 일본 고유의상의 부속물인 의대(衣帶)의 가공수출이다. 그리고 대부분의 품목이 공급 측의 조건에 의해서 수출증대가 어렵거나, 수요 측의 요구에 의해서 거래조건이 결정되기 쉬운 품목들이며, 우리 측의 주도하에 강력하게 일본시장에 내놓을 만한 품목이 없는 것이 유감이다.

〈수 입〉

대일수입품의 과거의 추이와 현황에 관하여도 앞에서 대체로 언급이 되었지만 여기서는 구체적인 상품별로 대일수입의 추이와 현황을 보기로 한다.

〈표 7〉은 우리나라의 대일수입품목 가운데서 비중이 큰 29개 품목을 제시한 것이다. 이 표에 따르면 수출의 경우와는 정반대로 29개 품목 중 28개가 제2차산품이며, 단 하나 인조섬유만이 제1차산품이다. 그리고 제2차산품 중에서도 거의 대부분이 중화학공업제품, 철강제품 및 기계류로 구성되고 있다. 따라서 우리는 이 표에서 우리나라의 수입품의 구성 면에서 대일무역 불균형의 원인의 또 다른 일면을 실감하게 된다.

<표 7> 주요 품목별 대일수입의 추이

	2641 인조섬유	5112 메탄올	5610~40 질소비료	6513 합섬사	1515 인견사	6560 면직물	6610 시멘트	6710 페 로 앨로이	6720 철광봉(棒) ·형(形)
1960					4,599	−	79		
					1,872		23		
1961				6	3,366	−	159		
				6	1,103		145		
1962	4,322	484	40,187	14,674	−	−	3,595	938	2,441
	3,148	458	13,758	3,475			3,146	418	1,684
1963	2,967	45	25,894	2,887	2,142	2,296	3,708	16	4,247
	2,861	45	25,525	2,330	1,206	1,857	3,120	16	3,359
1964	4,188	491	17,330	3,732	2,709	1,221	53	−	3,058
	3,849	366	14,685	2,899	1,831	1,090	38		1,767
1965	7,939	673	39,602	9,028	3,773	2,405	10	2	1,640
	7,571	539	39,602	8,935	3,303	1,883	8	2	1,407
1966	11,560	557	19,919	17,752	5,249	1,243	1,212	77	5,932
	9,996	550	19,919	17,276	4,497	1,204	1,211	69	5,637
1967	13,039	1,182	13,623	36,078	2,713	2,316	7,941	1,582	5,952
	11,211	1,123	12,900	33,217	3,957	2,097	6,994	1,457	4,807
1968	11,872	1,898	16,815	55,013	3,157	2,425	2,383	123	17,225
	9,578	1,865	16,873	51,857	2,717	2,032	2,377	123	14,578

	6730 철강판	6740 철강대	6750 철강궤조	6760 철강선	6770 철강관	6790 기타철강	6840 알루미늄	6860 아 연	7111 내연기관	7140 금속가공 기 계
1960	3,178	–			–		1,016	205	319	18
	863						18	–	175	13
1961	1,669	–			–		171	44	2,511	45
	1,261						57	7	1,133	17
1962	8,808	2,754	2,404	1,330	2,179	215	4,444	1,255	7,232	1,534
	6,843	2,522	1,943	1,309	1,096	–	947	24	4,002	611
1963	9,698	2,261	573	545	1,541	3,080	523	1,263	2,223	601
	9,567	2,255	436	545	1,436	1,025	439	293	497	525
1964	3,558	3,176	306	738	439	820	774	521	1,516	965
	3,331	2,254	186	734	335	245	232	47	1,217	598
1965	9,737	4,354	1,498	525	1,099	1,076	772	1,900	691	314
	8,727	3,069	1,383	456	836	390	721	140	565	325
1966	10,762	4,155	2,429	435	1,008	2,873	4,907	1,049	2,312	1,383
	9,877	3,865	2,220	421	880	1,204	1,490	284	1,885	664
1967	16,315	5,501	1,732	785	1,853	6,977	6,552	1,568	4,097	2,443
	13,731	5,481	1,521	737	1,352	3,106	1,173	1,477	3,314	1,361
1968	14,389	2,049	2,003	391	2,285	8,091	6,858	1,813	3,256	5,511
	14,023	2,031	1,795	378	1,994	미상	1,934	1,475	1,842	3,377

	7151 섬유기계	7152 재봉기	7263 건설용및 광산기계	7231 텔레비전	7232 라디오	7233 유선통신 기 계	731 철도용 차 량	732 자동차	7340 선 박	920 시설재
1960	670	414	–	–	–				60	
	216	403							60	
1961	1,150	251	–	–	–				511	
	656	240							135	
1962	6,452	1,531	256	1,775	255	5,447			294	
	4,377	1,419	78	1,173	212	478			242	
1963	7,480	795	3,176	808	419	834	3,393	3,874	2,970	29,605
	5,432	747	1,863	482	393	620	3,342	3,179	2,388	1,007
1964	2,500	333	1,635	–	595	398	5,800	1,321	743	18,788
	1,884	291	457		533	347	5,773	978	739	5,144
1965	3,359	1,433	2,286	–	1,722	2,468	1,442	794	23,196	18,704
	2,108	1,318	699		1,569	621	1,398	536	4,819	5,378
1966	7,990	2,099	3,789	626	2,074	2,894	5,579	15,433	27,577	100,932
	5,704	2,000	3,413	614	2,324	1,161	161	14,981	4,755	57,205
1967	19,943	2,624	8,534	1,119	1,829	4,027	18,194	20,926	22,434	77,123
	12,756	2,487	6,125	1,089	1,587	1,113	1,118	19,107	16,276	31,320
1968	32,685	3,152	12,345	1,469	1,904	4,154	3,757	57,298	33,267	18,983
	15,407	2,824	5,212	1,425	1,868	1,496	1,468	40,677	16,177	11,992

주: 1963년은 원조가 포함된 통관기준임.
　　상단은 총수입, 하단은 대일수입.
자료: 한국무역협회, 《무역연감》 각 연도판.

그리고 〈표 7〉에 따르면 이들 품목의 대일의존도는 매우 높아서, 1963년에는 28개 품목 중 24개 품목의 대일의존도가 50퍼센트를 넘고, 1967년에는 28개 품목 중 25개 품목이 50퍼센트를 넘는다. 그리고 이들 품목의 대일의존도는 대체로 더욱 높아지는 경향을 보여 대일의존도가 80퍼센트 이상인 품목은 1963년에 18개에서 1967년에는 19개로 늘어나고 있다.

이들 품목 가운데 1967년에 대일수입액이 1천만 달러를 넘는 품목은 인조섬유, 질소비료, 합성섬유사, 철강판, 섬유기계, 선박 및 시설재로 나타나고 있다.

우리나라의 대일수출품은 대체로 수출의 탄력성이 커서 수요 측의 요구가 거래조건에 크게 반영될 수 있는 품목들이었던 데 반하여 우리나라의 대일수입품목은 우리나라 경제가 추구하는 수출증대와 경제의 고도성장을 위해서는 필수적인, 따라서 공급 측이 유리한 거래조건을 요구할 수 있는 품목들이다. 이것이 우리나라의 대일무역 불균형의 시정을 어렵게 하는 가장 큰 요인이다.

지금까지 우리는 우리나라의 관점에서 대일수출 및 수입을 중심으로 대일무역의 추이와 현황을 보았다. 다음은 일본의 관점에서 대한(對韓)무역이 일본무역에서 차지하는 위치를 보기로 한다.

3. 일본무역의 대한의존도

1) 총무역의 대한의존도의 추이

일본의 무역은 1960년에 수출액과 수입액이 모두 40억 달러 수준에 있던 것이, 견실한 신장을 계속하여 1967년에는 수출액과 수입액이 모두 100억 달러를 돌파하였다. 그리하여 현재 일본의 무역액은 선진국

들과 어깨를 나란히 할 수 있을 정도로까지 성장하였다. 이러한 고도
로 성장한 일본무역에서 우리나라의 위치는 어떠한가?

〈표 8〉에 따르면, 일본의 대한수출은 1960~63년까지는 완만하게
증가하다가, 1964년에는 크게 떨어졌다. 그러나 1964년 이후에는 대한
수출액이 급격히 증가하여 1964년에 비하여 3년 후인 1967년에는 거
의 4배나 증가하고 있다. 그리하여 일본의 수출에서 대한의존도도
1964년의 1.6퍼센트에서 1967년에는 3.9퍼센트로 올라갔으며, 일본의
수출시장으로서 우리나라의 지위는 1964년의 17위에서 1967년에는 일
약 2위로 올랐다. 즉, 우리나라는 일본에 대하여 미국 다음가는 큰 시
장이 된 것이다.

〈표 8〉 일본무역의 대한의존도의 추이

(단위: 100만 달러)

	수 출			수 입		
	수 출 액	대한의존도	한국의 순위	수 입 액	대한의존도	한국의 순위
1960	4,054.5	2.5%		4.491.1	0.4%	
	100.1			18.6		
1961	4,235.6	3.0	5	5,810.4	0.4	33
	125.9			22.4		
1962	4,916.2	2.8	6	5,636.5	0.5	31
	138.1			28.6		
1963	5,452.1	2.9	4	6,736.3	0.4	32
	159.7			27.0		
1964	6,673.2	1.6	17	7,937.5	0.5	32
	108.8			41.7		
1965	8,451.7	2.1	14	8,169.0	0.5	34
	180.3			41.3		
1966	9,776.4	3.4	3	9,522.7	0.8	26
	335.2			71.7		
1967	10,441.6	3.9	2	11,663.1	0.8	25
	407.0			92.4		

주: 상단은 총무역, 하단은 대한무역.
자료: 일본무역진흥회, 《1968 해외시장백서》, pp. 22, 24, 26, 34; IMF, *Direction of Trade*, Annual,
　　1961~65, p. 165.

한편 일본의 수입에서 차지하는 대한수입의 비중은 1960~65년에는 0.4~0.5퍼센트 사이에서 변동하다가, 1966년 이후 0.8퍼센트로 증가하였다. 그리하여 일본의 수입상대국으로서 우리나라의 순위는 1965년까지에는 30위 밖에 있었고, 1967년에야 겨우 25위로 올라섰다. 이를 대한수출 순위가 2위인 것과 비교하면 그 차이는 실로 지나치다고 밖에 말할 수 없다.

이하에서는 일본 지역의 대한의존도를 주요 품목별로 좀더 자세히 살펴보기로 한다.

2) 일본의 주요 대한수입품목의 대한의존도

앞에서 본 바와 같이 일본의 수입에서 대한의존도는 1967년에 0.8퍼센트밖에 안 되는 낮은 수준이었다. 그러나 〈표 9〉에 따르면 품목별로 볼 때 일본수입의 대한의존도가 꽤 큰 품목들도 있다. 1967년에 어개류는 대한의존도가 11.9퍼센트, 생사는 27.7퍼센트로 매우 높은 편이고 연광, 압연광도 각각 8.5퍼센트, 4.1퍼센트에 이르고 있다. 그러나 대한의존도를 말할 수 있을 정도의 일본의 대한수입품목은 거의 예외없이 제1차산품으로 우리나라의 특산물이라고 불리는 것들뿐이다.

3) 일본의 주요 대한수출품목의 대한의존도

앞에서 본 바와 같이 1967년에 일본의 수출에서 대한의존도는 3.8퍼센트로, 일본의 수출시장으로서 우리나라의 순위는 2위였다. 〈표 10〉에 따르면 1967년에 일본의 대한수출액이 1천만 달러를 넘는 품목은 합성섬유단섬유, 합성섬유사, 화학비료, 철강, 금속제품, 섬유기계, 자동차, 선박이며 수출의 대한의존도가 10퍼센트를 넘는 품목은 합성섬유단섬유, 합성섬유사, 인견사, 견직물, 시멘트, 아크릴로니트릴, 화

<표 9> 일본의 주요 대한수입품목의 대한의존도

(단위: 1,000달러)

품 목	1965			1966			1967			1967년의 순위
	일본의 수입총액	대 한 수입액	대 한 의존도 (%)	일본의 수입총액	대 한 수입액	대 한 의존도 (%)	일본의 수입총액	대 한 수입액	대 한 의존도 (%)	
식 료 품	1,461,657	15,938	1.1	1,681,063	37,153	2.2	1,804,680	30,248	1.7	
육 류	47,455	97	0.2	80,078	101	0.1	88,297	1,435	1.6	11
어 개 류	67,306	13,105	19.5	107,398	14,805	13.8	132,037	15,729	11.9	
냉 동 새 우	35,937	911	2.5	60,085	1,032	1.7	79,732	2,767	3.5	8
동 료 (飼料)	366,192	112	0.0	431,182	220	0.1	457,775	253	0.1	
동료용옥수수	197,433			206,980			219,002			
쌀	144,700	516	0.4	131,290	10,353	7.9	82,232	0	0.0	
김					9,651			10,901		
원 료 품	3,227,492	18,388	0.6	3,873,189	25,017	0.6	4,493,038	38,947	0.9	
생 사	4,379	50	1.1	17,482	1,759	10.1	30,005	8,322	27.7	
철 광	523,582	7,739	1.5	606,212	7,603	1.3	718,025	7,408	1.0	12
비 철 금 속 광	288,005	3,837	1.3	377,293	7,420	2.0	486,206	9,576	2.0	
연 광	14,631	1,091	7.5	15,071	1,867	12.4	20,174	1,719	8.5	5
아 연 광	38,424	1,209	3.1	38,128	1,399	3.7	48,586	1,969	4.1	4

자료: 일본통상산업성, 《1968 통상백서》 각론.

학비료, 섬유기계, 하역기계, 중전기기, 철도차량이며, 1967년에 대한 수출 순위가 1위인 품목은 합성섬유단섬유, 합성섬유사, 시멘트, 아크릴로니트릴, 섬유기계 및 철도차량이다. 이렇게 볼 때 금액으로 보나, 일본무역에서 차지하는 비중으로 보나, 중요성이 큰 것은 합성섬유품, 철강제품 및 기계류라고 말할 수 있다. 그리고 이들은 우리나라 경제의 고도성장 추구에 거의 필요 불가결한 것이다.

이상에서 본 바와 같이 일본무역에서 대한무역이 차지하는 위치는 1967년도에 있어서 대한수출은 2위, 대한수입은 25위라는 엄청난 차이를 보이고 있으며, 이와 같은 무역불균형의 내용은 품목별로 볼 때 더욱 실감 있게 인식됨을 보았다.

⟨표 10⟩ 일본의 주요 대한수출품목의 대한의존도

품 목	1965			1966			1967			1967년의 순위
	일본의 수입총액	대 한 수입액	대 한 의존도	일본의 수입총액	대 한 수입액	대 한 의존도	일본의 수입총액	대 한 수입액	대 한 의존도	
섬 유 품	1,581,746	36,451	2.3%	1,762,412	54,795	3.1%	1,703,651	81,960	4.8%	4
섬유원료	141,486			142,790			34,802			
양모톱	15,930			12,942			11,578			
합성섬유단섬유	67,399	7,111	10.6	70,215	10,287	14.7	70,422	13,148	18.7	1
비스코스단섬유	40,651	1,653	4.1	40,992	2,237	5.5	34,889	1,817	5.2	6
사류	197,093			240,450			211,421			
면사	20,426	247	1.2	23,704	528	202	10,938	381	3.5	7
합성섬유사	86,160	11,317	13.1	110,621	19,841	17.9	124,146	36,613	29.5	1
인견사	22,421	3,579	16.0	25,959	5,422	20.9	22,766	4,114	18.1	2
직물류	798,829			869,775			858,032			
면직물	302,621	2,039	0.7	285,713	1,859	0.7	248,117	2,915	1.2	18
견직물	36,246	408	1.1	31,884	1,553	4.9	25,610	4,059	15.8	2
합성섬유직물	185,596	1,611	0.9	271,937	3,759	1.4	312,939	7,804	2.5	10
수직물	86,849	297	0.3	76,425	208	0.3	85,311	535	0.6	11
이차제품	444,337	1,883	0.4	509,388	2,138	0.4	499,397	3,781	0.8	17
어망 및 어망지	23,654	378	1.6	24,131	371	1.5	21,456	541	2.5	10
비 금 속 광 물 제 품	265,108	1,029	0.4	284,689	5,545	1.9	296,977	10,712	3.6	6
시멘트	21,444	32	0.1	22,816	2,907	12.7	30,560	7,617	24.9	1
판유리	14,093	39	0.3	15,339	35	0.2	20,267	332	1.6	8
기 타 의 경 공 업 품	845,567			945,768			1,035,679	8,359		
종이 및 판지	54,513	920	1.7	67,862	2,262	3.3	63,617	1,435	2.3	13
중 화 학 공 업 품										
화학품	546,880	51,368	9.4	669,393	50,494	7.5	684,314	53,110	7.8	3
유기화합물	105,668			137,151			130,174			
아크릴론트릴	19,947	3	0.0	12,077	116	0.1	4,771	1,834	38.4	1
락튼 및 락담	8,485	504	5.9	8,013	1,226	15.3	7,010	531	7.6	4
염료	10,077			10,096	1,116	11.1	12,683	1,242	9.8	3
도료	6,007	204	3.4	7,564	395	5.2	9,587	362	3.8	6
화학비료	161,885	38,435	23.7	183,140	27,542	15.0	179,261	21,012	11.7	3
유안	61,792	18,772	30.4	54,821	8,411	15.3	54,420	3,911	7.2	4
요소	64,863	17,160	26.5	94,263	16,831	17.9	95,536	15,409	16.1	3
인조플라스틱	119,833	2,130	1.8	159,389	3,353	2.1	174,395	4,116	2.4	13
금속품	1,718,164	28,513	1.7	1,778,244	59,583	3.4	1,781,429	60,222	3.4	6

철강	1,290,378	22,415	1.7	1,293,088	43,333	3.4	1,272,432	41,788	3.3	6
봉형강	161,546	918	0.6	122,652	5,772	4.7	94,601	7,126	7.5	2
선재	77,493	385	0.5	71,812	1,002	1.4	63,645	1,047	1.6	7
후판	128,912	4,069	3.2	127,192	7,836	6.2	124,749	9,357	7.5	3
박판	269,052	9,066	3.4	318,374	10,390	3.3	347,570	13,346	3.8	6
대강	105,317	2,822	2.7	101,403	1,850	1.8	96,216	4,527	4.7	4
철강선	68,632	400	0.6	66,645	459	0.7	66,343	543	0.8	13
관 및 계수	240,469	1,364	0.6	265,851	6,479	2.4	271,894	3,218	1.2	12
비철금속	123,193	3,279	2.7	119,118	3,475	2.9	105,781	4,036	3.8	7
알미늄	30,650	878	2.9	30,242	1,270	4.2	17,318	1,078	6.2	5
금속제품	304,587	2,819	0.9	366,038	12,775	3.5	403,215	14,397	3.6	4
철강제구조물	32,994	670	2.0	39,446	6,042	15.3	46,791	2,800	6.0	7
손도구 및 공구	38,850	578	1.5	45,859	912	2.0	52,710	1,629	3.1	6
기 계 기 기	2,975,488	48,984	1.6	3,756,959	44,452	3.8	4,394,916	74,651	4.0	4
일반기계	624,376	25,577	4.1	813,328	81,768	10.1	927,752	78,834	8.5	2
내열기관	39,413	1,809	4.6	47,819	3,318	6.9	60,611	5,743	9.5	4
농업기계	24,163	1,205	5.0	29,720	2,403	8.1	49,180	1,914	3.9	6
금속가공기계	44,912	1,543	3.4	70,457	4,606	6.5	74,846	4,782	6.4	5
섬유기계	81,914	6,642	8.1	100,065	24,660	24.6	106,322	17,146	16.1	1
재봉기	83,322	1,408	1.7	92,244	2,122	2.3	96,730	2,718	2.8	7
광산건설기계	35,778	1,766	4.9	23,491	1,727	7.4	28,567	2,194	7.7	4
하역기계	36,987	841	2.3	39,722	3,372	8.5	41,021	4,697	11.5	2
베어링	42,931	190	0.4	53,624	391	0.7	58,672	896	1.5	11
전기기계	865,375	12,234	1.4	1,193,081	27,233	2.3	1,368,404	35,527	2.6	6
중전기기	58,587	1,463	2.5	66,370	5,831	8.8	77,900	9,070	11.6	2
통신기기	416,787	4,918	1.2	586,745	6,786	1.2	643,494	8,069	1.3	14
텔레비전	84,870	67	0.1	146,490	853	0.6	164,623	1,023	0.6	14
트랜지스터라디오	172,104	2,065	1.2	217,554	2,911	1.3	253,825	3,040	1.2	15
전기계측기기	24,607	571	2.3	35,283	1,204	3.4	40,744	2,414	5.9	4
녹음기	79,486	1,598	2.0	120,770	1,596	1.3	195,050	2,762	1.4	10
수송기계	1,243,196	7,224	0.6	1,439,075	30,954	2.2	1,733,452	53,801	3.1	7
철도차량	41,109	211	0.5	41,497	11,096	26.7	64,408	8,741	13.6	1
자동차	237,335	2,387	1.0	305,938	7,884	2.6	434,061	20,658	4.8	7
승용차	115,420	113	0.1	174,726	3,567	2.0	249,994	4,244	1.7	14
버스·트럭	84,834	2,245	2.6	90,336	3,771	4.2	128,060	12,122	9.5	3
자동차부분품	28,471	225	0.8	40,776	624	1.5	51,801		2.7	8
선박	747,873	4,190	0.6	823,091	10,783	1.3	982,473	22,707	2.3	6
정밀기기	242,541	3,949	1.6	311,476	4,497	1.4	365,308	6,489	1.8	12
카메라	53,130	1,137	2.1	65,267	1,232	1.9	83,124	1,309	1.6	11

자료: 일본통상산업성, 《1968 통상백서》 각론.

그런데 일본무역 일반의 무역수지는 어떠한 상태에 있는지 일본의 총무역수지, 지역별 무역수지 및 주요 무역상대국 간의 무역수지를 다음에서 보기로 한다.

4. 일본의 무역수지

1) 일본의 총무역수지의 추이

일본의 무역수지는 〈표 11〉에서 보는 바와 같이 1960~64년 기간 중에 계속 적자를 나타내다가 1965~66년에 흑자를, 그리고 1967년에 다시 적자를 보이고 있다. 수출에 대한 무역적자의 비율은 1961년에 가장 커서 37퍼센트에 이르렀고, 1964년에는 24퍼센트였으나 그 후 대체로 무역적자 비율은 줄어들고 있는 추세이다.

2) 일본의 지역별 무역수지

일본의 무역수지는 전체로서는 앞에서 본 바와 같이 거의 균형된

〈표 11〉 일본의 무역수지의 추이

(단위: 100만 달러)

	수 출 액	수 입 액	수입 대 수출
1960	4,054.5	4,491.1	1.11
1961	4,235.6	5,810.4	1.37
1962	4,916.2	5,636.5	1.15
1963	5,452.1	6,736.3	1.24
1964	6,673.2	7,937.5	1.19
1965	8,451.7	8,169.0	0.97
1966	9,776.4	9,522.7	0.97
1967	10,441.6	11,663.1	1.12

자료: 일본통상산업성, 《1968 통상백서》, 각론, p. 348~9.

상태에 있으나 지역별로 볼 때는 〈표 12〉에서 보는 바와 같이 지역별로 뚜렷한 특징을 나타내고 있다. 이 표에 따르면 동남아시아, 아프리카 및 서유럽은 일본의 수출시장이 되고 있으면서 아시아, 중·남아메리카 및 대양주는 일본의 수입시장이 되고 있고, 공산권은 작은 수입시장이 되어 있다. 그리하여 일본과의 무역수지가 거의 균형을 이루고 있는 지역은 북아메리카뿐이다.

일본은 동남아시아에 대하여는 중화학공업품과 경공업품, 그 중에도 특히 기계기기, 섬유품 및 금속품을 수출하고 대신 주로 원료품을 수입하는데, 일본의 수출에 대한 수입의 비율은 1967년에 61퍼센트에 불과한 심한 무역불균형을 보여주고 있다.

서아시아에 대하여 일본은 제2차산품 특히 기계류와 섬유품을 수출하는 대신에 광물성연료 즉 원유를 주로 수입한다. 그런데 원유의 일

〈표 12〉 일본의 지역별 무역수지

(단위: 100만 달러)

	1965			1966			1967		
	수 출	수 입	수입 대 수출	수 출	수 입	수입 대 수 출	수 출	수 입	수입 대 수출
세 계	8,451.7	8,169.0	0.97	9,776.4	9,522.7	0.97	10,441.6	11,663.1	1.12
동 남 아 시 아	2,194.9	1,406.2	0.64	2,630.1	1,612.5	0.61	2,930.8	1,794.9	0.61
서 아 시 아	286.3	1,074.2	3.75	349.6	1,222.3	3.50	347.7	1,507.4	4.39
서 유 럽	1,085.4	726.1	0.67	1,284.8	858.2	0.67	1,419.3	1,177.6	0.83
북 아 메 리 카	2,693.7	2,723.0	1.01	3,225.4	3,109.0	0.96	3,286.2	3,845.9	1.17
중·남 아메리카	487.8	707.3	1.45	556.4	781.0	1.40	612.1	855.4	1.40
아 프 리 카	817.6 (453.6)	353.2	0.43	728.7 (414.7)	419.9	0.58	850.4 (467.4)	661.2	0.78
대 양 주	404.4	652.0	1.61	399.2	831.8	2.08	471.9	951.3	0.02
공 산 권	477.7	527.1	1.10	599.2	687.9	1.15	525.2	868.2	1.65

주: 괄호 안은 리베리아로 향한 선박을 제외한 경우임.
자료: 일본통상산업성, 《1968 통상백서》, 각론.

본 국내수요는 매우 크기 때문에 수출에 대한 수입의 비율은 4배가 넘는 심한 무역역조를 보이고 있다.

서유럽에 대해서는 선박을 비롯한 중화공업제품이 주로 수출되며 경공업품, 식료품도 수출되고 있다. 그리고 서유럽으로부터의 수입은 일반기계를 중심으로 한 기계류와 화학품이 주로 수입된다. 그러나 일본의 서유럽에 대한 수출에 견주어 수입은 1967년에 83퍼센트밖에 되지 않는다. 즉, 서유럽은 일본의 중화학공업제품의 커다란 시장이 되고 있다.

1967년의 일본의 북아메리카에 대한 수출액은 33억 달러에 이르는데, 이 가운데 20억 달러가 중화학공업품이며 11억 달러가 경공업품이다. 그리고 중화학공업품 중에서도 철강과 전기기계의 수출만도 12억 달러를 넘는다. 한편 북아메리카로부터의 수입은 38억 달러 가운데 원료품이 16억 달러, 가공제품이 12억 달러, 식료품이 7억 달러에 이르고 있어, 원료의 북아메리카에 대한 의존도가 매우 높은 편이다. 그리하여 1967년에 일본의 무역수지는 북아메리카에 대하여 17퍼센트의 적자를 보이고 있다.

일본의 중·남아메리카에 대한 수출품은 거의 전부가 중화학공업품과 경공업제품으로 구성되며, 수입품은 원료품과 식료품으로 구성된다. 원료품으로서는 철광석과 면화, 그리고 동광과 아연광의 비중이 크다. 그리하여 라틴아메리카에 대하여, 일본은 계속적인 무역역조를 보이고 있는데, 1967년에는 40퍼센트의 무역적자를 보이고 있다.

일본의 아프리카에 대한 수출도 역시 중화학공업품과 경공업품을 주로 하고 있다. 그리고 아프리카로부터의 수입은 원료품과 선철, 동이 주요한 위치를 점하고 있다. 그리하여 1967년에는 일본의 대아프리카 수출에 대한 수입의 비는 78퍼센트를 나타내고 있다. 그러나 아프리카로의 수출에는 리베리아로 향한 대규모의 선박수출이 포함되어 있다. 즉 1965년의 3.8억 달러, 1966년의 3.3억 달러, 1967년의 3.8억 달러에 달하는 선박수출을 제외하고 생각한다면 일본과 아프리카 사이의 무역은 1967년에 오히려 일본이 수입초과를 시현한 것으로 나타난다.

일본의 대양주에 대한 수출도 중화학공업품으로 주로 구성된다는 점에서 다른 지역에 대한 수출의 경우와 같다. 한편 대양주로부터의 수입은 주로 원료품과 식료품으로 구성된다. 원료품 중에는 1967년에 3억 달러를 넘는 양모를 비롯하여 1억 달러를 넘는 석탄, 1억 달러에 육박하는 철광석 등 굵직한 것들로 주로 구성된다. 이리하여 1967년에 일본의 대양주와의 무역수지는 수출에 대한 수입의 비가 78퍼센트로 나타나고 있다.

1967년의 일본의 공산권에 대한 수출은 80퍼센트 이상이 중화학공업품으로 구성되고 약간의 경공업품이 있다. 한편 수입품은 목재, 원료탄 등 원료품과 선철, 비철금속 등 반제품, 그리고 식료품으로 주로 구성된다. 그리하여 일본은 공산권에 대하여 수출의 65퍼센트의 적자를 나타내고 있다.

이상에서 우리는 지역별로 일본무역의 특징을 보았다. 여기에 나타난 사실은 일본의 수출품은 모든 지역에 대해서 중화학공업품과 경공업품으로 구성되며, 수입품은 일본의 상업에 필요한 원료품, 그리고 식료품으로 구성된다는 것이다. 그리고 지역적인 무역수지도 따라서 이러한 원료품 및 식료품을 공급할 수 있는 지역은 일본에 대해서 수출초과를 나타내며 그와 반대로 그러한 원료품 또는 식료품을 공급할 능력이 없으면서 공업제품을 필요로 하는 지역은 일본에 대해서 수입초과를 나타내고 있다.

다음에는 주요 국가별로 일본과의 무역수지를 보기로 한다.

3) 일본의 주요 국가별 무역수지

〈표 13〉은 1967년에 일본과의 무역액(수출+수입)이 큰 순서로 10개 국의 일본과의 무역수지를 보인 것이다.

일본의 미국과의 국제수지는, 1965, 1966년에는 흑자를 보였으나, 1967년에는 미국으로부터의 원료품, 가공제품의 수입이 각각 16퍼센트와 30퍼센트씩 크게 늘어, 무역수지는 역전되었다.

일본의 오스트레일리아와의 무역수지는 격심한 역조현상을 보이고 있다. 1965년에 견주어 1966년에는 수출의 부진과 원료품을 중심으로 한 수입의 격증으로 무역수지의 역조는 더욱 가중되었으나 1967년에는 약간 호전되었다. 그러나 1967년에도 수입과 수출의 비는 2.2:1이나 된다.

〈표 13〉 일본의 주요 국가별 무역수지

(단위: 100만 달러)

	1965			1966			1967		
	수 출	수 입	수입 대 수 출	수 출	수 입	수입 대 수 출	수 출	수 입	수입 대 수 출
미　　　　국	2,479.2	2,366.1	0.95	2,969.5	2,657.6	0.89	3,012.0	3,212.1	1.07
오스트레일리아	313.2	552.1	1.76	297.7	679.6	2.28	358.8	792.4	2.21
캐　　나　　다	214.4	356.8	1.66	255.8	451.3	1.76	274.2	633.3	2.31
필　　리　　핀	240.3	253.7	1.06	278.3	325.0	1.17	362.9	374.4	1.03
소　　　　련	168.4	240.2	1.43	214.0	300.4	1.40	157.7	453.9	2.88
서　　　　독	215.0	222.8	1.04	246.6	236.9	0.96	215.0	363.9	1.69
중　　　　공	245.4	224.7	0.92	315.2	306.2	0.97	288.3	269.4	0.93
영　　　　국	205.1	162.6	0.79	225.5	214.4	0.95	295.8	275.1	0.93
남아프리카공화국	137.5	120.3	0.87	127.0	133.4	1.05	156.5	267.4	1.71
한　　　　국	180.3	41.3	0.23	335.2	71.7	0.21	407.0	92.4	0.23

자료: 일본통상산업성, 《1968 통상백서》, 각론.

일본의 캐나다에 대한 무역수지는 캐나다에 대한 수출이 1966년과 1967년에 각각 19퍼센트 및 7.2퍼센트 증가한 데 비하여, 수입은 각각 27퍼센트와 40퍼센트가 증가하여 원래가 역조인 무역수지는 더욱 악화하여 1967년에는 2.3:1의 수입과 수출의 비를 나타냈다.

일본과 필리핀 사이의 무역수지는 거의 균형상태를 지속하고 있다. 일본의 필리핀에 대한 수출은 주로 중화학공업품이며 수입품은 주로 목재이다. 즉 1967년에 중화학공업품의 수출은 총수출 3.6억 달러 중 2.7억 달러였고, 목재의 수입은 3.7억 달러의 수입에서 2.3억 달러였다. 즉, 필리핀은 합판의 원료인 목재 단일품목으로써 일본과 무역수지의 균형을 유지하고 있는 것이다.

일본의 소련에 대한 수출은 중화학공업품과 경공업품을 중심으로 하는 점에서 다른 나라의 경우와 같다. 그리고 소련으로부터의 수입은 원료품이 가장 큰 비중을 차지하고, 가공제품과 광물성연료의 비중도 꽤 높다. 일본의 소련과의 국제수지는 계속 역조를 보여오고 있지만, 1967년에는 수출의 격감과 수입의 격증으로 수입과 수출의 비가 2.88 이나 되었다.

일본의 서독과의 무역은 공산품끼리의 수출입으로 특징지어진다. 무역수지는, 1966년에는 일본이 약간 흑자를 보였으나, 1967년에는 일본의 수출이 감소하는 반면 수입은 증가하여 수입 대 수출은 1.69:1로 변화하였다.

일본은 중공에 대해서 주로 중화학공업품을 수출하고 반대로 수입품으로서는 원료품과 식료품이 대부분을 차지한다. 특히 원료품 중에는 대두와 생사의 비중이 크다. 중공과의 무역수지는 거의 균형상태를 지속하고 있다.

일본의 영국과의 무역에서는 서독의 경우와 비슷하게 공산품끼리의 교역이 주류를 이루고 있다. 양국 간의 무역량은 계속 늘어나고 있지만 무역수지는 비교적 균형을 유지하고 있다.

일본의 남아프리카공화국에 대한 수출품은 중화학공업품과 경공업품인데, 경공업품 중에는 섬유품의 비중이 매우 높아 총수출액의 3분의 1을 넘는다. 일본의 남아프리카로부터의 수입품은 원료품과 식료품이 대부분을 차지한다. 특히 원료품 중에는 철광석, 양모 및 비금속광물이 큰 비중을 차지하며 식료품으로서는 옥수수와 사탕이 높은 위치를 차지한다. 그리고 선철의 수입도 많은 편이다. 한편 일본의 대남아프리카공화국 무역수지는 1965년에는 흑자였으나, 1966년에는 약간의 적자를 보였는데 1967년에는 식료품의 수입격증과 금속원료, 선철 등의 수입원가로, 수입액은 1966년의 배나 되어 무역수지가 크게 악화하였다.

끝으로 우리나라와 일본과의 국제수지는 앞에서 누누이 설명한 대로, 완전히 편중된 무역 상태가 지속되고 있다.

요컨대 일본과의 무역거래액으로 본 10개국을 보면 대부분이 일본에 대하여 수출초과를 나타내 보이거나 그렇지 않으면 적어도 균형은 유지하고 있는데, 유독 우리나라만이 극심한 무역불균형에 허덕이고 있는 것이다.

5. 대일무역수지의 불균형의 시정방안

우리는 지금까지 여러 가지 각도에서 대일무역수지의 불균형의 과거의 추이와 현상을 보아왔다. 그러나 이 상태는 기필코 시정되어야 할 문제이다. 그러면 이 무역수지 불균형의 문제는 어떻게 해결할 수 있을 것인가?

이 불균형은 직접적으로는 대일수출이 충분히 늘어나거나, 대일수입이 충분히 줄어들거나 함으로써 시정될 수 있을 것이다. 또 간접적으로는 일본 측의 협력을 얻어 제3국에 시장을 개척함으로써 다각적인 결제에 의하여 무역수지를 균형시킬 수도 있을 것이다. 아래에서는 이 여러 가지 가능성을 하나하나 검토해 보기로 한다.

1) 대일수출의 증대방안

앞의 2의 2)에서 본 바와 같이 우리나라의 대일수출품은 1966년 이전까지만 해도 90퍼센트 이상이 제1차산품이었으며, 1967년에는 80퍼센트, 1967년에는 72퍼센트가 제1차산품이었다. 우선 제1차산품의 수출증대 가능성을 품목별로 검토해 보기로 하자.

(1) 제1차산품의 대일수출 증대 가능성 검토

가. 농축산물

① **쌀**: 쌀은 과거 우리나라의 가장 중요한 대일수출품이었고, 1966년에는 700만 달러어치 이상이나 수출한 실적이 있다. 그러나 현재의 입장에서는 양국의 사정이 뒤바뀌어 오히려 일본으로부터 수입을 해야 하게 되었으니, 적어도 앞으로 당분간은 대일무역 불균형을 시정하는 데 쌀의 공헌을 기대하기는 어려울 것으로 보인다.

② **생 사**: 생사는 한때 합성섬유에 밀려 그 명맥조차 유지하기 힘든 지경에 이르렀으나, 최근에 생사에 대한 수요가 다시 일어나 우리나라의 생사수출은 매년 크게 증가해 왔으며, 그 중 대일수출도 1967년에 8백만 달러, 1968년에 4백만 달러에 이르고 있다. 그리고 생사의 증산에 대한 정부의 계몽도 활발하므로 적어도 앞으로 수년간은 생사가 무역수지 개선에 공헌할 수 있을 것으로 보인다. 그러나 중공을 비롯

한 제3국의 수출에 대하여는 언제나 주의를 기울여 원가절하, 품종개량 등에 부단한 연구와 노력이 요구된다.

③ **사료용 옥수수**: 일본은 최근 축산업이 활발해지면서 사료에 대한 수요도 급격히 증가하고 있으며, 배합사료의 원료인 옥수수에 대한 수요도 매년 늘어나고 있다. 1967년 일본의 사료용 옥수수 수입액은 2억

〈표 14〉 일본의 사료옥수수의 수입

(단위: 수량·MT, 금액·1,000달러)

국별＼연별	1965 수 량	1965 금 액	1966 수 량	1966 금 액	1967 수 량	1967 금 액	대전년비 (對前年比,%)
총　　　계	2,946,186	197,433 (100.0)	3,048,918	206,980 (100.0)	3,184,896	219,002 (100.0)	105.8
미　　　국	2,017,673	137,187 (69.5)	2,017,433	137,945 (66.6)	1,511,495	104,763 (47.8)	75.9
타　　　이	569,811	36,162 (18.3)	758,342	49,739 (24.0)	691,199	46.925 (21.4)	94.3
남아프리카 공 화 국	29,571	2,164 (1.1)	0	0 (0.0)	562,240	38,519 (17.6)	–
인도네시아	3,692	256 (0.1)	44,200	2,777 (1.3)	100,978	6,428 (2.9)	23.15
루 마 니 아	35,429	2,427 (1.2)	0	0 (0.0)	74,638	5,364 (2.4)	–
중　　　공	241,428	15,909 (8.1)	144,308	9,504 (4.6)	72,832	5,245 (2.4)	55.2
아르헨티나	9,212	599 (0.3)	17,218	1,210 (0.6)	59,040	4,079 (1.9)	337.1
브 라 질	6,848	456 (0.2)	31,189	2,222 (1.1)	57,829	4,011 (1.8)	180.5
멕 시 코	3,766	275 (0.1)	11,976	807 (0.4)	26,708	1,774 (0.8)	219.8
캄 보 디 아	23,560	1,629 (0.8)	24,027	1,687 (0.8)	17,273	1,197 (0.5)	71.0
한　　　국			225	15	559	38	

주: 괄호 안은 구성비
자료: 일본통상산업성, 《1968 통상백서》, 각론.

달러가 약간 넘는데, 그 주요 수입상대국은 미국, 타이(Theiland), 남아프리카공화국 등이며, 우리나라는 시험수출 정도에 그치고 있다.

사료용 옥수수에 대한 일본의 수입의존도는 90퍼센트에 이르고 있으며, 그 중 대미의존도가 50퍼센트 가량이나 되고 있는 실정인데, 일본은 동남아시아에 안정된 공급원을 구하고 있는 것으로 보인다. 따라서 우리나라도 공급능력만 갖춘다면 이에 적극 참가해 볼 수 있을 것이다. 그러나 우리나라에서도 조만간 축산 붐이 일어날 것을 생각하면

〈표 15〉 일본의 엽연초의 수입

(단위: 수량·MT, 금액·1,000달러)

연별 국별	1965		1966		1967		대전년비 (對前年比,%)
	수 량	금 액	수 량	금 액	수 량	금 액	
총　　계	24,958	44,643 (100.0)	32,081	61,520 (100.0)	29,609	56,877 (100.0)	92.5
미　　국	12,481	26,155 (58.6)	21,539	46,291 (75.2)	18,327	39,731 (69.8)	85.8
그　리　스	2,825	5,409 (12.1)	1,927	3,533 (5.7)	3,787	6,964 (12.2)	197.1
터　　키	700	1,171 (2.4)	2,482	3,511 (5.7)	2,215	3,273 (5.7)	93.2
인　　도	672	715 (1.6)	1,485	1,878 (3.1)	2,672	3,260 (5.7)	137.6
타　　이	1,696	2,070 (4.6)	1,477	2,034 (3.3)	1,500	2,036 (3.6)	100.1
불 가 리 아	0	0	300	441 (0.7)	499	823 (1.4)	186.6
유고슬라비아	151	240 (0.5)	295	466 (0.8)	361	611 (1.1)	130.3
필　리　핀	54	48 (0.1)	57	60 (0.1)	221	151 (0.3)	251.7
남 로 데 지 아	6,233	8,635 (19.3)	2,484	3,235 (5.3)	0	0	–
한　　국				13		14	

주: 괄호 안은 구성비.
자료: 일본통상산업성, 《1968 통상백서》, 각론.

사료용 옥수수의 개발은 지속성 있는 유망수출품은 될 수 없으리라 생각된다.

④ **엽연초**: 우리나라는 1967년에 1.1만 톤 가량의 엽연초를 서독 등에 수출하였고, 일본은 연간 3만 톤, 금액으로는 6천만 달러어치를 수입하였다. 우리나라는 일본에 대해서도 엽연초를 시험수출하고 있으나 일본 측은 맛이 일본산과 같아, 수입의 명분이 없다고 수입을 꺼리고 있다. 일본은 미국, 그리스, 터키, 인도 등지에서 주로 수입하는데 일본의 담배에 대한 수요가 고급의 순한 맛으로 옮겨가기 때문에 일본산과는 다른 맛을 가진 외국산 엽연초에 대한 수요가 더욱 확대될 것으로 기대하고 있다. 따라서 우리나라 엽연초의 맛이 일본 것과 동질이라면, 엽연초의 품종개량을 하지 않는 한 대일수출의 전망은 밝지 못하다고 볼 수 있다.

⑤ **육 류**: 일본의 육류수입은 매우 빠른 속도로 증가하고 있다. 일본의 국내생산으로 국내수요를 충족시킬 수 있는 육류는 돈육과 계육 정도뿐이다. 그러나 광대한 사양면적을 필요로 하고 또 사육에 장기간을 요하는 우육 등은 해외에서 그 공급원을 구하고 있다. 강한 소비성향으로 일본 국내 사육두수 자체가 줄어들고 있으므로 앞으로 이에 대한 수요는 더욱 늘어날 것으로 보인다.

일본의 육류의 수입시장으로서는 오스트레일리아와 뉴질랜드가 가장 크다. 일본 국내 식육소비량에 대한 비율은 1967년 약 15퍼센트였는데 그 비율은 더욱 커질 것으로 전망된다.

그러나 근년에 세계적으로 식육 사정이 악화되자 공급국 측에서 가격인상을 꾀하고 있으며, 일본은 새로운 공급원을 찾고 있다. 그러나 우리나라의 사정으로 볼 때 소비수준의 향상에 따라 국내수요가 크게 늘어나고 있는 추세를 보이고 있으며, 현재로서도 국내수요를 충족시

〈표 16〉 일본의 육류 수입

(단위: 수량·MT, 금액·1,000달러)

연별 국별	1965		1966		1967		대전년비 (對前年比,%)
	수 량	금 액	수 량	금 액	수 량	금 액	
총　　　계	110,359	47,455 (100.0)	172,474	80,078 (100.0)	183,771	88,297 (100.0)	110.3
뉴 질 랜 드	38,449	14,210 (29.9)	61,647	23,570 (29.4)	72,139	28,403 (32.2)	120.5
오스트레일리아	28,307	15,351 (32.3)	47,220	26,765 (33.4)	39,742	24,230 (27.4)	90.5
아 르 헨 티 나	10,481	4,630 (9.8)	18,168	8,867 (11.1)	13,508	7,362 (8.3)	83.0
중　　　공	5,051	2,692 (5.7)	6,900	3,772 (4.7)	9,947	5,694 (6.4)	151.0
노 르 웨 이	8	6 (0.0)	8,098	1,813 (2.3)	15,823	4,661 (5.3)	257.1
미　　　국	5,365	4,036 (8.5)	5,857	4,876 (6.1)	5,344	4,200 (4.8)	86.1
브　라　질	1,281	546 (1.2)	5,020	2,465 (3.1)	7,122	3,634 (4.1)	147.4
유고슬라비아	0	0	963	1,346 (1.7)	1,743	3,100 (3.5)	230.3
소　　　련	3,553	611 (1.3)	3,273	742 (0.9)	6,042	1,551 (1.8)	209.0
한　　　국	1,029	755 (1.6)	1,039	907 (1.1)	1,326	1,435 (1.6)	158.2

주: 괄호 안은 구성비.
자료: 일본통상산업성, 《1968 통상백서》, 각론.

키지 못하고 있는 실정이므로, 육류의 수출을 위해서는 공급능력의 획기적인 제고가 선결 문제이다.

　나. 수산업

　① **활 어**: 활어의 수출은 〈표 6〉에서 본 바와 같이 최근 수년간 대일수출이 꾸준히 늘고 있다. 활어는 현재 일본에서 자동승인품목이므로, 양식에 의한 어획고의 제고가 필요하며, 일본의 수입동향을 면밀

히 검토하면서 양식계획을 수립하면 어느 정도 수출의 증대를 기대할 수 있다.

② **선 어**: 선어의 수출은 최근 수년간 감소를 나타내고 있는바, 일본에서 삼치와 방어는 쿼터품목으로 되어 있고, 대구, 명태, 꽁치, 고등어, 전갱이, 정어리는 금지품목으로 되어 있다.

삼치와 방어의 수출은 일본의 쿼터에도 미달하는 실정이나 대금결제상의 차별 구실을 없애기 위하여 쿼터품목 및 금지품목의 자유화를 위한 교섭이 요청된다.

선어의 수출은 일본 수입업자의 담합 또는 시세조작에 대비하며, 어획량을 늘리고, 선도의 유지에 힘쓰면 상당한 수출증대가 가능할 것으로 기대된다.

③ **냉동새우**: 냉동새우는 최대수요국인 미국의 소비증가로 가격이 상승경향에 있을 뿐만 아니라, 일본에서도 1963년의 1.2만 톤 수입에 비하여 1967년에는 4.4만 톤을 수입하여 4년간에 3.8배나 증가하였다. 이와 같은 증가는 일본 내의 어획부진에도 원인이 있지만, 더 근본적인 이유는 새우 소비의 대중화와 일본 국내 판매망의 확충 등으로 시장이 그만큼 넓어졌기 때문이다. 이러한 경향은 앞으로도 계속될 것이며, 일본 국내 생산량은 어장관계로 크게 증가할 것으로 기대할 수 없으므로, 냉동새우의 시장전망은 아주 밝다.

일본에 대한 새우의 공급국은 멕시코, 타이, 중공 등이며, 1967년에 우리나라의 비율은 3.5퍼센트에 불과하였다.

우리나라에서는 양식 증대, 어선 보강 등으로 어획량을 증가시키는 것이 급선무이며, 가공방법·위생관리의 합리화, 냉동시설의 확충 등으로 크게 수출증가를 기대할 수 있을 것으로 보인다.

④ **오징어**: 오징어는 1965년 이래 대일수출액이 연간 3백만 달러를

〈표 17〉 일본의 냉동새우의 수입

(단위: 수량·MT, 금액·1,000달러)

국별 \ 연별	1965		1966		1967		대전년비 (對前年比,%)
	수 량	금 액	수 량	금 액	수 량	금 액	
총　　　계	21,008	35,937 (100.0)	36,156	60,085 (100.0)	444,66	79,732 (100.0)	132.7
멕　시　코	5,210	10,075 (28.0)	4,889	11,451 (19.1)	7,995	19,440 (24.4)	169.8
타　　　이	1,976	3,774 (10.5)	3,691	7,261 (12.1)	5,090	10,344 (13.0)	142.3
중　　　공	5,875	11,292 (31.4)	11,769	22,651 (37.7)	5,004	10,314 (12.9)	45.5
홍　　　콩	2,579	4,938 (13.7)	3,170	6,863 (11.4)	3,002	7,412 (9.3)	108.0
인　　　도	850	1,193 (3.3)	993	1,731 2.9	2,147	4,614 (5.8)	266.6
소　　　련	1,632	332 (0.9)	6,518	1,700 (2.8)	9,836	3,213 (4.0)	189.0
말 레 이 시 아	366	548 (1.5)	816	1,524 (2.5)	1,465	2,936 (3.7)	192.7
한　　　국	1,003	911 (2.5)	847	1,032 (1.7)	1,401	2,767 (3.5)	268.1
파 키 스 탄	206	354 (1.0)	250	449 (0.7)	1,200	2,729 (3.4)	607.8
오스트레일리아	563	1,184 (3.3)	685	1,712 (2.8)	966	2,567 (3.2)	149.9

주: 괄호 안은 구성비.
자료: 일본통상산업싱, 《1968 통싱백서》, 긱론.

넘는, 비중이 큰 수출품의 하나이다. 일본에서 조미오징어는 자동승인 품목이나 건오징어는 쿼터품목으로 되어 있다. 그러므로 우리나라에서는 수출증대를 위하여, 한편으로 일본에 대하여 건오징어 수입의 자유화를 강력히 요청하는 동시에 조미오징어 등으로 가공수출에 주력해야 할 것이다. 그리고 건오징어의 경우 건조 과정 및 포장에서 외양이 미려하도록 배려할 필요가 있다.

⑤ **어개젓**: 성게젓을 비롯한 어개젓의 수출도 앞으로 유망할 것으로

보인다. 어개젓의 수출은 1965년의 80만 달러에서 1967년에는 153만 달러로 2년간에 거의 배증하였다. 어개젓은 일본에서 자유화된 품목이므로, 우리나라에서는 우선 생산량의 증가에 주력하고 품질을 고급화하며, 포장을 개선하는 등 노력을 하면 수출은 앞으로 크게 늘어날 수 있을 것으로 전망된다.

⑥ 김: 김의 대일수출은 〈표 6〉에 따르면 1965년에 351만 달러, 1967년에 663만 달러 그리고 1967년에는 1,397만 달러, 그리고 1968년에는 1,362만 달러로서 1967년에는 대일수출품 중 가장 큰 품목이 되었다. 1968년에 수출이 부진하였던 까닭은 1967년에는 540만 속을 수출하였으나, 1968년에는 쿼터에 묶여 480만 속밖에 수출하지 못하였기 때문이다.

일본은 자국 생산업자의 보호를 이유로 계속 수입제한조치를 취하고 있는데, 수입쿼터의 확대 또는 철폐를 위한 그리고 수입시기에 대한 제한의 완화를 위한 대정부교섭이 더욱 강력히 추진되어야 할 것이다.

한편 우리나라에서는 국내 재배기술 및 건조시설의 계속적인 개량과 발전이 필요하며 일본 소비자에 대한 한국산 상표의 선전의 강화가 필요하다.

한편 매당 1원 50전의 높은 관세를 인하해 주도록 강력한 교섭을 병행할 필요가 있다.

⑦ 한 천: 한천은 〈표 6〉에 따르면 1967년에는 236만 달러까지 수출하였으나, 1968년에는 99만 달러로 줄어들었다. 한천의 집하에는 막대한 자금이 일시에 필요하므로 자금의 적기방출 등 지원이 요망되며 한천은 일본에서 자유화품목이므로, 철저한 시장조사에 입각한 판로확장으로 수출을 증가시킬 수 있을 것으로 보인다.

다. 광산물

① **비금속광물**: 우리나라에서 일본으로 수출되는 비금속광물은 규석 및 규사, 고령토, 흑연, 형석, 활석 등으로 그 수출총액도 〈표 4〉에 따르면 1967년에 523만 달러, 1968년에는 580만 달러라는 적지 않은 비중을 차지하고 있다. 이 가운데 흑연을 제외하고는 모두 자유화품목이다. 그러므로 일본에 대해서는 흑연의 수입자유화를 요구하는 동시에 다른 품목에 대해서는 공급능력의 제고와 시장개척으로 수출의 증가를 기할 수 있는 것으로 보인다. 그리고 활석 같은 것은 공산권 제품의 침투로 수출가격의 적정선 유지가 문제되므로 국내적으로는 원가절하에 부단히 노력하여야 할 것이다.

② **철 광**: 1967년 일본의 철광석 수입은 7억 달러에 이르고 있는데 이 가운데 우리나라가 차지하는 비율은 1퍼센트인 741만 달러밖에 되지 않는다. 그리고 주요 공급국은 인도, 칠레, 오스트레일리아, 페루 등이다. 더욱이 오스트레일리아와는 장기수입계약에 의하여 수입물량이 1966년에 견주어 5배로 늘어났다. 일본에 대한 철광석의 주공급원은 1964년까지는 동남아시아였으나, 매년 늘어나는 수요를 충족하기 위하여 개발원조를 수반하는 수입시장의 전화가 진행되고 있으며, 오스트레일리아, 브라질, 인도, 소련 등과 대규모 장기계약이 체결되고 있다.

이러한 사정 아래서 우리나라에서 철광의 수출을 증대하기 위하여 가장 필요한 것은 국내생산의 증대와 광석 품위의 고도화이다. 그러나 앞으로 우리나라에도 종합제철이 서게 되면 철광석을 수입해야 할 처지이기 때문에 철광은 장기적으로 무역수지 개선에 공헌할 수는 없을 것이다.

③ **연 광**: 일본의 연광의 수입은 1967년에 2천만 달러였으며, 그 중

우리나라가 차지하는 비율은 8.5퍼센트였다. 수입시장별로 보면 캐나다, 오스트레일리아가 큰 비중을 차지하며, 우리나라는 5위를 차지한다. 연광에 대한 일본의 수요는 견조(堅調)를 보이고 있으므로 국내생산만 순조로우면 수출의 증가는 별 문제가 없는 것으로 보인다. 〈표

〈표 18〉 일본의 철광석 수입

(단위: 수량·MT, 금액: 미천 달러)

연별 국별	1965		1966		1967		대전년비 (對前年比,%)
	수 량	금 액	수 량	금 액	수 량	금 액	
총　　　계	39,018	523,582 (100.0)	46,095	606,212 (100.0)	56,695	718,025 (100.0)	118.4
인　　　도	7,912	104,400 (19.9)	10,195	130,224 (20.5)	10,829	131,715 (18.3)	101.1
칠　　　레	6,929	103,165 (19.7)	7,629	110,691 (18.3)	8,099	112,238 (15.6)	101.4
오스트레일리아	231	2,993 (0.6)	2,043	24,726 (4.1)	8,314	97,702 (13.6)	395.9
페　　　루	4,532	58,889 (1.2)	5,063	63,771 (10.0)	6,823	89,597 (12.5)	140.1
말 레 이 시 아	6,956	81,763 (15.6)	5,793	67,055 (11.1)	5,723	60,634 (8.4)	90.5
미　　　국	2,660	38,344 (7.3)	3,724	55,144 (9.1)	3,608	53,955 (7.5)	97.4
남 아 프 리 카 공　화　국	1,178	18,879 (3.6)	1,395	21,251 (3.5)	2,712	37,730 (5.3)	177.8
브　라　질	915	14,579 (2.8)	1,704	23,071 (3.8)	2,431	30,032 (4.2)	130.5
스 와 질 란 드	415	7,190 (1.4)	1,398	20,840 (3.4)	1,637	24,109 (3.4)	115.7
캐　나　다	1,950	27,747 (5.3)	1,818	24,766 (4.1)	1,680	21,786 (3.0)	87.9
필　리　핀	1,482	17,520 (3.3)	1,605	19,430 (3.2)	1,453	17,709 (2.5)	91.1
한　　　국	670	7,739 (1.5)	680	7,603 (1.3)	653	7,408 (1.0)	97.4

주: 괄호 안은 구성비.
자료: 일본통상산업성, 《1968 통상백서》, 각론.

6)에 따르면 1968년에는 1967년에 견주어 거의 배로 증가하였다.

④ **아연광**: 1967년에 일본의 아연광 수입은 거의 5천만 달러에 이르고 있고, 그 중 우리나라가 차지하는 비율은 4.1퍼센트이다. 주요 공급국은 페루, 캐나다, 오스트레일리아이며, 아연광의 수출시장은 꽤 견조인 편이다. 그러므로 수출의 증대를 위하여는 국내생산을 증가시키는 것이 당면한 가장 중요한 문제인 것으로 보인다.

⑤ **몰리브덴광**: 일본의 1967년도 몰리브덴광의 수입은 2천2백만 달러에 이르고 있는데, 이는 주로 캐나다, 미국, 네덜란드에서 수입하고 있다. 일본은 몰리브덴광을 쿼터품목으로 책정하여 수입을 제한하고 있으며, 또 1968년에 들어서는 캐나다, 미국의 두 대량공급국과 장기계약을 맺고 우리나라로부터 수입을 기피하고 있다. 따라서 몰리브덴광의 수입을 자유화하고 대한수입을 증가하도록 교섭을 진행시켜야 할 것이다.

〈표 19〉 일본의 연광의 수입

(단위: 수량·MT, 금액: 1,000달러)

국별 \ 연별	1965		1966		1967		대전년비 (對前年比,%)
	수 량	금 액	수 량	금 액	수 량	금 액	
총　　　　계	67,247	14,631 (100.0)	81,033	15,071 (100.0)	130,127	20,174 (100.0)	133.9
캐　나　다	3,415	60.8 (4.2)	30,904	5,039 (33.4)	62,847	7,544 (37.4)	149.7
오스트레일리아	33,089	7,775 (53.1)	23,151	4,597 (30.5)	29,969	5,194 (25.7)	113.0
페　　　루	10,361	2,163 (14.8)	12,184	2,948 (19.6)	16,357	3,594 (17.8)	121.9
볼 리 비 아	11,041	2,630 (18.0)	1,531	311 (2.1)	8,736	1,811 (9.0)	582.3
한　　　국	6,782	1,091 (7.5)	10,766	1,867 (12.4)	10,544	1,719 (8.5)	92.1

주: 괄호 안은 구성비.
자료: 일본통상산업성, 《1968 통상백서》, 각론.

〈표 20〉 일본의 아연광의 수입

(단위: 수량·MT, 금액: 1,000달러)

연별 국별	1965		1966		1967		대전년비 (對前年比,%)
	수 량	금 액	수 량	금 액	수 량	금 액	
총　　　　계	380,332	38,424 (100.0)	446,112	38,128 (100.0)	614,079	48,586 (100.0)	127.4
페　　　　루	204,117	20,842 (54.2)	241,413	21,384 (56.1)	298,691	24,256 (44.9)	113.4
캐　나　다	18,575	1,815 (4.7)	42,416	3,901 (10.2)	120,708	9,651 (19.9)	247.4
오스트레일리아	30,354	2,621 (6.8)	46,491	3,772 (9.9)	100,004	7,335 (15.1)	194.5
한　　　　국	17,222	1,209 (3.1)	26,062	1,399	33,911	1,969	140.7
이　　　　란	3,000	247	2,969	579 (1.5)	19,250	1,450 (3.0)	250.4

주: 괄호 안은 구성비.
자료: 일본통상산업성, 《1968 통상백서》, 각론.

〈표 21〉 일본의 몰리브덴광의 수입

(단위: 수량·MT, 금액: 1,000달러)

연별 국별	1965		1966		1967		대전년비 (對前年比,%)
	수 량	금 액	수 량	금 액	수 량	금 액	
총　　　　계	5,042	13,506 (100.0)	7,336	20,643 (100.0)	8,787	21,881 (100.0)	106.0
캐　나　다	1,066	2,055 (15.2)	2,842	6,342 (31.2)	3,272	7,970 (36.4)	125.7
미　　　　국	3,010	7,456 (55.2)	2,577	6,982 (33.8)	2,392	5,946 (27.2)	85.2
네　덜　란　드	0	0	0	0	1,380	3,668 (16.8)	−
칠　　　　레	524	2,403 (17.8)	0	0	827	1,971 (9.0)	−
서　　　　독	0	0	0	0	383	1,062 (4.9)	−

주: 괄호 안은 구성비.
자료: 일본통상산업성, 《1968 경제백서》, 각론.

⑥ 중 석: 일본의 중석 수입은 1965년에 228만 달러, 1966년에 696만 달러, 그리고 1967년에 1,416만 달러로 급속한 수입증가를 나타내고 있다. 이는 일본 국내의 철강생산의 증가에 견주어 부원료인 중석의 국내공급이 따라가지 못하기 때문이었다.

우리나라의 중석 수출은 〈표 6〉에서 보는 바와 같이 비교적 순조롭게 진행되고 있다. 그러나 시장의 개척 및 유지를 위하여서는 판매활동을 강화할 필요가 있으며, 공급가격의 절하를 위하여 경영합리화에 계속 노력하고 주기적으로 도래하는 세계경기의 호전과 악화에 대하여 대비책을 강구할 필요가 있다.

⑦ 무연탄: 1967년에 일본의 무연탄 수입은 2,415만 달러였는데 이 중 우리나라의 비중은 10퍼센트가 약간 모자란다. 공급국으로서는 1965~66년에는 북베트남이 수위였으나, 1967년에는 남아프리카공화국이 최대공급국으로 등장하였다.

〈표 22〉 일본의 무연탄의 수입

(단위: 수량·MT, 금액: 1,000달러)

연별 국별	1965		1966		1967		대전년비 (對前年比,%)
	수 량	금 액	수 량	금 액	수 량	금 액	
총　　　계	1,238	21,770 (100.0)	1,165	19,858 (100.0)	1,436	24,151 (100.0)	121.7
남아프리카 공 화 국	182	3,462 (15.9)	208	3,680 (18.6)	329	6,087 (25.2)	165.4
북 베 트 남	428	7,959 (36.6)	361	6,318 (31.8)	253	4,171 (17.3)	66.0
캐 나 다	122	1,977 (9.1)	153	2,566 (12.9)	208	3,538 (14.6)	137.9
중 공	116	1,933 (8.9)	229	3,819 (19.3)	191	3,226 (13.4)	84.5
한 국	215	2,655 (12.2)	164	2,028 (10.2)	173	2,309 (9.6)	113.8

주: 괄호 안은 구성비.
자료: 일본통상산업성, 《1968 통상백서》, 각론.

우리나라의 대일 무연탄수출액은 200만 달러 수준에서 거의 머물러 있는데 수출의 증진을 위해서는 원가절하와 무연탄의 품위향상이 가장 큰 문제로 등장하고 있다. 이 두 문제가 해결되어야만 대일수출의 증가를 기대할 수 있을 것이다.

(2) 제2차산품의 대일수출 증대 가능성 검토

앞의 2의 2)에서 본 바와 같이 우리나라의 대일수출에서 제2차산품이 차지하는 비중은 1964년 이전까지만 해도 10퍼센트 미만이었고, 1967년 이후에야 20퍼센트를 넘게 되었다. 그러나 이러한 제2차산품 비중증가에 절대적으로 기여를 한 것은 의대〔시보리(紋) 또는 홀치기〕라고 부르는 단일품목이었다. 즉 의대가 대일 제2차산품 수출에서 차지하는 비율은 1965년에 약 4분의 1, 1966년에 2분의 1, 그리고 1967년에는 3분의 2가 넘는 높은 비율이었다.

이하에서는 제2차산품 중 대일무역의 비중이 큰 품목의 수출증대 가능성을 검토해 보기로 한다.

① 교가공(絞加工)제품(의대): 〈표 23〉에 따르면, 교가공(絞加工)제품의 대일수출은 1965년의 98만 달러에서 1966년에는 263만 달러, 그리고 1967년에는 1,444만 달러로 급속히 늘어났다. 이 증가추세는 앞으로도 당분간 계속될지 모르나 시장이 일본에만 한정되어 있는 것이기 때문에 수출의 증대추세가 그대로 계속되리라고 기대할 수는 없는 일이다. 그리고 시장 확보를 위해서는 적절한 배려가 계속되어야 할 것이다.

그리고 국내적으로는 근래 수입원단을 사용하던 것을 국내원단으로 대체함에 따라 수출과의 경합 때문에 생사의 확보가 어려워지므로 정부의 충분한 생사 확보대책이 요청되며 생사의 국내가격이 수출가격보다 높은 점 등에 대해서는 대책이 강구되어야 할 것이다. 또 국내업

<표 23> 연도별 상품별 대일가공수출

(단위: 1,000달러)

품목	1965	1966	1967
시계줄	70	159	93
	-	31	1
손톱깎기	11	110	117
	-	2	4
금속공예품	-	-	13
	-	-	9
재봉기	83	33	7
	3	-	3
재봉침	83	33	7
	3	-	3
라디오	1,381	2,735	1,956
	425	254	158
전구류	41	251	1
	39	183	-
장식용전구	93	663	1,226
	-	190	345
헤어드라이어	-	-	34
	-	-	38
탄소봉	-	-	38
	-	1	33
가구	-	1	-
	-	1	-
스웨터	5,825	15,252	25,623
	85	264	354
의류	12,583	12,289	23,274
	386	490	601
양말	539	1,065	1,388
	23	97	88
면장갑	20	37	63
	-	-	4
진유(眞鍮)공예품	389	603	548
	11	14	4

품목	1965	1966	1967
죽(竹)세공품	220	330	195
	6	14	-
조화(造花)	491	413	386
	-	1	1
완초(莞草)제품	204	170	425
	33	24	30
폴리에틸렌제품	-	61	-
	-	61	-
플라스틱제품	50	122	158
	-	-	2
가죽백	-	196	134
	-	6	69
작업용장갑	89	334	328
	2	-	3
야구용장갑	71	341	254
	-	-	1
혁화(革靴)	86	99	444
	3	-	-
축구공	-	3	9
	-	-	9
갈포벽지	1,496	1,972	1,679
	564	801	412
젖꼭지	-	23	18
	-	4	-
고무지우개	135	71	44
	5	-	11
합판	18,967	30,519	39,910
	-	34	1,495
사진틀	18	36	38
	-	-	3
지형(紙型)	-	69	75
	-	69	75

품목	1965	1966	1967
테이프	20	11	-
	1	11	-
융단	139	203	171
	14	-	-
테이프	119	194	1,185
	119	18	4
어망지(漁網地)	1,139	2,557	4,001
	171	141	476
스카프	13	477	463
	-	12	28
솔	-	60	61
	-	48	59
교(絞)가공제품	978	2,647	14,442
	978	2,634	14,442
섬유사류	1,860	2,645	2,489
	95	87	269
면직물	12,587	11,689	14,366
	229	45	92
기타직물	6,159	10,373	17,457
	568	459	661
에이프런	-	-	970
	-	-	144
가(假)눈썹	611	1,265	2,523
	27	115	303
가방류	21	85	1,395
	1	1	1,395
가(假)진주	1	1	14
	228	71	13
완구	45	12	13
	50	111	389
야구용배트	3	3	8
	4	23	-

품목	1965	1966	1967
가발	1,618	10,678	19,781
	5	2	56
인형옷	12	8	6
	11	-	-
의료용기구	2	73	-
	2	24	-
야구볼	-	19	-
	-	19	-
낚싯대	37	51	111
	34	23	40
우산	31	39	-
	-	15	-
기타공예품	552	344	747
	4	3	2
고무풍선	-	20	19
	-	20	18
닭털개	64	26	7
	64	26	31
나무썰매	-	9	21
	-	9	21
모자	-	14	59
	-	-	2
기타잡제품	240	149	1,349
	7	8	9
합계	69,779	112,515	181,332
	3,968	6,317	20,456

주: 상단은 총수출, 하단은 대일수출.
자료: 상공부.

자 간의 과당경쟁, 가격경쟁으로 인한 수출검사 규정의 잠탈, 사실상의 덤핑 등을 방지하기 위하여 규격별로 엄격한 수출검사를 강화하여 제품의 품위를 유지·제고하여 신용을 잃지 않도록 하는 것이 수출증대를 위하여 무엇보다도 중요한 일일 것이다.

② 합 판: 우리나라는 1967년에 일본에 대하여 150만 달러어치의 합판을 수출하였다. 일본은 과거에 큰 합판수출국이었으며, 현재에도 다량의 합판을 수출하고 있지만, 노동집약도가 비교적 높은 합판은 일본에서는 사양화하고 있어 수출이 줄어들 뿐만 아니라, 일부는 수입도 하고 있다. 그러나 우리나라의 입장에서 보면 합판 시장은 현재로서는 일본 이외에도 얼마든지 있는 것이고, 또 일본의 합판산업이 일시에 감소될 것은 아닌 만큼, 일본 이외의 지역에서 일본의 시장을 우리 시장으로 전환하는 것은 가능할지라도 일본으로의 수출 자체는 당분간 그리 기대할 수 없을 것으로 보인다.

③ 스웨터: 스웨터는 우리나라 가공수출품 중에서 성공의 전형적인 경우에 든다. 1968년에 2,569만 달러나 수출되었다. 그러나 대일수출분은 그리 크지 못하다. 그러나 대일수출도 꾸준히 증가하고 있어, 1967년에는 35만 달러에 이른다. 그리고 제조 과정에 많은 손질이 필요함을 감안할 때 노동력 부족에 허덕이는 일본으로의 수출은 앞으로도 증가할 것으로 기대할 수 있을 것이다.

④ 의 류: 〈표 23〉에서 보는 바와 같이 의류도 전체 수출에 대한 대일의존도는 그리 높지 못하나 대일수출액은 꾸준히 증가하고 있어 1967년에 60만 달러에 이르고 있다. 스웨터와 마찬가지로 유망한 수출품이 될 수 있을 것이다.

⑤ 기타 제2차산품: 〈표 23〉에서 보는 바와 같이 위에 열거한 품목 이외에도 많은 제2차산품이 대일수출을 시도하고 있다. 그러나 아직까

지도 그 성과는 큰 것이 못되며 그 중에는 수출액이 계속적으로 늘어나는 것도 있으나 어떤 것은 시험수출로 그쳐버리고 마는 것도 있다. 이 수출시도품목들은 거의 예외없이 노동집약적인 제품들인데, 우리나라가 일본보다 노동비용 면에서 유리한 입장에 있다면 우리나라는 '헤크셰르-올린 정리'가 지적하는 대로 노동집약적인 품목에 비교우위를 가질 것이며 한일 간의 교역에 다른 경제외적 장애가 별로 크지 않다면 노동집약적인 제품의 대일수출 증대는 충분히 기대할 수 있다고 본다.

2) 대일수입의 억제를 위한 방안

수출을 증대시켜 무역수지의 불균형을 시정하는 적극적인 방법에 대해서 수입을 억제하여 소극적으로 불균형을 시정하는 방법도 생각할 수 있다. 그러면 우리나라의 대일수입은 억제될 수 있을 것인가?

앞의 2의 2)에서 본 바와 같이, 1968년에 우리나라가 일본으로부터 수입한 금액의 약 80퍼센트가 기계류, 직물용사 등의 6개 품목군에 집중되어 있다. 그리고 〈표 5〉에 따르면 그 중에도 직물용사, 철강재, 기계류 및 시설재의 합계는 전체 대일수입액의 74퍼센트가 된다. 이 4개 품목군 가운데는 소비성물자도 포함되어 있지만, 그 대부분은 우리나라가 현재 크게 강조하고 있는 공업화와 수출증대를 위하여 필요한 자본재와 원료품이다. 이 가운데 시설재는 특정한 상품군을 말하는 것이 아니고 이것은 결국 대체로, 철강재와 기계류로 분류될 수 있을 것이므로 이하에서는 직물용사와 철강재와 기계류의 대일수입 억제가능성을 검토해 보기로 한다.

① **직물용사 및 직물류**: 직물용사 및 직물류의 수입은 〈표 5〉에서 보는 바와 같이 1963년에 견주어 1968년에는 8배가 늘어났다. 그리고 그

중 대일수입은 10배가 늘어나 1968년 대일수입액은 8천2백만 달러에 달하고 있다. 또 〈표 7〉에 따르면 이 직물용사 가운데 합성섬유사는 60퍼센트 이상을 차지하며 1968년의 대일수입액이 5천2백만 달러에 이르고 있다.

그런데 합성섬유사는 석유화학공업만 건설된다면 원유의 수입만으로 수입대체가 가능하다. 따라서 합성섬유사의 대일수입을 억제하는 궁극적인 방법은 국내에 석유화학공업을 조속히 건설하는 일이다.

② 철강재: 우리나라의 철강재 수입은 각종 건설이 활발하게 진행됨에 따라 크게 늘어나고 있다. 〈표 5〉에 따르면 1967년의 철강재 수입은 4,756만 달러이고, 이 가운데 약 74퍼센트가 일본으로부터 수입되었다. 여기에 철강설의 수입 2,606만 달러와 시설재에 포함된 철강분을 합하면 우리나라에 연간 수입되는 철강은 1억 달러 이상이 될 것이다. 그런데 이와 같은 철강의 수요는 현재와 같이 고도성장을 추구하는 한 줄어들 수 없는 것이며, 비록 대일의존도가 너무 높아 일본에서 수입을 억제한다 하더라도 결국은 제3국에서라도 수입해야 할 성질의 것이다. 그러므로 궁극적으로 대일무역 불균형을 시정하기 위하여 철강재 수입을 억제하는 길은 종합제철공업을 일으키는 것이다.

③ 기계류: 〈표 5〉에 따르면 1967년의 기계류의 수입은 2.7억 달러에 이르며, 이 가운데 대일수입은 1.5억 달러에 이른다. 이를 내용별로 보면 〈표 7〉에서 알 수 있는 바와 같이 자동차가 4,068만 달러, 선박이 1,618만 달러, 섬유기계가 1,541만 달러, 건설용 및 광산용기계가 521만 달러의 순으로 되어 있다. 1964년만 해도 3천만 달러 수준이던 것이 1968년에 2.7억 달러 수준까지 급격히 수입이 증가한 것은 우리나라의 공업화를 위하여 많은 자본설비를 새로 건설하여야 했기 때문인 것은 말할 것도 없다. 대일수입의 거의 3분의 1을 차지하는 기계류의

수입 가운데는, 선진국의 처지에서 보면 필수품일지 모르나, 우리나라의 사정으로 보면 사치성이 강한 내구소비재가 어느 정도 포함되어 있다. 우리가 대일무역수지를 개선하려면 이러한 불요불급한 품목의 수입을 적극적으로 억제해야 할 것이다. 그러나 그러한 품목이 어느 정도 포함되어 있는 것은 사실이지만, 수입되는 기계류의 대부분은 우리나라의 경제건설을 위하여 필수적인 것이다. 그러므로 궁극적으로, 기계류의 수입증대에서 오는 대일무역 불균형의 시정을 위해서는 종합기계공업의 발전으로 현재 수입되고 있는 기계류를 국산화하는 길이 있을 뿐이다.

3) 일본의 사양 수출산업제품에의 진출

이것은 일본의 수출품목 가운데 사양화되고 있는 품목을 찾아내어, 일본의 협력을 얻어 일본의 기존시장에 진출하는 것이다. 이것은 대일수출이 아니기 때문에 좁은 의미에서는 대일무역 불균형을 시정하는 방법이 될 수 없으나 다변적인 결제에 의하여 우리나라의 무역수지 전체를 개선할 수 있다는 점에서 대일무역 역조의 개선과 다를 것이 없다.

이러한 방법의 수출의 대상품목도 다른 가공수출의 경우와 마찬가지로 기본적인 조건으로서는 우리나라가 일본에 비하여 비교우위를 가진 품목이어야 할 것이며, 따라서 대체로 노동집약적인 품목이 주로 고려대상이 될 것이다. 이하에서는 최근 일본의 수출액이 줄어들거나, 정체되어 있는 품목들을 골라 그 품목들에 대한 우리나라의 진출가능성을 보기로 한다.

① 의 류: 일본의 의류 수출은 1961년을 제외하고는 계속 증가해온 품목이나 1967년에는 서독, 미국의 경기정체, 공급과잉 경향 등으로

약간 감소하였다. 또 그 밖에도 의류 수출은 우리나라를 비롯한 홍콩, 자유중국, 필리핀, 싱가포르 등 발전도상국과의 경쟁으로, 예컨대 미국에 대한 수출상황을 보면 일본의 시장 점유율은 1966년의 28퍼센트에서 1967년에는 25퍼센트로 떨어졌고, 반대로 일본 이외의 동남아시아의 시장 점유율은 33퍼센트에서 38퍼센트로 늘어났다. 이렇게 볼 때 우리나라는 우리나라의 원료를 가공한 의류수출과 동시에, 의류의 위탁가공수출도 어느 정도 가능한 것이 아닌가 생각된다.

<표 24> 일본의 사양 수출산업제품의 수출실적

(단위: 1,000달러)

	1965	1966	1967
의 류	287,279	340,417	335,564
어 망 및 어 망 지	23,654	24,131	21,456
도 자 기	84,496	89,482	95,661
유 리 제 품	14,252	18,307	20,604
타 일	44,214	45,088	41,949
합 판	65,061	73,894	68,780
완 구	98,342	108,285	100,788

자료: 일본통상산업성,《1968 통상백서》, 각론.

② **어망 및 어망지**: 일본의 어망 및 어망지의 수출은 1967년에 2,146만 달러로, 전년에 비하여 11퍼센트가 감소하였다. 일본의 어망 및 어망지의 수출은 1963년까지는 순조롭게 증가하였으나, 그 이후는 저개발국의 자급도 향상, 우리나라, 자유중국, 중공 제품의 진출로 둔화하고 있다. 그러나 일본의 수출의 감소요인이 수출시장의 축소 때문임을 감안할 때, 일본의 수출이 감소한다고 해도 우리나라가 일본에 대신해서 수출을 증가시킬 가능성은 없는 것 같다.

③ **도자기**: 일본의 1967년도 도자기 수출은 9,566만 달러로서 전년

에 비하여 6.9퍼센트가 증가하였다. 일본의 도자기 특히 식기용 도자기는 세계시장에서 독점적 지위를 점하고 있는데, 일본 제품이 고급화로 이행하게 될 것을 감안하여 우리나라는 일본의 중·하급품 도자기 시장에 진출하는 길을 적극적으로 모색해 볼 만하다고 본다.

④ **유리제품**: 일본의 1967년도 유리제품 수출은 2,060만 달러로 전년에 비하여 11퍼센트가 증가하였다. 그러나 중급품 또는 실용품에 있어서는 우리나라도 근년에 일본과 경쟁하면서 제3국에 진출하기 시작하였다. 이 점을 감안할 때 우리나라도 선진의 기술을 도입하여 품질의 향상에 힘쓴다면 쉽게 수출량을 늘릴 수 있을 것이다. 특히 유리제품의 수요는 소득탄력성이 크므로 생활수준의 향상에 따라 세계적 수요의 전망도 밝다고 볼 수 있다.

⑤ **타 일**: 일본의 타일 수출은 1967년에 4,195만 달러로, 전년에 견주어 7.0퍼센트가 감소하였다. 이는 일본의 최대시장인 미국으로의 수출이 17퍼센트나 크게 줄어들었기 때문이다. 이는 미국의 건축활동의 침체에도 원인이 있지만, 미국 타일업계의 수입제한운동에도 큰 원인이 있다.

우리나라의 타일 수출은 현재 연간 10만 달러 정도밖에 안 되지만, 전망은 밝은 편이며, 새로운 기술의 도입과 연구로 일본의 기존시장에 진출할 수 있을 것으로 보인다.

⑥ **합 판**: 1967년도 일본의 합판 수출은 6,878만 달러로서, 전년에 비하여 6.9퍼센트가 감소하였다. 이는 일본 내의 건축수요가 합판수요를 유발하여 수출 여력을 감퇴시켰을 뿐만 아니라, 우리나라를 비롯한 필리핀, 대만의 진출이 활발해졌기 때문이다.

앞으로 일본의 합판수출은 고급품으로 이행할 것이 예상되며, 앞으로 우리나라는 더욱더 일본의 기존시장에 침투할 수 있을 것으로 예상된다.

⑦ 완 구: 일본의 1967년도 완구의 수출은 1억 79만 달러로 전년에 비하여 6.9퍼센트가 감소하였다. 이는 수출액의 50퍼센트 이상을 차지하는 미국으로의 수출이 13퍼센트나 감소하였기 때문이다. 완구의 종류별로 보면 메커니즘완구는 일본을 따라갈 수 없으나 고무 또는 플라스틱제 완구는 미국에서 일본의 시장점유율이 1965, 66년에 23퍼센트였던 것이 1967년에는 18퍼센트로 떨어졌다.

우리나라도 완구의 수출이 근년에 크게 늘어나고 있지만, 앞으로 더욱 연구함으로써 현재 일본의 시장에 진출할 수 있을 것이다.

6. 요약 및 결론

우리는 '2. 대일무역의 추이'에서 우리나라의 경제개발계획의 추진과 더불어 대일수입은 급증하는 데 반하여 대일수출은 이를 따라가지 못하여 대일무역수지가 악화일로에 있으며 1968년에 수입 대 수출의 비가 5.63:1에까지 이른 대일무역의 불균형의 시정은 우리가 해결해야 할 초미의 급무임을 보았고, '3. 일본무역의 대한의존도'에서는 우리나라가 일본의 수출시장으로서는 제2위라는 높은 위치에 있으면서도, 수입시장으로서는 25위라는 엄청난 격차를 보이고 있음을 보았고, '4. 일본의 무역수지'에서는 일본무역이 전체로서는 대체로 균형을 취하고 있으나 지역별로 볼 때는 식료품 및 원료품의 공급능력이 풍부한 지역에 대해서는 대체로 일본의 무역수지가 역조를 보이고 있고, 선진공업지역과는 대체로 균형된 무역수지를 보이며, 식료품 및 원료품의 공급능력이 별로 없는 후진지역은 완전히 일본의 수출시장이 되고 있음을 보았다. 그리고 일본과 교역이 활발한 상위 10개국을 볼 때, 그 가운데 들어 있는 우리나라의 대일무역 불균형 상황은 더욱 뚜렷이 나타났다.

그리고 '5. 대일무역수지의 불균형의 시정'을 위한 방안에서는 대일수출 증대, 대일수입 억제 그리고, 일본 사양 수출품에의 진출을 다루었는데 제1차산품의 수출에서는 일부 품목에서 일본의 수입억제정책 때문에 수출이 부진한 경우도 있지만 많은 경우에 우리나라의 수출능력 증대가 더욱 큰 문제임을 보았고, 우리나라는 자원이 빈약하므로, 제1차산품을 개발·수출하는 데는 한계가 있음을 보았다. 제2차산품의 수출은 근년에 우리나라에서 활발하게 이행되고 있는 수출의 방향이지만, 우리나라가 세계시장에서 비교우위를 가질 수 있는 노동집약적인 상품이 대부분 일본에서 생산되고 또 경쟁상태에 있기 때문에, 제2차산품의 대일수출은 극히 부진함을 보았다.

그리고 대일수입의 억제에서는 우리나라의 대일수입품이 대부분 원자재, 철강재, 기계류로 구성되어 있으며 그 대부분이 우리나라 경제가 추구하는 수출증대와 고도성장을 위하여 필수적인 것들이며, 극히 일부분을 제외하고는 수입억제가 극히 어려운 품목들임을 보았다. 따라서 제2차산품의 수입을 억제하기 위해서는 단기적인 방법으로는 경세성장을 좀 둔화시키는 방법이 있을 수 있으며, 좀 장기적인 그리고 궁극적인 방법으로는, 석유화학공업, 종합제철공업, 기계공업을 크게 일으켜, 수입을 대체하는 방법이 있다. 일본의 사양 수출산업제품에의 진출에서는 현재 많은 저개발국들이 우리나라와 비슷한 진로를 향하고 있기 때문에 치열한 경쟁이 예상되나, 우리나라의 현재 형편으로는 이러한 방향으로의 노력이 가장 희망적인 것이 아닌가 생각된다.

위와 같은 여러 가지 상황을 고려할 때 우리나라가 대일무역 불균형을 시정하기란 여간 어려운 일이 아님을 알 수 있다. 그러나 대일무역 불균형의 시정이 우리나라 경제가 살기 위한 지상명제임을 생각할 때 이 지난한 과제는 그대로 방치될 수는 없다. 이를 위하여 우리는 되도록 수출을 증대하고 수입을 억제하여야 하겠지만, 앞에서 본 바와 같이 우리나라는 자원이 부족하기 때문에 제1차산품의 수출증대만에 의존한 무역균형 시정이란 거의 불가능한 것으로 생각된다. 따라서 우리나라의 대일수출구조는 현재의 제1차산품 중심에서 제2차산품 중심으로 급속한 이행이 필연적으로 이루어져야 할 것이다. 그리고 대일수입을 억제하기 위하여는 수입의 대일편중경향을 시정하기 위하여 수입선을 다양화하는 것도 어느 정도 필요하다. 그러나 이는 결코 우리나라의 전체적 무역수지 개선에 별로 기여하지 못한다. 따라서 궁극적인 해결을 위해서는 앞에서 열거한 기간산업의 건설이 조속히 추진되어야 할 것이다.

그리고 대일무역 불균형의 시정 문제는 우리나라의 일방적인 노력만으로 될 수 없는 것이고 상대국의 성의가 또한 문제가 된다. 우리나라는 최근 대일경제외교를 통하여, 무역불균형 시정을 위한 일본 측의 성의있는 협조를 요구하는 교섭을 벌여오고 있지만, 만족스러운 결과를 별로 못 보고 있다. 우리나라의 대일수출을 증가시키기 위한 정치적인 교섭은 앞으로 더욱더 강력하게 추진되어야 할 것이다. 그리하여 우선 단기적인 목표로는 대일수출입 격차의 비가 늘어나는 것을 막기 위하여, 예컨대 수출입의 비를 1:4를 유지하도록 협정을 체결하여, 일본은 최소한 이 비율까지 라도 수입해 주는 것을 의무화할 필요가 있다. 일본의 지금까지의 주변국 궁핍화적인 정책은 이제 한계점에 다다랐으며, 일본이 여러 가지 구실을 붙여 우리나라가 수출 가능한 품목의 수입마저도 꺼리는 것은 결코 긴 안목에서 볼 때 일본을 위해서도 이롭지 못하다. 일본은 한국의 번영이 자국의 번영과 직결된다는 사실을 명심하여, 대일무역수지 불균형의 시정에 성의 있는 협조를 아껴서는 안 된다.

《무역연구》(서울대, 1969. 3)

한국의 대외경제거래

1. 경제성장

1945년 해방 이전의 산업구조는 기형적이었다. 이 산업구조의 기형성은 해방 이후 남북의 국토양단으로 말미암아 더욱 심해졌다. 왜냐하면 해방 이전에는 남농북공(南農北工)의 산업체제가 채택되고 있었는데 국토양단으로 남한에는 제1차산업과 경공업만이 남게 되었기 때문이다.

해방 직후 경제정책의 부재와 수입상품의 범람은 공업생산을 위축시켰다. 1939년에 비하여 1946년에는 식료품은 약 83퍼센트, 화학제품은 약 76퍼센트의 감소율을 보였으며 그 밖에 방직기계, 제재를 합한 주요 제품의 감소율은 약 71퍼센트에 달하였다. 이와 같이 기형적이고도 취약한 한국의 공업은 다시 6·25사변으로 막대한 건물과 시설의 피해를 입었다. 공업은 건물에 있어서 44퍼센트, 시설에 있어서 42퍼센트의 피해를 입었다. 그리하여 대체로 1955년까지 미국의 원조를 주로 하는 한국경제의 재건이 계속되었다.

그러나 공급능력의 부족, 생산활동의 마비 또는 위축에 기인하는 물자수급의 불균형은 인플레이션을 야기시켰으며 또 국제수지의 심한 악화를 초래하였다. 물가는 1947~1955년간에 151배로 급등하였으며 국제수지의 적자는 동 기간에 수출의 10배 이상으로 지속되었다.

1956년부터 한국경제는 미국 원조자금에 의한 부흥기에 들어섰다. 1953년부터 미국 원조자금에 의하여 공장이 새로 건설되기 시작하였지만, 본격적으로 공장의 건설이 이루어지게 된 것은 대체로 1956년부터의 일이다. 1956~1960년간의 미국 원조액(PL 480원조와 AID원조의 합계)은 1968년까지의 원조총액인 3,318.2백만 달러의 43.7퍼센트나 된다(〈표 1〉 참조). 그러기에 같은 기간의 원조에 의한 해외저축률은 연평균 8.8퍼센트로서 동 기간의 국내저축률의 연평균 2.9퍼센트의 3배나 되며(〈표 2〉 참조) 또 원조가 가장 많았던 1957년의 공업부가가치 구성비에 있어서도 미국 원조로 도입되는 원자재를 사용하는 섬유공업과 음식품공업(연초공업 제외)이 각각 35.7퍼센트와 24.6퍼센트라는 높은 비중을 차지하고 있다(〈표 3〉 참조). 이 비중은 1960년에 있어서도 별로 크게 달라지지 않았다. 즉 섬유공업과 음식품공업은 여전히 각각 29.5퍼센트와 25.8퍼센트라는 높은 비중을 차지하고 있다. 1956

〈표 1〉 외국원조 수입총괄

(단위: 천 달러)

	미 국			CRIK	UNKRA	계	
	PL 480	AID	기 타				
1953~1955	−	293,823	232	217,689	73,058	584,802	
1953~1957	78,477	888,140	232	218,020	109,531	1,294,400	(39.0)
1956~1960	157,732	1,293,479	−	331	46,935	1,498,477	
	1,451,209(43.7)						
1961~1968	467,799	767,109	−	−	−	1,234,908	
계	625, 531	2,354,411	232	218,020	119,993	3,318,187	(100.0)

주: 괄호 안은 백분비를 표시함.
자료: 한국은행, 《경제통계연보》.

~1960년간의 경제성장률은 연평균 4.4퍼센트이며 이 기간 중에서 가장 경제성장률이 높은 해는 1957년이다(〈표 2〉 참조). 이 1957년의 국민총생산의 산업별 구성비는 1차산업 44.1퍼센트, 2차산업 16.2퍼센트, 3차산업 39.7퍼센트이며, 1960년의 그것은 1차산업 41.4퍼센트, 2차산업 18.2퍼센트, 3차산업 40.4퍼센트다(〈표 4〉 참조).

1962년부터 제1차 5개년계획이 실시됐고, 다시 1967년부터 제2차 5개년계획이 실시 중에 있다. 그리고 1959년부터 시작되기는 하였지만 미국원조를 대신할 외자의 도입이 본격적으로 또 적극적으로 추진된 것은 1962년부터의 일이다. 1959년부터 1968년까지의 외자도입 총액은 확정 기준으로 1,508.1백만 달러(〈표 18〉 참조)나 되고 1969년 말까지는 2,432.6백만 달러나 된다. 그러기에 외자도입을 주로 하는 해외저축률은 1965년부터 국내저축률보다 작아지기는 하였지만 제1차 5개년

〈표 2〉 경제성장률, 총투자율 및 저축률

	경제성장률	총투자율	국내저축률	해외저축률
1953		16.0	9.4	6.5
1954	6.0	11.6	6.4	5.2
1955	6.1	11.9	4.9	7.0
1956	1.2	9.5	−1.3	10.8
1957	8.8	15.3	5.5	9.8
1958	5.5 4.4	13.0 12.0	5.0 2.9	8.0 8.8
1959	4.4	10.7	3.9	6.8
1960	2.3	10.9	1.6	8.6
1961	4.2	13.1	3.8	8.6
1962	3.5	13.0	1.5	10.8
1963	9.1	18.4	6.9	10.7
1964	8.3 8.3	14.6 16.5	7.0 6.9	7.1 8.7
1965	7.4	14.7	7.6	6.5
1966	13.4	21.7	11.7	8.5
1967	8.9	21.9	11.0	9.1
1968	13.3	26.7	13.3	11.6

자료: 한국은행, 《한국국민소득연보》, 1969.

계획 중에는 연평균 8.7퍼센트로서 동 기간의 국내저축률의 연평균인 6.9퍼센트보다 크며 또 제2차 5개년계획 중인 1967년, 1968년 및 1969년에도 국내저축률보다 약간 작을 정도다.

 이와 같은 외자도입의 적극적인 추진에 힘입어 제1차 5개년계획 중에는 연평균 5.3퍼센트라는 비교적 높은 경제성장과 1967년, 1968년 및 1969년에도 각각 8.9퍼센트, 13.3퍼센트, 15.5퍼센트(잠정치)라는 매

〈표 3〉 공업구조(1)

(부가가치 기준)

	1957		1960		1965	
공　　　　　　　　　　업	100.0		100.0		100.0	
식　류　품　공　업	9.56 ⌐		9.43 ⌐		8.36 ⌐	
도　　　　　　　　정	6.05	24.57	5.54	25.78	2.51	16.95
음　료　품　공　업	8.96 ⌟		10.81 ⌟		6.08 ⌟	
연　　초　　공　　업	6.58		5.72		7.0	
섬　유　　공　　업	35.69		29.52		25.92	
혁류의류 및 장신품공업	4.85		5.40		2.98	
제제업 및 목제품공업	3.58		2.95		3.18	
가구 및 장치품공업	2.21		1.45		0.75	
지류 및 지류제품공업	0.76		1.62		2.09	
인쇄출판 및 동류사업	3.51		4.89		4.37	
피혁 및 피혁제품공업	1.33		0.94		0.54	
고 무 제 품 공 업	1.69		2.40		1.42	
화학 및 화학제품공업	2.59 ⌐		3.13 ⌐		4.0 ⌐	
비　　　　　　　　료	－	3.40	0.19	4.61	2.86	7.56
석유 및 석탄제품공업	0.81		1.29		1.17	
석　　　　　　　　유	－ ⌟		－ ⌟		3.13 ⌟	
상석 및 유리제품고업(요업)	2.13		2.89		4.49	
제 1 차 금 속 공 업	1.55		2.91		3.89 ⌐	
금 속 제 품 공 업	1.13		1.44		1.40 ⌟	5.29
기　　계　　공　　업	1.98 ⌐		2.62 ⌐		2.27 ⌐	
전 기 기 계 기 구 공 업	0.70		0.81		2.23	
운 송 용 기 계 기 구 공 업	2.08	5.43	1.82	5.82	4.99	10.65
공 작 창 (工 作 廠)	0.67 ⌟		0.57 ⌟		1.16 ⌟	
기　　타　　공　　업	1.18		1.10		0.93	
합 성 수 지 제 품	0.40		0.55		0.90	

자료: 한국은행,《한국국민소득연보》, 1969.

우 높은 경제성장을 이룩하였다. 그러나 높은 경제성장을 초래시킨 요인은 이 밖에도 몇 가지 더 있다. 이는 다음과 같다.

 (1) '경상생산의 극대화를 추구하는' 경제개발전략의 채택이다. 경제개발전략에는 '경상생산의 극대화를 추구하는 것', 즉 경공업 우선형의 것과 '생산잠재력의 창조를 추구하는' 것, 즉 중공업 우선형의 것

〈표 4〉 산업구조

(1965년 불변시장가격 기준)

	1953	1954	1955	1956	1957	1958	1959	1960	1961
국 민 총 생 산	100.0	100.0	100.0	100.0	100.0	100.0	100.0	100.0	100.0
제 1 차 산 업	48.2	49.0	47.2	44.2	44.1	44.9	42.3	41.4	43.8
제 2 차 산 업[1]	11.2	12.3	13.7	15.3	16.2	16.4	17.3	18.2	18.2
(제 조 업)	(7.8)	(8.9)	(10.3)	(12.0)	(12.2)	(12.5)	(13.0)	(13.7)	(13.5)
제 3 차 산 업	40.6	38.7	39.1	40.5	39.7	39.0	40.4	40.4	38.0

	1962	1963	1964	1965	1966	1967	1968	1969[2]
국 민 총 생 산	100.0	100.0	100.0	100.0	100.0	100.0	100.0	100.0
제 1 차 산 업	39.7	39.1	41.9	38.7	37.9	32.8	29.4	28.1
제 2 차 산 업[1]	20.4	21.2	21.3	24.0	24.8	27.6	31.1	33.1
(제 조 업)	(15.0)	(16.1)	(15.6)	(17.7)	(18.1)	(20.6)	(23.3)	(24.8)
제 3 차 산 업	39.9	39.7	36.8	37.3	37.3	39.6	39.5	38.8

주: 1) 수도 및 위생사업을 불포함.
  2) 잠정치임.
자료: 한국은행, 《한국국민소득연보》, 1969.

〈표 5〉 공업구조(2)

(부가가치 기준)

	1957	1960	1968
제 조 업	100.0	100.0	100.0
경 공 업	84.78	80.68	70.18
중 화 학 공 업[1]	13.64	17.67	27.99
기 타 제 조 업[2]	1.58	1.65	1.83

주: 1) 화학, 토석 및 유리제품, 금속, 기계공업을 포함.
  2) 합성수지제품도 포함.
자료: 〈표 3〉과 동일함.

의 두 가지가 있다. 일반적으로 경공업 우선형의 경제개발전략이 채택되는 경우에는 경제성장률이 높고, 중공업 우선형 전략이 채택되는 경우에는 그 반대라는 것이 알려져 있다. 그런데 경제개발전략으로서 그간 이 경공업 우선형이 채택되어 왔다.

(2) 수출 확대와 수입대체산업 육성의 추구다. 1963년을 전후하여 직면하였던 국제수지의 악화를 개선하기 위하여 수출 확대와 수입대체산업 육성이라는 슬로건이 내걸렸다. 전자는 적극적인 국제수지 개선책이고 후자는 소극적인 국제수지 개선책이기 때문이다. 그 결과 상품수출 실적은 1960년의 32.8백만 달러에서 1968년에는 445.4백만 달러로 13.9배나(〈표 6〉 참조), 그리고 1969년에는 700.0백만 달러(예상치)로 24.4배나 되고 있으며 또 그간 수입에 의존하던 비료, 시멘트, 정유, 합섬, 자동차 등의 대규모공장이 건설되어 가동 중에 있다. 적극적으로 도입된 외자가 투자될 대상을 수출산업과 수입대체산업에서 주로 찾은 셈이다.

(3) 베트남으로부터의 외화수입이다. 그동안 베트남에서 평균 매년 약 150.0백만 달러의 송금이 있었다. 이 송금은 그만큼 국제수지의 악화를 방지한 셈이다.

(4) 저임금 노동자의 존재다. 잘 알려져 있는 바와 같이 한국은 노동자의 저임금을 특징의 하나로 삼고 있다. 사실 한국상품의 수출을 가능케 하여 주는 가장 중요한 요인은 이 저임금이라고 해도 과언이 아니다. 공업노동자의 임금은 1963년에는 8천4백 원이다. 따라서 1개월을 노동해서 겨우 쌀 1.5가마밖에 못 버는 셈이다. 그뿐 아니다. 면방업 노동자의 시간당 임금은 1965년 현재 대만보다 낮을 뿐 아니라, 한국보다 1인당 국민소득이 작은 파키스탄, 인도보다도 낮다.

(5) 인플레이션 억제는 어느 정도의 성공했다. 물가안정은 경제개

발계획의 전제가 된다. 그런데 전국도매물가의 경우나 소비자물가의 경우나 모두 1965년 이후 등귀율이 순화되어 상대적으로 안정되었다.

대체로 이와 같은 요인들로 해서 한국은 높은 경제성장을 이룩하였으며, 그 결과 1인당 국민총생산은 1960년 94.4달러에서 1969년에는 195.0달러로 2배나 되었다. 그리고 또 이미 본 바와 같이 1960년에 1차산업 41.4퍼센트, 2차산업 18.2퍼센트, 3차산업 40.4퍼센트던 국민총생산의 산업별 구성비가 1968년에는 1차산업 29.4퍼센트, 2차산업 31.1퍼센트, 3차산업 39.5퍼센트, 1969년에는 1차산업 28.1퍼센트, 2차산업 33.1퍼센트, 3차산업 38.8퍼센트로 되었고, 1960년에 음식품공업 25.8퍼센트, 섬유공업 29.5퍼센트, 화학공업 4.6퍼센트, 요업 2.9퍼센트, 금속공업 4.4퍼센트, 기계공업 5.8퍼센트, 기타공업 27.0퍼센트이던 공업의 부가가치 구성비가 1968년에는 음식품공업 17.0퍼센트, 섬유공업 25.9퍼센트, 화학공업 7.61퍼센트, 요업 4.5퍼센트, 금속공업 5.3퍼센트, 기계공업 10.7퍼센트, 기타공업 29.0퍼센트가 되었다.

바꾸어 말하면 산업구조는 1960년의 1차산업 41.4퍼센트, 2차산업 18.2퍼센트, 3차산업 40.4퍼센트에서 1968년에는 각각 29.4퍼센트, 31.1퍼센트, 39.5퍼센트로 됨으로써 개선되었으며, 또 1960년의 13.7퍼센트에서 1968년에는 23.3퍼센트, 1969년에는 24.8퍼센트로 특히 그 비중이 크게 증가한 공업의 구조도 중화학공업에 속하는 화학, 금속, 기계공업의 합계가 1960년의 14.8퍼센트에서 1968년에는 23.5퍼센트가 됨으로서 크게 개선되었다. 사실 한국의 중화학공업화율, 즉 화학, 요업, 금속, 기계공업으로 구성되는 중화학공업의 전 공업에서의 비중을 보면 1960년에 17.7퍼센트이던 것이 1968년에는 28.0퍼센트가 되어 있다. 분명히 중화학공업화율은 크게 증가했으며 따라서 공업구조는 크게 개선되었다(〈표 5〉 참조). 물론 공업생산능력도 크게 개선되었다.

이렇게 보면 한국의 경제성장은 공업화를 수반하는 혹은 주축으로 하는 것이라고 할 수 있다. 이 글은 바로 이와 같은 관점에 서서 한국의 1953~1968년간의 대외경제거래를 고찰하려는 것이다. 이하에서는 대외경제거래의 추이, 공업화와 대외경제거래, 대외경제거래의 문제들이 다루어진다. 끝의 대외경제거래의 문제들에서는 특별히 개선방향의 제시도 아울러 이루어진다.

2. 대외경제거래의 추이

1) 수 출

(1) 재원별 수출

전 기간을 통하여 일반수출의 비중은 현저히 크며, 수탁·보세가공 수출은 1962년부터 이루어지기 시작했으나 그 비중은 극히 적어 수출총액의 1/6~1/5 정도일 뿐이다. 그러나 이 수탁·보세가공 수출은 급속도로 증가되고 있다.

일반수출의 증가율은 수출총액의 증가율보다 약간 밑돌았으나 수출총액이 급속히 증대될 수 있었던 것은 이 일반수출의 규모가 큰 데 기인한다.

수탁·보세가공 수출은 1962년에 1백만 달러이던 것이 1968년에는 87백만 달러로 6년 동안에 그 규모가 87배나 비약적으로 확대되어 1968년에는 수출총액의 19.1퍼센트를 차지하고 있다(〈표 6〉 참조).

보세가공무역의 이득은 가공비의 취득, 금수품목의 수입가공으로 인한 고용의 증대와 생산시설조업도의 제고, 유휴시설의 감소 등에 있다. 이런 이득 외에도 무역업자의 금리부담을 경감시키는 효과가 있는 것이다. 최근 정부가 자유무역지역을 설치하는 등 일련의 보세가공무

〈표 6〉 재원별 수출

단위: 백만 달러, ( ) 안은 구성비

	총액(A)		일반		수탁 보세가공		기타	
1955	18.0		18.0		–		–	
1956	24.6		24.6		–		–	
1957	22.2		22.2		–		–	
1958	16.5		16.5		–		–	
1959	19.8		19.2		–		0.7	
1960	32.5		31.8		–		1.0	
1961	40.9		38.6		–		2.2	
1962	54.8		52.8	(96.4)	1.0	(1.8)	1.0	(1.8)
1963	86.8		76.7		4.9		5.3	
1964	119.1		111.0		5.4		2.7	
1965	175.1		153.4		16.3		5.3	
1966	250.3		215.8		28.8		5.7	
1967	320.2		259.6		49.8		10.9	
1968	455.4	(100.0)	356.3	(78.2)	87.0	(19.1)	12.1	(2.7)

자료: 한국은행, 《경제통계연보》.

역을 육성시키기 위하여 집중적인 노력을 기울이려는 것은 환영하는 바로서 국내무역업자 또는 생산업자의 금융부담이 과중하다거나 담보 여력이 부족하여 융자를 받지 못한다는 말이 항간에 왕왕(往往) 떠도 는 사실을 보더라도 이 보세가공무역의 진흥이 절실하다 아니할 수 없다.

(2) 지역별 수출구조

수출증가의 일부는 신규시장의 개척에 의하여 이루어지고 있으나, 〈표 7〉에서 보는 바와 같이 1968년 현재까지도 일본·미국 등의 몇몇 주요 수출시장에 대한 의존도가 매우 높아 완전한 시장다변화는 아직 요원한 상태에 있다. 최근 한국의 신시장으로 등장되어 확대되는 주요 지역은 아프리카주뿐이고 유럽주, 남미주와 대양주의 시장은 구성비

〈표 7〉 지역별 수출

단위: 천 달러, ( ) 안은 구성비

	1962	1963	1964	1965	1966	1967	1968
아 시 아 주	35,703 (65.1)	53,797 (61.9)	66,028 (55.5)	85,759 (49.0)	104,841 (41.9)	129,150 (40.3)	151,944 (33.4)
일 　　 본	23,483 (42.8)	24,841 (28.6)	38,159 (32.1)	43,975 (25.1)	66,293 (26.5)	84,726 (26.5)	99,744 (21.9)
유 럽 주	6,298 (11.5)	7,908 (9.1)	15,717 (13.2)	21,396 (12.2)	34,152 (13.6)	33,185 (10.4)	36,272 (8.0)
북 미 주	12,151 (22.2)	24,549 (28.3)	36,253 (30.4)	64,461 (36.8)	102,055 (40.8)	146,031 (45.6)	250,943 (55.1)
미 　　 국	11,976 (21.8)	24,287 (28.0)	35,564 (29.9)	61,696 (35.2)	95,784 (38.3)	137,431 (42.9)	235,402 (51.7)
남 미 주	335 (0.6)	3 (−)	61 (0.1)	133 (0.1)	369 (0.1)	68 (−)	125 (−)
아프리카주	49 (0.1)	142 (0.2)	318 (0.3)	2,086 (1.2)	7,011 (2.8)	8,754 (2.7)	12,293 (2.7)
대 양 주	177 (0.3)	240 (0.3)	656 (0.6)	1,246 (0.7)	1,906 (0.8)	3,033 (0.9)	3,751 (0.8)
미 분 류	99 (0.2)	225 (0.3)	25 (−)	− −	− −	8 (−)	72 (−)
합 계	54,813 (100)	86,802 (100)	119,058 (100)	175,082 (100)	250,334 (100)	320,229 (100)	455,401 (100)

자료: 재무부(통관 기준).

상으로 볼 때 크게 확대되지 않고 그 일부는 축소되는 경향을 나타내고 있다.

한국의 최대 수출시장은 북미주와 아시아주로서 전자는 미국 시장이 거의 전부이고, 후자는 일본이 그 대부분을 차지하고 있다. 1962년에 아시아주에 대한 수출은 전체의 65.1퍼센트였으나, 1968년에는 33.4퍼센트로 감소되었다. 그리고 동년 일본에 대한 수출은 21.9퍼센트이다. 한편 1968년의 미국에 대한 수출은 수출총액의 51.7퍼센트이다. 따라서 수출총액의 2/3 정도는 미국과 일본에 의존하고 있는 실정이다.

또 한편 유럽주, 남미주, 아프리카주 및 대양주의 1962년 수출은 각각 전체의 11.5퍼센트, 0.6퍼센트, 0.1퍼센트, 0.3퍼센트이던 것이 1968년에는 각각 8.0퍼센트, 0퍼센트, 2.7퍼센트, 0.8퍼센트로 좀처럼 시장 다변화의 성과는 나타나고 있지 않으며 또 유럽주에 대한 수출이 크게 감소 추이를 나타내고 있음은 주의할 만하다.

(3) 상품류별 수출

수출상품을 SITC Code의 대분류에 따라 분류하여보면, 1955년 이후 모든 유의 상품수출이 금액상으로 일부는 수배로, 또 어떤 것은 수백 배로 늘어났고 한편 그 구성비상으로도 큰 변화가 있었음을 지적할 수 있다. 금액상으로 증가율이 높은 상품류는 식료 및 연초, 화학제품, 원료별제품, 기계류 및 잡제품이다(〈표 8〉 참조).

그러나 절대액이 큰, 즉 수출비중이 큰 품목은 과거에는 비식용원재료와 식료품 및 산 동물이었으며 이들은 1955년에는 수출총액의 87.7퍼센트를 차지하였다. 그 중 식료품 및 산 동물은 1962년에는 40퍼센트까지 확대되었다가 점철되어 1968년에는 10퍼센트 미만으로 떨어졌고, 비식용원재료의 구성비는 매년 감소되어 1968년에는 13.5퍼센트밖에 되지 못하였다. 그러나 이 상품류는 1968년 현재로 아직도 잡제품, 원료별제품 다음으로 제3위의 위치를 유지하고 있으며 식료품 및 산 동물의 수출은 4위에 이르고 있다. 같은 해에 잡제품의 수출비중은 36.7퍼센트이었고 그 다음 원료별 납품은 31.5퍼센트로서 양자가 전체의 약 70퍼센트를 차지하고 있는 셈이다. 구성비상으로 하위의 상품류는 식료품 및 연초, 광물성연료, 동식물성 유지, 화학제품, 기계류 및 운반용기기로서 1968년에 각각 1.9퍼센트, 0.5퍼센트, 0.1퍼센트 미만, 0.7퍼센트, 5.4퍼센트였다. 특히 1968년 현재로 수출주도 상품은 합판,

〈표 8〉 상품류별 및 산품별 수출

(단위: 천 달러)

	잡액	식료품 및 산 동물	음료 및 연초	비식용 원재료 (광물성 연료 제외)	광물성 연료 윤활유 및 관련품	동식물 성유지	1차 산품	화학 제품	원료별 제품	기계류 및 운반용 기기	잡제품	2차 산품	미분류
1955	17,966	1,094	20	14,658	488	29	(90.7)	85	870	240	448	(9.1)	34
	(100.0)	(6.1)	(0.1)	(81.6)	(2.7)	0.2		(0.5)	(4.8)	(1.3)	2.5		(0.2)
1956	24,595	1,507	1	20,545	−	61		3	2,053	190	213		22
1957	22,202	3,315	53	14,591	6	35		6	3,394	56	640		106
1958	16,451	2,456	0	10,583	297	162	(82.0)	10	2,408	4	148	(15.5)	383
	(100,0)	(14.9)		(64.3)	(1.8)	(1.0)		(−)	(14.6)	(−)	(0.9)		(2.3)
1959	19,812	4,118	106	11,713	657	177		115	2,139	45	56		653
1960	32,827	9,701	451	15,816	1,147	199		401	3,937	88	93		995
1961	40,878	8,948	184	20,958	2,209	118		550	4,004	884	791		2,232
1962	54,813	21,899	141	19,320	2,760	69	(80.5)	990	6,177	1,446	1,954	(19.4)	57
	(100.0)	(40,0)	(0.3)	(32.5)	(5.0)	(0.1)		(1.8)	(11.3)	(2.7)	(3.6)		(10.1)
1963	86,802	18,059	250	26,187	2,579	92		904	28,115	4,067	6,401		146
1964	119,058	26,350	184	31,442	2,488	88		630	42,310	2,204	13,197		164
1965	175,082	28,190	898	37,033	1,899	71		380	66,414	5,501	34,487		209
1966	250,334	41,274	6,892	46,680	1,505	137	(38.5)	714	84,176	9,555	59,197	(61.4)	205
	(100.0)	(16.5)	(2.8)	(18.7)	(0.6)	(0.1)		(0.3)	(33.6)	(3.8)	(23.7)		(0.1)
1967	320,229	37,928	7,019	58,005	1,772	119		2,359	102,382	14,185	97,239		219
1968	455,401	44,492	8,621	61,506	2,298	113	(25.7)	3,116	143,599	24,464	167,006	(74.3)	188
	(100.0)	(9.8)	(1.9)	(13.5)	(0.5)	(0.6)		(0.7)	(31.5)	(5.4)	(36.7)		(0.0)

자료: 1955~1959년은 한국무역협회, 《무역연감》, 1960년 이후는 한국은행, 《경제통계연보》.

<표 9> 수출주도 상품

품 목	수출액(천 달러)						
	1962	1963	1964	1965	1966	1967	1968
합 판	2,060	5,833	11,395	18,030	29,880	36,418	65,590
스 웨 터	15	200	565	5,575	15,978	24,979	51,962
피복(스웨터 제외)	1,104	4,444	6,049	15,138	17,408	34,229	60,270
가 발	0	13	169	2,344	12,022	22,724	35,090
전 기 기 기	106	732	1,021	1,901	5,098	7,364	18,933
생 사	3,960	4,662	5,838	6,794	11,632	14,873	17,954
선 어 류	2,876	3,209	4,124	6,066	7,669	12,461	16,888
합 성 섬 유 직 물	2	741	1,040	2,507	4,402	9,853	16,653
김	749	1,504	5,504	3,315	8,710	6,498	13,744
면 직 물	1,835	4,289	11,119	10,522	10,121	12,591	13,314
중 석	3,374	3,075	4,654	6,356	9,536	11,027	11,115
신 발 류	238	738	879	4,151	5,467	8,139	11,044
엽 연 초	66	204	140	854	6,469	6,640	7,643
철 광 석	3,849	5,912	5,989	6,753	6,090	6,059	7,281
냉 동 어 개 류	1,814	2,199	4,028	2,989	4,481	6,931	5,594
모 직 물	0	10	580	2,228	2,153	3,963	4,519
소 계	22,048	37,495	63,094	95,523	157,116	224,749	357,594
총 액	54,813	86,802	119,058	175,082	250,334	320,229	455,401

자료: 한국무역협회, 《무역연감》.

피복, 스웨터, 가발, 전기기기, 생사, 선어류, 합섬직물, 김, 면직물, 중석, 신발류 등이다(〈표 9〉 참조).

이와 같은 상품류별 수출을 산품별로 나누어 보면 다음과 같다. 수출상품을 산품별로 분류함에 있어, SITC Code 0~4를 1차산품으로 보았고, 5~8을 2차산품으로 취급하였다.

1955년에 1차산품의 수출은 전체의 90퍼센트 정도를 차지하였으나 1962년에는 그 비중은 80퍼센트 선으로 감소하였고 제1차 5개년계획이 완료된 1966년에 이르러서는 38.6퍼센트로, 다시 1968년에 와서는 25.7퍼센트로 감소하여, 1차산품의 수출과 공산품의 수출구성은 각각 38.5퍼센트 대 61.4퍼센트, 25.7퍼센트 대 74.3퍼센트가 되었다. 1955

년과 1968년을 비교하여 보면 그 구성이 완전히 역전된 셈이다(〈표 8〉 참조).

다시 상품류별 수출을 식료품 및 원료, 노동집약적 상품 및 자본집약적 상품으로 보면 다음과 같다.

〈표 10〉 상품류별 수출
(식료품 및 원료, 노동집약적 상품, 자본집약적 상품 기준)

(단위: 백만 달러)

	1962	1968
식 료 품 및 원 료 (N 류)	44.1(87.0%)	116.8(25.7%)
노 동 집 약 적 상 품 (L 류)	3.6(7.1%)	307.5(67.5%)
자 본 집 약 적 상 품 (C 류)	3.0(5.9%)	31.1(6.8%)
계	50.7(100.0%)	455.4(100.0%)

주: N류는 SITC Code 0, 1, 2(251, 266, 267 공제), 3(351 공제), 4 및 941을 포함하고, L류 267, 541, 6(66, 67, 68은 공제하되, 66 중 665, 666, 667은 포함함), 733, 8, 951, 961을 포함하고, C류는 5(541 공제), 266, 351, 66(665, 666, 657 공제) 67, 68 및 7(733 공제)을 포함한다.

자료: 1962년은 서울대학교행정대학원 지역경제협력연구실, 《아세아지역경제협력체 형성에 관한 연구》 제2권 1호, pp. 11~12, 1968년은 한국은행, 《통계월보》 1969년 12월호에서 구성.

〈표 10〉에서 알 수 있는 바와 같아 과거 수년간 식료품 및 원료는 격감 추이를 보인 반면, 노동집약적 상품은 그 구성비나 금액에 있어 높은 증가율을 나타내었다. 그러나 자본집약적 상품의 수출은 크게 증가하지 못하고 있다. 1962년에 식료품 및 원료는 수출총액의 87.0퍼센트인 44.1백만 달러의 수출실적을 나타냈다. 이에 비하여 노동집약적 상품의 수출은 1962년에 7.1퍼센트의 구성비를 보이다 1968년에는 67.5퍼센트로 10배 정도 늘어났다. 그러나 이 기간 동안 자본집약적 상품의 수출은 6퍼센트대를 맴돌아 증가하지 못하고 있다.

한국의 수출상품 중 노동집약적 상품의 수출이 급속히 증대되고 있는데, 일본을 비롯한 선진국에서 노동집약적 상품의 생산산업이 사양화하고 있으므로 노동력이 풍부한 한국으로서 노동집약적 상품생산에 비교우위성을 갖는 것은 당연한 것이며 생산체제가 그와 같은 방향으로 당분간이라도 지속될 것으로 전망된다.

2) 수 입

(1) 재원별 수입

〈표 11〉에서 보는 바와 같이 수입을 재원별로, 즉 일반수입, 공공원조수입, 차관수입, 구호, 기타 등으로 구분하여 보면 일반수입이 급속히 증대되고 있고, 반면 공공원조수입은 특히 최근년에 격감하는 추이를 보여왔고 또 1962년부터 차관수입이 현저하게 증가되고 있다.

수입총액이 345.4백만 달러이던 1953년에는, 일반수입은 153.6백만 달러였으나 공공원조수입은 191.8백만 달러로서 일반수입보다 원조수입이 더 많았다. 이와 같은 경향은 1962년까지 지속되었으나 1963년에는 원조수입과 일반수입이 거의 동액으로 각각 232.7백만 달러, 232.6백만 달러에 달하였다. 그 후부터 원조수입은 격감되고 일반수입은 크게 늘어나 1968년에는 일반수입은 수입총액의 61.3퍼센트인 964.4백만 달러, 원조수입은 10.5퍼센트인 148.8백만 달러가 되었다.

차관수입은 최초로 행해진 해인 1962년에는 4.5백만 달러로 수입총액의 1.1퍼센트에 불과하였다. 그러나 차츰 늘어나 1968년에는 20.5퍼센트에 달하는 290.6백만 달러를 기록하여 원조수입을 훨씬 능가하였고 일반수입의 3분의 1 수준에 육박하였다.

이와 같이 원조수입이 감소되고 차관수입이 증대되고 있는 것은 미국의 외원정책 등의 변화로 말미암은 대한(對韓) 원조의 감소에 기인한다.

〈표 11〉 재원별 수입

단위: 백만 달러, ( ) 안은 구성비

	총 액	일 반	공공원조	차 관	기 타
1953	345.4	153.6	191.8	–	–
1954	243.4	93.9	149.4	–	–
1955	341.4	108.6	232.8	–	–
1956	386.1	66.2	319.9	–	–
1957	442.2	46.9	374.0	–	21.2
1958	378.2	48.7	311.0	–	18.5
1959	303.8	81.0	210.7	–	12.1
1960	343.5	97.2	231.9	–	14.4
1961	316.1	103.1	196.8	–	16.2
1962	421.8	179.0	218.5	4.5	19.7
	(100.0)	(42.5)	(51.7)	(1.1)	(4.7)
1963	560.3	232.7	232.6	52.1	42.8
1964	404.4	184.5	142.6	34.6	42.6
1965	463.4	248.4	135.5	31.5	48.1
1966	716.4	401.9	143.6	108.4	62.4
	(100.0)	(56.2)	(21.1)	(14.0)	(8.7)
1967	996.2	673.5	119.2	167.3	36.2
1968	1,468.2	964.4	148.8	290.6	64.3
	(100.0)	(61.3)	(10.5)	(20.5)	(7.7)

자료: 한국은행, 《경제통계연보》.

(2) 지역별 수입

수입을 지역별로 보면 역시 미국과 일본이 2대 수입지역으로 되이
있고, 미국에서 수입은 절대액에 있어서는 증가하고 있으나 구성비에
있어서는 감소추이를 나타내고 있으며 1962년에 수입총액의 52.2퍼센
트이던 것이 1968년에는 30.8퍼센트로 감소되었다. 그와 반대로 대일
(對日) 수입은 그 구성비나 절대액에 있어서 급증 추이를 보여 1962년
에 수입액의 25.9퍼센트이던 것이 1968년에는 42.5퍼센트로 증가되어
있다. 그 밖에 기타 지역으로부터의 수입은 일본을 제외한 아시아 국
가로부터의 수입이 증가되는 것을 제외하면 큰 변동을 찾아볼 수 없

다(〈표 12〉 참조). 이와 같이 미국으로부터의 수입이 감소되는 한편 일본으로부터의 수입이 급증하여 미·일에 대한 수입의존도가 차츰 역전된 것은 미국의 대한 원조정책의 변화, 대일 청구권자금의 사용, 대일 일반수입의 지리적 편의에 기인하는 것이라 보겠다.

그러나 미·일 양 지역의 수입의존도는 1962년의 78.1퍼센트에서 1968년에는 73.3퍼센트로 감소 추이를 나타내었다.

〈표 12〉 지역별 수입

단위: 천 달러, ( ) 안은 구성비

	1962	1963	1964	1965	1966	1967	1968
아 시 아 주	141,476	208,429	146,195	228,209	384,820	573,630	824,486
	(33.5)	(37.2)	(36.2)	(49.2)	(53.7)	(57.6)	(56.2)
일 본	109,171	159,345	110,117	166,633	293,793	443,051	624,117
	(25.9)	(28.4)	(27.2)	(36.0)	(41.0)	(44.5)	(42.5)
유 럽 주	41,412	41,786	39,224	40,613	55,801	84,251	153,212
	(9.8)	(7.5)	(9.7)	(8.8)	(7.8)	(8.5)	(10.0)
북 미 주	227,759	288,476	205,610	185,140	257,211	314,639	486,676
	(54.0)	(51.5)	(50.8)	(39.9)	(35.9)	(31.6)	(31.0)
미 국	220,341	284,065	202,058	182,283	253,697	205,158	452,449
	(52.2)	(50.7)	(50.0)	(39.3)	(35.4)	(30.6)	(30.8)
남 미 주	1,214	552	588	966	2,877	3,124	4,190
	(0.3)	(−)	(−)	(0.2)	(0.4)	(0.3)	(0.3)
아프리카주	1,896	676	1,283	3,974	7,133	8,721	1,393
	(0.5)	(−)	(0.3)	(0.9)	(1.0)	(0.9)	(0.1)
대 양 주	7,865	12,150	9,145	4,512	7,850	11,082	14,377
	(1.9)	(2.2)	(2.3)	(1.0)	(1.1)	(1.1)	(1.0)
미 분 류	160	8,210	2,306	27	749	799	18.33
	(−)	(1.5)	(0.6)	(−)	(0.1)	(−)	(−)
합 계	421,782	560,273	404,351	463,442	716,442	996,246	1,468,167
	(100)	(100)	(100)	(100)	(100)	(100)	(100)

자료: 한국은행, 《경제통계연보》.

〈표 13〉 상품류별 수입

단위: 천 달러, ( ) 안은 구성비.

	총액	식료품 및 산동물	식료 및 연초	비식용 원재료 (광물성 연료 제외)	광물성 연료, 윤활유 및 관련품	동식 물성 유지	1차 산품	화학 제품	원료별 물품	기계류 및 운반용 기구	잡제품	2차 산품	미분류
1955	341,415	17,468	5,810	29,199	43.215	2,735	(28.8)	59,823	54,836	57,206	8,323	(52.8)	442
	(100.0)	(5.1)	(1.7)	(8.5)	(12.7)	(0.8)		(17.5)	(16.1)	(16.8)	(2.4)		(1.3)
1956	386,063	43,964	10,135	45,812	44,603	2,486		74,553	70,701	42,832	9,620		583
1957	442,174	107,568	7,518	58,193	43,553	2,230		77,092	54,505	42,428	9,737		739
1958	378,165	65,455	4,105	69,083	37,101	2,682	(47.2)	68,590	56,757	36,677	11,626	(45.9)	1,036
	(100.0)	(17.3)	(1.1)	(18.3)	(9.8)	(0.7)		(18.1)	(15.0)	(9.7)	(3.1)		(0.3)
1959	291,709	27,344	14	62,268	38,190	2,493		68,749	38,051	41,810	6,254		6,537
1960	343,527	31,564	24	68,504	22,956	2,528		76,125	47,040	40,086	5,962		48,738
1961	316,142	40,128	34	63,294	27,362	3,949		61,654	39,540	42,392	5,689		32,102
1962	421,782	48,647	86	89,690	30,606	3,856	(41.0)	94,314	73,093	69,783	10,241	(58.7)	1,467
	(100.0)	(11.5)	(0.0)	(21.3)	(7.3)	(0.9)		(22.4)	(17.3)	(16.6)	(2.4)		(0.3)
1963	560,273	120,607	326	107,074	34,377	4,781		79,980	88,328	115,569	8,033		1,198
1964	404,351	68,237	124	97,064	28,471	3,886		84,335	46,114	69,520	5,336		1,266
1965	463,442	63,505	186	110,021	31,269	3,764		103,425	71,183	73,145	6,768		177
1966	716,441	72,365	266	153,924	42,447	5,491	(38.3)	134,547	125,194	171,720	10,457	(61.7)	30
	(100.0)	(10.1)	(0.0)	(21.5)	(5.9)	(0.8)		(18.8)	(17.5)	(24.0)	(1.5)		(0.0)
1967	996,246	94,115	783	208,473	61,607	6,945		113,043	183,720	310,195	17,221		144
1968	1,468,167	167,538	1,390	270,435	75,536	8,293	(35.7)	130,289	242,161	533,197	38,883	(63.3)	444
	(100.0)	(11.4)	(0.1)	(18.4)	(5.2)	(0.6)		(8.9)	(16.5)	(36.3)	(2.7)		(1.0)

자료: 1955~1959년까지는 한국무역협회, 《무역연감》 및 1960년 이후는 한국은행, 《경제통계연감》.

(3) 상품류별 수입

1955년에 수입에서 큰 비중을 차지한 상품류는 화학제품, 기계류 및 운반기기, 원료별 제품이었다(〈표 13〉 참조). 그리고 1961년까지는 수입상품류가 어느 일부류에 과대하게 편중되는 현상은 나타나지 않았다. 그러나 1962년부터 기계류 및 운반용기기(수입총액의 36.3%), 비식용원재료(18.4%) 및 원료별제품(16.5%)의 수입비중이 커졌고, 식료품 및 산 동물의 수입도 수입총액의 10퍼센트대를 지속하여 여전히 비교적 큰 비중을 차지하여 왔다. 특히 1955년 현재 수입주도 상품은 일반기계, 운반기계, 곡류, 직물용사 및 직물, 전기기계, 목재, 직물섬유, 석유 및 동 제품, 철 및 철강, 화학원소 및 동화합물의 10개 품목이다(〈표 14〉 참조).

〈표 14〉 수입주도 상품

(단위: 천 달러)

1953			1962			1968		
상 품 류	수 입 (백만원)	구성비 (%)	상 품 류	수 입 (백만원)	구성비 (%)	상 품 류	수 입 (백만원)	구성비 (%)
쌀	3,185.64	14.2	화학비료	62,310	14.8	일반기계	283,046	19.3
밀가루	3,046.08	13.6	직물섬유	50,249	11.9	운송기계	154,292	10.5
보리쌀	1,930.35	8.6	곡물	40,101	9.5	곡물	129,349	8.8
유 안	1,868.30	8.4	일반기계	34,452	8.2	직물용사 및 직물	102,732	7.0
설 탕	1,124.44	5.0	직물용사 및 직물	28,800	6.8	전기기계	95,859	6.5
주 류	712.24	3.2	전기기계	28,709	6.8	목재	91,493	6.2
대 두	447.67	2.0	석유 및 동제품	28,369	6.7	직물섬유	90,265	6.1
철강재	462.76	2.1	철및철강	22,617	5.4	석유 및 동제품	72,849	5.0
의약품	384.01	1.7	목재	18,441	4.4	철 및 철강	69,272	4.7
인쇄용지	349.94	1.6	화학원소 및 동화합물	11,702	2.8	화학원소 및 동화합물	47,268	3.2
소 계	13,511.43	60.4		325,750	77.2		1,136,425	77.4
수입총액	22,370.13	100.0		421,782	100.0		1,468,167	100.0

자료: 〈표 9〉와 동일함.

이와 같은 상품류별 수입을 산품별로 나누어 보면, 1955년에는 1차 산품이 28.8퍼센트, 공산품이 52.8퍼센트 정도였으나, 그 후 공산품의 수입이 증대되어 1968년에는 63.3퍼센트를 기록하였다. 이와 같이 공산품의 수입이 증대된 원인은 식료품의 수입이 격감되는 반면, 기계류가 늘어난 데 있다(〈표 13〉 참조).

다시 상품류별 수입을 식료품 및 원료노동집약적 상품, 자본집약적 상품의 셋으로 구분하여 보면, 1962년에 식료품 및 산 동물이 38.8퍼센트를 차지하다가 1968년에는 32.4퍼센트로 감소된 반면, 자본집약적 상품은 같은 기간 중 48.0퍼센트에서 52.8퍼센트로 늘어났고, 노동집약적 상품은 1962년에 13.2퍼센트(56.6백만 달러)로부터 1966년에 14.9퍼센트(217.6백만 달러)로 늘어나 구성비에 있어서 1.7퍼센트포인트 증가하였고 금액으로 보면 약 4배나 증대되었다(〈표 15〉 참조).

〈표 15〉 상품류별 수입
(식료품 및 원료, 노동집약적 상품, 자본집약적 상품 기준)

(단위: 백만 달러)

	1962	1968
식 료 품 및 원 료	166.9(38.8%)	473.2(32.4%)
노 동 집 약 적 상 품	56.6(13.2%)	217.6(14.9%)
자 본 집 약 적 상 품	206.3(48.0%)	772.1(52.8%)
계	429.8(100%)	1,462.9(100%)

주: 〈표 10〉 참조.
자료: 〈표 11〉과 같음.

최근 들어 기계류의 수입과 원재료의 수입이 증대된 것은 경제개발계획의 수행에 필요한 시설재와 공업원료의 소요가 증대된 데 기인하는 것이라고만 말할 수 없다. 왜냐하면 1968년 현재 승용차를 중심으로 하는 수송용 기계와 전기기기의 수입이 5대 수입상품에 속하고 있으며 이 양자의 합계가 17.6퍼센트에 이르러 일반기계의 19.3퍼센트에 육박하고 있고(물론 이 일반기계는 전부가 산업용기계가 아니고 사무용기계 등의 소비용도 많이 포함되어 있음) 노동집약적 상품의 수입이 크게 늘어났기 때문이다. 이 밖에 한국의 수입규모가 최근에 급격히 확대된 것은 잡제품 등의 소비재가 증대된 데에도 말미암는다.

3) 외자도입

외자수입은 1957년을 정점으로 하여 미국 원조가 감소되기 시작한 것을 계기로 하여 개시되었다. 사실 이미 1953~1957년간의 미국 원조액은 1968년까지의 원조총액 3,318.2백만 달러의 약 40퍼센트인 1,294.4백만 달러나 되며(〈표 1〉 참조), 최초의 차관도입이 이루어진 것은 1959년의 일이다.

그러나 1959~1961년간의 외자도입액은 공공차관 20.4백만 달러에 불과하며, 외자도입이 본격적으로 이루어지게 된 것은 1962년부터라고 할 수 있다. 1962~1966년의 제1차 5개년계획기간 중에는 차관의 종류가 확대되는 한편 그 양이 급격히 증대되어 공공차관은 327.2백만 달러, 상업차관은 300.6백만 달러, 외국인 직접투자는 35.4백만 달러로 총계 663.2백만 달러에 이르렀다. 제2차 5개년계획기간에는 더욱 가속적으로 증대되어 1967~1968년의 2년 동안에 외자도입액은 824.5백만 달러를 기록하여 1962~1966년간의 합계액보다 더 많았다. 1968년 말 현재로 외자도입액은 1,508.1백만 달러이다. 그 중 미국과 일본에서 들여온 것이 3분의 2를 차지하고 있다(〈표 17〉 참조). 1959~1968년간에 미국으로부터의 차관 및 직접투자는 588.8백만 달러로 전체의 3분의 1을 넘고 일본으로부터는 409.8백만 달러, 서독으로부터는 174.4백만 달러로 되어 있다. 〈표 17〉에 따르면, 공공차관 부문에서는 미국이, 상업차관 부문에서는 일본이, 그리고 외국인 직접투자 부문에서는 미국이, 각각 우위를 차지하고 있으며, 특히 미국과 일본의 직접투자액은 직접투자 총액의 93퍼센트에 이르고 있다.

<표 16> 외자도입의 추이

(1968. 12.31 현재)   (단위: 백만 달러)

	공공차관	상업차관	외국인직접투자	합　계
1959~1961	20.4	−	−	20.4
1962~1966	327.2	300.6	35.4	663.2
	(140.0)	(181.8)	(26.7)	(348.5)
1967~1968	130.0	638.4	56.1	824.5
	(178.4)	(391.0)	(26.3)	(595.7)
합　계	477.6	939.0	91.5	1,508.1
	(318.4)	(572.8)	(53.0)	(944.2)

주: 1) 공공차관은 협정체결, 상업차관은 L/G 및 E/L 발급, 직접투자는 정부인가 기준임.
　　2) (　) 안은 물자도입 실적.
자료: 경제기획원.

<표 17> 국별 외자도입 추이

(1959~1968)   (단위: 백만 달러)

	공공차관	상업차관	외국인직접투자	합　계
미　　　　국	318.4	204.2	66.2	588.8
일　　　　본	85.8	305.1	19.2	409.9
시　　　　독	31.2	142.4	0.5	174.4
영　　　　국	1.2	56.7	−	57.9
이　태　리	−	86.4	0.1	86.5
프　랑　스	−	70.5	−	70.5
스　위　스	−	9.2	−	9.2
파　나　마	−	24.4	−	24.4
캐　나　다	−	30.3	3.8	34.1
국 제 기 구	0.9	−	0.1	1.0
기　　　　타	40.3	−	−	40.3
합　　　　계	−	9.8	1.3	11.1
	477.6	939.0	91.5	1,508.1

주: 확정차관 기준.
자료: 경제기획원.

이와 같은 외자도입으로 말미암아, 이미 앞에서 본 바와 같이, 해외
저축률은 1965년부터 국내저축률보다 작아지기 시작하기는 하였지만
제1차 5개년계획기간 중 연평균 8.7퍼센트로 같은 기간의 국내저축률
의 연평균인 6.9퍼센트보다 크며, 또 1967년과 1968년에 있어서도 국
내저축률보다 약간 작을 뿐이었다.

일반적으로 외국의 자본이 도입되면 기술은 대개 거기에 딸려 들어
오기 마련이다. 그러나 기술도입을 별도로 다루어 보기로 한다. 기술
도입은 1951년의 UNKRA 수조로부터 시작된다. 그러나 그 후 1954년

〈표 18〉 재원별 · 형태별 기술원조 도입

(1968년 말 현재)   (단위 인원: 인·자금: 백만 달러)

		1951~1955		1956~1961		1962~1966		1967		1968		합 계	
		자금	인원	자금	인원	자금	인원	자금	인원	자금	인원	자금	인원
AID	초청, 파견	0.9	224	20.1	2,455	12.4	1.080	3.4	354	3.4	305	40.2	4,418
	용 역	–	–	27.8	–	9.8	–	4.9	–	2.2	–	44.7	–
	물 자	–	–	4.3	–	6.1	–	0.7	–	7.6	–	18.7	–
	계	0.9	224	52.2	2,455	28.3	1,080	9.0	354	13.2	305	103.6	4,418
U.N.	초청, 파견	0.2	91	0.9	327	3.3	572	1.8	238	1.0	265	7.2	1,493
	용 역	–	–	1.1	–	7.8	–	2.2	–	1.9	–	13.0	–
	물 자	–	–	0.1	–	2.1	–	0.4	–	2.3	–	4.9	–
	계	0.2	91	2.1	327	13.2	572	4.4	238	5.2	265	25.1	1,493
콜롬보 계획	초청, 파견	–	–	–	–	1.9	701	0.6	206	0.9	200	3.4	1,107
	용 역	–	–	–	–	–	–	–	–	–	–	–	–
	물 자	–	–	–	–	0.6	–	0.1	–	0.3	–	1.0	–
	계	–	–	–	–	2.5	692	0.7	206	1.2	200	4.4	1,107
기 타 국 가	초청, 파견	–	–	0.2	4	2.7	808	1.0	334	1.3	305	5.2	1,451
	용 역	–	–	–	–	–	–	0.5	–	–	–	0.5	–
	물 자	–	–	0.3	–	–	–	0.5	–	–	–	0.8	–
	계	–	–	0.5	4	2.7	808	2.0	334	1.3	305	6.5	1,451
합 계	초청, 파견	1.1	315	21.2	2,785	20.3	–	6.8	1,132	6.6	1,075	56.0	8,469
	용 역	–	–	28.9	–	17.6	–	7.6	–	4.1	–	58.2	–
	물 자	–	–	4.7	–	8.8	–	1.7	–	10.2	–	25.4	–
합 계		1.1	315	54.8	2,786	46.7	3,161	16.1	1,132	20.9	1,075	139.6	8,469

자료: 경제기획원.

부터 AID 수조, 1961년부터 콜롬보 계획, 그리고 1962년부터 선진국으로부터의 수조가 각각 이루어지게 되어 기술도입이 본격화되었다.

각 재원으로부터의 기술도입은 형태별로는 해외기술자의 초청 및 기술습득이나 훈련을 받기 위한 파견과 용역의 수입 및 과학기자재 등의 물자도입의 두 가지로 대별된다. 〈표 18〉에서 보는 바와 같이 1951~1955년간에는 금액으로는 1.1백만 달러 인원으로는 315인이었으나, 1956~1961년간에는 크게 늘어나 각각 54.8백만 달러 2,786인이 되었다. 제1차 5개년계획이 시작되자 콜롬보 계획과 선진국으로부터의 수조가 추가되어 재원이 다양화되어 계획기간 중에 46.7백만 달러 상당의 기술도입이 이루어졌으며, 1967년과 1968년에는 더욱 활발하게 되었다.

그리하여 1951~1968년 사이에 총액은 139.6백만 달러, 총인원은 8,469인에 달했다. 그 중 초청과 파견을 통한 기술도입액과 기술용역의 도입액은 각각 56.0백만 달러와 58.2백만 달러이고 나머지 25.4백만 달러는 물자도입이었다.

이것을 재원별로 보면 AID 원조에 의한 것이 수위를 차지하여 103.6백만 달러, UN 수조에 의한 것이 25.1백만 달러, 콜롬보 계획에 의한 것이 4.4백만 달러, 기타 선진국에 의한 것이 6.5백만 달러이다.

이상의 네 가지 재원 외에 외자도입법에 의한 기술도입이 또 있다. 이것은 제1차 5개년계획이 실시된 이후부터 이루어지게 되었다. 〈표 19〉에서 보는 바와 같이 1968년까지의 실적은 104건에 달하며, 그 중 일본으로부터 도입된 분은 전체의 60퍼센트인 64건이나 된다. 그런데 일본으로부터의 도입실적은 특히 1967년 이후 현저히 늘어났다.

<표 19> 국별 기술도입

(1968년말 현재, 계약인가)   (단위: 건수)

	1962	1963	1964	1965	1966	1967	1968	합 계
미 국	4	2	1	3	5	7	6	28
일 본	–	–	–	–	8	25	31	64
서 독	–	–	–	–	2	–	2	4
기 타	3	–	–	1	–	1	3	8
합 계	7	2	1	4	15	33	42	104

자료: 경제기획원.

3. 공업화와 대외경제거래

1) 공업화와 수출

한국경제가 성장하여 오는 동안에 앞에서 본 바와 같이 공업의 비중이 커졌으며, 그리하여 산업구조의 개선과 공업생산능력의 증대가 이루어졌다. 그리고 또 공업구조도 크게 개선되었다. 즉 1960년에 17.7퍼센트이던 중화학공업 비율은 1968년에는 28.0퍼센트로 증가하였다.

이미 앞에서 한국의 수출이 지난 수년간에 급속히 신장하였고, 또 수출구조가 1965년 이후부터 공산품 수출주도형으로 전환되었음을 보았다. 사실 1968년에는 공산품 수출액은 수출총액의 74.3퍼센트를 차지하고 있다. 이것은 바로 그동안에 이룩된 공업화의 소산물에 불과하다. 그러나 이와 같은 공업화의 추진 외에 수출증가를 초래하는 적극적인 요인이 있었다.

공업화에 따르는 생산능력의 증대 외에 일반적으로 수출증가를 초래하는 요인으로서는 해외수요의 증가, 수출지역의 개선(다변화), 수출상품 구조의 개선, 수출산업의 국제경쟁력 강화, 수출지원 등을 들 수 있다.

그러나 한국의 경제적 현실로 보아 세계수요의 증가나 수출시장의 다변화는 한국의 수출증가의 큰 요인은 되지 못한다고 본다. 왜냐하면 세계수요에 대한 한국의 공급이 차지하는 부분은 극히 작으며, 또 위에서도 지적한 바와 같이 한국의 수출총액의 3분의 2정도가 미국과 일본의 두 나라에 편중되어 있어 그 지역별 수출구조는 크게 개선되지 못하고 있기 때문이다. 그리고 한국의 수출상품의 구조가 1955년 이후 크게 개선되어 1차산품 수출주도형으로부터 공산품 수출주도형으로 전환되고 있지만, 그 공산품의 대부분이 자본집약적 상품이 아니라, 노동집약적·자본절약적 상품(1968년에는 수출총액의 67.5%가 노동집약적 상품임)인 반면, 세계수입에서는 자본집약적 상품의 교역이 증대되는 추세를 보이고 있어 한국의 수출 패턴이 세계무역 발전 패턴에 부합되지 못하고 있음으로써, 한국의 상품수출구조의 개선은 수출증가의 큰 요인으로 작용하지 못하는 형편에 있다.

그렇다면 일단 가장 크게 작용한 수출증가의 요인은 국제경쟁력의 강화라고 할 수 있을 것이다. 국제경쟁력 강화요인으로서는 보통 생산, 노동생산성, 수출단가 등이 들어진다.

과거 수년 동안 생산이 증대됨으로써 수출이 증가된 것은 사실이다. 그러나 수출단가의 상승이 수출증가에 큰 힘이 되었다고는 보기 어렵다. 왜냐하면 1963년과 1966년에는 수출단가의 상승률과 수출증가율에서 일정한 관계를 찾아볼 수 없기 때문이다(〈표 20〉 참조).

그리고 수출이 증가됨에 따라 노동생산성이 향상되었고, 또 노동생산성의 향상이 수출증가에 일부 기여한 것은 사실이다. 그러나 노동집약적·자본절약적인 상품의 수출이 증대되었다는 점을 생각할 때 노동생산성 향상이나 수출조건의 개선이 수출증가에 크게 공헌한다고는 볼 수 없다.

<표 20> 생산, 노동생산성, 수출단가 및 수출

(공업의 연간변화율)   (단위: %)

	1958	1959	1960	1961	(1958~1961)	1962	1962
생　　　　　산	7.9	8.7	7.5	2.8	(6.7)	14.9	17.3
노 동 생 산 성	–	–	–	–	–	–	28.2
수 출 단 가	−29.5	6.0	17.0	−26.0	(−8.3)	35.8	13.3
수　　출　　액	−37.2	−20.4	20.9	37.8	(0.3)	69.6	273.1
	1964	1965	1966	(1962~1966)	1967	1968	(1958~1968)
생　　　　　산	4.6	22.3	16.1	(15.0)	23.9	28.1	(14.0)
노 동 생 산 성	59.3	13.4	18.8	(29.9)	13.7	23.8	(26.2)
수 출 단 가	2.2	3.8	10.2	(13.1)	3.8	3.1	(3.6)
수　　출　　액	47.8	83.4	43.6	(103.5)	40.0	57.2	(33.3)

주: 1) 수출단가는 총지수임.
　　2) 수출액의 경우 제조업의 범위는 SITC Code 5~8을 합계하여 산출한 것임.
　　3) 노동생산성은 1인당 부가가치액을 기준으로 함.
자료: 상공부, 《상공통계연보》, 한국은행 《경제통계연보》 및 한국은행 기업경영본부에서 작성.

　　한국의 노동생산성을 일본과 비교하여 보면 그와 같은 사실은 더 명백해진다. 대체로 한국의 노동생산성은 일본의 그것의 절반도 채 못 된다. 한국의 섬유공업의 노동생산성은 전면사제조의 경우 59.19시간을 요하나 일본은 그 절반도 못되는 25.49시간이면 충분하고 화학제품공업이나 금속제품공업이나 시멘트공업에 있어서도 그와 비슷한 경향을 나타내고 있다(<표 21> 참조). 이와 같이 일본의 노동생산성보다 훨씬 낙후되어 있음을 볼 때 수출증가에 노동생산성이 크게 작용하지 못하고 있다고 할 수 있다.

　　한국의 수출증가에 더 직접적인 효과를 가진 요인은 도리어 수출지원금융 및 조세상의 특혜에서 찾아 볼 수 있다. 1961년부터 1969년 6월까지 수출지원금융은 그 규모 면에서 매년 증가되어 왔으며 그 지원금융액의 증가는 수출증가보다 빨리 증가하고 있음을 지적할 수 있다. 1961년에 수출액이 40.9백만 달러의 실적을 보였을 때 수출금융액

〈표 21〉 노동생산성의 국제 비교

(단위: 시간)

업 종	제 품	한 국	일 본
		1967	1968
섬 유 공 업	전면사(인원 환산)	59.19	25.49
화학 및 화학제품공업	가 성 소 다	43.09	21.71
제 1 차 금속공업	액 화 염 소	8.66	4.84
	강 판	20.53	2.30
	봉 강	9.46	4.38
	전 기 로 강	9.53	4.89
	베 어 링	232.71	152.88
토 석 및 유리공업	시 멘 트	1.83	0.86

자료: 한국생산성본부, 《우리나라 산업의 노동생산성측정》, 1968. 12.

〈표 22〉 수출지원금융의 추이

(단위: 10억 원)

연 월 말	수 출 액 (통관기준) (A) 단위: 100만 달러		수출지원금융 (B)		금융기관 총대출액 (C)	1불수출당 지원금융 (B/A) 단위: 원	B/C 단위: %
1961	40.9		0.83		30.24	2.03	2.7
1962	54.8	(34.0)	1.77	(113.3)	43.00	3.23	4.1
1963	86.8	(25.2)	3.89	(120.0)	49.06	4.48	7.9
1964	119.1	(73.6)	10.02	(157.6)	54.68	8.41	18.3
1965	175.1	(417.0)	12.14	(23.9)	73.48	6.93	16.5
1966	250.3	(43.0)	16.56	(33.4)	103.99	6.62	15.9
1967	320.2	(27.9)	32.43	(95.8)	173.30	10.13	18.7
1968	455.4	(42.2)	43.40	(33.8)	309.50	9.53	14.0
1969(6월)	274.2		60.71		432.87	22.14	14.0

주: ( ) 안의 숫자는 대전년비증가율임.
자료: 한국은행, 《조사월보》 제23권 제10호.

은 불과 83억 원이던 것이 1968년에 수출이 455.4백만 달러로 늘어나
자 수출금융액은 434억 원으로 급증하였다. 따라서 1961년 1달러당 수
출지원금융액이 203원이던 것이 매년 강화되어 1968년에는 953원으로
늘어나 약 4.7배나 증가하기에 이른 것이다. 이와 같이 수출증가를 추
구하기 위하여, 수출금융을 급속히 증대시킨 것이다. 총체적으로 볼

때에도 수출금융이 금융기관의 대출총액에서 차지하는 비중은 1967년
에는 18퍼센트나 된다(〈표 22〉 참조).

금융기관의 총대출액에 대하여 수출지원금융의 규모가 과다한가의
여부를 간단히 판단한다는 것은 무리겠으나, 총생산에 대한 수출의 비
중을 표시하는 수출률과 비교함으로서 어느 정도 판단할 수 있다. 〈표
23〉에서 보는 바와 같이 1963년, 1966년에 수출률이 각각 2.9퍼센트,
6.5퍼센트였을 때 금융기관의 총대출액에 대한 수출지원금융액의 비
중은 각각 7.9퍼센트, 15.9퍼센트이므로 수출금융의 금융기관 총대출
액에 대한 비중은 수출률의 2.4~2.7배나 되는 셈이다.

〈표 23〉 수출률

	1960	1963	1966
수 출 률	2.8	2.9	6.5

자료: 한국은행, 《경제통계연보》, 1969.

〈표 24〉 세제 면에서의 수출지원

(단위: 천 달러)

	총 수 출 액 (A)	내국세 징 세 실 적 (B)	내국세 감 면 지원액 (C)	관 세 징 수 실 적 (D)	관 세 감면세 (E)	B+D (F)	C+E (G)	G/F (H)	G/A (I)
1962	56,702				1,958				
1963	85,337	187,454	1,725	49,119	4,395	236,573	1,120	2.59	7.17
1964	115,147	113,119	2,004	32,215	4,685	145,334	6,687	4.60	5.81
1965	172,257	153,899	8,378	46,320	9,915	200,217	18,293	9.14	10.62
1966	248,360	260,129	14,340	65,099	19,685	325,228	34,025	10.46	13.70
1967	320,200	378,606	25,153	92,544	29,953	471,150	55,106	11.70	17.21
1968	455,400	556,813	39,531	159,383	680,425	664,767	107,954	10.24	23.70

자료: 한국무역연구소, 《외국의 수출입금융제도 및 세제에 관한 연구》, pp. 332~335, 〈표 9-2〉.

한편 조세상의 수출지원을 보면, 이것도 수출금융의 실적과 마찬가지로 매년 증가되어 내국세 감면과 관세 감면을 합한 수출지원 총조세감면액의 증가율은 수출증가율을 웃돌고 있다. 1963년에 7.17퍼센트이었던 수출총액에 대한 내국세 감면과 관세 감면액이 1965년에는 23.70퍼센트로 증가하고 있음은 주목할 만하다(〈표 24〉 참조).

2) 공업화와 수입

일반적으로 천연자원의 부존이 빈약하고, 수입대체산업의 효과가 완전히 나타나지 못하고 산업 간의 생산체제 정비가 확립되지 못한 저개발국에서의 공업화 추진은, 원자재와 생산시설 확충을 위한 시설재의 해외의존도를 높이게 되어 있다. 그리고 수출은 수입과 떼려야 뗄 수 없는 관계에 서게 되어 있다. 따라서 수출주도형의 공업화를 추진하거나, 수입대체산업 육성형의 공업화를 추진한다면 더욱더 원자재와 시설재의 해외의존도는 높아지지 않을 수 없다. 또 이에 더해서 공업화가 지나친 소비수준의 제고를 초래한다면, 내구소비재 등의 해외의존도도 높아지지 않을 수 없다.

한국은 천연자원의 부존이 빈약하며, 또한 아직 수입대체산업의 효과가 완전히 나타나지 못하고 있다. 한국에서 수입대체산업이 육성되기 시작한 것은 1953년의 휴전 뒤부터의 일이다. 1953~1957년간에 직물, 유지, 설탕을 중심으로 한 소비재의 수입대체가 이루어졌고, 점차 유리, 시멘트, 지류, 철강 등의 생산재의 수입대체도 추구되었다.

그러나 수입대체가 본격적으로 이루어지기 시작한 것은 제1차 5개년계획이 실시된 때부터이며, 수입대체산업의 육성이 정등목표로 내걸렸다.

이 계획기간 중에 국내자급을 달성한 품목으로는 화학비료와 시멘

〈표 25〉 경제개발 계획기간의 주요 제품 수입대체동향

제품별	단위	수 요 량 (1)					생 산 량 (2)				
		1962 (A)	1966 (B)	1968 (C)	B/A	C/B	1962 (A)	1966 (B)	1968 (C)	B/A	C/B
지 류	M/T	122,057	179,140	268,337	1.47	1.49	107,568	164,059	217,680	1.53	1.33
가 성 소 다	M/T	13,142	22,304	42,206	1.70	1.89	2,167	10,970	34,128	5.06	3.11
P . V . C .	M/T	1,297	8,032	16,684	6.19	2.08	–	211	16,182	–	76.69
화 학 비 료	성분M/T	297,250	422,711	632,826	1.42	1.50	38,302	82,940	484,177	2.17	5.84
화 학 섬 유	M/T	25,047	32,893	68,994	1.31	2.10	48	2,101	18,472	43.93	8.76
정 유 제 품	kl	1,187,859	2,345,610	5,978,111	1.97	2.55	※769,937	2,056,846	5,151,930	2.67	2.50
시 멘 트	M/T	977,283	1,902,646	3,367,953	1.95	1.77	789,744	1,884,353	3,573,538	2.39	1.90
디 젤 엔 진	대	758	1,932	6,901	2.55	3.57	666	1,499	3,504	2.25	2.34
횡 편 기	〃	–	–	–	–	–	59	2,845	3,955	48.22	1.39
전 동 기	〃	–	82,761	183,260	–	2.21	3,932	32,457	85,458	8.25	2.63
절 연 전 선	M/T	2,089	3,248	5,422	1.55	1.67	645	2,560	4,180	3.97	1.63
자 동 차	대	–	–	–	–	–	2,141	5,098	16,076	2.38	3.15
철도객화차	량	390	1,087	1,889	2.79	1.74	170	522	431	3.07	-1.74
소 다 회	M/T	13,557	19,088	38,679	1.41	2.03	–	–	20,933	–	–
항 생 물 질	M/T	–	72	1,740	–	24.7	–	13.7	32.4	–	2.36

제 품 별	단 위	자급률(2)/(1)(%)			비 고
		1962	1966	1968	
지 류	M/T	88.1	91.3	91.2	
가 성 소 다	M/T	16.5	49.2	80.9	
P . V . C .	M/T	−	2.6	97.0	− 1966년부터 생산
화 학 비 료	성분M/T	12.9	19.6	76.5	
화 학 섬 유	M/T	0.02	6.4	26.8	
정 유 제 품	kl	64.8	87.7	86.2	− 1964년도 수치임
시 멘 트	M/T	80.8	99.0	106.1	
디 젤 엔 진	대	87.6	97.1	50.8	
횡 편 기	〃	−	−	100.0	− 1966년부터 일부 수출, 1968년부터 특수기를 제외하고는 자급.
전 동 기	〃	−	−	46.6	
절 연 전 선	M/T	30.9	74.8	77.1	
자 동 차	대				
철 도 객 화 차	량	43.6	48.0	22.8	− 특수차만 완성차로 일부 수입되고 있음
소 다 회	M/T	−	−	54.1	− 1968년부터 생산.
항 생 물 질	M/T	−	19.0	0.02	− 1966년 이후 크로람페니콜라 테트라사이크린이 생산됨.

자료: 한국생산성본부, 《주요산업의 수입대체효과분석》, 1969. 12.

트로서 가장 뚜렷한 수입대체효과를 거두었다. 이 밖에 화학섬유, 정유, 자동차공업 등이 급속히 성장하여 종래의 수입을 크게 대체하여 왔으며, 각종 수입소비재의 국내대체에도 힘을 기울인 결과, 1966년 현재 지류, 정유제품, 시멘트, 디젤엔진, 횡편기 등은 국내수요의 90퍼센트 정도 또는 그 이상의 자급률을 시현하였다.

생산량 면에 있어 전동기는 같은 기간 중 8배, 가성소다는 5배, 횡편기, 화학섬유 등은 무려 40배 이상의 비약적인 생산증대를 이룩하였다(〈표 25〉 참조).

제1차 5개년계획에 이어 제2차 5개년계획에서는 소비재 수입대체로부터 생산재 수입대체로의 정책전환이 행해지게 되었다. 그리하여 제2차 5개년계획의 제2차년도인 1968년까지 P.V.C., 화학비료, 화학섬유 등은 생산과 자급율이 같이 급속히 증가되었고 자동차, 철도 객화차, 항생물질은 생산량에 있어 괄목할 만한 성장을 보였다.

수입대체로 인한 외화절약효과를 보면, 1968년 현재 90퍼센트 이상의 외화절약률을 보인 공업부문은 가성소다, 소다회, 시멘트, 디젤엔진, 횡편기, 철도차량공업 등이고 P.V.C. 및 절연전선은 각각 82.8퍼센트, 82.2퍼센트를 나타냈다. 그러나 신문용지, 화학비료 등은 각각 79.2퍼센트, 77.6퍼센트의 외화절약률을 보였고, 화학섬유는 60퍼센트, 크라프트지는 19.4퍼센트, 전동기는 8.7퍼센트, 자동차와 항생물질과 석유류는 외화절약의 저조한 효과를 나타내었다(〈표 26〉 참조).

한편 수입대체품의 가격을 보면 대체로 전국도매물가보다 안정된 추세를 보여 물가안정에 공헌하고 있다고 할 수 있다.

그러나 가성소다, 의약품, 시멘트와 같은 제품의 가격은 전국 도매물가와 비슷하거나 보다 빨리 등귀하였다. 이중 가성소다나 시멘트와 같은 제품의 자급률과 외화절약률은 공히 높았다. 이와는 반대로 가격

〈표 26〉 품목별 수입대체의 총괄

품 목	수 량	수 요 량	생 산 량	자급률	수 출 량	대체액 및 수출액	수입원료 사용량	외화 절약액 및 소득	외화 절약률	외화 가득률	비 고
신 문 지 류	M/T	83,368	62,419	74.6	—	9,120	1,898	7,222	79.2	—	
크 라 프 트 지	〃	46,574	37,342	95.0	—	6,634	5,344	1,290	19.4	—	
가 성 소 다	〃	42,206	34,128	80.9	—	2,865	—	2,895	100.0	—	
소 다 회	〃	38,679	20,933	54.1	1,500	1,155	—	1,155	100.0	100.0	
P . V . C .	〃	16,684	16,182	97.0	730	3,468	699	2,769	82.8	19.9	수출분은 전량 V.C.M으로 생산
화 학 비 료	〃		1,054,443		17,730	76,876	17,258	59,618	77.6	77.6	
항 생 물 질	〃	1,772	32.4	0.02	—	1,037.0	5,857	451.3	43.5	—	
화 학 섬 유	〃	68,994	18,472	26.8	—	25,941	7,392	18,549			국내수요와 수출용 원자재 수요를 합한 총수요량 및 이에 대한 자급률 S: Staple fiber
P . V . A .	〃	S 183	176	90.6							
비 스 코 스	〃	F 5,199	4,101	78.9							
석 유 류	kl	5,978,111	5,151,930	86.2	672,277	106,350	66,491	39,859	37.3	39.1	차관원리금상환액을 차감한 외채절약 및 가득액은 38,749불.
시 멘 트	M/T	3,367,953	3,573,538	106.1	274,915	65,331	1,363	63,968	99.9	98.3	수출액이 1천 달러이었으나 고려치 않음.
디 젤 엔 진	대	6,901	3,504	50.8	—	13,352	1,193	12,159	91.9	—	
횡 편 기	〃		3,955		(15천 달러)	1,090	22	1,068	98.0	—	
전 동 기	〃	183,260	85,458	46.6	—	13,637	6,999	6,638	8.7	—	
절 연 전 선	M/T	5,422	4,180	77.1	—	8,400	1,492	6,908	82.2	—	
자 동 차	대		16,076		—	35,094	18,930	16,164	46.1	—	
철 도 차 량	량	1,889	431	22.8	—	6,581	385	6,196	94.1	—	

자료: 위와 같음.

이 하락하는 경향을 보인 품목은 자급률이나 외화절약률 가운데 양자 모두 또는 그 어느 한 쪽이 저조한 것들이었으며, 그와 같은 것은 크라프트지, 화학비료, 유류, 화학섬유 등이다(〈표 27〉 참조).

〈표 27〉 주요 수입대체품목의 가격

	1962	1965	1966	1968	1969	비 고
전국도매물가총지수	56.0	100.0	108.8	125.2	134.8	
지류	50.9	100.0	107.4	114.0	121.0	
신문용지	57.1	100.0	110.8	122.3	127.7	
크라프트지	51.0	100.0	102.5	102.2	102.2	
화학약품	45.5	100.0	103.4	101.6	104.1	
가성소다	30.4	100.0	89.9	101.2	147.0	
소다회	30.7	100.0	106.1	88.3	93.0	
P. V. C.	–	100.0	94.6	62.9	※57.2	※8월 말
화학비료	55.6	100.0	100.0	85.1	88.8	
의약품	–	100.0	112.5	140.6	138.1	
요업 및 시멘트제품	66.9	100.0	111.0	134.9	142.6	
시멘트	70.8	100.0	109.9	125.2	132.7	
금속 및 동제품	54.5	100.0	112.4	123.0	129.7	
절연전선	60.7	100.0	171.4	135.7	132.1	
섬유 및 동제품	50.6	100.0	110.7	127.2	129.8	
나일론지	46.8	100.0	88.0	71.4	63.6	
비스코스인견사	37.0	100.0	83.9	81.9	88.3	
연료 및 전력	76.0	100.0	108.4	136.5	147.7	
휘발유	114.3	100.0	79.0	110.8	118.4	
경유	61.4	100.0	95.1	95.1	98.6	

자료: 한국생산성본부, 《주요산업의 수입대체효과분석》.

그리고 다음에 한국에는 산업 간의 생산체제 정비가 아직 확립되어 있지 못하다. 이미 앞에서 본 바와 같이 중화학공업화율이 제고됨으로써 공업구조의 개선이 이루어지기는 했으나 아직도 경공업이 우선하고 있다. 이에 더해서 그간 활발히 육성된 제지, P.V.C., 화학비료, 화학섬유, 자동차, 철도차량공업 등의 수입대체산업을 뒷받침할 종합제철, 기계, 석유화학공업 등의 건설이 지연되어 있다.

끝으로 한국은 높은 소비성향을 갖고 있다. 이것은 주로 전시효과에 기인하지만 수출 확대, 수입대체산업 육성의 부작용에도 기인한다. 즉 수입대체산업 중 승용차, 석유, 화학섬유공업 등은 수출을 구실삼아 제반 금융 및 조세상의 특혜조치에 힘입어 국내시장에 공급을 늘리면서 소비성향을 제고시키고 있다.

따라서 한국에서는 원자재와 시설재의 해외의존도가 다음에서 보는 바와 같이 매우 높다. 산업연관분석에 의한 원자재의 수입의존도를 〈표 28〉를 통하여 보면 전 공업의 총산출액에 대한 총수입액의 비율인 총평균이 1960년의 12.2퍼센트에서 1966년에는 13.0퍼센트로 약간 증가하였다. 그리고 식료품, 인쇄, 출판, 피혁, 피혁제품, 화학비료, 기계 등의 몇몇 공업을 제외하고는 20~50퍼센트의 수입의존도를 나타내고 있다. 특히 수출주도 상품으로서의 합판, 직물, 신발류 등의 수입의존도는 1966년 현재로 각각 54.4퍼센트(이것은 제재, 합판의 수입의존도임), 12.4퍼센트, 36.9퍼센트라는 높은 율을 보이고 있다.

그리고 1962년부터 1968년까지의 10대 수입주도 상품 중, 농산물과 광산물을 제외한 일반기계, 운반기계, 직물용사, 전기기계, 목재, 석유 및 동제품, 철 및 철강, 화학원소 및 동 화합물 등 8개의 수입상품의 수입의존도는 각각 차례로 16.4퍼센트, 17.8퍼센트, 49.5퍼센트, 17.4퍼센트, 54.4퍼센트, 43.6퍼센트, 36.2퍼센트, 27.7퍼센트로(비록 수입의존도의 수치는 1966년 현재의 것이나 대세를 판별하는 데는 대과 없으리라고 봄), 총평균인 13.0퍼센트를 훨씬 웃돌고 있다. 또 수입비중이 큰 품목일수록 수입의존도가 높은 경향을 보이고 있다.

수출상품이나 수입상품의 높은 수입의존도는 그만큼 외화지출의 증대를 의미하는 것이기 때문에 그것은 국제수지 악화의 한 요인이 되

<표 28> 공업의 수입의존도

(단위: %)

부 문 명	1960	1963	1966
총　　　평　　　균	12.2	12.1	13.0
식　　　료　　　품	15.6	16.5	10.5
섬　　　유　　　사	55.4	44.8	49.5
직　　　　　　　물	13.1	11.1	12.4
섬　유　제　품	8.7	11.4	5.4
제　재　·　합　판	22.0	48.8	54.4
지　류　지　제　품	22.7	27.0	21.8
인　쇄　·　출　판	18.1	6.8	5.5
피혁·피혁제품	5.1	8.3	5.7
고　무　제　품	44.4	37.1	36.9
기　초　화　학　제　품	16.7	19.1	27.7
기　타　화　학　제　품	30.4	25.5	26.2
화　학　비　료	15.3	17.7	10.1
석　유　제　품	-	2.9	48.6
선　철　및　제　강	21.4	34.2	36.2
철　강　1　차　제　품	11.2	27.7	26.5
금　속　2　차　제　품	17.3	28.7	27.3
일　반　기　계	12.6	12.0	16.4
전　기　기　계	16.3	21.3	17.4
수　송　기　계	14.8	16.9	17.8
기　타　제　조　업	17.0	21.6	22.8

주: 총평균은 총산출액에 대한 총수입액의 비율임.
자료: 한국은행, 《경제통계연보》, 1969.

는 것이며, 외환사정의 악화로 수입이 용이하지 못할 때는 수입상품의 가격은 물론이고 국내물가를 자극하는 중요한 요인으로 작용하게 될 것은 두말할 필요가 없다.

3) 공업화와 외자도입

이미 앞에서 본 바와 같이 적극적인 외자도입으로 말미암아 해외저축률은 제1차 5개년계획 중에 연평균 8.7퍼센트로서 같은 기간의 국내 저축률의 연평균인 6.9퍼센트보다 크며 또 1967년과 1968년에 있어서도 국내저축률보다 약간 작을 뿐이었다.

높은 해외저축률은 국내저축률이 감소하지 않는 한 높은 총투자율을 초래하고, 높은 총투자율은 높은 경제성장률을 초래한다면 그간의 외자도입이 1962년부터 1968년까지의 높은 경제성장을 초래한 주요인의 하나임은 사실이다. 한국경제는 제1차 5개년계획기간 중에는 연평균 8.3퍼센트의 비교적 높은 성장을, 제2차 5개년계획기간 중인 1967년, 1968년, 1969년에는 각각 8.9퍼센트, 13.3퍼센트, 15.5퍼센트라는 높은 성장을 이룩하였다. 한국의 경제성장은 공업화를 수반하는 혹은 주축으로 하는 것이므로 말하자면 외자도입은 공업화의 동력으로서의 역할을 한 셈이다. 사실 외자도입이 본격적으로 시작된 1962년에 39.7:20.4:39.9였던 1차, 2차, 3차산업의 구성비가 외자도입이 상당한 수준에 달할 1966년에는 37.9:24.8:37.3, 외자도입이 어느 때보다도 활발했던 1968년에는 29.4:31.1:39.5였고, 특히 공업은 각각 18.1, 23.3으로 괄목할 만한 성장을 보였다. 그리고 1968년말 현재 확정된 외자도입사업의 전체 금액 중에서 44.8퍼센트를 공업이 차지하고 있다(〈표 29〉 참조).

한편 공공차관은 사회간접자본부문에서 상업차관은 2차산업과 3차산업에서, 외국인 직접투자는 2차산업에서 주로 이루어지고 있다. 특히 공업부문에 국한하여 보면, 방직·합섬직물 공업은 상업차관에 주로, 전기기기 및 전자공업은 외국인 직접투자에 크게, 기계공업이나 화학공업, 시멘트공업과 같은 기간공업은 상업차관에 거의 전부를 의존하고 있다.

그러나 과연 외자도입이 효율적으로 또 외자도입의 차관조건이 산업별로 적절하였는가에 대해서는 문제의 여지가 많다.

기술도입의 역할도 외자도입의 그것과 비슷하다. 계약인가 기준에

〈표 29〉 산업별 외자도입 사업

(1968년 말 확정 기준)　　　　　　　　　　　　　　　　　　단위: 백만 달러

	공공차관	상업차관	직접투자	합　계	
				금　　액	구 성 비
1　차　산　업	0.9	99.6	2.0	102.5	6.8
농　　　　　업	0.9	–	1.4	2.3	0.1
어　　　　　업	–	99.6	0.6	100.2	6.7
2　차　산　업	142.8	477.9	71.4	692.1	45.9
광　　　　　업	14.4	1.5	–	15.9	1.1
정　　　　　유	–	69.5	7.6	77.1	5.1
비　　　　　료	48.8	49.9	22.6	121.3	8.0
방직, 합성직물	10.6	139.0	11.5	161.1	10.6
시멘트, 유리	9.2	89.6	3.8	102.6	6.8
제 지 ，　펄 프	–	17.8	2.3	20.1	1.3
화　학　공　업	5.6	24.6	4.1	34.3	2.3
철 및 비철금속	–	44.8	2.0	46.8	3.1
전기기기, 전자	–	6.0	12.0	18.0	1.2
기　계　공　업	3.0	23.8	2.7	29.5	2.0
기　　　　　타	51.2	11.4	2.8	65.4	4.4
3　차　산　업	333.9	361.5	18.1	713.5	47.3
전　　　　　력	94.5	177.7	5.0	277.2	18.5
건　　　　　설	24.0	47.8	11.0	82.8	5.5
운 수 ，　통 신	125.5	136.0	1.4	262.9	17.4
수　　　　　도	17.9	–	–	17.9	1.1
기　　　　　타	72.0	–	0.7	72.7	4.8
합　　　　　계	477.6	939.0	91.5	1,508.1	100.0

자료: 경제기획원.

따른 업종별 기술도입건수를 보면 1968년 말 현재로 1차산업은 1건, 2
차산업은 88건, 3차산업은 15건으로 모두 104건이다. 2차산업에서는
전자 및 전기기기공업이 가장 많은 26건, 기계공업이 20건, 화학공업
17건, 섬유공업이 10건 등으로 비교적 큰 비중을 차지하고 있다. 그리
고 3차산업에서는 통신사업이 10건으로 가장 많다(〈표 30〉 참조).

　한편 이와 같은 기술도입의 조건을 보면 기술대가(royalty)는 매상액

〈표 30〉 업종별 기술도입(1968년 말 현재, 계약인가)

업 종	도입건수	업 종	도입건수
1 차 산 업	1	전 자 , 전 기 기 기	26
농 업 , 축 산	1	기 계	20
2 차 산 업	88	기 타	2
식 품	3	3 차 산 업	15
펄 프 , 제 지	2	전 력	3
섬 유	10	통 신	10
요 업 , 시 멘 트	2	건 설	2
정 유	1		
화 학	17		
철 및 비 철 금 속	5	합 계	104

자료: 위의 책.

의 2~5퍼센트이며 계약기간은 5~10년이 대부분이다.

기술도입의 경제적 효과가 강조되는 것은 도입으로 생산성이 높아 진다는 데에 있다. 수출을 증대시키려는 다각적인 노력을 경주하고 있는 이때, 수출상품의 생산성을 제고시켜 국제경쟁력을 강화시켜야 할 필요성이 절실함은 재언할 필요가 없다. 더욱이 외자도입으로 인하여 양적으로 확대된 신규 생산시설과 수입대체산업의 수입의존도의 절하를 위하여, 그리고 이 산업의 수출산업으로의 전환을 위하여 이 기술도입은 더욱 증대되어야 한다. 그리고 현재 한국의 풍부한 노동자원을 이 기술도입으로 개발한다면 공업의 발전은 물론 노동집약적 상품의 수출증대에도 공헌할 수 있을 것이다.

그러나 종합제철공장의 설립, 석유화학공업의 육성, 기계공업의 진흥, 원자력발전소의 설립 등의 중화학공업 육성계획 외에도 농수산업의 근대화 등 허다하게 선진기술의 수요가 전망되는 점에 비추어 볼 때 이 기술도입에 대하여는 앞으로 더욱 신중한 정책이 취해져야 할 것이다. 기술도입은 자본도입처럼 원리금상환이라는 부담이 없고 기술대가만을 지급한다고 하여 소홀히 다루어지거나 경시되기 쉽지만 기술도입으로 인하여 여러 가지 경제적 문제가 발생할 여지가 있는 것이다.

4. 대외경제거래의 문제점

앞에서 밝힌 바를 근거로 하여 대외경제거래의 문제를 들면 다음과 같다.

<표 31> 수입초과

(단위: 천 달러)

	수 출 (A)	수 입 (B)	차액 (A-B)
1957	22,202	442,174	-419,972
1958	16,451	378,165	-361,714
1959	19,812	303,807	-283,995
1960	32,827	343,527	-310,700
1961	40,878	316,142	-275,264
1962	54,813	421,782	-366,969
1963	86,802	560,273	-473,471
1964	119,058	404,351	-285,293
1965	175,082	463,442	-288,360
1966	250,334	716,441	-466,107
1967	320,229	996,246	-676,017
1968	455,401	1,468,167	-1,012,766

자료: 한국은행, 《경제통계연보》.

(1) 수입초과 규모가 확대되고 있다. <표 31>에서 보는 바와 같이 수출이 그간 크게 증가했음에도 불구하고 1962년에 수입초과 규모가 3억 7천만 달러였던 것이 1966년에는 4억 7천만 달러로 확대되었고, 특히 제2차 5개년계획의 첫 해인 1967년부터는 수입의 가속적인 증가 때문에 그 규모는 더욱 확대되어 1967년에는 6억 8천만 달러, 1968년 에는 10억 달러가 되었다.

(2) 수출시장이 미국과 일본에 편중되어 있다. 두 시장의 비중은 2/3정도나 된다. 따라서 지역별 수출구조의 개선은 수출증가에 별로 큰 효과를 나타나지 못하고 있으며 한국경제가 미국과 일본의 경제변화에 좌우될 가능성이 크다. 수입의 경우도 마찬가지다.

(3) 노동집약적 공산품의 수출이 큰 비중을 차지하고 있다. 앞에서 본 바와 같이 수출상품구조가 크게 개선되어, 과거의 1차산품 수출주도형으로부터 탈피하여 공업품 수출주도형으로 전환되었다. 그러나 1968년 현재 수출공산품 중 노동집약적 상품이 전체의 67.5퍼센트를 차지하고 있고, 자본집약적 상품은 6퍼센트대를 맴돌고 있는 데 불과하다.

(4) 수출이 소수의 특정 상품에 크게 의존하고 있다. 1962년부터 1968년까지 수출을 주도한 10개 상품의 수출이 수출총액의 70~80퍼센트를 차지하고 있다. 특히 합판, 스웨터, 피복, 가발의 4개 품목의 수출이 수출총액의 절반에 달하고 있다.

특정상품에 수출의존을 과중하게 하는 것은 원료공급의 악화를 가져올 경우, 특히 그 원료가 특정 국가로부터만 수입하여야 한다면, 경제적 거래의 교섭력을 약화시켜 교역조건의 악화를 크게 할 여지가 크며, 또 국제시세 변동에 약하여 그로 인한 국내생산상의 불균형이나 생산체제의 교란가능성이 큰 것은 두말할 필요가 없다. 그리고 상대국의 한국상품에 대한 수입의존도가 작을 경우에는 그와 같은 경향이 더욱 현저하게 된다.

(5) 수출지원금융 및 조세감면이 수출증가에 크게 기여하고 있다. 일반적으로 수출증가를 초래하는 요인으로서는 공업화에 따르는 생산능력의 증대 외에, 해외수요의 증가, 수출지역의 개선(다변화), 수출상품구조의 개선, 수출산업의 국제경쟁력 강화, 수출지원 등을 들 수 있

다. 그러나 앞에서 본 바와 같이 한국의 수출증가는 공업화의 추진과 그 이외의 수출증가 초래요인의 하나인 수출지원금융 및 조세감면에 크게 의존하고 있다.

이와 같은 수출지원정책은 단기적으로는 큰 성과를 기대할 수 있으나 장기적으로 볼 때 큰 성과를 기대하기 어려운 것이다. 어떠한 경제에 있어서도 국내 물가안정이 달성되었다 하더라도, 생산성이 낮아 생산원가가 비싸므로 국제경쟁력을 갖지 못할 때, 수출은 증가될 수 없는 것이다. 그와 같은 환경에서 비록 수출지원정책의 힘을 입어 수출이 증가된다 하더라도 수출산업의 기반이 굳건하지 못하기 때문에 유리한 수출조건을 마련할 수 없는 것이며 생산비 이하의 수출수입은 결국 총체적으로 자원의 낭비나 손실을 초래하기 쉬운 것이다.

(6) 공업의 수입의존도가 상당히 크다. 제1차 및 2차 5개년계획의 결과, 공업구조가 개선되었지만 공업의 수입의존도는 아직도 상당히 크다. 10대 수출주도 상품 중, 합판, 직물, 신발류 등의 수입의존도는 10~50퍼센트를 나타내고 있고, 전공업의 수입의존도는 1963년의 12.1퍼센트로부터 1966년에는 13.0퍼센트로 상승되었다.

이와 같은 수출산업의 높은 수입의존도 때문에 수출증가는 수입수요를 수반하며, 국내공업의 수입의존도의 상승은 또한 마찬가지 효과를 가져와 외환사정의 악화를 초래하고 있다.

(7) 수입대체산업이 물가 및 외환사정의 악화를 초래하는 한 요인으로 되어 있다. 대개의 수입대체산업은 외화를 절약하는 효과를 발생시키고 있으나 수입대체산업의 원료의 해외의존도가 높기 때문에 외환사정이 악화될 경우 수출을 감행하고자 하면 원료수입의 어려움에 따른 물가상승으로 경제의 안정적 성장을 위협할 수 있다. 그리고 최근에 확충된 대부분의 수입대체산업은 내수충당을 넘는 대규모 시설

을 확보하고 있으므로 공급과잉분을 수출수요로 전환하고자 할 경우, 국내업자 간에 덤핑이 자주 일어나고 그 수출흠손만큼이 국내소비자에게 부담이 되므로 이것이 물가상승요인의 하나가 되는 경향이 있다.

그리고 또 승용차, 석유, 화학섬유공업 등은, 수출을 빙자한 제반 금융 및 조세상의 지원에 힘입어 국내공급 증대를 통해서 소비성향을 높이고 동시에 원재료의 수입증가를 초래하여 외환사정을 악화시킬 가능성이 크고, 또 그러한 경향이 있다.

(8) 외자도입의 결함이 점차 드러나고 있다. 1968년 이후 급격히 증가되는 경향이 있어 외자도입이 과다한 감을 주고 있는데, 그동안 그것은 수출산업, 수입대체산업을 통해서 높은 소비성향을 초래하고 또 많은 부실기업을 출현시켰을 뿐 아니라, 현금차관을 통해서 인플레이션 분위기를 유발시키고 있다. 그리하여 현재 소비수준의 억제, 현금차관의 강력한 규제 및 물자차관으로의 전환이 강조되고 있고, 또 IMF도 통화량 규제방식의 변경과 외자도입의 강력한 규제를 권고하게 되었다.

(9) 외자도입에 있어, 기간공업마저 상업차관에 크게 의존하고 있다. 앞에서 본 바와 같이 2차산업은 상업차관에 주로 의존하고 있다. 그런데 기계공업이나 화학공업, 시멘트공업과 같은 기간공업도 마찬가지다. 그렇지 않아도 현재 외자도입의 한계를 느끼고 있는 터에 이와 같은 기간공업의 상업차관에의 큰 의존은 원리금상환 부담을 가중시킬 가능성이 있다. 상업차관은 소비재공업의 육성을 통해서 소비증대에 한몫을 하고 있기도 하다.

(10) 생산성 향상을 위한 외자도입의 노력이 부족하다. 지난 수년간에 막대한 양의 외자도입이 이루어져 왔다. 그러나 한국의 국민총생산에 대한 연구개발비의 비율은 0.3~0.4퍼센트에 불과하며 선진국에 비

하면 월등히 낮다. 이것은 외자를 도입한 기업가가 높은 내수와 인플레이션의 효과를 기회로 생산성 향상을 위한 노력을 게을리하였음을 나타내는 데 불과하다.

따라서 앞으로는 다음의 몇 가지 제언이 실질적인 결실을 맺도록 온갖 노력을 기울일 필요가 있다.

(1) 기술도입의 촉진으로 원료의 국산화를 통하여 수입대체산업의 원료수입의존도를 낮추는 동시에 수출산업, 나아가서 전 산업의 생산성을 높이는 데 성공을 거두어야 할 것이다. 기술도입은 이와 같은 경제적 효과를 가져오는 데 비해서 기술대가만을 지급하면 쉽게 이루어지므로 국제수지에 그리 큰 압력을 가할 위험이 적다. 그러나 도입에 있어서는 신중을 기하여야 함은 물론이다. 한편 기술의 연구개발도 적극 권장되어야 할 것이다.

(2) 소비수준의 억제를 서둘러야 할 것이며, 차관보다는 유리한 조건의 합작투자가 더욱 권장되어야 할 것이며, 보세가공수출의 증대를 추구해야 할 것이다.

(3) 이미 설립된 수출대체산업의 원료 내지 중간재의 공급이나 앞으로 설립될 수입대체산업의 시설재 조달을 위하여 기초적인 종합제철, 기계 및 석유화학공업이 속히 확충되어 생산체제가 확립되어야 할 것이다. 그리고 나아가서 수출산업이 건전한 바탕 위에 서도록 하는 데에 온갖 노력이 집중되어야 할 것이다.

(4) 외자도입을 인가하는 경우 생산성 향상을 하나의 인가조건으로 다루어야 할 것이며, 수출지원금융 및 조세감면정책은 생산성 향상에 적극성을 두는 방향으로 전환되어야할 것이다. 생산성 향상은 국제적 비교우위를 낮게 하는 원동력의 하나인 것이다.

(5) 외자도입의 강력한 규제가 이루어져야 할 것이다. 앞으로 도입

외자의 원리금상환 부담의 누증이 예상되므로 외자도입에 있어서는 매년의 경상외환수입의 15퍼센트 이내로 억제할 수 있도록 질적으로 엄선되어야 할 것이다. 이런 의미에서도 기계공업 등 기간산업이 불리한 상업차관에 크게 의존하는 일이 없도록 제반조치가 강구되어야 할 것이며, 생산성 향상을 도모하는 기술도입이 적극 추진되어야 할 것이다. 그리고 미국 원조의 중단, 베트남으로부터의 송금의 감소 등으로 국제수지가 더 악화될 가능성이 많으므로 더욱 외자도입에 있어서는 신중을 기해야 할 것이다. 그러면서 한편에 있어서는 부실기업 출현 같은 그간에 야기된 문제들을 해결하는 데 주력하여야 할 것이다.

(6) 끝으로 신규상품 수출, 신규시장 개척에 대한 금융 및 조세상의 지원조치가 강화되어야 할 것이며, 수입대체산업의 물가상승 내지 소비증가의 부수적 결과를 배제하도록 제반조치가 강구되어야 할 것이며 수입대체산업의 수출산업으로의 전환을 서둘러야 할 것이다.

참고문헌
1. 한국생산성본부, 수입수요예측과 그 조정방안(1968).
2. ____________, 수출능력예측과 수출증대방안(1968)
3. ____________, 수출금융제도운영 개선 방안(무역 심포지엄 초록)(1969)
4. ____________, 주요산업의 수출대체효과분석(1969)
5. ____________, 우리나라 산업의 노동생산성측정(1968)
6. 서울대학교 행정대학원, 아세아지역 협력체형성에 관한 연구 제2권1호 (1969),
7. 한국외환은행, 조사월보 제3권 제3호(1969. 3), 《총제개발과 외자도입전략》
8. ____________, 주보 제3권 제17호(1969. 4. 28) 《우리나라 기술도입의 현황과 앞으로의 방향》
9. ____________, 주보 제3권 제30호 《국제자본이동의 추이와 우리나라의 외자도입 방향》

《국제경제연구》(1970. 7)

원자재 도입과 국산화 체계의 개선방향

1. 문제의 제기

무역과 경제성장은 긴밀한 관계를 맺고 있다. 한 경제가 모든 재화를 생산하는 데에 필요한 토지, 원료, 기후 등을 갖지 못하는 한, 수입을 통해서 조달하여야 한다. 또한 이러한 수입을 위해서는 외화가 필요하고 외화는 수출을 통해서 얻어질 수밖에 없다. 그리고 경제가 급속히 성장을 하려고 할 때는 새로운 공장 건설을 위한 시설재와 원료의 수입수요가 급히 늘고 이를 위해서는 수출이 더욱 급히 늘지 않으면 안 된다.

1962년 경제개발계획이 시행된 뒤 우리나라는 급속히 수출을 증가시킴으로써 수출주도적인 성장 패턴을 보여 왔다. 〈표 1〉에서 보는 바와 같이 1962년의 수출액은 54.8백만 달러며, 1969년의 그것은 622.5백만 달러로서 1962~1969년간의 연평균 증가율은 40.8퍼센트이며, 같은 기간의 GNP 연평균 증가율은 7.2퍼센트다(1965년 불변가격 기준).

<표 1> GNP 수출과 수입

	GNP(10억 원)	수출 (백만 달러)	수입 (백만 달러)	무역외수취 (백만 달러)
1962	634.97 (0.6)	54.8(34.1)	421.8 (33.4)	122.3 (−1.0)
1963	693.03 (6.1)	86.8(58.4)	560.3 (32.8)	91.8 (−24.9)
1964	750.31 (5.3)	119.1(37.2)	404.4(−27.8)	97.1 (5.8)
1965	805.85 (4.6)	175.1(47.1)	463.4 (14.6)	125.8 (29.5)
1966	913.82(10.6)	250.3(43.0)	716.4 (54.6)	238.4 (89.6)
1967	995.16 (6.3)	320.2(27.9)	996.2 (39.1)	375.2 (57.4)
1968	1,127.32(10.7)	455.4(42.2)	1,462.9 (46.8)	425.5 (13.1)
1969	1,302.02(13.0)	622.5(36.7)	1,823.6 (24.7)	497.1 (17.1)

주: 괄호 안은 대 전년 증가율.
자료: 경제기획원, 주요경제지표.

그러나 수입수요는 이러한 수출의 증가를 상회하여 경상거래는 여전히 적자를 면치 못하고 있으며, 그 적자의 절대액도 해마다 늘고 있다. <표 2>에서 보는 바와 같이 1965년의 경상거래적자는 21.4백만 달러였으나 1968년, 1969년에는 각각 372.8백만 달러, 354.6백만 달러로 증가하였다. 외환보유고가 증가하고 있는 것은 경상거래적자를 넘는 자본거래의 수취 초과에 기인하는바, 이는 후일 언젠가는 이자부로 상환해야 할 것들이다.

<표 2> 외환수급

(단위: 백만 달러)

	경 상 거 래 (수위-지급)	자 본 거 래 (수위-지급)	오 차	외환보유 증감액
1965	−21.4	28.8	2.0	9.4
1966	−3.04	14.1	−4.8	97.5
1967	−148.1	250.8	8.8	111.4
1968	−372.8	439.7	−7.7	59.1
1969	−354.6	74.4	23.3	143.1

자료: 경제기획원, 주요경제지표.

이상과 같이 수출이 증가하는 이상으로 수입이 증가하여 경상거래의 적자폭을 더욱 확대시키는 것은 다음의 요인에 기인한다고 할 수 있다.

(1) 경제개발계획을 통해서 발전되고 육성된 산업은 경공업 중심의 소비재산업이다. 이러한 경공업—소비재산업 위주의 개발 방식은 단기적인 성장을 극대화하나 그와 함께 소비성향과 수입성향을 높인다. "가장 생산적인 프로젝트는 단기의 국민소득을 극대화하는 것이 아니라 저축성향을 끌어올리는, 자본집약적 투자사업이다"는 갈렌슨—라이벤스타인의 명제나, "투자율이 자본재산업의 수준에 의하여 결정된다"는 가설에 입각하고 있는 인도 3차 5개년계획의 마할라노비스 모델은 모두 같은 입장인 것이다. 이러한 모델은 그 자체 많은 비판을 받고 있지만, 경공업—소비재산업 위주의 개발 방식을 취해 높은 소비성향과 수입성향을 야기한 우리나라의 경우 크게 음미해 볼 필요가 있다.

(2) 우리나라의 수출상품구조와 수출용 원자재의 해외의존도를 높이는 산업구조는 수출과 수입의 갭을 더욱 넓히고 있다. 〈표 3〉을 통해 1969년의 수출상품구성을 보면 대부분 소비재로서 합판, 피복류, 스웨터, 가발, 전자제품, 면직물, 생사 등이 그 중심을 이루고 있고, 10개 품목이 전 상품수출의 61.6퍼센트를 보이고 있다. 그리고 이들 상품은 대부분 원자재를 해외에 의존하고 있어 수입을 크게 증가시키고 있다. 또한 이들 상품은 이미 서구에서 사양사업의 상품으로서 그 수요가 상대적으로 계속 줄 것인바 우리나라는 수출에 더욱 애로를 느낄 것이고, 정부의 수출팽창주의는 도리어 원자재 수입지원을 더 증가시킬 염려도 있다.

정부가 세계적인 무역 추세에 적응하여 산업을 구조적으로 개편하고 기업의 체질을 개선하려는 노력을 보이지 않는 한 수출은 한계에

<표 3> 10대 수출상품

연 도	1968		1969	
순위 \ 품목	품　　　목	금　　　액	품　　　목	금　　　액
1	합　　　판	67,408	합　　　판	81,758
2	피　복　류	51,177	피　복　류	72,675
3	스　웨　터	43,095	스　웨　터	62,57.
4	가　　　발	30,551	가　　　발	53,361
5	생　　　사	21,024	전　자　제　품	36,049
6	문(紋)가공품	18,249	면　직　물	27,589
7	해 태(海苔)	17,024	생　　　사	27,240
8	전　자　제　품	16,027	문(紋)가공품	25,627
9	참　　　치	15,559	참　　　치	24,072
10	신　발　류	15,487	해 태(海苔)	21,721
합　계(A)		295,631		432,669
총수출액(B)		500,408		702,811
(A)/(B)		59.1(%)		61.6(%)

자료: 한국무역협회, 《무협》, 1970. 2.

부딪칠 것이며, 수입에 대한 특혜조치는 더욱 수출입차를 격화시킬 뿐이다.

원료의 해외의존은 또한 단위당 상품 가격을 증가시키고, 국제경쟁력을 약화시키는 한 요인이다.

(3) 한편 경제개발계획 과정에서 이루어진 수입대체산업 육성은 그 본래의 목적에 상반되는 결과를 노출시키고 있다. 즉 그것이 수입대체를 통해서 외화를 절약하고 국제수지를 개선하며 다른 산업에 연관효과를 파급시킬 것이 기대됐는데, 이 또한 원자재의 대부분을 해외에 의존함으로써 외환 사정을 약화시키고 연관효과를 해외에 유출시키는 형편이다. 원자재의 국산 대체 없는 단순한 총소비재의 국내 대체는 더욱 수입수요를 자극시킨 셈이다.

이하에서는 이러한 것을 염두에 두면서, 수출과 수입대체의 외화획

득과 외화절약 효과를 감소시키고 국제수지를 계속 악화시킨 원자재 도입 증가와 외화가득률 하락의 현상을 살펴보고, 원자재 국산화체계의 방안으로서 원자재산업 육성의 전망, 문제점 그리고 그 대책을 아울러 살펴본다.

2. 원자재 도입의 증가와 외화가득률의 저하

우리나라의 수입의 구조는 〈표 4〉와 같다. 1969년의 경우 가장 큰 비중을 차지하고 있는 원자재로서 895.5백만 달러(수출용 289백만 달러 내수용 606.5백만 달러)이고, 그 다음이 자본재, 양곡, 소비재의 순서다. 원자재의 수입이 이렇게 많은 것은 우리나라의 산업구조가 취약하고, 대외의존도가 크다는 것을 나타낸다. 그리고 내수용 원자재가 원자재 도입의 대부분을 차지하는 것은 수출용 원자재의 도입이나 외화가득률의 하락 현상만이 아니라, 오히려 내수용 원자재의 해외의존이 국제수지를 악화시키는 더 큰 요인이 됨을 보여준다. 그러나 이 글에서는 수출산업의 수출용 원자재의 대외의존과 외화가득률 하락의 현상만을 다루기로 한다. 그리고 수출용 원자재의 국산화는 내수용 원자재의 국산화와 동시에 이루어지므로 수출용 원자재 도입과 그 국산화의 개선

〈표 4〉 용도별 수입

(단위: 백만 달러)

	1968	1969		1968	1969
자　　본　　재	533.2	570.1	소　　비　　재	78.8	104.1
수 분 용 원 자 재	211.9	289.0	양　　　　곡	47.3	253.9
내 수 용 원 자 재	490.7	606.5	계	1, 462.9	1, 823.6

자료: 한국은행 국제경제과.

방향은 곧 내수용 원자재의 국산화 문제에 동일하게 적용될 수 있다.

수출용 원자재의 도입은 〈표 5〉에서 보는 바와 같이 가속도로 증가하고 있다. 즉 1962년에는 10.1백만 달러이던 것이 1969년에는 289백만 달러로 거의 29배 증가하였다. 이에 견주어 수출은 1962년에는 54.8백만 달러이던 것이 1969년에는 622.6백만 달러로서 11배의 증가에 그치고 있다. 그리하여 수출의 수입원자재 의존도는 18.4퍼센트에서 46.4퍼센트로 상승하고 있다. 이와 같은 현상은 이미 앞에서도 말한 바와 같이 수출상품구조가 수입원자재에 크게 의존하는 상품으로 옮겨가고 또한 각 수출상품의 원자재에 대한 해외의존도가 높아간 것에 기인한다. 수출상품의 구조가 원자재의 해외의존도가 높은 상품들, 즉 합판, 피복류, 스웨터, 가발, 면직물, 전자제품 등으로 주로 구성되어 있고, 이러한 각 품목이 또한 점점 원자재의 해외의존도를 증가시켜 나가고 있다. 그러므로 전체 수출의 외화가득률이 낮아지는 것은 필연적이다. 외화가득률은 1966년 67.3퍼센트, 1967년 58.0퍼센트, 1968년 53.2퍼센트, 1969년 53.6퍼센트로 점점 낮아지고 있다(〈표 5〉 참조).

〈표 5〉 수출용 원자재 도입

	1962	1963	1964	1965	1966	1967	1968	1969
총 수 출 액	54.8 (100.0)	86.8 (158.3)	119.1 (217.2)	175.1 (319.4)	250.3 (456.7)	320.2 (584.2)	455.4 (812.6)	622.6 (1,136.1)
원 자 재 도 입	10.1 (100.0)	29.8 (294.9)	40.6 (401.9)	63.6 (627.7)	101.0 (100.0)	134.5 (1,331.7)	212.9 (2,107.9)	289.0 (2,861.4)
도입원자재 의 존 도	18.4	34.3	34.1	36.3	40.4	45.9	46.8	46.4
외 화 가 득 률	66.4	56.7	65.3	63.7	67.3	58.0	53.2	53.6

주: 1965년 이후는 한국은행, 그 전은 《무역연구》에 의함.
자료: 한국은행 국제경제과; 한국무역연구소, 《무역연구》, 1969. 12.

원자재의 해외의존과 수출상품의 외화가득률을 상품수출 내역별로 보면 〈표 6〉과 같다.

1968년의 총상품수출의 외화가득률은 53.2퍼센트이고, 수출의 중심을 이루고 있는 일반수출이 52.6퍼센트, 보세가공수출이 41.0퍼센트, 그리고 군납이 75.5퍼센트를 보이고 있다, 일반상품수출에서와 보세가공수출의 외화순가득률을 비교할 때 그 차는 11.6퍼센트포인트다.

〈표 6〉 상품수출 구성과 원자재 도입(1968)

	상품수출	원자재 도입	외화가득률
총 상 품 수 출	455.4	212.7	53.2
일 반 수 출	311.6	147.5	52.6
보 세 가 공 수 출	87.0	51.3	41.0
군 납	56.8	13.9	75.5

주: 〈표 5〉의 한국은행, 국제경제과의 통계와 약간의 어긋남이 있음.
자료: 한국무역연구소, 《무역연구》, 1969. 12, p. 102.

이렇게 그 차가 적은 것은 우리나라의 수출산업이 거의 완제품에 가까운 제품을 수입하며 '최종가공'(final touches)하는 산업, 즉 허쉬만이 말하는 '반제품수입 최종가공산업'(enclave import industry)의 성격을 띠고 있는 정도의 단계에 있음을 말한다.

이와 같은 수출용 원자재 도입을 유별로 보면 〈표 7〉과 같다. 총도입액 212.7백만 달러 가운데 원료별 제품류로서 1차가공품 원료가 총액의 46.3퍼센트이고, 식용 이외의 1차원료가 35.2퍼센트다. 도입구성비가 가장 높은 1차가공 원료는 대체로 직물용 섬유사 및 철강제 금속제품 등 대체로 수출실적에서 큰 비중을 차지하는 품목의 원료들이다.

<표 7> 유별 수출용 원자재 도입

	SITC	일반수출용	보세가공용	군납용	계	구성비
식품 및 산 동물	0	1,807.2	368.5	566.5	2,742.1	1.3
식 료 및 연초	1	337.5	–	94.7	432.2	0.2
식용 외 원자재	2	72,990.0	369.4	1,293.9	74,653.3	35.2
광 물 성 원 료	3	585.3	7.0	2,982.0	3,074.3	1.4
유　　　지	4	93.1	–	16.7	109.8	0
화 학 제 품	5	10,165.6	518.9	1,054.9	11,739.5	5.5
원 료 별 제 품	6	48,766.2	42,714.9	6,807.3	98,288.4	46.3
기계 및 운반기구	7	980.8	4,850.7	656.1	6,487.6	3.0
잡　　제　　품	8	12,304.0	2,436.8	447.4	15,188.1	7.1
특　　수　　품	9	0.8	25.7	–	26.5	0
계		147,530.5	51,291.9	13,919.5	212,741.8	100.0

자료: 한국무역연구소, 《무역연구》, 1969. 12, p. 106.

3. 원자재산업의 취약성과 육성의 필요성

　수출용 원자재 도입의 증가속도가 수출의 증가속도를 상회하고 그리하여 외자가득률을 저하시키고 국제수지를 악화시키는 근본 요인은, 먼저 국내 원자재산업의 미개발에서 찾아야 할 것이다. 이미 살펴본 바와 같이 수입구조에서 내수용 원자재와 수출용 원자재가 수요의 대부분을 점하고 있고 또한 수출산업에서 원자재의 해외의존도가 점점 높아지고 있다. 원자재는 물론 공업부문에서 공급되는 것 이외에 농수산업, 그리고 광업에서 공급되는 원료를 포함한다. 그러나 변화해 가는 상품구조와 소비수요 구조에 비추어볼 때 농수산물 그리고 1차 광산물의 원자재로서의 비중은 줄어들 것이 예상되므로 크게 문제될 것은 없다. 오히려 중화학공업에서 공급되는 기계류, 금속원료, 화학섬유원료 등의 원자재가 더욱 큰 비중을 점할 것이 예상된다. 현재 수출용 원자재로서 중요한 것도 원목 등을 제외하고는 대개 중화학공업에서 공급되는 원자재들이다. 앞으로도 세계의 수입수요가 내구소비재를 중심으로 형성될 것이 예상되므로 이러한 품목의 원자재가 될 중화학공업 생산에서 원자재의 개발이 더욱 전략적으로 요청된다고 할 수 있다.

이에 비해서 우리나라는, 기존 소비재산업의 확충과 최종소비재의 수입대체산업 육성의 선에서 산업구조가 형성되어 왔다. 1차 5개년계획과 그 후 3년 동안 2차 5개년 계획기간에서 공업의 급속한 발전은 대체로 경공업 중심의 소비재산업, 그리고 일부 최종소비재의 수입대체산업의 발전에 주로 치중되어 왔다. 또한 그동안 수출의 증가도 이 부문의 발전과 적극적인 수출지원 정책에 따라 추진된 것이다.

그러나 중화학공업이 중심이 되는 원자재산업의 기반 없는 소비재산업과 수출산업의 육성은 곧 한계를 드러내게 마련이다. 즉 수출이 한계에 부딪치게 되고, 수출용 원자재 수입의 증가는 외환 사정과 국제수지를 크게 위협하여 더 이상의 수출 확대가 어렵게 되고 있다. 기초생산부문과 원자재산업의 육성을 통한 수출산업이나 최종소비재산업의 기반의 조성·확충 없이는 더 이상 수출의 증가나 공업의 고도화가 불가능한 것이다.

이와 같이 원자재산업이 적극적으로 개발되어 다른 부문과 균형 있는 발전을 못한 것은 주로 지금까지의 경제개발계획이 오로지 단기적인 성장률의 극대에 지나치게 집착한 데서 빚어진 결과이다. 그러나 중화학공업이 주를 이루는 원자재산업의 육성은 지속적인 성장을 위하여 반드시 추진되어야 할 것이다. 흔히 비교우위와 성장률 극대라는 면에서 소비재산업을 주로 하는 경공업에 투자가 집중되기 쉬우나 이는 장기적인 발전을 위해서 바람직하지 못하다. 더욱이 원자재산업은 다음과 같은 적극적 효과를 갖는다고 평가된다.

(1) 원자재산업은 대체로 규모의 경제를 실현할 수 있는 부문이다. 규모의 경제가 있는 곳에 현 시장가격을 파라미터로 한 자원배분은 최적일 수 없다.

(2) 원자재산업은 자본집약적인 중화학공업으로서 선진국의 새로운 생산기술과 관리기술을 가장 많이 체계화할 수 있는 부문이다.

(3) 현 산업구조에서 원자재산업의 건설과 육성은 다른 산업부문에 연관효과를 주고 외부경제를 실현하게 된다. 이러한 외부경제는 가격기구에 반영되지 않는 것이 보통이므로 지나치게 현 가격기구에 의존할 필요가 없다.

(4) 생산성, 소비, 저축 등 경제의 여러 변수가 동시적으로 변화하고 결정된다면, 자본집약적인 원자재산업은 소비를 억제시키고 저축을 증대시킬 가능성이 있다.

(5) 원자재산업은 다른 산업과 서로 보완성을 갖게 되고 하나의 자립경제 조성의 기반이 될 것이다. 세계의 수요가 급히 변동하는 과정에서 산업이 서로 보완적인 효과를 누리고 자립적인 기반을 갖는 것은 그만큼 수요 변동으로 인한 위험부담을 줄이고, 이로 인한 비용 절감의 효과를 갖는다.

이러한 다섯 가지 효과를 감안한다면 국민경제의 측면에서 그 경제성은 충분히 인정될 수 있다. 다만 문제는 어떤 계기를 이용하여 그 부문을 개발·육성하느냐이다.

4. 원자재 산업화체계의 전망과 그 문제점

우리나라의 수출산업에서 소요되는 원자재는 그 국산화의 전망에 따라 〈표 8〉에서 보는 바와 같이 네 개의 형으로 구분할 수 있다. 즉 (1) 국산대체 불능 원자재, (2) 완전 국산공급 원자재, (3) 국산대체 가능 원자재, (4) 수입 부분품으로 구분할 수 있다.

〈표 8〉 수출용 원자재의 유형구분

유 형	수출상품
(1) 원자재 국산대체 불능 상품	고무제품 면직물 모직물 조미료 합판
(2) 원자재 완전 국산공급 가능 상품	판유리 도자기 시멘트 견직물 철광석 중석 기타 해산물
(3) 원자재 국산대체 가능 상품 　① 원자재 개발 중 　② 원자재 개발계획 중 　③ 원자재 일부 국내공급	화학섬유 합성수지 소다회 철강재 합성고무 특수강재 피혁제품 가발 모제품 면직물 .
(4) 수입 부분품	변압기 TV 라디오 선박

자료: 한국산업개발연구소, 〈수출산업구조의 개편과 수출전략산업기반의 확충강화를 위한 조사연구〉.

(1)군은 고무제품, 면직물, 모직물, 조미료, 합판 등의 원자재로서 각각 생고무, 목면, 양모, 당일, 원목 등이다. 이 종류는 대체로 우리나라의 풍토, 기후 등으로 보아 앞으로 국내생산이 어렵거나 그 생산의 수익성이 의심스러운 그룹이다. 따라서 수출의 가득률 향상을 위해서 요구되는 것은 이 부문의 전체 수출상품 구성에서 비율을 줄이거나 원자재를 절약하고 합리적으로 관리하며 국내 가공도를 높이는 것뿐이다.

(2)군은 현재 대체로 거의 완전하게 국산화되어 있는 원자재 그룹이다. 앞으로 수출의 가득률을 올리기 위해서는 이 부문의 전체 수출상품 구성에서 비중을 높이거나 국내가공도를 높여야 할 것이다. 하여

튼 원자재 국산화의 측면에서 (1)군과 (2)군은 일단 제외해도 무방한 그룹이다.

수입원자재 국산화를 위한 대상품목으로서 가장 중요한 것은 (3)군과 (4)군에 속하는 품목의 원자재다. 즉 화학섬유제품, 합성수지제품, 소다회, 철강재, 합성고무제품, 특수강재, 피혁제품, 가발, 모제품, 면직물 등은 현재 생산과 수출을 위해서 대부분의 원자재를 해외에 의존하고 있는 품목이고 변압기, 텔레비전, 라디오, 선박 등은 생산을 위해 그 부분품을 해외에서 수입하지 않으면 안 되기 때문이다. 이와 같은 원자재를 수입대체해서 국산화한다면 상당한 수준으로 외화가득률을 향상시키고, 경제의 다른 부문에 큰 연관효과를 파급시킬 것으로 전망되는 부문이다.

이 가운데 화학섬유제품, 합성수지, 소다회, 철강제품에 소요되는 수입원자재는 현재 그 수입대체와 국산화가 추진·진행되고 있다. 합성섬유제품의 원료가 되는 카프로락탐, 산화에틸렌, 아세트알데히드, 아크리로나트릴, 폴리프로필렌 등은 석유화학 콤비나트의 건설에 의하여 그 자급계획이 추진중이다. PVC 제품을 비롯한 합성수지제품의 원료 VCM, 폴리에틸렌 등도 원료공장이 석유화학 콤비나트의 건설계획에 의하여 준공 예정이다. 소다회의 원료도 국산화대체가 계획 중이고 철강재도 종합제철의 완성과 더불어 그 원자재의 공급이 쉬워지리라고 전망된다. 합성고무의 원자재는 그 수입대체가 계획 중이다. 그리고 가발생산에 소요되는 인발, 피혁제품에 소요되는 원피 등은 현재 외국에서 그에 대신할 인조원자재가 개발되어 사용되고 있다. 우리나라에서도 인발이나 원피의 공급이 거의 한계가 드러나 해외에 의존하고 있는 지금 그 대체원료의 개발을 추진하지 않으면 안 될 것이다.

다음은 (4)군의 수입원자재로서 변압기, 라디오, 텔레비전, 선박, 자동차 등의 부분품이다. 이것들은 점차 국산화가 단계적으로 이루어질 것이 기대되고 이를 위해서는 고도의 기술이 필요한 부분이다.

이상과 같이 대체적으로 원자재 국산화의 전망을 살펴보았으나 역시 그 핵심을 이루는 것은 석유화학 콤비나트와 기계공업, 종합제철공장의 건설로 집약될 수 있다. 즉 이 부문이 효율적으로 개발되고 육성되느냐에 따라 수출을 위한 원자재산업의 기반이 확립되느냐, 안되느냐가 결정될 것이다. 그리고 이 부문의 육성은 우리나라의 공업에 있어서의 중화학공업화와도 깊은 관련을 갖는다. 이 새로운 원자재산업의 건설을 위하여는 다음의 몇 가지가 고려되어야 할 것이다.

(1) 석유화학공업이나 종합제철공업을 중심으로 한 원자재산업 건설은 막대한 자본과 기술을 요한다. 그러나 우리나라는 자본이 부족한 나라이므로 투자의 기술선택에 있어 되도록 자본을 절약할 수 있는 방향에서 검토되어야 한다.

(2) 원자재산업은 그것이 되도록 규모의 경제를 누리도록 적정한 규모로 확장되고 이것이 국내수요를 넘을 경우 수출로 전환될 수 있도록 준비해야 한다.

(3) 대규모의 산업건설에 따라 그 부문의 독점적 지위가 형성될 것이 예상되는바 독점으로 인한 폐해를 최소한도로 하도록 각종 조치가 취해져야 한다.

(4) 원자재의 국산화가 필요하나 국제가격경쟁에서 열세를 보이고, 그리하여 국내보호를 요구하는 부문은 국내수요만을 충족시키는 정도에 한정되어야 할 것이다.

(5) 다른 산업에 외부경제를 주고 연관효과의 파급이 큰 원자재산업을 우선 건설할 것 등이다.

5. 원자재 국산화를 위한 지원대책

수출의 증가가 지속적으로 경제성장을 가능케 하고, 국제수지를 개선하기 위해서는 수출의 절대량이 증대되어야 함과 동시에 수출의 외화가득률이 제고되어야만 한다. 현재 외화가득률이 점점 낮아지고 있는 추세에 비추어 이에 대한 대책은 시급하다고 할 수 있다.

외화가득률이 낮아지고 있는 것은 결국 원자재를 해외에 의존하기 때문인 것으로, 이는 원자재의 국산화로써 해결될 수 있다. 그러나 현재까지 추진된 모든 개발정책은 원자재의 국산화와는 동떨어진 방향에서 추구되어 왔다. 수출산업의 기반이 될 원자재산업이 수출산업과 균형적인 발전을 하지 못하고 수출실적주의에 편승하여 원자재의 국산화 및 가득률을 무시한 수출증가가 추구되어 왔다.

원자재 국산화의 문제는 우선 산업구조와 투자정책의 측면에서 파악되어야 할 것이다. 원자재산업이 합리적으로 개발되고 육성되지 않는 상태에서 원자재 국산화에 대한 특혜나 지원은 일종의 사회적 낭비를 초래할 뿐이다. 이제까지 수출증진을 위한 각종 특혜나 지원도 그 대표적인 한 케이스가 아닌가 생각된다. 좀더 국민경제적인 관점에서서 무엇이 장기적인 수출능력을 배양하고 무엇이 장래에 우리에게 과실을 가져올 것인가를 판단해야 할 것이다. 이러한 기준에 따라 정책이 시행된다면 원자재산업의 건설이나 중화학공업도 자연히 그 발전의 계기를 얻을 것이다. 특히 원자재산업에 대한 투자에 있어 문제되는 것은 각 산업부문과 개별 기업의 사회적 생산성과 사적 생산성, 그리고 사회적 비용과 사적 비용 사이에 갭이 나타나는 수가 아주 많기 때문에 현존의 가격 체계는 아주 불충분하다는 것이다.

가령 A기업은 다른 외부경제를 통하여 그 기업의 건설이 다른 산업에 큰 혜택과 이익을 주지만 그것이 직접 A기업의 이익으로, 금전적으로 환수되지 않는다. 이것은 이 부문으로의 자금과 자원의 이동을 막는다. 즉 '누가 고양이의 목에 방울을 매느냐'의 경우다. 또한 이 부문의 건설에는 막대한 자금이 들기 때문에 그 부문의 산업 육성은 더욱 어려워진다.

이와 같이 원자재산업의 육성은 현재의 가격기구나 사기업의 자금 사정만으로는 해결이 불가능한 것이 많다. 정부에서 적극적으로 합리적인 기준을 세워 전략적으로 육성할 필요가 있다. 원자재산업을 육성하고 원자재 국산화를 위한 장기적인 투자전략과 더불어 현재의 수출입을 둘러싼 각종 지원대책이 재검토될 필요가 있다. 오히려 지금까지의 모든 지원대책이 수출용 원자재의 해외의존도를 더욱 높이는 경향이 있기 때문이다.

원자재 국내공급에 대한 융자보다 수출용 원자재에 대한 수입금융이 더 우대를 받고 있다. 가득액에 대하여 융자하는 수출금융은 미 달러당 240원이고, 수입금융은 미 달러당 전액이다. 그리고 그 밖의 원자재 국산화를 위해 취해진 외환증서 발급확약서제도나 내국세 신용제도도 그리 큰 요인으로 작용하지 못하고 있는 느낌이다.

앞으로 원자재 국산화를 위해서는 국내산업 간의 연관효과를 높이는 산업구조의 개편정책과 아울러 이러한 모순을 띠고 있는 각종 금융, 조세지원체계를 다시 합리적으로 조정할 필요가 있다.

《무역》(1970. 6)

세계무역구조의 변화와 그 대응책

1978년에 수출은 127.15억 달러에 달했다. 그러니까 계획치를 약 2억 달러 상회하는 실적을 보인 셈이다. 품목별로는 섬유류가 여전히 30.0퍼센트를 넘어 대종품목으로서 자리를 빛냈고, 그 다음이 전자제품, 선박, 철강제품, 신발류 등의 순으로 되어 있으며, 공산물 가운데 중화학공업 제품의 비중은 대체로 계획치와 같다. 즉 이 비중은 작년의 그것보다 높아졌다(〈표 1, 2, 3〉).

그리하여 이 여세를 몰아 금년에도 당초보다 5억 달러를 늘려서 수출총액을 155.0억 달러로 정하는 외에 섬유류의 비중을 역시 30.0퍼센트가 넘도록 하고 전자제품, 철강제품, 신발류, 금속제품 등의 순으로 수출비중을 정하고 있으며, 또 중화학공업제품의 비중을 높여 39.0퍼센트로 하고 있다. 즉 수출규모의 확대와 아울러 수출구조의 개선 또는 고도화, 다시 말하면 중화학공업제품 위주의 수출구조로 점진적인 이행을 시도하고 있다. 이러한 수출구조의 고도화와 더불어 역시 수출상품의 고급화도 적극적으로 추진하기로 되어 있다.

<표 1> 무역과 무역수지

(단위: 억 달러)

연 도	수출(FOB)	수입(CIF)	무역수지
1971	10.67	23.94	−13.26
1972	16.24	25.22	−8.97
1973	32.25	42.40	−10.15
1974	44.60	68.51	−23.91
1975	50.81	72.74	−21.93
1976	77.15	87.73	−10.58
1977	100.46	108.10	−7.64
1977~1978	147.15	150.04	−23.49
1979(계획)	155.00	180.00	−25.00

<표 2> 10대 수출상품의 수출총액에서의 비중

(단위: %)

1976년도 실적		1977년도 실적		1978년도 실적		1979년도 계획	
1. 섬유류	35.4	1. 섬유류	31.1	1. 섬유류	31.3[1] (31.5)[2]	1. 섬유류	31.3
2. 전자제품	9.2	2. 전자제품	8.2	2. 전자제품	10.7 (11.2)	2. 전자제품	11.6
3. 신발류	5.2	3. 선박	5.3	3. 선박	7.5 (6.4)	3. 철강제품	6.4
4. 합판	4.7	4. 신발류	4.9	4. 철강제품	5.9 (6.0)	4. 신발류	5.4
5. 철강제품	4.6	5. 활선어	4.8	5. 신발류	5.8 (5.7)	5. 금속제품	4.6
6. 선박	3.6	6. 합판	4.1	6. 금속제품	3.4 (3.3)	6. 선박	4.0
7. 기계류	3.2	7. 철강제품	3.7	7. 합판	3.2 (3.2)	7. 합성수지 제품	3.2
8. 활선어	2.1	8. 기계류	2.7	8. 합성수지 제품	3.2 (3.2)		
9. 석유제품	1.9	9. 여행용구	1.8	9. 타이어	1.6 (1.7)		
10. 여행용구	1.9	10. 시멘트	1.5	10. 냉동어류	0.9 (0.8)		
계	71.7	계	68.3	계	73.5 (73.0)		

주: 1) 10월까지의 실적임.
　　2) ( ) 안은 상공부의 전망임.

<표 3> 상품류별 수출

(단위: %)

상품별	1977년도	1978년도		1979년도
	실 적	계 획	실 적[1]	계 획
농 산 물	4.1	3.9	3.9	3.5
수 산 물	7.4	4.9	5.3	4.5
광 산 물	1.0	1.0	0.9	0.6
공 산 물	87.5	90.2	89.9	91.6
중 화 학 공 업 제 품	36.7	37.4	37.8	39.0
경 공 업 제 품	50.8	52.8	52.1	52.6
계	100.0	100.0	100.0	100.0

주: 1) 10월까지의 실적임.

그러나 우리나라 수출의 국제환경이 유리하지 않을 뿐 아니라 국내 여건도 그러한 것이 사실이다.

선진국이 국내산업의 보호를 위하여 보호무역주의의 방향으로 나가면서 우리 상품에 대한 수입규제를 강화해 가고 있는 것은 이미 잘 알려져 있는 사실이다. 1978년 12월 1일 현재로 섬유류는 18개국, 철강류는 11개국, 신발류는 16개국, 전자제품은 3개국, 양송이통조림은 10개국, 양식기는 7개국, 기타는 12개국에서 각각 수입규제를 받고 있는 실정이다(<표 4>).

그런데 금년에는 OECD 국가 전체에서뿐만 아니라 우리나라 수출시장의 50.0퍼센트 이상을 차지하고 있는 미국과 일본에서도 경제성장이 둔화될 것으로 예상되고 있고, 특히 미국의 경우에는 둔화의 정도가 큰 것으로 예상되고 있다. OECD 국가 전체의 무역 증가율도 5.0퍼센트에 불과하며, 특히 미국의 경우에는 작년의 7.0퍼센트에서 3.5퍼센트로 크게 감소되리라고 한다(<표 5>). 이런 무역 신장의 둔화나 미

<표 4> 대한 수입규제 현황

(1978. 12. 1 현재)

	섬 유	철강류	신발류	전자 제품	양송이 통조림	양식기	기 타
미 국	○	○	○	○	○		○
영 국	○	○	○	○	○	○	○
프 랑 스	○	○	○	○	○		○
서 독	○	○	○		○	○	○
이 탈 리 아	○	○	○				○
네 덜 란 드	○	○	○		○	○	○
벨 기 에	○	○	○		○	○	
룩 셈 부 르 크	○	○	○		○		○
덴 마 크	○	○	○		○	○	○
아 일 랜 드	○	○	○		○		○
캐 나 다	○		○				
일 본	○		○				
오 스 트 리 아	○						
스 페 인	○						
그 리 스	○						
호 주	○	○	○				○
노 르 웨 이	○		○			○	
핀 란 드	○		○				
스 웨 덴			○				
계	18	11	16	3	10	7	12

국과 일본의 불경기가 대한(對韓) 수입규제를 더욱더 강화시킬 가능성은 충분히 있는 것이다.

게다가 중공과 기타 후발국의 추격이 벌어지고 있다. 특히 중공과의 경쟁의 격화가 예상되고 있다. 물론 중공은 국내시장을 중시하고 있으며, 그 무역은 계획무역, 보호무역, 호혜평등주의무역이다. 또 현재로서는 무역규모도 작다. 1977년 현재로 수출은 71.3억 달러, 수입은

〈표 5〉 주요국의 1979년 경제성장률 전망

(단위: %)

국 명	1978	1979	
		OECD	유러머니
미 국	3.8	2.0~2.5	3.0
일 본	5.8	4.6	5.4
서 독	2.9	3.9	3.5
영 국	3.0	2.5	2.4
프 랑 스	3.0	3.5	3.6
이 탈 리 아	2.0	3.5	3.0
캐 나 다	–	4.1	3.7
E C 전 체	–	3.5	–
O E C D 전 체	3.6	3.0	3.3

주: OECD 국가 전체의 무역신장률은 5.0퍼센트로 전망(단, 미국의 경우에는 1975년 7.0
　　퍼센트에서 3.5퍼센트로 크게 감소될 것으로 전망).

64.9억 달러인 것으로 알려져 있다. 그리고 무역시장에서 주요국의 비중을 보면 1977년에는 수출시장에서는 홍콩과 일본이 22.1퍼센트, 19.9퍼센트로 각각 1, 2위를 차지하고 있고, 수입시장에서는 일본이 33.2퍼센트로서 가장 큰 비중을 차지하고 있다(단, 홍콩의 비중은 1.0퍼센트밖에 안 된다(〈표 6-1〉). 또 OECD 국가들과의 무역을 보면 1976년에는 수출에서는 섬유류가 30.4퍼센트로서 가장 큰 비중을 차지하고 있고, 수입에서는 철강과 기계 및 수송장비가 각각 37.1퍼센트, 34.4퍼센트로서 1, 2위를 차지하고 있다(〈표 6-2〉).

　그러나 중공은 작년부터 2000년에 현재의 미국과 거의 같은 규모의 GNP(현재의 가격표시로 2조 달러)를 실현시키기 위해서 대대적으로 근대화 계획을 추진하면서 미국, 일본, EC 가입국들과 무역확대를 추구하고 있다. 또 수출확대를 위해서 공산물과 광산물(석탄, 석유)의 수출 비중을 적극적으로 증대시키도록 하며, 공산물과 광산물의 수출전용 기지를 건설하도록 할 뿐 아니라 수출증대의 새 방식으로서 생산분여

중공의 무역

〈표 6-1〉 국별 비중

(단위: %)

	수 출	수 입
일 본	19.9	33.2
홍 콩	22.1	1.0
비산유저개발국	13.7	19.5
E C	12.7	15.4
산 유 국	11.8	0.2
미 국	2.9	2.9

〈표 6-2〉 상품별 비중

(대 OECD 국가 무역)

(단위: %)

수 출		수 입	
섬 유	30.4	철 강	37.1
원 유	27.5	기계, 수송장비	34.4
식 료 품	24.2	화 학 제 품	12.6
경공업제품	9.2	밀	9.9
의 류	8.7	원 자 재	6.0
계	100.0	계	100.0

방식, 가공무역방식, 부품수주 방식 등을 채택하고 있다.

물론 현재로서도 섬유류 등과 같이 이미 중공과 경쟁하고 있는 상품이 있다. KOTRA에 따르면 작년 8월부터 수입 자유화 조치를 취한 EC에서는 100만 달러 이상의 품목으로 좁혀서 볼 때 경쟁격화가 예상되는 품목은 면직물과 인조 섬유 및 파일직물 등이며, 경

〈표 7〉 EC에서 중공과의 경쟁예상품목

(100만 달러 이상 품목의 경우)

1. 경쟁격화 예상품목	2. 경쟁위협 예상품목
면직물	유무기화합물
인조섬유	의약품
파일직물	인조직물
엽연초	양말
형석	남자용내의
테니스라켓	재봉틀
보온병	계산기
어망	전자제품
	광학기계
	악기류
	시계

자료: KOTRA.

쟁위협이 예상되는 품목은 유무기화합물과 의약품, 인조직물, 재봉틀, 계산기, 전자제품, 시계 등이라고 한다(〈표 7〉).

그러나 우리나라와의 경쟁은 앞으로 3~4년 뒤의 일로 보는 것이 중공을 방문한 일이 있는 외국의 전문가들의 견해인 것 같다. 즉 그들은 우리나라가 중공에 대해서 적어도 3~4년의 타임 리드를 갖고 있는

것으로 보고 있는 것 같다. 그렇다면 우리나라는 이 3~4년의 타임 리드를 중공과 유리한 경쟁을 위해서 계속 살려가도록 해야 할 것이다. 그것을 살리는 길은 다름 아닌 3~4년 앞서서 수출상품의 고급화와 수출구조의 고도화를 실현해 가는 것이다. 이 수출상품의 고급화는 이처럼 중공과 유리한 경쟁을 위해서 필요할 뿐 아니라 선진국의 수출경험에 비추어 보아서도, 또 품목단위당 수출가격의 크기를 감안해 보더라도 수출규모의 계속적인 확대를 위해서는 절대로 요청되는 것임에 틀림없다. 그것은 수입규제 장벽을 뚫기 위해서, 또 기타 후발국의 추격을 물리치기 위해서 필요한 것이기도 하다.

수출상품의 고급화와 수출구조의 고도화를 위해서는 우선 방대한 시설투자가 필요하다. 다음에 기술인력을 위한 투자가 요청된다. 셋째로 필요할 때에는 선진기술을 도입하여야 함은 물론 국내의 기술개발을 위해서 역시 방대한 투자를 할 필요가 있다. 따라서 투자재원의 조달이 문제로서 등장하게 된다고 할 수 있다.

무역협회가 496개 수출업체를 대상으로 실시한 금년의 수출 및 내수를 전제로 한 생산능력조사가 밝히고 있는 것처럼 59.0퍼센트인 292개 업체가 생산능력의 부족에 직면하고 있고 그것이 자금난에 기인하는 것이 사실이라고 한다면(〈표 8〉), 또 산은조사가 밝히고 있는 것처럼 조사대상인 종업원 1천 명 이상의 기업체 1,275개가 금년의 시설투자의 76.0퍼센트를 외부자금에 의존하려 하고 있는 것이 사실이라고 한다면, 투자재원의 조달이 제약조건으로서 작용하고 있는 것은 의심할 여지가 없다고 할 수 있다.

게다가 보도된 바에 따르면 1977년에는 중화학공업에 75.0퍼센트, 경공업에 25.0퍼센트, 작년에는 중화학공업에 80.0퍼센트, 경공업에 20.0퍼센트 투자하도록 계획했었는데, 금년에는 섬유류, 시멘트, 타일

<표 8> 업종별 생산능력

(단위: %)

업 종	부족률	평 균 부족률	업 종	부족률	평 균 부족률
생 사	40.0	1.0	도 자 기 · 타 일	62.5	24.9
면 사	75.0	13.5	운 동 구	58.3	9.5
면 직 물	69.2	26.2	완 구 · 인 형	55.6	12.1
모 직 물	64.3	8.6	지 류	61.5	7.0
합 섬 사	75.0	5.2	문 구 류	66.7	17.7
합 섬 직 물	76.7	16.5	비 료	20.0	6.3
직 물 의 류	63.9	5.2	전 자 부 품	50.0	9.6
편 직 제 의 류	63.5	13.1	전 자 제 품	76.5	15.3
양 말	83.3	10.3	석 유 류 제 품	100.0	49.6
고 가 공 품	52.9	2.7	철 강 제 품	60.0	11.0
혁 제 의 류	71.4	2.0	시 멘 트	100.0	40.6
견 직 물	50.0	0.2	금 속 제 품	60.0	9.6
신 발 류	58.3	8.3	자 동 차 및 부 속	71.4	31.2
합 성 수 지 품	55.6	8.6	전 기 제 품	20.0	7.9
타 이 어 · 튜 브	62.5	3.8	기 계 류	23.1	1.0
합 판	58.3	13.6	계	59.0	
가 발 · 눈 썹	28.6	4.6			

등의 건축자재 및 가전제품 등에 중점적으로 투자하기 위해서 중화학 공업에 80.0퍼센트 이하, 경공업에 20.0퍼센트 이상 투자하도록 계획 하고 있다고 한다.

그뿐 아니라 다음과 같은 여러 요인이 우리나라 중화학공업제품의 수출 신장의 장해요인으로 작용하고 있다고 할 수 있다. 첫째로 철강 등의 소재공업 부문과 일반농업기계 부문의 기반이 취약하다. 둘째로 기계류 제조업체가 아직도 기술부족으로 국제경쟁력을 갖출 수 있는 제품생산 단계에 도달하지 못하고 있으며, 또 부품 제조업체의 육성이 제대로 되어 있지 않고 그들의 제품 고급화 노력이 미흡하다. 셋째로 우리나라는 아직 원조적 성격을 띤 플랜트 수출이나 연불수출을 감당 할 만한 자본력을 갖고 있지 못한 데에다 플랜트 수출이나 연불수출에 대한 금융, 보험, 조세 혹은 행정상의 지원체제가 아직 확립되어 있지 않다. 사실 소비수준이 높은 탓으로 국내 저축률이 낮은 편이며, 그래서 국내 투자재원의 지원을 받기가 어렵고 지원체제도 미흡하다. 끝으로 기계, 설계, 토목 등의 각종 전문기술 부문을 결합하여 하나의 산업시스템으로 조직할 수 있는 엔지니어링 능력이 부족하며, 또 마케팅 활동과 함께 기계설비 및 기술 부문에 관한 전문지식이 풍부한 전문적인 세일즈 엔지니어가 부족하다.

이러한 여러 요인으로 해서 우리나라의 플랜트 수출이나 연불수출, 나아가 중화학공업제품 수출은 많은 제약을 받게 되어 있다. 그러기에 수출구조의 고도화의 추진에는 많은 어려움이 있다고 할 수 있다.

이런 이유 외에 주로 철강 등의 소재공업 부문과 일반농업기계 부문의 기반이 취약한 데 기인하겠지만, 원자재 및 기계류 등의 대부분을 일본으로부터 수입하는 관계로 대일무역역조가 1977년에는 17.79억 달러나 돼 전체 무역역조 7.65억 달러보다 10.15억 달러가, 작년에는 32.9억 달러나 되어 전체 무역역조 23.5억 달러보다 9.4억 달러가 더 많게 되어(〈표 9〉) 현재 대일 무역에 대한 반성론이 심각하게 제기되고 있다.

그러나 수출규모의 계속적인 확대를 위해서는 이러한 불리한 국내 여건을 극복해 나가야 함은 말할 나위도 없다. 수출상품의 고급화와 수출구조의 고도화를 위해서는 우선 국제적 전시효과의 방지를 통한 저축여력의 확대와 금융기관에 의한 적극적인 저축증대 노력, 기업의 직접금융 확대 노력, 정부저축의 증대 등으로 국내 투자재원의 공급을 확대해 갈 필요가 있다. 다음에 기술인력(세일즈 엔지니어 포함)의 양성 및 엔지니어링 능력의 육성과 연구 개발을 위한 투자를 적극적으로 확대하며, 기술도입 자유화의 폭을 확대할 필요가 있다. 셋째로 소재

〈표 9〉 대일 무역수지

(단위: 억 달러)

연 도	수 출(FOB)	수 입(CIF)	무역수지
1971	2.63	9.62	−6.99
1972	4.08	10.31	−6.23
1973	12.42	17.27	−4.85
1974	13.80	26.25	−12.41
1975	12.93	24.34	−11.41
1976	18.02	30.99	−12.97
1977	21.48	39.27	−17.79
1978	27.69	60.59	−32.92

공업 부문과 일반산업기계 부문을 적극적으로 육성할 필요가 있다. 단 대일 무역역조의 지나친 확대를 초래하지 않도록 하면서 이루어져야 함은 물론이다. 넷째로 플랜트 수출이나 연불수출을 위한 금융, 보험, 조세 혹은 행정상의 지원체제를 확립할 필요가 있다. 다섯째로 기계류 제조업체와 부품 제조업체를 적극적으로 육성하여 그들의 제품 고급화 노력을 지원할 필요가 있다.

이러한 수출상품의 고급화와 수출구조의 고도화를 위한 노력에 더해서 수출규모의 계속적인 확대를 위해서는 우선 새로운 수출시장의 개척을 위한 적극적인 노력이 필요함은 재론의 여지가 없다. 다음에 정부와 민간의 경제외교의 강화를 추구할 필요가 있음도 사실이다. 새로운 수출시장의 개척을 위해서는 말할 것도 없고, 수입규제 장벽을 뚫기 위해서도, 또 제3국을 통한 중공에 대한 상품수출의 추진이나 미국, 일본, EC 국가들과의 제휴를 통한 중공에 대한 플랜트 수출이나 연불수출에의 참가 등을 위해서도 경제외교의 강화는 계속해서 추구되어야 할 것이다. 끝으로 경영합리화를 적극적으로 추구할 필요가 있다. 경영합리화 즉 기술개발 및 생산성 향상 등을 통한 원가절감과 품질향상 노력은 수출증대를 위해서 반드시 필요한 국제경쟁력을 강화시켜 주기 때문이다.

《Business Review》(1979. 1)

국제경제정세의 변화와 한국 수출정책의 방향[*]

1. 머리말

2차 대전 후 국제경제는 미국의 경제력의 절대적 우위를 배경으로 하여 자유무역주의 정신 아래 IMF를 실행기구로 한 이른바 팍스 아메리카나(Pax Americana) 체제를 유지하여 왔다. 반면 국내경제적인 면에서는 선진국들은 완전고용 유지를 1차적 정책목표로 하여 케인지언(Keynesian)적인 확대 재정·금융정책을 지속하여 왔다. 그러나 이와 같은 IMF 체제 및 확대 재정·금융정책은 자체 내의 모순 때문에 문제점을 드러내기에 이르렀고, 더욱이 국가경제 논리에 구애받지 않는 다국적기업의 성장은 이 문제점들을 더욱 어렵게 만들었다. 세계인플레, 국제통화위기, 국제자원파동 등이 바로 이 문제점들이다. 이 결과로 국제경제는 다원화되었고 각국은 보호무역주의나 경제의 지역화를 강화함으로써 이 국면을 타개하려고 하고 있다. 즉 60년대 초부터 시작되었던 세계경제질서의 개편이 70년대 초부터 가속화되기 시작하였고

___

[*] 이 글은 서울대 한국무역연구소 주최 제6회 무역 심포지엄에서 발표된 주제논문임.

작년의 국제자원파동으로 인해 이 경향은 더욱 뚜렷하게 되었으며, 이 개편의 방향은 경제적 민족주의인 것 같다.

이와 같은 국제경제정세 아래서 경제의 해외의존도가 높고 또한 수출구조도 취약한 우리나라는 더욱더 어려운 국면을 맞고 있다. 그러나 이 변화하고 있는 국제경제정세는 우리의 주체적 대응에 따라서는 우리에게 유리한 여건으로도 될 수 있는 측면이 있다.

이 글에서는 최근 논의되고 있는 국제경제정세의 여러 변화의 원인과 그 상호관계, 그리고 우리나라 수출구조의 취약점을 서로 연관시켜서 고찰하고 끝으로 우리나라 수출이 국제경제정세의 여러 변화에 대처할 방향과 그 방안을 살펴보려 한다.

2. 국제경제정세의 변화

최근 논의되고 있는 국제경제정세를 논하기 전에 우선 다음의 두 가지 점을 지적해 두고자 한다.

하나는 이 국제정세의 변화가 결코 최근에 갑자기 발생한 것이 아니라는 것이다. 국제자원파동을 제외하고는 거의가 이미 60년대 초부터 나타나기 시작했던 현상들이며 따라서 그 때부터 거론되어 오던 문제들이다. 우리가 최근 이 문제점들을 논하게 된 것은 이 문제점들이 작년의 석유파동으로 인해 갑자기 우리의 경제적 현실 속에서 우리에게 현저한 곤란을 일으킨 데 기인하는 것이다.

다음에 또 하나 지적할 것은 아래에서 논의할 이 국제경제정세의 변화 중 문제점으로 되고 있는 것들—세계인플레, 국제자원파동, 국제통화위기, 국제경제의 다원화, 경제적 민족주의, 다국적기업—이 모두가 서로 연관되어 있다는 것이다. 예컨대 국제통화위기와 국제자원파동은 서로 원인과 결과로 상호작용하고 있으며 또한 다국적기업은 국제자원파동의 원인만이 아니라 국제통화위기 및 이를 통한 세계인플레의 요인이기도한 것이다. 아래에서 국제경제정세의 여러 변화들을 하나하나 서로 관련시켜서 그리고 우리나라의 수출구조와도 관련시켜서 고찰하여 보자.

1) 국제통화위기의 지속

1971년 8월 미국이 달러에 대한 금태환 정지를 취하고 일본 등 주요국이 고정환율제에서 이탈하여 변동환율제를 채택함으로써 2차 대전 이후 세계교역의 확대에 크게 이바지하여 왔던 IMF 체제는 사실상 붕괴하였다. 그 이후 1971년 12월에 체결되었던 스미소니언 협정에 의해 성립되었던 스미소니언 체제도, 72년 6월 영국의 파운드화의 평가절하 및 자동환율제로의 복귀, 1973년 1월의 이탈리아 리라화, 서독의 마르크화 및 스위스 프랑화의 변동환율제 채택, 2월의 미국의 달러화의 평가절하, 3월의 EC 가입국들의 변동환율제 채택 등으로 사실상 붕괴되었다. 이와 같은 국제통화제도의 붕괴로 현재 세계 각국의 통화는 사실상 환율이 불안정하게 되어 있으며 이로 인해 국제단기자본의 투기적 이동 및 이의 원인이며 동시에 결과이기도 한 금파동은 그치지 아니하고 있다. 이는 세계교역 및 자본 이동의 원활한 발전에 장애요인으로 등장하고 있다.

이처럼 현재 유일한 국제통화기구인 IMF는 안정된 국제유동성의 공급과 각국의 국제 감시조절수단의 제공이라는 두 가지 기본적인 임무를 사실상 수행하지 못하고 있다. 고정환율제, 금환본위제, 달러기축통화제를 그 기본구조로 한 본래의 IMF 체제는 미국의 경제력 약화로 인해 자체 논리상 위의 두 가지 임무를 수행할 수 없었으며,[1] 센트럴

레이트제 및 환율 변동폭의 2.25퍼센트로의 확대, 각국 통화의 환율 재조정 등을 그 내용으로 한 스미소니언 체제도 위의 두 가지 문제를 해결한 것은 아니었기 때문에 아직도 국제통화제도는 혼란에서 벗어나지 못하고 있는 것이다.

그러나 이와 같은 국제통화제도의 동요는 IMF 제도 자체 내에도 그 제도적 결함이 있으므로 제도의 개편을 통해 안정적인 국제유동성의 공급이라는 문제는 해결될 수도 있겠으나, 각국의 국제수지 불균형의 조정수단의 제공이라는 다른 하나의 문제는 제도적 개선을 통해서만으로는 그 해결에 한계가 있을 것이다. 왜냐하면 각국 간에 자본, 기술, 임금, 부존자원 및 소득 등의 격차에 기본적으로 기인하는 국제수지의 불균형은, 대외균형을 우선으로 하는 금본위제도 아래에서의 자유무역제도가 아니라, 대내균형을 정책의 우선 목적으로 하여 통화와 무역 및 외환을 국가가 관리·규제하는 현행 각국의 경제제도 아래에서는 국제통화 기구의 제도 개선만으로서는 해소되지 않을 것이기 때문이다. 결국 국제통화위기는 각국의 국제수지 불균형의 지속에서 그 기본적인 원인이 있는 것이며(〈표 1〉 참조), 국제수지 불균형의 가장 큰 요인은 무역수지의 불균형이다. 일본과 서구의 경제력 회복으로 인한 이들 국가의 수출의 상대적 증대 및 이에 따른 미국의 수출의 상대적 감소에 국제수지 불균형의 첫 번째 요인이 있는 것이다.

무역수지 이외에 국제수지 불균형의 요인으로서 꼽을 수 있는 것은

---

1) 미국의 경제력이 약화되지 않으면 유동성 딜레마는 발생하지 않는다. 왜냐하면 단기자본 대출과 금 매입을 통한 달러의 공급은 미국의 대외지불준비를 증가시키면서 국제유동성을 공급할 수가 있기 때문이다. 문제는 미국이 그동안 기초수지적자(무역수지, 장기자본이동, 정부의 대외지출의 적자)를 통해 국제유동성을 증가시켜온 데 기인하는 것이다. 尾期英二, 〈國際流動性問題解決の方向〉, 日本サビス協會 編 , 《國際流動性セミナー》, p. 183, (朴贊一, 〈國際通貨制度改革의 背景과 展望〉, 《무역연구》 제5권 4호, p. 115.)

<표 1> 주요국의 국제수지 추이

(단위: 10억 달러)

		무 역 수 지	경 상 수 지	자 본 수 지	종 합 수 지
미 국	1969	0.6	− 1.0	6.2	5.2
	70	2.2	0.4	− 9.9	− 9.5
	71	− 2.7	− 2.9	− 16.7	− 19.6
	72	− 6.9	− 8.4	0.4	− 8.0
영 국	1969	0.3	1.1	− 0.9	0.2
	70	0.1	1.7	0.8	2.5
	71	0.8	2.5	2.9	5.4
	72	− 1.7	0.3	− 2.2	− 1.9
서 독	1969	3.8	1.7	− 5.6	− 3.9
	70	4.0	0.7	1.6	2.3
	71	4.2	0.1	1.7	1.8
	72	6.0	0.4	2.3	2.7
프 랑 스	1969	− 0.9	− 1.7	0.1	− 1.6
	70	0.3	− 0.2	1.3	1.1
	71	1.1	0.4	1.4	1.8
	72	1.3	0.3	− 0.1	0.2
일 본	1969	3.7	2.1	0.2	2.3
	70	4.0	2.0	− 0.6	1.4
	71	7.8	6.2	1.8	8.0
	72	9.0	6.6	0.4	7.0

출처: IMF, *International Financial Statistics*, 각 월호.

미국 정부의 대외거래(차관과 원조 및 해외지출─군사기지 운영비 등)와 장기민간자본 유출이다. 실제로 71년까지 미국의 국제수지 중 무역수지는 상대적으로 그 흑자 폭이 감소하였는 데 불과하였으며, 민간자본수지 및 정부관계수지가 적자를 지속하였다(<표 2> 참조).

국제통화제도의 위기의 또 하나의 원인으로서 들 수 있는 것은 단기국제투기자본의 대량 이동이다. 평가조정 시의 이윤을 노린 투기적 단기자본이 달러나 파운드를 팔고 대신 금이나 강세통화인 서독의 마르크화나 일본의 엔화를 구매함으로써 환율의 평가조정이 강요당한 것이다. 이와 같은 투기성 국제단기자본의 이동은 미국관세위원회와 갤브레이스 교수의 지적대로 대부분 다국적기업의 자본인 것이다. 미국관세위원회의 추계에 따르면 최근 국제통화위기 중 이동된 다국적기업의 단기유동자산은 2,680억 달러에 이른다고 한다. 이 다국적기업은 거의가 미국계임에도 불구하고 달러의 평가절하를 강요하는 투기적 외환거래를 한 것이다. 또한 이 다국적기업은 앞서 말한 미국의 국제수지 불균형의 한 요인이었던 민간의 장기자본이동의 주담당자였다.

결국 국제통화위기의 원인은 각국의 불균형 성장에 기인한 미국의

〈표 2〉 미국의 국제수지

(단위: 백만 달러)

	경 상 수 지			자 본 수 지			종합수지
	무 역	군사수출	용역 및 이전	정 부	장 기[1]	단 기	
1961	5,422	−2,596	54	−926	−2,181	−283	−510
62	4,387	−2,449	350	−1,095	−2,607	−291	−1,705
63	5,057	−2,304	251	−1,661	−3,357	247	−1,767
64	6,649	−2,129	1,105	−1,677	−4,470	−182	−704
65	4,728	−2,115	1,453	−1,602	−4,577	1,099	−1,014
66	3,635	−2,906	1,426	−1,534	−4,558	2,375	−1,562
67	3,817	−3,138	1,378	−2,424	−2,912	743	−2,536
68	612	−3,143	2,049	−2,159	1,198	3,482	2,039
69	621	−3,344	1,687	−1,926	−50	8,184	5,172
70	2,164	−3,374	1,565	−2,018	−1,398	−6,470	−9,531
71	−2,693	−2,894	2,737	−2,378	−4,149	−10,183	−19,560
72	−6,912	−3,558	2,118	−1,339	−152	1,906	−7,937

주: 1)에 직접투자가 포함.
출처: IMF, *International Financial Statistics*, December 1968; April 1974.

경제력의 상대적 우위의 상실에 따른 국제수지 불균형의 지속과 국민경제의 논리에 구애받지 않는 다국적기업에 의한 자본이동에 기인한다고 볼 수 있다.

그리고 이 두 요인은 비단 국제통화제도의 위기의 요인일 뿐만 아니라 최근 거론되고 있는 국제경제정세의 여러 변화에 모두 직접 및 간접적 요인으로 작용하고 있다.

우선 미국은 자국의 국제수지 개선을 위해 보호무역주의적 조치를 취하고 있을 뿐만 아니라, 이 조치의 일환인 73년 7월의 고철과 농산물의 수출규제조치는 국제자원파동의 직접적 계기가 되었으며 이는 나아가 세계인플레를 가속화시켰다. 또한 다국적기업은 석유파동의 한 담당자였던 것이다. 그리고 국제경제정세의 특징 중의 하나인 다원화의 요인도 결국 국제통화위기와 같이 미국 경제력의 상대적 저하 및 일본과 서구 및 공산권의 상대적으로 급속한 경제력의 증대에 있는 것이다.

이와 같은 국제통화위기는 세계 교역의 원활한 발전에 장애로 작용하면서 동시에 후술하는 바와 같이 무역의존도 특히 대미의존도가 높은 우리나라 경제를 물가, 외환 및 무역 측면에서 동요시키고 있다.

2) 만성적 세계인플레의 가속

〈표 3〉에서 볼 수 있듯이 2차 대전 이후 꾸준히 지속해 오던 선진 각국의 크리핑 인플레는 70년대에 들어서면서부터 가속화되어서 73년 국제자원파동으로 인해 더욱 가속화되었다.

2차 대전 이후 세계 각국의 크리핑 인플레의 원인으로서는 고용정책 위주의 확대 재정·금융정책의 지속과 독과점과 노동조합의 결성으로 인한 가격기구의 하방경직성을 들 수 있을 것이다. 독과점의 형성

<표 3> 주요국의 인플레 추세

(단위: %)

		1959	1960	1961	1962	1965	1966	1967	1968	1969	1970	1971	1972	1973
미국	도매	−	−	−	−	2.0	3.9	−	2.5	3.9	3.7	3.2	5.2	13.1
	소비자	1.1	2.1	1.0	1.0	2.0	2.9	2.8	4.2	5.4	5.9	4.2	3.4	6.2
영국	도매	−	−	−	−	−	−	−	−	−	7.5	10.2	6.0	8.0
	소비자	−	1.1	3.3.	4.3	4.9	3.7	2.7	4.7	5.4	6.4	9.4	7.1	9.2
서독	도매	△1.0	1.0	2.0	3.0	1.0	△1.0	△5.3	2.2	5.9	4.7	3.2	6.6	1.1
	소비자	1.1	1.1	3.3	3.2	3.9	9.4	0.9	1.6	1.9	3.4	5.3	5.5	6.9
프랑스	도매	4.7	2.2	2.2	2.1	1.0	1.9	−	△1.6	10.7	7.4	2.2	4.6	−
	소비자	6.0	3.4	3.3	−	2.9	2.8	2.8	4.6	6.4	5.5	5.6	5.8	−
일본	도매	1.0	1.0	1.0	△2.0	1.0	2.0	1.9	0.9	2.1	3.6	△0.8	0.8	15.9
	소비자	1.3	3.8	4.8	6.9	6.7	4.5	4.3	5.3	5.3	7.6	6.1	4.5	11.7

출처: *Statistical Yearbook*, 1968 및 한국은행, 《주요국의 경제지표》, 1974. 3. 15.

과 노동조합의 결성으로 가격기구가 하방경직화된 경제에서 경기후퇴를 막기 위한 정부의 유효수요 창출정책인 확대 재정·금융정책은 인플레정책으로밖에는 나타날 수 없을 것이다. 이것을 나타내는 것이 필립스곡선이라 할 수 있을 것이다. 결국 정부의 확대 재정·금융정책은 통화의 증발을 초래하여 초과수요를 발생시켰고 독과점 및 강력한 노조의 형성은(<표 4> 참조) 코스트 푸시 요인을 발생시켰는바, 이 두 요인이 결합하여 인플레를 발생시킨 것이라고 할 수 있다.

이와 같은 배경 아래에서 70년대 이후의 각국의 과열경기는 초과수요를 더욱 많이 발생시켰으며 유러달러 등 국제통화위기의 한 측면인 국제유동성 증가가 이에 가세하고 또한 미국의 고철 및 농산물 수출 제한조치 및 석유파동에 기인한 국제자원파동이 이를 더욱 악화시켜

〈표 4〉 선진 주요국의 임금상승 추이[1]

(단위: %)

	1970	1971	1972	1973[2]
미　　국	7.2	3.4	3.5	4.7
캐　나　다	5.5	3.4	4.7	5.1
일　　본	9.3	10.9	5.6	12.1
영　　국	9.0	9.8	8.2	5.2
서　　독	11.3	6.5	7.5	6.8
프　랑　스	6.2	6.2	9.0	11.3
이　탈　리　아	11.3	13.2	7.4	13.4

주: 1) 전년대비상승률임.
　　 2) 추정치.
출처: OECD, *Economic Outlook*, Dec. 1973.

오늘날의 세계인플레를 발생시켰다고 할 수 있다. 그리고 기본적으로 아직 고정환율제인 현행 국제통화제도 아래 인플레는 무역을 통해 각 국에 수출입되고 있는 것이다.

우리나라는 수입의존도가 높아 이 세계인플레의 과정 아래서 인플레의 수입을 피할 수가 없어 8·3조치 이후, 연간 물가증가율을 3퍼센트 이내에서 묶기 위해 정부가 취한 모든 정책수단의 동원에도 불구하고 작년 말에서 올해 3월까지 석 달 동안 도매물가가 23퍼센트나 상승하였다. 현재 우리나라는 인플레를 수습하기 위해 물량공급을 증가시키기 위해서는 수입을 확대해야 하므로 국제수지가 악화되고, 반면 국제수지를 개선시키기 위해서 수입을 억제하려 해도 기초원자재의 해외의존도가 높기 때문에 수입억제는 어렵게 되어 물가와 국제수지의 딜레마에 빠져 있다. 그러나 우리나라 물가가 국내적 요인에 의해서보다도 수입에 의해 좌우되게 된 것은 비단 73년 하반기부터가 아니라 60년대 초부터였다.

한편 각국은 이 인플레를 수습하기 위해 긴축정책을 채택함에 따라 될수록 불필요한 수입을 억제하게 된다. 이에 따라 세계교역은 움츠러 들어 우리나라처럼 수출의존도가 높은 나라는 타격을 입을 것이다.

3) 국제자원파동

우리가 현재 논의하고 있는 국제경제정세의 변화 중 가장 급격하며 따라서 가장 충격이 큰 것은 국제자원파동이다. 작년 한 해 동안 국제 원자재가격은 두 배나 상승하였다(〈표 5〉 참조).

국제자원파동의 기본요인으로서는 자원수요의 급속하면서도 지속 적인 증가일 것이다. 〈표 6〉에서 볼 수 있듯이 농산물·비식료품의 수

〈표 5〉 주요 국제상품시세 지수[1] 변동 추이

지 수	71. 12 (A)	72. 12 (B)	1973				1974		상승률(%)		
			3월 말	6월 말	9월 말	12월 말(C)	1월 말	2.15 (D)	B/A	C/B	D/C
Reuter	537.4	753.0	862.4	980.77	1,185.7	1,374.8	1,431.4	1,492.3	40.1	82.6	8.5
AP−DJ(현)	144.35	189.49	202.23	235.53	321.12	340.51	338.77	356.32	31.3	79.7	5.5
Financial times	80.95	100.80	130.59	153.39	188.23	210.96	221.74	232.78	24.5	109.3	10.3
Moody	374.8	478.0	516.1	552.8	649.7	690.6	721.8	772.3	27.5	44.5	11.8
평균상승률 (단순)									30.9	79.0	9.0

주: (1) 이 지수들의 조사대상품목은 선부가 원자재임.
출처: 한국은행, 《월간도매물가》, 1974, 2월호, p. 25.

〈표 6〉 세계의 자원소비 증가율과 GDP 탄력성

(단위: %)

	광물자원 (연료제외)	연 료	광 물 계	농 산 물 (비 식 료)	GDP 성장률
1953~60	4.3(0.81)	4.2(0.79)	4.2(0.79)	2.1(0.40)	5.3
1960~69	4.3(0.75)	4.7(0.82)	4.6(0.81)	1.8(0.31)	5.7

주: ( ) 안은 GDP 탄력성임.
출처: 일본자원연구위원회보고서, 《變化の中の資源問題》.

요는 53년 이후 연 2퍼센트 정도 그 수요가 증가했고 광물자원은 4퍼센트 이상 매년 그 수요가 증가했다. 그러나 작년의 원자재의 국제시세의 폭등은 단순히 이와 같은 자원수요의 증가에만 기인한 가격의 자연적 상승은 아니었고 인위적인 가격조작에 기인한 것이었다. 작년 국제자원파동의 시작은 7월 5일의 미국의 고철 및 농산물의 수출제한 조처이었는바, 이는 미국이 71년부터 무역수지마저 적자를 기록하게 되자 이를 개선하고자 실시한 조처였으며, 석유파동도 산유국의 정치적·경제적 이해에 기인한 조처였다.

또한 자원파동에서 지적해야 할 것은 다국적기업의 존재이다. 자원은 그 개발비용이 막대하고 또 자본의 회임기간이 길기 때문에 자본력이 강한 다국적기업에 의해 대개의 광물자원이 장악되어 있다(〈표 7〉 참조). 따라서 작년의 국제자원파동에서 다국적기업의 독과점 이윤 획득추구의 논리가 작용하였을 것이 분명하다. 결국 국제자원파동도 각국의 국제수지 불균형의 지속, 정치적·경제적 민족주의, 다국적기업 등에서 그 원인을 찾을 수 있다.

이 자원파동이 국제경제에 미친 영향을 살펴보자. 우선 세계인플레를 가속시켰다. 작년 각국의 물가폭등은 임금이나 공산품가격의 상승이나 통화량의 증가에 기인했다기보다는 거의 이 국제자원파동으로

〈표 7〉 다국적기업의 자유세계에 있어서의 자원지배상황(1969년)

	기 업 명	생산비중 (A)	해외생산비중 (B)	B/A
석 유	스탠더드오일 NJ 등 7사	61.1%	42.9%	70.2%
니 켈	인코 등 4사	98.2	58.7	60.7
동	케네코트 등 10사	66.7	34.4	51.6
알 루 미 늄	알코아 등 6사	75.5	59.9	79.3

출처: 일본통산성, 《資源問題展望》, 1971.

인한 원자재의 국제가격 상승에 기인했던 것이다.

또한 국제자원파동은 각국의 국제수지를 크게 변화시켰다. 자원수출국의 무역수지는 대폭 개선되는 데 견주어 자원수입국의 무역수지는 계속 악화될 것이다. 더욱이 우리나라와 같은 자원수입국은 외환보유고의 감소로 인해 수입의 감소가 초래되어 물가상승이 더욱 심해졌다. 더욱이 석유파동으로 인해 석유수입국들의 무역수지가 대폭 악화되어 이를 메우려는 석유수입국들 간의 수출확대 및 수입억제의 무역전쟁은 뒷절에서 살펴볼 경제적 민족주의의 재등장을 더욱 가세시킬 것이 예상되며 이 무역전쟁의 외중에서 우리나라와 같이 부존자원이 빈약하며 국제경쟁력이 약한 저개발국들의 국제수지는 더욱 악화될 것이 예상된다.

또한 국제유동성이 산유국에 집중됨으로써 세계적인 국제유동성의 편재현상이 일어나 오일달러가 다시 환류되지 않는다면 세계교역은 수축될 것이다. 그리고 오일달러가 국제투기성자본을 증가시켜 국제통화위기를 더욱 악화시킬 수도 있는 것이다.

4) 다국적기업의 성장

자본의 해외투자는 주식이나 증권의 매입인 해외간접투자와 해외에 기업을 설치·운영하는 해외직접투자의 둘로 나눌 수 있다. 해외투자의 유인은 직접투자의 경우는 이윤율의 차이이고 간접투자의 경우에는 이자율의 차이이다. 일반적으로 자본공급의 다과에 의해 이자율이 결정되나, 임금 및 기술, 자체 정보망, 마케팅 능력 등의 우위로 인해 직접투자 시의 이자율이 간접투자 시의 이자율보다 더욱 높다. 따라서 대기업이 직접 해외에 진출하게 되는데 이 해외에 진출한 대기업들을 다국적기업이라 한다. 〈표 8〉에서 보듯이 미국의 포춘지 선정 500대

<표 8> 미국 다국적기업과 기타 기업의 주특징

특 징[a]	포춘지 500대 기업		포춘지 500대 기업 외의 미국제조기업	전 미 제조기업
	187 다국적기업	나머지기업[b]		
규모의 척도				
1사당매상고(단위 100만 달러), 1964년	927.3	283.2	1.0[d]	2.4[d]
1사당종업원수(인), 1964년	35,800	11,500	38[d]	93[d]
미국 내의 1사당공장수(개소), 1965년	76	34	1.5[d]	1.6[d]
수익성척도				
납세후매상이익률(%), 1964년	7.2	5.9	3.1	5.2
납세후투자수익률(%), 1964년	13.3	11.1	9.1	11.6
연구·개발, 광고의 척도				
연구·개발비의 대매상고비율(%), 1964년[e]	2.48	1.85	c	1.29
과학기술자수의 대종업원비율(%), 1962년 산업평균으로부터의 추정[f]	6.72	5.15	c	3.64
연구소과학기술자수의 대종업원비율(%), 1962년 산업평균으로부터의 추정[f]	2.33	1.89	c	1.33
광고비의 대매상고비율(%), 1965년[g]	2.57	2.39	c	1.46
광고비의 대매상고비율(%), 1965년, 산업평균으로부터의 추정[f]	1.58	1.27	c	1.42

주: a. 포춘(Fortune)지 500대 기업의 매상고, 이익, 종업원 수, 투자고는 연결결산에 의함.
　b. 자료의 부족으로 인해 313사 가운데 304사만 계산됐음.
　c. 이 난은 뺄셈에 의하였기 때문에 타란(他欄)의 오차가 포함됐음. 오차가 커서 오해를 초래할 것이라 생각될 때는 공백으로 놔뒀음.
　d. 이들의 계산에 쓰여진 숫자는 미국 법인소득세 확정신고에 의함.
　e. 187사와 나머지 313사를 모두 포함하고 있는 게 아니라 전자의 90개사, 후사의 101개사만을 포함.
　f. 포춘지 500대 기업의 각사에 대한 추정은 다음을 전제조건으로 하고 있음.
　　1) 각사의 매상고 중에 점하는 각 제품군의 비율은 당해 제품군이 미국에서의 총매상고에서 점하는 비율과 동일하며, 2) 각 제품군의 기업의 매상고에 점하는 연구개발비의 비율은 미국산업의 그것과 같음. ‘과학기술지’·‘광고비’의 추계는 산업평균을 토대로 한 경우, 동일한 전제조건을 사용했음.
　g. 187개사 중 103개사, 나머지 313개사 중 91사만 포함.
출처: Raymond Vernon, *Sovereignty at Bay—The Multinational Spread of U.S. Enterprise*, 1971.
　　일역판 《多國籍企業の新展開》, ダイヤモンド社, 1973, pp. 12~13.

기업 중 187개의 다국적기업의 평균 수익률이 나머지 기업들의 이윤보다 약 2퍼센트포인트 높다. 이처럼 높은 수익률로 인해 다국적기업은 급속히 성장하여 왔다(<표 9> 참조). 이 다국적기업은 거의가 미국계 자본이다. <표 10>에서 볼 수 있듯이 미국의 대외직접투자의 금액이 각국의 대미직접투자의 금액보다 70년에 5배 이상이나 되고 있는

것이다. 또 이 다국적기업은 〈표 8〉에서 볼 수 있듯이 여타 기업보다
그 자본 규모가 약 3배에 달하고 있다. 즉 대자본인 것이다.

〈표 9〉 미국 기업의 제조자회사에 대한 해외직접투자(지역별)

(단위: 100만 달러)

연 도	전 지역	캐나다	중남미	구주 및 영국	기타 지역
1929	1,813	819	231	629	133
36	1,710	799	192	611	108
40	1,926	943	210	639	133
50	3,831	1,897	781	932	222
57	8,009	3,924	1,280	2,195	610
64	16,861	6,191	2,507	6,547	1,616
69	29,450	9,389	4,349	12,225	3,489

출처: U.S. Department of Commerce, *U.S. Business Investments in Foreign Countries*(Washington D.C: Government Printing Office, 1960), p. 96 및 *Survey of Current Business & Various Issues.*

〈표 10〉 상호직접투자의 비교

(단위: 100만 달러)

	미국의 대외투자액 (A)		각국의 대미국투자액 (B)		B/A(%)	
	1960	1970	1960	1970	1960	1970
캐　　나　　다	11,198	22,801	1,934	3,112	17.3	13.7
영　　　　국	3,231	8,015	2,248	4,110	69.6	51.3
E　　E　　C	2,644	11,695	1,446	3,528	54.7	30.2
서　　　　독	1,006	4,576	103	675	10.2	14.7
프　　랑　　스	741	2,588	168	294	22.7	11.4
이　탈　리　아	384	1,521	71	100	18.5	6.6
네　덜　란　드	283	1,495	947	2,121	334.6	141.9
벨기에·룩셈부르크	231	1,510	157	338	68.0	22.4
스　　위　　스	254	1,766	773	1,550	304.3	87.3
서　유　럽　계	6,681	24,471	4,707	9,515	70.5	38.9
일　　　　본	254	1,491	88	233	34.6	15.6
전　　지　　역	32,778	78,090	6,910	13,209	21.1	16.9

출처: *Survey of Current Business*, Aug. 1963 및 Oct. 1972에서 작성.

이와 같은 다국적기업은 자본이 부족하고 기술수준이 낮은 국가에 자본과 생산성이 높은 기술을 제공함으로써 그 나라의 생산력을 향상시키는 데 크게 기여하여 왔다. 서구의 경제력이 전후에 급속히 성장한 것은 미국계 다국적기업의 진출에 힘입은 바가 큰 것이다. 국제통화위기의 기본원인인 미국에 대한 일본 및 서구의 상대적 급성장의 원인의 하나가 바로 이 다국적기업인 것이다. 그리고 앞서 지적했듯이 다국적기업의 투기적 단기자본의 이동이 현 국제통화위기의 또 하나의 요인인 것이다. 이 점에서 다국적기업은 국가경제의 논리에서 탈피하여 행동하고 있는 것이다.

다국적기업은 국제통화위기의 요인만 되고 있는 것이 아니라 국제자원파동의 한 요인으로, 따라서 세계인플레의 한 요인으로도 작용하고 있다. 다국적기업은 풍부한 자본을 보유하고 있으므로, 자본의 회임기간이 길고 고정자본이 막대하게 소요되는 천연광물자원의 개발투자에 우위성을 갖게 되어 세계의 광물자원을 독과점적으로 장악하고 있다. 〈표 7〉에서 보았듯이 석유, 니켈, 동, 알루미늄 등의 광물자원이 소수의 다국적기업에 의해 그 생산의 6할 이상이 장악되고 있는 것이다. 이처럼 중요 광물자원이 소수의 대자본 다국적기업에 의해 장악되고 있기 때문에 이들의 이해와 자원보유국의 이해가 일치하면 이 양자의 자의에 따라 가격조작이 쉽게 이루어질 수가 있게 된 것이다.

5) 국제경제의 다원화

60년대 이후 자유경제권 내에서 미국의 경제력의 지위가 상대적으로 하락된 반면에 서구와 일본의 경제력이 상대적으로 향상되었다. 또한 공산권의 경제성장에 따라 세계교역에서의 공산권의 비중이 증대되었다. 그리하여 50년대에 세계교역에서 미국이 독점적 우위를 차지한 데 견주어 현재는 미국, 서유럽, 일본, 공산권이 서로 대등한 위치에서 교역하고 있다. 이른바 다극화, 다원화 시대로 전환된 것이다.

〈표 11〉 주요국의 경제성장률

(단위: %)

연도 국가	60	61	62	63	64	65	66	67	68	69	70	평균 60~70	평균 60~65	평균 66~70
미 국	2.4	2.1	6.4	4.9	5.4	6.3	6.6	2.8	5.0	2.6	−0.7	4.0	4.6	3.3
영 국	4.9	3.5	1.2	4.5	5.7	2.5	2.0	2.0	3.4	1.6	2.0	3.0	3.7	2.2
서 독	8.8	5.4	4.1	3.5	6.6	5.6	2.3	−0.2	7.1	7.9	5.6	5.2	5.7	4.5
프랑스	7.6	4.6	6.6	5.2	5.9	4.7	5.5	5.0	4.6	7.7	5.9	5.8	5.8	5.7
일 본	15.3	15.5	7.3	7.7	14.3	4.4	10.0	13.5	14.5	11.9	10.4	11.3	10.8	12.1

주: 60~66까지는 GNP 기준, 67~70까지는 GDP 기준.
출처: 한국은행, 《국민소득연보》, 1972 및 《한국의 국민소득》, 1973.

〈표 12〉 주요국의 연평균 수출증가율

(단위: %)

국 별	1960~63	1964~67	1968~70	1971~72	1973
미 국	4.2	5.9	11.6	7.5	43.3
캐 나 다	11.4	11.2	15.2	11.9	24.4
일 본	10.4	16.1	22.0	21.7	29.3
영 국	4.9	3.9	14.2	12.3	25.5
서 독	8.6	10.3	17.3	17.4	46.0
프 랑 스	5.6	4.2	18.3	21.1	37.6
이탈리아	11.5	9.2	15.2	18.6	−
세 계	6.4	7.5	14.2	15.0	33.4

출처: 일본무역진흥회, 《海外市場白書》, 1972; 1973 및 UN, *Monthly Bulletin of Statistics*, May 1974.

〈표 11〉을 보면 60년대에 미국과 영국의 경제성장률은 서독과 프랑스 및 일본의 성장률에 견주어 상대적으로 낮으며 또한 〈표 12〉를 보면 60년에서 72년까지 미국의 수출증가율은 세계 전체의 수출증가율

보다도 낮고 EC나 일본보다도 낮다.

또한 자유경제권과 공산권과의 교역량의 증대를 보면 〈표 13〉에서 볼 수 있듯이 60년대에 자유경제권의 공산권에 대한 수출 및 수입이 모두 매년 10퍼센트 이상 증가하였고 70년부터는 더욱 빠른 속도로 증가하고 있다.

〈표 13〉 동서무역의 증가율 추이[1]

(단위: %)

구 분	1960~69년 평균	1970	1971	1972	1973, 1~6[2]
수 출	11.4	21.2	5.5	40.0	40.0
수 입	12.9	24.0	11.4	14.0	25.2
합 계	11.5	22.7	10.9	29.0	32.3

주: 1) 자유세계의 공산권에 대한 수출입증가율임.
　　2) 전년동기대비증가율.
출처: U.N., *Monthly Bulletin of Statistics*, June and Dec. 1973.

이와 같은 국제경제의 다원화는 경제적인 원인으로서는 앞서 말했듯이 서구 및 일본과 공산권이 미국에 대해 상대적으로 더 빨리 경제성장을 이룩한 데 기인한 것이며, 이는 동시에 국제통화위기의 원인이기도 하다. 즉 국제경제의 다원화는 국제통화위기와 표리(表裏)를 이루고 있는 현상이다. 또한 이는 바꾸어 말해 세계 각국이 50년대의 미국경제에 대한 종속적 지위를 탈피하여 독자적인 지위를 획득하게 된 것을 말한다. 바로 이 배경 아래서 각국에서 경제적 민족주의가 다시 등장하게 된 것이다. 이 점에서 국제경제의 다원화는 현 국제경제정세의 여러 변화들 중 가장 기본적이며 종합적인 현상이라고 할 것이다.

이와 같은 국제경제의 다원화는 경제적으로 대미 및 대일의존도가 높은 우리나라의 경제로 하여금 새로운 방향모색을 강요하며 또한 이것을 가능하게 하는 소지를 마련해 주고 있다 할 것이다.

이와 같은 국제경제의 다원화는 국제정치가 냉전체제에서 평화공존체제로 또 미·소 양극체제에서 다극체제로 변화된 것을 반영하고 있다. 앞으로의 세계는 정치적으로도 경제적으로도 종래의 미·소에 대해 각국이 종속되었던 체제가 끝나고 각국이 각자 독립하여 자립적으로 상호 대등한 위치에서 상호협조하고 갈등하는 다원적 체제로 전개될 것이다.

이와 같은 과정에서 하나 더 지적하고 싶은 것은 일반적으로 다원화시대의 주역으로는 미, 소, EC, 일본, 중공 등 강대국과 선진국만을 들고 있으나 앞으로 천연자원과 인력자원이 풍부한 저개발국이 반드시 그 정당한 발언권을 획득해야 할 것이라는 것이다. 작년 석유파동 때 중동산유국의 경우는 이의 좋은 예라고 할 것이다. 이런 의미에서 앞으로 경제적 민족주의는 국제경제의 기본적 조류가 될 것이라고 생각된다.

6) 경제적 민족주의의 팽배
—보호무역주의 및 경제의 지역화의 재등장—

2차 대전 이후 국제경제질시를 지배한 브레턴우즈협정(Bretton-Woods Agreements)은 자유·무차별원칙에 입각한 것이었다. 이에 따라 각국은 현실적으로 외환 및 무역에 대한 규제를 철폐하지는 않았으나, 적어도 자유롭고 무차별한 외환 및 무역의 거래를 자유경제권 내에서나마 실시할 것을 목표로 하였다. 미국은 기존의 경제적 우위를 바탕으로 또한 이를 유지하려고 자유·무차별원칙의 실행을 위해 지도적 역할을 하여 왔다.

그러나 이 자유·무차별원칙은 미국이 자신의 기존의 경제적 우위를 유지하려는 정책이었기 때문에 서유럽 및 일본의 경제력이 대미종속적 지위를 벗어나게 되어 각 선진국 간의 경제적 이해가 대립되게 되자 종래 자유·무차별원칙을 주장하는 데에 앞장을 섰던 미국에 의해 먼저 도전을 받게 되었다.

동시에 국제교역 면에서 불리한 위치를 강요당해 왔던 저개발국이 그 자신의 발언권의 확보를 주장하게 되어 선진국 간 그리고 선후진국 간의 이해대립이 표면화하게 된 것이다. 더욱이 국제자원파동, 세계인플레 및 국제통화위기 등이 전 세계 모든 국가에게 동시적으로 타격을 주게 되자, 이와 같은 각국의 이해대립은 더욱 첨예화하게 되었다. 그리고 국제자원파동 및 세계인플레, 국제통화위기가 경제적 민족주의를 더욱 강화시키기도 했지만 동시에 경제적 민족주의 자체가 이상의 국제경제의 여러 문제점들에 대한 요인인 것이다.

결국 그동안 미국의 막강한 경제력의 우위에 의해 억눌려서 표면화되지 못했던 각국 간의 이해대립이, 경제가 다원화하게 되고 국제경제 정세가 더욱 어렵게 됨에 따라 표면화된 것이다. 특히 앞서 지적했듯이 석유파동은 국제 간 무역전쟁을 가속화시킬 것이며 선후진국 간의 무역 면에서의 대립을 더욱 첨예화시킬 것이다. 앞으로 각국은 어려운 국제경제정세의 변화에 대처하여 자국의 이익을 더욱 확보하려 할 것이다. 이것이 구체적으로 보호무역주의 및 경제의 지역화의 재등장으로 나타나고 있다.

예컨대 미국은 1973년 12월 11일에 수입규제를 내용으로 한 〈통상개혁법안〉(Trade Reform Act of 1973)을 의회에서 통과시켰다. 특히 선진국은 최근 저개발국의 수출품목인 1차산품 및 노동집약적 경공업품에 대해 주로 비관세장벽을 이용한 수입규제를 더욱 강화시키고 있다.2)

경제의 지역화 경향을 살펴보면, EC가 지난 1973년 1월 1일부터 영국, 덴마크, 아일랜드의 가입으로 더욱 확대되었으며 같은 날 EFTA와 확대구주자유무역지역을 결성하였고, 나아가서 야운데 협정(The Yaoundè Convention)과 아루샤협정(Arusha Agreement)에 의해서 맺고 있는 아프리카 및 지중해연안 국가들과의 연합관계나 특혜관계를 EFTA 국가들이나 영연방에 속한 저개발국에까지 확대시키려고 하고 있다.

EC만이 아니라 ACM(Arab Common Market), LAFTA(Latin American Free Trade Association), EAC(East Africa Community), UDEAC(Union Douanière et Economique de l'Afrique Central; 중부아프리카 관세경제동맹) 등 지역경제협력기구를 통해 공동이익을 추구하려는 움직임이 강화될 것이다.

수출상품의 저가격을 강요당하고 있으며, 자본과 기술의 면에서 열세에 있는 저개발국은 세계인플레, 국제자원파동, 국제통화위기의 가속, 다국적기업의 성장 등 국제경제정세의 변화에 적절히 대처하는 것이 필요할 것이다.

지금까지 살펴본 바와 같이 60년대 초부터 나타나기 시작한 국제경제정세의 변화들은 70년대 초의 자원파동으로 인해 더욱 급속히 진전되어 가고 있다. 이상에서 고찰한 바와 같이 국제경제정세의 변화들은 모두 서로 연관되어 있다. 2차 대전 후 국제경제를 좌우하던 미국의 경제력은 상대적으로 쇠퇴해졌고 주요 선진국은 각자 대미종속적 위치를 탈피하였고, 저개발국도 빈곤과 대외의존을 차츰 벗어나고, 공산국도 자유경제권과의 교역에 차츰 참여하게 되어 세계경제는 다원화하게 되었다. 반면 이에 따라 각국의 경제적 민족주의 간의 대립은 더

---

2) 비관세장벽에 대해서는 한국무역연구소, 〈비관세장벽의 현황과 그 대책에 관한 연구〉 참조.

욱 첨예화되고 있다. 결국 현재 국제경제는 재편성되는 전환기에 처해 있다고 보이며 국제통화위기나 국제자원파동 및 세계인플레도 이와 같은 전환기상의 문제로서 파악할 수가 있는 것이다. 여기에 그동안 국내경제정책의 지주로 되어 왔던 고용우선의 확대 재정정책의 지속과, 국가경제 논리에 구애받지 않는 다국적기업의 진출이 국제경제의 변화들을 더욱 복잡하게 만들고 또한 가속화시키고 있다고 보인다(〈그림 1〉 참조).

〈그림 1〉 국제경제정세의 여러 변화 간의 연관

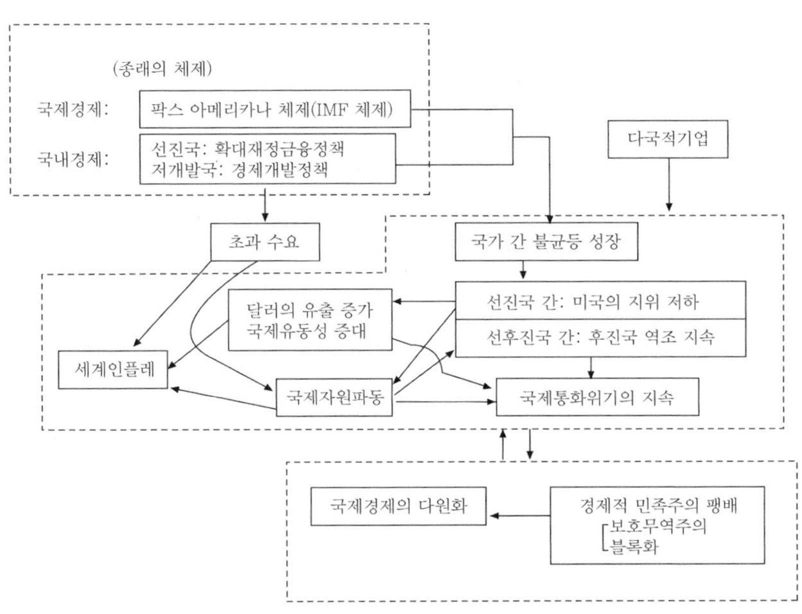

그러나 우리에게 문제되는 것은 위와 같은 국제경제의 변화들이 선진국에 의해 야기되었으며 동시에 이들의 이해를 중심으로 진행되고 있어서 우리나라와 같이 대외적으로 미약한 경제구조 및 무역구조를

〈표 14〉 수출증가 추이

(단위: 백만 달러)

	세계수출[1]				저개발국수출				한국수출				셰어	
	금액면		수량면		금액면		수량면		금액면		수량면			
	금액 (A)	증가율	지수 (1963=100)	증가율	금액 (B)	증가율	지수 (1963=100)	증가율	금액 (C)	증가율	지수[2] (1970=100)	증가율	C/A (%)	C/B (%)
1960	113,100	11.4	84	10.5	27,400	6.2	85	6.3	32.8	65.6	–	–	0.03	0.12
1961	118,400	4.7	88	4.8	27,800	1.5	89	4.7	40.9	24.7	–	–	0.03	0.15
1962	124,100	4.8	93	5.7	29,000	4.3	95	6.7	54.8	34.0	–	–	0.04	0.19
1963	135,400	9.1	100	7.5	31,500	8.6	100	5.3	86.8	58.4	12.9	–	0.06	0.28
1964	152,200	12.4	110	10.0	34,600	9.8	107	7.0	119.1	37.2	17.3	34.1	0.08	0.34
1965	164,800	8.3	118	7.3	36,500	5.5	113	5.6	175.1	47.0	24.5	41.6	0.11	0.48
1966	180,800	9.7	127	7.6	39,100	7.1	118	4.4	250.3	42.9	32.0	30.6	0.14	0.64
1967	189,600	4.9	134	5.5	39,900	2.0	124	5.1	320.2	27.9	39.2	22.5	0.17	0.80
1968	212,100	11.9	151	12.7	43,700	9.5	136	9.7	455.4	42.2	54.1	38.0	0.21	1.04
1969	242,900	14.5	167	10.6	49,000	12.1	147	8.1	622.5	36.7	77.8	43.8	0.26	1.27
1970	279,100	14.9	183	9.6	55,100	12.4	160	8.8	835.2	34.2	100.0	28.5	0.30	1.52
1971	312,300	11.9	193	5.5	61,400	11.4	169	5.6	1,067.6	27.8	129.4	29.4	0.34	1.74
1972	370,300	18.6	212	9.8	72,500	18.1	189	11.8	1,624.1	52.1	194.6	50.4	0.44	2.24
1973	494,300	33.7	–	–	90,000	24.1	–	–	3,220.6	98.3	319.2	64.0	0.65	3.58

주: 1) 공산권 국가들의 수출제외.
　　2) 1964년까지는 1963년 기준지수를 1970년 기준지수에 연결시킨 것이고 그 후 1969년까지는 1965년 기준지수를 1970년 기준지수에 연결시킨 것임.
출처: 관세청, 《무역통계연보》 및 한국은행, 《경제통계연보》, U. N., *Monthly Bulletin of Statistics*, May 1974.

가진 저개발국에게는 매우 불리한 여건을 조성하고 있다는 것이다. 다원화라는 것도 선진국 또는 강대국 혹은 자원보유국 간의 다원화에 불과한 것이며, 어려운 국제경제정세의 변화에 대처하기 위해 선진국은 더욱더 철저하게 자국의 경제적 이익만을 추구하고 저개발국에 대한 그들의 우위성을 행사하는 데 조금도 주저함이 없는 것이다.

다음에는 우리나라 수출구조의 특징이 무엇이며 이러한 특징들은 위와 같은 국제경제정세의 여러 변화에서 어떠한 영향을 받을 것인가

〈표 15〉 한국의 무역의존도

(단위: %)

연도별	수출의존도	수입의존도	무역의존도
1960	4.1	12.6	16.7
1961	6.3	14.8	21.1
1962	6.1	17.0	23.1
1963	5.6	16.3	21.9
1964	6.8	13.9	20.7
1965	9.6	16.0	25.6
1966	11.9	20.4	32.3
1967	13.7	22.6	36.3
1968	15.2	26.8	42.0
1969	15.9	26.9	42.8
1970	16.5	26.2	42.7
1971	17.8	29.1	46.9
1972	22.6	28.2	50.8
1973	33.3	38.2	71.5

주: 경상시장가격에 의함.
출처: 한국은행, 《국민소득연보》.

를 고찰해 보겠다.

3. 한국 수출의 현황과 문제점

자본, 기술, 부존자원이 빈약한 여건 아래서 경제개발을 수행해 온 우리나라는 이 부족한 자본, 기술 및 자원을 해외에서 도입하지 않을 수 없었고 이에 따라 대외지불수단인 외환을 획득하기 위해 수출제일 주의를 내걸지 않을 수 없었다. 그러나 이 과정에서 우리나라는 1960 년부터 1973년 사이에 연평균 45퍼센트라는 유례를 찾을 수 없는 높은 수출신장률을 기록해 왔음에도(〈표 14〉 참조), 양적인 경제성장과 수출증가에만 치중해 온 나머지 다음과 같은 국민경제 및 수출의 구조적 취약점을 내적으로 배태(胚胎)하여 왔다. 이와 같은 구조적 취약점은 2절에서 고찰한 국제경제정세의 변화에 따라 그 문제점을 드러내고 있다.

1) 높은 무역의존도

〈표 15〉에서 보는 바와 같이 우리나라는 1960년에서 73년 사이에 수출의존도는 4.1퍼센트에서 33.3퍼센트로, 수입의존도는 12.6퍼센트에서 38.2퍼센트로, 무역의존도는 16.7퍼센트에서 71.5퍼센트로 대폭 늘어났다.

이를 보면 우선 아직도 우리나라는 무역수지적자를 벗어나지 못하고 있음을 알 수 있다. 즉 아직도 우리나라 수출은 수입에 필요한 외환마저도 공급하지 못하고 있다는 것을 알 수 있는 것이다. 이는 우리나라가 부존자원이 빈약하며, 자본재·원자재산업인 1차산업 및 기초중화학공업이 취약하여 국내소비 및 수출에 필요한 자본재 및 원자재의 수입수요가 경제성장 및 수출증가에 비례하여 증가하기 때문이다. 〈표 16〉에서 보듯 73년의 우리나라 수입은 94.2퍼센트가 자본재 및 원자재로 구성되어 있으며 또 〈표 17〉에서 보듯이 71년 우리나라 중화학공업 중 자본재 및 원자재생산부문인 기초중화학공업—1차생산부문 및 중간생산부문—은 전체 중화학공업의 14.6퍼센트에 불과하다. 따라서 우리나라 수출의 외화가득률은 후술하는 바와 같이 매우 낮다.

우리나라의 무역의존도를 외국과 비교해 보면, 〈표 18〉에서 보듯이, 네덜란드와 말레이시아를 제외하고는, 다른 나라와 비교할 수 없을 만큼 높다. 그러나 네덜란드는 자본과 기술 면에서 높은 국제경쟁력을 갖고 있는 선진국이므로 우리와 비교할 수 없으며 또한 말레이시아는 경제가 그들의 특산물인 천연고무의 수출에 의존하고 있는 나라이므

<표 16> 한국 수입품의 구성(1973)

	금액 (백만 달러)	구성비 (%)
1. 자본재	1,199	27.8
2. 주요 원자재(26개 품목)	1,602	37.0
9개 품목	1,309	30.3
원유	310	7.2
원면	119	2.8
원모	37	0.9
원목	292	6.8
원당	55	1.3
화학펄프	70	1.6
고철	91	2.1
미곡	113	2.6
소맥	221	5.0
3. 기타 원자재	1,268	29.4
4. 소비재	251	5.8
합 계	432.0	100.0

출처: 한국은행, 《주간내외경제》, 1974. 3. 11, p. 8.

로 역시 우리와는 처지가 다르다. 이 두 나라를 제외한 다른 나라에 견주어 우리나라의 무역의존도는 두 배 이상 높은 것이다.

이처럼 높은 무역의존도는 우리나라 경제가 크게 대외적으로 취약한 것을 나타낸다. 더욱이 2절에서 살펴본 국제경제정세의 변화들은 무역의존도가 높은 우리나라에 큰 부정적 영향을 미치고 있다.

우선 세계인플레는 수입의존도가 높은 우리나라의 물가를 직접적으로 상승시켰다. 우리나라 물가가 해외물가, 즉 수입물가에 의해 좌우되기 시작한 것은 60년대 초부터이나 특히 최근의 수입물가는 당국이 8·3조치 이후에 물가를 3퍼센트 이내에 억제하기 위해 취한 모든 정책적 노력을 무력하게 하였다. 이처럼 수입물가로 인한 인플레는 긴축정책으로도 수습이 안 될 뿐 아니라 오히려 불황과 인플레의 동시적 진행이라는 스태그플레이션을 낳고 있다. 이 스태그플레이션은 비단

〈표 17〉 중화학공업의 구성(부가가치 기준)

(단위: %)

	1963	1969	1971
1차생산부문	2.2	1.0	1.4
제 철 및 제 강	2.0	0.0	0.7
동(銅)제련 및 정련 등	0.2	1.0	0.7
중간생산부문	23.0	13.8	13.2
기 타 1 차 철 강 제 품	7.2	7.9	6.8
기 타 1 차 비철강제품	1.6	0.4	1.1
공 업 용 기 초 화 학	6.4	0.8	1.6
원 동 기 · 공 작 기 계	2.1	1.0	1.0
산 업 용 기 계	3.5	2.0	1.5
전동기·산업용전기기기	2.1	1.7	1.4
최종생산부문	74.8	85.2	85.4
기 타 화 학 및 화 학 제 품	23.8	27.4	17.9
석 유 석 탄 제 품	7.5	18.1	25.2
토 석 유 리	19.0	13.2	15.2
금 속 제 품	7.3	4.5	5.5
기 타 기 계	1.5	1.0	1.9
기 타 전 기 기 기	5.4	6.5	8.7
수 송 기 기	10.2	14.6	11.0
	100.0	100.0	100.0

주: 71년은 63, 69년과 산업분류에 약간의 차이가 있음.
출처: 경제기획원, 《광공업센서스》.

우리나리만 겪고 있는 게 아니라 전 세계의 모든 자유경제권의 국가가 다 겪고 있는 것이나 우리나라처럼 수입의존도가 큰 나라일수록 직접적인 영향을 세계인플레에서 받고 있는 것이다.

둘째로 국제통화위기, 즉 국가 간의 환율의 불안정은 직접적으로 우리나라의 환율을 동요시켜 무역의존도가 높은 우리나라의 경제를 동요시킬 것이다. 즉 달러화나 마르크화, 엔화 등의 평가 재조정은 그때마다 이들 국가에 대한 우리나라의 채무의 부담을 급변시킬 것이며 특히 대미무역의존도가 높은 우리나라는 달러화의 불안정에 직접적으

〈표 18〉 주요국의 무역의존도

(단위: %)

국 별	연 도	수 출 의 존 도	수 입 의 존 도	무 역 의 존 도
미 국	1965~71	4.0	3.9	7.9
영 국	1970	16.0	17.9	33.9
서 독	1970	18.3	16.0	34.3
프 랑 스	1970	12.0	12.7	24.7
이 탈 리 아	1970	14.2	16.0	30.2
네 덜 란 드	1970	37.7	42.9	80.6
인 도	1969	4.4	4.8	9.2
파 키 스 탄	1969	5.0	7.9	12.9
말 레 이 시 아	1969	45.1	34.1	79.2
필 리 핀	1970	19.7	20.3	40.0
태 국	1969	17.0	21.4	38.4
나 이 지 리 아	1968	16.1	19.1	35.2

출처: UN, *National Accounts*, 1971; 1972

로 크게 영향을 받을 것이다.

셋째, 경제적 민족주의, 즉 보호무역주의 및 경제의 지역화는 우리나라 수출의 확대를 저지시키거나 사태가 악화하는 경우, 우리의 수출 규모를 축소시킬 수도 있을 것이다. 따라서 수출의존도가 높고 수출증대를 70년대 이후 경제성장의 추진력으로 해왔던 우리나라는 심한 타격을 면치 못할 것이다.

2) 수출상품의 편중

우리나라는 〈표 19〉에서 볼 수 있듯이 경제개발이 진행됨에 따라 수출품목이 1차산품 중심에서 공산품 중심으로 바뀌었다. 이는 부존자원이 빈약하고 농림수산업이 경제개발계획에서 소외된 결과이다. 우리나라 수출 중 공산품의 비중이 71년부터는 85퍼센트 이상을 차지하고 있는데 〈표 20〉에서 보듯이 저개발국 일반은 그 비중이 20퍼센트

〈표 19〉 산품별 수출구조

(단위: 백만 달러)

	1968		1969		1970		1971		1972		1973	
	금액	구성비	금액	구성비	금액	구성비	금액	구성비	금액	구성비	금액	구성비
농 산 품[1]	32.3	7.1	48.6	7.8	39.4	4.7	48.5	4.5	71.5	4.4	177.1	5.5
수 산 품[2]	39.5	8.6	41.7	6.7	56.1	6.7	52.5	4.9	72.7	4.5	148.1	4.5
전 산 품[3]	43.6	9.6	50.3	8.1	50.0	6.0	44.7	4.3	50.6	3.1	80.5	2.5
공 산 품[4]	340.0	74.7	481.9	77.4	689.7	82.6	921.9	86.3	1,429.3	88.0	2,814.8	87.5
합 계	455.4	100.0	622.5	100.0	835.2	100.0	1,067.6	100.0	1,624.1	100.0	3,220.6	100.0

주: 1) SITC No.0(03,054892 제외), 12, 21, 22, 2311, 24, 29, 42, 9410
   2) SITC No. 054892, 03, 292911
   3) SITC No. 27, 28, 32, 33, 34
   4) SITC No. 11, 23(2311 제외), 25, 26, 35, 41, 43, 5, 6, 7, 8, 9(9410 제외)
출처: 관세청 자료에서 작성.

〈표 20〉 저개발국의 수출상품구조

상 품 류 별	1960	1965	1970	1971
1 차 산 품	85.5	81.2	76.9	77.9
연 료	28.7	32.6	34.0	39.3
기 타	56.8	48.6	42.9	38.6
공 산 품	14.5	18.8	23.1	22.1
합 계	100.0	100.0	100.0	100.0

출처: 일본통산성, 《經濟協力の現狀と問題點》, 1973.

를 넘지 못하고 있는 바, 상당히 괄목할 만한 특징이다.

그러나 〈표 21〉에서 볼 수 있듯이 우리나라 수출의 반을 차지하는 9개의 주요 공산품을 보면 모두가 선진국에 비해 노동집약적인 품목이거나 노동집약적인 최종손질(final touch)만이 우리나라에서 이루어지는 품목이다. 그리고 원자재의 해외의존도가 높은 품목이다. 따라서

<표 21> 주요 품목별 수출실적

(단위: 백만 달러)

	1970	1971	1972	1973
생 사	35.8 (4.3)	39.3 (3.7)	53.9 (3.3)	72.8 (2.3)
합 판	91.7(11.0)	124.3(11.6)	153.6 (9.5)	270.8 (8.4)
섬 유 사	13.6 (1.6)	42.3 (4.0)	43.9 (2.7)	85.8 (2.7)
면 직 물	26.4 (3.2)	31.0 (2.9)	34.8 (2.1)	56.5 (1.8)
합성섬유직물	10.0 (1.2)	14.4 (1.3)	38.5 (2.4)	103.6 (3.2)
전 기 기 기	43.9 (5.3)	68.5 (6.4)	125.2 (7.7)	312.5 (9.7)
의 류	160.5(19.2)	226.9(21.2)	305.4(18.8)	433.1(13.5)
신 발 류	17.3 (2.1)	37.4 (3.5)	55.4 (3.4)	106.4 (3.3)
가 발	100.9(12.1)	69.9 (6.5)	73.8 (4.5)	81.5 (2.5)
합 계	500.1(60.0)	654.0(61.1)	884.5(54.4)	1,523.0(47.4)

주: ( ) 안은 총수출액에 대한 구성비.
출처: 관세청.

싼 임금을 제외하고는 국제경쟁력도 약하고 동시에 비관세장벽의 우선적 대상이 되는 품목들이다. 따라서 보호무역주의가 점점 강화되어 가는 현 국제경제정세 아래서 가장 쉽게 타격을 받는 품목들이다. 선진국들은 석유파동, 자원파동으로 인한 무역적자를 수출확대, 수입억제에서 메우려 하며 이 국제적인 무역전쟁에서 가장 우선적으로 수입규제의 대상이 되는 것이 노동집약적이며 고도의 기술이 필요 없기 때문에 국내수입대체가 쉬운 경공업제품인 것이다.

또한 자원파동과 세계인플레 과정에서 원자재에 비해 공산품의 가격이 상대적으로 하락하여 공산품의 교역조건이 나빠지고 있다. 이로 인해 자원수출국의 무역수지는 개선되고 우리나라와 같은 자원수입국이자 공산품 수출국은 무역수지가 급속히 악화되어 갈 것이 예상된다.

3) 수출지역의 편중

〈표 22〉에서 볼 수 있듯이 우리나라 수출은 그 70퍼센트 이상이 미국과 일본에 편중되어 있으며 유럽이 약 10퍼센트, 기타 지역—즉 저개발국 및 공산권—은 불과 10퍼센트에 불과하다. 선진국이 전 수출의 80퍼센트 이상을 차지하고 있는데 이는 아직도 세계교역이 〈표 23〉에서 볼 수 있듯이 선진국이 세계총수출입의 70퍼센트 이상을 차지하고 있는 데 기본적으로 말미암는 것이나 그럼에도 대상국별 수출무역결합도를 살펴보면 〈표 24〉에서 보는 바와 같이 일본과 미국에 대한 우리나라의 수출의존도는 과도한 것이다.

〈표 22〉 우리나라의 지역별 수출구성

(단위: 백만 달러)

		1968		1969		1970		1971		1972		1973	
		금액	구성비	금액	구성비	금액	구성비	금액	구성비	금액	구성비	금액	구성비
미	국	235.4	51.7	312.2	50.2	395.2	47.3	531.8	49.8	759.0	46.7	1,019.0	31.6
일	본	99.7	21.9	133.3	21.4	234.3	28.1	262.0	24.5	407.9	25.1	1,239.7	38.5
유	럽	36.3	8.0	55.3	8.9	76.3	9.1	87.8	8.2	164.8	10.2	381.0	11.8
기	타	84.0	18.4	121.7	19.5	129.4	15.1	186.0	17.5	292.3	18.0	580.9	18.0
합	계	455.4	100.0	622.5	100.0	835.0	100.0	1,067.6	100.0	1,624.1	100.0	3,220.6	100.0

출처: 관세청.

이와 같은 수출지역의 편중은 국제경제정세의 변화들에 대한 우리나라 수출구조의 취약성을 나타내는 것이다. 그리고 국제통화위기는 곧 미국의 달러화의 불안을 의미하므로 미국에 대한 수출의존도가 큰 우리나라는 달러화가 동요함에 따라 우선 직접적으로 보유외환의 가치가 하락할 것이다.

다음 보호무역주의는 주로 지속적인 국제수지역조를 면치 못하고

〈표 23〉 세계무역의 지역별 구성

(단위: 100만 달러)

	1967		1968		1969		1970		1971	
	수입	수출	수입	수출	수입	수출	수입	수출	수입	수출
세　　　계	213,870	213,870	238,150	238,150	271,880	271,880	311,510	311,510	348,110	348,110
	(100.0)	(100.0)	(100.0)	(100.0)	(100.0)	(100.0)	(100.0)	(100.0)	(100.0)	(100.0)
선　진　국	146,770	149,120	165,460	167,550	191,460	193,400	220,560	224,210	246,350	250,720
	(68.6)	(69.7)	(69.5)	(70.4)	(70.4)	(71.1)	(70.8)	(72.0)	(70.8)	(72.0)
저 개 발 국	40,910	39,220	44,790	42,850	50,140	47,700	55,910	52,980	62,320	59,280
	(19.1)	(18.3)	(18.8)	(18.0)	(18.4)	(17.5)	(17.9)	(17.0)	(17.9)	(17.0)
공　산　권	24,250	25,530	26,530	27,770	29,090	30,790	33,110	34,320	35,900	38,110
	(11.3)	(11.9)	(11.1)	(11.7)	(10.7)	(11.3)	(10.6)	(11.0)	(10.3)	(10.9)

주: ( ) 안은 구성비.
출처: U.N., *Monthly Bulletin of Statistics*, July 1973.

〈표 24〉 한국의 주요 수출대상국별 수출무역결합도(1973)

국　　　별	세계 총수입액에 대한 각국의 수입비중(A)	한국 총수출액에 대한 대상국별 수출비중(B)	수 추 무 역 결 합 도 (B) / (A)
일　　　본	7.3	38.5	5.3
미　　　국	14.0	31.6	2.3
홍　　　콩	1.1	3.7	3.4
대　　　만	0.7	1.3	1.9
캐　나　다	4.8	3.9	0.8
서　　　독	10.5	3.7	0.4
영　　　국	7.5	2.3	0.3
네 딜 란 드	4.7	1.8	0.4
기　　　타	65.8	13.2	0.2
세　　　계	100.0	100.0	1.0

출처: IMF, *International Financial Statistics*, April 1974 와 U.N., *Monthly Bulletin of Statistics*, May 1974 및 관세청 무역통계자료에서 작성.

있는 미국과 또한 석유파동으로 인해 외환사정이 급격히 어려워진 일본에서 매우 강하게 나타나고 있으므로 미국과 일본에 수출을 70퍼센트 이상 의존하고 있는 우리나라는 크게 타격을 받을 것이다. 작년 미국의 섬유류 수입규제조치 등이 그 예이다.

<표 25> 외화가득률 추이(1)

(단위: %)

연 도	총수출	공산품	연 도	총수출	공산품
1962	82.2	34.0	1968	64.3	53.8
1963	65.1	31.5	1969	61.3	51.0
1964	64.7	33.5	1970	62.5	55.2
1965	63.2	43.4	1971	63.1	57.1
1966	69.5	45.2	1972	65.0	60.1
1967	66.9	52.8			

출처: 1962~66은 기획조정실, 《제1차5개년계획평가보고서》.
1967~72는 경제기획원, 《경제백서》, 1973.

끝으로 국제경제정세의 다원화와 우리나라 수출의 지역편중성과 연관성을 살펴보면 국제경제의 다원화란 곧 미국의 세계교역에서의 비중의 감소이며, 반면 유럽, 공산권 및 일본의 등장이다. 이와 같이 다원화해 가는 세계경제 속에서 미국과 일본에만 수출을 의존하고 있는 우리나라는 시대에 역행하는 것이며 국제경제의 다원화란 여건 아래서 우리나라 수출이 미국과 일본에 과도하게 의존하는 한 그렇지 않은 국가들보다도 불리한 입장에 있는 것이다.

4) 낮은 외화가득률

상공부의 추계에 따르면 〈표 25〉에서 보듯이 62년에서 72년에 이르기까지 총수출의 외화가득률은 82.2퍼센트에서 65.0퍼센트로 떨어졌고 공산품만의 외화가득률은 34.0퍼센트에서 60.1퍼센트로 증가했다. 총수출의 외화가득률이 떨어진 것은 수출상품의 구성이 처음에는 수입원자재가 거의 안 드는 1차산품 중심에서 점차 수입원자재가 많이 소요되는 공산품 중심으로 이행된 데 기인하는 것이며, 공산품의 외화가득률이 증가한 것은 국내공업이 차츰 발전함에 따라 수출공산품의 원자재의 국내조달이 차츰 증가했기 때문이라고 볼 수 있다.

〈표 26〉 외화가득률 추이(2)

(단위: %)

연 도	총수출	공산품
1967	60.5	45.6
1968	57.5	43.1
1969	55.6	42.7
1970	56.4	47.2
1971	53.2	45.8
1972	64.3	59.5
1973	62.5	57.1

주: 관세청 자료에 의거 작성.

산출방법 : $r = \dfrac{Ex - (Mi + S - T)}{Ex}$

단 r = 외화가득률, Ex =총수출액, Mi =수출용원자재수입액

S =수출용원자재의 전년도이월재고:

전년도수출용원자재수입액 $\times \dfrac{1}{4}$

T =수출용원자재의 차년도 이월액:

당해년도수출용원자재수입액 $\times \dfrac{1}{4}$

그런데 상기 자료와는 별도로 관세청에서 발표한 수출입통계를 기준으로 하여 대응수출기간(수출용원자재를 수입하여 같은 원자재로 수출상품을 생산수출할 때까지의 기간)을 3개월로 잡고 필자가 계산한 최근의 외화가득률은 〈표 26〉과 같다. 이에 따르면 1971년만 해도 우리나라의 총수출 외화가득률은 55퍼센트 정도이며 공산품수출 외화가득률은 45퍼센트 정도에 지나지 않는다. 그 후 1972년에 총수출의 외화가득률이나 공산품의 외화가득률이 크게 높아졌는데 이는 같은 해의 긴축정책 및 수입억제정책으로 인해 수입이 억제된 특수한 요인에 크게 기인하는 것이다.

이처럼 우리나라의 외화가득률이 낮은 이유는 수출품원자재의 해외의존도가 높은 데 기인하는 것이며, 이는 국내 부존자원이 빈약한 데

도 기인하지만, 원자재산업인 1차산업 및 기초중화학공업이 제대로 성장하지 못한 취약한 산업구조에 기인하는 것이다. 앞서 2절 1)에서 지적 한 바와 같이 우리나라는 농림수산업이 경제개발 과정에서 소외되어왔으며, 중화학공업도 85퍼센트가 최종생산부문으로써 원자재생산부문인 1차 및 중간생산부문의 중화학공업이 취약한 상태에 있다.

수출의 외화가득률이 낮은 또 하나의 이유는 비단 우리나라에만 해당되는 게 아니라 저개발국 일반에 모두 해당되는 것으로서 저개발국의 수출품이 선진국의 수출품에 견주어 가격이 부당하게 낮게 교환되고 있다는 것이다. 이는 저개발국의 교역조건지수가 과거보다 나빠졌다는 얘기가 아니라 항상 저개발국 수출품, 특히 노동집약적 공산품이 선진국의 제품보다 제값을 못 받고 있다는 얘기이다. 이는 저개발국의 임금이 선진국에 비해 매우 낮은 데 기인하는 것이다. 국제교역 시에 똑같은 노동인데도 저개발국의 노동은 선진국의 노동에 견주어 훨씬 낮은 가격으로 선·후진국 간에 교환되고 있는 것이다. 올해 4월 10일 개최되었던 UN특별자원총회에서 채택된 〈신경제질서확립선언〉의 제10항에서도 저개발국의 수출입상품 간의 적정가격 유지를 명기하고 있다. 현 남북문제 중 가장 중요한 것의 하나가 이 선·후진국 간의 교역 시의 저개발국상 품의 상대적 저가격 및 선진국 상품의 상대적 고가격의 현상, 즉 선·후진국 간의 상품의 부등가교환일 것이다. 이로 인해서 선·후진국 간의 무역수지의 불균형이 지속되고 있는 것이다.

그리고 국제자원파동으로 인해 수입원자재가격이 수출공산품가격보다 훨씬 빨리 상승함으로써 외화가득률은 더 떨어질 것이 분명하다.

수출은 그 자체가 목적인 것이 아니라 우리에게 필요한 외환을 획득하기 위한 수단인 것이다. 따라서 낮은 외화가득률을 더욱 높여야 할 것은 두말할 필요가 없을 것이다.

이상에서 살펴보았듯이 우리나라는 높은 수출신장률을 그동안 경제개발 과정에서 유지하여 수출총액은 급격히 늘었으나 동시에 이 과정 중에서 높은 무역의존도, 수출의 상품별·지역별 편중, 낮은 외화가득률 등 구조적 취약성은 더욱 심화되어 왔다. 이와 같은 구조적 취약성은 2절에서 고찰한 국제경제정세의 변화들로 말미암아 내재하고 있던 문제점들을 드러내고 있다. 우리나라 수출은 가격 면에서 또 외화가득률 면에서 모두 악화되기 쉬운 상황에 놓이게 되었고 또한 나아가서 경제 전체가 안정을 유지하기에 힘들게 된 것이다(〈그림 2〉 참조).

따라서 이를 극복하기 위해서 우리는 국제경제정세의 변화들에 대처할 수 있도록 우리에게 주어진 여건에 맞추어 수출구조를 개편하여야 할 것이다. 4절에서 이를 고찰하도록 하자.

〈그림 2〉 국제경제정세 변화의 우리나라 경제에 대한 영향

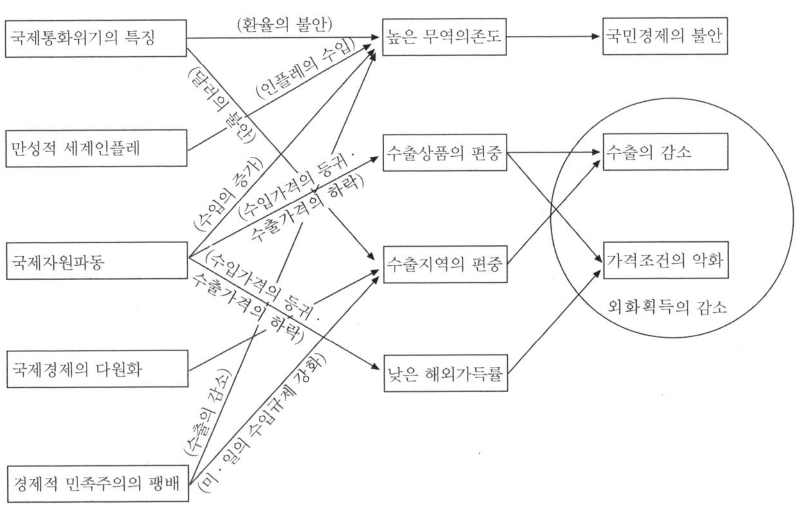

4. 한국 수출정책의 방향

우리나라 수출구조의 개편을 논함에 있어 우선 지적하여 두어야 할
것은 위에서 든 취약점들이 갑자기 생긴 것도 아니며 이로 인한 문제
점들도 갑자기 발생한 것이 아니라는 점이다. 단지 최근 이러한 문제
점들이 더욱 급속히 악화되었을 뿐이므로 앞으로 제시할 방향도 전혀
새로운 것이 될 수는 없다. 그러나 최근에 국제경제정세가 더욱 어려
워진 것도 사실이므로 국제경제정세의 여러 변화 중 우리가 이용할
수 있는 것을 고려하면서 다시 한번 우리나라 수출정책의 나아갈 방
향을 고찰하여 보겠다.

우리나라 수출구조의 개편의 방향은 말할 것도 없이 3절에서 지적
한 우리나라 수출구조의 취약성의 제거이다. 즉 무역의존도를 낮추고,
수출상품을 다양화하고 수출지역을 다변화하고 외화가득률을 높여서,
안정적인 수출의 신장을 이룩하며 나아가서 경제의 안정과 성장에 필
요한 외화를 충분히 획득하는 것이다. 이를 위해서는 지금까지 많은
사람이 지적해 온 바와 같이 다음의 네 가지가 이루어져야 할 것이다.

1) 자립적 산업구조의 확립

이는 농업과 기초중화학공업(1차 및 중간부문의 중화학공업)의 육성을
말한다. 이것은 첫째, 우리나라의 수입액을 감소시켜 수입의존도를 낮
게 하여 우리나라 경제를 더욱 안정적으로 만들 것이다. 우리나라 수
입은 〈표 16〉에서 본 바와 마찬가지로 90퍼센트 이상이 자본재 및 원
자재로 되어 있다. 이 수입자본재 및 원자재는 농업과 기초중화학공업
이 발전함으로써 상당히 감소될 수 있을 것이다.

둘째, 이는 수출품의 부가가치를 높여 외화가득률을 높일 것이다.

예컨대 배 한 척을 수출할 때 이 배를 만드는 데 필요한 강재, 기관, 기타 부속품들을 모두 수입하여 수출한다면 이 배의 수출가격 중 국내에서 증가된 부가가치는 단지 최종조립단계에서의 임금에 불과할 것이며 따라서 외화가득률도 낮을 것이나 만일 국내 기초중화학공업이 발전되어 있어서 배를 만드는 데 필요한 강재나 기관을 국내에서 조달한다면 국내 부가가치도 크고 외화가득률도 훨씬 높아질 것이다.

이는 곧 산업의 연관효과가 해외로 유출되지 않을 뿐 아니라 수출의 증가가 그대로 국민총생산에 승수효과를 미친다는 것을 의미한다. 따라서 경제성장을 위해서도 이와 같은 내포적 공업화가 반드시 필요한 것이다.

셋째, 자립적 산업구조의 확립은(특히 기초중화학공업의 육성, 즉 내포적 공업화는) 우리나라의 수출상품의 편중을 지양하고 수출상품을 다양하게 할 것이다. 우리나라 수출상품은 현재 주로 노동집약적인 경공업품으로 구성되어 있다. 따라서 중화학공업이 발전하면 우리나라 수출품도 다양하게 될 수 있을 것이다.

여기서 하나 덧붙여 말하고 싶은 것은 우리나라의 수출품을 지역별로 특화시키는 것이 앞으로 우리나라 수출의 신장에 유리할 것이라는 것이다. 즉 선진국에게는 우리가 이들에 견주어 싼 임금을 이용하여 노동집약적인 상품을 수출하고 후발 저개발국에게는 우리가 기술적인 면에서 상대적으로 우위를 갖고 있는 중화학공업제품을 수출하는 것이 우리의 수출신장에 도움이 될 수 있을 것이다. 2차 대전 전에 일본은 이와 같은 방법으로 수출을 신장시켰던 것이다.

넷째, 우리의 기술수준을 향상시키기 위해서도 기초중화학공업의 발달이 필수적이라는 것이다. 기술수준의 제고는 주로 생산기계의 현대화이다. 이는 외국에서의 기술도입도 필요하겠지만 언제까지나 해외에서의 도입에만 의존할 수는 없고 국내 기계공업의 발전을 이룩해야 할 것은 두말할 필요도 없는 것이다. 이와 같은 기술수준의 제고는 곧 생산성을 높여 수출품의 가격을 싸게 하고 또한 수출품의 품질을 향상시켜 우리나라 수출품의 국제경쟁력을 강화시킬 것이다. 품질이 개선되어야 수출품도 많이 팔리고, 또 제값을 받을 수 있을 것이다.

2) 수출마케팅의 확립

물건을 제값에 팔고 또 많이 팔기 위해서는 시장정보를 정확히 그리고 광범하게 수집할 수 있어야 하고 다음 자체의 판매망을 발전시켜야 할 것이다. 전후 일본이 수출을 급속히 신장시킬 수 있었던 것도 그들이 우수하고 저렴한 제품을 생산할 수 있었기 때문만이 아니라 그들의 제품을 제값에, 또한 많이 팔 수 있도록 수출시장 정보망과 판매망을 발전시켰기 때문이기도 한 것이다. 우리나라의 수출은 어디서 어떤 상품의 수요가 있는지도 제대로 알지 못하고, 또한 이것을 알았다 하더라도 자체의 판매망이 없어서 제3국의 판매망을 거쳐야 하기 때문에 제값을 받지 못하는 수가 많은 것이다.

외화가득률을 높이고 또한 수출액을 증가시키기 위해서는 이와 같은 수출마케팅이 반드시 필요하다. 더욱이 수출지역이 미국과 일본에만 편중되어 있고 유럽과 저개발국 및 공산권에 대한 수출이 부진한 우리나라는 이들 지역에 대한 수출마케팅에 적극 힘써야 할 것이다. 현재 차츰 다원화가 진행되어 가고 있는 국제경제는 이와 같은 수출지역의 다변화에 유리한 여건을 조성해 주고 있으므로 이 유리한 여건을 이용하면 이 문제는 해결이 그리 어렵지도 않을 것이다.

3) 국영무역공사의 설립

이상에서 우리나라 수출구조 개편의 두 가지 기본방향에 대하여 개괄적으로 고찰하였다. 한 기업이 번영하기 위해서는 우선 제품을 잘 만들고 그 다음엔 만든 제품을 잘 팔아야 할 것이다. 즉 생산과 판매가 기업활동에서 기본일 것이다. 한 국가의 수출도 이 두 가지 면이 기본이라 하겠는데 자립적 산업구조의 확립이 전자의 입장에서 본 개선방향이고 수출마케팅의 확립이 후자의 면에서 본 개선방향이다. 그러나 이 둘은 모두 원칙적인 얘기이며 동시에 지금까지 많이 거론되어 왔으며 정부도 이를 추진하려고 애쓰고 있는 문제들이다. 또한 그 실행이 현실적으로 단기간에 가능한 문제도 아니다. 그러나 이 중 후자, 즉 수출마케팅의 확립을 위해 하나의 제안을 하려고 한다. 필자가 지금까지 몇 번 제안한 적이 있는 국영무역공사이다. 갈수록 어려워져 가고 있는 국제경제정세 아래서 우리의 수출을 더욱 신장시키려면 과감한 대응이 필요하다. 예컨대 광범한 정보 및 판매망을 가지고 새로운 수출품과 새로운 수출지역을 개척하는 선구자적 무역업체가 필요하다. 이 업체는 자신만의 이윤획득만이 목적이 아니고 국내 타 무역업체를 위해서도 정보 및 판매망을 제공할 수 있어야 할 것이다. 또한 기존 무역업체의 수출품목과 수출지역을 대상으로 하는 게 아니라 새로운 수출품과 시장을 개척해야 하므로 그 위험부담이 크기 때문에 사기업에 맡길 수도 없을 것이다. 따라서 처음에는 정부가 투자하여 공사로서 출발하는 것이 바람직하며 또한 가능할 것이다.

4) 수출지원정책의 질적 통제

종래 재정·금융 면에서의 수출에 대한 각종 지원정책은 주로 수출액 위주였다. 그러나 수출의 절대액이 상당한 규모로 증가된 지금에

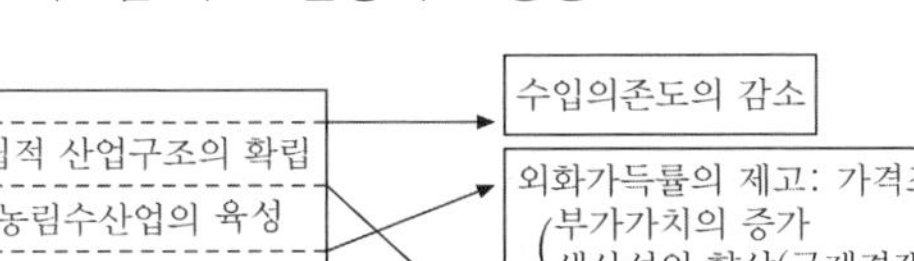

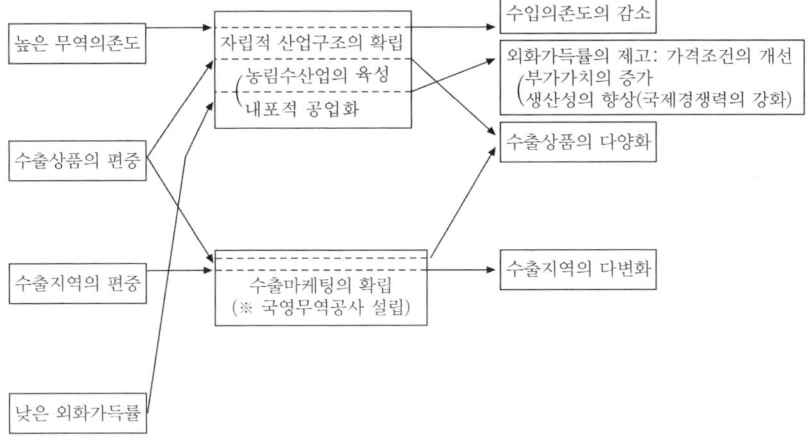

와서는 수출지원정책을 질적으로 통제할 필요가 있다. 왜냐하면 수출의 절대액이 상당한 규모에 달한 오늘의 시점에서는 모든 수출에 대하여 무차별하게 지원해 주는 것이 재정·금융 면에서 여러 가지 부작용을 수반할 뿐만이 아니라 거의 불가능한 형편에 놓여 있으며, 또 국민경제적 입장에서 보아 바람직하지도 못하기 때문이다. 재정·금융 면에서의 수출지원정책의 질적 통제는 우선 국민경제적 입장에서 보아 외화가득률이 낮은 상품의 수출 및 외자도입 조건에 의하여 수출이 의무화되어 있는 상품의 수출에 대해서는 특혜적 지원을 중단하는 일이며, 이와 달리 1차산품의 수출, 외화가득률이 높은 공산품의 수출, 국민경제적 입장에서 육성시켜야 할 산업의 국내수요를 초과하는 생산물의 수출 및 새로운 수출시장의 개척을 위한 상품수출에 대해서는 지원을 강화하는 일일 것이다. 이러한 수출지원 정책의 질적 통제는 수출에 대한 국민경제상의 재정·금융의 부담을 덜어 줄 뿐만 아니라 산업구조의 개선에도 비록 미약하기는 하지만 어느 정도 이바지할 수가 있을 것이며, 직접적으로 수출구조의 개선에 이바지할 수 있을 것이다.

이상에서 살펴 본 바와 같이 우리나라 수출구조의 개선을 위한 기본적인 과제는 자립적 산업구조의 확립이며 이에 수출마케팅의 강화가 보완되어야 할 것이며 이 수출마케팅 강화를 위한 한 방법으로서 국영무역공사의 설립을 들 수 있을 것이다. 아울러 수출지원정책의 질적 통제가 조속히 시행되어야 할 것이다(〈그림 3〉 참조).

《무역연구》(서울대, 1974. 6)

대담

자원민족주의와 세계경제[*]

자원민족주의의 역사적 배경

차기벽 자원민족주의의 배경·현황·전망 이렇게 서너 대목을 크게 나누어서 차례로 이야기해 보면 어떻겠습니까?

변형윤 차 선생이 먼저 그 배경부터 이야기해 보시지요.

차기벽 자원민족주의가 대두하게 된 역사적 배경은 간접적인 요인과 직접적인 요인으로 나누어서 생각할 수 있겠지요. 자원민족주의, 아니 일반적으로 경제적 민족주의 또는 이른바 네오 내셔널리즘을 대두케 한 국제정치적 요인이 전자에 속하고, 그 경제적 민족주의가 자원민족주의의 형태를 취하게 한 국제 경제적 요인이 후자에 속한다고 할 수 있지요. 그런데 국제 정치적 요인은 국제정치의 다극화 현상이, 그리고 국제정치적 요인은 다국적 기업이 각기 그 핵심을 이룬다고 볼 수 있지 않을까요?

2차 대전 후의 세계질서를 규정해온 미·소 강대국에 의한 양극적

---

[*] 이 글의 대담자는 변형윤 서울대 교수(경제학)와 차기벽 성균관대 교수(정치학)이다.

냉전구조는 1960년대가 시작되면서 급속히 해체 과정에 들어섰습니다만, 그렇게 만든 요인 중 첫째로 들어야 할 것은 뭐니 뭐니 해도 핵무기의 발달입니다. 가공할 위력을 갖게 된 핵무기는 전쟁 억지력으로서 작용하여 마침내는 1956년 흐루시초프의 평화 공존론을 출현케 했지요. 핵시대의 전쟁 불가론을 전제로 한 이 평화 공존론은 미국과의 경제 경쟁에 역점을 두며, 날로 성장하는 비동맹세력에 기대를 거는 새로운 공산화전략이라 이해되기도 합니다. 그러나 핵 억지력으로 말미암아 전면전쟁의 가능성이 현실적으로 부인된 것이 1962년의 쿠바사태였습니다만, 이 쿠바 위기를 계기로 평화공존을 위한 미소 양 대국 간의 접근·협조의 시기가 시작되고, 이에 따라 두 진영으로 분열·집결되었던 국가군에는 자주와 자유화의 동향이 표면화하여 국제정치의 다극화 시대를 맞이하게 되었던 거죠. 헨리 키신저의 말마따나 군사적 양극화는 정치적 다극화를 결과적으로 촉진하여 이데올로기보다도 내셔널 인터레스트에 치중하는 네오 내셔널리즘을 등장하게 했던 것입니다.

둘째 요인으로서는 중·소 대립을 들어야 하겠지요. 중·소 대립은 중공이 미소 접근 시도를 견제하고자 흐루시초프의 평화공존론에 이념적으로 반기를 든 데서 일어난 중·소간의 이념 분쟁에서 마침내는 발전단계를 달리하는 양국 간의 국가이익을 에워싼 정책 대결로까지 격화되고 말았지요. 공산진영에 있어서의 소련의 헤게모니는 일찍부터 유고슬라비아에 의해 도전을 당해왔지만, 자기 진영에 대한 소련의 통제력은 이른바 내셔널 코뮤니즘(민족 공산주의)의 대두 속에서, 그 중에서도 특히 이 중·소 대립 속에서 결정적으로 약화되어 공산권내의 권력중심이 다원화되게 되었지요.

셋째 요인으로는 EC(유럽 공동체)와 일본의 경제적 성장을 들 수 있지요. 미소 냉전이 시작되던 1940년대 말에는 미국의 GNP가 영·불·독·이·일 등 5대국의 총 GNP의 2배를 넘던 것이 미국과 중공 간의 긴장 완화를 모색하기 시작한 1960년대 말에는 미국의 GNP는 위에서 말한 5대국 총 GNP의 1.5배 정도에 지나지 않게 되었지요.

이러한 미국의 상대적 경제력 약화에 맞추어서 미국의 대외 정책을 재조정하려던 것이 다름 아닌 닉슨 독트린이 아닙니까?

아무튼 자유진영에서 미국이 압도적 우세를 여전히 차지하고 있는 것은 군사력뿐이고, 경제나 정치적으로는 그 통제력이 많이 약화되고 있지요.

끝으로 넷째 요인은 이른바 제3세계의 등장이지요. 위에서 말한 국제정치적 다극화 추세 속에서 비동맹 회담 등을 중심으로 하는 제3세계의 신생 독립국들은 정치적 자각과 성장을 통하여 무시 못 할 민족주의 세력으로서 등장하게 되었지요.

원래 신생 민족주의는 정치적인 독립을 쟁취했다고 해서 그것으로 역사적 사명이 끝난 것은 아닙니다. 정치적 독립을 달성하고 나면 신생국의 민족주의는 경제적 민족주의로 발전하게 마련이지요. 경제적 자립 없는 정치적 독립은 사실 무의미하기 때문입니다. 그런데 신생국들이 경제적 민족주의를 추구함에 있어서는 서로 단합할 필요가 있었습니다. 일찍이 1955년 4월, 인도네시아의 반둥에서 아시아·아프리카의 신생 독립 29개국이 모여 '평화 10원칙'을 공표함으로써 출범한 제3세계는 반식민과 민족자결이라는 이른바 '반둥 정신'에 의거한 것이었지요. 이 반둥 정신은 다소 곡절은 있었으나 결국 비동맹국회의에 의해 계승·발전되어, 제3세계의 결속을 통해 선진국 중심의 국제경제 질서에서의 탈출을 시도케 함으로써 자원 민족주의 태동을 가능케 했던 것입니다.

변형윤 어떻습니까? 자원 민족주의를 논할 때 공산권 내의 다극화 추세도 말해야 합니까? 소련이나 소련의 영향을 받는 나라들은 제3자적 입장에서 도리어 제3세계를 두둔해 주는 쪽이 아닌가 생각합니다.

차기벽 아, 그야 그렇지요. 여기서는 자원 민족주의 대두의 간접적 요인, 즉 경제적 민족주의나 네오 내셔널리즘 그 자체를 등장케 한 요인이 동서 냉전의 완화에 따르는 국제정치의 다극화 추세에 있는 만큼, 동서를 함께 다룬 것이지요. 하기는 요새는 좀 묘하게 돌아가고 있기는 합니다만 중공이 오늘날 제3세계의 일원으로 자처하며 제3세계에 파고드는 반면에, 소련은 '헬싱키 체제'를 통해 미국 및 유럽과 제휴하여 제3세계를 견제하려 하는 듯이 보이는 면이 없지 않으니까요.

중심국과 주변국

변형윤 경제적으로 볼 때에는 다극화 현상 외에도 정치적으로 독립한 저개발국(이것은 후진국, 개발도상국이라고도 함)의 경제적 독립을 위한 요구, 전후 지속되어 온 '케인지언'적인 확대 정책 내지 고도성장 정책의 추구로 말미암은 자원제약의 초래, 소위 말하는 남북 문제의 해결을 위한 요구, IMF 체제와 GATT 체제를 2대 지주로 하는 국제경제 질서의 동요 등이 자원민족주의를 대두, 촉구시킨 것이 아닌가 합니다.

차기벽 자원민족주의를 대두케 한 직접적 싹은 1910년대 후반에 이미 멕시코에서 볼 수 있는데, 그것이 유독 1970년대에 들어와서 세계의 이목을 집중시키게 된 원인이나 이유는 좀더 구체적으로 살필 필요가 있을 것 같아요. 변 선생이 좀 부연해서 말씀해 주시지요.

변형윤 차 선생이 말씀하시지요.

차기벽 선진 제국의 식민지 내지 속령이었던 개발도상국들은 정치적 독립을 한 다음에도 여전히 경제적으로는 구 종주국을 비롯한 선진 자본에 종속되어 있었습니다. 식민지 시대의 모노컬처(단일 작물 재배)경제 구조는 1950년대 중반 이후에는 1차산품의 대(對)제조품 교역조건의 악화로 말미암아 개발도상국들을 점점 불리한 처지에 몰아넣었습니다. 구미의 경제학자들이 펴 온 국제 분업 이론은 언제나 세계는 동질이며, 그 안에서 각국이 비교 우위를 가지는 재화, 즉 구미 제국에서는 공업제품, 비 서구 제국에서는 식량과 원료 자원에 특화함으로써 세계의 경제적 복지는 극대화한다는 것이었지요.

그러나 아르헨티나의 경제학자 R. 프레비시는 이러한 세계의 동질성의 가설에 도전하여, 세계는 공업제품에 특화한 '중심국'과 1차산품에 특화한 '주변국'으로 나누어진다고 하며 주변국은 1차산품의 교역조건이 장기적으로 악화하는 데서 공업화를 하지 않는 한 발전의 길을 걸을 수 없다고 주장했습니다.

이 이론은 '남'(南)의 주변국을 결집하는 큰 작용을 했습니다만, 다른 한편으로는 구미(歐美) 제국의 자본과 기술(원조)에 의거하는 공업화를 추진할 것을 권고했기 때문에 선진국의 자본과 기술이 저개발국에서 대량으로 이동하는 이동 요인이 되었던 것이죠. 즉 1960년대를 통해 개발도상국들은 수입대체공업화라는 선진국에 의거하는 외향적 공업화 노선을 요구했는데, 그러한 개발전략은 경제적인 대외 의존도를 더욱 높이는 한편, 안으로는 사회적 이중구조를 그리고 밖으로는 남북 간의 빈부 격차를 더 한층 심화·확대시키게 되었습니다. 그래서 개발도상국들은 개발전략의 전환을 꾀하지 않을 수 없었고, 자율적이며 균형 잡힌 국민경제를 이룩하고자 경제적 민족주의를 주장하게 된 것이라 봅니다.

경제자립화를 위한 움직임은 일찍부터 자원분야에서 볼 수 있었습니다만, 1970년을 전후해서 1960년대의 지극히 관대하던 외자유치정책에 뚜렷한 변화를 가져오게 되지요. 외자도입의 선별, 외자의 출자 비율 억제, 외국인의 직업 규제와 현지인의 관리·기술직에의 등용 촉구, 그리고 천연자원에 대한 항구 주권 확립의 요청 등이 그것이지요.

이러한 변화는 요컨대 다국적 기업에 대한 규제라 할 수 있겠습니다만, 이 다국적 기업 문제는 자원 민족주의 대두의 직접적 원인을 이루는 경제적 민족주의를 등장케 한 국제경제적요인의 핵심이니 만큼, 아무래도 변 선생이 말씀하셔야 하겠습니다.

IMF · GATT 체제에 반발

변형윤 자원 민족주의가 경제적 민족주의의 일환인 것은 사실이지만 일단 자원 민족주의에 초점을 두고 말한다면 역시 자원 민족주의의 대두 내지 촉구는 IMF 체제·GATT 체제에 대한 반발과 다국적 기업에 대한 반발로 볼 수 있지 않을까요?

아까 〈프레비시 보고서〉 이야기가 나왔습니다만 이 보고서는 남북 문제의 해결을 요구하는 저개발국의 입장을 대변하고 있으며 또한 이 보고서에 의거해서 운크타트(UNCTAD, 유엔 무역개발 위원회)가 창설된 것은 사실입니다. 프레비시 보고서는 '원조보다는 무역을'을 기치로 삼고 있는데 그것은 다음과 같은 데 기인 합니다. GATT 체제는 자유무역을 통한 상호호혜 원칙을 보장하고 있습니다. 그러나 각국이 비교우위 상품에 특화하여 자유 무역을 하다 보니 결국 저개발국은 1차산품에 특화할 수밖에 없는데 이 1차산품의 가격은 공업제품에 비해서 상대적으로 하락하게 되어 저개발국의 소득의 상대적 저하를 초래했으며, 나아가서는 선진국과의 소득 격차를 확대시켰습니다.

즉 남북문제를 격화시켰습니다. 물론 선진국은 원조를 통해서 그 격차를 메우려고 했습니다. 따라서 저개발국은 자연히 GATT 체제로부터 탈피하기 위해 '원조보다는 무역을'을 요구하지 않을 수 없게 된 것입니다. 다음에 IMF 체제는 달러화를 기축 통화로 삼고 있는데 미국의 국제수지가 양호한 상태에서는 달러화 가치의 안정이 유지되지만 일단 국제수지가 악화되어 달러화가치가 동요하기 시작하면 IMF 체제 자체가 동요하게 되어 있습니다. 그런데 달러화 가치는 1960년대 후반부터 미국의 국제수지 악화로 인해서 불안정하게 되기 시작했습니다.

따라서 자원 보유국인 저개발국은 달러화 보유보다는 자원 보유라는 생각을 갖지 않을 수 없으며 나아가서 IMF 체재로부터의 탈피를 요구하지 않을 수 없게 된 것입니다. 끝으로 세계의 주요 자원의 생산은 과거에 식민지를 갖고 있던 나라, 즉 현재의 선진 자본주의국에 국적을 두고 있는 다국적 기업의 과점 지배하에 있는 것이 보통입니다. 그 대표적인 예를 석유자원에서 볼 수 있는데 석유생산의 경우에는 유명한 '세븐 메이저스' 또는 '에잇 메이저스'의 과점 지배하에 있습니다. 따라서 자원보유국인 저개발국은 이들 다국적 기업에 대해서 어떤 형태로든 반발하지 않을 수 없게 된 것입니다.

차기벽 변 선생님께서 다국적기업이 어떤 것인지에 대해서 말씀해 주시지요.

변형윤 다국적기업은 국적 수·규모 등 외형적 속성이나 다국적 기업화의 동기와 기업행동 등 그 기준에 따라 여러 가지로 정의될 수 있겠지요.

다국적기업은 그것을 기업조직이라는 산업조직론적 관점에서 보면

1950년대 후반 이래 주로 미국을 중심으로 해서 형성되었죠. 그러나 다국 간의 자본운동이라는 관점에서 보면 그것은 자본주의가 독점 단계로 이행한 이래의 1백년 이상의 역사를 갖는다고 하겠습니다. 그러나 다국적기업이 다국적 기업체제를 갖추고 세계경제에 중대한 영향을 미치게 된 것은 최근의 일이며 그 주된 세력은 미국 자본입니다.

다국적기업의 성격에 관해서는 자본운동의 범세계성을 들어 다국적기업의 국적의 비존재성이 거론되기도 합니다. 그러나 다국적기업이란 말에 있어서의 다국적이란 그 기업의 생산활동이 국제적으로 수개국에 미치고 있다는 이상의 의미는 없으며 기업의 국적은 그 기업을 소유하고 지배하고 있는 자본의 국적에 의해서 결정되지요. 이 점은 경영·관리기구의 상층부에 현지인을 참가시킨 이른바 현지화 또는 경영 다국적화에 의해서도 변경되는 것은 아닙니다.

자본운동이라는 면에서 볼 때 다국적기업은 여태까지 자본진출 대상국의 정치적 독립을 형식적이나마 인정하지 않을 수 없는 국제정치 상황 아래서 출현한 직접자본의 한 변형이라 하겠습니다. 좀더 부연하면 전형적인 다국적기업이란 규모가 방대할 뿐만 아니라 독점적 시장지배가 가능하며 동시에 매상고가 수십 억 달러에 달하면서 범세계적인 자회사망을 가지고 있는 기업으로서 그것은 현지국으로 진출할 당초부터 당해 산업의 독점적 지위를 확보, 세계적인 사망(社網)의 유기적 조작으로 초과이윤을 추구하며 기본적으로 현지국의 경제적 이익보다는 자국 모회사의 이익을 우선시함으로써 대외의존성을 심화시켜 결과적으로는 경제적 자립을 저해하고 정치적 독립을 허구화시킬 수 있는 잠재력을 가진 20세기 후반의 자본주의국가의 새 형태라 볼 수 있습니다. 따라서 민족경제의 자립을 꾀하려 하는 개발도상국에 있어서는 비록 다국적기업에 의한 직접투자가 수출증가, 기술수준 향상,

고용증대 등 긍정적인 면을 가진다 하더라도 그것은 경제와 불신의 대상이 되기 쉽습니다.

실제 이윤추구를 우선시하는 본사의 지시는 현지국의 입장에서 보면 국외로부터의 통제요, 주권침해가 되는 셈이며 국가 규제를 허구화시키는 결과도 된다 하겠습니다. 국가단위의 국민경제의 존립을 그 근저에서 위협하고 있는 다국적 기업이 세계경제에서 차지하는 비중을 알아보기 위해 미국계 자본을 중심으로 하여 그 규모를 살펴보면 다음과 같습니다.

오늘날 다국적기업은 세계총생산량 3조억 달러의 15퍼센트인 4천5백억 달러를 생산하고 있습니다. 이 가운데서 61퍼센트가 미국계 기업이며 이들 기업은 전체 다국적기업 생산량의 50퍼센트 이상을 생산하고 있습니다. 미국에는 비교적 규모가 큰 다국적기업만도 2백여 개가 있으며 이외에도 3천6백여 개의 미국사회가 한 개 이상의 자회사를 가지고 다국적화 하고 있습니다. 그리고 1970년도 세계 수출의 23퍼센트를 차지하고 있는 미국계 다국적기업은 1956년에서 1970년 사이에 세계 수출이 53퍼센트 증가한 데 대하여 미국계 다국적기업의 수출은 65퍼센트 증가하고 있습니다.

다음 그 운영실태를 보면 그들 미국계 다국적기업은 석유, 석유화학, 항공기, 타이어, 컴퓨터, 통신기재 등 전략산업에서 초콜릿, 햄버거에 이르기까지 선진지역과 개발도상지역에서 그 성격을 달리하는 등 갖은 방법으로 세계로 뻗어 나가고 있습니다.

특히 석유파동 이후 자원민족주의에 대처하기 위해 대기업들은 새 에너지원을 개발하고자 다각적인 경영, 복합적인 기업으로서의 성격을 더욱 짙게 띠어 가고 있습니다. 즉 걸프와 셸의 합작회사인 제너럴 아토믹 회사는 고온가스로의 제작 판매 및 핵생산물과 서비스에서 세계적 규모로 진출하고 있고 스탠더드 오일 오브 캘리포니아 회사도 최근 알루미늄, 동(銅), 철광석, 보크사이트 등의 개발에 힘쓸 뿐 아니라 1차산품의 판매에까지 그 폭을 넓혀 나가고 있습니다.

자원민족주의 발현형태

차기벽 자본이동과 소득이전의 실태를 살펴보면 다국적기업의 본질이 어떻다는 걸 알겠더군요. 미국계 다국적기업의 직접투자는 1960년 이래 거의 매년 10퍼센트 신장률로 증대해 왔고, 직접투자 흐름은 1972년에는 78억 달러였습니다. 그러나 실제로 본국에서 유출한 자본은 34억 달러에 지나지 않고 나머지 44억 달러는 해외 자회사가 올린 이익이 재투자되었으며, 직접투자에 따르는 이자배당, 로열티, 경영수수료, 지점수입 등의 이른바 무역외수입(79년도에 92억 달러)이 연간 자본유출액을 크게 웃돌고 있어요. 미국의 해외투자 순이익은 연간 2백억 달러에 달하는데 이중 40퍼센트인 80억 달러는 개발도상국에서 얻어진 것입니다. 그러나 연간 80억 달러는 기업잉여는 개발도상국에는 거의 재투자되지 않고 미국경제에 흡수되는 것 같아요.

광대한 개발도상지역의 존재로 말미암아 선진국의 자본은 강화되고 선진국의 노동력도 그 노동력이 창출하는 가치 이상을 보상받게 되는 듯해요. 선진국 중심의 현 국제경제 질서에서 선진국의 자본요소는 그 이동이 자유로운 반면에 개발도상국의 노동요소는 그 이동이 자유롭지 못하기 때문이라 할까요. 선진국과 개발도상국의 경제관계를 특징짓는 자본과 노동 간의 부등가교환 관계로 말미암아 개발도상국은 풍부한 자원과 저렴한 노동력을 가지면서도 그것들이 창출한 가치는 자본국으로 이전되는 가운데 개발도상국은 이른바 '저개발의 심화'

(development of underdevelopment)를 겪게 되는가 봐요.

변형윤 배경 이야기는 이 정도로 하고 자원민족주의의 현황이라 할까, 그 발현형태에 관해 차 선생께서 말씀하시지요.

차기벽 아니 변 선생께서 말씀하실 차례입니다.

변형윤 자원민족주의라고 말할 때 우리는 우선 석유를 생각하게 되지요. 그렇게 생각하게 되는 데에는 다음에 밝히는 바와 같이 그 나름대로 이유가 있는 것 같아요. 1972년 현재로 저개발국이 보유하고 있는 세계의 주요자원을 보면, 천연고무의 경우에는 많은 순으로 볼 때 말레이시아, 인도네시아, 태국, 스리랑카, 인도의 5개국이 100퍼센트를, 은의 경우에는 말레이시아, 볼리비아, 태국, 인도네시아, 나이지리아의 5개국이 90.8퍼센트를, 석유의 경우에는 사우디아라비아, 이란, 쿠웨이트, 베네수엘라, 아부다비의 5개국이 69.3퍼센트를, 보크사이트의 경우에는 자메이카, 수리남, 가이아나, 기니아, 인도의 5개국이 58.4퍼센트를, 텅스텐의 경우에는 태국, 볼리비아, 한국, 브라질, 페루의 5개국이 53.0퍼센트를, 동의 경우에는 칠레, 잠비아, 자일레, 페루, 필리핀의 5개국이 50.6퍼센트를, 니켈의 경우는 뉴칼레도니아, 쿠바, 인도네시아, 로데시아, 브라질의 5개국이 39.8퍼센트를 각각 차지하고 있습니다. 그리고 1970년 현재로 니켈의 경우에는 4대기업이 생산량의 86.1퍼센트를, 석유의 경우에는 다국적기업인 '에잇 메이저스'가 65.1퍼센트를, 동의 경우에는 9대기업이 35.8퍼센트를 각각 차지하고 있습니다.

이렇게 보면 자원의 편중도에 있어서나 다국적기업의 생산지배도에 있어서나 석유보다 앞서 있는 것이 사실입니다. 그러나 석유는 그야말로 안 걸리는 것이 없을 정도로 우리 생활과 밀접하게 관련되어 있으며 또 많은 제품의 원료로 쓰이고 있다는 점에서 타자원의 추종을 불허합니다. 바로 이 위력이 얼마만한 것인가를 보여준 것이 최근의 석유파동이 아니겠어요. 자원민족주의를 내걸고 있는 산유국이 이와 같은 위력 있는 자원이라는 석유의 특수성에 착안하여 10월 제4차 중동전쟁 시에 석유를 무기로 사용해 본 셈이지요.

그러면 산유국이 어떻게 석유로 무기화하는 데 성공할 수 있었는가 하면 OPEC라는 생산자카르텔의 결성에 성공했고 그 OPEC가 강력한 힘을 발휘할 수 있도록 카르텔멤버인 각 산유국이 공고히 단결한 데 있다고 할 수 있습니다. 물론 전후의 '케인지언'적인 확대정책 내지 고도성장정책의 추구가 자원 특히 석유에 대한 수요를 급격히 증대시켜 공급자인 산유국의 입장을 유리하게 만든 것과, 미국의 국제수지악화에 기인하는 달러화 가치의 불안정으로 산유국이 달러화보다는 지하에 묻혀 있는 석유, 즉 블랙 골드가 유리하다고 느낀 것이 이에 가세한 것이 사실이고 또 OPEC 결성을 가능케 한 구조적 요인으로서 1950년대 말부터의 독립 석유회사의 진출에 의한 메이저 과점체제의 약체화가 있었던 것은 사실이지만, 산유국은 현재 단결된 생산자 카르텔을 통한 석유무기화의 성공에 힘입어 대외적으로는 석유의 무기화도 불사한다는 입장을 취할 뿐 아니라, 공산품 가격과의 석유가격의 인덱세이션(indexation) 등을 주장하고 있으며 국내적으로는 외국기업에의 경영참여, 생산조사 등의 조치를 취하면서 석유가격의 실질적인 인상을 도모하고 나아가서 소득의 증대, 자기나라 이익의 증대를 도모하고 있습니다.

이와 같은 석유자원에서의 생산자 카르텔의 성공을 계기로 하여 동(銅)생산국에 의한 CIPEC, 보크사이트 생산국에 의한 IBA 등과 같이 기타 자원에서도 자원 보유국은 생산자카르텔의 결성을 서두르고 있습니다. 그리고 이들이 국내적으로도 산유국의 선례를 따르려고 하고 있음은 말할 나위도 없겠습니다. 또 나아가서 자원보유국인 저개발국은 1차산품의 카르텔 결성권의 실현과 더불어 자원의 항구주권과 국유화의 권리의 실현을 요구하고 나서고 있습니다. 이와 같은 요구는 현재 갖가지 국제회의에서의 자원보유국인 저개발국의 공통된 요구입니다.

강대국도 개입한 자원무기화

차기벽 개발도상국의 자원민족주의는 천연자원에 대한 항구주권을 다국적기업으로부터 탈환하기 위하여 비동맹국회의나 '운크타드'(UNCTAD)를 통한 제3세계의 적극적인 지원 하에 밖으로는 자원보유국의 결속과 안으로는 국유화의 형태를 취하면서 급속히 전개되고 있다고 하겠지요.

그런데 여기서 지적해 두어야 할 점은 자원민족주의가 그 목표를 달성하려 함에 있어서 경제적인 수단보다는 정치적, 군사적 수단을 사용했다는 사실입니다.

변형윤 저개발국의 경제적 독립을 위한 요구, 남북문제의 해결을 위한 요구 등을 선진국이 들어주지 않으니 그렇게 하지 않을 수밖에 없었지 않았나 생각됩니다.

차기벽 그 같은 정치적, 군사적 수단 사용이 산유국에 의해서만 이니시에이트(initiate) 되었나 하는 점이 문제지요. 산유국만이 아닌 강대국에 의한 요인은 없었느냐는 의문을 전적으로 배제할 수단도 또한 없는 것이 아닐까요?

변형윤 글쎄요, 그것에 대해서는 잘 모르지만 메이저도 크게 득을 보고 있는 것은 모두 알고 있는 사실이 아닙니까. 그러나 현재 산유국은 이미 말한 바와 같이 외국기업의 국유화, 외국기업에의 경영참여, 생산조정 등의 조치를 취하고 있으며 외국기업은 산유부문(업스트림: 상류부문)에서는 하청기업화하고 있다고 할 수 있습니다. 그리고 그러기에 산유국이 석유가격을 결정하고 있다고 해도 과언이 아닙니다. 이에 대해서 메이저가 강력했을 때 맺었던 협정이 1980년대 초부터 갱신하게 되어 있습니다.

차기벽 지난날과는 달라 엄청난 규모로 성장한 다국적기업은 오늘날 자국 정부의 어깨너머로 그 힘을 현지국 정부에 직접 행사하게 되고 있지요.

73년 9월 칠레의 '아옌데' 정권 붕괴 시 배후에서 움직인 것으로 알려진 다국적기업은 73년 10월의 중동전쟁을 계기로 한 석유파동과도 관련이 있지 않나 하는 의혹을 사고 있지요.

변형윤 결과적으로는 메이저도 득을 크게 보았다는 이야기는 이미 앞에서 했습니다만, 특히 미국이 크게 득을 본 것은 사실인 것 같습니다. '에잇 메이저스'의 국적별 구성을 보면 5개사가 미국계이고 1개가 영국계, 1개가 프랑스계, 나머지 1개가 영국과 네덜란드계입니다. 따라서 메이저를 통해서, 또한 기타 독립 석유회사를 통해서 미국은 간접적으로 득을 크게 보았다고 볼 수 있습니다.

그리고 식량을 비롯한 기타자원이 풍부한 나라이기 때문에 이 점에서 특히 크게 득을 본 것입니다. 사실 미국의 국제수지는 석유파동을 비롯한 자원파동으로 크게 개선되었으며 그 결과 약세에 있던 달러화가 강세로 변했습니다. 그리하여 미국이 경제적으로 강한 나라라는 것이 실로 과시된 셈입니다.

차기벽 개발도상국의 자원민족주의는 제4차 중동전을 통해 결과적으로 다국적기업 내지 미국과 이해를 같이 했다 하더라도 그것은 어디까지나 자원보유 저개발국들이 자국자원에 대한 자유처분권을 다국적기업한테서 쟁취하려는 움직임이지요.

일찍이 1956년에 '프레더릭 슈먼'은 그의 저서 《국제정치학》(*International Politics*) 제6판에서 국제간의 진정한 쟁점은 동서간의 이데올로기 대립에 있는 것이 아니라 남북 간의 빈부격차에 있음을 갈파한 바 있지만, 이 남북 간의 쟁점이 북의 다국적기업과 남의 자원민족주의 대결로 나타나고 있는 것이지요.

개발도상국이 천연자원에 대한 항구주권을 쟁취하려 들자 선진공업 국가의 경제사정은 예전과 같을 수 없게 되었지요. 사실 석유무기화로 인한 국제간의 급격한 소득이전이 오늘날 경제불황의 주요 원인이 되고 있지 않습니까.

변형윤 자원민족주의의 한 발로로서의 석유가격인상이 현재 산유국을 제외한 선후진국이 동시에 겪고 있는 스태그플레이션을 야기시킨 것은 사실입니다. 그러나 그것이 유일한 원인이 아니라는 사실을 잊어서는 안 됩니다. 이외에 이 스태그플레이션의 추구에 따르는 유효수요의 과잉과 그것의 억제를 위한 각국의 긴축정책의 채택, 식량파동 등이 있습니다.

그러나 이 석유가격인상으로 가장 큰 타격을 받는 나라는 비산유국이나 비자원국인 저개발국인 것만은 사실입니다. 물론 산유국은 그와 같은 저개발국에 대해서 특별히 고려하는 것 같기는 합니다만.

미국의 경제 · 자원전략

차기벽 현황에 관한 애기는 이 정도로 그치고, 자원민족주의의 귀추에 대한 전망으로 애기를 옮기기로 하지요.

변형윤 그럽시다.

차기벽 개발도상국의 자원민족주의의 대두에 대응해서 1972년 이래 급속히 전개되고 있는 미국의 경제·자원전략에는 미국의 세계적 헤게모니 재건시도라는 명확한 목적의식이 깃들어 있다 하겠습니다.

미국은 60년대 말 이래의 심한 달러 위기와 국제적인 만성 인플레 등으로 말미암아 석유파동 이전에는 국제수지상 적자국으로 변동되고 있었습니다.

1972년의 '달러의 10퍼센트 평가절하'와 다국적기업의 해외활동 규제, 와전철폐 등의 경제정책과 73년의 석유파동 후 석유소비국 카르텔 형성제안이나 EC와 일본을 포함하는 이른바 '민주주의 공업국가군'의 결속을 위한 신대서양헌장 구상 등의 외교정책 그리고 새 에너지원 개발과 세계식량의 독점공급을 통한 식량무기화 시도 등의 자원전략은 다름 아닌 미국의 세계적 헤게모니 재건을 위한 노력의 단적인 표현들인 것입니다.

원래 '닉슨 독트린'은 주로 아시아에서 미국개입을 줄이고 미군을 점차 철수시키는 데서 미국주도형 외교의 새로운 가능성을 찾으려는 것이었지만 달러의 평가절하도 달러의 위신실추의 대가로 수출증대를 통한 국제수지개선이라는 실리를 추구하여 경제적으로 재기하려는 경제적인 '닉슨 독트린'이라 볼 수 있지요. 이러한 경제·자원전략은 뚜렷한 효과를 거두고 있습니다.

첫째, 미국의 무역수지는 국내소비의 2할에 달하는 석유수입에도 불구하고, 달러 평가절하로 인한 수출증대, 식량무기화를 통한 식량가격인상, 그리고 석유가격인상으로 인한 메이저들의 폭리 등으로 명백히 개선되어 달러의 처지는 강화되었습니다.

둘째, 석유파동으로 인한 가격인상으로 톡톡히 재미를 본 미국의 메이저들은 석유가격 인상으로 경제성을 지니게 된 대체에너지 개발에 적극적으로 착수하게 되어 1980년대의 새 에너지 공급에 있어서 미국이 이니시에이티브(initiative)를 잡을 수 있는 기반조성이 급속히 진행되고 있습니다.

셋째, 이 같은 움직임을 배경으로 미국계의 다국적기업이 세계에 진출할 체제가 착착 갖추어지고 있는 셈이지요. 이것은 궁극적으로는 다국적기업을 축으로 하여 세계의 계층적 질서를 재현하려는 움직임이며, 세계의 도시를 거점으로 하여 현재 세계의 농촌에서 일어나고 있는 불안한 사태를 막으려는 움직임입니다.

에너지와 자원(그리고 기술) 면에서의 우위를 확립하면서 한편으로는 선진공업국들을 자국 산하에 다시 결집시키고 다른 한편으로는 개발도상지역의 근대화를 추진하여 격동하는 다원화경향 속에서 세계질서의 헤게모니를 재장악하려는 이 같은 미국의 세계전략에 아무런 방해요인도 없는 것은 아닙니다.

우선 미국 내에서의 반대와 불만을 들어야 하겠습니다. 다국적기업의 해외진출은 미국 내에서 고용수출의 불안을 자아내어 노동조합은 이를 반대하는 운동을 펴고 있습니다.

또한 대기업 주도에 의한 에너지, 농산물 가격의 등귀는 소비자 간에 불만을 빚어내고 있기도 합니다.

복지국가에 대한 기대는 미국에서도 깨어지고 있는 면이 없지 않은 셈이지요. 다국적기업의 해외진출은 원료 내지 1차산품을 후진국에 수출하고 그곳에서 가공한 제품을 수입하는 지난날과는 관계가 뒤바뀐 묘한 현상을 미국에서 빚어내고 있기도 합니다. 참으로 다국적기업은 세기적 괴물이라 해야 할 것 같습니다.

변형윤 괴물이라는 이야기가 나왔으니 한마디만 더하겠습니다. 다국적기업은 원래가 현재의 자원보유국인 저개발국이 식민지로 있을 때부터 자원을 지배해 온 기업이며 굉장히 위력을 발휘하던 기업이 아닙니까. 특히 메이저는 산유국의 경제를 좌우하던 기업이 아니에요. 그런데 앞에서도 약간 언급한 바와 같이 그 메이저가 산유부문에 하청기업으로 남아서 일정한 커미션 베이스로 석유를 생산하고 있거든요. 그럼으로써 그것은 산유가격 인상의 혜택을 받고 있습니다. 이것만 보아도 그것이 쉽게 사라지지 않는다는 사실을 분명히 알 수 있지요. 그뿐입니까? 그것은 다운스트림(하류부문)이라고 불리는 석유제품 제조부문이나 석유의 대체원료부문으로, 또 석유와 관련된 유통부문으로 진출하고 있기도 합니다.

구질서와 신질서 간 대립의 전망

차기벽 다음은 미국이 자국 산하에 다시 편입시키려 하는 EC와 일본의 반발입니다. EC나 일본은 현재 전개되고 있는 것과 같은 미국 국익우선의 에너지·자원전략에 그대로 순종하고만 있지 않습니다.

신대서양헌장 구상은 EC의 냉시로 실현되지 못했고 석유소비국연합도 형성되지 못했으며, 식량무기화 시도는 오히려 일본을 비롯한 주요 소비국의 자급화 현상을 강화시키고 있습니다.

EC, 일본 등은 더욱더 염가로 그리고 안정성 있게 주요자원을 확보하고자 미국의 에너지·자원전략과는 대립되는 자원산출국과의 2국 간의 거래를 추진하려 들고 있습니다. 이는 말할 나위도 없이 미국이 의도하는 글로벌리즘의 재건과는 배치되는 행동이지요.

오늘날 제3세계는 석유위기를 계기로 분열되고 있는 면이 없지 않습니다. 원래 제3세계란 프랑스대혁명 당시 혁명을 주동한 제3신분에 개발도상국을 비유해서 쓴 말이었습니다만, 나중에는 단순히 서(西)측을 제1세계, 동(東)측을 제2세계, 그리고 개발도상국을 제3세계라 부르게 되었지요.

이와는 달리 요즈음 중공은 미소 초대국을 제1세계, 개발도상국을 제3세계, 그 사이에 낀 EC와 일본 등 선진공업국을 제2세계라 부르고 있습니다. 그건 그렇고, 개발도상국의 제3세계는 근자에 자원을 가진 나라(제3세계)와 자원을 가지지 못한 나라(제4세계)로 분열되는 징조를 보이고 있습니다.

키신저 장관이 되풀이해서 비산유국 저개발국 문제를 강조하고 있는 것을 봐도 짐작할 수 있는 일이지만, 앞으로 미국은 제2세계를 자국 산하에 다시 넣으면서 제4세계를 끌어들여 제3세계의 민족주의를 약화시키려 할 것으로 예상됩니다.

이 경우 제3세계의 일부 부유한 나라, 이란, 사우디아라비아, 브라질 등도 자기편으로 끌어넣으려 할 것 같습니다. 이에 성공하면 다국적기업에 의한 세계질서 재편성이 관철되고, 제3세계의 자원민족주의는 다국적기업적 인터내셔널리즘(달리 말하면 대국(大國) 내셔널리즘)에 접속되고 말 것입니다.

그런데 오늘의 세계에서 제3세계는 쉽사리 분열될 것 같지는 않습니다. 제3세계는 단지 1인당 소득이 낮은 것으로 스스로를 정의하고 있지는 않으며, 현행 국제분업체제 아래서 불리한 입장이며, 선진공업국의 무역·통화 정책에 의존하는 종속적 처지에 있으며 그러한 까닭에 국가발전이 저해되고 있는 나라로 스스로를 정의하고 있습니다.

그래서 미국과 마찬가지로 소득이 1인당 4천 달러인 쿠웨이트도, 일본과 마찬가지로 소득이 2천 달러인 리비아도 '77개국 그룹'(운크타드 제1차 총회 때의 결집국 수를 호칭으로 사용하고 있지만 현재는 107개국으로 늘어나고 있다)에 참가하여 북의 선진공업국들에 요구를 내세우고 있는 것입니다.

비산유저개발국 또는 최저개발국의 문제도 실은 '77개국 그룹' 측에서 제기한 문제이지만, 산유국 등 제3세계의 부유한 나라도 자국 자원의 항구주권과 다국적기업 규제에 관한 요구를 관철시키기 위해서는 제3세계의 일원으로서 행동하지 않을 수 없을 것 같아요.

실제로 가난한 나라들 사이에서 부유한 나라들이 홀로 번영을 누릴 수 없는 일이어서, 쿠웨이트, 리비아 등이 주변제국에 원조를 하고, OPEC가 특별개발기금을 창설하기도 하며, 아랍 제국이 아프리카제국과 회의를 가지고 기금을 발족시키기도 하고 있는 것은 그러한 움직임의 일환이라 볼 수 있겠습니다.

최근의 신문보도에 따르면 GNP 대 대외원조액의 비율이 미국이나 일본이 0.7퍼센트인가 그런데, 아랍산유국은 1.7퍼센트더군요.

이러한 움직임은 IMF·GATT로 상징되는 강대국의 자유주의 원리에 대항해서 국제협력을 기초로 하는 말하자면 공저원리의 방향을 모색하는 것이라 하겠습니다. 그것은 '세력의 균점'이 아니라 이해의 균형에 입각하는 세계를 이룩하려는 움직임인 것입니다.

이런 움직임이 계속되는 경우 제3세계는 제4세계와 더불어 행동해서 제1세계와 대립하며, 그리고 자원획득의 필요에서 접근해 오는 제2세계를 스스로의 원리에 협력하는 한 끌어넣게 될 것입니다.

이 경우에는 제3세계의 자원민족주의는 끝까지 경제적 민족주의를 추구하는 셈이 되지요.

앞서도 말씀했습니다만 최근 중공은 스스로 제3세계의 일원임을 자처하며 제3세계에 파고들고 있습니다. 세계 제5대강국 중의 하나이며 핵무기를 배경으로 한 막강한 군대를 갖고 있는 중공을 과연 제3세계의 일원으로 볼 수 있느냐에 대해서는 의문을 달지 않을 수 없습니다만, 중공의 이러한 움직임은 제1세계에 대항하고자 제3세계를 이용하려는 다분히 민족주의적인 동기에서 나오고 있다는 데는 의심의 여지가 있을 수 없다고 생각합니다.

기존의 자유원리에 의거하는 국제경제질서 재편과 새로운 공정원리에 의거하는 국제경제질서 개편의 두 방향은 앞으로도 계속 다툴 것입니다.

이미 제3세계 측은 자원의 주권확립문제뿐 아니라, 해양법, 해저개발, 기술이전, IMF·세계은행(WB) 그룹의 개조(1국 1표제) 등에 대해서 공정원리를 내걸고 자유원리와 다투고 있는 중입니다.

그러면 이 두 원리 간의 다툼은 오직 승부가 있을 뿐 타협할 여지는 전혀 없을까요?

한국경제의 입장

변형윤 결론적으로 말해서 어느 한쪽의 원사이드 한(일방적인) 승리는 없는 것이죠. 말하자면 서로 힘을 행사하고 협상을 할 필요가 있다고 생각할 때에는 협상을 하고 하는 식으로 상호간의 이해관계를 조정해 가겠지요. 그러다 보니 그 틈바구니에서 우리는 고래싸움에 새우 등 터지는 격으로 그동안 빚어지는 피해를 입어 왔고 앞으로도 입을 것 같아요.

차기벽 양자 간의 모든 쟁점이 일시에 해결되지는 않겠지요. 그러나 성급한 판단은 금물입니다.

산유국들의 의욕적인 경제건설은 예상외로 빨리 오일달러를 환류시키고 있어 국제간의 급격한 소득이전이 주요 원인인 오늘의 경제불황도 타개될 전망이 밝아지고 있습니다만, 다국적기업 측도 경제개발과 국민복지를 위한 현지정부의 요청을 점점 더 받아들이는 방향으로 나가지 않을 수 없으리라고 보여집니다.

변형윤 부분적으로는 합의를 보지만 핵심적인 것, 주요한 것에 대해서는 합의를 뒤로 미루거나 완강히 반대하면서, 시간을 끌겠지요. 예컨대 1차산품의 부당한 수출가격의 저하를 방지하기 위한 완충재고의 창설 등에 대해서는 긍정적인 반응을 보이지만 수출소득안정을 위한 보상제도, 선진국의 인플레이션에 기인하는 피해를 최소한으로 억제하기 위한 1차산품의 인덱세이션(indexation) 등에 대해서는 부정적인 반응을 보이는 것과 같이, 따라서 커다란 성과를 거두기에는 오랜 시간이 걸리지 않겠어요.

민족주의의 집권화를 통해 맹위를 떨치고 있는 자원민족주의의 귀추에 대한 장기적 전망은 지난날 서유럽제국에 있어서의 노동조합운동에서 시사를 얻을 수 있을지 모릅니다. 오랜 시간이 걸리기는 했습니다만, 결국 노동조합운동은 성공했고, 그것이 성공했다고 해서 자본가가 망한 것은 결코 아니었습니다.

변형윤 길게 보면 그렇게 볼 수도 있죠. 그러나 자원민족주의으로 인해 자본가격이 자꾸 올라가면 우리나라의 경우에는 국제수지도 나빠지고 물가도 올라가고 해서 머리가 아파진단 말이에요. 그러니까 이런 것을 어떻게 해결할 것인가가 우리에게는 큰 문제가 될 것 같아요.

차기벽 그렇지요. 단기적 전망에 있어서는 우리는 이러지도 저러지도 못하는 딜레마에 빠지게 됩니다.

그것은 심정적으로는 자원민족주의에 공감을 하면서도, 자원을 갖고 있지 못하는 우리나라로서는, 더구나 자원민족주의 때문에 실제로 피해를 입고 있는 우리나라로서는 행동으로 동조할 수는 없기 때문입니다.

변형윤 그렇지요. 자원민족주의를 내세우는 자원보유국인 저개발국의 입장을 이해하면서도 자원 때문에 겪는 심한 고통을 생각하면 자원보유국인 저개발국에 대해서 서운한 마음을 갖고 있는 것이 우리나라 사람이 아닌가 생각합니다.

차기벽 하기는 최근 우리나라에서도 새로운 지하자원 발견이 연달아 보도되고 있고, 또한 최근의 《뉴스위크》지의 분류에 따르면, 자원은 못 가졌어도 기술은 가지고 있기 때문에 우리나라는 제4세계가 아니라 제3세계에 속하는 것으로 되어 있기는 합디다만. 어떻습니까? 자원이라 할 때, 우리는 그 개념을 넓혀서 천연자원뿐 아니라 인적 자원도 그 속에 포함시켜야 하지 않습니까?

사실 우리가 가지고 있는 가장 귀한 자원이 바로 이 인적 자원이 아닙니까? 이 귀한 인적 자원을, 국내에서뿐 아니라 국외, 가령 오일달러 흡수를 위한 중동지역의 인력수출 같은 건에서도, 보호하는 데 각별히 유의해야 할 것 같아요.

변형윤 물론 인적 자원을 중시해야 하겠지요. 그러나 물적 자원에 국한시킬 때에도, 물적 자원 하면 광물자원, 수산물자원, 농산물자원 등 천연자원만을 생각하지 말고 제조된 자원(즉 중화학공업의 재료생산부문의 생산물)도 있다는 것을 생각하고 그것에 눈을 돌릴 때가 되지 않았는가 합니다.

일본은 천연자원이 빈약한 나라이지만 제조된 자원은 풍부한 편에 속하는 나라라고 할 수 있지요.

그리고 중동에 대한 얘기가 나왔는데 이왕 얘기가 나왔으니 말이지 우리가 너무 들떠 있는 것이 아닌가 해요. 중동을 실제 돌아본 사람들이 사실대로 얘기를 전해 주었으면 좋겠어요. 과거에 월남 붐(boom)이

다시 중동에서 재생된다는 보장이 어디 있는지 모르겠군요. 그쪽은 오일 달러를 환류시키기 위해서 공업화를 서두르고 있으니까 거기에 인력자원이라든지 기술 그 밖에 제조된 자원을 수출해 가는 방향으로 하기는 해야 하지만 너무 들뜬 상태는 금물이 아닌가 생각합니다.

차기벽 그 밖에 자원민족주의와 관련해 더 언급할 것은 없을까요?

변형윤 우리나라를 염두에 두고 세 가지만 언급할까 합니다.

첫째는 우리도 국내자원개발을 극대화해가면서 없는 자원의 확보를 위해서 적극적으로 자원보유국에 파고들어갈 필요가 있다는 것입니다. 둘째는 외자도입은 엄선할 필요가 있다는 것입니다. 왜냐하면 다국적 기업이 차관의 공여 또는 직접투자의 형식으로 우리나라에 들어오게 되어 있기 때문입니다. 셋째는 제조된 자원의 국내생산을 위해서 재료생산부문중점형의 중화학공업 육성은 필요하지만, 1959~65년간에 대대적으로 행해진 일본의 중화학공업확충의 선례를 따라서는 안된다는 것입니다. 1965년 무렵까지만 해도 자원보유국을 포함한 저개발국이 개편을 요구하고 있는 IMF 체제와 GATT 체제는 건재했었습니다. 즉 달러화 가치는 안정되어 있었으며 자유무역원칙은 대체로 적용되고 있었다고 할 수 있습니다. 그리고 자원보유국의 지위가 약한 편이었습니다. 그러기에 자원가격은 낮은 편이었습니다. 따라서 일본은 달러화로 세계 어디서나 값싼 자원을 원하는 대로 사들일 수 있었습니다. 그래서 석유소비형·자원소비형의 중화학공업을 대대적으로 확충할 수 있었던 것입니다.

그러나 IMF 체제와 GATT 체제가 동요하기 시작한 이후 특히 석유파동 이후의 상황은 전혀 그때와 다릅니다. 현재는 고가의 자원제약을 받는 '자원시대'라고 할 수 있습니다. 물론 석유가 우리나라에서 충분히 나온다면 모르지만 설사 나온다고 해도 이용할 수 있을 때까지는 석유절약형·자원절약형의 중화학공업을 육성하는 방향으로 나가야 하지 않을까 생각합니다.

차기벽 오랫동안 수고하셨습니다.

《신동아》(1976. 3)

수출산업의 구조고도화 방향과 정책과제

1. 관념상의 문제와 전제조건

주어진 논제의 본론에 들어가기 전에 먼저 구조고도화가 갖는 개념부터 분명히 해둘 필요가 있는 것 같다. 또 그와 더불어 수출산업의 참된 구조고도화를 위해서는 어떠한 전제가 요구되는가에 관해서도 먼저 논급해 두고자 한다.

일반적으로 구조고도화란 말은 그 대상이 산업일반이든 수출산업이든 거의 같은 개념으로 파악되고 있는 것 같다. 곧 콜린 클라크나 호프만의 논설을 빌릴 필요도 없이 이의 일반적 개념은 부가가치와 종업원 수(주로 부가가치)를 기준으로 하여 전 산업 가운데서 1차산업의 구성비가 차츰 줄어드는 대신 2차산업의 구성비, 다시 나아가 3차산업의 그것이 차츰 높아져 간다는 데서 주어지고 있다. 각 산업 간의 이같은 구성비 변동만이 아니라 구조고도화 문제를 얘기할 때 더욱 중요시 되는 것은 제조업 내부의 각 업종별 구성비의 변동이다. 곧 제조업을 생산재공업(중화학공업)과 소비재공업(경공업)으로 양분할 때, 경공업의 비중이 차츰 줄어드는 대신에 중화학공업의 비중이 늘어나는 것을 공업구조의 고도화라고 하여 공업화단계 구분의 경우에서나 기타 정책목표 설정에서 크게 중시하는 것은 이미 주지하는 바이다.

수출산업의 경우에서도 구조고도화의 개념은 이상의 내용과 사실 다를 바가 없다. 곧 수출되는 재화의 구성에서 1, 2차산품별 또는 2차산품(공산품) 가운데서도 경공업제품과 중화학제품 사이에 전자보다도 후자의 구성비가 차츰 높아져 가는 것을 가리킨다.

그러면 이와 같은 구조고도화에 대해 왜 경제발전 과정에서 정책적으로 긍정적인 의의를 부여하는가? 그 까닭은 대략 다음과 같은 데서 찾을 수 있을 것이다.

경제의 발전은 바로 생산방식의 우회도의 심화로 나타난다. 생산방식의 우회화는 제조가공단계의 심화를 의미하게 되므로 그것은 바로 재화의 부가가치율을 높이는 결과로 된다. 나아가 국제 간의 교역에서 그것은 국제경쟁력을 높이고 교역조건을 유리하게 만들며 결국 외화가득률도 높이게 되는 것이다. 그러므로 생산의 우회화를 가져오는 산업구조의 고도화는 결론적으로 더욱 발전된 형태로 나아가는 것으로 인식되고 긍정적으로 받아들여지는 것이다.

그런데 어디까지나 금액 개념으로서 부가가치 변동을 기준으로 하여 평가되는 이 산업구조의 고도화 문제가 현실적으로 과연 어떠한 의미를 갖는 것인가. 우리는 한번 냉정히 다시 생각해 볼 필요가 있다.

부가가치가 금액개념이기 때문에 아무리 그것을 불변시장가격으로 평가한다고 하더라도 개별 재화의 가격설정 여하에 따라서 그 구성비는 크게 영향을 받게 된다. 이를테면 특정 재화의 가격을 정책적으로 높게 설정하기 위해 수입을 억제하거나 이중가격제도를 실시한다든가 하면 그 재화의 부가가치는 그만큼 높게 평가될 것이며, 반대로 가격수준을 낮게 설정하기 위한 정책을 베풀면 부가가치 평가는 그만큼 작아질 것이다. 그 흔한 예로 매우 심한 저곡가정책은 농업부문의 부가가치를 낮게 평가케 하여 산업구조를 고도화시키는 효과를 가져오거나 해외수입 원료의 가격이 하루아침에 폭등함으로써 가져오게 되는 산업구조의 변동과 같은 것을 그 본보기로 들 수 있다.

이뿐만 아니라 산업별 부가가치 구성의 변동은 한 나라의 국민경제가 얼마나 개방경제화 하느냐에 따라 크게 영향을 받게 된다. 즉 2차산업을 중심으로 이른바 가공무역형이 발달하고 반면 1차산품의 수입이 늘어나게 되면 그것은 산업구조의 변동에 직접적인 영향을 가져오게 되는 것이다.

이처럼 엄밀히 따지고 보면 2차산업의 부가가치 구성비가 설사 상당한 수준으로 높아졌다 하더라도 변동 그 자체만 가지고는 별다른 의의를 발견할 수 없다. 도대체 2차산업의 구성비가 1961년의 11.9퍼센트에서 1974년에는 무려 31.5퍼센트(잠정)로 대폭 늘어나고, 또 울산정유공장이 가동되기 전인 1963년도 우리나라 석유정제업의 전 제조업 중의 비중은 겨우 0.17퍼센트에 불과하던 것이 외국자본과의 3개 합작정유공장이 가동하는 1973년에는 같은 비중이 6.0퍼센트로 기간 중 무려 30배의 구성비 증대를 가져왔다고 하여 그것이 국민경제적으로 과연 무슨 의의가 있는가.

돌이켜 볼 때 1973년 가을 오일쇼크를 계기로 한 국제자원파동은 이러한 각도에서 우리들에게 다음과 같은 교훈을 준 셈이다.

1차산업 곧 농림산물, 광산물 등의 중요성에 대한 각성이다. 자원파동을 계기로 하여 1차산품의 보유·생산·수출하는 나라가 세계무역을 주도하리만큼 발언권이 강화되었다. 그 반면 2차산품을 중심으로 가공무역형 발전과정을 걸어오던 나라의 산업구조는 구조적 취약성을 여지없이 드러내고 말았다. 자원파동 이후의 미국과 일본의 국내경기 및 무역·국제수지 동향이 이를 잘 대변해 주고 있다.

그리하여 우리는 구조고도화 문제를 무조건 2차산품의 구성비 및 나아가 중화학공업의 구성비의 제고로 받아들여서는 안 된다는 것을 알 필요가 있다. 바꾸어 말하면 그와 같은 구조고도화는 경우에 따라서는 형식적인 고도화에 그치고 조그마한 외부적 충격에도 경제활동이 크게 흔들리는 구조 취약화로 될 수도 있다. 어쨌든 산업별 구성비 변동 자체가 구조고도화의 전부는 아니다.

수출산업의 구조고도화를 다룰 때 두 번째로 선결되어야 할 문제는 고도화 자체의 목표와 현실적인 수출규모 극대화 목표 간의 상관관계이다.

좀더 구체적으로 설명한다면, 우리가 현실적으로 수출산업의 구조를 고도화시켜야 한다고 할 때 그 궁극적인 목적은 바로 수출규모의 확대에 두기 쉽다. 바꾸어 말하면 수출 확대란 정책목표를 달성하기 위하여 구조고도화가 정책수단으로 요청되는 것이냐, 아니면 구조고도화란 목표를 실현시키기 위해서는 수출규모의 확대가 어느 정도 제약을 받거나 경우에 따라서는 규모 축소까지도 용납될 수 있느냐 하는 일종의 정책목표의 우선순위 문제가 제기되는 것이다.

이때 구조고도화 문제를 전자의 입장으로 받아들이는 한 그것은 합리적으로 소망스럽게 달성되기란 매우 어렵다고 볼 수 있다. 왜냐하면 우리의 현실은 처음부터 구조고도화 측면을 무시한 채 수출의 규모 확대에만 치우쳐온 결과, 지금으로서는 이 양자 간에 극심한 상충관계(trade-off)를 형성시키고 있기 때문이다.

이 점이 바로 오늘의 우리나라 경제 또는 수출산업이 당면하고 있는 가장 주된 문제점인 동시에 타개해야 할 긴급한 정책과제이기도 하다. 여기서 우리는 지금까지의 인식태도를 크게 수정해 볼 필요성을 느낀다.

지금까지 온갖 어려움을 무릅쓰고 추구해 오던 성장일변도 정책이 국제적 자원파동을 전기로 하여 크게 비판받게 된 것은 널리 알려진 대로이다. 수출에도 문제의 근본은 마찬가지다. 사실 우리나라는 지금까지 성장과 수출만을 맹목적으로 추구해 왔다. 그러나 그러한 논리가 얼마나 불안정한 것이었는가는 현재의 불경기 아래서 실감하고 있다. 수출산업의 구조고도화 과제가 현실적으로 제기되는 당위론적인 배경도 바로 이 같은 잘못된 지나간 인식태도의 비판에서 찾아야 하는 것이다. 다시 말하면 수출 확대를 우선적인 정책목표로 계속 집착하는 한 수출산업의 구조고도화 문제는 올바른 방향으로 다룰 수 없다는 점을 먼저 강조해 두고자 한다.

2. 수출산업 산품구조의 현상과 특징

이상과 같은 몇 가지 기초적인 전제 위에서 우리는 수출구조고도화 문제를 다루어 보고자 한다. 먼저 우리나라 수출산업의 현실적인 구성이 어떻게 되어 있고 또 어떻게 되어 왔는가부터 간략하게 살펴보자.

제1차 5개년계획이 시작되면 1962년 당시만 하더라도 우리나라는 완전히 1차산품 위주의 수출구성이었다. 연중 약 55백만 달러의 수출실적은 농수산품 및 광산품으로 79.3퍼센트가 이루어지고 공산품은 의류, 합판 등 일부 경공업품을 중심으로 겨우 11.3백만 달러(20.7%)를 올리는 데 그쳤다.

이러한 수출구성이 1966년에는 1, 2차산품별로 38.2퍼센트 대 61.8퍼센트로 완전히 역전되고 또 1971년에는 13.7퍼센트 대 86.3퍼센트로, 1974년에는 다시 11.0퍼센트 대 89.0퍼센트로까지 변모하였다. 이 구성비 변화는 경이적인 속도로 진행되었음을 알 수 있다.

이와 같은 급진적인 속도로의 수출구조고도화 과정에서 찾아볼 수 있는 특징적인 몇 가지 사실은 다음과 같은 것이다. 첫째, 비록 2차산품 중심으로 급진적인 변화를 가져왔으나 그것은 대부분 노동집약적인 경공업제품, 이를테면 각종 섬유류, 합판, 가발 등의 수출증대를 통하여 이루어졌다는 점이다. 곧 구체적인 수치를 통해서 보더라도 적어도 1973년까지는 2차산품 수출 가운데서 중화학공업품이 차지하는 비중은 사실상 늘어나지 못한 실정이었다. 그것은 1962년의 21.2퍼센트 선에서 66년에는 6.7퍼센트, 71년에는 12.3퍼센트 그리고 73년에는 21.1퍼센트를 나타낼 정도였으니 말이다. 이 수치도 1974년에 와서는 상당한 변화를 보여준다. 즉 합판, 섬유 등 경공업부문 대종품목의 수출이 극히 부진했던 한편 선박이 차지하는 비율은 자그마치 41퍼센트 선으로 급증하고 있다(〈표 1〉 참조).

〈표 1〉 수출산품별 구성 추이

(단위: 백만 달러)

	1962	1966	1971	1974
1 차 산 품	43.5 (79.3)	95.6 (38.2)	146.3 (13.7)	492.1 (11.0)
2 차 산 품	11.3 (20.7)	154.7 (61.8)	921.3 (86.3)	3,968.3 (89.0)
① 경 공 업 품	8.9 (16.2)	144.4 (57.7)	808.2 (75.7)	7,310.0 (51.8)
섬 유	5.2 (9.4)	67.9 (27.1)	442.1 (41.4)	1,351.9 (30.3)
② 중화학공업품	2.4 (4.4)	10.3 (4.1)	113.2 (10.6)	1,658.3 (37.1)
화 학	1.0 (1.8)	0.7 (0.2)	14.9 (1.4)	367.9 (8.2)
기 계	1.4 (2.4)	9.6 (3.8)	87.4 (8.1)	562.0 (12.6)
금 속	− (−)	− (−)	10.9 (1.1)	728.4 (16.3)
합 계	54.8(100.0)	250.3(100.0)	1,067.6(100.0)	4,460.4(100.0)

주: ( ) 안은 구성비.
자료: 한국은행, 《경제통계연보》.

어쨌든 우리나라의 수출산품 구성은 압도적인 2차산품 중심임에도 불구하고 2차산품 구성 그 자체는 아직도 지극히 노동집약적이고 단용(單用)소비재적인 경공업품으로 이루어지고 있음을 발견할 수 있다.

둘째로 지적할 수 있는 특징은 농수산품이든 광산품이든 1차산품의 수출비중이 줄고 반면 2차산품 비중이 늘어났다고 하는 것이, 과거 1차산품 그대로 수출하던 것을 지양하고 그것을 원료로 다시 가공하여 수출함으로써 이루어진 것은 결코 아니라는 사실이다. 물론 그러한 산품별 변화를 가져온 경우도 상당한 부분 있을 것은 틀림없으나 대개는 수출되는 2차산품의 원재료가 해외로부터 수입되어 그것을 제조·가공하여 다시 수출하는 과정을 거쳐 이루어진 것으로 볼 수 있다.

그러므로 앞 절에서 본 엄밀한 의미에서의 수출구조고도화 개념에 비추어 본다면 이는 바람직한 변화로는 될 수 없다. 다시 말하면 비록 2차산품 중심으로 수출구조가 크게 편향되었다고 하더라도 그것을 가지고 우리나라 수출산업의 구조가 고도화되었다고 말하기는 어렵다는 것이다.

다음 〈표 2〉에서도 유추해 볼 수 있듯이 공산품의 수출이 늘면 늘수록 그만큼 수출용 원재료가 따라서 늘어남은 물론이고, 또한 수출산업의 시설확대를 위한 자본재까지도 늘어나게 된다. 따라서 경제를 개방화하면 할수록 소요 원재료나 자본재의 수입토대 위에서 공산품의 수출비중을 높일 수가 있는 것이다.

끝으로 이리하여 우리나라 수출은 높은 수입유발률을 갖기 때문에 이에 역수인 외화가득률은 낮을 수밖에 없는 구조적 특징을 갖는다.

무역협회의 계산에 따르면 1974년도 우리나라 수출의 수입유발률(수입유발액/수출액)이 33.7퍼센트에 이르고 따라서 수출의 외화가득률은 66.3퍼센트에 그치고 있다. 산업별 외화가득률을 보더라도 1970년

〈표 2〉 재화용도별 수입구성 추이

	금 액(백만 달러)			구 성 비(%)		
	1966	1971	1973	1966	1971	1973
1. 소 비 재	106.7	539.2	894.9	14.9	23.3	21.2
양 곡	61.3	304.0	442.5	8.6	12.7	10.5
2. 원 재 료	391.4	1,028.0	1,994.5	54.6	42.9	47.3
내 수 용	325.9	684.5	1,103.9	45.5	28.6	26.2
수 출 용	65.5	343.5	890.9	9.1	14.3	21.1
3. 자 본 재	218.3	807.1	1,329.1	30.5	33.7	31.5
기 계 류	97.8	350.7	547.8	13.7	14.6	13.0
전 기 기 기	24.0	167.2	359.7	3.3	7.0	8.5
운 반 용 기 기	46.6	167.5	248.7	6.5	7.1	5.9
총 수 입	716.4	2,394.3	4,218.5	100.0	100.0	100.0

주: 용도별 분류는 ECAFE 분류기준에 의함.
자료: 한국은행,《경제통계연보》, 1962~74.

현재(1970년 이후 물론 많은 구조적 변화가 일어났지만) 우리나라 수출 대
종품목인 섬유, 직물, 합판, 철강제품, 수송용기기 등이 모두 50~60퍼
센트대의 저가득률을 보이고 반대로 수출비중이 매우 낮은 수산물, 비
금속광물제품, 농산물가공품 등이 80퍼센트대를 넘어서고 있다(〈표 3〉
참조).

〈표 3〉 수출의 수입유발액과 그 비중

(단위: 백만 달러)

	수출액 (A)	수입유발액 (B)	총수입액 (C)	B/A (%)	B/C (%)
1970	835.2	270.3	1,984.0	32.4	13.6
1971	1,067.6	369.8	2,394.3	34.6	15.4
1972	1,624.1	568.1	2,572.0	35	22.5
1973	3,225.0	1,084.2	4,240.3	33.6	25.6
1974	4,460.4	1,502.0	6,844.3	33.7	21.9

자료: 한국무역협회,《우리나라 수출의 산업연관효과분석》, 1974.

3. 구조고도화 방향과 정책과제

이상에서 지적한 몇 가지가 우리나라 수출산품구조가 현재 직면하고 있는 문제점임과 동시에 정책적으로 타결해야 할 과제이기도 하다. 그리고 이것은 바로 여기서 다루고자 하는 수출산업 구조고도화를 위한 정책과제로 볼 수 있다.

수출산업의 구조고도화 방향과 정책과제라고 하여 산업구조정책 일반의 그것과 근본적으로 다를 바가 없음은 두말할 것도 없다. 단지 국내경제의 대외관계성이란 전제가 더욱더 중시될 따름이다. 곧 어디까지나 개방경제를 전제로 하고 문제가 제기되는 것이다.

오늘날 선·후진국 간의 분업체제는 새로운 방식으로 변모해 가고 있다. 그 중에서도 하나의 뚜렷한 경향은 과거 선진국이 자국 안에서 생산하여 개발도상국에 수출해 오던 이른바 중화학공업부문에 속하는 제품을 이제는 개발도상국 안에다 공장을 설치하여 현지에서 직접 공급하게 된다는 사실이다. 개발도상국에 직접 공급하는 것뿐만 아니라 경우에 따라서는 그의 일부 또는 전부를 선진국 스스로가 직수입하여 사용하기에까지 이르렀다.

이와 같은 선·후진국 간의 새로운 국제분업 재편성 과정에서 개발도상국은 그러한 선진국 입장의 분업논리를 무비판적으로 수용할 수는 없다. 왜냐하면 선진국 측이 바라고 있는 노동력 조건이나 공장부지 조건이나 해결해 주고 또 산업공해나 수입하게 될 가능성을 배제할 수 없으며 둘째로는 그러한 선진국 산업의 이전이 개발도상국 측의 시장과 원료를 지배하게 됨으로써 개발도상국에서의 기존 산업의 자율적인 발전을 오히려 억제할 소지가 크기 때문이다.

이렇게 볼 때 국제분업 재편성 과정에서 개발도상국 측은 자기의 국민경제적 이익을 가능한 한 끝까지 옹호해야 한다. 이 국민경제적 이익 옹호는 바로 경제운용의 주체적 조건을 지킬 수 있을 때에 가능하고 또 그러한 주체적 조건을 현실적으로 뒷받침하는 전제조건은 결국 국내산업 내부의 튼튼한 분업적 관계성에서 찾을 수 있을 것이다. 그러므로 경제운용의 주체적 조건을 보지(保持)하고 자립경제의 현실을 바란다면 산업구조 정책의 기본 방향은 결국 국내산업 상호 간의 분업연관성을 높인다는 데서 찾지 않을 수 없다.

말할 것 없이 자원부존 상태에 따라 그것은 일차적으로 제약을 받지 않을 수 없고 또 여러 가지 산업지배적 조건이나 시장조건 여하에 따라서도 영향을 받게 될 것이기 때문이다. 따라서 이와 같은 여러 가지 주어진 여건을 충분히 감안한 다음에 국내 분업연관성을 최대한으로 높이라는 것이다.

구조고도화의 기본 방향을 이렇게 설정하고 볼 때 자연히 우리는 다음과 같은 몇 가지 정책과제를 도출하게 된다.

첫째로 기초·중간생산재 공업을 우선적으로 개발해야 한다는 점이다. 중화학공업이라고 해서 모두 국내적 분업체를 강화시켜 주는 것은 아니다. 앞서도 지적했듯이 지극히 선진국 측 분업이론에 따라서 전개되는 중화학공업은 오히려 국내분업체제를 파괴하고 그 관련성은 약화시킬 수도 있다.

중화학공업화도 그것이 우리에게 의미 있는 것이 되기 위해서는 그를 통하여 국내의 자원, 에너지 산업 그리고 산업개발이 상호 보완적으로 이루어져야 한다. 그러지 않고서는 앞에서 말한 수출의 높은 수입유발률을 근본적으로 낮출 수가 없기 때문이다.

그런데 문제는 우리가 기초·중간생산재 공업을 의도적으로 개발하고자 할 때는 선진국 측의 순조로운 협조를 받기가 어렵다는 점이다.

경험적으로 보더라도 선진국 측은 중요한 공작·산업기계나 기초화학 공업에 속하는 업종은 대(對)개발도상국 이전을 회피하는 것 같다. 그 것은 가장 고부가가치식 산업이기도 하겠지만 기술적으로 중요한 의 미를 갖기 때문일 것이다. 사실 이 기초적인 생산재 공업의 자체 개발 이 없이는 궁극적으로 우회생산 과정의 심화가 이루어질 수 없으며 대외거래에서 경쟁력의 강화와 교역조건의 개선, 나아가 외화가득률 의 제고가 이루어질 수 없는 것이다. 물론 여기서 기초·중간생산재 공 업 중심의 중화학공업화를 추진한다고 해서 이를테면 외자에 의한 석 유화학 콤비나트의 건설과 같은 것을 뜻하는 것은 아니며 또 그러한 방식으로 문제가 해결된다고 보지는 않는다.

둘째로 중요하게 지적될 수 있는 과제는 기술의 개발이다. 외국과의 분업관계를 단절하고 국내산업 상호 간의 분업체제를 긴밀히 하기 위 해서는 기본적으로 기술적 뒷받침이 확립되어야 한다. 오늘날 우리에 게 중요한 기술은 고도로 발달한 선진국 플랜트의 개발에 따른 기술 이다.

또한 이 기술개발의 과제는 현재 한국 산업이 당면하고 있는 생산 성의 향상, 자원의 절약 및 공해의 방지 등과 같은 필요성에 비추어서 도 지극히 중요시되는 것이다.

기술개발의 과제와 더불어 지적해 두고자 하는 것은 수출품의 가공 도를 높이는 문제다. 수출상품 고도화의 고부가가치화를 실현하기 위 해서는 가공도를 높여야 한다. 수출구조도 고도화만이 아니라 현실적 으로 수출 그 자체의 증진을 위해서도 이 수출품의 고급화와 고가공 화의 필요성이 절실히 요청되는 바 있다. 따라서 일반 기술의 개발만 이 아니라 일종의 가공기술(기능)의 향상도 동시에 추구되어야 할 것 이다.

셋째로는 국내 분업관련성의 제고라는 구조고도화의 기본 방향과는 직접적인 관련이 없다고 볼 수도 있지만 우리의 현실에 비추어 자원절약과 공해방지에 따른 정책과제를 특별히 지적할 수 있다.

우리의 자원 사정에 비추어 수출산업도 자원절약적 방향으로 개발시켜야 한다는 것은 두말할 여지도 없으며 또 그동안의 무정견(無定見)한 공업화 추진으로 인한 산업공해의 심각도도 갈수록 높아져 가고 있다. 특히 후자의 경우 단기적인 수출극대화의 목표 때문에 소홀히 다루어 왔지만 아마도 머지않은 장래에 이는 수출저지 요인으로 역작용하게 될 것이 분명해져 가고 있다. 구조고도화를 위한 정책과제는 더 장기적으로 다루어야 한다는 점을 지적해 두고 싶다.

결론적으로 갖가지 정책목표 또는 과제 사이에는 경우에 따라 상호보완관계도 형성되지만 상호 반역관계를 갖는 수도 있다. 지금까지 설명한 구조고도화를 위한 정책과제 상호 간에도 이는 결코 예외일 수가 없다. 이것을 종적으로 도해해 보면 다음 〈그림 1〉과 같다.

〈그림 1〉 정책과제 사이의 상호연계

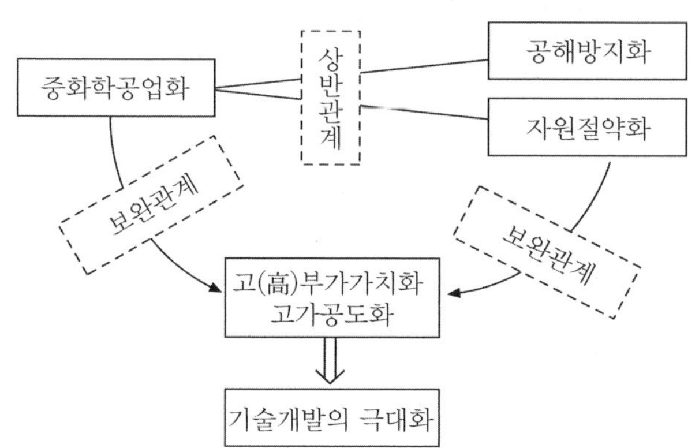

<그림 2> 구조고도화정책의 목표와 수단

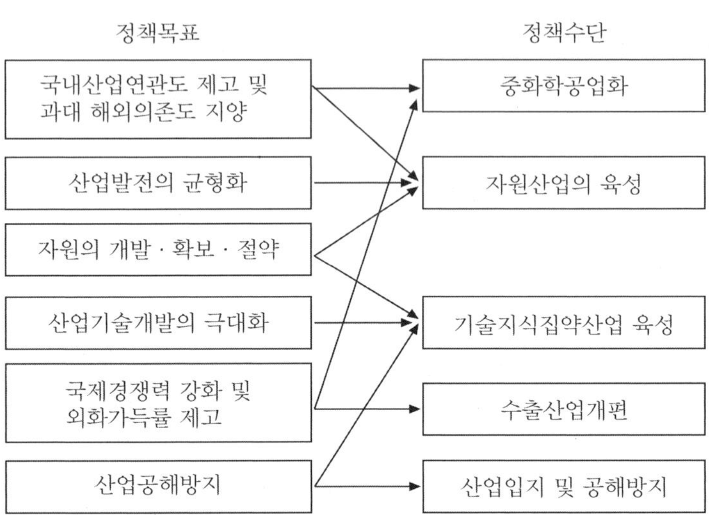

여기에 효과적으로 목적을 달성하기 위해서는 여러 정책수단의 적절한 종합, 이른바 폴리시믹스(Policy mix)가 필요하게 된다. 따라서 경제정책의 핵심은 바로 이 폴리시믹스를 어떻게 유효하게 실현하느냐에 주어진다.

구조고도화 정책을 추진할 때 설정될 수 있는 여러 가지 정책목표와 그를 실현하기 위한 각종 정책수단과의 상호관계를 그림으로 나타내면 대충 <그림 2>와 같이 종합될 수 있을 것이다. 다시 말하지만 수출산업의 구조고도화정책을 다룰 때에도 이러한 도해는 물론 가능할 것이다.

<무역협회 심포지엄>(1975. 10)

무역정책의 기조

1

지난해인 1977년에 우리나라는 국제수지 면에서 기록할 만한 성과를 거두었다. 수출이 100억 달러를 넘어섰고 경상수지가 흑자를 나타내었으며 이로 인해서 우리 경제는 최초로 대외균형을 달성하였다. 동시에 수출시장도 130여 개국으로 확대되었으며 수출상품 중에서 중화학공업제품이 차지하는 비중도 36.1퍼센트로 높아졌다.

이와 같은 성과는 물론 그동안 정부가 추진해 온 수출드라이브정책, 수출시장 다변화정책 및 중화학공업화정책 등에 힘입은 바 크다고 할 것이다. 그러나 이러한 수출신장 과정에서 우리 경제의 해외의존도는 계속 높아졌다는 사실을 간과해서는 안 될 것이다.

2

현재 우리나라는 시장, 원자재 및 자본재의 공급, 자본 및 기술의 측면에서 해외의존도가 높다. 시장의 측면에서의 해외의존도를 나타낸다고 볼 수 있는 상품수출의존도(상품수출액을 GNP로 나누어 백분비로 표시한 것을 말한다)는 1976년에는 32.0퍼센트나 된다.

한편 우리나라의 상품수입의존도(상품수입액을 GNP로 나누어 백분비로 표시한 것을 말한다)는 1976년에는 33.5퍼센트나 된다. 우리나라의 상품수입은 거의가 원자재와 자본재로 구성되어 있기 때문에 (1976년의 상품수입 87억 7,360만 달러 중 소비재는 13.6%에 불과하고 원자재가 54.7%, 자본재가 31.7%이다) 우리나라의 상품수입의존도가 높다는 것은 원자재와 자본재의 공급의 측면에서 우리나라의 해외의존도가 높다는 것을 의미한다고 볼 수 있다.

우리나라는 또한 1976년까지 78.93억 달러의 차관을 도입하였고(도착 기준) 9.54억 달러의 외국인 직접투자를 인가하였다. 이러한 많은 외자도입에 따라서 우리나라의 총저축에서 차지하는 해외저축의 비중은 3차의 계획기간 중 가장 낮은 제3차 계획기간(1972~76년)에도 40.0퍼센트에 달하고 있다. 한편 외국기술도 총 690건(1976년까지의 인가 기준)을 도입하였으며, 연구개발투자의 GNP에 대한 비중은 1975년에 약 0.5퍼센트에 불과하여 선진국의 20~30퍼센트 수준에 견주어 매우 낮다.

이처럼 우리 경제가 여러 가지 면에서 해외의존도가 높다는 것은 우리 경제가 그만큼 대외적으로 취약하다는 것을 의미한다고 하겠다. 우리는 한 나라 경제가 대외적으로 취약할 때 어떤 어려움을 겪게 되는가를 이미 1974년과 1975년에 체험한 바 있다.

따라서 수출신장을 계속 추구하되 앞으로는 그 수출신장이 높은 우리 경제와 대외의존도를 낮추거나 적어도 높이지 않는 가운데에, 바꾸어 말하면 우리 경제의 자립도를 높이거나 적어도 낮추지 않는 가운데에 실현되도록 할 필요가 있을 것이다. 이와 같은 수출신장은 분명히 해외로부터의 충격에 대한 우리 경제의 저항력 또는 완충력을 강화시키는 것이기 때문이다.

3

우리 경제의 해외의존도를 낮추거나 적어도 높이지 않도록 하기 위해서는 무엇이 필요한가.

대체로 다음의 것들이 필요하지 않을까 생각된다.

첫째, 제1차산업 및 광업의 적극적인 개발

이는 원자재의 국내생산을 높여 수입의존도를 낮춤으로써 우리 경제의 해외의존도를 낮추는 데 기여할 것이다. 뿐만 아니라, 이는 농·어촌의 소득을 증대시켜 국내시장을 확대시키며 도시와 비도시 간 소득격차도 축소시킬 것이다. 또한 이는 최근 물가상승의 선도품목의 하나인 식료품의 국내 공급을 확대시켜 물가안정에도 기여할 것이다.

이 제1차산업 및 광업의 육성을 위해서는 투자증대와 생산물에 대한 고가격정책의 추구가 필요할 것이다.

**둘째, 제조된 원자재 또는 가공원자재를 생산하는 기초중화학공업의
적극적인 개발**

이는 원자재의 국내생산을 높여 수입의존도를 낮춤으로써 우리 경제의 해외의존도를 낮추는 데 기여할 것이다. 뿐만 아니라 이는 공업구조의 고도화를 가능하게 하며 중화학공업을 기초중화학공업, 자본재 생산부문, 내구소비자재 생산부문의 셋으로 대별할 때, 다른 두 부문에 대한 국내 지원을 강화시킬 수 있다. 또한 이는 원자재의 국제시

세의 변동을 상당한 정도로 완화시켜 물가안정에 기여할 수 있으며 가공원자재의 수출을 기대할 수 있게 한다.

이 기초중화학공업의 육성을 위해서는 투자증대가 필요할 것이다.

셋째, 중소기업의 적극적인 육성

이는 중소기업부문의 소득을 증대시켜 국내시장을 확대시킴으로써 시장의 측면에서의 해외의존도를 낮추어 우리 경제의 해외의존도를 낮추는 데 기여할 것이다. 뿐만 아니라 이는 소득격차를 축소시키는 데 기여하며 경쟁을 촉진시켜 독과점기업의 부당한 가격인상을 막음으로써 물가안정에 기여할 수 있다. 또한 이는 중화학공업의 발전에도 기여할 것이다. 흔히 중화학공업은 대기업에 의해서만 이루어지는 것으로 생각되기 쉽지만, 중화학공업, 특히 기계공업의 발전을 위해서는 중소기업의 발전이 필요하다. 왜냐하면 기계공업에 필요한 부품은 전문적인 기술을 갖고 있는 중소기업에 의해서 생산되는 것이 오히려 품질 향상과 생산비 절감에 더 효율적인 경우가 많으며, 특히 모든 기계공업의 기초가 되는 기계를 생산하는 공작기계는 전문적인 지식을 갖고 있는 중소기업에 의해서 발전되어 온 것이 선진국에서의 일반적인 예라고 할 수 있기 때문이다.

이 중소기업의 육성을 위해서는 투자증대가 필요할 것이다.

넷째, 물가안정의 추구

이는 국내저축률을 증대시켜 자본의 측면에서 해외의존도를 낮춤으로써 우리 경제의 해외의존도를 낮추는 데 기여할 것이다. 뿐만 아니라 이는 우리나라 상품의 가격 면에서의 대외경쟁력을 유지시키며 수출산업에 대한 각종 특혜를 필요 없게 만들 수 있다고 할 수 있다. 지금까지 인플레에 기인하는 가격 면에서의 대외경쟁력의 저하를 상쇄시켜 주기 위해서 금융·세제 면에서 각종의 특혜가 수출산업에 부여되어 왔다고 볼 수 있다. 또한 이는 소득격차의 확대를 방지한다고도 할 수 있을 것이다. 인플레는 소득격차를 발생시키는 주요인의 하나인 것이다.

이 물가안정을 위해서는 안정기조의 견지, 기술개발, 경영합리화의 극대화, 소비억제, 독과점상품가격의 규제, 외자도입의 억제 등이 필요할 것이다. 현재 겪고 있는 해외부문에서의 통화팽창은 외자도입의 억제를 통해서 막는 것이 가장 바람직하다고 할 수 있을 것이다.

다섯째, 내자동원의 극대화

이는 직접적으로 국내저축을 증대시켜 자본의 측면에서 해외의존도를 낮춤으로써 우리 경제의 해외의존도를 낮추는 데 기여할 것이다. 이 내자동원의 극대화를 위해서는 물가안정 외에 국제적 전시효과의 슬기로운 방지가 필요할 것이다. 국제적 전시효과(저개발국의 국민으로 하여금 소비수준이 높은 선진국 국민의 소비생활을 모방하게 만드는 유혹)의 슬기로운 방지는 건전한 소비풍토를 조성하여 내자동원에 기여할 뿐 아니라, 수요를 억제하여 물가안정에도 이바지할 것이다. 이 효과의 방지를 위해서는 사회지도층의 솔선수범은 말할 것도 없고 외자도입 정책, 수입대체정책, 매스컴정책, 교육정책, 출판정책 등을 수립할 때 특별한 배려도 필요할 것이다. 물론 자본시장의 육성도 내자동원의 극대화에 필요할 것이다.

여섯째, 국내기술의 적극적인 개발

이는 기술의 측면에서 해외의존도를 낮추어 우리 경제의 해외의존도를 낮추는 데 기여할 것이다. 뿐만 아니라 이는 기존 수출상품의 품질개선과 새로운 수출상품와의 개발도 가능하게 하며 수출신장에도 기여할 것이다. 지금까지 우리나라의 놀라운 수출신장이 풍부하고 저렴한 노동력에 크게 힘입어 왔음은 누구도 부인할 수 없는 사실이다. 그러나 그동안의 경제성장 과정에서 잠재실업인구가 감소함에 따라서 갈수록 값싼 노동력을 대외경쟁력의 발판으로 삼기에는 여러 가지 어려움이 따르게 되었다. 이에 더해서 좋은 품질보다도 저렴한 가격을 앞세우는 우리나라의 수출은 최근 선진국에서 수입제한 등으로 크게 저항을 받고 있으므로 이제는 저임금-저가격보다는 기술개발을 통한 품질개선으로 수출시장을 개척해 가야 할 단계에 왔다고 할 수 있다. 국내기술의 개발을 위해서는 연구개발투자의 증대가 필요할 것이다.

일곱째, 인색한 임금 인상으로부터의 탈피

이는 국내시장을 확대시켜 시장의 측면에서 해외의존도를 낮춤으로써 우리 경제의 해외의존도를 낮추는 데 기여할 것이다. 뿐만 아니라 이는 노동자의 사기를 높여 노동의 생산성을 향상시킴으로써 생산비를 절감시킬 수도 있다. 물론 임금 인상은 생산비 인상을 통해서 가격면에서의 대외경쟁력의 약화, 물가안정의 위협을 초래할 것이다. 그러나 국내시장의 확대 효과, 노동의 생산성 향상 효과 등을 고려한다면 결코, 임금 인상에 인색해서는 안 될 것이다. 임금 인상은 경영합리화와 기술개발을 통해서 기업의 이윤을 감소시키지 않고, 또한 물가상승을 초래하지 않고 상당한 정도로 실현될 수 있을 것이다.

여덟째, 수입자유화조치의 신중한 실시

이는 수입의존도를 높이지 않음으로써 우리 경제의 해외의존도를 낮추는 데 기여할 것이다. 물론 수입자유화조치는 물가안정, 대외경쟁력의 강화, 통화환수, 수출신장을 위해서 이용될 수 있다. 그러나 그것은 국내산업의 보호를 위해서는 사전적인 대비를 충분히 해가면서 점진적으로 실시되어야 할 것이다.

따라서 앞으로는 이와 같은 여러 가지 노력을 계속 해가면서 경영합리화, 시장다변화, 중화학공업의 자본재 생산부문 및 내구소비자재 생산부문의 적극적인 육성, 반드시 필요한 범위 안에서 외국기술의 활용, 경제외교의 강화 등을 통해서 수출신장을 실현시켜야 할 것이다. 기술개발·물가안정은 수출신장을 위해서도 필요한 것이며, 기초중화학공업 외의 중화학공업부문의 적극적인 육성은 기술개발, 외국기술의 활용과 함께 수출상품 다양화에 기여하는 것이 되기도 하며, 기술개발, 외국기술의 활용은 수출상품의 고급화에 이바지하는 것이기도 함은 말할 나위도 없다.

4

높은 우리 경제의 해외의존도를 낮추거나 적어도 높이지 않는 가운데에 실현되는 수출신장은 구체적으로는 바로 이런 내용의 것을 말한다고 할 수 있다.

그런데 이런 내용의 수출신장은 다름 아닌 우리나라에게 바람직스러운 것이라고 생각되는 일본형이나 서독형을 지향하는 수출신장이며 또한 우리나라의 제4차 계획에서 기본목표의 하나로 내걸고 있는 자력성장구조의 실현을 진정으로 의의있게 하는 수출신장인 것이다.

일본은 현재 7백억 달러 이상의 상품수출을 하면서도 상품수출의존도는 10퍼센트대에 머무르고 있고, 서독도 1천억 달러 이상의 상품수출을 하면서도 상품수출의존도는 20퍼센트대에 불과하다.

그리고 자력성장구조의 실현은 국제수지의 확대균형, 투자재원의 자력조달, 산업구조의 고도화를 내용으로 하고 있지만 국제수지의 확대균형과 산업구조의 고도화는 우리 경제를 더욱더 해외의존적인 것으로 만드는 수출신장에 의해서도 실현될 수 있으므로 해외의존적인 자력성장구조의 실현도 일단 생각할 수 있다. 그러나 이것은 결코 진정으로 의의가 있는 것은 못된다. 진정으로 의의있는 것, 혹은 바람직한 것은 역시 우리 경제를 덜 해외의존적인 것으로 만드는 수출신장을 전제로 하는 자력성장구조의 실현이다.

어떻든 1981년에는 수출도 계획대로 실현되면서 진정으로 의의있는 자력성장구조의 실현이 이룩되었으면 한다.

《국회보》(1978. 2)

한일 무역불균형의 원인과 그 해결방안[*]

1. 머리말

1962년 이래 우리나라는 수출주도형의 개발정책을 추구하여 온 결과 수출은 연평균 40퍼센트의 높은 증가세를 실현함으로써 1977년에는 수출총액이 100억 달러에 이르렀고 이에 따라 세계 수출에서 점하는 비중도 1960년대의 0.4퍼센트 미만에서 1퍼센트 수준으로 급격히 높아지게 되었다.

이와 더불어 오일쇼크 이후 20억 달러 이상으로 확대되었던 무역수지적자는 1975년 하반기부터 세계 경기가 회복세를 보임에 따라 1976년에는 10억 달러 수준으로 현저한 개선을 보였으며 1977년에 들어와서는 그 적자폭이 더욱 축소됨으로써 국제수지 균형이 당초 목표보다 앞당겨질 것으로 예상되고 있다(〈표 1〉).

뿐만 아니라 수출상품구조의 고도화가 크게 진전되어 1960년대 개발 초기의 1차산품 중심에서 공산품 위주로 전환되었으며, 특히 중화

---

[*] 이 글은 1978년 6월 2일 무혁협회가 주관한 〈대일무역 역조현상의 근본원인과 구체적인 해결방안을 모색키 위한 심포지엄〉의 발표와 토론 내용을 정리한 것이다.

〈표 1〉 무역수지

(단위: 백만 달러)

	수출(A)	수입(B)	무역수지	B/A(배수)
1966	250	716	−466	2.9
1967	320	996	−676	3.1
1968	455	1,463	−1,008	3.2
1969	623	1,824	−1,201	2.9
1970	835	1,984	−1,149	2.4
1971	1,068	2,394	−1,326	2.2
1972	1,624	2,522	−898	1.6
1973	3,225	4,240	−1,015	1.3
1974	4,460	6,851	−2,391	1.5
1975	5,081	7,274	−2,193	1.4
1976	7,715	8,774	−1,059	1.1
1977	10,047	10,811	−764	1.1
1966~70	2,483	6,983	−4,500	2.8
1971~77	33,220	42,866	−9,646	1.3
1966~77	35,703	49,894	−14,191	1.4

자료: 관세청, 《무역통계연보》.

〈표 2〉 수출입 상품구조

(단위: 백만 달러)

구 분	수 출				수 입			
	1976	구성비	1977	구성비	1976	구성비	1977	구성비
동 물 성 생 산 물	319	4.1	691	6.9	43	0.5	84	0.8
식료, 식물성생산물	331	4.3	449	4.5	741	8.4	842	7.8
광 물 성 생 산 물	320	4.1	353	3.5	1,917	21.8	2,383	22.0
화 학 공 업 생 산 물	108	1.4	212	2.1	763	8.7	856	7.9
인 조 플 라 스 틱 등	191	2.5	234	2.3	232	2.6	328	3.0
원 피 · 가 죽 등	389	5.0	497	5.0	220	2.5	270	2.5
목 제 와 그 제 품	424	5.5	516	5.2	420	4.8	538	5.0
섬 유 제 품	2,560	33.2	2,875	28.7	739	8.4	842	7.8
신 발 류	518	6.7	610	6.1	6	0.1	8	0.0
금 속 제 품	499	6.5	996	9.9	798	9.1	1,143	10.6
기 계 류 전 기 기 기	917	11.9	1,048	10.5	1,799	20.5	2,332	21.6
수 송 기 기	344	4.5	681	6.8	542	6.2	522	4.8
광 학 기 기	310	4.0	333	3.3	259	2.9	321	3.0
기 타 제 품	367	4.7	552	5.5	291	3.3	341	3.2
합 계	7,715	100.0	10,046	100.0	8,774	10.0	10,811	100.0

자료: 관세청, 위의 책.

<표 3> 지역별 수출

(단위: 백만 달러, %)

구분	미국		일본		EC		아프리카		기타		총수출	
	금액	구성비	금액	구성비	금액	구성비	금액	구성비	금액	구성비	금액	구성비
1966	96	38.3	67	27.0	18	7.0	7	2.8	62	25.3	250	100.0
1967	137	42.9	86	26.8	16	4.9	9	2.7	72	22.7	320	100.0
1968	235	5.17	101	22.2	21	4.7	12	2.7	85	18.8	455	100.0
1969	312	50.2	135	21.7	34	5.4	13	2.1	129	20.6	623	100.0
1970	395	47.3	236	28.3	51	6.2	17	2.1	135	16.2	835	100.0
1971	532	49.8	263	24.6	59	5.6	29	2.7	184	17.8	1,068	100.0
1972	759	46.7	408	25.1	115	7.1	20	1.2	322	19.9	1,624	100.0
1973	1,021	31.7	1,242	38.5	345	10.7	32	1.0	585	18.2	3,225	100.0
1974	1,492	33.5	1,380	30.9	552	12.4	89	2.0	947	21.2	4,460	100.0
1975	1,536	30.2	1,293	25.4	754	14.8	201	3.9	1,297	25.6	5,081	100.0
1976	2,493	32.3	1,802	23.4	1,151	14.9	208	2.7	2,062	26.8	7,715	100.0
1977	3,119	31.0	2,148	21.4	1,397	13.9	291	2.9	3,092	30.9	10,047	100.0
1966~70	1,176	47.3	626	25.2	140	5.6	58	2.3	484	19.5	2,484	100.0
1971~77	10,952	33.0	8,535	25.7	4,372	13.2	870	2.6	8,419	25.6	33,220	100.0
1966~77	12,128	34.0	9,161	25.7	4,512	12.6	928	2.6	8,975	25.1	35,704	100.0

자료: 관세청, 위의 책.

학공업제품의 수출 비중이 전체 수출의 30퍼센트를 웃돌게 되었다
(<표 2>). 또한 미국, 일본 등 양대 수출시장에 대한 비중도가 종래의
70퍼센트 이상에서 50퍼센트 수준으로 크게 완화되었음(<표 3>)은 물
론, 수출대상국 수도 1977년에 139개국으로 크게 늘어나 수출시장의
다변화 현상이 뚜렷해졌다.

　그러나 최근의 이와 같은 일련의 유리한 현상이 야기됨에도 불구하
고 우리나라의 대일 무역수지는 수입편중성의 가중(<표 4>)과 더불어
만성적인 적자기조를 벗어나지 못하고 있을 뿐 아니라 그 적자폭도
매년 확대되고 있어 우리나라 국제수지의 균형 정착화에 커다란 저해
요인으로 등장하고 있다. 특히 1976~77년의 대일 무역수지 적자폭은

우리나라 무역수지적자 총액을 훨씬 웃돌았던바, 이와 같은 막대한 대일 무역적자를 방치한 채 국제수지 균형을 달성하고자 한다면 필연적으로 일본을 제외한 다른 무역상대국으로부터 각종의 수입규제를 유발시킴으로써 지속적인 수출신장에 어려움을 초래할 것임은 의문의 여지가 없다고 하겠다.

이 글에서는 먼저 최근의 대일 무역동향과 대일 무역수지의 적자요인을 살펴본 다음, 이에 따른 시정방안들을 제시해 보고자 한다.

2. 최근의 대일 무역동향

지금까지 우리나라의 대일 무역은 지리적·문화적 유대관계의 밀착으로 급속히 신장하여 왔으나 이에 따른 대일 무역수지적자폭도 크게 확대되어 왔다.

경제개발이 본격화되기 시작한 1966~70년의 우리나라의 대일 무역을 보면 수출은 6억 달러, 수입은 29억 달러로서 무역적자는 같은 기간 우리나라 무역수지 총액의 51퍼센트인 23억 달러에 이르렀는데 이는 경제개발에 따르는 기계류 등 자본재 수입수요의 급속한 증대에 기인한 것이었다(〈표 6〉).

1970년대에 들어서도 이와 같은 대일 무역의 역조현상은 더욱 심화되는 경향을 보였는데 1971~77년의 대일 수출은 85억 달러, 수입은 158억 달러로서 무역적자는 무려 73억 달러에 이르러 같은 기간 무역적자 총액의 75퍼센트를 차지하였다. 즉 같은 기간 수출의 연평균 증가율은 47.8퍼센트로서 수입의 27.2퍼센트를 훨씬 웃돌았음에도 불구하고 동 수지적자폭은 1971년의 7억 달러에서 1977년에는 18억 달러로 확대되었을 뿐 아니라 무역수지적자 총액에서 차지하는 비중도 53

<표 4> 대일 무역수지

(단위: 백만 달러)

	대일 수출		대일 수입		대일무역수지	
	금 액	총수출 중 비중(%)	금 액	총수출 중 비중(%)	금 액	총무역수지 중 비중(%)
1966	67	27.0	294	41.0	−227	48.6
1967	86	26.8	443	44.5	−357	52.8
1968	101	22.2	625	42.8	−524	52.1
1969	135	21.7	756	41.4	−621	51.7
1970	236	28.3	813	41.0	−577	50.2
1971	263	24.6	262	40.2	−699	52.7
1972	408	25.1	1,031	40.9	−623	69.4
1973	1,242	38.5	1,727	40.7	−485	47.8
1974	1,380	30.9	2,621	38.3	−1,241	51.9
1975	1,293	25.4	2,434	33.5	−1,141	52.0
1976	1,802	23.4	3,099	35.3	−1,297	122.6
1977	2,148	21.4	3,927	36.3	−1,779	232.0
1966~70	626	25.2	2,930	41.7	−2,304	50.7
1971~77	8,535	25.8	15,801	36.9	−7,265	75.3
1966~77	9,161	25.7	18,731	37.5	−9,569	64.0

자료: 관세청, 앞의 책.

퍼센트에서 232퍼센트로 계속 상승하는 추세를 보이고 있다.

이러한 대일 무역입초 현상은 대미 무역의 균형 추세와는 극히 대조적인 현상을 보이고 있다. 즉 일본과 더불어 우리나라의 2대 교역상대국의 하나인 미국의 경우 1996~70년의 수출은 12억 달러, 수입은 21억 달러로서 무역적자는 9억 달러(같은 기간 대일 무역수지적자는 23억 달러)이었으나 1970년 이후 대미 교역량이 크게 늘어났음에도 불구하고 대미 무역수지는 1975년까지 연간 2억 달러 안팎의 적자에 머물렀으며 1976년부터는 오히려 흑자기조로 전환됨으로써 1971~77년 중의 대미 무역수지는 4억 달러(같은 기간 대일 무역적자는 73억 달러)의 흑자를 나타내었다(<표 5>).

특히 1970년대 이래 우리나라의 주요 무역대상지역으로 등장한 EC

<표 5> 대미 무역수지

(단위: 백만 달러)

	대미 수출		대미 수입		대미 무역수지	
	금 액	총수출 중 비중(%)	금 액	총수출 중 비중(%)	금 액	총무역수지 중 비중(%)
1966	96	38.3	253	35.3	−157	33.8
67	137	42.9	305	30.6	−168	24.8
68	235	51.7	452	30.9	−217	21.5
69	312	50.2	530	29.1	−218	18.2
70	395	47.3	585	29.5	−190	16.5
71	532	49.8	679	28.3	−147	11.0
72	759	46.7	647	25.7	112	−12.5
73	1,021	31.7	1,202	28,3	−181	17.8
74	1,492	33,5	1,700	24.8	−208	8.7
75	1,536	30.2	1,881	25.9	−345	15.7
76	2,493	32.3	1,963	22.4	530	−50.0
77	3,119	31.0	2,447	22.6	672	−88.0
1966~70	1,175	47.3	2,126	30.3	−951	20.9
1971~77	10,952	33.0	10,519	24.5	432	4.5
1966~77	12,127	34.0	12,646	25.3	−518	3.7

자료: 관세청, 앞의 책.

지역의 경우 영국·서독 등을 중심으로 급격한 수출증대를 이룩함으로 써 1973년 이래 무역수지흑자로 전환되었는데 1970~77년의 무역수지 흑자폭은 무려 14억 달러에 달하였다(<표 3>).

이와 같은 주요 무역상대국 간의 무역수지 불균형 격차는 그동안 수출의 다변화 현상에 비하여 수입에 있어서는 상대적으로 대일 편중 현상이 더욱 심화되어 감을 나타내주고 있으며 대일 무역수지적자의 대부분이 여타국에 대한 무역수지흑자로 보전되고 있음을 반영하는 것이라 하겠다.

3. 대일 무역불균형 초래요인

1) 수출입상품구조의 경직성

우리나라의 대일 수출입상품구조[1]를 〈표 6〉에서 보면 대일 수출상품구조에는 그동안 많은 변화가 있었음을 볼 수 있으나 대일 수입상품구조는 비교적 안정세를 보이고 있다.

〈표 6〉 대일 수출입상품구조(1966~75)

(단위: 백만 달러)

구 분	대일 수출				대일 수입			
	1966~70	구성비	1971~75	구성비	1966~70	구성비	1971~75	구성비
식품 및 산동물	149	24.1	790	17.2	139	4.8	136	1.6
식 품 · 연 초	–	0.0	9	0.2	1	0.0	1	0.0
비 식 용 원 재 료	215	34.8	590	12.9	190	6.5	519	5.9
식 물 성 연 료	18	2.9	162	3.5	44	1.5	174	2.0
동 식 물 성 유 지	–	0.0	2	0.1	11	0.4	26	0.3
화 학 제 품	4	0.6	100	2.2	346	11.8	1,326	15.1
원 료 별 제 품	87	14.1	1,198	26.1	913	31.2	2,889	33.0
기계류·운반기기	22	3.6	407	8.9	1,198	41.0	3,281	37.4
잡 제 품	124	20.1	1,315	28.7	83	2.8	413	4.7
기 타	1	0.2	14	0.3	–	0.0	2	0.0
합 계	618	100.0	4,585	100.0	2,924	100.0	8.766	100.0

자료: 관세청, 앞의 책.

1966~70년의 대일 수출상품은 식품 및 산 동물이 대일 수출의 24.1 퍼센트, 비식용원재료가 34.8퍼센트, 원료별제품이 14.1퍼센트 및 잡제품이 20.1퍼센트를 차지하여 이 4개 상품군이 대일수출의 93퍼센트를 차지하였으나 1971~75년에는 식품, 비식용원재료의 비중이 11.2퍼센

---

1) 1976년부터 무역통계가 종래의 SITC에서 CCCN(BTN) 분류로 변경됨에 따라 시(時)계열을 1975년까지 보았음.

〈표 7〉 대일 수출상품구조

(단위: 백만 달러, %)

상품군[1]	1976			1977		
	총수출	구성비	대일 수출	총수출	구성비	대일 수출
동 물 성 생 산 물	319	4.1	252(79.0)[2]	691	6.9	519(7.8)[2]
음료식물성생산물	331	4.3	118 (35.6)	449	4.5	134(29.8)
광 물 성 생 산 품	320	4.1	118 (36.9)	353	3.5	123(34.8)
화 학 공 업 제 품	108	1.4	45 (41.7)	212	2.1	64(30.2)
인 조 플 라 스 틱 등	191	2.5	21 (11.0)	234	2.3	30(12.8)
원 피 · 가 죽 등	389	5.0	21 (5.4)	497	5.0	25 (5.0)
목 재 와 그 제 품	424	5.5	66 (15.6)	516	5.2	63(12.2)
섬 유 제 품	2,560	33.2	668 (26.1)	2,875	28.7	670(23.3)
신 발 류	518	6.7	72 (13.9)	610	6.1	102(16.7)
금 속 제 품	611	7.9	49 (8.0)	996	10.0	54 (5.4)
기 계 · 전 기 기 기	917	11.9	209 (22.8)	1,048	10.5	188(17.9)
수 송 기 기	344	4.5	21 (6.1)	681	6.8	20 (2.9)
광 학 기 기	310	4.0	61 (19.7)	333	3.3	60(18.0)
기 타	367	4.8	81 (22.1)	552	5.5	109(19.7)
합 계	7,715	100.1	1,802 (23.4)	10,046	100.0	2,148(21.4)

주: 1) CCCN 분류의 부별상품군임.
    2) ( ) 안은 각 상품군의 대일의존도임.
자료: 관세청, 앞의 책.

트 및 12.9퍼센트로 각각 감소한 반면 원료별제품 및 잡제품이 26.1퍼센트 및 28.7퍼센트로 급격히 상승하였으며 특히 기계류의 비중이 1966~70년의 3.6퍼센트에서 8.9퍼센트로 높아짐으로써 대일 수출구조가 고도화되고 있음을 나타내고 있다.

또한 대일 수입상품에 있어서는 1966년 이래 그 구조가 별 변동이 없음을 알 수 있는데 화학제품, 원료별제품 및 기계류 등은 1966~70년과 1971~75년에 걸쳐 대일 수출의 80퍼센트 이상을 점하고 있으며, 식품 및 산동물류는 수입액은 거와 같으나 비중은 4.8퍼센트에서 1.6퍼센트로 감소하였고 그 대신 잡제품의 비중이 다소 올라갔다.

한편 대일 무역수지가 크게 확대되었던 최근 2년간(1976~77년)의

〈표 8〉 주요 상품군별 대일 수출상품[1][2]

(단위: 백만 달러)

상품군	1976	1977	증가율 (%)	총수출증가율 (%)	1977년 중 대일 수출의존도
육　　　　　　　류	32	46	43.8	43.8	99.8
어　　　　　　　류	203	443	118.2	131.2	71.2
채 유 용 과 실	29	33	13.8	18.2	47.6
육 류 및 어 류 조 제 품	31	33	6.5	49.7	45.2
광 물 성 연 료	75	69	−11.5	81.8	57.6
유 기 화 합 물	26	40	53.8	62.9	49.8
목 재 와 그 제 품	61	57	−6.6	19.9	11.8
견 및 견 섬 직 물	240	201	−16.2	−1.1	82.1
편 및 편 직 물	36	44	22.2	16.3	24.1
메 리 야 스	143	174	21.7	10.0	25.0
편 물 및 편 물 제 제 품	185	179	−3.2	10.0	16.9
신　　　발　　　류	48	73	52.1	21.8	14.5
철 강 및 그 제 품	33	35	6.1	63.5	4.3
전 기 제 품	183	165	−9.8	14.9	18.2
악 기 및 녹 음 기 등	35	35	0.0	10.2	20.0
※ 대 일 수 출 액	1,802	2,148	19.2	30.2	21.4

주: 1) CCCN 분류의 2-digit 상품군임.
　　2) 1977년의 수출금액이 3천만 달러 이상인 품목.
출처: 관세청, 앞의 책.

주요 수출입상품의 대일 의존도와 상품구조를 살펴보면 먼저 수출에
서는 〈표 7〉에서 보는 바와 같이 대일 의존도 50퍼센트 이상인 상품군
은 육류, 활선어 등 동물성생산물 1개뿐이었고 30퍼센트 이상은 광물
성생산물, 화학공업제품 등 2개였는데 이들 3개 상품군이 우리나라 총
수출에서 차지하는 비중은 1977년에는 12.5퍼센트에 불과하였다. 이와
는 반대로 1977년에 우리나라 수출의 대종품인 합판, 섬유류, 철강, 신
발류 등에 있어서는 대부분 20퍼센트 이하의 대일 의존도를 보임으로
써 그동안 수출의 다변화 노력이 주효하였음을 보여주고 있다.

한편 대일 수입에 있어서는 〈표 9〉에서 보는 바와 같이 수출의 경우와는 전혀 다른 패턴을 보이고 있다. 즉 동물성생산물, 식물성생산물, 광물성생산물 등 대일 수출의존도가 높았던 상품군은 대일 수입의존도가 2~6퍼센트인 데 반하여 화학공업제품, 인조플라스틱, 금속제품, 기계 및 전기기기, 수송기기, 광학기기 등은 대일 의존도가 50~70퍼센트에 이르고 있는데 이들 상품군이 우리나라 총수입에서 차지하는 비중은 1779년에는 51퍼센트이었다.

한편 대일수입이 1977년에 3천만 달러 이상인 상품군은 〈표 10〉에서와 같이 16개에 이르고 있는데 이 중에서 50퍼센트 이상의 대일 의존도를 나타낸 상품군은 12개에 이르고 있으며 이들 상품군이 대일 수입 총액에서 차지하는 비중은 67퍼센트에 이르고 있다.

특히 1960년 이래 대일 수입 총액의 30퍼센트 이상을 차지해온 기계류의 경우(〈표 6〉) 대일 의존도가 50퍼센트를 웃돌았으며, 인조섬유원료, 철강, 인조플라스틱 및 유기화학품 등 원자재 성격을 띤 상품군은 대일 의존도가 70퍼센트 이상으로서 과도한 대일 수입편중 현상을 나타내었다.

이러한 수출입상품구조의 경직성은 교역조건의 악화를 초래하고 있음은 말할 나위도 없다. 즉 앞에서 본 바와 같이 우리나라의 대일 수출상품은 1차산품과 섬유, 잡제품 위주로 구성되어 있는데, 이들 상품군의 대부분은 일본에서 생산되고 있을 뿐만 아니라 한국 이외의 국가도 일본에 수출하는 경쟁수출상품인 반면에 대일 수입상품은 대부분 국내에서 생산되지 않는 비경쟁 수입상품군이거나 또는 생산되더라도 국내수요에 절대적으로 부족한 중화학공업제품으로 구성되어 있다. 따라서 대일 수입상품구조상 우리나라의 대일 수입은 수출에 견주면 상대적으로 비탄력적인 성격을 갖고 있으며2) 결국 대일 수출의존도의 심화와 물량 위주의 수출정책은 수출가격의 하락을 통하여 대일 교역조건의 악화를 가속시킴으로써 대일 무역수지적자폭을 확대시키는 큰 요인으로 작용하고 있다고 하겠다.

<표 9> 대일 수입상품구조

(단위: 백만 달러, %)

상품군[1)	1976			1977		
	총수출	구성비	대일수입	총수출	구성비	대일수입
동 물 성 생 산 물	43	0.5	36(83.7)	84	0.8	5 (6.0)
음료·식물성생산물	741	8.4	23 (3.1)	842	7.8	15 (1.8)
광 물 성 생 산 물	1,917	21.8	59 (3.1)	2,383	22.0	62 (2.6)
화 학 공 업 제 품	763	8.7	461(60.4)	856	7.9	532(62.1)
인 조 플 라 스 틱 등	232	2.6	135(58.2)	328	3.0	189(57.6)
원 피 · 가 죽 등	220	2.5	84(38.2)	270	2.5	97(35.9)
목 재 와 그 제 품	420	4.8	4 (0.1)	538	5.0	8 (1.5)
섬 유 제 품	739	8.4	317(42.9)	842	7.8	330(39.2)
신 발 류	6	0.1	4 (66.7)	8	0.1	6(75.0)
금 속 제 품	798	9.1	575(72.1)	1,143	10.6	801(70.1)
기 계 · 전 기 기 기	1,799	20.5	859(47.7)	2,332	21.6	1,216(52.1)
수 송 기 기	542	6.2	274(50.6)	522	4.8	270(51.7)
광 학 기 기	259	30.0	172(66.4)	321	3.0	222(69.2)
기 타	291	3.3	135(46.4)	341	3.2	170(49.9)
합 계	8,774	100.0	3,099(35.3)	10,811	100.0	3,927(36.3)

주: <표 8> 참조.
자료: 관세청, 앞의 책.

---

2) 한국 의존도의 분석에 따르면, 1960년대와 70년대 초반까지 우리나라의 대일 수입탄력성은 −0.11 대일 수출탄력성은 −1.01로 나타나고 있음(한국은행, <한일무역의 구조분석>, 《조사통계월보》, 1974. 1).

〈표 10〉 1977년 주요 대일 수입상품[1][2]

(단위: 백만 달러)

상품군	총수입 (A)	대일 수입 (B)	대일 총수입 중 구조비(%)	대일 수입의존도 (A/B)(%)
광 물 성 연 료	2,173	43	1.1	2.0
무 기 화 학 품	86	55	1.4	64.0
유 기 화 학 품	501	351	8.9	70.0
유 기 염 료	93	37	1.0	40.0
화 학 생 산 품	65	38	1.0	58.2
인 조 플 라 스 틱	201	152	3.9	75.4
원 피 와 가 죽	245	92	2.3	37.6
인조섬유(장섬유)	121	110	2.8	91.3
인조섬유(단섬유)	111	98	2.5	88.1
철 강 및 그 제품	848	637	16.2	75.2
보 일 러 기 계 류	1,505	834	21.2	55.4
전 기 기 기	826	382	9.7	46.2
철 도 차 량	70	48	1.2	68.3
일 반 차 량	168	104	2.6	62.0
선 박 · 구 조 물	193	111	2.8	57.3
광 학 기 기	161	95	2.4	59.0

주: 1) CCCN 분류의 2-digit 상품군임.
   2) 1977년 수출총액이 3천만 달러 이상인 상품군.
자료: 관세청, 앞의 책.

참고로 1976~77년의 대미 수출입상품구조를 보면 〈표 11〉에서 보는 바와 같이 수출에서는 섬유류 및 신발류와 금속제품, 기계류 등이 중심을 이루고 있고, 수입에서는 음료, 식물성생산물, 섬유류 및 기계류 등이 큰 비중을 차지하고 있는데 이 밖의 상품군들은 수출입 모두 2~8퍼센트의 비중을 보이고 있어 수출입상품이 비교적 골고루 분포되어 있음을 알 수 있다.

<table>
<tr><td align="center" colspan="9">〈표 11〉 대미 수출입상품구조</td></tr>
</table>

(단위: 백만 달러)

구 분	수 출				수 입			
	1976	구성비	1977	구성비	1976	구성비	1977	구성비
동 물 성 생 산 물	33	1.3	80	2.6	10	0.5	30	1.2
음료·식물성생산물	59	2.4	77	2.5	542	27.6	578	22.6
광 물 성 생 산 품	3	0.1	3	0.1	73	3.7	94	3.8
화 학 공 업 생 산 품	11	0.4	23	0.7	106	5.4	120	4.9
인 조 플 라 스 틱 등	44	1.8	77	2.5	19	7.7	23	0.9
원 피 · 가 죽 등	200	8.0	263	8.4	92	4.7	156	6.4
목 재 및 그 제 품	212	8.5	258	8.3	53	2.7	80	3.3
섬 유 제 품	689	27.6	775	24.8	312	15.9	349	14.2
신 발 류	316	12.7	355	11.4	–	–	1	0.0
금 속 제 품	248	9.9	349	11.2	128	6.5	203	8.3
기계류, 전기기계	396	15.9	484	15.5	473	24.1	570	23.3
수 송 기 기	43	1.7	82	2.6	39	2.0	113	4.6
광 학 기 기	106	4.3	133	4.3	42	2.1	47	1.9
기 타 제 품	133	5.3	283	9.1	77	3.9	86	3.5
합 계	2,493	100.0	3,119	100.0	1,963	100.0	2,447	100.0

자료: 관세청, 앞의 책.

2) 기타 요인

앞에서 본 바와 같이 우리나라의 대일 무역수지적자의 확대는 근본적으로는 대일 수출입상품구조의 경직성에 기인하고 있다고 할 수 있다. 그러나 다음에서도 그 원인을 찾을 수 있을 것이다.

첫째로는 일본의 대한 수입규제 강화를 들 수 있다. 일본의 대한 수입규제 상황을 보면 1974년부터 비관세장벽이 크게 강화되고 있는데 대일 수출에 전적으로 의존하고 있는 생사, 견연사, 견직물 등에 대해서는 물량규제, 수입사전허가제 등을 실시하고 있으며 방어, 오징어, 참치 그리고 해태, 미역 등 1차산품에 대해서도 수량할당제 또는 수입창구 일원화 등을 통하여 직간접적인 비관세장벽을 강화하였다. 특히

최근에는 가죽신발, 야구용장갑 등에도 수입제한을 하는 동시에 섬유
류에 대해서도 규제 움직임을 보이고 있다(〈표 12〉).

〈표 12〉 일본의 대한 수입규제 현황(1977년 말 현재)

품　　　　　　　명	규　　제　　방　　법	규　제　연　월　일
방어, 고등어, 꽁치, 전 갱어, 오징어, 오주명란, 건멸치	수입수량할당제(IQ)	비자유화품목
오징어(건)	수입창구일원화	비자유화품목
해태	수입수량할당제(IQ)	
참치	① 수입자율규제	
	② 일본내 기항규제	1975년
혁제신발	수입수량할당제(IQ)	비자유화품목
야구용장갑	행정지도	1975년 하반기
생사	창구일원화(일본사업권)	1974년 8월 1일
견연사	① 수입사전허가제	
	② 한·일 생사회담에 　　의한 수량조정	1975년 9월 25일
견직물	정부 간 협정에 의한 수출자율규제	
미역	수입사전확인제	1977년 3월 10일

자료: 무역협회.

〈표 13〉 한·일 양국의 대일·대한 무역의존도

(단위: 백만 달러)

		한 국			일 본[1]		
	연 도	전 체	일 본	의존도 (%)	전 체	한 국	의존도 (%)
수 출	1976	7,715	1,802	23.4	75,225	3,099	4.1
	1977	10,046	2,148	21.4	75,218	3,619	5.0
수 입	1976	8,774	3,099	35.3	72,563	1,802	2.5
	1977	10,811	3,927	36.3	64,916	1,970	3.0

주: 1) 일본의 1977년은 1~11월분임.
자료: 일본은행, 《日本總計月報》, 1978. 2.

이에 따라 수입규제대상품의 수출가격은 국내생산자의 과당경쟁으로 크게 떨어졌을 뿐 아니라 수출의 증가세도 크게 둔화되었음은 〈표 8〉에서 보는 바와 같다.

〈표 14〉 국별 외자도입

(단위: 백만 달러, %)

구 분	1974		1975		1976		1977		1974~7	
	금 액	구성비	금 액	구성비	금 액	구성비	금 액	구성비	금 액	구성비
미국	355.2	32.4	398.7	30.1	450.9	28.0	341.3	18.6	1,545.8	26.3
공공차관	30.0	2.7	74.0	5.6	191.2	11.9	99.2	5.4	394.4	6.7
상업차관	305.0	27.8	313.4	23.6	231.3	14.4	233.9	12.7	1,083.5	18.4
직접투자	20.2	1.8	11.3	0.9	28.2	17.5	8.2	0.4	67.9	1.2
일본	358.3	32.7	212.8	16.1	156.2	9.7	412.4	22.2	1,139.7	19.4
공공차관	123.1	1.2	61.1	4.6	55.1	3.4	53.5	2.9	292.8	5.0
상업차관	104.6	9.6	120.0	9.0	51.9	3.2	321.3	17.5	597.8	10.1
직접투자	130.6	11.9	31.7	2.4	49.2	3.1	37.6	2.0	249.1	4.2
기타	381.7	34.9	714.5	53.9	1,004.3	62.3	1,084.5	59.0	3,185.0	54.2
공공차관	163.5	14.9	347.0	2.6	464.3	28.8	463.2	25.2	1,438.0	24.5
상업차관	206.4	18.8	348.9	26.3	531.8	33.0	562.7	30.6	1,649.8	28.1
직접투자	11.8	1.1	18.6	1.4	8.2	0.6	58.6	3.2	97.2	1.7
(이 중 국제금융기구)	(150.5)	(13.7)	(310.2)	(23.3)	(884.8)	(23.9)	(353.0)	(19.2)	(1,198.5)	(20.6)
합　　　계	1,095.2	100.0	1,326.0	100.0	1,611.1	100.0	1,838.2	100.0	5,807.5	100.0

자료: 한국은행, 《연차보고서》, 1977.

둘째로는 한·일 양국 상호 간의 무역의존도의 차이를 들 수 있다. 우리나라의 대일 수출의존도는 1977년에 21.4퍼센트, 대일 수입의존도는 36.3퍼센트인 데 반하여 일본의 1976년의 대한 수출의존도는 4.1퍼센트, 수입의존도 2.5퍼센트에 불과하여 양국 상호 간에 수출입시장으로서의 중요성에 상당한 차이가 있음을 의미하고 있다(〈표 13〉). 따라서 일본은 대한 무역에 있어서 이러한 점을 배경으로 무역이익의 배분뿐만 아니라 환율정책, 관세 및 비관세정책에 이르기까지 자국에 유리하게끔 전개할 수 있다는 것을 유의하지 않으면 안 될 것이다.

셋째로는 외자도입 및 기술도입의 대일 편중성을 들 수 있다. 우리나라의 외자도입은 1960년대 이후 미일 양국에 편중되는 현상을 보였는데 최근의 도입실적을 보면 1974~77년의 외자도입 총액 58억 달러 중 미국이 15억 달러, 일본이 11억 달러를 차지하여 미일 양국으로부터의 도입은 전체의 46퍼센트를 차지하였다. 특히 일본의 경우를 국한해서 보면 같은 기간 공공차관이 3억 달러, 상업차관 6억 달러, 직접투자가 2억 달러였는데 이 가운데 상업차관은 매년 증가추세를 보이고 있다.

이와 같은 차관도입은 대부분 자본재를 포함한 현물도입 형태를 취하고 있는데 1977년의 대일 현물차관 도입액은 3억 4천9백만 달러로 연중 대일차관도입액 4억 1천2백만 달러의 85퍼센트를 차지하였다 (〈표 15〉).

이와 더불어 기술도입에 있어서도 1962~76년의 총도입건수 690건[3] 중 일본으로부터의 도입이 460건(67%), 미국으로부터의 도입이 146건(21%)을 각각 점하여 일본에의 의존이 심화되고 있는바, 이와 같은 기술도입의 대부분이 일괄도입(package) 형태로 이루어짐으로써 구조적으로 자본재의 일본 의존을 유발하는 한 요인으로 등장하고 있음을 간과해서는 안 될 것이다.

넷째로는 앞에서 본 대일 수입상품구조의 경직성에서 수입선의 전

---

3) 경제기획원, 《경제백서》, 1977.

<표 15> 대일 수입의 재원별 분류

(단위: 백만 달러)

구 분	1975		1976		1977		1977년 우리나라 총수입	
	금 액	구성비	금 액	구성비	금 액	구성비	금 액	구성비
보유외환수입(KFX)	1,929	79.2	2,489	80.3	3,309	84.3	9,040	83.6
청 구 권 자 금	37	1.5	7	0.2	–	–	–	–
국 제 기 구 차 관	88	3.6	86	2.8	119	3.0	168	1.6
공 공 차 관	50	2.1	145	4.7	137	3.5	461	4.3
상 업 차 관	162	6.7	93	3.0	156	4.0	304	2.8
외 국 인 투 자	50	2.1	34	1.1	56	1.4	84	0.8
기 타	112	4.6	243	7.8	50	1.3	359	3.3
재 수 입	5	0.2	6	0.2	100	2.5	393	3.6
합 계	2,433	100.0	3,099	100.0	3,927	100.0	10,811	100.0

<참고> 우리나라 총수입 7,274　　8,774　　10,811
　주 3) 경제기획원,《경제백서》, 1977.
자료: 관세청, 앞의 책.

환이 단기적으로 어려운 점과 우리나라 대일 수출입의 대부분이 주한 일본상사에 의해서 주도되고 있는 점을 들 수 있다. 우리나라 대일 수출상품의 대부분은 지형적 인접성, 전통적인 유대관계 그리고 자본 및 기술도입의 대일 편중성 등에 의하여 수입가격이 어느 정도 등귀하더라도 수입선을 여타 지역으로 전환시킬 여지가 적은 품목들이다. 따라서 최근 일본 엔화의 대외가 직상승에 따른 환리스크 부담을 우리나라 측에 전가시키려는 움직임이 뚜렷해지고 있으며, 특히 우리나라의 대일수입이 대부분 일본의 종합상사에 의해서 이루어지고 있기 때문에 이와 같은 환리스크 부담에 의한 수입가격의 상승은 현행 수입상품구조 아래서는 어느 정도 불가피한 것으로 보인다.

4. 대일 무역불균형 시정방안

이상에서 본 바와 같이 우리나라의 대일 무역은 1960년대 이래 수출, 수입 모두 급격한 신장을 이룩하였으나 무역수지 면에서는 적자폭의 확대가 더욱 두드러지게 되었다. 그 원인은 근본적으르는 수출입상품구조의 경직성에서 찾아볼 수 있지만 대한 수입규제 강화, 무역의존도의 차이, 외자도입 및 기술도입의 편중성, 수입선의 단기적 전환의 곤란, 대부분의 수출입의 주한 일본상사에의 의존 등에서도 찾아볼 수 있다.

따라서 대일 무역수지 불균형의 시정을 위해서는 수출입상품구조의 경직성으로부터의 탈피, 즉 중화학공업제품의 대일 의존도의 저하를 추구하면서 그와 아울러 기타 요인에 대한 대책을 강구하여야 할 것이다. 대체로 이와 같은 요인을 충족시켜주는 불균형 시정방안으로서는 다음을 들 수 있을 것이다.

1) 중화학공업의 육성

우리나라에서 중화학공업의 육성은 국민경제적인 관점에서 제4차 경제개발 5개년계획의 중점사업으로 되어있음은 널리 알려진 사실이나 현재의 대일 무역을 바로잡는 문제에 당면하여 그 중요성이 더욱 부각되고 있다.

그동안 우리나라의 수출은 경공업제품을 중심으로 확대되어 왔기 때문에 경공업부문의 확대 및 다양화는 어느 정도 이루어졌으나 이들 경공업부문에 원자재 또는 자본재를 공급해야 할 중화학공업부문이 낙후되어 있음으로써 수출의 신장과 더불어 가속적인 수입유발현상이 나타나고 있다. 즉 〈표 16〉에서 보는 바와 같이, 우리나라 산업의 수입

〈표 16〉 산업별 수입의존도(수입투입계수 0.10 이상)

(단위: %)

산업별	수입의존도	산업별	수입의존도
수　　산　　물	10.2	고　무　제　품	29.4
제　　　　　　분	89.7	제 철 및 제 강	40.2
기 타 식 료 품	31.7	철 강 및 제 품	23.5
섬　　유　　사	25.0	비철금속괴 및 동제품	33.7
제 혁 및 혁제품	29.3	금 속 제 품	18.2
제 재 및 합 판	56.6	일 반 기 계	13.2
유 기 기 초 화학제품	15.9	전 기 기 계	13.8
무 기 기 초 화학제품	19.5	전 자 및 통 신 기계	36.7
화 학 비 료	15.4	수 송 용 기 계	24.8
의 약 및 화 장 품	18.2	정밀기계 및 광학기구	40.7
합 성 수 지 등	30.5	기 타 제 조 업	12.8
기 초 화 학 제 품	34.1	※ 전 산 업 평 균	13.7
석 유 제 품	67.7		

자료: 한국은행, 1975년 산업연관표.

의존도를 산업연관표에서 살펴보면 서비스부문을 제외한 44개 부문 중 수입투입계수가 0.10 이상인 부문이 24개 부문에 달하고 있다. 이 가운데 비경쟁 수입품목인 소맥, 원면, 원목, 원유 등과 이에 관련된 부문을 제외하고서 보면 중간투입계수가 30퍼센트를 상회하고 있는 것은 대체로 화학, 철강 및 동제품, 금속제품, 기계류 등의 주요 화학 공업부문이라고 할 수 있는데, 이들은 수입의 대부분을 일본에 의존하고 있음은 앞에서 본 바와 같다. 따라서 대일 무역불균형의 시정과 함께 국내산업의 유기적 관련도 제고 및 자립적 성장기반의 확립이라는 관점에서 이들 부문의 적극적인 육성에 주력하여야 할 것이다. 이들 부문은 대체로 파급효과와 고용효과가 모두 큰 편이라고도 할 것이다 (〈표 17〉).

〈표 17〉 우리나라의 주요 중화학공업의 고용 및 영향력계수[1]

	고용계수	순 위	영향력계수	순 위
펄 프 및 지 류	0.308	8	0.986	12
무기 기초 화학제품	0.307	5	1.090	6
유기 기초 화학제품	0.157	13	0.995	11
화 학 비 료	0.151	14	1.465	1
의 약 품 및 화 장 품	0.264	9	1.016	10
기 타 화 학 제 품	0.256	10	0.967	13
석 유 제 품	0.021	16	0.627	16
비 금 속 광 물 제 품	0.452	3	1.063	7
제 철 및 제 강	0.102	15	1.062	8
철 강 1 차 제 품	0.160	12	1.242	2
비철금속괴 및 동제품	0.227	11	0.964	14
금 속 제 품	0.485	2	1.193	3
일 반 기 계	0.529	1	1.139	4
전 기 기 계	0.342	7	1.123	5
수 송 용 기 계	0.384	4	1.033	9
정밀기계 및 광학기구	0.365	6	0.915	15

주: 1) 1973년도 숫자임.
자료: 한국은행, 1973년 및 1975년 산업연관표.

2) 기타 방안

이와 같은 중화학공업의 육성과 더불어 수출의 증대와 수입억제를 도모할 수 있는 방안도 병행 추진하여야 할 것이다.

첫째로 대일 마케팅활동을 더 적극화하여야 한다. 이를 위해서는 현행 종합무역상사의 자본 및 금융 면에서의 취약성을 보완하고 무역업무에 능한 세일즈맨의 양성을 더 조직화하는 동시에 기존의 KOTRA 기능을 강화하며 수출시장에 대한 정보를 신속히 수집, 제공할 수 있도록 하여야 할 것이다. 특히 수출시장에 대한 조사활동에 있어서는 종합무역상사 또는 개별 무역상사의 조사활동을 외환관리의 완화를 통해서 제도적으로 뒷받침하며 KOTRA와 보완적 기능을 수행할 수 있는 민간전문 조사기관의 육성도 검토하여야 할 것이다.

둘째로 이와 같은 수출마케팅 활동을 효율적으로 뒷받침하고 무역회사의 현지금융 능력을 강화할 수 있도록 국내 금융기관의 현지금융 공여능력을 높여야 한다. 1978년 3월 현재 우리나라 금융기관의 일본지점 설치현황을 보면 동경에 3개소, 오사카에 1개소 등 4개 지점에 불과한데 일본이 연간 20억 달러 이상의 수출시장인 점을 감안한다면 실로 빈약한 수준이라 하겠다. 따라서 현지 무역회사 지사의 판매활동을 충분히 지원할 수 있도록 금융기관의 해외진출을 더 확대하는 동시에 지점 운용을 강화하고 가능하면 일본에서의 현지법인 설립도 추진하여야 할 것이다.

셋째로 정부 차원에서의 경제외교활동을 강력히 추구하여야 한다.

일본의 관세제도는 1970년을 전후하여 관세율이 상당히 인하되었고 1977년에도 재차 관세인하조치가 있었으나 그 대상품목은 대부분 구미 수입품을 중심으로 한 것이며 우리나라의 대일 관심품목은 제외되고 있다. 또한 수량할당제 등 직접수입규제 이외에도 수입창구일원화, 행정지도, 수출자율규제 등의 간접적인 방식에 의한 수입규제도 점차 늘어나고 있는 동시에 우리나라 수출의 대종품인 섬유류, 신발류 등에 대하여도 수입규제를 할 움직임을 보이고 있다.

그러나 앞에서 본 바와 같이 우리나라의 대일 수출의존도는 20퍼센트를 훨씬 웃돌고 있는 반면 일본의 대한 수입의존도는 3퍼센트 정도에 그치고 있음을 감안하여 정부는 수입규제 완화를 통한 한일 무역불균형 개선을 일본 정부에 강력히 촉구하는 동시에 대일 관심품목에 대한 관세율 인하를 다각적인 외교활동을 통하며 모색해야 할 것이다.

넷째로 외자도입의 대일 편중성을 시정하고 도입선의 다양화를 기하여야 한다. 일본으로부터의 차관도입은 대부분 자본재 형태로 이루어지고 있는데 차관에 의한 수입규모는 1977년에 대일 수입의 9퍼센트 이상을 점하고 있음으로써 대일 무역불균형을 심화시키고 있는 한 요인으로 나타나고 있다. 따라서 차관도입에서는 도입형태 및 대상에 따른 선별심사와 기준을 대폭 강화하는 동시에 차관도입 조건도 엄격히 규제하여 대일 편중현상을 시정하여야 할 것이다.

특히 기술도입에서도 최첨단기술의 도입을 촉진하고 일본으로부터의 모방기술도입을 억제할 수 있도록 기술심사기준의 강화와 기술도입업체에 대한 선별적 재정적 혜택을 부여할 수 있는 방안을 강구하여야 할 것이다.

끝으로 수입선의 전환을 모색하여야 한다. 앞에서 본 바와 같이 우리나라의 대일 수입상품은 대부분 기계류, 철강 및 동 제품, 금속제품, 화학제품 등 중화학공업제품이 그 중심을 이루고 있는데 이들 상품군은 우리나라가 앞으로 중화학공업화를 추진하는 과정에서 그 수요가 증가될 것으로 예상되며 단기간에 수입대체도 어려울 것으로 보인다. 따라서 이들 상품군에 대하여는 우리나라의 공업화 추이 및 발전속도를 감안한 정밀한 장기수요예측을 통하여 수입수요가 장기적으로 증가될 것으로 예상되는 상품군에 대해서는 유럽, 미국 등과 장기계약에 의한 수입을 도모하여야 한다.

특히 수입방법에서도 수입의 대부분이 주한 일본상사에 의해 주도됨으로써 대일 수입증가의 한 요인으로 작용하였는바 앞으로는 우리나라 종합무역상사 또는 그 개별 무역회사의 수입기능을 강화하고 원산지에서의 개발수입을 촉진함으로써 주한 일본상사에 의한 수입을 적극 억제하여야 할 것이다.

《무역》(1978. 7)

외국인 직접투자

기업의 직접 경영권의 지배를 목적으로 하지 않는 유가증권 투자를 의미하는 외국인 간접투자와는 달리 외국인 직접투자는 기업의 직접 경영권의 지배를 목적으로 하는 투자를 말한다. 이의 목적 또는 동기로서는 대체로 공여 측(투자 측)에서는 시장 확보, 노동력 확보(관리자 포함), 자원 확보, 수출거점 확보 등이, 그리고 도입 측(수용 측)에서는 자본부족의 보전, 기술도입(생산기술·경영기술 포함), 원료수입 확보, 수출 보장, 국내시장에서의 유리한 경쟁 등이 각각 들어진다.

우리나라의 경우 1962년에 외국인 직접투자에 대한 법적 근거를 마련한 이후 계속해서 외국인 직접투자의 문호를 넓혀 왔다. 그러나 작년인 1984년 6월 말까지는 투자가 가능한 업종을 열거하고 제한된 범위 내에서 외국인 투자를 인가하는 입장을 취해온 것이 사실이다. 그것이 1984년 7월 1일부터 바뀌었다. 즉 정부는 투자가능업종 열거방식 대신에 특별히 고시(告示)되는 금지 내지 제한업종 이외에는 투자가 가능하도록 했다. 따라서 외국인 직접투자가 대폭 완화된 셈이다. 금지된 업종은 상하수도(上下水道), 우편 등 공익사업, 환경오염을 유발하는 위해사업(危害事業), 미풍양속에 반하는 사치성 경마사업, 신문발행업 등의 통신사업 등으로 되어 있으며, 제한업종은 에너지 다소비(多少費), 사치성, 공해다발(公害多發) 등의 사업으로 되어 있다. 한편 시행령에 규정되지 않은 세부 사항은 고시 등에 의해서 보완하게 되어 있다.

사실은 그동안 원리금상환(元利金償還) 부담이 따르지 않는다고 해서 국제수지가 악화될 때마다 외국인 직접투자가 강조되어 왔다고 할 수 있는데, 어쩌면 이번의 완화조치는 이런 전철을 밟고 있는 것인지도 모르겠다. 우선 우리나라에 대한 외국인 직접투자의 인가액과 도착액을 보면 올해 3월까지 인가액은 27.13억 달러(1,721건), 도착액은 16.31억 달러에 이르고 있다. 그러나 취소 또는 감액되거나 외국인 지분을 내국인이 인수한 경우를 제외하면 현존 인가액은 22.04억 달러(1,083건)이며, 원본회수(元本回收)된 3.58억 달러를 제외하면 12.73억 달러이다. 대체로 도착액은 대대적인 중화학공업화의 추진 탓으로 1972년 이후에는 1980년을 제외하고서는 매년 1억 달러를 웃돌았다. 그리고 특히 1984년에는 그것이 1.71억 달러나 된다. 다음에 외국인 투자기업의 과실송금(果實送金)액은 3월 말까지 5.57억 달러에 이르렀으며 외국인 직접투자가 장기자본도입 총액에서 차지하는 비중은 4퍼센트 안팎인 것으로 알려져 있다.

냉철한 머리와 따뜻한 마음

한편 나라별로는 도착액 16.31억 달러 중에서 일본과 미국이 차지하는 비중은 50.1퍼센트(8.17억 달러)와 29.6퍼센트(4.44억 달러)이다. 그러나 1962~1971년과 1980년 이후에는 각각 일본 35.7퍼센트, 미국 41.4퍼센트, 일본 36.1퍼센트, 미국 46.3퍼센트로서 미국의 비중이 일본의 비중을 앞서고 있다. 이에서 알 수 있듯이 외국인 직접투자는 미·일 양국에 편중되어 있다. 그리고 산업별로는 도착액 16.31억 달러 중에서 광공업이 12.11억 달러로서 74.3퍼센트를 차지하고 있으며 사회간접자본은 24.6퍼센트(4.01억 달러)를 차지하고 있다. 업종별로는 화공(17.8%), 전기 및 전자(16.1%), 호텔관광(11.9%), 섬유·의류(8.5%), 기계(7.7%), 건설 및 용역(6.6%) 등의 비중이 크다. 그러나 섬유·의류는 1979년까지는 화공 다음으로 큰 비중을 차지하고 있었다. 이것은 1970년 초에 마산 수출자유지역의 설치와 더불어 일본인 투자가들이 크게 늘었던 데 말미암은 것이다. 이와 달리 기계는 1980년 이후에 급격히 늘고 있다. 대체로 1980년대에 들어서는 섬유 및 의류에 대한 외국인 투자는 격감하고 있으며 화공에 대한 투자는 계속돼서 전기·전자와 기계에 대한 투자는 급격히 늘고 있다고 할 수 있다.

앞으로는 이런 경향은 지속될 것이다. 또 작년 7월부터 대폭 완화됨에 따라서 외국인 직접투자는 크게 늘어날 것이다. 물론 앞에서 언급한 외국인 직접투자의 목적 또는 동기에서 외국인 직접투자의 장점 또는 이익이 무엇인지를 짐작할 수 있을 것이다. 그러나 그것에는 이익만 있는 것이 아니다. 그것에는 불이익도 많다. 따라서 그 이익은 무엇이고 불이익은 무엇인지를 차제에 제대로 검토해 볼 필요가 있지 않나 생각된다. 그럴 때 비로소 외국인 직접투자에 대한 우리들의 입장이 분명하고도 확고해질 것이기 때문이다.

일반적으로 외국인 직접투자의 이익으로서는 ① 자본부족을 해결해 준다. ② 기술진보와 경영관리의 근대화를 초래해서 산업의 국제경쟁력을 강화시킨다. ③ 수출의 증가와 국제수지 개선에 기여한다. ④ 고용의 증가를 초래한다. 그리고 외국계 기업은 고임금(高賃金)을 지불함으로써 국내임금의 제고를 위한 압력을 가한다. ⑤ 경쟁의 자극을 통해서 경제의 체질을 근대화하고 재래제품의 질을 좋게 하며 가격도 싸게 해서 소비자를 보호한다. ⑥ 위험의 분담을 가능하게 한다. ⑦ 더 많은 조세수입을 가능하게 한다. ⑧ 외부경제(外部經濟)의 창출을 통해서 국내투자를 자극한다 등을 들 수 있다.

반면 불이익으로서는 ① 외국계 기업이 국내시장에서 독과점적 지위를 누리는 것을 가능하게 한다. ② 국내기업의 자금 조달을 곤란하게 할 수 있다. ③ 경쟁 국내산업의 파산 혹은 자회사의 업무내용 개편을 통해서 실업을 발생시킬 수 있다. ④ 국내 정부의 정책 실시에 장애물이 될 수 있다. ⑤ 수입제한조치를 우회하는 방법일 수 있다. ⑥ 국내저축을 감소시킨다. ⑦ 교역조건을 악화시키며 또 국제수지를 악화시킨다. ⑧ 산업구조의 불균형을 초래할 수 있다. ⑨ 대외채무 부담의 영속화를 초래한다. ⑩ 내국인의 투자분을 외국인의 투자분보다 과소평가할 수 있고 투자에 부수해서 불리한 조건의 차관을 도입시킬 수 있다 등이 들어진다.

이상은 여러 사람들의 주장을 한데 모아 본 것이다. 따라서 얼른 보면 상충되는 것이 있는 것 같기도 하고 또 이해가 잘 안 가는 것이 있는 것 같기도 할 것이다. 그러나 분명한 것은 입장의 차이에 따라서 그렇게 될 수 있다는 사실이다. 그리고 이해관계의 차이에 따라서 보는 시각 또는 입장의 차이가 생긴다는 사실이다. 어떻게 승패가 분명히 가려지거나 딴 돈의 액수와 잃은 돈의 액수가 분명히 가려질 수 있는 각종 경기나 화투놀이의 경우처럼 이 경우에도 이익과 불이익이 확연하게 가려질 수 있으면 좋겠는데, 그렇지 않으니 판가름하기가 어려울 수밖에 없을 것이다.

그러나 이 경우에는 우리나라의 자주성 발휘와 우리들의 소비수준을 부단히 높이는 역할을 한다고 볼 수 있는 국제적 전시효과(展示效

果)의 두 가지 문제에 초점을 맞춘다면 판가름은 쉽게 날 것으로 생각된다. 그럴 때는 앞에서 든 불이익의 ④ 및 ⑨와 ⑥이 강하게 부각될 것이기 때문이다. 어느 나라치고 자국의 자주성을 상실하는 것을 바라겠는가. 더욱이 우리나라의 경우 각 5개년계획서에서 반드시 자립경제 또는 경제자립이 있지 않은가. 또 우리나라에서의 경험도 불이익에서 가장 중시되어야 하는 것이 무엇인지를 잘 말해주고 있다 할 수 있지 않은가. 게다가 우리나라는 현재 무엇보다도 저축의 필요성을 통감하고 있지 않은가.

따라서 갖가지 이익을 내세우거나 원리금상환 부담이 없다는 것을 내세워서 외국인 직접투자를 서두를 것이 아니라 앞에서 든 세 가지 불이익에 특별히 유의하면서 불이익을 극소화시키는 방향으로 나가야 할 것이다. 이것은 그동안의 우리나라의 경험을 잘 살리는 길이기도 하다. 이상(理想)에 지나지 않는 것인지는 몰라도 '소유는 내국인, 기술은 외국기업, 자본은 공공 스스로 하는' 외국인 직접투자 유치책에 매력을 느끼는 것도 이런 입장에 서있는 데 기인한다고 할 수 있을까.

《재정》(1985. 5)

Technology Transfer
and Multinational Corporations
:The Case of South Korea[*]

The most important contribution that MNCs can offer to host countries is in the area of technology transfer. In most developing countries, MNCs are encouraged, either through policies or incentives, to transfer their technologies to local operations. South Korea has provided incentives for foreign direct investment mainly during periods of capital shortage. Simultaneously, the Korean government has imposed various regulations on the establishment of MNCs and monitored their performance. Facing technology bottlenecks in high-tech industries, South Korea has recently begun to pursue a more open policy toward MNCs.

High-tech MNCs are encouraged to transfer technology through the lessening of constraints to their operations and through tax-holidays, thus facilitating technology transfer through intimate interactions between MNCs and local

---

[*] 이 글은 변형윤과 왕윤종이 함께 쓴 글이다.

companies. JEL O19; O53

1. Introduction

The essence of modern economic growth lies in the increase in the stock of useful knowledge and the extension of its application. Since the origins of technical and social innovations have never been confined to the borders of any one nation, the economic growth of all countries depends to some degree on the successful application of a transnational stock of knowledge. In other words, the economic growth of every nation is inextricably linked to the successful international transfer of technology.

Technology transfer occurs through many different avenues—new technology is embodied in imported inputs and goods, sold directly through licensing agreements, or absorbed by exporters who learn about new techniques from their foreign buyers. In other cases, learning by doing, combined with investment in formal education and on-the-job training, is critical. However, no individual source of technology is the best; historical experience suggests that the most effective diffusion of new ideas and processes involves a combination of all of the above factors.

Many developing countries implement policies to attract foreign direct investment(FDI) for the purpose of gaining access to modern technology. By inviting multinational corporations(MNCs) to invest within their national boundaries, host countries hope to gain access to technologies that they cannot develop themselves. FDI can also lead to indirect beneficial externalities for host country firms. In general, such benefits are referred to as "spillovers"—a term which accurately describes the way the technology is transmitted.

There are several ways that technology spillovers can occur, Multinational corporations may, for instance, increase the degree of competition in host country markets, thereby forcing inefficient domestic firms to become more productive and efficient by investing in physical or human capital. Multinational corporations may also undertake the training of labor and management, which cannot be replicated in domestic firms or purchased from abroad. Multinational firms possess intangible assets which cannot easily be sold, such as managerial skills and entrepreneurship.

Since these human resources become available to the host economy through FDI, technology spillovers occur through labor turnover as domestic employees and managerial executives move from foreign to domestic firms. Another important channel for spillovers is the upgrading of local production facilities and suppliers of services to meet the higher standards of quality control, reliability, and speed of delivery required by the technology and operating methods of the foreign-owned companies.

The purpose of this paper is to discuss the role of multinational corporations in the area of technology transfer. Since the technology transferred abroad by multinationals constitutes the potential for spillovers to local firms, the paper begins by considering multinationals as carriers of technology and examining the determinants of their activities which facilitate the transfer of technology. Section 3 explains the concept of host country spillover benefits and describes the various forms these benefits can take, both within and between industries. Section 4 presents a summary of the historical role of FDI in Korea, and considers the evidence regarding technology transfer in the Korean case. Section 5 follows suggesting host country policy measures which can accelerate both technology imports by foreign subsidiaries and technology diffusion over firms in the host economy, focusing on recent policy reforms to liberalize FDI in Korea. Section 6 is the summary and conclusion.

2. International Technology Transfer and
The Multinational Corporations

The amount of emphasis placed on the role of multinational corporations in the international transfer of technology is not surprising for at least two reasons. First, multinational corporations own, produce, and control most of the world's advanced production technology and are responsible for a major portion of the world's research and development(R&D) efforts. R&D is crucial for multinationals, since such efforts create ownership-specific advantages that enable these firms to operate in foreign countries.[1] Second, multinationals and their countries

---

1) Conventional trade theory treats foreign direct investment as a part of international factor movements. However, the large part of actual direct investment occurs between countries with relatively similar factor endowments. To explain two-way foreign direct investment between similar economies, it is essential to consider firm-specific technologies developed by R&D. See Ethier(1992) for a critical review of the conventional treatment of multinational corporations in the theory of international trade.

often have different objectives with respect to technology transfers. The technology recipients are interested in obtaining technology at as low a price as possible. multinational corporations, on the other hand, focus on protecting their intangible assets and other advantages that enable them to make foreign investments.

The characteristics of the technology carried overseas by multinationals depend on several factors, one of which is the form of engagement taken by the multinationals. There is substantial evidence to support the claim that the more modern and complex the technology, the less willing a multinationals is to accept any arrangement other than a wholly-owned subsidiary in order to avoid leakage.[2] For example, Mansfield and Romeo(1980) found that technologies transferred to affiliates were consistently of a later vintage than those sold to outsiders. The average age of a sample group of technologies at the time of their first transfer to subsidiaries in developed countries was 5.8 years(9.8 years for those transferred to developing countries), whereas the corresponding figure for outside licensing agreements and joint ventures was 13.1 years. Results reported for Canada by McFetridge(1987) are consistent with these findings, confirming that the level of technology involved influences the mode of transfer, and that transfer lags tend to be shorter for intrafirm transfers than for other transfer types.

Also, various characteristics of multinationals seem to influence the cost

---

2) Multinational corporations often economize on transaction costs by internalizing the transactions of firm-specific knowledge transfer within the firm instead of using arms-length markets. See discussions by Caves(1982), Casson(1987). Horstmann and Markusen(1987).

of technology transfer, and thus the type of technology brought overseas. For instance, Teece(1976) demonstrated that transfer costs decrease as the number of transfers increases. Moreover, transfer costs decline as firm become more familiar with international operations in general, and with their individual markets in particular.

Thus, a firm's level of experience in foreign operations is likely to accelerate the process of technology transfer to affiliates, all other things being equal.

Host country characteristics also influence the level of technology transfers. To a large extent, the host country's technological capability, in terms of a well-educated workforce for example, determines the level of technology transferred. As Teece(1976) and other empirical studies have found, the cost of transferring specific technologies decreases as the host country's capability to absorb technology increases. It seems safe to conclude, therefore, that the more technology transferred, the more advanced the recipient country or firm.

The willingness of multinationals to transfer technology is also influenced by host country policies. Many countries apply various technology transfer requirements, obliging multinationals to employ a minimum level of local labor, make technologies available for local firms, restrict imports or use local suppliers. These requirements increase the cost of certain types of technology transfer, and therefore, decrease the import of technology.

3. Foreign Direct Investment and Technology Spillovers

It has been argued that the transfer of technology by multinationals leads only to a geographical diffusion of technology, since the ownership and control of the technology remains in the possession of the multinationals. However, since technology is to some extent a public good, foreign investment can also result in indirect gains for host countries through the realization of external economics, or spillovers. We shall now examine the influence of foreign firms, both on their host country competitors and on their local suppliers and customers. In economic terms, the former is referred to as "intra-industry spillovers" while the latter is referred to as "inter-industry spillovers."

Intraindustry spillovers

There are several ways in which intraindustry spollovers can occur. Competition is one possible mechanism. Although multinationals may suffer from some disadvantages compared with their domestic competitors —for example, insufficient information of consumer and factor markets and the protection of local governments—multinationals often enjoy more important advantages in overcoming barriers to entry, such as capital requirements, risks assessment, and research and development intensity. Multinational corporations therefore find it easier to enter markets where entry barriers are high. Furthermore, entry by foreign firms increases competition in host country markets and forces inefficient indigenous firms to adopt more efficient methods of production. Consequently, inefficient local firms are forced by the competition of foreign firms to become more productive, by investing in additional physical or human capital or simply by raising productivity. Moreover, the least efficient firms are driven out of business, thus making the resources they had controlled available to more productive companies.

Another source of gain to the host economy is the training of labor and management which takes place in the multinational firms, and which then become available to the economy in general. The local employees who are trained by the multinationals often find it advantageous to exploit their gains by moving to local firms or by becoming entrepreneurs on their own. An employee trained and educated by a multinational corporation can add much more to the productivity of a local firm with no such employees, as compared to the employee's marginal productivity to the multinational firm that provided the training because, in the foreign firm, the trained employee is only one of a large number of similar employees. Since skilled managers, scientists, and engineers are in short supply in developing countries, this type of spillover is more important in those countries than in developed ones.

A third source of intraindustry spillover benefit comes from the actions taken by multinational corporations which speed up the transfer of technology. For both process and product technology, such actions allow domestic firms to gain access to a specific technology more quickly, since they would not have otherwise been aware of that technology, or they would not have considered it profitable to try to obtain that technology.

The fact that technology leakage from multinationals to host country competitors occurs was confirmed by Mansfield and Romeo(1980) in a detailed study of technology exports by American firms. They found that in about one-third of the cases studied, the introduction of technologies by multinationals increased the pace at which competing products or processes appeared on the market by at least 2.5 years. Moreover, they analyzed information from a samples of British firms to examine whether these firms had been affected by technology transfers by U.S. based firms to their subsidiaries in the United Kingdom. Over half of the surveyed firms believed that at least some of their products and processes had been introduced, or were introduced more quickly, because of the transfer of new products or processes by U.S. multinationals.

Even if technology leaks from multinationals to host country firms, however, such leakages do not occur automatically; they generally require major investment by the recipient. Mastering a technology is an active process. Information collection, reverse engineering, and personnel training for new production methods are only some of the factors that make the learning process costly and time consuming. Thus, it is through the investment mechanism that new technologies are diffused.

Interindustry Spillovers

The impact made by foreign subsidiaries on their local suppliers and customers is another potential source of spillover benefit. New technology brought in by multinationals often stimulates local suppliers of intermediate goods to improve product quality and to lower production costs. New products introduced by the foreign firms can also stimulate improved productivity in the local firms purchasing these products.

The purchase of processed materials from local producers is one of the principal ways in which affiliates of multinationals indirectly affect the industrial structure of developing countries. These backward linkages to local suppliers often take the form of subcontracting, and can greatly contribute to improving and expanding the industrial capacity of the host country. However, the quality and price of the locally purchased inputs are also crucial for the competitiveness of the affiliates, in both national and international markets. As a number of case studies have found, multinationals are willing to help local suppliers establish a position in the market by suggesting entrepreneurial possibilities and by providing technical assistance, financial aid, managerial advice, and marketing information. Hence, such linkages can promote industrial restructuring by creating new competitive local firms, and can upgrade the technological level of local industries, thereby increasing local value-added and generating employment.[3]

In addition, spillovers to the customers of multinational firms in the host economies take on greater importance as rapid technological change takes place. The reason is that the newly emerging technologies, such as microelectronics and the new generation of computer-based automation and information technologies, are generally so knowledge-intensive and

---

3) On the other hand, subcontracting also makes the local supplier dependent on the foreign affiliates. This may allow the affiliate to set prices and delivery schedules as the product of the supplier, typically very specialized, may have no arms-length market. The supplier may also be negatively affected if the affiliate enters into a recession or changes its sourcing strategy.

research-intensive, and therefore so expensive to develop, that only a few large firms can afford such efforts. Thus, developing countries, particularly small developing countries, must accept a certain degree of dependence on the multinationals' technology. For these countries, it is more important to have access to use advanced technologies than to be able to produce them. Developing countries should, therefore, place less emphasis on trying to develop entirely new, cutting-edge technologies, and instead place more emphasis on promoting the widespread dissemination of technological capabilities throughout the economy.

4. The Korean Case

Foreign direct investment in Korea accounted for less than 15 percent of capital inflows and only one percent of gross capital formation between 1962 and 1990. Until 1980, half of Korea's industrial sector was closed to foreign investors. Within those sectors open to foreign investment, FDI was discouraged through export requirements and foreign equity share limits which were strictly enforced by the government. The value added of all foreign affiliates in Korea remained less than two percent of GDP during the 1980s. Since the easing of regulations in 1982, however, FDI in Korea has increased; more than two-thirds of the inflow of $11 billion over the past 30 years was invested between 1987 to 1993(see Table 1). While the service sector has attracted most FDI during the second half of the 1980s, the manufacturing sector has accounted for about 70 percent of total FDI inflows since 1962. Japan and the United States are the most important foreign investors in Korea, together accounting for more than 70 percent of the total.

The role of foreign capital in Korea's economic growth has varied during the different phases of postwar development. The development pattern in Korea is characterized by a transition, first from a primary commodity exporter under colonial control, then to import substituting industrialization, and finally to a strategy of export-led growth. Now, Korea continues to pursue further outward economic development in order to join the ranks of the advanced economies.

In contrast to Latin America, FDI played a negligible role in Korea during the early stages of her development. Manufacturing in Brazil and Mexico received substantial FDI in the 1950s, to serve large internal markets in line with an industrial strategy of expanding in consumer durable and intermediate goods. Korea was too small and politically risky to attract much investment interest. Furthermore, Korea's economic relations with Japan were served altogether until normalization in the mid -1960s. Thus, the decade of the 1950s in Korea was characterized by the pursuit of an import-substituting industrialization strategy, financed largely by American aid. During this phase, new and existing firms established strong positions in the domestic market free from competition, imports, and foreign investment.

In the late 1950s in Korea, a set of chronic problems normally associated with import substitution set in: market saturation, low levels of manufactured exports, high levels of dependence on imports, and wide gaps in the balance of payments. As the United States sought to cut its longer-term aid commitment, Korea faced the task of earning foreign exchange. Significant economic reforms, primarily in the exchange rate and import-control systems, shifted the structure of incentives toward a more outward-looking direction.

Table 1. Foreign Direct Investment
(Acceptance of Notification and Approval)
(Unit: U.S. $ million)

Years	New Investments		Amount of Increase		Total	
	Cases	Amount	Cases	Amount	Cases	Amount
1962~66	39	46.5	3	0.9	42	47.4
1967~71	350	169.1	65	49.5	415	218.6
1972~76	851	610.5	409	268.9	1,260	879.4
1977~81	244	288.8	352	431.9	596	720.6
1982~86	565	686.8	383	1,080.8	948	1,767.7
1987~91	1,623	2,753.6	962	2,882.4	2,585	5,636.0
1977	54	53.1	70	30.6	124	83.7
1978	51	56.3	70	93.2	121	149.5
1979	55	98.3	89	93.0	144	191.3
1980	40	42.7	61	100.5	101	143.2
1981	44	38.5	62	114.7	106	153.2
1982	56	101.1	48	87.9	104	189.0
1983	75	91.9	69	177.5	144	569.4
1984	104	217.7	78	204.6	182	422.3
1985	127	144.2	77	388.0	204	532.2
1986	203	131.9	111	222.8	314	354.7
1987	363	556.8	188	506.5	551	1,063.3
1988	342	583.1	189	699.6	531	1,282.7
1989	336	426.6	175	663.7	511	1090.3
1990	296	336.6	185	465.9	481	802.5
1991	287	854.7	223	541.4	510	1,396.1
1992	233	328.0	211	566.4	444	894.5
1993	273	485.9	185	558.3	458	1,044.3

Source: Ministry of Finance.

The new emphasis on an export-led growth strategy went hand in hand with the welcoming of FDI and new relations with foreign buyers. Foreign investment and subcontracting helped ease balance-of-payments difficulties, supply technology and expertise, and open the market channels required by and outward-looking development strategy. Foreign direct investors were welcomed to enter the light manufacturing export sector, whereas they were discouraged from investing in import-substituting sectors.

Despite the increasing role of foreign direct investment in the course

Table 2. Sectoral Shares of Foreign Direct Investment in Korea, 1962~93[1]

	1962 ~66	1967 ~71	1972 ~76	1977 ~81	1982 ~86	1987 ~91	1992	1993	Total %
Agriculture[2]	—	1.2	1.3	0.7	0.1	0.1	0.1	0	0.2
Mining	—	—	—	0.2	0.2	0.1	0.2	0	0.2
Services	—	15.6	18.6	32.2	46.9	30.6	27.3	49.5	33.6
Manufacturing	99	83.1	79.9	66.9	52.7	69.2	72.4	50.4	66.0
Food	—	—	—	4.9	5.0	4.2	5.2	3.8	4.2
Textile & Clothing	3.8	13.9	21.0	0.7	0.9	1.3	2.7	0.4	2.8
Paper & Lumber	—	—	—	0.9	0.8	0.6	10.9	0.2	1.4
Chemicals	21.5	13.0	9.9	19.5	6.7	16.7	24.6	23.1	16.5
Fertilizer & Petroleum	70.5	19.4	7.7	1.5	0.4	10.0	0.0	2.1	6.5
Medicine	—	—	—	2.0	4.2	3.4	6.9	2.2	3.3
Ceramics	—	—	—	0.8	0.9	1.4	3.0	2.8	1.6
Metals	0	5.5	5.9	5.0	1.2	1.2	1.9	1.4	2.0
Machinery	1.5	3.2	6.3	8.1	3.0	7.4	4.3	1.8	6.0
Electrical & Electronics	0	11.6	15.3	17.3	14.2	14.3	7.4	4.3	12.9
Transport Equipment	0	0.3	6.3	5.4	14.4	7.6	4.5	4.2	7.6
Others	1.7	15.2	7.5	0.9	0.9	1.0	0.9	1.2	1.1
Total(U.S. $ millions)	47.4	218.6	879.4	720.6	1,767.7	5,636.0	894.5	1,044.3	11,236.9

Note: 1. *According to the cases approved or accepted.*
2. *Agriculture includes forestry and fishery.*

of Korea's outward-looking development, Korea's industrialization was based on national enterprise in almost every year since 1965. State-owned enterprises and heavy government support for domestic firms acted as checks against the domination of heavy industries by foreign firms. This phenomenon is clearly visible in the sectoral pattern of FDI in Korea(see Table 2). From 1962 to 1966, two projects a fertilizer plant and a refinery, accounted for over 70 percent of total foreign investment. The period of export take-off(1967 to 1976) was the peak of investment in textiles, clothing, and electronics assembly. Investment in electronics continued through the 1970s, but shifted away from component assembly toward consumer and industrial electronics. Textile and clothing investment became negligible, while investments in machinery, transport equipment, and chemicals showed large increases during the 1970s. This pattern reflects the growth of investment in industries aimed toward the domestic market. The composition of FDI further shifted during the 1980s as foreign investment in light industries became unprofitable.

A major change occurred in the early 1980s, as the Korean economy began to experience serioud difficulties as a result of the negative effects of the Heavy and Chemical Industry Plan of the 1970s. The new industrial strategy, constituting a second outward turn, was based on an attempt to upgrade Korea's Industrial structure as a whole by moving into more technology-intensive and skill-intensive niches. A key component of this technological upgrading was the liberalization of foreign investment rules. The new rules permitted 100 percent foreign ownership in a large range of product categories. In 1981, the discretionary control of foreign investment was eased by the opening of 427 types of industries to foreign ownership, constituting about 50 percent of all products in Korea's standard classification system. In addition, the minimum investment level was lowered significantly, from $ 500,000 to $ 100,000, a move that met strong opposition from small-sized and medium-sized firms and paved the way for greater Japanese participation in the economy. As further liberalization followed in 1984, a negative list system increased the share of manufacturing subsectors open to foreign investment from 69 percent to 85 percent. Pressure from the United States resulted in additional liberalization in the service sector as well.

The rapid economic growth in Korea owes much to technology inflow from developed countries. Direct imports of foreign technologies through licensing arrangements have been a major source of technology inflow since the beginning of economic development in Korea. However, various regulations against multinationals have mitigated the effects of technology spillovers, since foreign investors not only preferred licensing to direct investment, but also operated ready-made assembly or distribution outlets that were only minimal in their technology spillover benefits. In addition, Korean firms have preferred to import technology through the purchase of capital equipment, taking advantage of the training, and assistance provided with the purchase.

Government policy toward the import of technology through licensing arrangement was liberalized during the late 1970s and the early 1980s. Whereas any technology import contract that involved royalty payments had required prior government approval, by 1984, the import of technology through royalty arrangements only required notification of the contracts to the government. This liberalization led to a rapid increase in royalty payment, from an annual average of about $ 100 million before the liberalization to over $ 1 billion in 1990. However, the number of cases of technology licensing has fallen since 1989. Foreign firms have become more reluctant to share technology through licensing, as the gap between the technological capability of Korean firms and their competitors has narrowed.

Technology bottlenecks in high-tech industries are now a major economic problem, because Korea is not yet sufficiently technologically advanced to sustain its own innovative activities in major high-tech industries. In 1993, the new Korean government launched a policy to promote further liberalization toward multinationals. Hightech multinationals are favored through the lessening of the constraints against their operations and provision of tax breaks in order to facilitate technology transfer through intimate interaction between multinationals and local firms. This liberalization plan is discussed in more detail in the next section.

Despite a relatively minor role of FDI in Korea's economic development, we can find many cases where foreign multinationals have contributed greatly to the technological capabilities of the Korean firms. One of the most successful episodes, which reflects the role of foreign direct investment in the field of technology transfer, is found in the Masan EPZ(Export-Processing Zone). EPZs have four important characteristics.[4]

1. They are industrial estates whrere land, utilities, transport facilities, and even buildings are supplied by the government at highly subsidized rates.

2. The EPZs allow the duty-free entry of goods destined for re-export. The zones thus seek to attract 100 percent foreign-owned subsidiaries that are vertically integrated into the investing firm's marketing and production structure. As a corollary, the zones often have few economic linkages with the domestic economy other than the wage bill, although local procurement has increased over time.

3. The government plays a direct role in controlling union organization in order to avoid labor disputes.

4. The zones usually offer to foreign firms incentives over and above those extended to foreign or local investors outside the zones.

In Korea, the relative importance of pure EPZs declined by the mid-1970s, as other specialized zones aiming at both exports and the development of a heavy industrial base were constructed, mostly with extensive participation by national and state-owned firms. Nevertheless,

---

4) The first East Asian EPZ was located in Kaohsiung, Taiwan, coming into operation in 1965. Two additional zones in Taiwan followed in 1970, the same year that Korea's first came into operation at Masan.

about 9,000 workers and technicians in the Masan EPZ benefitted from the opportunity of having an overseas training program until 1993. More importantly, subcontracting outside the Masan EPZ increased significantly, contributing to the value-added of products manufactured by foreign investors. These efficiency gains outside the EPZ, induced by the backward linkages, emphatically reflect the existence of technology spillovers through foreign direct investment.

The development process of the Korean semiconductor industry also shows the important role of multinational corporations in the area of technology transfer. In the mid-1960s, U.S. firms[Comy(1965), Fairchild(1966), Signetics(1966), and Motorola(1967)] began to assemble transistors in Korea in order to take advantage of her cheap labor. Following the lead of U.S. firms, Japanese firms[Toshiba(1966), Sanyo(1970), and NEC(1970)] entered into joint ventures with Korean firms. Since the beginning of the 1970s, many Japanese firms producing parts have also established subsidiaries in the Masan EPZ. Before Korean firms emerged as competitive rivals in the domestic market, foreign firms dominated the production and export of semiconductor products. Subsequently, multinationals introduced the technology of wafer processing and IC production, and introduced the possibility of the development of domestic firms in this high-tech industry.

In the mid-1970s, many Korean firms entered the market by operating simple assembly plants of semiconductor products. However, fierce competition in the small internal market enabled only a few firms to survive. By the end of the 1970s, Samsung and Lucky-Goldstar had established firm positions in the semiconductor industry through mergers and acquisitions of domestic firms and joint ventures that went out of business. In the early 1980s, these *Chaebol*(large business conglomerate in Korea) firms invested heavily in equipment and R&D despite successive annual deficits, since they could internalize the risks of investment. By the mid-1980s, they began to produce highly sophisticated memory chips.

As the *Chaebol* firms became more competitive in the production of memory chips, the relationship between Korean firms and foreign firms changed. During the early stages, domestic firms had made efforts to catch up with foreign rivals in the domestic market. After the *Chaebol* firms established a dominant position in the domestic market, foreign firms tended to specialize in other subsectors where Korean firms had not yet acquired technological capabilities. The specialization of foreign firms in the high-tech sectors related to the production of memory chips has reduced the technological bottleneck in the Korean semiconductor industry, and is expected to induce new Korean entrants in the near future as technological know-how and expertise spill over to domestic firms.

As Korean firms have become more competitive in price and mass production of memory chips, trade and intellectual property disputes with foreign rivals have worsened. As part of their globalization strategy, the Chaebol firms now pursue international strategic alliances with major foreign multinational corporations in the same industry. Korean firms, which are weak in ultraprecision processing technology in the original design or inspection of the technology of more complicated and sophisticated DRAM, and in the production of the technology of manufacturing equipment and machinery, will try to take advantage of international alliances as important channels for technology improvement.

5. Policy Measures and Technology Spillovers

There has been an ongoing debate over which policy measures should be adopted by countries hosting multinationals to encourage these firms to transfer more technology, thus increasing the potential for spillovers. Generally, it has been thought that in order to increase the benefits to be gained from multinationals, governments should use different types of controls. Accordingly, many countries have begun to limit the environment within which multinational firms operate and have introduced various performance requirements. Special attention has been given to policies regarding technology transfer, and a number of measures have been introduced to encourage multinationals to increase their technology transfer, including requirements for local content and local R&D.

A different view on how to influence the potential and the amount of spillovers has recently been suggested by Wang and Blomstrom(1992). They highlight the essential role played by competing host country firms in increasing the rate at which multinationals transfer technology, and suggest that if they want to increase technology transfer from multinationals, host countries should concentrate on supporting their domestic firms in their efforts to learn from foreigners, rather than stipulating performance requirements for multinationals.

These assertions have important policy implications. Local governments have the option to create an environment which fosters spillovers by supporting competition in the industry where a multinational enters, for example through subsidies for education and training in local firms, or by inviting another competing multinational. This policy has dual benefits. First, the multinational is forced to adjust to competition by upgrading its production processes and importing state-of-the-art technology, in step with the competitors' productivity improvements. Second, the continuous inflow of technology increases the spillover potential, while the support to local firms increases the likelihood of actual spillovers. In other words, a virtuous circle of productivity and technology growth is possible, in contrast to the vicious circle that occurs when the multinational is allowed to operate without competition, and risks falling further and further behind global standards.

Acknowledging that industrial restructuring and technological upgrading through FDI is one of the most effective ways to strengthen Korea's international competitiveness, the new Korean government has begun to implement policies to attract investment to Korea. According to the Five-Year Foreign Investment Liberalization Plan(1993~1997), 132 businesses are scheduled to be liberalized year by year. By 1997, of the total of 1,148 businesses, 35 will be partially liberalized and 1,037 will be completely open to outside investors. The foreign investment liberalization ratio, therefore, will increase from 83 percent in the first half of 1993 to 93.4 percent in 1997.[5]

The Korean government recognizes that foreign investors experience difficulties, particularly in areas which pertain to financial restrictions, strict laws governing land acquisition, heavy government regulations, insufficient protection of intellectual property, and unstable labor-management relations. Thus, it has launched bold policy reforms in these areas. The specific policies addressed by the Korean government on these various points are as follows.

Table 3. The Five-Year Foreign Investment Liberalization Plan(1993~1997)

Industries	Restricted Businesses (as of 1992)	Number of Businesses to be Liberalized by Year						Total
		Jul. 1993	Jan. 1994	Jan. 1995	Jan. 1996	Jan. 1997		
Agriculture, Fishery and Mining	35	5	5	1	3	9		23
Manufacturing	14	2	–	–	2	5		9
Services	175	9	22	34	13	22		100
Total	224	16	27	35	18	36		132
Liberalization Ratio(%)	83.0	85.1	86.9	89.6	90.9	93.4		–

In December 1993, in order to ease restrictions on Land acquisitions by foreign investors, the Korean government abolished the old "Alien Land Law" managed by the Ministry of Home Affairs and, in its place, enacted the "Law on Alien Land Acquisition and Management," which is under the jurisdiction of the Ministry of Construction. According to the new law, foreign-invested firms will be able to easily acquire land, as

---

5) With entry to The OECD slated for late 1996, the liberalization schedule will be advanced or the number of liberalized businesses will be increased. Consequently, the liberalization ratio will increase from 89.6 percent to 90.6 percent in 1995 and from 93.4 percent to 95.3 percent in 1997.

long as they do so for legitimate business purposes. In addition, land acquisition by foreign firms engaged in manufacturing will be further simplified to a quasi-notification system.

In addition, the Korean government is presently considering whether to reduce the price of land for building a factory in an industrial complex, noting that high land prices have kept sales stagnant. Furthermore, the government plans to provide an inexpensive and stable supply of land for foreign investors by designating industrial complexes such as the Kwangju Pyungdong Industrial Complex and the Cheonan Industrial Complex exclusively as Free Investment Zones.

Restrictions on access to off-shore capital have been cited by foreign firms as one of the biggest hurdles in doing business in Korea. In 1993, foreign investors engaged in high-tech manufacturing and services were allowed to borrow up to 50 percent of their investments from abroad on a short-term basis for up to three years. This ceiling on off-shore borrowing was increased to 75 percent in 1994. The scope will be broadened to include foreign investors engaged in general manufacturing, enabling them to borrow up to 50 percent of their investments for imported machinery and other equipment for their plants. By 1997, Korea will permit offshore commercial loans for all firms, both foreign and domestic. Additionally, the government will gradually lengthen the period of deferred payments for imports, bringing this period in line with international standards by 1997.

The Korean government, recognizing that excessive regulations have hindered FDI, has made deregulation an area of utmost priority since

1992. During 1993, the government revised a total of 751 rules and regulations to reduce government intervention, and 215 additional rules and regulations are scheduled to be revised during 1994.

The Korean government's efforts to protect intellectual property rights(IPR) are being pursued in three ways.

1) by cracking down on IPR violators;
2) by upgrading the legal framework and institutions for IPR protection; and
3) by raising public awareness of IPR.

Such strong efforts are based on the recognition that effective protection of intellectual property is critical in order to foster technological development in Korea and to attract high-tech transfers from abroad.

With these efforts, the Korean government is trying to provide a better environment for doing business in Korea. In particular, the government is targeting some high-tech industries by providing more effective assistance through the adjustment of the scope of advanced technologies which are granted favorable benefits.

The basic framework for advanced technologies eligible for financial and tax benefits was established in 1984. Since then, however, the industrial structure has chanced and more advanced technologies have emerged, necessitating the readjustment of Korea's industrial development policy. Hence, by re-examining the scope of advanced technologies, new recipients of benefits will be selected, enhancing the effectiveness of the incentive policy. The most important consideration in the selection process will be maintenance of balance between technological development through FDI, domestic technological development, and the technology inducement policy.

6. Conclusion

Foreign technologies can be acquired in other ways than through foreign direct investment. Multinationals may transfer technologies through several other arrangements; joint ventures, licensing agreements, and technical service contracts, for example. Technology may also cross international borders through trade.

Various forms of technology transfer have contributed to Korea's technology development and economic growth. However, it is very difficult to identify the relative magnitude of each mode in transferring technology. These different avenues of technology transfer should be seen as complements rather than as substitutes. The types of technology seem to influence the mode of transfer, and thus certain advanced technologies are simply not available through means other than foreign direct investment. Therefore, keeping the doors open to the acquisition of technological information through several different channels will eventually lead to more technology transfer and higher productivity growth.

The Korean experience reflects and interesting policy implication.

Throughout Korea's economic development, the major source of technological development has been technology imports and local adaptation to enhance process efficiency. Technology licensing, rather than FDI, has been the dominant source of foreign technologies. Furthermore, the industrial structure in Korea, which is characterized by a highly-concentrated oligopoly, has discouraged the entry of foreign firms. Nevertheless, there are many instances in Korea's experience which demonstrate the dramatic important role of multinational corporations in the development of some of Korea's industries.

In the semiconductor industry, for instance, foreign firms introduced technology not yet available to Korean firms, and induced domestic firms to enter the market. The catch-up process of the *Chaebol* firms in the production of memory chips is characterized by a mixture of mergers and acquisitions, indigenous R&D efforts, technology licensing, and recently, strategic alliances. In addition, as Korean firms have become more competitive in price and mass production of memory chips, foreign firms have tended to specialize in subsectors such as manufacturing equipment, IC design, and sophisticated parts where Korean firms are not yet internationally competitive. The presence of foreign firms in the domestic market seems to fill the technological gap between foreign and domestic firms. With increasing global interdependence in the economic and technological spheres, multinational corporations will continue to be important vehicles of the international transfer of technology.

Acknowledgments: The authors would like to thank two anonymous refrees and participants for the 17th conference on Asian Economics in Bali, Indonesia.

REFERENCES

Casson, M.(1987), *The firm and the market: Studies on multinational enterprise and the scope of the firm,* Cambridge, MA: The MIT Press

Caves, R. E.(1974), Multinational firms, competition, and productivity in host-country markets, *Economica,* 41, 176~193.

___________(1982), *Multinational enterprise and economic analysis,* Cambridge: Cambridge University Press.

Ethier, W. J.(1992), *Multinational firms in the theory of international trade,* Discussion Paper No. 30, International Economic Research Center, Philadelphia, PA.

Horstmann, I. J., & Markusen, J. R.(1987), Licensing versus direct investment: A model of internalization by the multinational enterprise, *Canadian Journal of Economics* 20, 464~481

Mansfield, E., & Romeo, A.(1980), Technology transfer to overseas subsidiaries by U.S. based firms. *Quarterly Journal of Economics* 95, 737~750

McFetridge, D. G.(1987). The timing, mode and terms of technology transfer: Some recent findings. In A. E. Safarian & G. Y. Bertin(Eds.), *Multinationals, governments and international technology transfer,* London: Croom Helm.

Teece, D.(1976), *The multinational corporation and the resource cost of international technology transfer,* Cambridge, MA: Ballinger.

Wang, J. Y., & Blomstrom, M.(1992), Foreign investment and technology transfer: A simple model, *European Economic Review* 36, 137~155.

수출입국론의 근거를 따진다

근래에 와서 갑자기 수출 '분위기'가 조성되었다. 그리고 또 이 분위기를 타서 〈표 1〉에서 보는 바와 같이 급격한 수출확대가 이루어졌다. 따라서 수출입국론이 대두되는 것은 당연한 일이라고 하겠다. 그러나 과연 이 수출입국론에 무턱대고 찬성할 수 있을까? 이 글은 바로 이 물음에 답하고 나아가서 앞으로 수출확대의 방향을 제시하기 위한 것이다.

이하에서는 우선 이제까지 수출확대의 내용을 개관하고 다음에 그것에 의거해서 이 물음에 답하고 끝으로 앞으로 수출확대의 방향을 제시하기로 한다.

1

상품별 수출

(1) 〈표 2〉에서 알 수 있는 바와 같이 돈(豚)을 비롯한 15개 상품은 대체로 평균해서 수출총액의 63퍼센트를 차지하고 있다. 비록 1962년부터 이루어지고 있는 보세가공수출이 수출상품의 다양화의 경향을

나타내주고 있다고는 하지만 결국 우리나라의 수출은 이들 15개 상품에 의존하고 있는 셈이다.

(2) 〈표 3〉에서 다음을 알 수 있다. 이 〈표 3〉은 〈표 2〉에서 작성한 0.95백만 달러 이상의 증감만을 표시하는 표이다.

1. 1961년에는 쌀이, 1963년에는 돈, 철광, 단판·합판, 면직물, 철강판, 의류가 1964년에는 건어개류, 김, 단판·합판, 면직물, 의류가, 그리고 1965년에는 단판·합판, 철강판, 의류, 신발류가 각각 수출확대에 크게 기여하고 있다.

2. 첫째로 1963년에 쌀의 수출이 급격히 감소하고 있다. 이것은 동년의 흉작에 기인한다. 둘째로 홍콩으로 수출되는 돈의 수출이 1946년부터 감소하고 있다. 이것은 중공의 덤핑에 기인한다. 셋째로 일본으로 수출되는 김의 수출이 1965년에 감소하고 있다. 이것은 수출단가의 하락에 기인한다. 넷째로 1965년에 면직물의 수출이 미미하기는 하지만 감소하고 있다. 이것은 주로 영국의 한국 면직물에 대한 수입제한 조치에 기인한다. 다섯째로 베트남으로 수출되는 철강판의 수출이 1964년에 급격히 감소했다가 다시 1965년에 급격히 증가하고 있다. 이것은 1965년에 있은 미국 정부의 정책 완화에 기인한다. 끝으로 1965년에 의류의 수출이 가장 현저하게 증가하고 있다. 이것은 대미 수출의 증가와 북구지역에 대한 시장 확대(특히 스웨덴에 대한 모제품 수출)에 기인한다.

상품류별 및 상품부문별 수출

(1) 〈표 4〉에서 알 수 있는 바와 같이 식료품 및 산 동물, 비식용원료, 원료별제품이 큰 비중을 차지하고 있다. 이들의 합계는 평균해서 수출총액의 91퍼센트나 된다. 1961년까지는 비식품용원료, 식료품 및

산 동물, 원료별제품 순위를 취해 왔으나 1961년에는 식료품 및 산 동물, 비식용원료, 원료별제품, 1963년부터는 원료별제품, 비식용원료, 식료품 및 산 동물의 순위를 취하게 되었다. 그러나 1965년에는 잡제품의 비중이 식료품 및 산 동물의 그것보다도 더 커졌다. 이것은 주로 의류의 급격한 증가에 기인한다. 원료별제품은 1962년까지는 약 10퍼센트밖에 차지하지 못하고 있었으나 1963년부터 격증하여 30여 퍼센트를 차지하여 수위가 되었다.

(2) 〈표 5〉에서 알 수 있는 바와 같이 1차산품(농산물, 수산물, 광산물) 대 2차산품(공산물)의 비중은 1962년의 97.4퍼센트 대 20.6퍼센트에서 1965년에는 37.1퍼센트 대 61퍼센트로 역전되었다. 그러나 이것은 상품류별 수출에서 알 수 있는 바와 같이 주로 원료별제품과 잡제품의 수출증가에 기인한다.

시장별 수출

(1) 〈표 6〉에서 알 수 있는 바와 같이 일본, 미국, 홍콩의 비중은 매우 크다. 그러나 1963년부터는 베트남도 우리나라의 중요한 수출시장으로 등장했다. 이것은 철강판 수출의 급격한 증가에 기인한다.

(2) 또 〈표 6〉에서 알 수 있는 바와 같이 미국에 대한 수출은 1962년부터 격증하기 시작하여 1965년에는 이제까지 수위를 유지해오던 일본에 대한 수출을 능가하게 되었다. 이것은 〈표 7〉에서 알 수 있는 바와 같이 미국에 대한 주요 수출상품은 생사, 돈모, 단판·합판, 면직물, 의류, 신발류 등의 2차산품인데 이미 상품류별 수출에서 본 바와 같이 이들의 수출이 급격히 증가한 데 기인한다. 미국의 경우와는 달리 일본에 대해서는 〈표 7〉에서 알 수 있는 바와 같이 주로 선어개류, 쌀, 김, 흑연, 철광, 무연탄 등의 1차산품을 수출하고 있다.

〈표 1〉 수출입 증가율

	수출증가율	수입증가율
1959	16.4	−19.7
1960	70.3	13.1
1961	24.7	−8.0
1962	34.0	33.4
1963	58.4	32.8
1964	37.2	−27.8
1965	46.9	16.2

〈표 2〉 주요 상품별 수출

(단위: 천 달러)

	1959	1960	1961	1962	1963	1964	1965
돈	134	171	2,464	1,474	3,676	1,045	3
선 어 개 류	602	1,560	1,274	3,446	3,698	4,798	6,068
건 어 개 류	516	982	2,502	2,485	2,729	4,820	4,809
쌀	775	3,763	507	8,925	776	2,352	3,242
김	1,191	1,288	893	749	1,337	5,504	3,315
생 사	744	981	2,849	3,962	4,662	5,838	6,753
철 광	2,178	2,463	4,252	3,849	5,912	5,989	6,753
중 석	3,397	4,701	4,498	3,374	3,075	4,654	6,356
돈 모	638	807	1,270	987	2,027	243	881
무 연 탄	657	1,147	2,209	2,740	2,578	2,405	1,899
단 판 합 판	11	21	1,217	2,289	6,310	11,922	18,132
면 직 물	1,425	2,443	875	1,834	4,289	11,119	10,522
철 강 판	−	−	−	475	8,290	2,115	10,195
의 류	−	−	2	1,119	4,643	6,614	20,713
신 발 류					738	879	4,151
총 액	19,812 (62.0)	32,827 (63.6)	40,878 (60.6)	54,813 (68.6)	86,802 (63.0)	119,058 (60.0)	175,082 (60.0)

주: ( ) 안은 15개 품목의 합계 총액 표시함.
출처: 한국은행 조사부.

〈표 3〉 연차별 증감액

(단위: 천 달러)

	1960	1961	1962	1963	1964	1965
돈		+1,753	−990	+2,202	−2,631	−1,042
선 어 개 류	+958		+2,172		+1,100	+1,270
건 어 개 류		+1,520			+2,091	
쌀	+2,988	−3,256	+8,418	−8,149	+1,576	
김					+4,167	−2,189
생 사		+1,868	+1,113		+1,176	+957
철 광		+1,789		+2,063		
중 석	+1,304		−1,124		−1,579	+1,702
돈 모				+1,040	−1,784	
무 연 탄		+1,062				
단 판 합 판		+1,196	+1,072	+4,224	+5,109	+6,170
면 직 물	+1,018	−1,586	+977	+2,455	+6,830	(−597)
철 강 판				+7,815	−6,175	+8,080
의 류				+3,524	+1,971	+14,099
신 발 류						+3,272
총 액	+13,015	+8,015	13,935	+31,989	+32,256	+56,024

출처: 한국은행 조사부.

〈표 4〉 상품류별 수출

(단위: 천 달러)

	1959	1960	1961	1962	1963	1964	1965
식 료 품 및	4,118	9,701	8,949	20,847	17,841	26,360	28,190
산 동 물	(20.8)	(29.6)	(21.7)	(39.9)	(20.6)	(22.1)	(16.1)
비 식 용 원 료	11,713	15,816	20,958	19,372	26,405	31,442	37,033
	(59.1)	(48.2)	(51.3)	(35.3)	(30.4)	(26.3)	(21.2)
원 료 별 제 품	2,139	3,937	4,004	6,177	28,115	42,310	66,414
	(10.8)	(12.0)	(9.8)	(11.3)	(32.4)	(35.4)	(37.9)
잡 제 품	86	93	79.1	1,954	6,041	13,197	37,487
	(0.4)	(0.3)	(1.9)	(3.6)	(7.4)	(11.0)	(19.7)
기 타							
총 류	19,812	32,827	40,878	54,813	86,802	119,058	175,082
	(100.0)	(100.0)	(100.0)	(100.0)	(100.0)	(100.0)	(100.0)
(1)	(91.1)	(90.1)	(84.7)	(90.1)	(90.8)	(94.8)	(94.9)

주: (1)은 4개 유별의 합계/총액을 표시함.
출처: 한국은행 조사부.

〈표 5〉 산품부문별 수출

	1962	1963	1964	1965
1 차 산 품	79.4	53.2	50.4	38.1
2 차 산 품	20.6	46.8	49.6	61.9
총 액	100.0	100.0	100.0	100.0

출처: 한국은행 조사부.

〈표 6〉 시장별 수출(1)

(단위: 천 달러)

	1959	1960	1961	1962	1963	1964	1965
일 본	12,680 (64.0)	20,175 (61.4)	19,397 (47.5)	23,483 (42.8)	24,841 (28.6)	38,159 (32.5)	43,974 (25.1)
미 국	2,133 (10.8)	3,647 (11.2)	6,821 (16.6)	11,976 (21.8)	24,287 (28.0)	35,566 (29.4)	61,695 (35.2)
홍 콩	1,032 (5.2)	2,726 (8.3)	7,385 (18.0)	48,682 (8.5)	9,120 (10.5)	1,615 (9.8)	10,833 (6.1)
월 남		45 (0)	65 (0)	830 (1.5)	12,140 (14.0)	6,314 (5.3)	14,782 (8.5)
기 타							
총 액	19,812 (100.0)	32,827 (100.0)	40,878 (100.0)	54,813 (100.0)	86,802 (100.0)	119,058 (100.0)	175,082 (100.0)
(1)	(80.0)	(80.9)	(82.1)	(73.1)	(67.1)	(71.7)	(66.5)
(2)	(80.0)	(80.9)	(82.1)	(74.6)	(81.1)	(77.0)	(75.0)

주: (1)은 일본, 미국, 홍콩의 합계/총액을 표시함.
　　(2)은 일본, 미국, 홍콩, 베트남의 합계/총액을 표시함.
출처: 한국은행 조사부.

〈표 7〉 주요 시장별 주요 수출상품

주요시장	주 요 상 품
일 본	선어개류, 쌀, 김, 흑연, 철강, 무연탄
미 국	생사, 돈모, 단판, 합판, 면직물, 의류, 신발류
E C A F E	돈, 건어개류, 한천, 고무제품, 직사 및 사(絲), 철강판
기 타	쌀, 사탕 및 봉밀, 생사, 중석

출처: 한국은행 조사표 자료에서 작성.

2

전절에서의 고찰을 요약하면 다음과 같다.

(1) 우선 상품별로 보면 15개 상품이 큰 비중을 차지하고 있다. 그러나 이들 중에는 이미 본 바와 같이 BA 정책, 덤핑, 수입제한조치, 가격조건, 풍흉(豊凶) 등에 기인해서 수출의 증감이 크게 기복을 갖는 것이 있다. 철강판, 면직물, 김, 쌀 등이 바로 그 예이다.

다음에 상품류별로 보면 비식용원료, 식료품 및 산 동물, 원료별제품, 잡제품이 큰 비중을 차지하고 있다. 이들의 비중은 평균 수출총액의 91퍼센트나 된다. 특히 원료별제품의 수출이 격증했다.

끝으로 상품부문별로 보면 1965년부터 1차산품 대 2차산품의 비율이 37.1퍼센트 대 61.9퍼센트로 역전되었다. 이것은 상품류별 수출에서 본 바와 같이 주로 원료별제품과 잡제품의 수출증가에 기인한다.

(2) 우선 수출시장의 다양화를 지향하고 있다고는 하지만 여전히 일본, 미국, 홍콩의 비중은 크며 최근에 와서는 베트남도 중요한 수출시장으로 등장했다.

다음에 미국은 1965년부터 이제까지 1위를 유지하던 일본을 능가하여 1위를 차지하게 되었다.

끝으로 일본에 대해서는 주로 1차산품을 그리고 미국에 대해서는 주로 2차산품을 수출하고 있다. 물론 2차산품이라 해도 원료별제품이 큰 비중을 차지하고 있다.

결국 이렇게 보면 이제까지의 수출확대는 소수국의존형, 소수상품의존형, 원료의존형의 수출확대라고 할 수 있다.

그렇다면 앞으로의 수출확대는 일본, 미국 등의 수출의존국의 사정에 좌우되며 또 소수의 주요 수출상품의 사정에 좌우되지 않겠는가?

특히 주요 수출상품의 대부분이 일본, 미국 등에 수출되는 것이라는 것과 또 이들 상품 중에 BA 정책, 덤핑, 수입제한조치, 가격조건, 풍흉(豊凶) 등에 기인해서 수출액의 증감이 크게 기복을 갖는 것이 있다는 것을 생각할 때 더욱 염려가 된다.

그뿐 아니라 이제까지의 수출확대는 다음의 여러 가지 점에서도 문제가 된다.

(1) 수출확대는 그 자체로서는 국제수지 개선에 별로 기여하지 못하고 있다. 물론 수출확대가 없었더라면 국제수지가 더 악화되었을 것이라는 소극적인 의미에서 기여한 것은 사실이다. 그러나 여기서 말하는 것은 적극적인 의미에서이다. 〈표 8〉에서 알 수 있는 바와 같이 1963년에 수출입수지차가 410.2백만 달러이던 것이 1964년에 245.8백만 달러로 격감한 것은 주로 수입이 132.9백만 달러나 감소한 데 기인한다. 1965년에 수출이 크게 증가되었다고는 하지만 수입이 또한 증가한 결과 수출입수지차는 245.2백만 달러가 되어 1964년의 그것과 별 차이가 없다.

그런데 수입은 다음과 같은 이유에서 앞으로 증가할 가능성이 있다. 첫째로 현재 경제개발계획이 추진 중에 있다. 따라서 시설재와 원자재의 도입을 필요로 한다. 둘째로 가공수출(보세가공수출 포함)은 〈표 9〉에서 짐작할 수 있는 바와 같이 매우 큰 원료수입의 증가를 수반하게 된다. 1965년의 경우만 보더라도 상품류별로는 비식용원료, 원료별제품이 각각 14.0백만 달러, 25.0백만 달러나 증가하고 있으며 상품별로는 목재, 인조섬유, 인견사, 철 및 철강이 각각 9.8백만 달러, 2.0백만 달러, 9.9백만 달러, 9.8백만 달러나 증가하고 있다. 같은 해의 수입증가총액이 63.8백만 달러라는 것을 생각할 때 그야말로 격증이라 아니할 수 없다. 셋째로 몇몇 상품의 증감이 수입의 증감에 크게 기여하고 있다는 것이 밝혀져 있다. 그런데 이들 상품의 수입은 주로 풍흉, 차관 도입사정, 원조사정, 수입대체산업 육성 등에 좌우된다. 대체적으로 보아서 1962년에는 목재, 조면, 유기화학품, 무기화학품, 요소, 유안, 화학비료, 인견사, 인조섬유, 철강판 등이 1963년에는 밀, 쌀, 보리, 목재, 경유, 중유, 유안(硫安, 황산암모늄), 인조섬유, 철강판, 철도기관차, 철도차량, 화물자동차 등이 1964년에는 밀, 쌀, 목재, 원유, 경유, 중유, 유안, 인조섬유, 철강판, 철도기관차, 철도차량 등이 그리고 1965년에는 보리, 목재, 인조섬유, 원유, 화학비료, 인견사, 철 및 철강, 전기기류, 선박 등이 각각 수입증감에 크게 기여하고 있다. 넷째로 앞으로 승용자동차, TV 등의 계속적인 수입이 예상된다.

(2) 외화가득액은 〈표 10〉에서 알 수 있는 바와 같이 그 증가액이 수출총액의 증가액에 따라서 1962년을 제외하고는 훨씬 적다. 특히 1962년과 1964년에는 외화가득액의 증가액은 수출총액 증가액의 50퍼센트 이하로 되어 있다. 이것은 외화가득률이 낮은 2차산품의 수출이 증가한 데 기인한다.

(3) 1964년에 48.3백만 달러의 수출입수지 적자밖에 없던 일본과의 수출입수지는 1965년에 비록 수출이 15.2퍼센트나 증가했다고는 하지만 수입이 67.5퍼센트나 증가하는 바람에 100.7백만 달러가 되어 더욱 심한 불균형을 시현하게 되었다. 이것은 주로 수출목표액을 달성하기 위해서 일본으로부터 원자재를 대량 수입한 데 기인한다. 결국 수출확대는 일본에의 수출의존도를 더욱 크게 할 것이다.

(4) 이미 앞에서 본 바와 같이 이제까지의 수출증가율은 매우 크다. 그러나 이와 같은 수출증가는 수출업자의 시장개척, 생산성 향상, 경영합리화 등의 자발적인 노력보다는 도리어 재정금융상의 각종 특혜를 주축으로 하는 수출진흥책에 기인한다. 그리고 그것을 국내균형의

파괴를 수반하고 있다. 즉 그것은 재정금융상의 각종 특혜에 따른 통화량의 증가를 통해서 물가상승에 압력을 가하여 경제안정을 파괴하고 있다.

물론 수출확대가 생산증가, 고용증가, 경제성장에 기여하는 면을 부정하고 싶지는 않다. 그러나 이 기여도가 얼마만한 것인지 더욱이 의심스럽다. 또 그렇게 수출진흥시책에서 내걸던 국제수지 개선효과도 이미 앞서 본 바와 같이 따지고 보면 수출입수지차를 축소시키는 면에서 보나 가득액의 면에서 보나 별로 크지 못하다.

이제까지 수출확대의 내용이 이러한데도 수출입국론에 찬성하란 말인가? 이제까지와 같은 수출확대를 전제로 하지 않는 그야말로 건전한 수출입국론이라면 몰라도 어떻게 그것에 찬성하란 말인가?

〈표 8〉 수출입수지

(단위: 백만 달러)

	수취(A)	지출(B)	A−B
1959	19.7	273.4	−253.7
1960	32.8	305.4	−272.6
1961	40.9	183.1	−141.2
1962	54.8	388.5	−333.7
1963	86.8	497.0	−410.2
1964	119.1	364.9	−245.8
1965	175.1	420.3	−245.2

출처: 한국은행 조사부.

〈표 9〉 주요 제조공업의 원료 수입의존도

		원　　료	수입의존도
제	분	소맥	100
제	당	원당	100
맥	주	맥아, 호프	100

면 방 직	원면	97
모 방 직	원모, 반제원모	100
합 성 섬 유	주원료	100
화 약	화학원료	5
합 성 수 지	주원료	99
유 지	주원료	90
인 견 직 물	주원료	100
합 판	목재	100
제 재	목재	81
제 지	펄프	100
고 무	생고무, 합성고무	99
시 멘 트	보조원료	36

출처: 대한무역진흥공사, 《무역진흥》 제7호.

〈표 10〉 가득액 및 가득률

(단위: 천 달러)

구분 연차	수출총액	증가액 (A)	가득액	증가액 (B)	가득률 (%)	A/B
1960	32,827		27,009		82.3	
1961	40,878	+8,051	31,902	+4,893	78.1	60.7
1962	54,813	+13,935	44,867	+11,965	81.9	85.8
1963	86,802	+31,989	56,900	+12,033	67.3	37.6
1964	119,056	+32,254	72,718	+15,818	61.3	49.0

출처: 한국생산성본부 자료와 한국은행 조사부 자료에서 작성.

3

끝으로 앞으로의 수출확대의 방향은 무엇인가? 모름지기 앞으로는 다음과 같은 방향에서 수출확대를 도모해야 할 것이다.

(1) 어렵다는 것은 알고 있지만 수출상품과 수출시장의 다양화를 실질적으로 이룩하도록 노력한다. 시장 수가 늘었다든가 상품 수가 늘었다는 것은 별로 문제가 안 될 것이다.

(2) 이제까지와는 달리 수출업자들의 시장개척, 생산성 향상, 경영

합리화 등의 노력을 적극 지원하는 것을 주축으로 하고 재정금융상의 각종 특혜는 국내균형을 파괴하지 않는 한도 내에서 고려하는 수출진흥책을 통해서 이제까지의 수출추세를 지속시킨다. 정부는 재정금융상의 각종 특혜는 국내균형을 파괴하지 않는 한도 내에서 고려하며 수출진흥종합시책에서 내걸고 있는 해외시장 개척과 경제외교 확대를 위한 노력, 생산성 향상을 위한 기술적 지원, 경영합리화를 위한 지도, 기타 제도상의 지원을 실효를 거두는 방향으로 적극 추진하며, 수출상품의 검사제를 철저히 실시하며 세계 수요의 변동에 기민하게 적응하기 위한 산업개편을 적극 추진하는 데 그치고 어디까지나 수출확대의 열쇠는 수출업자들의 시장개척, 생산성 향상, 경영합리화 등의 자발적인 노력에 맡겨야 할 것이다.

(3) 수출확대와 병행해서 수입감소 내지 최대한의 수입억제 그리고 외화가득률의 인상을 도모한다. 이미 본 바와 같이 수입증가를 초래하는 한, 또 외화가득률의 인상을 수반하지 않는 한, 수출확대는 국제수지 개선에 별로 크게 기여하지 못한다.

현재 정부는 단일변동환율제의 실시, 특관세의 부과, 쿼터제의 실시 등으로 수입억제를 도모하고 있으며 한편으로 수입대체산업의 육성을 서둘고 있다. 그러나 이어서 더 나아가 가 분야에 걸쳐서 철저히 낭비를 제거하도록 힘써야 할 것이며 또 수입대체산업은 외화절약에 크게 기여하거나 수출산업으로 전환할 수 있는 것에 한정하는 식으로 엄선해서 육성하여야 할 것이다.

외화가득률의 인상도 결코 쉬운 일이 아니다. 그러나 이것 역시 기필코 이룩하도록 노력하여야 할 것이다. 총외화가득률의 인상을 위해서는 우선 1차산품의 수출확대를 계속 도모한다. 다음에 2차산품 수출로의 전환과 확대를 서두르며 수출 2차산품의 외화가득률의 인상을 꾀한다. 수출 2차산품의 외화가득률은 수출입대체산업의 육성에 의한 수출의존의 수출용 원자재의 국내조달, 국산원자재의 활용 제고, 원료 절약, 기술개선 등을 통해서 끌어올릴 수 있다. 이 밖에 수출업자들에 대한 표창이나 각종 특혜의 부여를 가득액에 연계시키는 것도 외화가 득률의 인상책의 하나가 될 것이다.

《비지네스》(1966. 6)

'70년대 한국무역의 진로

70년대 한국경제의 당면과제는 수출을 계속 확대, 누적된 외채상환 및 높은 수입의존도가 가져오는 막중한 대외지불부담을 '커버'함으로써 한국의 경제관련 수지에 균형을 유지하는 일이다. 때마침 올해 수출이 10달러의 관문을 돌파하려는 시점에서 '70년대 한국무역의 진로'에 관한 심포지엄의 주제발표 내용을 간추려본다.—편집자

무역연 심포지엄에서

70년대 한국무역은 국민경제의 무역의존도가 계속 높아질 것이며 수입의존도는 69년의 29.7퍼센트에서 76년에 36.9퍼센트로, 수출의존도는 10.2퍼센트에서 25.7퍼센트로 증가, 무역수지의 균형을 이루지 못한 채 무역의존도가 60퍼센트를 웃돌 것으로 보인다.

70년대의 경제성장을 추구함에 있어 종래와 같이 해외수입에 의존 경향을 견지한다면, 개발 초기의 국내외적으로 유리한 여건이 그대로 지속된다 가정하더라도 76년의 무역수지는 수출 28억 4천1백만 달러, 수입 40억 8천4백만 달러로 12억 4천3백만 달러의 적자가 불가피하다.

이 같은 무역수지의 적자예상은 60년의 2억 9,730만 달러에서 69년에 12억 1,100만 달러로 계속 확대 추세를 보였던 데 비해 상대적인 개선을 의미하며, 특히 무역적자의 크기가 60년 82.4퍼센트, 64년 54.5퍼센트, 69년 49.1퍼센트, 76년 17.9퍼센트로 점감되는 것이지만, 정부가 상정하고 있는 것처럼 70년대 안에 무역수지의 균형이 이룩될 것을 기대하기는 어렵다.

그 이유는 60년대 전반을 통해 무역규모가 크게 확대됐으나 경공업품 위주이고 소수 품목에 편중된 취약한 수출상품구조와 다변화하지 못한 수출시장구조, 완제품 위주이며 소비재수입이 억제되지 않고 있는 수입상품구조, 지역편중현상 및 지역과의 무역역조가 심화하고 있는 수입시장구조 등 중대한 문제점들을 내포하고 있기 때문이다.

더구나 수입구조는 수출구조보다 더 많은 문제점을 안고 있다. 즉 수입총액에 대한 원자재 비중이 60년 73.7퍼센트에서 69년 47.8퍼센트로 줄어든 반면 자본재와 소비재의 비중은 13.6퍼센트와 12.7퍼센트로서 32.5퍼센트 및 19.7퍼센트로 높아졌는데, 자본재 비중이 높아진 것은 개발노력의 극대화로 불가피한 현상이지만 소비재 수입비중이 늘어나고 있는 것은 개발과정에 매우 불리한 변화인 것이다.

이러한 환경 속에서 개발계획을 지속해가자면 우선 무역의존도, 특히 수입의존도를 줄이는 방향으로 나가야 한다.

첫째, 외국차관에 의한 자본계정의 흑자로 전체적인 국제수지균형이 유지되는 미성숙채무국에서 탈피, 무역계정이 흑자로 바뀌고 그 대신 무역외계정이 일시적인 적자가 되는 성숙채무국 단계에까지 발전해야 한다.

둘째, 수출산업의 국제경쟁력을 도외시한 채 응급적인 특혜로 인센티브를 주어온 60년대 방식에서 탈피해야 한다.

셋째, 70년대의 수출증진을 위해서는 정부 주도 아래 중화학공업을 건설하고 민간 주도 아래 선진국 사양산업을 인수해야 한다.

넷째, 수출시장의 다변화를 적극 추진해야 한다.

대공산권시장 개척방안은 시장다변화에 일조할 수 있을 것이다. 그러나 이와 같은 우리의 수출증진 노력이 70년대에 반드시 성공하리라는 보장은 없다.

70년대 세계무역이 각 지역의 지속적인 경제성장, 무역확대적인 국제경제정책의 진전, 수송·통신 수단의 발달 등으로 60년대 못지않게 성장·확대하리라는 것이 일반적인 관측이지만 이는 보호주의 경향과 국제유동성의 애로, 세계적인 인플레 및 고금리경제의 진행 등 주요 교란요인 등이 제거되리라는 기대에서만 가능한 것이다.

또 세계무역이 성장·확대되더라도 선진국들 간 확대에 더욱 큰 기여를 할 것이며 선후진국 간의 무역격화나 교역조건 불리가 크게 개선되리라는 전망은 오히려 흐리다.

따라서 우리는 수출증진 못지않게 수입억제를 위한 노력을 계속해야 하며 70년대 전반에는 소비재 수입억제가 성공적으로 실현되고 후반으로 이행하면서 생산재산업 건설로 자본재 수입도 줄여감으로써 원자재 수입−완제품 수출이 무역구조의 중심이 되도록 해야 한다.

《중앙일보》(1970. 12. 29)

100억 달러 수출구조와 세계경제

해외 고도의존의 수출입

작년인 1977년에 1백억 달러의 수출이 실현되었다. 그리고 1억 달러를 수출한 1964년에 51.6퍼센트였던 공산품의 수출비중은 1977년에는 90퍼센트 이상이 되었을 뿐만 아니라 공산품에서의 중화학공업제품의 비중 또한 40.0퍼센트에 달했고, 수출대상국도 1964년의 30여 개국에서 130여 개국으로 크게 늘어남으로써 시장다변화가 크게 진척되었다. 이것은 주로 수출주도형 경제성장정책의 추구, 제3차 계획부터의 중화학공업화의 추진, 시장다변화를 위한 적극적인 노력 등에 기인한다고 할 수 있을 것이다.

그러나 상품수출의 GNP에 대한 백분비인 상품수출의존도는 1976년에는 32.0퍼센트에 달하고 있고(총수출의 GNP에 대한 백분비인 총수출의존도는 36.8%), 중화학공업제품의 비중은 아직도 낮고, 미국과 일본에의 의존도는 50퍼센트를 웃돌고 있음을 간과해서는 안 될 것이다.

따라서 상품수출의존도를 높이지 않도록 하고, 중화학공업제품의 비중을 높이면서 미국과 일본에의 의존도를 낮추는 가운데서 실현되는 수출증대를 도모할 필요가 있다고 할 수 있을 것이다.

왜냐하면 상품수출의존도가 높은 것은 수출 면에서 우리 경제가 해외로부터의 충격에 약하다는 것을 뜻하고, 각국이 보호무역주의의 방향으로 나가고 있기는 하지만 우리 상품에 대한 수입규제가 주로 경공업제품에 대해서 강화되고 있다고 볼 수 있고, 미국과 일본에의 의존도가 높은 것은 이 두 나라로부터의 충격에 약하다는 것을 뜻하기 때문이다. 따라서 국내시장의 적극적인 육성, 중화학공업화 즉 공업구조의 고도화 추진, 시장다변화, 경제외교의 강화 등을 추구하면서 수출증대를 실현시킬 필요가 있다고 할 수 있을 것이다. 특히 스태그플레이션에 고민하고 있는 선진국에서의 종래 고도의 성장정책에서 안정성장정책으로의 전환, 각국의 수입규제 강화 등으로 종전과 같은 우리 수출의 계속적인 고도의 신장이 어려울 것임을 감안할 때 국내시장의 적극적인 육성은 강조되고도 남음이 있다고 할 것이다. 물론 물가안정, 기존 수출품의 고급화, 경영합리화의 극대화가 더 필요함은 말할 나위도 없겠다.

그러나 그간의 수출증대는 외국자본과 외국기술에 크게 의존하여 실현된 것이 사실이다. 그리고 미국과 일본의 자본과 기술이 큰 비중을 차지하고 있다. 외국자본에의 의존도를 나타낸다고 볼 수 있는 해외저축률은 3차의 계획기간 중 가장 낮은 1972~76년간에도 40.0퍼센트나 되고 국내기술의 개발도를 반영한다고 볼 수 있는 연구개발투자의 GNP에 대한 백분비는 1975년에 0.47퍼센트에 불과하다.

또 미국과 일본에의 의존도는 1976년 말에 차관도입액에서는 확정 기준으로 54.7퍼센트, 외국인 직접투자액과 외국기술 도입건수에서는 인가 기준으로 각각 83.2퍼센트와 88.2퍼센트나 된다. 1976년 말에 차관도입액은 도착 기준으로 86억 5천7백만 달러, 외국인 직접투자액은 인가 기준으로 9억 5천4백만 달러, 외국기술 도입건수는 인가 기준으로 690건이다.

이러한 외국의 자본과 기술에의 높은 의존은 자연히 가뜩이나 높은 우리나라의 수입의존도(수입의 GNP에 대한 백분비)를 계속 높게 하지 않을 수 없다. 그런데 이에 더해서 우리나라의 경우에는 1976년에 수출용원자재 수입이 상품수입에서 차지하는 비중이 35.6퍼센트나 되는 데서 알 수 있듯이 수출의 증대는 이 면에서 수입을 증가시키게 되어 있다.

이러한 여러 가지 원인에 기인해서 1976년에 우리나라의 상품수입 의존도는 33.5퍼센트(총수입의존도는 38.5%)에 달하고 있다. 그리고 수입에서 미국과 일본에의 의존도가 1976년에 57.7퍼센트나 됨으로써 역시 매우 높다. 그런데 1977년에 상품수출이 계획대로 실현된 데다가 용역수출, 건설수출 등의 호조가 가세됨으로써 해외부문에서의 급격한 통화증발이 야기되어 물가를 크게 위협하자, 통화흡수정책의 하나로서 수입자유화조치가 이미 취해졌을 뿐만 아니라 앞으로도 그럴 것 같다. 또한 물자공급의 증대를 통한 물가안정을 기하기 위해서, 산업 내지 기업의 국제경쟁력 강화를 위해서, 수출의 증대를 위해서도 수입자유화조치가 취해지게 되어 있다. 즉 이런 면에서도 수입은 증가하게 되어 있고 나아가서 수입의존도가 높아지게 되어 있다. 이처럼 수입 면에서도 우리 경제는 해외로부터의 충격에 약하며 더 약해질 가능성이 많다고 할 수 있다.

따라서 수입 면에서 해외로부터의 충격에 대한 저항력을 강화하기 위해서는 내자동원의 극대화, 국내기술개발의 적극화, 자원절약, 국내자원의 적극적인 개발, 수입원자재의 국산대체화의 추진, 시장다변화, 경제외교의 강화, 수입자유화조치의 신중한 실시 등이 필요하다고 할 수 있다. 이미 저가의 자원시대가 지나갔음을 생각할 때 특히 자원절약, 국내자원의 적극적인 개발, 수입원자재의 국산대체화의 추진은 강조되어야 할 것이다. 주로 1970년대에 들어서면서 특히 1973년의 석유파동 이후 보호무역주의의 시대, 안정성장정책의 시대뿐만 아니라 고가의 자원시대가 개막되었다고 볼 수 있다.

해외충격에 대한 저항력의 강화

말하자면 수출입의존도(혹은 무역의존도), 외국자본에의 의존도, 외국기술에의 의존도 등이 높을 때 한 나라 경제를 '해외의존적'이라고 한다면 우리 경제는 해외의존적이라고 할 수 있다.

우리는 한 나라 경제가 해외의존적일 때 어떤 어려움을 겪게 되는가를 이미 1974년과 1975년에 경험한 바 있다. 따라서 우리가 바라는 수출증대는 이러한 해외의존적인 우리 경제가 더욱더 해외의존적인 것이 되지 않도록 하는 가운데서 실현되는 그것이라고 할 수 있을 것이다. 그러기 위해서 필요한 것들이 무엇인지는 이미 언급되었다.

그러나 제1차산업 및 광업과 제조된 원자재 내지 가공원자재를 생산하는 기초중화학공업의 적극적인 개발은 국내시장의 육성책인 동시에 국내자원의 개발, 수입원자재의 국산대체화를 가능케 하기도 하고, 도시와 비도시 간의 소득격차를 축소시키기도 하며, 특히 기초중화학공업의 적극적인 개발은 더 나아가서 공업구조의 고도화를 가능케 하기도 한다. 또한 중화학공업을 기초중화학공업, 자본재생산부문, 내구소비자재 생산부문의 셋으로 대별할 때 다른 두 부문에 대한 국내에서의 지원의 강화책이기도 하고, 원자재의 국제시세의 변동을 상당한 정도로 완화시킴으로써 국내물가의 안정을 가능케 하기도 하고, 가공

원자재의 수출을 기대할 수 있게 하기도 한다.

물론 이것의 개발에 있어서는 공해방지도 아울러 고려되어야 함은 말할 나위도 없다. 그리고 중소기업의 적극적인 육성은 역시 국내시장의 육성책인 동시에 경쟁을 촉진시켜 독과점기업의 부당한 가격인상을 막음으로써 물가 안정에 기여할 수 있기도 하고, 임금상승을 통해서 대기업과의 임금격차를 축소시킬 수 있기도 하며, 공업구조의 고도화를 위한 대책이기도 하다.

흔히 공업구조의 고도화라고 할 때에는 대규모의 장치산업의 건설만을 생각하기 쉽지만 그것은 전문화된 중소기업의 발전을 필요로 한다. 예컨대 공작기계공업과 같이 자본집약적이기보다는 기술집약적인 공업은 선진국에서도 전문화된 중소기업에 의해서 전통적으로 발전되어 왔다고 할 수 있다.

또한 물론 물가안정·안정기조의 견지 등의 지속이 내자동원의 극대화를 위해서 필요하지만 그것에 못지않게 중요한 것은 국제적 전시효과의 슬기로운 방지라고 할 수 있다. 사실 국제적 전시효과(저개발국 국민으로 하여금 소득수준이 높은 선진국 국민의 소비생활을 모방케 하는 유혹)의 지혜로운 저지는 실제적으로 건전한 소비풍토의 조성을 가능케 함으로써 내자동원의 극대화에 기여할 수 있게 할 뿐만 아니라 수요억제를 통해서 물가의 안정에도 기여할 수 있게 한다고 할 수 있다.

결국 이렇게 보면 앞으로 우리 경제가 더욱더 해외의존적인 것이 되지 않도록 하면서 즉 해외로부터의 충격에 대한 저항력을 강화하면서 수출증대를 실현하기 위해서는 적어도 제1차산업과 광업의 적극적인 개발, 중소기업의 적극적인 육성 등을 통한 국내시장의 확장, 기초중화학공업의 적극적인 개발과 병행되는 중화학공업의 추진, 자원절약, 국제적 전시효과의 슬기로운 방지에 역점을 둔 내자동원의 극대화, 국내기술개발의 적극화, 경영합리화의 극대화, 물가안정, 기존 수출품의 고급화, 상대국의 다변화, 수입자유화조치의 신중한 실시, 경제외교의 강화 등이 필요하다고 할 수 있을 것이다.

국제수지의 확대균형이나 산업구조의 고도화가 우리 경제의 해외로부터의 충격에 대한 저항력이 약화되는 가운데 실현될 수도 있음을 생각할 때, 더욱이 국내시장의 적극적인 육성, 내자동원의 확대화, 국내기술개발의 적극화는 강조하여도 모자람이 없다고 할 수 있다. 그것들은 이미 본 바와 같이 물가안정, 소득격차의 축소 등을 초래하기도 한다.

국제시장의 육성책의 하나인 제1차산업과 광업의 적극적인 개발을 위해서는 투자 증대 외에 생산물에 대한 고가격정책의 추구가 필요하며, 내자동원의 극대화의 전제가 되는 국제적 전시효과의 슬기로운 저지를 위해서는 사회지도층의 건전한 소비생활에 있어서의 솔선수범은 말할 것도 없고 외자도입정책, 수입대체산업의 육성, 매스컴정책, 출판정책, 교육정책 등에서의 특별배려가 필요하다고 할 수 있을 것이다.

우리나라의 소비수준이 대만, 필리핀 등에 비해서도 높은 것이 사실이라면, 우리나라에서는 이런 국제적 전시효과의 지혜로운 방지를 통해서 실질적인 건전한 소비풍토의 조성이 절대로 필요하다고 하겠다.

물가안정은 내자동원의 극대화를 위해서 필요하지만 소득격차의 축소 즉 형평의 증진을 위해서도 또 기술개발과 경영합리화의 극대화와 더불어 우리 산업 또는 기업의 국제경쟁력의 강화를 위해서도 필요하다. 따라서 물가안정을 위해서는 앞에서 언급한 것 외에 안정기조의 견지, 해외로부터 송금되는 외화가 국내통화량의 증가로 직결되지 않도록 하는 제도의 마련 등이 필요할 것이다. 그러나 더 나아가서 외자도입을 억제함으로써 해외부문의 통화증발량을 막는 것이 바람직한 것은 말할 필요가 없다.

우리나라의 1976년과 1977년(9월 말까지)의 국제수지를 보면 경상수지가 개선되어 그 적자폭이 작음에도 불구하고 외자도입이 여전히 10억 달러 이상이 됨으로써 종합수지의 흑자가 10억 달러를 웃돌고 있다. 이에 따라 외환보유고가 약 10억 달러 증가하고 있으며 이것이 그대로 통화량의 증가로 나타나고 있는 것이다. 따라서 외자도입을 감소시켜 종합수지의 흑자를 감소시킨다면 수입의 확대 없이 해외부문에서 통화량의 팽창을 막을 수 있을 것이다. 그리고 수입자유화조치는 어디까지나 신중하게 실시되어야 한다. 물론 물가안정, 국제경쟁력의 강화, 통화 흡수, 수출증대를 위해서 이용될 수 있겠지만 국내산업의 보호를 위해서는 사전적인 준비를 충분히 취해가면서 그 조치를 실시해가도록 해야 할 것이다.

자력성장구조의 실현이 과제

제4차 계획서는 자원파동 이래 세계적 경제정세의 변화에 따른 난관을 극복하는 과정에서 국제수지의 균형, 투자재원의 자력조달, 산업구조의 고도화를 통한 자력성장구조의 실현이 우리 경제의 당면과제로 부각되었음을, 그리고 1981년에는 우리 경제가 개방체제를 활용하여 국제수지의 확대균형을 달성하고 투자재원을 완전 자력조달함으로써 자력성장구조를 실현할 것임을 밝히고 있다.

그러나 자력성장구조의 실현은 적어도 내자동원의 극대화를 통한 투자재원의 자력조달에 제1차산업 및 광업과 기초중화학공업의 적극적인 개발, 중소기업의 적극적인 육성 등에 뒷받침된 국제수지의 균형, 산업구조의 고도화가 합쳐질 때 비로소 진정으로 의의를 갖게 된다. 다시 말하면 진정으로 바람직한 자력성장구조의 실현은 이러한 경우라고 할 수 있다. 이것은 일본과 서독의 예를 통해 분명히 말할 수 있다.

수출주도형 경제성장정책을 성공적으로 이룩한 일본과 서독을 살펴볼 때 일본은 1976년에 상품수출의존도가 14.5퍼센트, 상품수입의존도가 13.8퍼센트에 불과하고 제2차 대전 후 최초로 무역수지가 흑자를 기록한 해인 1958년에도 상품수출입 의존도는 각각 11.4퍼센트와 10.0퍼센트에 지나지 않으며, 서독은 1976년에 상품수출의존도가 29.5퍼센트, 상품수입의존도가 27.5퍼센트에 불과하고 제2차 대전 후 최초로 무역수지가 흑자를 기록한 해인 1952년에도 상품수출입의존도는 각각 10퍼센트대에 지나지 않았다.

물론 우리나라는 선발 저개발국이라고는 하지만 역시 저개발국이기에 일본과 서독 같은 선진국과는 여러 가지 면에서 사정이 다르므로 그들 나라보다 상품수출의존도가 높을 수 있다. 그러나 우리나라의 수출이 지향하여야 할 방향은 이들 나라에서 찾아볼 수 있지 않을까 생각된다.

일본은 현재 7백억 달러 이상의 상품수출을 하면서도 상품수출의존도는 10퍼센트대에 머무르고 있고, 서독도 1천억 달러 이상의 상품수출을 하면서도 상품수출의존도는 20퍼센트대에 불과하다는 사실에 유의할 필요가 있을 것이다.

여기에서 말하는 수출증대는 바로 이런 일본형이나 서독형을 지향하는 수출증대를, 적어도 상품수출의존도나 상품수입의존도를 높이지 않으면서 실현되는 수출액의 증가를 뜻한다. 그와 같은 수출증대는 분명히 해외로부터의 충격에 대한 우리 경제의 저항력 내지 완충력을 강화시키는 것이기에 진정으로 바람직한 것이라고 할 수 있다. 위에서 강조된 것이 바로 그것이며 또 그것을 이룩하게 하는 정책수단으로 일단 생각해 볼 수 있는 것들이 위에서 들어졌다.

그러나 수출증대를 위해서 국제경쟁력의 강화가 필요하다고 해서 임금인상에 인색해서는 안 될 것이다. 임금을 비용 면에서만 볼 것이 아니라 시장에서 구매력을 구성하는 것이라는 면에서도 볼 필요가 있다. 또 임금상승은 우리나라에서는 기업에 의한 경영합리화의 극대화 노력에 의해서 상당한 정도로 흡수될 수 있는 것이기도 하다. 그리고 1백억 달러 수출의 실현을 계기로 해서 사회개발의 확대는 말할 것도 없고 형평의 증진이 더욱더 강조되어야 할 것이다. 물론 형평의 증진은 제4차 계획에서 자력성장구조의 실현과 함께 주된 목표의 하나로 되어 있다. 또 동 계획서를 보면 이 형평의 증진을 위해서 계획기간 중에 경제활동 과정에서 직접 발생하는 1차적 소득분배의 개선에 중점을 두어 고용·교육·보건·직업훈련 등을 강화해가며, 종합소득세제와 정부의 이전지출 등을 통한 2차적 소득분배 개선의 제도와 기반을 마련하기로 되어 있다.

그러나 제4차 계획에서는 어디까지나 형평의 증진이 추구되기 시작한 데 불과하고 본격화하는 것은 제5차 계획부터로 보는 것이 타당할 것이다. 그러나 수출증대의 성과 나아가서 개발성과의 균점은 앞으로의 수출증대 나아가서 경제개발계획의 성공을 위해서 필요 불가결한 전제의 하나라고 한다면, 균점화를 위한 적극적인 노력 즉 소득격차의 축소 내지는 소득분배에 대한 특별배려는 현 시점에서도 절실하게 요청된다고 말할 수 있다.

이상이 1백억 달러의 수출이 실현된 것을 계기로 해서 한번 진지하게 검토해 볼 필요가 있다고 생각되는 것들이다. 1970년대 특히 석유파동 이후에 일어난 새로운 세계경제의 변화를 논외로 하더라도, 그

여파로 볼 수 있기는 하지만 우선 금년의 선진국들의 경기가 작년의 그것보다 나아질 전망이 거의 없는 데다가 아직도 국제통화불안이 계속되고 있는 점 등을 생각할 때에도, 당장 우리 경제의 해외로부터의 충격에 대한 저항력 내지 완충력을 강화시키면서 실현되는 수출증대의 추구는 절실하다고 하겠다. 어떻든 1981년에 수출도 계획대로 실현되면서 진정으로 의의 있는 실질적인 자력성장구조의 실현과 형평의 증진이 꼭 이룩되었으면 한다. 그리고 그런 의미에서 다시 한 번 수출증대를 위한 갖가지 노력과 함께 제1차산업 및 광업의 적극적인 개발, 기초중화학공업의 적극적인 개발, 중소기업의 적극적인 육성, 내자동원의 극대화, 사회개발의 확대, 소득분배에 대한 특별배려 등을 강조하지 않을 수 없다.

《신동아》(1978. 2)

자력성장구조의 실현을 위해서는[*]

상품의존도가 높아질 가능성이 크다

제4차 경제개발 5개년계획서는 "지난 15년간…… 대외지향적인 공업정책으로 수출을 크게 증진시켜 국제수지를 개선하고 고용기회를 확대하여 자력성장의 기반을 조성하였다.""자원파동 이래 세계적 경제정세의 변화에 따른 난관을 극복하는 과정에서 국제수지의 균형, 투자재원의 자력조달, 산업구조의 고도화를 통한 자력성장구조의 실현이 우리 경제의 당면 과제로 부각되었다." 1981년에는 "우리 경제는 개방체제를 활용하여 국제수지의 확대균형을 달성하고 투자재원을 완전 자력조달함으로써 자력성장구조를 실현할 것이다"고 밝히고 있다.

그리고 1976년 6월에 발표된 동 계획서는 제1차에서 제3차까지의 계획과 제4차 및 제5차계획의 계획기조, 개발전략, 주요 성장산업을 각각 명시하고 있다(표 참조).

이에서 우선 그동안 수출주도형 성장정책이 추구되어 왔고 앞으로

---

[*] 다음 글은 1977년 11월 29일 대한상의 부설 한국경제연구센터에서 주최한 〈종합경정책토론회〉의 일부 내용을 가려 뽑은 것이다.

도 그럴 것임을 알 수 있다. 다음에 자력성장구조의 실현과 형평의 증진이 제4차 계획의 주된 목표 내지 당면과제로 되어 있음을 알 수 있다. 이것은 그간의 경제성장 과정에서 나타난 문제점 중 가장 두드러진 것이 무엇인가를 단적으로 표현해 주는 것이라고 할 수 있다.

그동안 주로 수출산업과 수입대체산업이 리딩섹터로서의 역할을 해왔고, 또 수출이 괄목할 만한 증대를 계속해옴으로써 고도성장이 실현된 것은 사실이다. 수출의 괄목할 만한 증대로 상품수출의존도는 1973년에는 27.0퍼센트, 1976년에는 32.0퍼센트에 달했다. 그리고 올해에는 100억 달러의 수출목표의 달성이 예상되고 있다. 그리하여 용역수출, 건설수출 등의 호조가 가세됨으로써 해외부문에서의 급격한 통화증발이 야기되어 물가를 크게 위협하고 있다. 그 결과 현재 통화흡수책의 하나로 수입자유화조치가 취해지고 있기도 하다.

그러나 이보다도 수출의 증대가 앞으로 자칫하면 국내시장과의 유리도(遊離度)가 커지거나 국내에서의 자원공급도(가공원자재 포함)가 저하되는 가운데에 이루어질 가능성이 크다는 데 더 문제가 있다. 수출의 증대만을 추구하다 보면 그럴 가능성이 충분히 있다.

즉 국내시장의 완충적인 역할이 약화되거나 수입자원에 대한 의존도가 높아질 가능성은 충분히 있다. 거기다가 우리나라 산업이나 기업의 국제경쟁력 강화를 위해서 취해지게 되어있는 수입자유화조치는 그렇지 않아도 높다고 볼 수 있는 상품의존도(1973년: 33.1, 1975년: 37.3, 1976년: 32.5)가 높아질 가능성이 크다. 이것은 곧 수출·수입 양면에서 우리 경제가 해외로부터의 충격에 더욱 약해지는 것을 의미한다.

물론 수출입 양면에서 해외로부터의 충격이 더욱더 좌우되는 상태에서 국제수지의 확대균형은 실현가능할 것이다. 그러나 이것은 결코 바람직스러운 것은 아니다. 그렇다면 해외로부터의 충격에 대한 저항

〈표〉 각 계획별 계획기조, 개발전략, 주요 성장산업

	1차 계획(1962~66)	2차 계획(1967~71)	3차 계획(1972~76)	4차 계획(1977~81)	5차 계획(1982~86)
계획기조	개발연대의 시발과 제도적 기반정비	고도성장 실현과 공업화	산업구조의 고도화와 안정적 균형성정	착실한 성장과 사회개발	선진국형 경제구조와 사회개발의 본격화
개발전략	주요 애로부문의 타개 – 사회간접 자본투자 – 기초산업 육성 – 소비재 수입대체	대외지향적 공업화 (경제의 개방체제화) – 소비재수출증대 – 소비재 및 중간재 수입대체 – 사회간접자본의 확충	성장, 능률, 균형 – 농어촌경제의 개발 – 중화학공업의 건설 – 중간재 및 시설재 수출실현	성장, 능률, 형평의 조화 – 경제의 자립구조 강화 – 기술 및 숙련노동, 집약적 공업개발 – 능률과 기술혁신으로 국제경쟁력 강화 – 사회개발과 형평의 증진 – 시설재 수출증대	경제구조의 성숙과 사회개발의 본격화 – 선진형공업화(지식·정보집약산업의 개발) – 사회개발의 본격화 – 후생 및 분배정책 – 플랜트수출의 본격화
주요 성장산업	전력 비료 섬유 시멘트	합성섬유 석유화학 전기기기	철강 수송용기계 가정용전자기기 조선	철강 산업용기계 전자기기 및 부품 조선	정밀기계공업 전자공업 지식정보산업

력을 강화하면서 수출증대를 실현시키는 방안을 다시 한 번 진지하게 생각해 볼 필요가 있어야 할 것이다.

투자의 증대와 고가격정책의 추구를

그리고 그때는 바로 100억 달러의 수출목표가 달성될 것이 예상되고 또 계속해서 건설수출, 용역수출 등의 호조가 계속되지 않을까 예상된다. 1978년의 선진국의 경기가 77년보다 나아질 전망이 없는 데다가 현재 국제통화불안이 계속되고 있고 우리나라 상품에 대한 수입제한조치가 강화되고 있음을 감안한다면 그 충격은 더욱 커질 것이다.

앞으로 해외로부터의 충격에 대한 저항력을 강화하면서 수출증대를 실현하기 위해서는 적어도 투자의 증대와 생산물에 대한 고가격정책의 추구를 통한 제1차산업 및 광업 및 기초중화학공업(원자재를 생산하는 중화학공업부문)의 적극적인 개발, 투자의 증대를 통한 중소기업의 적극적인 육성, 기술개발, 경영합리화의 극대를 통한 국제경쟁력의 강화, 수입자유화조치의 신중한 실시, 경제외교의 강화 등이 필요하다고 할 수 있을 것이다.

우리 경제는 그동안 고도성장을 실현해 왔다. 그러나 그 고도성장은 외화에 크게 의존하여 실현된 것이라고 할 수 있다. 원래 우리 경제는 미국의 원조에 크게 의존해 왔지만 국내저축률과 해외저축률의 비는 제1차 계획기간 중에는 6.9:8.7(경상가격 기준), 제2차 계획기간 중에는 14.8:10.5(경상가격 기준), 제3차 계획기간 중에는 18.9:11.8(1975년 가격 기준)로서 해외저축률의 비중은 각각 56퍼센트, 42퍼센트, 39퍼센트나 된다. 그러기에 제4차 계획에서는 기간 중의 비를 24.2:2.0(1975년 가격 기준)으로 즉 해외저축률의 비중을 7.6퍼센트로 낮추고 있고 특히

1981년에는 완전히 국내저축으로 투자재원을 조정할 뿐 아니라 약간의 해외투자를 행하는 것으로 되어 있다.

그러기 위해서는 물가의 안정, 건전한 소비풍토의 조성 및 견실한 재정의 운용 등 안정기조의 유지를 위한 정책의 지속이 추구되어야 할 것이다.

우리나라의 소비수준이 대만, 필리핀 등의 그것에 비해서 높다는 것이 사실이라면 이런 의미에서도 건전한 소비풍토의 조성은 절대로 필요하다고 할 수 있다. 이 건전한 소비풍토의 조성을 위해서는 국제적 전시효과(저개발국 국민으로 하여금 소득수준이 높은 선진국 국민의 소비생활을 모방케 하는 유혹)의 슬기로운 방지가 무엇보다도 필요하다는 것을 잊어서는 안 될 것이다.

이 전시효과를 슬기롭게 방지하기 위해서는 사회지도층의 소비생활에 있어서의 솔선수범은 말할 것도 없고 외자도입정책, 수입대체산업의 육성, 매스컴정책, 출판정책, 교육정책 등에서 그것에 대한 특별한 배려 등이 필요하다고 할 수 있을 것이다.

자력성장구조의 실현은 적어도 국내저축의 증대를 통한 투자재원의 자력조달에 제1차산업 및 광업과 기초중화학공업의 적극적인 개발 등에 뒷받침된 국제수지의 균형과 산업구조의 고도화가 합쳐질 때 진정으로 의의를 갖게 되는 것이다.

이 자력성장구조의 실현과 함께 제4차 계획에서 주된 목표로 되어 있는 것은 형평의 증진이다. 계획기간 중에 형평의 증진을 위해서 경제활동 과정에서 직접 발생하는 1차적 소득분배의 개선에 중점을 두어 고용·교육·보건·직업훈련 등을 강화해 가며 종합소득세제와 정부의 이전지출 등을 통한 2차적 소득분배 개선의 제도와 기반을 마련해 가기로 되어 있다.

　　따라서 제4차 계획에서는 형평의 증진이 추구되기 시작한 데 불과하다고 보는 것이 타당할 것이다. 그것이 본격화하는 것은 제5차 계획부터인 것 같이 생각된다.

　　그러나 개발성과의 균점이 성공적인 경제개발계획의 반드시 필요한 전제의 하나라고 한다면 균점화를 위한 적극적인 노력, 즉 소득격차의 축소 내지는 소득분배에 대한 특별한 배려는 제4차 계획기간 중에도 절실하게 요청된다고 할 수 있을 것이다.

《경영과 마아케팅》(1978. 1)

수출을 생각하며

금년(1985년) 11월까지의 수출총액은 264.62억 달러라고 한다. 따라서 만약 12월의 수출액이 36억 달러에 달하면 3백억 달러를 돌파하게 되는 셈이다. 그리고 만약 3백억 달러를 돌파하게 되면 1964년·1971년·1977년·1981년과 함께 기록에 남는 해가 되기도 한다. 수출총액은 1964년에 1억 달러를, 1971년에 10억 달러를, 1977년에 1백억 달러를, 1981년에 2백억 달러를 각각 상회했다.

비록 당초목표인 330억 달러에는 미달이지만 3백억 달러는 이런 의미를 지니는 수치이다. 그러나 이 수출실적은 다른 한편에서는 이제야말로 건성이 아니고 심각하게 그리고 본격적으로 그동안의 수출의 문제점을 부각시키고 그것에 의거해서 앞으로의 수출증대 방안을 찾아내는 일이 무엇보다도 절실하다는 것을 말해주는 것이기도 하다.

그러면 문제점은 무엇이라고 할 수 있는가. 우선 시장이 미국과 일본으로 편중되어 있다. 그동안 수출시장의 다변화를 위한 노력을 지속해온 것은 사실이지만 아직도 그 비중이 약 50퍼센트나 된다. 즉 1983년에는 47.5퍼센트(미국 33.6%·일본 13.9%), 1984년에는 50.5퍼센트(미국 35.8%·일본 15.5%)이다. 미국이 가장 큰 시장이고 일본이 그 다음으로 큰 시장이지만 양자 간의 차는 매우 크다. 이처럼 미국의 비중이 가장 크기에 미국의 수입규제는 우리 수출에 커다란 타격을 주게 되어 있다. 품목별로는 미국에는 자본재, 비내구 및 내구소비재, 공업용 원연료(금속)를, 일본에는 식료 및 직접소비재, 공업용원연료(조(粗)원료: 광물성연료)를 주로 수출하고 있다.

그러나 수입에 있어서는 시장이 이들 두 나라에 편중되어 있는 것은 마찬가지면서도 그 비중의 차이가 거의 없는 데다가, 도리어 1984년에는 그 순위가 뒤바뀌어 있고 또 품목이 수출의 경우와 거의 정반대로 되어 있다. 미국과 일본의 비중은 1983년에는 47.8퍼센트(미국 24.0%·일본 23.8%), 1984년에는 47.3퍼센트(미국 22.4%·일본 24.9%)이며 미국으로부터는 식료 및 직접소비재(소맥·쌀·옥수수), 공업용원연료(원면과 설면)를, 일본으로부터는 공업용원연료(화학섬유사·면직물·화학섬유 직물·금속), 자본재(수송기계 제외), 비내구소비재(라디오·TV 및 부품·승용차·시계·악기·녹음기)를 주로 수입하고 있다. 대체로 일본으로부터 주로 수입하는 제품은 소재와 부품이다.

둘째로 수입유발적이다. 그동안 중화학 공업제품의 수입계수(輸入係數)가 낮아진 것은 사실이지만 여전히 매우 크다. 특히 기초화학제품·일반기계·정밀기계·전자통신기계·수송기계 등이 그러하다. 이것은 일본의 수치와 비교해 보면 뚜렷해진다. 또 사실 이들 제품의 생산부문은 자급자족률이 매우 낮은 부문이기도 하다. 이들 제품은 주로 일본에서 수입된다. 수출용 수입이 수입 총액에서 차지하는 비중이 1983년에 35.7퍼센트, 1984년에 39.4퍼센트나 되는 것은 바로 수출이 수입유발적이라는 것을 반영하는 것이라고 볼 수 있다.

이와 같이 수출이 수입유발적이기에 수출증대는 곧 수입증대를 초래하게 되어 있으므로 무역수지적자의 개선은 매우 어려우며 또 환율인상은 수입소재·부품의 원화가격의 상승 → 제조원가의 제고 → 가격인상으로 이어지게 되어 있으므로 일정 기간 뒤에는 도리어 가격경쟁력을 약화시키는 효과를 갖게 되어 있다.

셋째로 외화가득률(外貨稼得率)이 낮다. 그리고 중소기업제품의 수출 비중이 낮다. 외화가득률은 그동안 높아진 것이 사실이지만 70퍼센트대에 달한 것은 1981년부터의 일이며 1983년에는 71.7퍼센트에 불과하다. 외화가득률이 낮은 것은 수출이 수입유발적이라는 것을 반영하거나 과당경쟁에 기인하는 염가수출을 반영한다고 할 수 있다.

1981년까지는 중소기업협동조합 회원업체의 수출액 비중을, 1982년부터는 중소기업의 직수출분(直輸出分)의 비중을 나타내는 관계로 그간에 단속(斷續)이 있기는 해도, 1980년대에 들어서부터 중소기업제품의 수출비중이 차츰 낮아지는 경향을 나타내고 있다. 수출 총액과 공산품 수출액에서의 비중은 1980년에 32.1퍼센트와 34.8퍼센트였다가 1983년에는 20.2퍼센트와 21.4퍼센트에 불과하다. 이처럼 비중이 낮은 것은 그동안 수출이 대기업제품 중심이었음을 반영한다고 할 수 있다.

이상이 일단 잘 알려져 있는 것으로 볼 수 있는 우리 수출의 문제점이 아닌가 생각된다. 따라서 우리 제품이 현재 미국을 비롯한 선진국으로부터 세찬 수입규제를 받고 있고 또 후발국인 중공 등으로부터 세찬 추격을 받고 있기는 하지만, 그러는 가운데에서도 수출증대, 나아가서 무역수지적자의 개선을 위해서는 이 문제점을 착실히 해결해나갈 필요가 있다. 보도된 바에 따르면, 선진국 19개국으로부터 수출규제를 받고 있는 제품의 수출액은 그들 나라에 대한 총수출액의 38.6퍼센트나 되며 미국만을 따지면 40퍼센트를 웃돈다고 한다(1984년 44%).

우선 수출시장의 다변화를 계속 추진하도록 한다. 즉 수입규제가 없는 시장으로 수출을 늘려가야 한다. 물론 이때 일본으로부터 주로 수입하는 소재·부품의 수입시장 다변화, 현지합작(現地合作) 기업의 설립, 신제품의 개발 등이 전제가 된다. 그리고 미국 등의 선진국에 대해서는 아직 수입규제를 받고 있지 않는 제품의 수출을 관민의 적극적인 통상외교의 강화 등을 통해서 증대시키는 노력도 전제가 된다.

둘째는 소재·부품의 국산화율(國産化率)을 높여 가도록 한다. 즉 중화학공업의 소재·부품 생산부문을 적극적으로 육성하도록 한다. 중화학공업이 제조업에서 차지하는 비중, 즉 중화학공업 비율은 부가가치 기준으로 보나 생산액 기준으로 보나 또 경상가격표시로 보나 불변가격표시로 보나 1978년 무렵부터 50퍼센트를 웃돌고 있다. 그러나 중화학공업을 기초생산재 생산부문·중간생산재 생산부문·최종생산재(소비재) 생산부문으로 구분하여 그 구성을 보면 1981년에는 최종생산재 생산부문이 53.1퍼센트를 차지하고 있고, 기초생산재 생산부문은 5.1퍼센트, 중간생산재 생산부문은 41.8퍼센트를 차지하고 있다. 다시 말하면 소재·부품 생산부문이 속하는 기초생산재 및 중간생산재 생산부문은 46.9퍼센트를 차지하고 있다.

소재·부품 생산부문의 육성에 있어서는 중소기업의 적극적인 참여를 유도하도록 해야 할 것이다. 선진국에서는 이 부문에 중소기업의 비중이 큰 것이 사실이다.

이 부문의 적극적인 육성은 외화가득률을 제고시킬 것이다. 또 일본으로부터의 수입감소를 통해서 대일 무역수지적자를 감소시킬 것이다. 전체 무역수지적자가 1983년에는 19.69억 달러, 1984년에는 13.86억 달러인데 대일 무역수지적자는 각각 28.80억 달러, 30.38억 달러나 된다. 그리고 그 육성은 나아가서 전체 수입의존도, 무역수지적자의 감소 등도 초래할 것이다. 1984년에 수출액이 1697.19억 달러나 되면서도 일본의 수입의존도가 낮은 것(1984년 11.0%)도 사실은 소재·부품

생산부문의 적극적인 육성에 기인하는 바가 크다.

셋째로 외화가득률을 우선하도록 한다. 이것은 소재·부품 생산부문의 적극적인 육성을 전제로 한다. 그리고 과당경쟁 방지를 통한 제값받기를 전제로 한다. 실속을 위주로 할 때에는 실지가득액의 크기가 더 중요함은 재론의 여지가 없을 것이다.

넷째로 중소기업을 수출기업화 하도록 한다. 이것은 중소기업의 적극적인 육성을 전제로 한다. 이때 중소기업을 소재·부품 생산부문뿐 아니라 기계공업 등에도 적극적으로 진출시키도록 한다. 선진국에서는 기계공업 같은 데에 중소기업이 많이 진출해 있으며 수출에서 큰 비중을 차지하고 있다.

그러나 수출증대를 위해서는 이상의 노력 외에 계속해서 경영합리화·생산성 향상·기술개발을 통한 제품의 고급화, 물가안정, 통상정보망(通商情報網)의 강화 등을 적극적으로 추구해 가야 한다. 경영합리화·생산성 향상·물가안정은 국제경쟁력을 강화시키며 제품의 고급화는 후발국의 추격을 뿌리칠 수 있게 할 뿐 아니라 시장 다변화에도 도움을 주며 통상정보망의 강화는 신속하고 정확한 대응을 가능하게 하기 때문이다. 물가안정과 관련해서는 특히 환율의 신중한 관리가 강조되지 않을 수 없다.

어떻든 우리나라는 선진국의 세찬 수입규제와 후발국의 세찬 추격 속에서 수출증대를 실현시켜야 하게 되어 있다. 따라서 매우 어려운 처지에 놓여 있음은 틀림없다. 그러나 그렇더라도 이제부터는 착실하게 실속을 차리는 방향에서 실마리를 풀어가야 할 것이 아닌가 하는 생각이 든다. 그리고 어쩐지 이것이 그동안의 우리 수출이 주는 귀중한 교훈인 것 같기도 하다는 것이 나의 솔직한 심정이다.

《대우가족》(1985. 12)

자립과 종속의 기로에 선 경제[*]

고속발전과 불균형심화의 40년

박　승　해방을 맞이한 지도 벌써 40년이 지났습니다. 40년 전과 지금을 비교한다면 양면적 평가가 가능하지 않을까 하는 생각이 듭니다. 한쪽에서 보면 초고속 변화다, 이렇게 볼 수 있겠지요. 가령 40년 전의 서울시와 오늘날의 서울시를 비교 한다면 정말 금석지감이 듭니다. 또 밥 먹기조차 어려웠던 그때와 밥 먹는 걱정은 면하게 된 지금을 비교하더라도 역시 대단히 엄청난 발전과 변화를 이룩했다고 평가할 수 있을 것 같습니다. 그러나 다른 한편에서 보면 40년 전에는 없었던 그늘이라 할까 계곡 같은 것이 오늘날에는 굉장히 깊게 생기지 않았느냐 하는 점도 있습니다. 가령 그때는 없었던 외채 같은 것이 지금은 무겁게 누르고 있고, 그때는 농민들이 자신을 주인처럼 생각했는데 지금은 소외의식을 지니고 살아야만 되는 상황이고요. 물론 그때도 어떤

---

[*] 이 대담은 《신동아》 1985년 8월호에 〈해방 40년, 오늘의 좌표〉(경제)라는 권말 특집으로 실린 것으로 박승(중앙대 정경대·경제학) 교수와 변형윤(서울대 사회대·경제학) 교수가 참석하였다.

갈등이 없었던 것은 아니지만, 하나의 생활인으로서는 오늘날과 같은 날카로운 가치관의 갈등은 없지 않았느냐 싶습니다.

요컨대 어떤 시각에서 보느냐에 따라서 해방 40년의 평가를 긍정적으로 할 수도 있고 부정적으로 할 수도 있을 것입니다. 다만 제가 보기에는 큰 시대적 흐름으로 볼 때 지난 40년을 좋든 싫든 큰 발전이라고 하는 변혁으로 파악해야 되지 않을까, 말하자면, 그런 시각에서 밀려오는 문제들을 수용해야 되지 않을까, 이런 생각을 해봅니다.

변형윤 좋은 측면의 평가도 있을 수 있고 나쁜 측면의 평가도 있을 수 있다고 지적하셨는데, 다만 40년 뒤의 오늘에 서서 40년 전의 그때를 되돌아 볼 때 그때는 분단이라는 것이 정치적으로는 물론 경제적으로 무슨 뜻을 가지는 것인지, 어떠한 결과를 가져올 것인지 전혀 예상을 못하고 지내버린 것 같아요.

해방될 당시로 볼 때는 국토가 남북으로 분단되지 않은 상태였기 때문에 입지 조건으로 봐서 남쪽은 농업과 경공업이 주된 산업이었고 북쪽은 광업과 중공업이 주된 산업이었지 않습니까? 만약 이 상태가 그대로 계속되었더라면 남북이 분업체제 속에서 균형 잡힌 발전을 할 수 있었을 텐데, 그것이 깨지자 남북이 독립된 나라로서 독립된 경제를 지향한다 해서 이것저것 다 갖추려고 하다 보니까 엄청난 부담을 안겨준 것이 아니냐, 그런 아쉬움이 남습니다.

박 승 경제성장 면에서 보면 실상 경제성장 즉 1인당 소득이 증가하기 시작한 것은 세계적으로도 그 역사가 2백여 년밖에 안됩니다. 정확하게 말씀드리면 영국 산업혁명 이후에 비로소 1인당 소득이 늘기 시작했는데, 그에 비하더라도 우리는 사실상 성장의 역사가 그렇게 오래지 않습니다. 우리가 해방되었을 때는 식민지의 유산을 그대로 물려받은 상태였지요. 결국 그 당시 우리 민족은 원조를 먹고 살 수밖에 없었습니다. 지금도 기억이 생생합니다만, 전체 정부예산 가운데 조세수입은 20퍼센트도 안 되고 재정지출의 거의 전부를 원조물자를 판 돈, 즉 대충자금이라는 것에 의존했습니다.

그때의 자본축적이라고 하면 해방 직후에는 적산, 즉 일본사람이 남기고 간 재산을 누가 차지하느냐 하는 것으로 부가 결정되었고, 그 다음에는 미국에서 들여오는 원조물자를 누가 하나라도 더 많이 차지하느냐 하는 것에 의해서 부가 결정 되었습니다. 그런 가운데서 인플레가 생기고, 그 속에서 소비재산업이 조금씩 커가기 시작했는데, 이렇게 보면 해방 전후, 그리고 그 이후 6·25를 거친 50년대의 한국이라는 것은 여러 가지 면에서 표류를 면치 못했던 시기가 아닌가, 그런 생각을 하게 됩니다.

변형윤 해방 후 우리 경제에서 특기할 것은 지금 말씀하신 적산을 불하하는 일이었습니다. 그런데 그 불하가 사실은 적격자한테 불하되지 않고 여러 가지 정치적인 이유가 끼어들게 되었거든요. 그러다 보니까 공업이라는 것이 제대로 발전을 못했습니다. 또 농업을 볼 것 같으면 일제 때는 소작료가 50퍼센트였던 것을 미 군정하에서는 30퍼센트로 했다가 경자유전이라 해서 49년 6월에 농지개혁법을 공포했는데, 그것이 또 상환문제에 이의가 대두되어서 50년 3월 개정농지개혁법이 통과되었지요. 그래서 그때부터 농지개혁이 시작되게 되었는데, 3개월 뒤에 6·25가 나고, 그러다 보니까 53년 7월에 휴전될 때까지는 전쟁 치다꺼리 하느라 정신들이 없었습니다. 그러다가 휴전되면서 복구, 재건에 들어가게 되었으니까 한국경제라는 것은 사실 55년경부터 6·25 사변 전 상태와 비슷한 상태에서 새로 시작하게 된 셈이었지요. 그 당시는 미국의 원조자금 원조물자를 누가 더 많이 먹느냐에 따라서 누가 자본가가 되느냐가 결정되었습니다.

박　승 어느 나라든지 근대화 과정을 보면 대체로 토지자본의 몰락과 상업자본의 형성이라는 과정을 통해서 공업화 과정이 일어나고 있습니다. 우리나라에서도 비슷한데, 아까 말씀하신 49년부터 시작된 농지개혁이라는 것은 사실상 우리나라에서 토지자본이 몰락하는 중대한 계기가 되었다고 봅니다. 그래 가지고 그 위에서 소위 상업자본이 축적되는 과정을 걷게 되는데, 문제는 국내에 축적된 민족자본이 있을 리가 없었기 때문에 결국은 적산불하와 원조물자의 취득이 그 상업자본의 밑바탕이 되었다고 보아야 할 것입니다. 이렇게 볼 때 1950년대까지의 우리나라 경제의 큰 흐름을 결정한 것은 원조라고 보겠는데, 이 원조도 1953년 휴전될 때까지는 전쟁수행을 위한 군사원조와 구호 원조였고, 경제 재건을 위한 원조는 대체로 1955년경부터 본격적으로 시작이 되었다고 볼 수 있겠습니다. 그래서 56, 57년경에는 55년경까지의 심각한 인플레가 진정되면서 경제의 안정이 시작되었습니다. 58년에는 물가가 오히려 떨어지기도 했어요. 그래 가지고 1950년대 후반에 가서 소위 경제의 안정기조가 정착화되었는데, 이 안정기조 정착화의 배후에는 경제부흥원조와 DLF 즉 경제건설차관에 의한 기간산업의 건설 같은 것이 뒷받침이 되었고, 그래서 50년대 후반부터는 경제개발계획의 필요성에 대한 논의가 일어나기 시작해서 제가 알기로 민주당 정권 때 이 문제가 상당히 구체화되었던 것으로 압니다.

50년대 말부터 개발계획 시작

변형윤 6·25 이후 특히 57, 58년경에는 PL480까지 다 넣어서 연간 3억 달러가 넘는 원조가 들어온 것으로 압니다. 그때 원조를 조정하는 미국의 조정관과 우리 총무처 사이에, 다시 말하자면 우리 정부와 미국 정부 사이에서 안정화정책이 추진되었어요. 그래 가지고 58년에는 도매물가나 소매물가가 마이너스가 됐지요. 그때로 볼 때는 기적이지요. 지금으로 봐도 그렇고요.

박 승 그렇습니다. 1950년대 전반의 인플레는 연간 아마 50~1백 퍼센트쯤 되었을 것입니다.

변형윤 전쟁인플레였으니까요. 인플레가 1백 퍼센트나 된 해도 있었어요. 그러던 것이 58년에 마이너스로 왔단 말이지요. 그때를 전후해서 경제개발계획에 관한 얘기가 나온 것입니다. 그래서 부흥부산하에 산업개발위원회라는 것이 발족되었습니다. 이승만 박사가 '계획'이라는 것은 공산국가에서 하는 것 아니냐 해서 계획이라는 말을 굉장히 싫어한 바람에 원래 경제계획위원회인가 하는 식으로 하려고 했다가 바꾸어서 산업개발위원회라고 했다는 것인데, 거기에서 하는 일이 바로 경제계획을 짜는 일이었어요. 그때 산업개발위원회에서 3개년경제개발계획이라는 것을 수립하는 작업에 착수했습니다. 미국에서 오리건팀이라고 해서 오리건대학의 교수 몇이 와서 3개년계획안을 마련한 것입니다. 그랬다가 4·19가 나고 뒤에 민주당 정부가 들어서면서 3개년계획이 5개년계획으로 바뀌지요.

박 승 그러니까 5개년계획으로 바꾼 후에 4·19를 맞이했나요?

변형윤 계획을 바꾼 후에 4·19가 난 게 아니라 4·19가 날 때는 5개년계획을 만들고 있는 중이었지요. 그러면 그때 우리가 어떤 배경에서 경제개발계획이라는 것을 만들게 되었느냐, 사람에 따라 이해가 다를지 모르겠지만, 나는 처음부터 끝까지 원조 당국의 요청이 상당히 강했던 것 아니냐 이렇게 봅니다. 또 한 가지는 인도가 1951년에 후진국가중에서 처음으로 경제개발계획을 수립했는데, 그런 두 가지가 우리로 하여금 개발계획을 만들게 했지만 특히 미국의 요청이 크게 작용한 것이 아니냐 그렇게 봅니다. 원조를 주려고 해도 아무런 근거 없이 원조를 줄 수는 없지 않습니까. 그러니까 너희가 원조를 얻으려거든 무슨 공장을 몇 개 세우고 댐을 어떻게 건설하고 등등 계획을 세워라, 그래야 우리도 무슨 근거를 갖게 되지 않느냐 하는 것이었지요. 결국 50년대 말의 경제개발계획 수립은 원조 당국인 미국에 의해서 주도되었다고 보겠습니다.

박　승 아무튼 지금 말씀대로라면 자유당 말기부터 장면 내각에 이르기까지 개발계획의 필요에 대한 인식과 계획수립 작업이 무르익다가 그것이 실행에 옮겨지지 못하고 5·16을 맞이한 것이 되는데, 실질적으로 실행에 옮겨진 개발계획은 62년부터 군사정부에서 추진되지 않았습니까? 흔히 한국의 근대화라고 할 때, 물론 논자에 따라 다르지만, 60년대부터 본격적인 근대화과정에 들어가는 것으로 분류하는 경우가 많은 이유도 바로 이러한 데에 기인하지 않나 생각을 합니다. 그래서 혹자는 1960년대부터 우리 경제에 도약과정이 시작되었다는 표현을 합니다만, 그 당시 우리 경제의 기본과제는 무엇보다도 절대빈곤문제의 해결이었다고 집약할 수 있지 않나 생각합니다.

굶는 문제를 어떻게 해결하느냐 하는 것은 동시에 대중적인 절대실업문제를 어떻게 해결하느냐 하는 문제가 되겠습니다. 그래서 이러한 절대빈곤·절대실업문제 해결을 위해서 그 당시 추구한 정책이 '수단과 방법을 가리지 않는 축적'이었다고 보아도 좋지 않을까 생각합니다. 말하자면 굶는 문제를 해결하려면 공장을 지어야 된다, 공장을 지으려면 자본이 필요하다, 따라서 자본을 마련하는 사람은 탈세를 하든 인플레적인 방법을 쓰든 돈을 찍어내든 외자를 도입해 오든 그런 것은 따지지 않겠다는 분위기였습니다. 그렇게 보면 오늘날에 와서 제기되고 있는 많은 경제개발의 부정적 부산물들이 사실은 여기서부터 싹이

트지 않았느냐 생각합니다.

이런 문제와 관련해서 지금도 생각나는 것으로 당시의 개발환경과 경제환경, 그리고 정부의 정책기조를 잘 나타내 주는 장기영 씨의 두 가지 말이 있습니다. 당시 경제기획원장관 겸 부총리였던 장기영 씨가 한 말 가운데 하나는 "한 사람에게 몰아주라"는 것입니다. 여러 사람에게 고루 나누어 주었다가는 아무 것도 안 남는다, 그러니 한 사람에게 몰아주어야만 자본이 마련된다는 얘기였습니다. 또 하나는 "부채도 자산이다" 하는 것입니다. "부채도 자산이다" 하는 이 말은 회계학적으로는 틀림없는 말이기 때문에 별 의미가 없습니다. 회계학적으로는 한 쪽에 부채가 있으면 다른 쪽에는 반드시 자산이 있으니까 그것은 당연한 말이지요. 그러나 장기영 씨의 말은 경제학적 용어입니다. 경제학적 용어로서 장기영 씨가 한 말의 뜻은 '빚을 많이 져야 큰다', 그런 뜻입니다. 그러니까 국가도 빚을 많이 져야 경제성장이 높아지고, 기업도 빚을 많이 져야 크고, 사업도 자기 돈으로 하지 말고 되도록 남의 돈으로 해야 성공한다, 말하자면 그런 뜻입니다. 지금의 시각으로 보면 참 문제가 많은 말인데, 60년대의 풍토로 보면 상당히 함축미가 있는, 60년대적인 배경을 잘 설명해 주는 말이 아니었나 생각이 됩니다.

'수단불구' 개발로 문제 잉태

변형윤 그 전에 한 가지 얘기하고 넘어갈 것은, 아까 이야기된 DLF 차관 있지 않습니까? 그 DLF 차관이라는 것이, 그때까지는 원조라면 무조건 무상원조로 생각했었는데 DLF 차관부터 원금을 갚아야 되고 이자도, 갚아야 되는 것으로 바뀌었다는 점에 주목해야 됩니다. 그러니까 59년부터 외국 차관이 시작되었다가 경제개발계획이 시작되면서부터 본격적으로 외채를 지기 시작했다, 이 점에 주목해야 한다는 것입니다.

또 하나 아까 얘기했던 대로 50년대 말에는 어떻든 간에 물가가 안정이 됐습니다. 떨어진 해도 있었고요. 그러다 보니까 다른 측면에서는 실업자도 많아지고 절대빈곤도 악화되는 면이 있었지요. 이래서 안정론자보다 확대론자가 큰소리를 치기 시작할 수 있는 분위기가 되었지요. 그래서 계획의 시대가 시작되면서 확대정책이라는 것이 추진되었지요.

그 다음에 우리가 특히 관심을 가져야 할 것은 제1차 5개년계획의 기본목표가 '자립경제의 기반확충'이라는 것이었거든요. 이 '자립경제'라는 말을 주목해야 합니다. 그것은 4·19 이후 분단 상태에서 벗어나려고 하는 사회적 분위기를 염두에 둔 것입니다. 그동안에 원조니 뭐니 해서 미국의 자본주의가 들어오고, 그런 속에서 우리가 정신없이 살아왔지만 이제는 여하튼 간에 우리도 한번 좀 자립을 해보자, 이런 분위기가 조성됐었지요. 이래서 제1차 5개년계획이 '자립경제의 기반구축'이라는 것을 기본 목표의 하나로 내세우게 되었다고 생각됩니다. 동시에 그 당시에 민족주의라는 것이 팽배하지 않았습니까? 그러니까 팽배한 민족주의가 경제개발계획의 목표에 바로 반영이 되었다는 것이지요.

그리고 경제체제상으로 봐서는 자본주의체제와 사회주의체제의 중간적인 형태, 그러니까 혼합경제체제의 성격을 띠었습니다. 그러다가 제2차 5개년 경제개발계획에 가서는 혼합경제체제라는 말이 사라져버리고 시장경제체제로 급히 가는 변화를 보였지요. 그것이 대체적으로 65년 장기영 씨가 경제기획원장관 겸 부총리로 있을 때지요. 그런데 그때가 바로 일본의 산업자본이 우리나라에 상륙하기 시작할 때였습니다. 한일협정이 체결되어서 처음에 대일청구권자금 3억 달러를 비롯해서 공적인 자본이 좀 들어오는데, 사실은 그것이 일본의 상업자본이 한국에 상륙을 시작하는 계기를 마련했습니다. 그래서 결국 빚도 좋다 뭣도 좋다 하면서 외국 빚을 마구 가져온 것이지요.

정부 특혜 속 외자낭비

박　승　옳은 지적이십니다. 아무튼 외자가 들어옴으로써 그것이 어떤 의미로든지 당시 우리 경제에 기름 역할을 하지 않았느냐 생각됩니다. 자본부족으로 허덕이던 그 시기에 외국자본이 흘러 들어오고, 내자는 통화팽창으로 소위 인플레적인 방법으로 조달하고, 그래서 외국에서 들여온 외자와 돈을 찍어서 조달한 인플레적인 내자를 결합시켜서 공장을 짓기 시작했습니다. 그렇게 지은 공장이 한편에서는 성장의 추진력으로 작용하고 다른 한편에서는 경제의 그늘을 만들기 시작한 것이라고 봅니다.

특히 외자의 역할과 성격은 여기서 다시 한번 짚고 넘어가야 할 것입니다. 외자가 가령 기술도입이라든지 새로운 외국의 가치체계나 외국제도의 도입 창구로서 역할한 것이 사실이고 또 이 외자를 바탕으로 해서 우리가 수출주도적인 성장전략을 짤 수 있었던 것도 사실입니다. 더구나 한국에 들어온 외자는 특히 직접투자의 경우 다른 나라의 경우처럼 지하자원을 노리거나 국내시장을 노리거나 하기 보다는 저임금을 이용해서 제품을 값싸게 생산, 외국으로 재수출하려는 목적을 가지고 있었기 때문에 어느 의미에서는 양질의 자본이었습니다. 그러나 외자는 성장에 긍정적인 작용을 한 측면이 많았던 동시에 부정적인 효과도 낳았습니다. 이 외자가 대부분 정부특혜와 연결이 되어 있었기 때문에 기업들이 외자의 비용 개념을 별로 가지지 않았습니다. 그래서 외자를 공짜로 생각하고 과용하고 낭비하는 등 결과적으로 기업은 외채에 지나치게 의존하고, 국민은 부채의 힘으로 분수에 넘는 소비생활을 하는 바람직하지 않는 방향으로 흐른 경향도 지적하지 않을 수 없습니다.

공업일변도로 농업 외면

변형윤 그것을 다른 측면에서 보면 63, 64년경의 확대정책으로 해서 국제수지가 크게 악화된 면을 볼 수 있지요. 장면내각 때까지는 이른바 외환보유고가 좀 있었습니다. 그러나 확대정책 이후 수입이 크게 늘게 되고 무역수지적자가 커지면서 국제수지 악화를 극복하기 위해서는 수출을 할 수밖에 없다는 수출입국론이 강하게 대두되기 시작한 거지요. 그렇게 해서 62년 3천2백만 달러이던 수출이 65년 수출입국론이 고창되면서 1억 달러가 되는데, 수출 안 하면 망한다는 식으로 밀어붙이다 보니까 공업화를 하지 않으면 안 된다, 공업화가 모든 것을 해결한다는 식으로 분위기를 몰아갔고, 공업화를 하자면 자본이 있어야 되니까 외자를 들여와야 한다, 공약수가 이렇게 된 거지요. 공업화라는 것은 공업과 농업의 연계성을 고려해서 농업도 육성하면서 공업화를 추진했어야 하는데 그게 되지 못했어요. 오늘날 농업 혹은 농촌의 어려움이라는 것은 그때 싹튼 것이 아니냐 그렇게 보고 있지요. 또 수출 내세우고 외국돈을 마구 가져오다 보니까 수출을 늘이기 위해서 수입을 더 늘려야 하는 구조가 깊어졌습니다. 우리에게 자원이 없으니까 소재라든지 부품공업을 육성해가면서 중화학공업을 해야 하는데,

그러지를 못해서 결국 요즘 말하는 수입유발적인 산업구조가 되었단 말이지요. 수출은 늘지만 수출이 오르는 것과 수입이 느는 것이 병행하기 때문에 국제수지 개선이 안 되지 않습니까.

어느 의미에서 제1차 5개년계획은 상당한 정도 자립경제 기반의 형성에 기여할 수 있는 내용이었고 민족주의라는 것이 가미됐었는데 바로 시장경제원리, 다시 말하면 자본주의 경제체제를 내세운 제2차 5개년 경제개발계획부터 오늘의 우리 경제문제를 낳는 어떤 기점이 된다고도 할 수 있을 것 같아요. 재벌들이 기반을 닦았던 것도 그때였지요. 그래서 나는 67년부터 71년까지의 2차 5개년계획에 주목합니다. 그러니까 1차 계획까지는 그나마 뭔가 자립에의 방향이 추구되었는데 2차 계획이 수립되면서 완전히 오늘날과 같은, 말하자면 외향적인 방향으로 급선회한 것이지요.

박　승 저는 60년대 초에 군사정부가 개발계획을 추진하면서 남긴 긍정적인 결과 중의 하나가 '하면 된다'는 개발의지의 측면이라고 생각합니다. 어느 면에서는 가난에 대한 자각과 그것을 어떻게든지 극복해 보려는 일종의 의지라고 보겠는데, 그것이 지나쳐서 무엇인가 꼭 해야 되겠다는 강박관념에 빠지게 되고, 거기서 나온 현상이 정부주도적 개발, 무역확대적 개발, 즉 수출주도적 개발, 그리고 외자의존적 개발, 인플레적 개발 같은 특징을 갖게 되었다고 봅니다.

각국의 산업화 과정을 역사적으로 비교해보면 한국의 산업화 과정은 이런 면에서 좀 극단적인 사례에 속합니다. 다시 말씀드리면 지금부터 2백 년 전의 영국, 1백 년 전의 일본 그리고 1960년대의 한국의 발전과정이나 산업화 과정을 비교해 본다면 한국처럼 정부주도로 경제개발이 이루어진 사례가 없고, 한국만큼 무역의존적으로 즉 외국시장에 의존해서 경제개발이 추진된 사례가 없습니다. 또 한국만큼 외국

자본에 의존해서 경제개발을 하는 사례가 없고, 한국만큼 돈을 찍어서 경제개발을 한 사례도 없습니다. 그 대신 이와 같은 경제개발계획은 두 가지의 특징을 가지는데, 하나는 변화속도의 고속성이고 두 번째는 불균형 격차의 심화입니다. 안팎의 문제인데 동쪽에서 보면 변화속도의 고속성이고 서쪽에서 보면 불균형의 심화입니다. 이래서 한국만큼 성장속도가 빠르고 불균형이 심한 나라도 드물다고 할 수 있습니다.

그러면 이와 같은 성장과정에서 왜 불균형이 터지느냐……. 가령 경제발전을 돈을 찍어서 한다고 할 경우 경제발전이 인플레를 통해서 이룩되기 때문에 인플레에서 이익을 얻는 자와 피해를 보는 자가 생깁니다. 말하자면 그늘 쪽에 서는 사람과 양지에 서는 사람이 갈리게 됩니다. 또 관주도로 하니까 정부특혜를 받는 자와 못 받는 자가 갈리고 농업보다 공업화에 중점을 두니까 공업화의 혜택을 보는 사람과 못 보는 사람이 갈라지고, 수출주도적으로 되고 보니까 수출특혜의 이익을 보는 사람과 손해를 입는 사람이 생깁니다. 그래서 결국은 경제의 수혜층과 피해층이 사사건건 확연하게 갈라지고, 이러한 개발정책으로 10년, 20년 지속하다 보니까 경제의 주름살이 상당히 깊이 잡히게 되지 않았느냐, 이런 생각을 하게 됩니다. 이러한 주름살과 그늘이 본격적으로 나타난 것이 아까 변 선생님께서 지적하신 대로 제2차 개발계획부터라고 할 수 있는데, 어느 의미에서는 그 찌꺼기가 현재까지도 계속 연장되고 있는 것이 아니냐 싶습니다. 그러면서 2차 계획이 끝날 무렵에 우리가 오일쇼크를 맞은 거지요. 1973년에.

변형윤 2차 계획이 끝나고 나서 3차 계획부터 오일쇼크를 겪게 되지요. 3차 계획이 72년에 시작되었으니까.

박 승 오일쇼크 전후해서 그 뒤의 과정을 좀 말씀해주시죠. 거기에 중요한 문제도 있고…….

지나친 정부주도가 문제 낳아

변형윤 그 앞에 하나 참고적으로 얘기할 것이 있는데, 베트남전에 참전하고 나서 60년대 말에 베트남특수가 있거든요. 그 다음에 해외건설이 있고요. 이런 것이 무역외수지를 흑자로 돌리는 역할을 하면서 국제수지가 개선되지요.

박 승 서독에 광부를 보냈던 것도 그때쯤이지요?

변형윤 그렇지요. 그리고 또 하나 2차 계획을 관심 깊게 봐야 한다는 것은 뭐냐 하면, 벌써 방향이 그때부터 이렇게 되었기 때문입니다. 아까 지적하신 오늘날의 격차 같은 것도 다 그렇지요. 특히 외국돈을 들여와서 배분하는 데 있어서 정부가 주도적인 역할을 했다는 것이 결과적으로 오늘날의 여러 가지 문제들을 야기했다고 볼 수 있지 않겠느냐 싶어요. 동시에 자꾸 '수출, 수출' 하다 보니까 산업의 단위 규모가 커지게 되었지요. 수출을 많이 하려면 국제경쟁력이 강화돼야 된다, 그러려면 양산체제를 채택해야 된다, 따라서 국제단위 규모의 공장을 세워야 된다, 그렇게 된 것이지요. 그것이 결국 독점기업이 됐지요. 사람에 따라서는 수출입국을 하려면 재벌그룹이 형성될 수밖에 없지 않느냐 하는 사람도 있는데 그렇게 해서 경제규모는 엄청나게 키워 놓았지만, 71년에 가면 완전히 국제수지흑자를 이룩하는 것으로 계획된 2차 5개년계획은 그 점에서 성공하지는 못했어요. 그런 상태에서 3차 계획에 들어가게 되는데, 2차 계획까지는 USOM 계통의 미국 학자들의 도움을 받아서 계획을 세웠지만 3차 계획부터는 완전히 우리 한국 사람들이 계획을 수립합니다. 이 과정에서 자신감이 너무도 지나쳐서 2차 계획의 문제점들이 연장·확대되는 3차 계획을 세웠어요. 뭐냐 하면 수출을 늘여야 되는데, 경공업제품의 수출로서는 한계가 있으니까 중화학공업제품 수출로 바꿔야 된다, 그러려면 중화학공업을 해야 된다, 그런 방향으로 나간 것이지요. 그래가지고 중화학공업을 막 시작하려고 할 때에 오일쇼크를 맞았습니다. 그때 그 허둥지둥하던 모습은 지금도 생생해요.

'70년대 초의 자신감 과잉이 화근

박 승 1967년부터 시작된 2차 5개년 개발계획을 유의해 봐야 된다는 말씀은 참 지당한 말씀인데, 그때 상황을 제가 조금 보충을 하겠습니다. 그때가 세계 경제적으로는 가장 호황기입니다. 어떻게 보면 세계 역사상 최대의 호황기가 이때입니다. 일본은 이때에 완전히 경제가 성숙기에 들어가서 외환 흑자상태로 전환되고 경제강국으로 발돋움하기 시작했습니다. 한국은 이 국제호황기를 배경으로 하고 거기다가 베트남특수 같은 것이 가세해서 외자가 마구 들어오고 국내경기에 붐을 일으켰습니다. 67, 68, 69년 특히 69년이 아주 호황이었던 것으로 기억되는데, 이런 것을 통해서 우리 경제가 굉장히 자신을 얻은 것입니다. 마치 금방 선진국이 되는 것 같은 착각을 했지요.

그러다가 기름값이 폭등했습니다. 배럴당 2달러 하던 것이 7달러로, 7달러에서 9달러로 올랐던 것으로 기억되는데, 그래 가지고 74년부터 불경기가 엄습하기 시작했습니다. 미국, 일본 할 것 없이 선진국들이 전부 마이너스 성장을 기록하고, 실업사태가 나오고, 후진국도, 심지어 대만까지 포함해서 마이너스 성장을 하고, 그래서 실업과 인플레가 같이 나오는 이른바 스태그플레이션 상태가 되었지요. 우리 기억에 생생한 마의 3각, 즉 고용·물가·국제수지 이 3개의 상충 때문에 우리가 심하게 몸살을 앓은 시기였습니다.

그런데도 우리는 2차 5개년계획의 자신에 충일해 가지고 확대정책을 밀고 갔습니다. 다시 말씀드리면 국제경기를 역행하기 시작한 것이지요. 그리하여 본격적으로 중동에 건설업이 진출을 시작한 것이 이때입니다. 75년부터 정부는 중동진출 기업에 대해서는 지급보증을 해주고 온갖 특혜를 주어가면서 밀어줍니다. 그리고 여기서 나오는 외화수입을 바탕으로 세계경기에 역행해서 세계경기는 불황으로 치닫는데 한국은 연평균 10퍼센트의 고속성장을 기록합니다. 우리는 그것을 자랑으로 생각하고 뽐내면서 중동에서 벌어들인 외화와 국내에서의 연 40퍼센트의 통화팽창을 통해서 현찰을 뿌려대기 시작했습니다. 이렇게 엄청난 현찰이 뿌려지자 엄청난 부동산투기가 일어나기 시작했습니다. 집값이 1년에 2배씩 뛰어오르는 엄청난 부동산투기가 생기고, 경기가 흥청거리고, 호황을 구가했습니다.

그런 속에서 정부는 중화학공업에의 본격적인 투자와 방위산업의 본격적인 육성을 시작했습니다. 창원공업단지 개발이 이때 시작되고 청와대 안에 중화학 기획단을 만들어 거기서 총괄적으로 중화학을 밀어붙였습니다. 이 중화학을 밀어붙인 돈은 아까 말씀드린 대로 일부는 중동에서 번 돈, 일부는 찍은 돈, 그리고 나머지 일부는 외자도입 즉 외채였습니다.

우리나라 외채가 본격적으로 쌓이기 시작한 것이 이때였습니다. 그런데 이 중화학이라는 것이 가동은 잘 안되고 이익은 안 나오면서도 막대한 외자만 투입했기 때문에, 결국 업종에 따라서는 거기서 나오는 1년 매출을 전부 집어넣어도 투자비의 이자도 못 건지는 경우가 더러 있게 되었습니다. 이렇게 중화학업종이 부실화되면서 그 결과로 우리가 지금까지 이 고생을 하고 있는 셈인데, 말하자면 이때에 국제경기를 역행한 고통을 70년대 말과 80년 전후해서 되로 주고 말로 받은 격이 된 것이지요.

정권 차원의 정책운용 많아

변형윤 68년이나 69년, 그전까지만 해도 서울에는 10층짜리 건물이 몇 개 없었습니다. 그런데 70년대로 들어오면서 10층짜리 이상이 마구 생기고 유명한 김지하의 〈오적〉 시가 나옵니다. 김지하가 풍자한 것이 동빙고동 아닙니까. 그리고 정치적으로는 3선개헌이 기도되기 시작했어요. 그때 뭐라고 했느냐 하니까, '소비도 미덕이다' 했어요. 이제 가난에서 벗어나고 있으니까 좀 흥청거려도 된다, 이런 식의 얘기도 나왔지요. 그리고 3선개헌이 되었지요. 이 표리관계를 주의해 볼 필요가 있을 것 같습니다.

또 하나 짚고 넘어가야 할 것은 유신이 72년에 시작되지 않습니까. 그런데 72년이 뭐냐? 아까도 얘기했지만 제3차 5개년 경제개발계획이 시작된 해거든요. 그것이 중화학공업화를 본격적으로 시작하도록 하는 계기였지요. 일본은 전후 55년부터 65년 사이 10년 동안에 오늘날의 중화학공업을 만들어 냈습니다. 그런데 72년 무렵 우리도 그것을 따라가야 한다 해가지고 중화학공업화 계획을 추진하다가 오일쇼크를 만나게 된 것입니다. 지금 와서 보면 우리들이 참 몰랐어요. 나 자신도 부끄럽게 생각하는 것은, 뒤에 와서 보니까 당시 선진국 사람들은 벌써 산유국 등 자원보유국이 점차 자원민족주의로 무장할 것을 예상하고 있었어요. 그런데 왜 우리 관리들, 또 나같이 경제학 하는 사람들, 그 밖에 자원을 전문으로 다룬다고 하는 사람들이 그것을 몰랐던가 싶어요. 정말 부끄러운 이야기지요.

또 하나 자유무역주의가 가장 위력을 발휘한 것이 50년대 후반부터

60년대 전반까지 아닙니까. 60년대 후반은 그래도 자유무역주의시대라고 봐야 될 거예요. 그런데 71년에 닉슨이 금차환금지를 할 때, 그 때부터 따지고 보면 미국 자체도 벌써 보호무역주의로 전환했다는 얘기거든요. 그러니까 일본은 자유무역주의가 한참 성과를 올리고 있을 때, 또 자원값이 싸고 자원보유국의 지위가 상대적으로 약할 때 중화학공업을 해버렸는데, 우리는 그것을 그대로 본떠서 했지만 시대가 이미 자원고가시대로 바뀌어 있다 보니까 큰 시련을 겪게 된 것이지요.

우리가 또 하나 관심 가져야 할 것은, 부실기업 정리가 71년에 있었어요. 그것도 정치상황과 밀접하게 관련되는데, 그 전에 3선개헌 한다고 돈을 마구 풀지 않았습니다. 그런데 70년 후반 내지 71년 생각하면 참 웃기는 얘기 아닙니까? 경제도 마찬가지예요. 과거와 같은 경제정책이나 경제적인 발상을 지금도 가지고 있어서는 안 됩니다. 과거 20년 또는 30년간의 한국경제를 도약을 위한 과정이었다고 본다면 이제 우리 경제는 여물어야 하는, 성숙해야 하는 과정일 겁니다. 따라서 도약을 과제로 하던 과거에는 굶는 문제만 해결하면 되고 정의, 공평 등은 어떻게 보면 사치스러운 개념으로도 보일 수 있는 단선적 목표시대였다고 해도 과언은 아니겠습니다만, 이제는 다원적인 목표시대, 즉 욕구도 다원회되고 사람들의 의식구조도 빈곤의 자기책임관에서 사회책임관 쪽으로 변화하는 경향을 나타내는 시대가 되었어요. 절대빈곤보다도 상대빈곤이 문제가 되고 사회구조도 많이 달라지고 있기 때문에 이제는 60년대나 70년대 같은 경제발상을 가지고는 문제를 풀기 어려운 경우가 대단히 많지 않을까 하는 생각이 듭니다.

변형윤 77년과 78년은 우리에게 굉장히 교훈을 많이 주는 해였습니다. 77년에 수출이 1백억 달러가 되지 않았어요? 경상수지가 1천9백만 달러 흑자였을 거예요. 무역수지는 적자였지만……. 이 흑자의 주된 이유가 중동붐이었어요. 지금 와서 보면 그때 이미 무리한 중화학 공업의 어려움이 나타나기 시작했지만 외면상으로는 호황을 구가하면서 우리 경제가 바람직스러운 상태에 왔다고 모두가 착각하고 있었던 것이 아니냐 하는 생각이 들어요. 그리고 그 착각 가운데에서 정의문제를 간과한 것이지요. 1978년 정월 초하루에 사람들을 만났더니 어떻게 된 셈인지 모두 복부인 얘기를 해요. 누가 아파트를 샀는데 그것이 얼마 남고……. 그런 해가 바로 78년입니다. 그러다가 드디어 8·8조치(부동산투기 억제)가 취해졌지요. 그러니까 1978년은 정의와 분배 등의 문제에서 그런 전철을 되밟아서는 안 된다는 것을 우리에게 알려준 해가 아닌가, 그것이 우리에게 큰 교훈이 된 해가 아닌가, 그렇게 생각해요.

투기꾼이 잘 사는 경제에 문제

박 승 저도 그것을 느낍니다. 해방 이후 40년의 한국경제는 한마디로 복부인이 잘살고, 성실하게 일하고 저축하는 사람은 못사는 경제가 아니었나 하는 점입니다. 우리가 고도성장을 했다고 하지만 바로 이것이 한국경제의 치부가 아닐 수 없어요. 이 점을 앞으로 고쳐야 된다고 봅니다.

그리고 지금 빈부격차가 큰 문제가 되고 있는데, 저는 어떤 개인이 돈을 모아서 어려운 사람을 도와주는 것도 중요하겠지만, 기본적으로는 자본주의를 제대로 하는 일부터 해야 된다고 봅니다. 자본주의를 제대로만 하면 기본적인 형평 문제는 해결이 되는 것 아니냐, 자본주의를 제대로 못할 때 열심히 땀을 흘리고도 못사는 사람이 생기고, 그런가 하면 반대로 잘살아야 할 이유 없이 잘사는 사람이 생기게 된다고 봐요. 그것이 우리 자본주의 체제의 위기요소예요. 땀 흘리는 사람이 잘살고 게으른 사람이 못사는 식의 빈부격차는 당연히 있어야 합니다. 그것이 있다고 해서 사회 안정의 위기요소가 되지는 않습니다. 말하자면 사회 안정을 저해하지 않아요. 사이먼 쿠즈네츠의 책에 이런 대목이 나와요. 즉 자본주의경제를 제대로만 해가면 빈부격차는 저절로 상당 부분 해결된다는 것입니다. 그 이유는 첫째로 자본주의가 발전하면 단순 노무직이 줄어들고 고급 전문직의 비중이 늘어나서 국민 대다수가 중산층화한다는 거예요. 또 자본주의가 계속 발전하면 기술의 발전으로 자본을 가진 사람은 점점 쓸모가 줄어들고 노동의 쓸모가 늘어나서 결국은 빈부격차가 줄어들고, 정부가 계속 재분배정책을 쓰기 때문에 빈부격차가 완화된다는 것입니다. 따라서 우려해야 할 빈부격차는 자본주의를 제대로 못하기 때문에 정당한 사유 없이 어떤 사람은 잘살고, 어떤 사람은 못살게 되는 그런 빈부격차가 아닌가, 그런 생각입니다.

변형윤 우리는 그동안 이른바 스태그플레이션을 겪었으면서도 그 인플레가 얼마만큼 무서웠느냐 하는 것은 잘 모르지 않았느냐는 느낌이 들어요. 인플레가 심하면 득을 보는 사람도 있고 손해를 보는 사람도 있겠지만 대부분의 사람들은 손해를 봅니다. 득을 보는 쪽은 소수입니다. 인플레가 심하게 진행되면 이들에게 크게 몰아주는 격이 돼요. 이것 역시 소득분배의 격차를 낳는 요인이 되는 거죠. 그러니까 이런 점에서도 인플레는 진정시키는 것이 좋겠다, 말하자면 물가는 안정의 방향으로 끌어가는 것이 소득분배와 관련해서도 중요한 문제라는 것을 우리가 알아야 하지 않느냐 하는 생각입니다. 그렇다고 물가안정만 달성되면 모든 문제가 해결되느냐 하면 그것은 아니에요. 그러니까 물가안정이 되면서 국제수지도 개선되는 이런 것이 돼야 하겠지요.

여건변화에 적응력이 부족

박 승 한 가지 덧붙이고 싶은 것은 한국경제, 또는 한국정부, 한국 기업, 한국의 가계가 이제 어른스러워져야 될 때라는 점입니다. 과거의 자로 현재를 재서도 안 되고, 과거의 타성으로 앞으로를 살아서도 안 되겠다는 점입니다. 그리고 이제는 의롭고 공평한 질서의 바탕 위에서 돈을 벌고 돈을 써야 되겠다는 것입니다.

지금 경기가 대단히 어려워서 기업들이 곤란을 겪고 있다고 하는데, 이것은 시대상황의 변화에 기업이 적응하지 못하기 때문이 아닌가 싶어요. 다시 말씀드리면 지금까지 기업들은 인플레에서 이득을 얻고, 저임과 부동산소득에서 이득을 얻고, 정부특혜에서 이득을 얻는 등 손쉬운 방법으로 기업의 이윤을 지켜 왔는데, 지금 안정화정책이 시행되면서 그런 이익요인이 줄어들면서 기업이 몸살을 앓고 있는 것이지요. 이렇게 되면 당연히 기술혁신으로 생산성 이윤으로 대체를 해야 할 텐데 이게 쉽지 않거든요. 그러다 보니 기업이 자금난을 겪고, 부실화하고 부도를 내는 것이지요.

또 하나 요즘 보면 기업이 부실화하면 그 부채를 은행에 떠넘기고, 은행은 이를 다시 국민에게 떠넘겨서 결국은 부실기업의 부채를 국민이 떠맡는 결과가 되는데, 여기에서 사채업자가 돈놀이할 목적으로 쓴 빚까지 국민이 갚아줘야 하느냐 하는 문제도 제기돼야 할 것이고, 또 중소기업은 1백만 원만 부도를 내도 책임을 지는 판인데, 대기업은 그 엄청난 부채를 국민에게 떠넘기고도 책임을 지지 않아도 되는 것인지도 따져야 할 거예요. 그래서 전반적인 경제 질서가 정의롭고 공평하면서 책임을 지는 풍토를 위해 새 출발을 해야 하지 않을까 생각합니다.

종속 탈피, 균점 실현이 급선무

변형윤 물론 당사자들은 모두 잘하려고 했는데 부작용도 나오고 그랬겠지요. 그렇지만 앞으로 더 좀 잘해보자는 입장에서 말한다면 70년대까지의 경험에서 우리가 교훈을 찾아내야 한다는 것입니다. 지금 우리 경제의 자립도 문제와 분배 상황을 보면 명암이 교차되고 있어요. 1인당 GNP가 2천 달러 가까운데도 불구하고 실업률은 3.8퍼센트를 넘어섰고, 경제의 자립도는 여러 가지 면에서 더욱 낮아지고 있습니다. 다시 말하면 해외의존성이 높아졌단 말이에요. 종속성이 높아졌단 말이지요. 그것은 누구나 다 느끼고 있는 것 아닙니까! 외채가 그렇고 외국기술의존도가 그렇고 식량자급도가 그렇습니다. 대일무역의 불균형도 따지고 보면 다른 것이 아니에요. 중화학부문 가운데 소재와 부품생산부문을 육성하지 못하고 이것을 일본에서 주로 가져오다 보니 대일무역이 불균형이 될 수밖에 없게 된 것이지요. 동시에 농업이 상대적으로 위축되지 않았어요? 그러니까 이른바 선진고도산업사회로 접근했다, 혹은 접근해 간다고 하는데도 경제는 오히려 의존도가 높아지고 있다는 점입니다. 앞으로 우리가 과거의 교훈에서 배울 수만 있다면 아르헨티나의 전철은 밟지 않을 걸로 뵈요. 1930년대 중남미의 선진국이었던 아르헨티나는 40년대부터 지금까지 정체되어 있습니다. 물론 1인당 소득은 약 3천 달러로 우리보다 많아요. 그런데도 도약단계에서 곧 선진국으로 갈 것으로 기대되던 아르헨티나가 정체의 늪에서 헤어나지 못하고 있거든요. 그러나 우리가 앞서 지적한 교훈을 살려가는 방향으로 나간다면 아르헨티나의 전철은 밟지 않을 걸로 봅니다.

박 승 한마디만 첨가하지요. 세상에는 밥만 먹으면 만족하는 사람이 있는가 하면, 밥만 먹어 가지고는 만족 못 하는 사람이 있고, 밥만 배불리 먹여주면 만족할 수 있는 시대가 있는가 하면, 밥만 먹여주어 가지고는 만족할 수 없는 시대가 있다는 것입니다. 딱 꼬집어서 말하면 1960년대의 우리는 밥만 먹여주면 만족하는 시대였습니다. 그러기 때문에 국민에게 만족을 주기가 편했습니다. 정의가 어떻고 공평이 어떻고 하는 것은 그렇게 중요한 것이 아니었습니다. 그러나 지금은, 또 앞으로는 밥만 먹어가지고는 만족을 못하는 시대라고 봐집니다. 그러면 뭐가 필요하냐? 같은 배에 타도록 해서 소외감을 느끼지 않게 하는 게 필요하다는 생각이 듭니다. 각 산업, 각 계층, 각각의 직업 등 모든 분야가 함께 참여하는 성장이 필요하다는 얘기입니다.

변형윤 그것은 결국 경제개발계획을 시작할 때 그 전제조건으로도 나온 것이지만, 물가안정과 개발성과의 균점 아닙니까? 균점이라고 하지만 10개의 물건을 열 사람이 똑같이 10분의 1로 나눈다는 얘기는 아니지요. 자기가 노력한 만큼 성과가 온다, 개발성과가 자기에게도 온다는 것을 기본적인 전제로 하는 것이거든요. 그러한 기본적인 전제가 충족될 때 경제개발계획이 성과를 보게 돼요. 말하자면 국민들에게 와 닿는 것이 된다는 말이지요. 국민들에게 와 닿는 것이 되다 보면 경제개발을 해야겠구나 하는 생각을 국민 모두가 하게 되는 것입니다. 그럴 때 비로소 국민들의 협조를 얻을 수 있겠지요. 그런 의미에서 경제개발계획의 기본적인 전제의 하나인 개발성과의 균점을 아주 강조해야 되며, 이것이 이제까지 우리 경제가 보여준 또 하나의 교훈이라도 생각합니다.

《신동아》(1985. 8)

미국경제를 바로 보고 대처해야

미국은 우리나라의 가장 큰 수출시장이다. 사실 1984년에는 총수출의 35.8퍼센트, 작년에는 35.5퍼센트나 된다. 다음으로 큰 수출시장인 일본의 비중이 각각 15.7퍼센트, 15.0퍼센트임을 감안할 때 미국이 우리나라에게 얼마나 큰 수출시장인가는 명약관화하다.

그러기에 우리나라는 수출과 관련해서, 미국의 경기는 어떤가, 미국의 수입규제의 움직임은 어떤가 등에 대해서 지대한 관심을 갖지 않을 수 없다. 그런데 마침 지난 4월호에 미국의 보호무역주의는 금년 11월에 있을 중간선거로 해서 강화될 것이라는 글을 쓴 바 있다. 따라서 여기서는 미국 경기와 관련된 글을 쓰기로 한다.

어느 경우에나 그러하듯이 금후의 미국경제의 동향에 대해서도 낙관론과 비관론이 있는 것은 말할 나위도 없다. 낙관론의 예로서는 블루칩 그룹의 전망, 지난 6월 2일자 《월스트리트 저널》지에 실린 논문의 전망 등을 들 수 있을 것이다.

블루칩 그룹도 악재를 들고 있기는 하지만 금리 인하·금융 완화, 인플레율 저하·물가안정, 달러 하락에 기인하는 수출수량 증가, 개인소득의 증가, 국방비 지출의 증가, 재정의 확장, 에너지 가격의 안정 등

의 호재를 더 중시하여 금년은 청신호이며 내년은 옅은 황색의 주의 신호로 전망하고 있다

그런가 하면 《월스트리트 저널》지의 논문은 미국경제는 현재 '놀랄 만큼 건전'하다고 보고 있다. 그것을 뒷받침하는 지표로서 개인가처분소득의 착실한 증가, 소비지출의 신장, 미국경제의 신인도 제고, 고용 증가, 실업률·물가상승률·빈곤가구율의 저하 등을 든다. 물론 그 논문은 동시에 기업의 도산비율의 증가, 부채의 급증, 다른 선진국보다 뒤떨어진 생산성의 상승, 서비스경제화(산업공동화)의 현저한 진전, 세부담의 증가, 채무국화 등의 문제점을 지적하고 있다. 그러나 이러한 문제점이 있기는 해도 미국경제는 장기적으로는 '놀랄 만큼 건전'하다는 결론을 내리고 있다.

그러나 이러한 낙관론의 전망과는 반대로 미국경제는 금년에는 2퍼센트의 성장, 내년에는 0퍼센트의 성장이 될 가능성이 매우 크다는 등의 비관론도 있다. 사실 미국의 실질 GNP 성장률을 보면 제1/4분기에 3.7퍼센트를 보였던 작년의 연평균성장률이 2.2퍼센트인데 금년의 제1/4분기의 그것은 2.9퍼센트(제2차 개정치)에 불과하다.

작년의 실질 GNP 성장률 2.2퍼센트는 1983년의 3.6퍼센트, 1984년의 6.4퍼센트에 비해서 저조한 값이었으며 1984년의 그것에 비하면 특히 그러하다.

그러면 이 비관론의 근거는 무엇인가. 대체로 그 주된 것으로서는 달러 하락에 기인하는 무역수지 적자의 축소효과 미발생, 석유산업·농업 등의 불황, 재정적자 축소의 불투명, 내년부터 실시될 예정으로 있는 신설법의 민간설비투자에 대한 마이너스 효과 등을 들 수 있다. 무역수지, 즉 GNP 통계에서의 순수출(서비스 포함)은 실질로(1982년 가격으로) 작년인 1985년에는 1,084억 달러이던 것이 올해에는 1,208억 달

러가 될 것으로, 그리고 내년인 1987년에는 그보다 약간 줄 것으로 (1,155억 달러로) 전망되고 있다. 저달러임에도(또 유가가 금년 3월 이후 대폭 하락한데도) 불구하고 무역적자는 이처럼 실질로 증가할 것이 예상되고 있다. 그렇다면 외채누적도 당연히 예상된다고 하지 않을 수 없을 것이다.

유가의 하락으로 물가가 안정된 것은 소비자에게는 유리하지만 기업에게는 반드시는 그렇지 않다. 단기적으로는 유가 하락은 경제에 마이너스 효과를 초래하고 있다. 사실 유가 하락으로 중소 유전은 커다란 타격을 받고 있다. 그리하여 석유관련의 시임즈파이프 등을 제작·공급하는 기계산업이라든가 철강업의 설비투자에 타격을 주고 있다.

석유산업은 설비투자 전체에서 10퍼센트를 차지하는 대(大)산업이다. 따라서 석유산업의 설비투자가 대폭 감소하면 관련업계에 파급되어 기업수익, 설비투자에도 마이너스의 영향을 미치게 되어 있다.

농업부문에서는 1970년대에 왕성한 설비투자가 이루어졌다. 농산물 가격이 상승하고 곡물수출도 증가함으로써 자연히 농민은 토지와 농업기계를 은행에서 많은 차입을 받아 구입했다. 그런데 1980년대에 들어서서 농산물 가격의 하락, 수출수량의 감소로 농업경영의 기반이 흔들렸다. 따라서 농가와 농업금융기관이 타격을 받고 있다.

1991년도까지 연방정부의 재정수지를 균형시킬 것을 요구하고 있는 그램 러드맨법(재정수지 균형법)은 1985년 11월에 의회를 통과했지만 그 뒤 워싱턴의 연방지방법원에서 위헌 판결을 받는 등 그 앞날이 매우 불투명한 것이 사실이다. 그러나 그렇더라도 정부는 이 법률의 정신을 살려서 가급적 재정적자를 감소시키려는 입장을 취하고 있다고 한다. 그러나 세출 중에는 재량적으로 삭감할 수 없는, 법률로 의무지어진 것이 많기 때문에 쉽게 축소시킬 수 없다.

사실 재정적자는 작년에 1,914억 달러이던 것이 금년에는 2,061억 달러나 되는 것으로 전망되고 있다(명년에는 1,724억 달러). 민간설비투자는 1984년에는 19.5퍼센트, 1985년에는 9.6퍼센트 신장했다. 이처럼 민간설비투자는 매우 왕성했다. 그러나 금년에는 그 신장률이 급격히 낮아질 것으로 전망되고 있다. 그것은 작년의 제1/4분기에 -0.5퍼센트였는데 올해의 제1/4분기에는 -13.3퍼센트나 된다.

그런데 내년부터 실시예정으로 있는 신(新)세법으로 그 경향은 더욱더 가속화될 것이라고 한다. 작년 5월에 대통령에 의해서 의회에 제출된 세제개혁법안은 우여곡절 끝에 머지않아 법률로 성립될 것으로 예상되는데 이 세법은 개인소득세의 경감·법인소득세의 증가, 투자세액공제의 폐지 등 각종 조세특별조치의 정리·축소 등을 골자로 하고 있다. 따라서 전자로 인해서 기업에게는 벌면 벌수록 손해가 되는 셈이다. 그리고 후자로 인해서 재래산업은 불리해지며 첨단산업은 유리해지는 셈이다.

이것은 결과적으로 서비스경제화를 촉진하여 미국 산업의 공동화를 진전시키게 된다. 서비스산업의 상당한 부분은 비무역재이므로 그러한 산업이 신장하고 무역재를 생산하는 산업, 즉 물적 생산부문이나 재화산업이 감퇴하는 것은 미국의 외채누적을 촉진하는 한 요인이 될 것이다. 그리고 그것은 또 서비스산업의 노동력은 상대적으로 저임금의 직종에 종사하는 경우가 많기 때문에 사회의 안정성을 해치기도 할 것이다.

분명히 레스터 서로 교수는 금년 1월의 《뉴욕 타임스》지에서 "경향적으로 보아 물적 생산부문은 외국과의 경쟁에서 패함으로써 그 노동자는 급속히 감소하는 데 반해서 서비스 관계의 노동자는 증가하고 있다. 이런 일이 미국 사회에서 새로운 빈곤을 발생시키는 한 원인이

되고 있으며 또 그것이 미국 사회의 안정성을 해치게 된다"고 말하고
있다. 이상이 비관론의 주된 논거이다.

이런 비관론이 맞을는지, 이와 반대되는 낙관론이 맞을는지는 현재
로서는 알 길이 없다. 그러나 금년의 대미무역수지가 약 60억 달러의
흑자가 될 것으로 전망될 만큼, 현재 대미수출이 잘 되고 있다고 해서
안심해서는 안 된다면 일단 비관론의 입장에 서서 미국의 불황으로
대미수출이 잘 안된다고 할 때를 가정하여 그것에 대처하는 방안을
사전에 마련해 가는 것은 하루바삐 서둘러야 할 일이라고 할 수 있지
않을까.

《재정》(1986. 10)

흑자경제시대, 그 대응방안은
: 흑자기조 정착 판단 아직 이르다[*]

—경상수지의 흑자폭이 계속 확대되고 있습니다. 그러나 흑자전환이 주로 3저라는 국제경제여건 때문에 이루어져 불안한 측면이 많습니다.

"한마디로 경상수지의 흑자전환은 내부적인 힘에 의한 것이라기보다는 외부환경의 호전 때문에 생긴 부분이 더 크다고 봐야 합니다. 우리 기업들의 생산성 향상 노력이 수출증대에 기여한 것은 사실이나 유가 하락이 결정적 요인으로 작용했고, 국제금리 하락도 상당한 기여를 했습니다.

또 자본시장 개방을 앞두고 교포송금 등 외국에서 유입되는 자본도 상당할 것으로 판단됩니다. 이제까지 마이너스였던 국제수지표상의 '오차와 누락' 항목이 올 들어 플러스로 반전된 이유도 바로 이 때문이 아닌가 생각됩니다.

따라서 앞으로 국제수지를 전망하기란 매우 어려운 일입니다. 대규

---

* 이 글은 변형윤 교수가 《매일경제신문》 한동조 부국장 겸 정경부장과 나눈 인터뷰 기사이다.

모 흑자를 가능케 한 외부환경이 어떻게 변화할지 누구도 확정적으로 예측할 수 없기 때문이죠.

많은 전문가들이 내년에는 국제원유가격이 올해보다는 오르고 일반 원자재가격도 상승할 것으로 예측하고 있어요. 게다가 원화절상 압력을 비롯한 선진국의 보호무역주의도 더욱 강화될 조짐을 보이고 있습니다. 미국이 내년에 포괄무역협상을 다시 제기할지도 모릅니다. 따라서 흑자기조 정착 여부는 이와 같은 해외부문의 악재들을 어느 정도 극복하느냐에 달려 있다고 봅니다.

한마디로 '경상수지 흑자기조가 완전히 정착됐다'고 말하기에는 너무 일러요. 내년 상반기까지는 기다려봐야지요."

─그렇다면 흑자기조의 정착을 위해 어떠한 정책대응이 필요하다고 생각하시는지요.

"엔화 강세 현상이 나타나자 많은 사람들이 대일무역역조 개선의 청신호로 생각했습니다만 결과는 정반대로 나타났습니다. 수출을 늘리려면 부품 등을 더 많이 들여와야 하고 그것들을 대부분 일본에서 사와야 하기 때문입니다. 엔화 가치의 평가절상에 따른 국제경쟁력이 상쇄돼버린 셈이죠.

막대한 대일역조를 방치한 상태에서의 산업구조 고도화 논의는 무의미하고 흑자기조의 정착도 생각할 수 없습니다.

일본에 의존하고 있는 부품이나 소재를 국산화하는 방향은 옳다고 보지만 문제는 그 방법에 있습니다. 소재를 국산으로 대체하는 데 필요한 시설재를 일본에서 구입해 온다면 대일역조는 더욱 커질 것입니다. 따라서 시설재는 되도록 미국이나 유럽에서 들여와야 한다는 뜻이지요.

경상수지흑자 시 해야 할 일은 외채상환입니다. 기업은 수출로 벌어들인 외화로 대외채무를 먼저 갚아야지 이를 국내에서 활용할 생각은 버려야 합니다. 특히 악성채무인 현지금융을 가장 먼저 청산해야 합니다. 그것은 또 해외부문의 통화증발을 막는 방안도 됩니다. 지난 70년대 후반에도 중동건설 경기 붐으로 막대한 외화가 들어왔었지만 이를 제대로 활용치 못해 국민경제적으로 손실이 컸지 않았습니까. 기업들이 그 돈으로 부동산 투기를 한다든지, 흥청망청 썼으니까요. 이제는 그러한 시행착오를 되풀이하지 말아야 합니다.”

―경상수지가 흑자로 돌아선 후 저축률이 30퍼센트를 웃돌아, 사상 처음 투자율을 앞지르게 됐습니다. 그러나 그 구조가 문제입니다. 가계저축보다 기업들이 해외에서 벌어들이는 돈을 제2금융권 등에 맡겨 이자소득을 따먹고 있는 실정이죠. 흑자시대라고 또 낭비벽이 되살아나면 70년대 후반의 양상이 되풀이 되지 않겠어요.

“원론적인 얘기입니다만 저축은 경제발전의 원동력입니다. 흑자시대일수록 가능한 한 모든 정책을 동원하여 저축을 늘려야지요. 저축할 여력이 있는 중산층들이 소비를 줄여야 합니다.

특히 부동산 투기나 지하경제를 앞으로도 강력히 억제, 돈 가치를 안정시켜야만 금융기관의 예금이 늘어날게 아닙니까. 기업저축이나 정부저축보다는 가계저축을 늘리는 데 주안점을 둬야 합니다. 정책금융 등을 통해 대기업에 금리혜택을 주는 것과 같이 일반가계에도 똑같은 대우를 해줘야 합니다.”

―흑자가 늘어날수록 대한역조를 보이고 있는 선진국들의 개방압력은 더욱 거세질 것으로 예상됩니다. 개방대응과 함께 미국의 원화절상 압력에도 적극 대처해야 하지 않겠어요.

“대미흑자의 확대가 미국의 불만을 야기시키는 것은 지극히 당연합니다. 최근 미국이 경제 분야에서 취하고 있는 대한정책은 모두 이 맥락에서 이해돼야 합니다.

대일 수입품의 과감한 대미전환이 필요하죠. 일본에 수출을 늘리기는 어려워요. 산업구조가 우리와 비슷하여 파고들 틈이 없습니다. 반면 미국시장은 아주 크고 우리가 파고들 여지가 매우 넓어요. 대미수출을 늘리기 위해서는 미국의 보호주의를 누그러뜨리는 길밖에 없습니다.

원가 가치의 절상압력에 대해서는 미국의 요구대로 들어주어서는 안됩니다. 가능한 한 절상폭을 줄여야 해요. 자국통화의 평가절상이 수출업체에 주는 타격은 예상외로 클 것이기 때문입니다."

—미국은 농산물시장에 대해서도 개방하라고 압력을 넣고 있습니다. 액수는 적을지 모르지만 농산물시장 개방은 정치적 문제가 따르기 때문에 일본·EC(구주공동체) 등도 반대하는 사항이어서 파문이 클 것으로 우려됩니다.

"수입농산물의 규모가 작더라도 농민들에게는 충격이 클 것입니다. 정부가 국가정책상 농산물시장 개방이 필요하다고 판단되면 먼저 농민들을 설득시켜야 합니다. 농민들은 아직도 국민의 20퍼센트를 넘는 인구인데 이들의 의사를 무시한 채 농산물시장을 개방한다면 큰 문제가 생겨요. 농민들에게 패배의식을 심어주어서는 안됩니다. 농산물시장 개방문제는 경제적 효율성만 가지고 판단할 사항이 결코 아니란 점을 강조하고 싶습니다."

—내년도의 물가를 걱정하는 사람들이 많습니다. 해외부문의 통화팽창요인이 있는 데다 선거가 있을 것으로 예상되고 국민복지 부문에 대한 수요가 커지고 있기 때문입니다. 정부 측에서도 내년 중 소비자물가상승률이 약 3퍼센트에 달할 것으로 예상하고 있습니다.

"물가안정은 경제정책적 측면에서뿐만 아니라 사회정책적 측면에서도 긴요합니다. 선거 등이 영향으로 물가가 3퍼센트 이상 뛴다고 할 때 '없는 자'에 대한 타격은 클 것입니다. 다른 물가는 차치하고라도 서민용 생필품 등 기본 수요물품에 대한 물가상승은 강력히 억제돼야 할 것입니다. 이들 물품의 가격이 안정되면 다른 물가가 다소 오르더라도 사회적 충격은 크게 줄어들 거예요.

경제단체나 대기업들이 통화관리가 너무 강하다거나 금리가 높다고 주장하지만 이들의 요구를 그대로 받아들여서는 안 됩니다. 지금 이 시기에 돈을 더 풀어서는 곤란합니다.

우리의 물가구조는 수입물가에 의해 많이 좌우됩니다. 지금의 물가 안정도 석유·1차산품 등의 국제가격이 대폭 하락했기 때문에 가능했다고도 말할 수 있습니다. 지속적인 물가안정을 위해서는 국제원자재 가격의 상승 시에 대비해야 할 것입니다. 수출도 채산성 위주로 내실 있게 추진되어야 해요. 수출이 수입을 유발하고 수입물가의 상승은 바로 국내물가로 연결되니까요."

―지금 단계에서 우리 경제와 관련하여 꼭 시정해야 한다고 생각하시는 점은 없습니까.

"너무 비관적인 것도 좋지 않지만 지나치게 낙관적인 사고는 더욱 경계해야 합니다. 항상 최악의 경우를 대비해서 정책을 세워 나가야 해요. 70년대에 각종 기관에서 내놓은 80년대 전망에 관한 보고서를 다시 한번 보세요. 미화속성이 너무 강합니다.

제3의 오일쇼크에 대비한 정책이 나와야 할 것입니다. 유류소비절약 정책은 지금과 같은 저유가 상태에서 더 밀도 있게 실행되어야 합니다.

특히 국내 전문가들의 얘기에 귀를 기울여야 해요. 올 들어 외국 경제학자 등을 국내에 대거 초청하는 사례가 빈번해졌는데 그들의 말은 가려서 들어야 합니다. 케인스 같은 대학자도 자기 나라의 이익을 먼저 대변하고 다녔으니까요.

또 계층 간의 소득불균형, 특히 최저임금 해소 등은 어느 한 사람의 힘으로는 불가능합니다. 정부·기업 등이 협력, 사회적으로 중요한 현안을 순리적으로 풀어 나가지 않으면 안 됩니다.

부실기업 정리도 사회·경제적 형평을 잃지 않는 범위 내에서 이루어져야 합니다. 자칫하면 우리 경제 전체가 부실화될 우려가 있어요. 한국은행마저 부실화될까봐 걱정됩니다. 특히 농촌문제는 심각하게 대처한다는 자세를 갖고 해결책을 찾아야 합니다.”

《매일경제신문》(1986. 11. 4)

'흑자' 한국경제 계속될 것인가

명암 엇갈리는 86년의 한국경제

1986년은 한편으로 3저호기와 흑자원년의 꿈이 부풀고, 다른 한편으로 대졸구직자의 취업난과 노동자, 농민의 생계보장 요구가 겹쳐 명암이 유난히 두드러진 한 해였다.

1960년대 이후 한국경제는 대체로 외자·수출주도형 성장정책을 견지해 왔다. 즉, 외국자본의 주입을 투자와 성장의 동인으로 삼고, 생산된 재화의 처분은 주로 수출을 통해 해외시장에서 실현해 왔다고 할 수 있다. 따라서 매년 한국경제의 동향은 해외경기동향, 그 중에서도 특히 자본도입 및 수출과 관련된 선진 자본주의국가의 경기동향에 의해 크게 규정되어 왔다. 물론 오늘날의 세계경제는 '지구촌'이라는 썩 그럴 듯한 말이 가리키듯이 이른바 상호의존·상호협력이 심화되어 있어서, 극단적인 아우타르키(autarkie)경제를 지향하지 않는 한 선후진국을 막론하고 어떠한 나라도 세계경제동향에 영향을 받지 않을 수는 없다. 그러나 문제는 우리가 누구에게 어떻게 의존하느냐 또는 '협력'하느냐가 아니겠는가. 더욱이 세계경제를 지배하는 자본주의의 논리가 자본의 사적 이윤축적에 있는 바에야.

그동안 한국경제를 지배해 온 외자와 수출은 서로 표리관계에 있는 것이었다. 미국의 무상원조로 시작된 외국자본의 도입은 차관과 외국인 직접투자로 이어져 왔고, 이들 외자의 원리금 상환과 적정한 과실송금의 보장을 위해 국제결제수단의 확보가 필요하였던 것이다. 그리고 이것은 자연스럽게 수출주도의 성장논리로 연결되어 왔다.

한국을 비롯한 후진국의 외자의존적 수출주도형 성장정책은 선진 자본주의국가의 과잉축적된 자본을 배출하고 사양산업을 이전시켰다는 점에서 자본주의 세계체제를 유지하는 데 결정적인 기여를 하였다. 그리고 이와 같은 국제분업체제의 재편 속에서 강력한 국가기구를 중심으로 1970년대에 급속한 공업성장을 달성한 일군의 나라들이 곧 한국을 비롯한 신흥공업국들이다.

요컨대 그간 한국경제의 성장은 국내시장의 포화, 그리고 그 과정에서 축적된 기술우위에 기반한 해외시장으로의 진출이 아니었다는 데에 문제가 있는 것이다. 이 때문에 막상 수출이 증대해도 그 과정에서 허리띠를 졸라매 온 산업전사들에게 돌아가는 몫은 항상 불충분하고 국내시장과 기술축적기반은 여전히 취약할 수밖에 없었다.

3저호기와 흑자시대의 의미

이제 연말의 흥청거리는 ‘수출잔치’를 끝내고 새로운 한 해를 맞이하면서 우리가 차분히 되돌아봐야 할 것은 3저호기와 흑자원년의 참된 의미가 과연 무엇인가 하는 것이다.

그것은 그것이 이룩되는 과정에서 가장 많이 땀 흘리며 견뎌온 사람들에게 무엇을 의미하는 것인가, 장기적인 경제자립과 관련하여 새해에 우리가 생각해야 할 것은 무엇인가 하는 물음이다.

1986년 연초부터 우리를 기대에 부풀게 했던 3저호기는 유가하락으로부터 시작되었다. 1970년대 말 한국경제를 강타했던 오일쇼크의 악몽, 총수입액의 6분의 1 내지 7분의 1을 차지하는 원유수입의 부담감 등으로 석유값이 떨어졌다는 것만으로도 무언가 숨통이 트이는 기분이었다. 한때 배럴당 공시가격이 30달러를 웃돌던 원유는 세계경제가 장기불황국면에 들어서면서 그 수요가 정체, 1986년 연초 15달러 수준까지 하락하였다.

이어서 레이건 정권 등장 이후 고금리 추세를 보여오던 국제금리가 미국의 프라임레이트(prime rate, 미국 대은행의 우량기업 대출금리)를 기준으로 하여 1986년 초 0.5퍼센트포인트 하락하였다. 국제금리는 그 후에도 다시 하락세를 보여 8월 말에는 1977년 이래 최저수준이라는 7.5퍼센트를 기록하였다.

석유가격과 국제금리의 하락은 주요 생산요소의 비용하락을 의미하는 것이므로 일단 투자 및 수출여건에 긍정적으로 작용했다고 본다.

특히 한국의 외채는 65퍼센트 이상이 변동금리부 외채이므로 국제금리 하락이 대외부채 압박에 끼친 경감효과는 상당한 것이었다.

엔고가 가장 큰 호재

그러나 석유가격과 국제금리의 하락은 한국에만 적용된 것은 아니었다. 멕시코가 산유국이고 대만이 외채누적국이 아니라는 점을 부분적으로 감안할 때 석유가격 하락과 금리 하락은 한국과 비슷한 입장에 있는 신흥공업국 모두에 적용되는 것이었다.

특히 수출경쟁력이 강한 서독과 일본 역시 대표적인 석유수입국이므로 유가하락은 이들 나라에도 다 같이 긍정적으로 작용했을 것이다.

이렇게 볼 때 '3저' 중 한국의 흑자원년에 결정적으로 유리하게 작용한 것은 달러화의 환율 하락, 즉 일본 엔화의 강세였다고 할 수 있다. 달러화의 환율은 1985년 9월 미국, 영국, 서독, 프랑스, 일본 등 자본주의 5대 강대국(Group Five)의 합의에 따라 인위적인 인하조작을 거듭하여 1년여 사이에 엔화에 대하여 30퍼센트 이상 낮아졌다. 이에 따라 해외시장에서 한국상품은 일본상품에 상대적으로 유리한 가격경쟁을 벌일 수 있었던 것이다. 일종의 어부지리를 얻었다고나 할까.

이처럼 1986년 한국의 수출호조는 무엇보다도 엔화 강세에 따른 어부지리에 힘입은 바 크다. 이 점은 이 기간 동안 수출증가가 가장 두드러졌던 부문이 주로 일본과 경쟁관계에 있는 전자·전기기기, 승용차, 섬유, 신발류 등이었다는 점에서도 알 수 있다.

이와 같은 수출호조 및 유가하락에 따른 수입대금의 감소, 국제금리 하락에 따른 외채상환부담의 감소 등으로 상반기가 지나면서 드디어 국제수지가 흑자를 나타내기 시작했다. 이에 따라 정부는 연초의 경제성장목표를 상향조정, GNP 성장률을 7퍼센트에서 8퍼센트로, 무역수지흑자 목표를 9억 달러에서 16억 달러로 각각 재설정하였다.

그러나 연말의 달성 수치는 이 재조정목표를 훨씬 웃돌아 GNP 성장률이, 약 12퍼센트 정도, 그리고 무역수지 흑자폭이 40억 달러가 넘어설 것으로 추정되고 있다. 1985년 무역수지 및 경상수지가 각각 2천만 달러, 8억 9천만 달러의 적자를 기록했던 것과 비교할 때 1986년의 국제수지흑자는 가히 놀라운 규모인 것이다.

국제수지 · 물가 · 성장의 '마의 삼각'을 극복

수출의 급속한 증가는 활발한 제조업 생산활동으로 반영되었는데, 이 점이 과거의 고도성장과는 다른 내용 있는 성장으로 평가되고 있다. 제조업 성장률은 연말기준 16.5퍼센트에 이를 것으로 전망되어 전체 경제성장 기여도가 40퍼센트 정도에 달하고 있다. 제조업 성장은 전기, 전자, 일반기계, 수송용기계 등 중화학제품 생산이 23.7퍼센트(3/4 분기 기준)나 크게 늘어난 데에 기인한 것인데, 특히 중화학제품 생산 중에서도 VTR 생산이 175.7퍼센트, 컴퓨터 및 관련제품 91.7퍼센트, 승용차 82.2퍼센트라는 높은 성장률을 보였다.

제조업 생산활동을 뒷받침하는 설비투자도 13.5퍼센트(3/4분기 기준)가 증가하였다. 설비투자에 있어서는 건설투자가 건설업의 전반적인 부진을 반영하여 8.4퍼센트 증가에 그친 반면, 기계설비투자가 22.8퍼센트의 높은 증가율을 보여 '건실한 성장'의 근거로 지적되었다. 다만, 이러한 기계설비투자의 내용을 보면 전체 투자 중에서 수입자본재의 증가율이 36.2퍼센트에 달했고, 국산자본재는 15퍼센트 증가에 그쳤다. 또한 수입자본재의 80퍼센트 이상을 일본에 의존하고 있다.

1986년 '성장의 내실'을 더욱 돋보이게 하는 것은 물가안정이다. 과거 1978년의 호황이 물가의 폭등을 수반한 과열경기였던 데 반해 1986년의 성장은 이른바 반자리수(5% 이하) 물가를 유지하면서 40~50억 달러의 경상수지흑자와 12퍼센트의 높은 성장률을 보였다는 것이다. 말하자면 흔히 '마의 삼각'으로 비유되는 국제수지와 물가 및 성장에 있어서 어느 쪽도 희생시키지 않고 좋은 결과를 낳았다는 것이다.

부의 편재 계속 심화

그러면 이와 같은 GNP 증가 및 설비투자의 증가 속에서 고용은 얼마만큼 증가되었는가. 정부통계에 따르면, 제조업 취업증가는 1985년의 14만 7천 명에서 1986년에 29만 3천 명으로 전체 실업률이 4.0퍼센트에서 3.8퍼센트로 0.2퍼센트포인트 감소되었다(한국의 실업률 통계는

주 1시간만 취업해도 취업자로 분류하고 있음은 주지하는 바와 같다.).

흑자원년을 가져온 수출증대, 내실있는 GNP 성장에 비해 고용의 증가는(혹 경기의 파급에 시간이 걸린다는 주장을 편다 하더라도) 매우 미미한 수준에 머무르고 있는 것이다.

특히, 생산직 노동력이 집약적으로 소요되는 일부 수출업종에서는 기간별로 저학력 노동자의 구인난, 즉 저임 여성인력의 부족이 나타나는 데 반해 고학력 노동자의 구직난은 해소될 전망이 보이지 않는다. 또한 한국은행의 고용동향분석에 따르면, 취업의 내용에 있어서도 정규직보다 임시직 취업이 늘고 있다는 것이다.

뿐만 아니라, 3저호기와 흑자기조 정착이 우리를 기대에 부풀게 하고 있을 때 정부는 최저임금제의 1988년 실시를 발표하였고, 노동자 소득감면을 1986년에도 보류한다고 발표하였다. 노동자의 소득세 공제한도는 1982년 이래 98만 원 선에서 제자리걸음을 하고 있다(노총이 주장하고 있는 공제한도는 120만 원 선). 이와 달리 조세감면법과 교육세법은 1991년까지 5년을 연장한다고 발표하였다.

1970년대 말에는 석유가격의 폭등을 이유로 온 국민(대체로 근로자 농민계층)에게 내핍을 요구하였는데, 이번 3저호기에는 유가하락의 호기를 놓치지 않기 위해서 다시 참고 기다려야 한다는 것이다. '디같이' 참고 기다려야 한다면, 그리고 그것이 우리의 최선이라면 마땅히 그래야 할 것이다. 그런데 적잖이 어리둥절한 것은 무슨 돈이 누구에게 어떻게 풀렸는지, 연말이 되면 통화팽창과 소비과열을 우려하는 소리가 높은 것이다.

물론 통화팽창은 경상수지의 흑자로 해외부문에서 4천7백여 억 원의 돈이 풀렸다는 데에 주된 요인이 있을 것이다. 한국은행에서는 총통화의 연말 억제선(18%)은 무슨 수를 써서라도 지킬 방침이라고 말한다.

따라서 긴축은 불가피하고 이로 인해 수출과 관련이 없는 내수기업 및 중소기업의 자금난은 커질 수밖에 없을 것이다. 해외부문에서 풀린 통화의 대부분, 즉 무역금융의 80퍼센트 이상이 수출기업 및 대기업으로 갔고, 수출산업설비 금융 역시 이들 몫이었다. 심지어 중소기업자금조차 변칙 대출을 거쳐 대기업으로 흘러가고 있어서 시중자금의 수출대기업 편재현상을 심화시키고 있다.

시중자금이 홍수가 났다는데도 내수기업과 중소기업은 자금난에 몰려 CP(신종기업어음) 발행이 급증하여 작년 말의 2배 수준에 이르고 있다는 것이다. 그런데도 대기업이 중소 하청업체에 하도급대금 지불을 연체하기 일쑤니 돈은 더욱 한쪽으로 몰릴 수밖에 없다.

얼마 전 쌍용투자증권의 공모주 청약과 강남의 삼풍아파트 청약이 동시에 있었는데, 하루 사이에 6천5백억 원의 부동자금이 몰려 세상을 놀라게 했다. 또한 대중소비재 즉 생필품 경기는 침체해 있는데도 자동차, VTR, 가구 등 고급 내구소비재는 20~30퍼센트의 판매고 증가를 보이고 있는 실정이다.

추곡수매가 끝났어도 대다수 농민들은 수매액을 훨씬 웃도는 연내 상환부채액에 고심하고 있는데, 다른 한쪽에서는 소비과열과 투기조짐이 우려되는 이 현실이 흑자 시대의 새해에 우리가 좀더 차분히 생각해 봐야 할 일이 아닌가.

1987년의 한국경제, 무엇이 변수인가

연말의 정부 및 언론의 관심은 한결같이 새해에도 흑자기조가 계속될 것이냐에 모아졌다. 대체적인 분위기는 새해에도 1986년과 같은 3

저호재의 좋은 여건이 그대로 지속될 것이라는 판단 아래 흑자기조의 지속을 전망하고 있다. 결론부터 말하자면 몇 가지 국내외 여건만 전제된다면 이러한 전망은 과히 틀리지 않으리라는 것이다.

무엇보다도 일본 엔화가 달러당 150~160엔, 서독 마르크화가 달러당 2마르크 안팎의 수준을 유지, 현재와 같은 달러 약세가 계속될 것으로 전망된다. 그간 선진 5개국의 환율절상에도 불구하고 미국의 국제수지가 뚜렷한 개선 기미를 보이고 있지 않기 때문에 새해에도 이들 통화에 대한 절상요구가 계속될 것으로 보이기 때문이다.

그 다음 국제금리는 미국의 프라임레이트가 1986년 평균 8.4퍼센트에서 7퍼센트 안팎을 유지할 것으로, 그리고 유로달러금리는 6퍼센트 수준으로 1986년보다 평균 0.5퍼센트포인트 더 하락할 것으로 전망되고 있다.

끝으로 원유가는 얼마 전 사우디아라비아가 야마니 석유상을 경질하고 리비아의 강경파 카다피에게 유가책정위원회 소집을 요청하면서 배럴당 18~20달러 수준으로의 인상을 주장하고 있으나, 예상되는 원유 수급사정으로 보아 배럴당 15~18달러가 될 것 같다.

흑자기조는 대체로 지속될 듯

이처럼 저달러·저금리·저유가의 3저 분위기는 기본적으로는 유지될 것으로 보이나, 한국이 수출의 40퍼센트를 의존하고 있는 미국의 수입이 그간의 국제수지적자에 따른 압박으로 새해에는 1986년의 절반 수준인 5퍼센트 증가에 머물 것으로 예상되고 있다. 또 세계 전체의 교역량은 4.3퍼센트에서 4.0퍼센트로, 선진국 교역량은 7.5퍼센트에서 6퍼센트로 증가율이 둔화될 전망이어서 수출증대가 1986년처럼 만만치는 않으리라는 것이다.

선진국들의 수입규제도 1986년보다 강화될 전망이고, 특히 미국은 벌써부터 원화의 10퍼센트 절상과 시장개방의 확대를 요구하고 있다. 미국의 경우 석유를 제외한 무역적자의 47퍼센트가 대일적자인 데 반해 일본은 흑자의 80퍼센트를 미국에서 확보하고 있다. 따라서 미국은 일본에 대해 엔화강세 등 집요한 불균형 시정요구를 하는 한편, 한국과 같이 일본에서 원자재 기계부품 등을 수입해다가 미국에 만들어 파는 나라들에 대해서도 단호한 시정요구를 하고 있는 것이다.

그러나 이러한 미국의 태도나 얼마 전 한일각료회담에서 일본이 내비친 GSP(일반특혜관세) 중지 및 상계관세 설치 운운하는 제안들은 어느 정도 협상용 제스처의 성격이 곁들여 있어서 크고 작은 무역마찰이야 있겠지만 기존의 거래관계를 크게 뒤바꾸는 것은 아닐 것이다. 어차피 기존의 관계가 수직적인 분업관계니까.

이렇게 볼 때 새해에도 3저 기조는 유지되고 무역수지도 1986년과 같이 큰 폭의 증가는 아니라 해도 여전히 흑자를 기록할 것으로 전망된다.

구조개선 안 돼 투기·물가불안 상존

문제는 우리를 들뜨게 부추기는 이 흑자시대의 의미이다. 이 흑자가 한국경제의 구조 개선에 힘입은 것이라기보다는 해외의 3저 요인에서 비롯된 것이므로 더욱 그러하다. 사실 수출이 증가한 것은 한국뿐이 아니고 이웃 대만도 한국 못지않게 수출이 늘었고 엔화절상의 집중강타를 맞은 일본도 20퍼센트 이상 수출이 증가하였다.

그런데 이미 연말부터 통화팽창압력으로 증권 및 부동산 투기가 우려되고 과소비·사치향락풍조가 우려되고 있다. 통화증발에 따른 압력 요인이 상당 부분 새해로 이월되어 물가불안도 우려되고 있다. 그뿐인

가. 얼마 전 민정당이 단독처리한 새해 예산안은 일련의 선거와 88올림픽을 앞두고 경상성장률 전망치 10.7퍼센트를 훨씬 초과하는 팽창예산이어서 재정이 인플레를 흡수하는 것이 아니라 촉진할 우려가 많다는 지적이다.

정부는 새해 세출증가율을 12.7퍼센트로 잡았으나 정상적인 세입증가율이 11.3퍼센트밖에 안 돼 원유관세율은 15퍼센트에서 24.5퍼센트로 대폭 인상, 2천억 원 이상의 추가재원을 마련하여 충당키로 했다는 것이다. 유가하락에도 불구하고 여유분이 이같이 관세로 흡수됨으로써 일반 국민들은 그만큼 국내 유가인하의 혜택을 받을 수 없게 된 것이다.

국제수지흑자의 경사는 반드시 투기와 과열소비의 우려를 낳는 것인가. 풀린 돈이 대기업에서 중소기업으로, 수출기업에서 내수기업으로 자연스럽게 고루 흘러가고 노동자, 농민 등 기층소비자에게 두루 배분된다면 물가불안과 투기는 크게 걱정하지 않아도 될 것이다. 그렇게 된다면 수출의 증가는 내수용 대중소비재 생산의 활성화로 이어지고, 이것은 다시 생산재부문의 생산활동을 자극하여 전체적으로 국내 산업연관효과가 높은 건실한 자립적 재생산 기반의 기틀을 마련해 줄 것이다.

국내시장기반 및 이것과 표리관계에 있는 소득균분구조를 결여한 채 해외부문만이 팽창한다는 것은 이같이 또 하나의 새로운 불균형을 초래하는 것이다. 이로 인해 한국은행은 1986년 10월 말 기준 총 3조 1천억 원의 통화안정증권을 발행했고, 그 밖에도 재정안정증권을 발행하는 등 부동자금의 환수에 부심하고 있는데, 이들 증권의 이자만으로도 1조 원에 가까운 돈이 새로이 풀려 나가게 되어 있다.

노동자·농민의 피폐화로 성장한계 자초

그렇다면 그동안 수출대기업은 최소한 한국경제의 명실상부한 견인차이기는 했던 것인가. 반드시 그렇지만은 않은 것 같다. 주지하듯이 1960년대 이래 한국의 수출은 노동집약적 경공업제품(섬유, 신발류) 및 노동집약적 부품조립형 중화학공업제품(전자·전기기기, 자동차)이 주종을 이루어 오고 있어 풍부한 양질의 저임노동력에 의해 지탱되어 왔다고 할 수 있다. 수출경쟁력(이른바 국제비교우위)을 높이기 위해서는 저임이 유지되어야 하고, 저임이 유지되려면 낮은 임금으로도 노동력 재생산(노동자 및 가족의 생계부양)이 가능하도록 곡물가격이 낮은 수준에서 유지되어야(저농산물가격정책) 했던 것이다.

이처럼 그간의 수출은 저임금과 저농산물가격, 즉 노동자와 농민의 내핍과 인내 위에서 비로소 가능했던 것이다. 그뿐인가. 수출특혜금융과 수출용원자재의 수입관세감면 등 각종 지원을 받고 그러다가 기업이 부실해지면 다시 부실기업정리 과정에서 각종 특혜를 만끽하는 것이다.

이 과정에서 농촌은 계속 피폐해져 갔고 식량자급률은 1965년의 94퍼센트에서 20여 년 만에 50퍼센트 안팎으로 하락하였다. 수출을 뒷바라지하느라 농업이 피폐해졌는데도 다시 수출-저임-저농산물 가격의 유지를 위해 외국 농축산물 수입을 자유화해야 한다는 논리가 드세다. 개방농정이 농가경제에 끼친 영향은 소작지 비율의 증가에서 그 한 단면을 확인할 수 있다. 1965년 전체 농지면적의 16.4퍼센트였던 소작지 비율은 개방농정이 본격화하는 1980년대에 들면서 1980년 21.3퍼센트, 1982년 25.0퍼센트, 1984년 28.3퍼센트, 1985년 30.5퍼센트로 계속 늘어나고 있다.

최근 정부는 농지 구입자금으로 새해부터 총 2천억 원의 기금을 운영하는 방안을 검토 중이라고 발표하였는데, 이는 전체 부재지주의 농지를 구입하는 데만 약 3조 원이 필요하다는 점을 감안할 때 현실적인 농업부양정책이라고 생각되지 않는다. 특히 농업피폐의 근본원인이 수출대기업 뒷바라지를 위한 저농산물가격정책에 있다고 할 때, 종래의 정책이 지속되는 한 농지를 거저 준다 하더라도 얼마 안 가 다시 농지를 잃을 것은 뻔한 이치라는 게 농민들의 말이다.

'흑자시대'의 근원적 숙제

결국 그동안의 수출증대 과정에서 수출대기업은 노동자와 농민의 희생 위에서 특혜와 성장을 누려 왔던 셈이다. 그렇다고 이들이 그동안의 수출을 통해 외국의 부를(외화 형태로) 소문만큼 벌어왔던가. 그렇지도 않다. 1986년 3저의 해외요인에 편승, 흑자원년에 이르기까지 수출을 하면 할수록 수출을 위한 수입도 늘고 수출을 위한 외채도 눈덩이처럼 불어났던 것이다. 40억 달러의 경상수지흑자에 감격하고 있는 지금 다소나마 증가율이 둔화되었다는 한국의 외채는 약 460억 달러에 이르고 있다.

당분간 해외의 3저호재는 계속될 전망이므로 원화의 급격한 절상이나 무절제한 통화팽창만 적절히 피한다면 대체로 새해에도 국제수지 흑자기조는 지속될 것이다. 문제는 '대중생활의 향상이 수반된 수출증대=흑자기조'냐 하는 것이다.

사실 3저 현상은 자본주의 세계경제가 장기불황 국면에서 그 파동성을 격화하는 모습이라고도 볼 수 있다. 따라서 그것에 크게 기인한 흑자기조의 의미를 과장해서는 안 될 줄 안다.

지난 20여 년 동안 우리는 거의 맹목적인 '수출 제일의 이데올로기'

속에서 살아왔다. 그러나 국내기반이 없는 수출증대는 경제의 외향성, 대외취약성을 심화시킬 따름이다. 대중의 구매력이 보장되는 소득배분구조, 대중의 구매력에 기반한 기업성장, 그리고 이와 같은 국내시장의 성장을 통해 자체 기술을 축적하는 것이 내실있는 수출의 전제조건이다. 그러한 전제조건이 갖추어진 수출이라야 비로소 해외의 여러 동향에 능동적으로 대처할 수 있고, 또한 기층국민의 복지증대와 궤를 같이할 수 있다.

국내시장 및 내수기업과의 분업관련을 결여한 수출의 증대는 그 파급효과가 수출대기업과 관련된 일부 고소득 계층에 한정되어 유효수요의 패턴을 고급사치재 중심으로 편향시키고, 나아가 산업구조 자체도 대중소비재 생산보다는 수입원자재를 더욱 많이 요구하는 고급사치재 위주로 이끌어 간다. 최근 한국 사회에 급속히 파고들고 있는 외국산 사치재 및 내구소비재, 그리고 외국상표가 범람하는 현상 등이 과연 이러한 편향과 무관하다고 할 수 있을까.

3저호기로 흑자기조가 정착된다면 그동안 가장 오래 가장 많이 참아온 계층에게 우선적으로 그 대가가 돌아가도록 하는 것이 한국 사회의 응집력을 위해서나, 장기적인 자립경제기반을 위해서나 가장 절실히 요구되는 일일 것이다. 흑자 새해에 우리가 풀어가야 할 과제는 해외시장보다는 우선, 바로 여기 한국 내부에 있다.

《신동아》(1987. 1)

수출 증대보다 수입 억제

예상 초과액 앞질러

현재의 전망으로는 올해에는 경상수지 적자폭이 계획치를 크게 웃돌 것이라고 한다. 경상수지는 한 나라가 상품, 운수, 보험, 관광 등의 서비스, 증여의 세 가지 거래를 통해서 외국으로부터 벌어들이는 모든 돈과 외국에 지불하는 모든 돈의 차액을 말하고, 그 적자는 차액이 마이너스인 경우, 즉 벌어들이는 돈이 지불하는 돈보다 적은 경우를 말하므로, 현재의 전망에 따르면 올해에는 예상되는 외환지불초과액이 연초에 계획했던 그것을 크게 앞지르게 되는 셈이다.

경상수지 적자가 새로운 외화를 필요하게 만드는 것은 말할 나위도 없다. 또 사실 경상수지 적자는 제2차 석유파동 후에 우리나라의 외채 잔액을 급격하게 증가시킴으로써 현재와 같은 매우 큰 규모의 외채 잔액을 초래시켰다. 이렇게 큰 규모이기에 외채 잔액의 감축 내지 작은 폭의 증가는 우리 경제가 해결해야 할 주요 과제의 하나로 되어 있다. 경상수지 적자의 계획치도 따지고 보면 외채 잔액 감축을 위한 정부의 노력의 일단을 나타내는 것이다. 그 노력이 현재로서는 예상되는 경상수지 적자폭이 그 계획치를 웃돌 전망이므로 차질을 빚을 것으로 보인다.

그렇다면 더욱이 경영수지 적자폭을 감축하려는 노력은 강조되어야 한다고 하지 않을 수 없다.

경영수지 적자폭의 감축을 위해서는 상품과 서비스의 거래를 통해서 외국으로부터 벌어들이는 돈을 늘려가야 한다. 즉 상품과 서비스의 수출을 늘려가야 한다. 물론 이때 특히 상품의 수출 증가가 강조되지 않을 수 없다. 그러나 우리나라는 원자재와 기계 같은 자본재를 해외에 의존하고 있다. 그러기에 우리나라의 경우에는 수출을 늘리면 수입, 즉 상품의 거래를 통해서 외국에 지불하는 돈도 아울러 늘게 되어 있다.

수입품 덜 쓰게 유도

따라서 현재로서는 수출 증대라는 적극적인 개선방법도 좋지만, 수입 억제라는 소극적인 개선방법에 더 역점을 두는 것이 도리어 옳지 않은가 생각된다. 그런 의미에서 수입개방 내지 수입자유화의 추진은 어디까지나 신중을 기할 필요가 있다. 수입개방 품목수가 총수입 품목수에서 차지하는 비중인 수입자유화율이 몇 년 뒤에 선진국 수준으로 된다고 해서, 그때 우리나라가 선진국으로 되는 것은 아니다. 그러나 그렇다고 해서 우리나라의 기업을 언제까지나 온실 속에 가두어 두라는 말은 결코 아니다. 다만 수입의 급격한 증가를 초래하지 않는 방향에서, 그리고 나아가서 우리 경제의 손익을 거두는 방향에서 수입 개방을 추진하라는 말이다.

그리고 아울러 원자재, 에너지, 소비물자를 아끼는 일, 수입상품을 덜 쓰는 일 등을 강력히 추진해야 한다. 원자재와 에너지의 절약을 위해서는 절약형으로 산업을 개편하는 것 등을 포함한 사업과 기업에서의 합리화가 전제되어야 한다. 그리고 소비물자를 아끼는 일과 수입상품을 덜 쓰는 일 등에 있어서는 정부 인사와 일반 사회 지도층의 솔선수범이 전제가 된다.

한편 외화를 아껴 쓰는 일도 경상수지 적자폭의 감축을 위해서는 그 못지않게 절실하고 중요하다는 것을 간과해서는 안 된다. 외화를 아껴 쓰는 일은 상품의 수입과 서비스, 특히 운수, 관광 등의 거래를 통해서 외국에 지불하는 돈을 줄임으로써 경상수지 적자폭을 감축시킨다. 그리하여 외화의 절약은 나아가 새로운 외화의 필요를 줄이고 외채 잔액의 증가를 막아준다. 거꾸로 외화의 낭비는 바로 이의 역(易)현상을 초래한다. 즉 새로운 외화를 필요하게 만들며 외채 잔액을 증가시킨다. 또 외화는 우리나라 산업역군의 피나는 노력의 대가이기도 하다.

경제기사도 배워야

따라서 외화의 절약은 제아무리 강조해도 부족하지 않다고 할 수 있다. 외화의 절약을 위해서는 물론 저리의 외채로의 전환, 국제금리의 변동에 직결되어 있는 연동금리 외채의 감축 등 이른바 우리나라 외채구조의 개선이 전제가 된다. 그러나 현재보다 시급한 일은 객관적으로 보아서 많은 사람들에게 별로 중요치 않게 여겨지는 일에 외화를 쓰는 일은 절대로 삼가는 것일 것이다. 그런 맥락에서 하찮은 국제행사의 국내유치, 대수롭지 않은 해외행사의 개최, 별로 도움이 안 되는 해외인사의 초청과 국내외 인사의 교류, 불필요한 TV위성중계 등은 극력 삼가야 할 것이다.

거기에는 그럴듯한 이유나 명목이 있음을 잘 안다. 그러나 일에는 완급이 있는 법이고 또 '핑계 없는 무덤은 없다'고 하지 않던가. 실속을 차리는 것도 매우 중요하다. 이 밖에 경상수지 적자폭의 감축을 위해서는 유리한 환경 조성이 또한 병행되어야 한다. 말하자면 원자재·에너지·소비물자의 절약, 수입상품을 덜 쓰는 일, 외화의 절약 등을 하지 않고서는 못 배기는 환경 조성이 아울러 추진되어야 한다. 이때 그런 환경을 조성하는 데 있어서는 언론기관이 주도적인 역할을 해야 한다. 이와 관련해서는 영국의 유명한 경제학자인 앨프리드 마셜이 행한 일이 인상적이다.

그는 부의 분배의 불평등을 시정하는 방법으로서 실업가가 '경제기사도'에 투철할 것을 제창했다. 그러나 그러면서도 그는 실업가의 도의의 고양에만 기대해서는 충분한 효과를 거두기 어려우므로 올바른 여론의 형성과 조직화에 의해서 실업가가 경제기사도에 투철하지 않고서는 못 배기도록 하는 환경의 조성이 중요하다는 점을 강조했던 것이다.

《조선일보》(1984. 7. 18)

외채 증가

올해 6월 말 현재로 총외채잔액은 362억 달러에 이른다고 한다. 작년 말의 수치가 317억 달러였으니 6개월 동안에 45억 달러나 늘어난 셈이다. 이 362억 달러는 3저호기로 무역수지와 경상수지가 흑자로 돌아선 지난 86년 다음해인 87년의 356억 달러를 약간 웃도는 수치다.

또 무역수지와 경상수지 적자가 80년에 정점을 이루었다가 축소되기 시작한 지 2년째인 82년의 371억 달러를 약간 밑도는 수치이다. 이로부터 현재의 총외채잔액은 그 규모가 가장 컸던 85년의 467억 달러에 접근하고 있음을 알 수 있다.

물론 총외채잔액 증가의 주원인은 무역수지와 경상수지가 다시 적자로 돌아섰고 그 폭이 커진 데서 찾아볼 수 있다.

89년에 통관기준으로 9억 달러의 흑자를 보였던 무역수지가 작년에는 48억 달러의 적자를 보였고 올해는 7월 말 현재로 81억 달러의 적자를 보였으니 무역수지적자가 경상수지적자의 증가를 통해서 총외채잔액을 증가시킨 주된 요인으로 간주되는 것은 당연한 일이다.

무역수지적자 81억 달러는 당초의 예상 내지 전망을 크게 웃도는 것이니 정부로서도 그 폭을 감소시키기 위해서 다각적인 대응책을 마

런하지 않을 수 없게 된 셈이다. 무역수지 대책 외에 무역수지 대책 이전에 수지대책도 아울러 강구해야 하리라고 본다.

경상수지 전반을 조망하면서 잘 정서(整序) 지워진 대응책을 매련해 줄 것을 부탁하고 싶다.

그러면서 1년 미만의 단기외채의 급증에 대해서도 적절한 대응책이 시급한 실정임을 지적하고 싶다.

단기외채가 총외채잔액에서 차지하는 비중은 올해 88년의 31.4퍼센트에서 89년 말 37.3퍼센트, 작년 말 45.2퍼센트, 6월 말 47.1퍼센트(171억 달러)로 급속히 커지고 있다. 올해 6월 말의 비중은 총외채잔액의 절반 수준에 달하고 있음에 특히 유의할 필요가 있을 것이다. 그리고 무역수지가 흑자를 기록했음에도 불구하고 단기외채 비중이 5.9퍼센트포인트나 증가한 89년의 경우를 눈여겨보아야 한다. 그 이유가 무엇인지 곰곰 따져볼 필요가 있다.

《내외경제신문》(1991. 8. 17)

제2편
대외경제정책

1970년대 세계무역의 전망과 한국무역의 진로[*]

1. 1970년대의 세계무역

1) 세계무역의 성장

(1) 세계무역은 수량 면으로나 금액 면에서 과거 10여 년 동안 꾸준히 상승하여 왔으며 앞으로도 이러한 추세가 유지될 것으로 보인다. 1964~68년간의 평균성장률은 9.0퍼센트이며 70년대에는 이를 상회할 것으로 보인다. 만일 70년대의 평균성장률을 9.2퍼센트로 가정하면 세계무역액은 1980년에 7천억 달러에 이를 것이다.

세세무역의 발진을 이같이 촉진시킬 것으로 기대되는 요인은 다음과 같다.

(2) 첫째, 세계 각 지역의 경제성장은 계속 유지되거나 가속화될 것이라는 전제이다.

a) 선진국들에서는 각국이 성장지향적 경제정책을 취할 것이며, 한

---

* 이 글은 한국무역연구소 주최로 1970년 12월 29일에 대연각 호텔 회의실에서 개최하였던 제3회 무역심포지엄의 주제논문을 일반의 이해를 돕기 위해 싣는 것이다.

<표 1> 세계무역의 연평균 증가율

(단위: %)

연 도	수량 기준	금액 기준
1939~48	0.1	9.4
49~53	8.6	7.5
54~58	6.2	7.2
59~63	6.5	6.2
64~68	8.0	9.0

<표 2> 세계무역의 현상증가율과 무역액

(단위: 억 달러, %)

증 가 율 (1966~80년 평균)	1980년의 무역액	증 가 율 (1966~80년 평균)	1980년의 무역액
8.00	5,980	9.00	6,794
8.25	6,183	9.25	7,017
8.50	6,396	9.50	7,241
8.95	6,590		

편 경제의 실태분석 방법 및 둔화된 성장을 극복하기 위한 수요관리 정책수단 등이 크게 발전함으로써 앞으로도 원활한 성장정책을 수행할 수 있는 여건이 성숙될 것이다. 1950년대와 1960년대의 선진국의 경제성장률을 보면 50년대의 4.0퍼센트에 비하여 60년대는 5.0퍼센트로 신장하였다. 그 배경을 보면 ① EEC 결성에 의한 서유럽 국가의 발전, ② 미국의 케네디 정권하의 새로운 성장정책, ③ 일본의 고도성장 등이 크게 기여하였다고 생각된다. 현재 선진국이 통화불안의 문제에 당면하여 여러 가지 긴축정책을 실시하고 있지만, 이것이 어떤 형태로든지 잡히게 되면 각국은 다시 건전한 성장지향 정책으로 전환할 것이다.

경제성장의 가속화는 공급 면에서도 기대된다. ① 노동력 공급부족을 극복하는 만큼 생산성이 향상될 것으로 기대되며, ② 노동절약적 기술진보가 계속되고 이와 함께 설비투자가 성행할 것이며, ③ 정보화

사회가 진전함에 따라 효율성이 제고될 것이다. ④ 끝으로 경제가 개방경제화함에 따라 발생하는 선진국 사이의 경쟁의 격화경향은 생산성 향상 노력에 대하여 매우 강력한 자극을 줄 것이다.

b) 한편 개발도상국가에서는 ① 몇몇의 나라는 자립적 경제성장을 달성하여 앞으로 고도성장을 실현할 것으로 기대되며, ② 또 몇몇 나라는 최근 수년간에 순조로운 발전의 도상에 이르고 있다. ③ 선진국으로부터 경제협력의 확충과 선진국의 경제발전에 의한 대(對)선진국 무역의 증대 등도 이러한 개발도상국의 경제성장을 강력하게 지원하여 줄 것으로 기대된다.

c) 공산권 국가들에 있어서도, 70년대에 들어서면 경제개혁의 정착에 따라, 종래와 마찬가지로 높은 경제성장을 이룩할 것으로 본다.

(3) 둘째로 다음과 같은 국제경제정책의 진전은 무역확대에 크게 기여할 것이다. ① 선진국에서의 관세감면, 비관세무역장벽의 제거, 동서의 정치적 대립의 완화에 의한 동서무역의 확대, 그리고 ② 개발도상국에서의 공업화의 진전에 따르는 수출과 수입의 양면적인 확대가 그것이다.

a) 선진국의 경제정책 문제에서는 주요국의 환율조정에 따라 기초적 불균형이 시정되고 국제통화불안이 해소되면 영국의 EEC 가맹도 스케줄대로 조만간에 실현될 것이다. 이는 결국 EEC와 EFTA의 통합으로 이어질 것이며, 이에 수반하여 그 밖의 유럽 국가들도 어떤 형태로든지 참가하여 유럽 전체의 통합체, 신(新)유럽연합이 결성될 것이 예상된다. 이러한 유럽연합에 대응하여 미국은 관세일괄인하교섭의 제안을 넘어 자유무역 결성을 제안할 것으로 생각된다. 그리하여 대부분의 선진국을 포함한 자유무역지역이 형성되면 세계무역은 매우 크게 신장될 가능성을 갖게 될 것이다. 선진국 간의 자유무역지역 구상

으로는 이미 NAFTA(North Atlantic Free Trade Area), PAFTA(Pacific Free Trade Area) 등이 제안되고 있다.

한편 국제유동성 및 준비자산의 보강을 목적으로 실시된 SDR이 한편에서 추가구매력을 가져오고 성장정책의 추구를 용이하게 하는 효과를 가져옴으로써 세계무역의 확대요인으로 될 것이다.

선진국 간의 자유무역지역의 결성은 또한 동서관계의 밀접화에 크게 기여할 것이며 평화공존체제의 장기적 안정화에도 기여할 것이다.

b) 또한 자유무역지역의 결성은 개발도상국을 자극하여 남북 간의 큰 문제가 될 것이다. 그러나 선진국의 발전은 원조 여력을 확대하여 주는 것이며, 선진국 간의 경제문제의 해결은 남북문제 해결에 적극적으로 개입할 여유를 주는 것이며, 선진국의 관세감면, 비관세무역장벽의 제거의 진전은 개발도상국에도 균점될 것이므로 남측에도 큰 이익을 주어 남북문제 해결을 촉진하여 줄 것이다.

(4) 그 셋째로 대형 전용선의 취항, 컨테이너 수송의 발달, 고속대형 항공기의 개발, 우주통신의 발달 등 운수·통신수단의 발전은 세계무역의 고성장을 지원하여 줄 것이다.

(5) 그러나 위와 같은 세계무역의 성장은 다음과 같은 국제경제의 주요한 애로가 해소되어야만 가능할 것이다.

첫째, 세계무역과 그 자유화의 리더인 미국이 국제경제정책 면에서 1970년부터 관세정책이 아닌 비관세장벽의 강화라는 새로운 보호주의를 제기하고 있는 점이다(미국의 1970년 통상법안의 주요 내용 참조). 최근 발표된 GATT의 〈1969~70년도 연차보고서〉에서도 경고하고 있는 바와 같이, 이는 1930년대 이래의 가장 강력한 보호주의의 경향으로서 이것이 보호주의와 내셔널리즘의 연쇄반응을 야기한다면 세계무역의 성장에 큰 곤란을 줄 것이 분명하다.

〈표 3〉 미국의 〈1970년 통상법안〉의 주요 내용

제1편 1962년 통상확대법에 대한 수정
　제1장 통상협정에 관한 사항
　　　1. 대통령에 대한 20%의 관세인하의 권한
　　　2. 전상품에 관한 대통령의 보호의무 강화
　　　3. 석유의 수입할당제도의 계속 고정화
　제2장 관세조정 및 조정원조
　　　1. 인출방식에 의한 포괄적 수입규제
　　　2. 국내산업의 수입피해에 대한 조정원조의 강화
제3편 섬유, 신발류의 수입할당
　제1장 섬유 및 신발류
　　　1. 수입할당 최고한도의 품목별, 나라별, 연차별 설정
　　　2. 국별, 품목별 적용 제외한도의 매년 실시
　　　3. 협정체결에 의한 수입규제(수출자주규제)
　제2장 유효기간
　　　1. 종료(1976년 7월 1일)
　　　2. 연장(1회에 5년을 넘지 않는 기간에 한함)
제3편 기타의 관세, 통상조항
　제1장 덤핑규제 및 상살관세의 운용 강화
　제2장 관세위원회의 개조(위원 1명 증가, 임기 7년)
　제3장 GATT에 대한 분담금 지출권한
　제4장 대통령의 ASP 철폐권한과 의회의 저지규정
　제5장 관세제의 실시
　　　1. 밍크모피 및 동 제품
　　　2. 그리싱(아미노 초산)
제4편 DISC(수출진흥을 위한 세제상의 우대조치)
　　　1. 수출전문상사의 수출소득에 대한 공제제도
　　　2. 유효기간(1971년부터 75년 1월까지의 결산)

　둘째, 세계무역의 성장의 주요한 여건으로서 자유화에 장벽이 되고 있는 것은 주요 선진국들을 포함한 OECD 국가들에 나타나고 있는 국내균형의 모난 요소로서 인플레 현상이며 이것이 소망스럽게 억제되지 않으면 세계무역의 가속적 성장은 어렵다고 보지 않을 수 없다. 최근 *Economic Outlook*지의 보고에 따르면 OECD 국가들은 1958~67년간에 연평균 2.5퍼센트와 인플레를 시현하던 것이, 1968년에 3.75퍼센트, 1969년 4.75퍼센트, 1970년 1월~6월 안에 5.75퍼센트나 되는 인

플레의 누증현상이 야기되고 있는 것이다.

셋째, 세계시장의 기축통화로서 달러의 불안정은 물론 현행 국제통화제도에 국제유동성 부족이라는 문제를 안고 있어, 이는 무역의 저해요인으로 작용할 가능성을 갖고 있다. 물론 SDR의 창설과 발동이 어느 정도 이 문제를 극복하여 주고 유동성자산을 증대시켜 세계무역 확대에 기여하여 왔지만, IMF 전무이사 슈바이처(P. Schweizer)가 경고하고 있는 바와 같이 미국의 계속되는 국제수지 적자와 그 밖의 국가들의 달러 과잉축적은 장래의 SDR 발동에 지장을 줄 가능성이 더욱 커간다는 점이다.

2) 세계무역의 지역구조

(1) 1970년대 세계무역의 지역구조는 다음과 같은 전제 아래 전망해 볼 수 있다.

a) 첫째, 세계의 평화가 유지될 것이다. 이 전제는 동서의 정치적 대립의 완화, 세계경제의 밀접화에 의하여 성립될 것이다.

b) 둘째, 각국의 정치·경제적 지위는 기본적으로 크게 변하지 않을 것이다. 이는 현재의 선진 공업국은 앞으로 10년간도 선진공업국이며 공산권 국가들은 공산권 국가들로, 자원공급국은 자원공급국으로 머물 것이라는 것을 의미한다. 물론 개발도상국의 경제가 크게 발전하겠지만, 상대적으로는 여전히 개발도상국이며 선진 중화학공업품 수출국으로 되리라고는 생각되지 않는다.

즉 자원공급국은 부가가치의 증가, 가공도의 제고, 수출의 증진이 현저하겠지만 기술과 판로 면에서 여전히 반제품의 단계에 머무를 것이며 넓은 의미의 원재료 수출국에 지나지 않을 것이다.

기술진보도 국제무역의 흐름을 크게 변경시킬 정도의 혁신적 개혁은 일어나지 않을 것이다. 합성재료의 발전, 핵에너지 이용의 일반화, 전자·반도체 관계의 대폭적 진보 등은 기대되지만 원재료의 대폭적 대체화, 합성사료와 합성단백질의 기존 식료로 대체, 핵융합발전의 실용화 등은 가능성이 매우 낮다.

c) 셋째, 선진국 간의 자유무역지역의 결성이다. 전술한 NAFTA의 성립이 예상되며, 이는 관세 및 비관세 장벽의 경감 또는 제거가 진전하고 또한 여러 선진국의 수입을 증대시켜 선진국 간 무역뿐 아니라, 세계무역 전체의 확대를 도울 것이다.

(2) 이와 같은 세계무역의 일반적 전망의 전제와 지역적 전망의 전제 위에 세계무역의 지역별 구조를 전망하면 다음과 같다.

a) 선진국의 무역은 수출입이 모두 종래의 세계무역 신장을 상회하는 속도로 증가하여 점차 그 비중이 높아져 왔으며 앞으로도 그럴 것이다. 특히 선진국 간의 무역이 크게 신장하여 그 비중도 크게 상승할 것이다. 무역수지는 개발도상국이나 공산권에 대하여 흑자폭이 확대할 것이나, 서아시아 국가들의 선진국에 대한 흑자폭 때문에 그렇게 클 수는 없을 것이다.

미국은 세계무역에 점하는 비중이 하락하여 흑자폭은 크게 감소될 것이다. 그 때문에 투자수익의 증가가 예상되는 이른바 종래의 이전지출과 해외투자는 계속되기 어려울 것이다.

서구는 동남아시아, 라틴아메리카 등 아프리카를 제외한 개발도상국과 무역관계가 둔화하고 공산권으로 접근이 현저하게 되며 북미 대륙과 관계가 강화될 것이다.

대양주는 서구와 관계가 소원해지고 북미 대륙 및 일본과 접근하는 방향으로 나아갈 것이며 미국과 일본은 대양주에 대하여 자원개발을 중심으로 자본진출을 꾀할 것으로 보인다.

〈표 4〉 세계무역의 지역구조

수출국＼수입국＼년	세　　계	선　진　국	개발도상국	공　산　권
세　　　　계 55	100.0	63.4	24.1	9.6
60	100.0	63.8	22.3	11.8
65	100.0	67.9	20.2	11.3
68	100.0	69.4	19.3	10.7
80	100.0	75.7	15.0	9.3
선　진　국 55	64.0	43.2	17.3	1.4
60	66.8	46.1	16.6	2.3
65	68.8	51.4	14.5	2.7
68	70.4	53.3	14.2	2.7
80	76.6	61.8	10.9	4.0
개 발 도 상 국 55	25.5	18.4	6.2	0.6
60	21.5	15.5	4.7	1.0
65	19.6	14.0	4.1	1.3
68	18.2	13.5	3.6	0.9
80	13.9	10.5	2.6	0.9
공　산　권 55	10.2	1.8	0.7	7.5
60	11.8	2.2	1.0	8.5
65	11.7	2.5	1.6	7.4
68	11.3	2.6	1.5	7.0
80	9.4	3.5	1.5	4.4

자료: 무역협회,《1980년의 세계무역》.

〈표 5〉 세계무역의 지역별 성장

(단위: 백만 달러, %)

수출국＼수입국	세　　계	선　진　국	개 발 도 상 국	공　산　권
세　　　계	700,000(6.2)	505,423(10.0)	117,322 (8.1)	77,255 (9.7)
선　진　국	510,899(6.8)	399,920(10.0)	83,612 (7.9)	27,367(12.7)
개발도상국	110,873(8.2)	81,483 (8.0)	21,002 (7.6)	8,388(11.7)
공　산　권	78,228(8.8)	24,020(11.9)	12,708(11.4)	41,500 (7.9)

주: 1. 1980년 무역액.
　　2. ( ) 안은 1966~80년간의 연평균 예상신장률.
자료: 위와 같음.

남아프리카공화국은 금 및 다이아몬드를 포함한 자원수출과 자본재의 수입이 무역의 중심으로 될 것이다.

b) 개발도상국가들에 있어서는 수출입이 모두 과거보다 신장할 것이며 특히 개발도상국 간의 무역과 선진국과의 무역은 과거의 신장추세를 유지할 것이다. 무역수지는 선진국과 공산권에 대하여 적자일 것이며 그 폭도 커질 것이다. 이는 선진국 및 공산권으로부터 원조의 확대에 의하여 보완될 것이다.

지역별 무역구조에서는 공업화의 진전이 예상되는 동남아시아를 제외하면 수출상품의 구성은 크게 변하지 않을 것이다.

동남아시아는 개발도상국의 공업화가 진전하여 수출상품구조에도 반영되어 기계류와 경공업품이 주요 수출품으로 될 것이다. 또한 같은 지역의 무역대상국으로서 일본의 비중이 높아지고 서구의 비중이 줄어들 것이다.

라틴아메리카는 공업화가 수입대체적으로 진전하기 때문에, 그리고 아프리카는 공업화에 착수하는 단계이기 때문에 수출은 모두 1차산품이 중심이며 따라서 양적 증대에는 어려움이 따를 것으로 생각된다.

서아시아도 공업화는 부분적으로 진전하지만, 수출의 중심은 여전히 풍부한 석유가 될 것이다.

c) 공산권의 무역은 선진국과 무역이 과거 저수준으로 시작하였기 때문에, 앞으로 동서대립의 완화에 의하여 높은 성장을 유지하더라도 그렇게 크지는 않을 것이다. 그러나 어쨌든 무역 전체는 증가할 것이다. 또한 세계무역에 점하는 그 비중은 공산권의 무역이 세계무역의 증가속도를 따르지 못하기 때문에 약간 저하할 것이다. 단, 동서무역은 여전히 높은 성장을 유지할 것으로 보이므로, 그 비중은 상승할 것이다. 공산권 전체의 무역수지는 대(對)선진국무역의 적자를 대(對)개

〈표 6〉 세계무역의 상품별 연평균 증가율

수출국 \ 수입국 기간 / 상품별	세 계		선 진 국		개 발 도 상 국		공 산 권	
	1961~66	1966~80	1961~66	1966~80	1961~66	1966~80	1961~66	1966~80
세 계 0~9	8.5	9.2	9.6	10.0	6.2	7.0	7.2	8.1
0, 1	6.8	5.5	6.8	5.8	5.3	4.8	6.7	5.6
2, 4	3.9	3.9	4.2	4.0	4.4	4.7	4.3	2.6
3	7.1	7.6	8.8	8.8	2.8	3.4	3.2	5.7
5	11.4	11.5	12.2	2.2	8.8	9.2	15.7	12.5
7	11.1	12.4	13.91	13.6	7.9	9.9	10.6	10.6
6, 8	9.3	9.6	11.6	10.7	5.5	5.6	5.7	7.2
선 진 국 0~9	9.2	10.0	10.2	10.6	5.9	7.0	12.2	11.9
0, 1	7.9	6.3	8.3	6.5	5.2	4.8	15.7	7.0
2, 4	4.8	4.3	4.6	3.9	6.8	5.8	4.9	5.6
3	5.2	4.5	5.9	5.4	△2.2	0.0	29.7	13.7
5	11.5	11.7	12.4	12.4	8.1	8.9	22.0	14.0
7	11.1	12.7	13.9	13.5	7.2	9.8	13.8	15.3
6, 8	9.2	9.8	11.0	10.5	4.4	4.6	9.0	10.7
개 발 도 상 국 0~9	6.5	6.8	6.7	7.1	5.2	5.10	10.0	7.3
0, 1	5.1	4.0	4.0	3.2	5.5	4.3	13.5	8.1
2, 4	2.0	1.7	2.0	1.5	1.1	1.4	4.0	3.1
3	8.2	8.6	10.2	9.8	3.5	3.8	12.1	23.0
5	13.4	10.7	11.8	8.2	17.2	12.2	29.3	14.5
7	17.1	16.3	25.4	19.6	13.4	3.5	12.9	25.0
6, 8	12.6	9.8	13.3	9.8	9.5	9.5	25.1	10.5
공 산 권 0~9	7.7	7.8	12.5	11.1	13.1	8.9	5.1	5.9
0, 1	6.4	4.8	9.4	7.8	19.4	5.4	1.7	1.2
2, 4	5.3	6.0	13.3	10.8	8.3	5.3	0.4	0.8
3	5.3	6.7	8.8	9.5	9.4	4.3	3.0	5.0
5	9.5	9.8	8.9	9.1	12.0	9.0	10.3	10.2
7	10.5	9.9	12.0	13.3	13.6	3.6	11.0	8.0
6, 8	7.1	7.5	18.0	13.8	16.7	5.3	4.0	5.0

주: 1961~65년의 연평균 증가율은 (60+61+62)/3~(65+66+67)/3의 증가율을 사용.
자료: 무역협회, 《1980년의 세계무역》.

발도상국무역의 흑자로 보완하는 종래의 패턴을 계속 유지할 것으로 보인다. 특히 동구권 국가들은 정치적으로는 소련권에 속하나, 경제적으로는 서구와의 관계가 강화될 것이며, 주요한 수출품은 농산품, 육류 등의 낙농품, 일부 공산품이 될 것이다. 소련은 서구 및 북미 대륙과 무역을 안정적으로 확대할 것이며, 일본에 대하여서는 시베리아 개발을 중심으로 경제적 관계가 강화될 것이다. 중공의 무역은 동남아시아와 일본을 중심으로 발전하여 경공업품 및 기계를 수출하고 원료, 경공업품 및 플랜트류를 수입하는 무역구조를 가질 것이다.

3) 세계무역의 상품구조

(1) 이상과 같이 세계무역 전망의 일반적 전제와 지역적 전제 위에서 상품류별, 지역별 매트릭스(Matrix)를 작성하여 그 추이를 연장하여 전망하여 보면 다음과 같다.

1980년의 세계무역총액(7천억 달러)을 상품별 증가율의 순으로 보면, 기계류(SITC 7류)가 12.4퍼센트로 66년의 517억 달러에서 80년에는 2,648억 달러로 증가할 것이고, 화학제품(SITC 5류)이 연평균 11.5퍼센트로 137억 달러에서 630억 달러로, 기타 공업제품(SITC 6, 8류)이 연평균 9.6퍼센트로 571억 달러에서 2,060억 달러로, 원연료와 식품류에 있어서는 광물성연료(SITC 3류)가 7.6퍼센트로 189억 달러에서 523억 딜러로, 식품류(SITC 0, 1류)가 연평균 5.5퍼센트로 328억 달러에서 694억 달러로, 원재료(SITC 2, 4류)가 연평균 3.9퍼센트로 260억 달러에서 445억 달러로 증가한다.

그리하여 세계총무역액은 1966~80년간 연평균 9.2퍼센트로 증가하여 1961~66년의 연평균 8.5퍼센트의 증가율을 상회할 것이다.

이러한 세계무역의 발전은 첫째, 지속적 기술혁신의 실현과 그 보급에 의한 것이며 둘째, 수송·통신기술의 혁신에 의한 것이며 셋째, 선진국을 중심으로 하는 경제성장의 지속 NAFTA 등의 결성에 의한 무역확대의 효과일 것이다.

(2) 세계무역의 상품별 구조에 있어서는 식료품, 원재료, 연료 등의 비중이 저하하고 화학품, 기계류, 기타 공업제품 등의 비중이 더욱 높아지는 것이 기대된다. 식품류의 비중은 66년의 16.1퍼센트로부터 80년에는 9.9퍼센트로 낮아지지만, 원재료의 비중은 66년의 12.8퍼센트로부터 80년에는 6.4퍼센트에로 반감할 것이다.

〈표 7〉 세계무역의 상품별 구조

| 항목
상품별 | 1966 | 1980 | 66~80년의
연평균
증가율 | 상 품 구 성 비 | | | 상 품 별 증 가
기 여 율 | | 세계무역의
증가에 대한
탄력성 |
				1955	1966	1980	66~80의 증 가 율	증 가 기 여 율	
SITC 0~9	203,400	700,000	9.2%	100%	100%	100%	496,600	100%	1.00
0, 1	32,770	69,438	5.5%	19.7%	16.1%	9.9%	36,668	7.4%	0.60
2, 4	26,040	44,485	3.9%	18.7%	12.8%	6.4%	18,445	3.7%	0.42
3	18,890	52,325	7.6%	11.1%	9.3%	7.5%	33,435	6.7%	0.83
5	13,700	62,957	11.5%	5.1%	6.7%	9.0%	49,257	9.9%	1.25
7	51,720	264,794	12.4%	18.5%	25.4%	37.8%	213,074	42.9%	1.35
6, 8	57,050	206,001	9.6%	25.6%	28.0%	29.4%	148,951	30.0%	1.00

주: SITC 9류는 특수취급품(재수출품 등)이며 비중도 매우 적으므로 추계대상에서 제외하였음. 따라서 SITC0~9는 SITC0~8의 합계임.
자료: 무역협회, 《1980년의 세계무역》.

이렇게 전망되는 요인으로서는 (1) 고분자합성화학의 발전에 의하여 광산자원을 제외한 자연산 원재료의 대부분이 합성 가능하게 되고 (2) 기계가공기술에 그 모든 기초를 두고 있는 공업제품의 가공고도화 경향이 필연적으로 높아지고 (3) 개발도상국의 공업화가 진전하여 1차산품 원료의 현지가공이 확대되고 (4) 일반적으로 원재료에 비하여 완제품의 관세율이 높지만, NAFTA 등이 진전하여 관세장해가 해소되면 부가가치율이 높은 완제품무역의 비중이 커진다는 것 등을 지적할 수 있다.

2. 1970년대의 한국무역

1) 1960년대의 한국무역

(1) 1960년대 전반에 걸쳐 한국의 무역은 그 규모가 현저히 그리고 급속히 확대되었다. 1960년에 32.8백만 달러이던 수출은 1965년에는 175.1백만 달러, 그리고 1969년에는 622.5백만 달러로 늘어남으로써 1960~69년간에 연평균 41.7퍼센트의 증가율을 보였으며 수입은 1960 년에 343.5백만 달러이던 것이 1965년에는 463.4백만 달러, 그리고 1969년에는 1,823.6백만 달러로 1960~69년간에 연평균 23.8퍼센트의 증가를 시현하였다. 이들 수출입의 증가속도는 모두 GNP의 성장률보다 훨씬 높은 것이어서 국민경제의 수출의존도는 1960년의 1.4퍼센트에서 1965년의 5.4퍼센트, 1969년의 10.2퍼센트로, 그리고 수입의존도는 1960년의 14.7퍼센트로부터 1965년의 14.3퍼센트, 1969년의 29.7퍼센트로 크게 제고되었다.

(2) 앞서 본 바와 같이 1960~69년간에 수출은 연평균 41.7퍼센트, 수입은 23.8퍼센트씩 증가함으로써 무역총액에 대한 무역적자의 비중은 1960년의 82.6퍼센트로부터 1969년의 49.1퍼센트로 하락하고 있다. 그러나 무역수지의 적자폭은 1960년의 310.7백만 달러로부터 1969년의 1,201백만 달러로 확대되고 있다.

(3) 1960년대의 한국의 수출구조를 일독하면, 수출상품구조가 1차산품 중심으로부터 2차산품 중심으로 변화되었다는 사실을 주목할 수 있다. 즉 1960년에는 1차산품 84.2퍼센트, 2차산품 15.8퍼센트이던 것이 1965년에는 2차산품의 비중이 58.0퍼센트로 제고되었고 1969년에

<표 8> 무역의존도 및 무역수지율의 추이

(단위: 백만 달러)

	1960	1965	1969	1976
수출(A)	32.8	175.1	622.5	2,841.2
수입(B)	343.5	463.4	1,823.6	4,084.2
GNP(Y)	2,332	3,246	6,124	11,048
A/Y(%)	1.4	5.4	10.2	25.7
B/Y(%)	14.7	14.3	29.7	36.9
A−B	310.7	288.3	1,201.1	1,243.0
$\frac{A-B}{A+B}$(%)	82.6	45.2	49.1	17.9

주: 1976년은 예측치임.

는 2차산품이 77.0퍼센트의 비중을 차지하게 되었다. 그러나 이들 2차산품의 내용을 보면 아직도 경공업제품이 대부분이고 그것마저 몇 개의 주요품목에 편중되고 있다. 1969년의 경우만 하더라도 1천만 달러 이상의 수출실적을 보인 13개 품목의 수출총액에서 차지하는 비중은 62.4퍼센트나 되고 있다. 이러한 주요 품목 편중적인 수출구조는 예컨대 섬유류제품의 경우와 같이 해외시장의 부분적인 변화에 큰 타격을 받는 취약성을 지니고 있는 것이다.

(4) 1969년에 있어서 한국의 지역별 수출구조는 북미 53.1퍼센트, 아시아 33.4퍼센트, 유럽 8.9퍼센트, 아프리카 2.1퍼센트, 태평양 1.2퍼센트, 남미 0.3퍼센트로서, 1960년의 아시아 75.0퍼센트, 유럽 13.5퍼센트, 북미 11.5퍼센트에 비하여 수출시장구조가 현저히 개선되고 있다. 그러나 미국과 일본 두 시장에 대한 수출이 1960년에 72.7퍼센트였던 것이 1969년에도 여전히 71.6퍼센트를 차지함으로써 수출시장의 다변화는 실질적인 진척을 보이지 못하고 있다.

1965년을 기준으로 세계 각 지역의 인구 1인당 수입액에 대한 한국 수출의 비중을 보면, 극동이 0.56퍼센트로서 시장개척이 가장 잘 되어

<표 9> 수출구조의 추이

(단위: %)

	1960	1965	1969	1976
1 차 산 품	84.2	42.0	23.0	10.1
2 차 산 품	15.8	58.0	77.0	89.9
북 미 용	11.5	36.8	53.1	
(미 국)	(11.2)	(35.2)	(50.2)	
아 시 아	75.0	49.0	33.4	
(일 본)	(61.5)	(25.1)	(21.4)	
유 럽	13.5	12.2	8.9	
아 프 리 카	–	1.2	2.1	
태 평 양	–	0.7	1.2	
남 미	–	0.1	0.5	

주: 1976년은 예측치임.

있고 중남미가 0.004퍼센트로서 가장 덜 개척되어 있으며, 북미(0.202%)와 동남아(0.275%, 극동 제외) 등은 세계 평균(0.1%)을 상회하고 있고 아프리카(0.021%), 유럽(0.024%), 태평양(0.026%) 등이 세계평균에 미달하고 있다.

이상에서 우리는 한국 수출의 시장개척도가 절대적으로 낮을 뿐만 아니라 지역 간의 격차 또한 크다는 것을 알 수 있는데, 이는 시장다변화 노력이 성공적이지 못하였음을 의미한다. 이같이 편중된 수출시장구조는 특징 지역의 시장변화에 한국의 수출이 큰 타격을 받을 취약성을 지니고 있는 것이다.

(5) 1960년대 한국의 수입구조는 수출구조의 경우보다 더 많은 문제점을 안고 있다. 먼저 수입상품구조의 변화를 보면 수입총액에 대한 원자재 수입의 비중이 1960년의 73.7퍼센트에서 1965년의 68.9퍼센트, 1969년의 47.8퍼센트로 줄어든 반면에 자본재와 소비재의 비중은 각각 1960년의 13.6퍼센트와 12.7퍼센트에서 1965년의 15.9퍼센트와 15.2퍼센트, 1969년의 32.5퍼센트와 19.7퍼센트로 늘어나고 있다.

기계류 및 운반용기기 등 자본재의 비중이 급격히 늘어나고 있는 것은 개발 초기에 즈음하여 개발 노력을 극대화할 때 불가피하게 생기는 유리한 변화이지만, 원자재 수입의 비중이 줄어드는 반면에 소비재 수입의 비중이 늘어나고 있는 것은 개발 과정에서 매우 불리한 변화라고 보지 않을 수 없다.

〈표 10〉 수입구조의 추이

(단위: %)

	1960	1965	1969	1976
원　자　재	73.7	68.9	47.8	54.1
자　본　재	13.6	15.9	32.5	25.1
소　비　재	12.7	15.2	19.7	20.8
북　　　미	42.3	39.9	30.5	
（ 미 국 ）	(38.9)	(39.3)	(29.1)	
아　시　아	29.7	49.2	56.3	
（ 일 본 ）	(20.5)	(35.9)	(41.3)	
유　　　럽	24.4	8.8	11.9	
아 프 리 카	0.1	0.9	0.1	
태　평　양	2.3	1.0	1.0	
남　　　미	1.2	0.2	0.2	

주: 1976년은 예측치임.

(6) 수입시장구조의 변화를 보면 1960년에 북미 42.3퍼센트, 아시아 29.7퍼센트, 유럽 24.4퍼센트, 태평양 2.3퍼센트, 남미 1.2퍼센트, 아프리카 0.1퍼센트로서 수입의 72.0퍼센트를 북미와 아시아에 의존하고 있던 것이 1969년에는 아시아 56.3퍼센트, 북미 30.5퍼센트, 유럽 11.9퍼센트, 태평양 1.0퍼센트, 남미 0.2퍼센트, 아프리카 0.1퍼센트로서 수입의 86.8퍼센트를 북미와 아시아에 의존하고 있어 이 두 지역에의 편중이 오히려 심화되었고 유럽시장의 의의가 현저히 줄어들고 있다.

더욱이 미국과 일본 두 나라의 비중은 1960년의 62.0퍼센트에서

1969년의 70.4퍼센트로 커지고 있는데, 이들 두 국가와의 무역적자폭이 1965년의 121백만 달러(미국)와 123백만 달러(일본)에서 1969년의 218백만 달러(미국)와 620백만 달러(일본)로 확대되고 있을 뿐만 아니라, 특히 일본의 경우에는 무역적자의 무역총액에 대한 비율이 1965년의 58.2퍼센트로부터 1969년의 69.9퍼센트로 높아지고 있다.

지역편중의 심화와 편중지역과의 무역역조의 심화는 한국의 무역구조가 지니고 있는 중대한 취약성의 하나이다.

(7) 이상에서 우리는 1960년대 전반에 걸쳐 한국의 무역규모가 크게 확대되었지만, 그것은 과도한 수입의존도, 무역수지의 악화, 경공업품 위주이고 몇 개 품목에 편중된 취약한 수출상품구조, 다변화하지 못한 수출시장구조, 완제품 위주에 소비재 수입이 억제되지 않고 있는 수입상품구조, 지역편중이 심화되고 편중지역과의 무역역조가 심화되고 있는 수입시장구조 등 중대한 문제점을 내포하고 있음을 보았다.

2) 1970년대 한국무역의 전망

(1) 1970년대의 한국경제는 1960년대에 실현한 경제성장을 지속화할 가능성이 있다. 그러나 이 가능성은 1960년대에 높아진 소득률을 기초로 국내저축이 승가되고, 내포적 공업화를 지향하는 산업구조의 개선을 도모함으로써 성장메커니즘이 내재화되며, 계획기구의 개선이 뒤따르고 세계시장에서 유리한 환경이 조성되는 등의 여러 조건이 갖추어져야만 현실화할 것이다.

(2) 정부는 1970년대에 걸쳐 연평균 8.5퍼센트의 경제성장을 실현함으로써 국민총생산을 1969년에 비하여 1976년에는 1.8배, 1981년에는 2.7배 확대할 것을 구상하고 있다. 이를 위한 총투자는 1969년의 6,002억 원에서 1976년에는 8,401억 원, 그리고 1981년에 1조 3,052억

원의 수준이 되어야 하는데, 정부는 1969년의 경우 총투자의 52.9퍼센트밖에 충당하지 못하고 있는 국내저축의 비중을 1976년에는 88.0퍼센트, 그리고 1981년에는 100퍼센트로 높일 것을 구상하고 있다. 따라서 총투자원의 절반 가까이를 충당하고 있는 해외저축의 비중을 1976년에는 12퍼센트로 대폭 줄이고 1981년에는 해외저축에 대한 의존을 없앨 것을 목표로 하고 있는 것이다.

1970년대에 있어서의 자원조달에 관한 정부의 위와 같은 구상은 1976년의 재화 및 용역수입을 4,477백만 달러 수준에서 억제하는 한편, 재화 및 용역수출을 4,128백만 달러 수준으로 제고할 것을 전제로 한 것이다. 이는 다시 상품수입은 3,607백만 달러로 억제되고 상품수출은 3.510백만 달러로 제고될 것을 내용으로 하고 있다〔이상은 〈경제기획원 잠정발표〉(1970. 4. 15)에 따름〕.

(3) 총투자의 52.4퍼센트(1962~69년 평균)를 해외저축에 의존해 온 1960년대의 성장방식은 사실 바람직하지 못하며 1970년대에는 해외수입을 최대한 억제하고 해외수출을 제고하여 국내저축의 증강을 기초로 한 경제성장을 추구할 필요가 크다. 이것이 불가능할 때 우리는 해외저축에 대한 의존도를 계속 높여 둘 것이 아니라 오히려 성장률의 하향조정이 권고되어야 할 것이다. 여기서는 1960년대의 실적을 기초로 하고 1970년대의 예상되는 국내외 경제의 변동 등을 감안하여 한국무역의 규모와 구조를 전망하기로 한다.

(4) 수입수요에 영향을 미치는 요인은 매우 다양하고 복잡하지만, 수입규모와 유관한 설명변수로서 비농림어업 GNP, 수출총액, 고정자본형성, 실질환율 등을 선정하여 그 중 한 가지 혹은 두 가지 설명변수에 대한 수입규모의 관련을 1960~69년의 실적을 기초로 검사한 결과 비농림어업부문의 GNP를 설명변수로 하는 다음의 회귀방정식에

의한 예측이 가장 적당할 것으로 판단되었다.

$$Y = -635.04 + 1.6262X \qquad R^2 = 0.9595$$

$$(106.71) \ (0.1183)$$

(단, Y는 수입총액, X는 비농림어업 GNP)

위의 회귀분석에 따르면 1976년의 수입총액은 정부의 3차 5개년계획시안에서 비농림어업 GNP 규모를 전제로 할 때 4,084백만 달러의 수준일 것으로 예측된다.

(5) 이를 상품액별로 검토하기 위하여 원자재, 자본재 및 소비재의 수입을 각각 광공업부문 부가가치, 총투자 및 소비지출을 설명변수로 하여 회귀분석하면 다음과 같다.

$$Y_1 = -130.70 + 2.2206X_1 \qquad R^2 = 0.9540$$

$$(41.18) \ (0.1543)$$

(단, Y_1은 원자재수입, X_1은 광공업부문 부가가치)

$$Y_2 = -115.96 + 1.3043X_2 \qquad R^2 = 0.9593$$

$$(27.03) \ (0.0949)$$

(단, Y_2는 자본재수입, X_2는 총투자)

$$Y_3 = -273.09 + 0.3672X_3 \qquad R^2 = 0.7765$$

$$(74.62) \ (0.0696)$$

(단, Y_3는 소비재수입, X_3는 소비지출)

위의 회귀분석에 따르면 1976년의 수입은 정부의 3차 5개년계획시안에서 여러 지표들을 전제로 할 때 원자재 2,110백만 달러, 자본재 980백만 달러, 그리고 소비재 812백만 달러일 것이 예측된다.

따라서 수입상품구조는 1969년의 원자재 47.8퍼센트, 자본재 32.5퍼센트, 소비재 19.7퍼센트에서 1976년의 원자재 54.1퍼센트, 자본재 25.1퍼센트, 소비재 20.8퍼센트로 변화될 것이 전망된다.

(6) 수출에 관하여는 1969년의 수출총액에서 85.3퍼센트를 차지하는 81개 품목을 선정하고, 이들 81개 품목에 대하여 개별적으로 $Y=a+bt$, $\log Y=a+bt$, $\log Y=a+b\frac{1}{t}$, 과거의 수출실적평균, 해외시장의 수요증가율 등을 적용하여 추세분석을 함으로써 개별 품목의 수출예측치를 구하고 수출총액에서 차지하는 이들 품목의 비중이 신규 수출품목의 등장에 따라 매년 1퍼센트포인트씩 하락할 것이라고 가정하여 수출총액을 예측하였다.

이에 따르면 1969년에 수출총액의 85.3퍼센트를 차지하는 81개 품목의 1976년의 수출액은 2,216백만 달러에 이를 것이 예상되고 신규 품목의 등장 등 수출품목의 다양화를 감안하면 1976년의 수출총액은 2,841백만 달러 수준일 것으로 예측된다.

(7) 위의 예측을 기초로 수출상품구조의 변화를 예측해보면, 수출상품구조는 1969년의 1차산품 23.0퍼센트 대 2차산품 77.0퍼센트에서 1차산품 10.1퍼센트 대 2차산품 89.9퍼센트로 변화할 것이 예상된다 (81개 품목의 1976년 수출액은 1차산품 대 2차산품으로 구분하여 수출총액에 적용하였음).

(8) 이상의 예측을 종합하면 적어도 1970년대 전반을 통하여는 국민경제의 무역의존도가 계속 높아질 것이 쉽게 예상된다. 즉 수입의존도는 1969년의 29.7퍼센트로부터 1976년의 36.9퍼센트로, 수출의존도는 1969년의 10.2퍼센트로부터 1976년의 25.7퍼센트로 높아진다. 따라서 국민경제의 무역의존도는 무역수지의 균형을 이룩하지 못한 채 60퍼센트를 웃도는 높은 수준에 이를 것으로 보인다.

(9) 정부가 구상하고 있는 1970년대의 경제성장을 추구함에 있어서 해외수입에 의존경향을 종래와 같이 견지한다면, 개발 초기에 가졌던 대내외의 여러 가지 유리한 조건이 그대로 1970년대에도 작용한다고

가정하더라도, 한국의 무역수지는 위에서 본 바와 같이 1976년에 수출 2,841백만 달러, 수입 4,084백만 달러로서 1,243백만 달러의 적자를 면치 못할 것으로 보인다. 이는 한국의 무역수지의 적자가 1960년의 310.7백만 달러로부터 1969년의 1,201.1백만 달러로 계속 확대되어온 1960년대의 경험에 비추어 본다면 상대적인 의미에서 무역수지의 개선이라고 할 수 있을 것이다. 더구나 무역총액에 대한 무역적자의 크기는 1960년의 82.4퍼센트, 1964년의 54.5퍼센트, 1969년의 49.1퍼센트에서 1976년에는 17.9퍼센트로 크게 줄어들고 있다. 그러나 정부가 예정하고 있는 것처럼 1970년대에 무역수지의 균형이 이루어지리라고 쉽사리 기대할 수는 없을 것 같다.

3. 한국무역의 진로

(1) 역사적 경험에 따르면 경제개발의 초기 단계에서부터 시작하여 수입의존도는 차츰 제고되며 경제개발이 중화학공업화 단계에 이르면 수입의존도는 최고에 달하고 그 이후에는 자연자원 수요구조 및 생산구조 등에 의하여 결정되는 적정한 수준에서 안정화된다. 한편 높아진 수입의존도는 가능한 한 수출의존도에 의하여 커버되어야 하므로 국민경제의 무역의존도는 자연 높아지지 않을 수 없다.

한국의 경우 수입의존도가 1953~59년의 10.4퍼센트에서 1960~64년의 14.9퍼센트를 거쳐 1965~69년의 23.3퍼센트로 커지고 특히 1969년의 그것이 29.7퍼센트에까지 이르렀고, 수출의존도가 1960년의 1.4퍼센트에서 1969년의 그것이 10.2퍼센트로 제고되어 무역의존도가 40퍼센트 수준에까지 이르게 된 것은, 위와 같은 역사적 경험과 대체로 일치한다고 볼 수 있으며, 중화학공업화를 완결할 수 없는 1970년대 전반기를 통하여 무역의존도가 앞서 본 바와 같이 계속 높아진다는 것은 어느 정도 불가피한 면도 없지 않을 것이다.

그러나 1976년에 61.8퍼센트라는 무역의존도는 가까운 일본의 경험에 비추어 볼 때 확실히 과도한 것이다. 무역의존도가 이같이 급격히 높아가면 갈수록 한국경제가 해외경제의 변화로부터 심대한 영향을 받는 정도가 커진다는 것을 의미한다. 국내적으로 산업기반이 완전히 공고하지 못한 처지에서 국민경제의 해외의존도가 그같이 고도화된다는 것은 그것이 설령 가능하다고 할지라도 여러 가지의 문제를 발생시키게 되므로 1970년대의 한국무역은 무역의존도, 특히 수입의존도의 제고를 억제하는 방향으로 나가야 할 것이다.

(2) 한국의 국제수지구조는 무역외수지의 흑자로 무역수지의 적자를 보전하되 전체적으로는 국제수지의 적자를 면하지 못하고 있는 후진성을 갖고 있다. 이것은 국제경제적 발전단계설에 따르면 한국이 아직도 그 제1단계인 미성숙채무국 단계에 있으며 전체적인 국제수지의 균형이 자본계정에서의 흑자 즉 외국차관에 의하여 유지되고 있다.

우리는 하루속히 무역수지가 흑자로 바뀌고 그 대신 무역외수지가 일시적으로 적자가 되는 성숙채무국 단계까지 국제경제구조를 발전시켜야 하는데, 수출입총액에 대한 무역적자의 비율이 1964년의 54.5퍼센트에서 1969년의 49.1퍼센트로 지극히 완만한 속도(매년 1.08%포인트씩)의 무역수지 개선으로는 흑자로의 전환에 45년이 걸릴 것이며, 앞서 우리가 행한 1970년대의 수출입예측에 따르더라도 1976년에 상기 비율이 17.9퍼센트로서 1970년대에 무역수지의 흑자 전환을 기대하기 어려우며, 상기 비율이 1960년의 82.6퍼센트에서 1969년의 49.1퍼센트로 줄어드는 좀더 급속한 1960년대의 추세(매년 3.7%포인트씩 하락)에 따르더라도 1983년에야 미성숙채무국 단계를 벗어날 수 있다. 그러므로 1970년대에 우리가 바라는 바의 국제경제구조의 개선을 꾀하려면, 한편으로 수출증대를 도모하면서 다른 한편으로는 생산재산업 건설 및 원자재 수입대체산업의 건설에 중점을 두는 이외에는 수입을 줄이는 노력을 가속화해야 할 것이다.

(3) 그러나 1970년대에 있어서의 수출진흥은 수출산업의 국제경쟁력 배양을 도외시하고 응급적인 특혜로서 수출 인센티브를 주어온 1960년대의 방식을 탈피하지 않으면 장기적으로 수출증대를 지속하기 어렵게 될 것이다.

수출산업은 특수한 사정이 있는 경우(예컨대 자원의 부존이 어떤 특수한 공업의 발전을 위하여 특별히 유리하다든가)를 제외하면 국내시장을 위한 산업의 발전 없이 독립적으로 발달한다는 것은 매우 어려운 일이다. 일본의 경우를 보더라도 일본의 경제는 1950년 초 이래 약진을 거듭하여 1951~64년간에 연평균 11퍼센트의 경제성장을 보였고 수출은 연평균 16.6퍼센트의 증대를 기록하였는데, 일본의 이 같은 고도성장은 고도의 자본축적과 아울러 기술수준의 향상에 따른 생산성의 제고에 그 원인이 있었으며 일본의 경제성장이 수출에 의하여 선도된 것은 아니었다. 자원의 부존이 전체적으로 빈곤한 한국의 경우 수출산업이 시속적으로 발전하는 길은 수출산업 자체의 육성과 더불어 국내의 모든 산업이 함께 발전하여 생산성 향상에 따른 원가절감으로 수출산업의 국제경쟁력 기반이 확립되는 수밖에 없는 것이다.

(4) 1970년대에 수출증진을 추진함에 있어서는 수출상품구조의 고도화와 다양화가 요망된다. 이는 정부 주도하의 중화학공업 건설과 민간 주도하의 선진국의 사양산업 인수 등에 의하여 어느 정도 가능할 것으로 생각된다.

먼저 선진국 사양산업의 인수는 가까운 일본과의 사이에서 활발히 진행될 것이 예상되는데 그 구체적인 품목은 다음과 같다.

　① 노동집약적인 것: 도자기, 합성섬유직물, 면직물, 모포, 의류, 특수직물, 보석, 기타 섬유제품, 합성섬유사, 모사 등.

　② 자본집약적인 것: 강판, 봉형강, 화학비료, 유리제품, 석유화학제품, 섬유기계 등.

　③ 반제품인 것: 알루미늄, 동, 선전(銑錢), 아연, 니켈 등.

그리고 1970년대 전반에는 주로 선진국 사양산업의 인수와 관련하여 노동집약적인 상품을, 그리고 1970년대 후반에는 중화학공업의 반제품 혹은 완제품을 신규 전략품목으로 집중 개발해야 할 것이다. 그 대상품목이 될 수 있을 것으로 판단되는 것은 1970년대 전반에서는 A형 도자기 등 노동집약적인 고급상품, 볼트, 너트, 나사, 절연 케이블 등, 그리고 1970년대 후반에서는 전기기기, 수송기기, 광학기기 등을 들 수 있겠다.

(5) 수출상품구조의 고도화 및 다양화와 더불어 수출시장구조의 다변화가 요청된다. 앞서 보았듯이, 한국의 수출시장은 극동지역과 북미주에 가장 집중적으로 개척되어 있는데 극동시장만큼의 시장개척이 이루어진다면 세계 전체에 대한 한국의 수출액은 5.6배로, 그리고 북미주시장만큼 개척된다면 한국의 수출액이 2배 가까이 증대할 수 있는 시장잠재력이 여타 지역에도 존재하고 있는 것이다.

그 중 북미와 유럽 및 극동은 선진지역이므로 노동집약적인 상품이 주요한 시장개척 수단이 되며 대양주는 농업적인 선진지역이므로 어느 정도 자본집약적인 상품의 진출도 가능할 것이다.

앞서 말한 바와 같이 1970년대에는 수출상품구조의 고도화가 요청되지만, 선진국과의 기술격차 등 후진적 요소의 완전 불식에 상당한 시간을 요할 것이므로 중화학공업제품의 선진국시장 진출은 당분간 어려울 것이고, 따라서 개발도상지역에 대한 중화학공업제품 수출을 통하여 수출상품구조의 고도화와 아울러 수출시장구조의 다변화를 기할 필요가 있을 것이다.

그 밖에 최근 거론되기 시작한 대(對)공산권 시장개척은 수출시장구조의 다변화에 도움이 될 수 있을 것이다. 유고슬라비아, 폴란드, 체코슬로바키아 및 루마니아 등 비적성(非敵性) 공산국가들의 소득수준이 비교적 높고 또 1인당 수입 수준도 일반적으로 높다는 사실 등을 감안하면 새로운 시장으로서의 가치가 작지 않을 것이다. 그러나 정치적 측면을 떠나서 경제적 측면에서만 보더라도 이들 국가의 무역구조는 원료수입, 특히 열대산 제1차산품 수입 그리고 공업제품 수출적인 것이므로 1970년대의 한국의 무역구조와 반드시 상응하는 것이라고 보기는 어렵다.

(6) 위와 같은 우리의 수출증진 노력이 1970년대에 반드시 성공적인 성과를 거두리라는 보장은 없다. 1970년대의 세계무역은 세계 각 지역의 계속적인 경제성장, 무역확대적인 국제경제정책의 진전, 수송 및 통신수단의 발달 등에 힘입어 1960년대에 못지않은 성장 또는 확대를 시현할 것으로 일반적으로 예측하고 있으나, 그것은 어디까지나 새로운 보호주의 경향의 등장과 국제유동성의 애로, 전 세계적인 인플레 및 고금리 경제의 진행 등과 같은 주요한 교란요인이 효과적으로 제거되리라는 기대하에 가능한 것이다.

그러나 이러한 교란요인이 제거되고 상기의 촉진요인에 힘입어 세계무역이 성장·확대되더라도 그것은 앞서 본 바와 같이 선진국 간 무역의 확대에 더 큰 기여를 할 것이며 선후진국 간의 무역격차나 교역조건의 불리가 크게 개선되리라는 전망은 오히려 흐리다. 따라서 우리의 일방적인 노력만으로 한국의 수출이 순조로운 증진을 보일 것으로 기대할 수는 없는 것이다.

(7) 결국 무역수지의 개선은 수출증진의 노력만으로써는 효과적으로 달성될 수는 없다. 개발 초기에 가졌던 국내외의 여러 가지 유리한 조건들이 1970년대에도 그대로 더욱 유리한 작용을 계속하리라는 보장이 없는 처지에서는 수출증진에 못지않게 수입억제를 위한 노력이 요청된다. 적어도 1970년대 전반에는 자본재 수입의 억제가 매우 어려울 것이나 소비재 수입의 억제가 성공적으로 실현되어야 하고, 1970년대 후반으로 이행하면서 생산재 산업의 건설에 의하여 자본재 수입도 점차 억제시켜감으로써 '원자재 수입·완제품 수출'의 무역구조를 형성해가도록 하여야 할 것이다.

《무역연구》(서울대, 1971. 3)

국제경제의 충격과 한국경제의 좌표
: 선진국 의존적 고도성장정책은 반성돼야 한다

1. 문제의 제기

오늘날 한국경제가 당면한 문제들은 대내적인 요인에 의한 것과 대외경제관계에 의한 것으로 구분할 수 있다. 그런데 그동안 우리나라 개발정책의 기본방향은 외자의존형을 기본으로 하는 수출주도형 개발방식에 두어졌기 때문에 경제체질의 대외의존도 심화를 초래함으로써 위의 두 가지 문제 중 후자에 의한 요인의 상대적 비중이 한층 무거워졌다.

이러한 논리의 근거는 최근 '달러 쇼크'로 대변되는 되는 일련의 국제통화 면에서의 변동이 한국경제에 가져다준 충격의 심도에서도 그대로 발견할 수 있다. 실상 1971년의 한국경제가 부닥치고 있는 여러 가지 어려움은 그것이 수출부진이란 단순한 측면만에 의해서가 아니라 산업 전반에 걸친 경제구조적 문제로서 대외적 관계에 의한 요인으로밖에 설명할 수 없는 국면이 농후한 현실이다.

이 글은 이러한 문제의식에서 최근의 국제통화 파동을 계기로 격동하는 국제경제 흐름 속에서 한국경제의 현실적인 좌표를 발견함으로써 자립적 개발정책 방향의 당위적 요구를 재확인하려는 데 그 목적이 있다.

2. 달러 쇼크와 그 파장

이미 주지하는 바와 같이 지난 8월에 미국 닉슨 대통령은 달러 방위를 위한 긴급경제정책을 발표한 바 있다. 금세기 초유의 무역수지적자를 보일 정도로 어려운 고비에 부닥친 미국으로서는 '달러 본위'의 현 IMF 체제를 더 이상 지탱할 수 없는 현실에 직면하게 되었다.

돌이켜 볼 때 2차 대전 후 오늘에 이르기까지 미국은 세계경제에 왕자로서 군림해 왔다. 세계의 학계와 양심이 그렇게 반대했음에도 미국은 자신의 막강한 경제력을 배경으로 자국통화 달러를 금 대신 새로운 국제통화로 승격시킨 IMF 체제를 만들었고 이를 바탕으로 하여 기축통화국이 갖는 모든 경제적 편익을 마음껏 향유해 왔다.

그러나 결코 객관적 이론과 양심은 거역할 수가 없었다. IMF 체제가 갖는 내재적 모순은 시간이 흐름에 따라 점차 현재화하여 1958년을 고비로 국제통화로서 달러의 지위는 흔들리기 시작하였다.

즉 당초 세계 공업생산력의 54퍼센트, 금보유량의 70퍼센트 이상을 보유할 정도의 막강한 경제력을 과신하고 달러의 무한한 금태환을 기본요건으로 하는 IMF 체제를 출범시켰으나 그 후 겨우 10여 년이 경과한 1958년에 와서는 대외적으로 태환 가능한 금보유고가 24억 달러 수준으로까지 감소되기에 이르렀다. 이때부터 달러에 대한 국제적 신인도는 급속도로 떨어지기 시작했고 그동안 몇 차례의 금파동(gold rush)을 거쳐 드디어 1968년 3월에는 달러의 금태환을 부분적으로 정지하는 이른바 이중금가격제(two-tier gold system)를 실시하기에 이르렀다. 이로써 IMF 체제는 사실상 그 기능이 상실된 셈이 되었지만 1969년 특별인출권(SDR)의 창출 등 달러 위기를 극복하기 위한 갖가지 제도적 보완조치를 동원함으로써 그 명맥을 유지하고자 노력하였다. 그럼에도 미국의 국제수지 적자폭은 더욱 확대되어 갔고, 따라서 대외채무의 누적과 보유금의 감축현상을 심화시킴으로써 결국 지난 8월에는 미국의 요청에 따라 만들어진 중요한 국제협약과 규정을 스스로 위반하면서 '신경제정책'이란 미명 아래 달러의 금태환 전면 정지라는 최후통첩을 내리기에 이르렀던 것이다.

마침내 전후 4반세기 동안 국제경제를 이끌어오던 금·달러 중심의 IMF 통화체제는 허물어지고, 더 나아가 미국은 국제수지 개선을 명목으로 10퍼센트의 수입부가세 조치까지 단행함으로써 하루아침에 세계경제를 한층 더 혼란으로 몰아넣는 셈이 되었다. 즉 이미 1930년대의 쓰라린 경험을 통해서도 익히 알고 있듯이 국제통화의 위기는 통상면의 축소혼란만이 아니라 세계경제의 건전한 발전 자체를 불가능하도록 한다. 물론 아직까지는 미국에 대해 정면으로 대응조치를 취하는 나라가 나타나지 않고, 또 인간의 지혜가 발달했기 때문에 과거 1930년대에 있어서처럼 격심한 무역전쟁으로끼지 발전할 가능성은 적다고 하더라도 현실의 위기가 단시일 내 수습될 전망도 또한 희박하기 때문에 이것이 앞으로 국제경제발전에 적지 않은 영향을 초래하리라는 것은 부인할 수 없다.

더욱이 이 국제통화위기가 현 세계경제 면의 특징적 사실의 하나인 남북문제에 가져올 영향을 과소평가할 수 없는 실정이다. 즉 자본주의적 경제개발 과정을 밟고 있는 다수의 개발도상국들에 대해 이 위기는 일차적으로 교역량의 감소를 통해 그동안 선진국시장에 의존하는 성장기반 아래 이루어진 많은 수출산업을 불황으로 몰아갈 우려가 있다. 이들 국가들은 또한 선진자본의존형 개발과정을 택함으로써 막대한 외채를 안고 있는데 현재 달러위기 수습방안의 하나로 논의되고 있는 강세통화의 평가절상이 만약 실현된다면 이들의 채무부담은 절상폭만큼 자동적으로 증가할 것이다.

이와 같은 사실로 유추해 볼 때 통화위기는 어떠한 형태로든 국제적으로 발언권이 약한 개발도상국에 대해 불리한 방향으로 수습될 것이며 이 남북문제를 한층 더 심화시킬 것이라는 우려를 낳게 한다. 이로부터 일본의 엔화 평가절상 움직임이 또한 우리에게 던져 주는 의미가 결코 가볍지 않음을 알 수 있게 한다.

3. 한국경제에의 충격

이상에서 살펴본 바와 같이 미국이 자국경제를 보호할 목적으로 취한 전(前) 세기의 보호주의적 조치가 가져온 국제경제의 격동은 자본주의형 경제개발을 추구하고 있는 다수의 개발도상국가에 심대한 악영향을 주리라는 것은 부인할 수 없는 경제의 논리이다. 세계경제의 균형적 발전 속에서 인류의 균등한 복지향상을 울부짖는 전 세계 인류의 희망에도 불구하고 타국 경제의 희생 위에 자국 경제의 번영을 지속하려는 현실 부정적 조치는 힘의 대결 속에 순환하는 냉혹한 국제경제의 논리를 특징적으로 표현하여 주는 것이라고도 볼 수 있다. 이러한 경제대국의 국제경제적 횡포는 비단 미국경제만의 생리가 아니며 그것이 경제력의 강약의 흐름에 따라 결국 경제적으로 취약한 국민경제에 집중적으로 전가될 것이므로 오늘의 개발도상국은 이중, 삼중의 불리한 영향을 받게 될 것임에 틀림없다. 특히 그것은 국민경제의 대외의존도가 높은 개방형 개발도상국가일수록 더욱 큰 영향을 받게 될 것이라는 점은 앞에서도 지적된 바와 같다.

이렇게 볼 때 60년대의 외자의존적 경제개발과 수출제일주의 아래 양적인 고도성장을 지속하여온 한국경제에 대하여도 국제경제의 격동은 예외 없이 커다란 충격을 주리라는 것을 우리는 쉽게 예측할 수 있다.

돌이켜 보건대 60년대에 한국경제는 1962년부터 1966년의 제1차 5개년계획기간 중에 연평균 8.3퍼센트, 제2차 5개년기간 중에도 1970년의 4차년도까지 연평균 11.8퍼센트라는 보기 드문 고도성장을 이룩하였으며, 또한 이 기간 중에 수출실적도 연평균 40퍼센트 이상의 높은 신장률을 보임으로써 1970년에는 수출실적 10억 달러를 돌파하였다. 그러나 이러한 고도성장을 이룩하기 위한 총투자액의 52.4퍼센트 (1962~1969년)를 해외저축에 의존하고 있으며 수출제품에 있어서도 그것이 국내적 생산력 기반에 기초한다기보다는 대부분 수입원재료의 가공에 의한 신장이었다고 볼 수 있다. 뿐만 아니라 그동안 도입된 외자와 수출의 대상국이 미국과 일본에 편중되었음을 감안한다면 닉슨 조치와 엔화 평가절상 등 일련의 격변이 가져올 영향은 물가, 무역, 자본도입 등 한국성세의 여러 측면에 지대할 수밖에 없으며, 이것은 애써서 이룩한 고도성장의 기반을 동요시키지 않을까 하는 우려마저도 자아내고 있다.

첫째로 국제경제의 변동이 국내물가의 인상을 자극할 수 있다.

60년대의 경제성장 과정에서 형성된 국민경제의 대외의존도 심화에 의하여 국민경제의 동향이 국제경제의 동향에 크게 영향을 받는 경제구조로 변화되었음은 앞에서 살펴본 바와 같다. 그런데 1970년의 총수입액 1,984백만 달러 중에서 40.8퍼센트인 809백만 달러가 일본에서

수입되고 있으며 총원자재수입액 997백만 달러 중에서도 36.2퍼센트
가 일본에 의존하고 있다. 이처럼 대일 의존도가 높은 수입구조 아래
서 엔화 평가절상은 직접적으로 국내물가를 크게 자극할 것임에 틀림
없다. 더구나 대일 수입품의 대부분이 경제활동에 반드시 필요한 기계
류 및 원자재 등(1970년 대일수입액 중 기계류가 37%, 원자재가 50%의 높
은 비중임) 수입의 가격탄력성이 낮은 품목이기 때문에 가격인상에 따
른 수입감소효과도 기대할 수 없으므로 전반적인 가격인상 자극은 크
다고 보아야 할 것이다.

  둘째로 수출입무역 면에서의 영향을 생각할 수 있다. 〈표 1〉에서 볼
수 있듯이 한국의 수출은 1970년 총수출액의 47.3퍼센트를 미국에,
28.1퍼센트를 일본에 의존하고 있어서 총수출액의 75.4퍼센트를 양국
에 편중 의존하고 있으며, 특히 대미 수출의존도는 거의 50퍼센트에
이르고 있다. 또한 수입구조를 보면, 70년 총수입액의 29.5퍼센트를 미
국에, 그리고 40.8퍼센트를 일본에 의존하고 있어서 역시 수입도 약
70퍼센트를 양국에 편중 의존하고 있다. 이처럼 수출입구조가 미국과
일본에 편중 의존하고 있는 중에도 수출은 미국에, 수입은 일본에 더
욱 크게 의존하고 있음이 지적될 수 있다.

  이러한 수출입구조 아래서 닉슨의 달러방위 조치와 이에 따른 강세
통화국의 평가절상, 특히 예상되는 일본 엔화의 평가절상이 한국 대외
교역에 좋지 않은 영향을 가져오리라는 것을 강대국이 최초에 의도한
대로 분명하다고 보아야 할 것이다.

  즉 10퍼센트의 수입부가세를 선언한 닉슨조치는 이 부가세를 미국
내 수입업자가 부담하게 될 경우는 현지가격 상승요인이 되어 수입수
요 감퇴를 가져올 것이며 만일 한국 수출업자가 부담하게 되는 경우
는 수출채산성을 악화시킴으로써 수출감소 작용을 촉진할 것이다. 더

<표 1> 한국의 대미·대일 수출입의존도

(단위: 백만 달러)

	수 출			수 입		
	총 수 출	일 본	미 국	총 수 입	일 본	미 국
1960	32.8	20.2	3.6	343.5	70.4	133.7
		(61.5)	(11.5)		(20.5)	(38.9)
65	175.1	44.0	61.7	463.4	166.6	182.3
		(25.1)	(35.2)		(36.0)	(39.3)
69	622.5	133.3	312.2	1,823.6	753.8	530.2
		(21.4)	(50.1)		(41.3)	(29.1)
70	835.2	234.3	395.2	1,984.0	809.3	584.8
		(28.1)	(47.3)		(40.8)	(29.5)
71	1,350.0	310.0	670.0	–	–	–
( )		(23.0)	(49.6)			

주: 1) 1971년 계획은 상공부 계수임.
　　2) ( ) 안은 전체에 대한 비율임.
자료: 관세청, 《무역통계연보》.

구나 우리가 대미 수출상품의 원자재 수입에 53퍼센트를 의존하고 있는 일본의 변동환율제의 채택 또는 엔화 평가절상은, 한국 수출상품에 대한 코스트 푸시 요인을 더욱 가중시킴으로써 연쇄적인 수출역진 효과로 나타날 것이다. 그런데 이러한 미국의 보호주의적 정책은 해밀턴 이후 그들 경제정책의 기조로 볼 수 있고 교역확대를 통한 세계 공영의 국호는 자국의 이익에 합치될 때만의 편의적 수단이었음을 간파할 때 이 조치는 자국의 국제수지가 개선될 때까지 장기화될 것이어서 대미 수출 전망은 흐리다고 볼 수밖에 없다.

한편 일본의 엔화 평가절상은 이론상으로는 우리의 대일 무역수지의 개선효과를 가져올 것으로 해석될 수도 있다. 그러나 앞서 본 바와 같이 대일 수입의 비중은 높고 수출의 비중은 상대적으로 낮은 우리 수출입구조의 특성으로 보아 수출촉진 효과보다는 수입품에 대한 가격등귀 요인이 더욱 크게 작용하게 될 것이므로 대일 수지 효과는 더욱 악화될 것으로 보인다. 더구나 닉슨조치 이후 일본의 경기후퇴에 따른 수입구매력 감퇴와 수출제품의 국내수요 충당에 따른 수입감퇴에 의하여 일본의 전반적인 수입수요는 감퇴될 것으로 보아야 한다. 그런데 한국의 대일 수입품은 그 내용이 경제개발을 위하여 필수적인 성격의 기계류와 원자재가 대종을 이루고 있으므로 가격상승에 의한 수입감퇴 효과가 매우 낮은 것으로 보아 향후의 대일 수지 전망은 더욱 악화될 가능성이 크다. 다만 제3국에 대한 수출경쟁에 있어서 일본보다 약간의 유리함을 고려할 수 있으나 이것도 수출품 원재료의 대부분을 일본에 의존하고 있는 사정 아래서는 크게 기대될 수 없다. 이와 같이 닉슨조치와 엔화 평가절상 등의 영향은 우리의 수출입구조를 더욱 악화시키는 작용을 할 것으로 보인다.

셋째로 자본협력 면에서의 영향을 생각할 수 있다. 우선 〈표 2〉에서 보면 우리나라의 차관액을 71년 6월 말 현재 재정·상업차관 및 외국인투자를 합하여 23억 달러에 이르고 있는데, 그 중에서 미국이 44.7퍼센트, 일본이 23.4퍼센트로서 거의 70퍼센트를 양국에 의존하고 있다. 그런데 대미 자본협력의 경우 닉슨조치에 따라 재정차관 중 10퍼센트가 삭감된다고 하더라도 그 규모상 큰 영향이 없을 것으로 보이

〈표 2〉 국별 · 형태별 외자도입 실적(1971년 6월 말 현재)

(단위: 백만 달러)

	차관액			비 율	
	합계(A)	미국(B)	일본(C)	B/A(%)	C/A(%)
재 정 차 관	698.0	463.4	128.8	66.4	18.5
상 업 차 관	1,512.3	493.2	392.3	32.6	25.9
외 국 인 투 자	151.9	99.3	31.4	65.4	20.7
합 계	2,362.2	1,055.9	552.5	44.7	23.4

주: 물자도착 기준이며 차관상환액의 공제분임.
자료: 경제기획원.

나 민간 베이스의 자본협력은 미국의 국제수지가 완화되고 대외투자 억제조치가 완화될 때까지 경직 상태가 계속될 것으로 보인다.

한편 일본은 자국의 수출부진 타개와 과잉보유외화 처리, 대(對)저개발국 협력증진에 대한 대외압력 등의 여건을 감안할 때 연불수출, 합작투자의 방향에서 대외협력 규모를 증대시킬 가능성이 있으며, 이는 이미 일본 정부가 발표한 바 있는 '엔화 평가절상 대책 8개 항목'에도 포함되어 있다. 그런데 71년 7월 말 현재 엔화표시 차관도입액은 확정기준으로 307백여 달러에 이르고 있어서 엔화 평가절상은 국내기업에 그만큼 원리금상환 부담을 가중시킬 것이며 또한 이미 도입된 외자의 중압에 허덕이는 한국의 기업 사정으로 보아 더 이상의 외자 도입은 재고해야 할 것이다.

4. 대책과 개발정책의 방향

지금까지 미국의 달러방위 조치를 그 진원으로 하여 파급된 국제경제의 격동이 우리 경제에 주는 충격에 대하여 살펴보았다. 오늘날 미국의 달러가 직면한 위기는 자국 내의 노동생산성 둔화 및 초과이윤을 목적한 과다한 대외자본유출과 전후에 있어서 서구경제권 및 일본경제의 부흥이 가져온 필연적 귀결이라고 볼 수 있다. 이러한 국제경제의 엄연한 현실을 외면한 미국의 신(新)중상주의적 조치는 마땅히 새로운 질서에 대한 도전으로 규탄되어야겠지만 한편으로 그것이 국제경제의 냉엄한 논리임을 우리는 직시할 필요가 있다. 이러한 논리는 미국의 일방적 강압에 의하여 체결된 이른바 섬유협상 과정의 배리(背理)가 웅변하여 주고 있지 않은가?

1970년의 미국경제 총수입액은 399억 67만 달러였고 한국의 대미 수출액은 3억 7천만 달러로서 미국 총수입액의 0.9퍼센트를 점하는 데 불과하다. 이러한 0.9퍼센트의 한국경제에 대하여도 '조국 근대화'를 위한 혈맹의 호소를 아랑곳없이 외면하는 것이 선진국 경제의 논리라면 우리는 지난번의 선진국 의존적 고도성장을 깊이 반성하여야 할 시기에 온 것이다.

물론 당장에 밀려온 국제경제의 충격에 대처하기 위한 여러 가지 방안을 고려할 수 있다. 즉 ① 미국과 일본에 편중한 수출입 및 자본협력구조의 시정을 위한 대외경제의 다변화, ② 수출경쟁력을 강화하기 위한 노동생산성 향상 및 경영합리화, ③ 국산원자재 대체로 수출제품의 수입원재료 의존을 지양하고 외화가득률을 제고하며 또한 원자재 수입을 되도록 억제할 것, ④ 수출제품을 경공업제품 위주에서 자본재 위주로 변화시킬 것, ⑤ 수출품의 품질고급화 등이 그것이다. 그러나 이러한 시책이 근본적인 것이 될 수 없음은 대외의존적 경제개발이 결과한 이번의 교훈이 가르쳐 준 바와 같다.

근본적으로 우리는 60년대 한국경제를 주도하여 온 고도성장 지상주의에 대하여 깊은 반성이 있어야 될 것으로 생각한다. 고도성장정책의 지향은 국민경제가 가지는 성장잠재력을 초과하는 무리한 성장정책을 수반하기 마련이다. 경제성장에는 무엇보다도 성장을 뒷받침할 만한 자본의 동원이 필요한데 국내저축 능력을 넘는 고도성장은 많은 외자도입에 따른 해외저축에 뒷받침될 수밖에 없다. 그리하여 누적되는 외채를 상환하려면 '수출제일주의'를 표방하는 고율의 수출신장정책을 지향하기 마련이며 이는 결과적으로 국민경제를 대외의존적 '패턴'으로 변화시키게 된다.

또한 성장잠재력을 도외시한 고도성장은 외자기업과 기존의 국내기업인 중소기업 등과 상호보완적 공생관계를 형성하지 못하고 오히려 대립·경쟁관계를 조성하여 현대적 시설을 구비한 외자기업이 국내기업의 희생의 대가로 존립하거나 아니면 부실기업화하는 결과를 가져온다. 더구나 국내기업의 희생 위에 존립하는 외자기업의 경제적 과실이 국민경제의 재생산과정에 투하되는 것이 아니고 외자의 소속국민경제에 귀속하게 될 때 문제는 더욱 크다고 하겠다.

이러한 현상은 수출기업의 경우도 마찬가지이다. 즉 수출기업은 국내적 생산력 기반 위에 국내산업과 관련을 맺으며 존립하는 것이 아니라 수입원재료를 가공수출하는 특성을 갖게 됨으로써 국민경제의 구조적 변화에 도움이 되지 못하고 수입의존도만을 심화시키는 결과를 가져온 것이다. 이와 같이 국내적 기반과 관련을 갖지 못한 외자의 존적 고도성장이나 수출입국의 추구가 가져온 결과는 우리에게 새로운 개발정책의 방향을 제시하여 주고 있다.

즉 한국경제의 지향점을 자주적 근대화로 규정할 때 그것은 양적지표가 가리키는 고도성장이 아니고 국내적으로 균형된 분업관계에 바탕을 둔 산업구조의 변혁인 것이다. 이러한 국내적으로 균형된 재생산구조의 확립과정은 비교생산비설(設)이 주장하는 '선진국 생산재, 후진국 소비재'의 국제분업관계가 아니고 국내분업 간의 이중구조를 해소하고 각 산업 간의 균형된 발전을 기함으로써 상호보완적 분업관계를 형성하는 것이다. 이를 위하여는 재래의 민족적 국내자본을 특혜적으로 육성하고 국지적 시장권의 형성으로부터 국민적 통합을 이루어 국내산업의 존립 기반을 공고히 하면서 외국자본이나 국제분업은 이를 위한 보조적 기능을 수행하는 내포적 공업화를 이룩해야 한다. 즉 새로운 개방정책의 기본방향은 외연적 확대를 통한 고도성장이 아니라 내포적 공업화를 지향하는 착실한 경제성장인 것이다.

《재정》(1971. 12)

한국 대외경제관계의 변화와 전망

1. 서 론

일본의 식민지 지배체제로부터 해방을 맞은 지 50년이 되었다. 그 동안 한국경제는 급속한 성장을 이루어 오면서 대내외적으로 커다란 변화를 경험하였다. 그러나 아직까지 많은 부분에서 대일의존적인 성격이 존재하며, 이에 대한 탈피가 중요한 과제로 제시되고 있다.

이 글은 지난 50년 동안 한국의 대외경제관계를 개관하면서 그 특징과 문제점들을 살펴보는 데 목적이 있다. 그리고 과연 일본경제에의 의존에서 벗어났는가를 살펴보는 것도 관심사이다. 이는 해방 50년을 맞아 한국경제의 나아갈 방향을 제시한다는 차원에서 중요한 의미를 가질 것이라고 생각한다.

그동안 한국경제의 발전과정을 국내시장의 대외개방의 정도와 해외자본의 도입형태를 기준으로 볼 때, 크게 세 시기로 구분할 수 있다. 첫째 시기는 1945년부터 1961년까지이며, 둘째 시기는 1962년부터 1981년까지이고, 셋째 시기는 1982년부터 현재까지이다.

각 시기의 특징은 다음과 같다. 첫째 시기는 경제 전반이 해외원조에 의존한 시기이다. 이 시기에는 국내시장이 매우 폐쇄적이었으며, 외자도입의 주 형태는 미국 원조였다. 둘째 시기는 경제개발계획이 시작되면서 대외지향적 경제성장 체제가 형성된 시기이다. 이 시기에는 전 시기보다는 국내시장의 개방화가 진전되었으나 그것은 수출을 뒷받침하기 위한 수입개방으로 한정된 것이었으며, 외자도입의 주 형태는 차관이었다. 셋째 시기는 전면적인 개방경제 체제로 전환의 시기이다. 이 시기에는 시장개방이 전면적으로 이루어졌으며, 외자도입의 형태는 매우 다양화되었다.

아래에서는 위의 구분에 따라 시기별로 대외경제관계의 변화가 다루어진다. 그리고 대외경제관계의 전망은 결론에서 간략히 다루고자 한다.[1]

2. 원조의존적 경제운용기(1945~1961)

1) 경제상황과 대외경제정책

1945년 8월에 한국은 일본의 식민지 지배체제로부터 해방되었다. 해방 직후 남한에는 미 군정이 수립되었다. 미 군정하의 경제상황은 한마디로 극심한 혼란과 침체로 표현될 수 있었다. 36년간의 식민지 경제가 그 종주국과의 관계 단절로 생산은 급격히 둔화될 수밖에 없었고, 남북분단은 이를 더욱 심화시켰다. 1946년에 실시한 산업조사에 따르면 1946년 남한의 제조업체 수는 1944년에 비해 43.7퍼센트나 줄어들고 제조업 취업자 수는 59.4퍼센트나 감소하였다. 1948년에 와서도 남한의 제조업 총생산액[2]은 1939년의 21.2퍼센트에 불과했다.

---

1) 지난 50년 동안의 대외경제관계의 주요 지표는 〈부표〉로 작성되어 있다. 본문에서 특별히 명시되지 않는 경우에는 이것을 참조해 주기 바란다.

1948년 정부 수립 후 점차로 호전하는 듯했으나, 1950년 6·25의 발발로 인해서 경제는 또다시 극심한 혼란에 휩싸이게 되었다. 생산시설은 거의 파괴되었고, 인플레이션과 물자부족 등으로 일반국민의 생활은 크게 악화되었다. 모직, 제지업과 같은 일부 경공업부문에서는 6·25 이전보다 높은 생산량을 보였지만, 대부분의 기초소비재 생산량은 현격히 줄었다.

이와 같은 극심한 빈곤으로부터의 탈피와 전후 복구를 위해 외국의 원조에 절대적으로 의존할 수밖에 없었다. 6·25 이전에는 GARIOA(점령지역 구호원조)와 같은 구호목적의 원조가, 6·25 이후에는 ICA와 같은 부흥 및 개발목적의 원조가 주로 이루어졌다. 원조는 국민들에게 기초소비재를 제공했을 뿐만 아니라 생산의 물적 기반으로서 기능하였다. 1945~1961년에 이루어진 원조 총액은 31.4억 달러로서 수입과 재정의 상당 부분을 차지하였다. 원조는 1953~1961년에 총수입액의 72.6퍼센트를 차지하였고, 1953~1960년에는 일반재정 총세입액의[3] 약 43퍼센트를 충당하였다. 이처럼 이 시기의 한국경제는 원조경제라고 불릴 만큼 원조에 절대적으로 의존하여 운용되었던 것이다.

이 시기에는 정부는 대외거래를 매우 엄격히 통제하였다. 민간무역은 1946년 1월부터 재개되었는데, 미 군정의 대외무역규칙에 의해 모든 무역활동은 군정 당국의 허가를 받아야 했다. 1948년 정부 수립 이후에도 이러한 수출입허가제도는 그대로 지속되었을 뿐만 아니라, 수출입면허제도와 수입할당제 같은 무역통제제도가 추가되었다.[4] 이 같은 무역통제는 불리한 가격조건에 의한 수출과 불법적 외환거래 및

---

2) 1948년의 제조업 총생산액은 5억 2,600만 환(1948년 불변가격 기준)이었다.
3) 일반재정 총세입액은 2조 3,814억 환이었다.
4) 1955년 8월에 수입할당제는 폐지되었으며 품목별 수입면허는 수입제한품목의 수입에만 한정되었다.

자본도피를 방지하며, 불요불급한 상품유입을 방지하기 위한 것이었다. 결국 이 시기 대외경제관계는 매우 폐쇄적인 성격을 띤 것이었다.

2) 대외경제관계

(1) 무역동향과 구조

해방 직후인 1946년에 수출액은 0.031억 달러, 수입액은 0.112억 달러였고 1947년에는 각각 0.222억 달러, 0.418억 달러이었다. 그 이후 수출입액은 다 같이 1951년까지 감소하다가 1952년과 1953년에 증가를 보였다. 그 증가의 정도는 수입액의 경우 특히 현저하였다. 수입액은 1952년에는 2.142억 달러, 1953년에는 3.454억 달러나 되었다. 이런 수출입액의 증가는, 주로 수출액의 경우에는 중석 등의 광산물의 수출증가에 그리고 수입액의 경우에는 전쟁으로 야기된 식료품 등의 물자부족을 보충하기 위한 원조 및 수입증가에 기인하였다고 할 수 있다. 이에서 6·25가 무역에 미친 영향을 찾아볼 수 있는데, 수출액은 1951년에, 그리고 수입액은 1950년에 각각 0.077억 달러, 0.021억 달러[5]로서 최저치를 나타내기도 했던 것이다. 그러나 수출입액은 1954년에 다시 감소하였다. 수출액의 경우에는 물론 수입액의 경우도 원조를 제외하고 볼 때[6] 1961년까지 감소 추세를 보였던 것이다. 전반적으로 해방 이후 1961년까지 무역의 비중이 미미하였다. 1953~1961년에는 연평균으로 수출의존도는 2.9퍼센트, 수입의존도는 11.2퍼센트에 불과하였다.

---

5) 1950년의 수입액은 6·25로 인하여 서울 및 인천세관의 3~6월 자료가 포함되어 있지 않다. 그러나 이것을 감안하더라도 수입액은 매우 낮았던 것으로 생각된다.
6) 원조를 제외한 수입액은 1953년 1.536, 1954년 0.939, 1955년 1.086, 1956년 0.662, 1957년 0.682, 1958년 0.672, 1959년 0.810, 1960년 0.972, 1961년 1.032였다(단위: 억 달러).

<표 1> 수입상품의 구성 추이(1949~1961)

(단위: %)

	음식료품	원 료		공업제품		
				화 학 제 품	가 공 용 원 료	기계류, 운수용장비
1949	1.0	17.9	78.4	17.0	59.1	2.2
1950	1.0	7.5	86.4	16.7	58.7	10.9
1951	4.3	24.5	76.2	19.9	53.5	2.8
1952	48.4	5.0	43.8	19.6	21.5	2.6
1953	47.6	7.4	42.6	16.4	22.8	3.4
1954	17.4	7.3	70.7	15.2	41.9	13.6
1955	6.8	22.0	50.3	17.5	16.1	16.8
1956	14.0	24.1	48.7	19.3	18.3	11.1
1957	26.0	23.5	39.4	17.4	12.3	9.6
1958	18.4	20.9	42.8	18.1	15.0	9.7
1959	9.4	35.3	50.9	23.6	13.0	14.3
1960	9.6	28.6	49.6	23.1	14.3	12.2
1961	13.4	31.5	47.9	20.6	13.2	14.1

* 1954년까지 원화 기준, 1955년부터는 달러 기준 수치임.
자료: 내부무 통계국, 《통계연감》, 1960; 한국은행, 《경제통계연보》, 1962.

한편 수출상품의 구성을 보면 1946~1961년에는 농수산물과 광산물이 그 대부분을 차지하였으며 공산품의 비중은 작았다. 그러나 6·25로 인해서 수산물 수출은 큰 타격을 입은 데 반해서 중석을 비롯한 광산물 수출은 활기를 띠었던 것이 사실이다. 1949년까지 수출의 주종을 이루던 수산물 수출이 감소한 반면, 1947~1949년에 총수출액의 10퍼센트 미만이던 중석을 비롯한 광산물의 비중은 1951~1953년에는 65~79퍼센트로 급증하였으며 1961년까지 60퍼센트 내외를 유지하였다.7)

수입상품의 구성에 있어서는 6·25 전에는 직물 및 직용사(織用絲) 등의 가공원료와 화학제품이 큰 비중을 차지하고 있었는데 1949년에는 그들 수입액이 총수입액8)에서 차지하는 비중은 59.1퍼센트와 17.0퍼센트이었다. 그러나 6·25 중에는 식료품 수입이 급증해서 그 수입액은 1952~1953년에 총수입액9)의 44.1퍼센트를 차지하였다. 그리고 1954~1961년에는 6·25 전과 비교할 때 가공원료의 수입이 크게 감소한 반면 기계류 및 운수용 장비의 수입은 현저하게 증가하였다. 그 결과 기계류 및 운수용 장비의 수입액이 총수입액에서 차지하는 비중은 1949년의 2.2퍼센트에서 1961년에는 14.1퍼센트로 증가하였다.

(2) 원조의 역할

앞서 말한 바와 같이 이 시기의 한국경제는 원조에 크게 의존하여 유지되었다. 그 결과 원조는 대외경제관계뿐만 아니라 경제 전체에 커다란 영향을 끼쳤다. 원조는 1950년대 중반을 전후하여 가장 많이 도입되었다. 〈그림 1〉에서 보는 바와 같이 1953년 이후 원조는 1957년까지 절대액으로나 수입액에서 차지하는 비중으로나 계속 증가하여 왔으며, 1957년을 정점으로 그 이후부터는 감소하는 추세를 보였다.

원조는 시기에 따라 내역에도 변화가 있었다. 6·25 전에는 긴급구호의 목적을 띤 GARIOA나 ECA 원조가 대부분을 차지하였으나, 6·25 후에는 군사원조의 성격이 짙은 ICA 원조와 미국의 잉여농산물 처분을 위해 행해진 PL480 원조가 큰 비중을 차지했다.

---

7) 김광석 외, 《한국의 외환·무역정책》, 1976, 49~50면; 경제기획원, 《한국통계연감》, 1969 참조.
8) 총수입액(경상가격)은 1,474만 원이었다.
9) 총수입액(경상가격)은 29억 4,143만 원이었다.

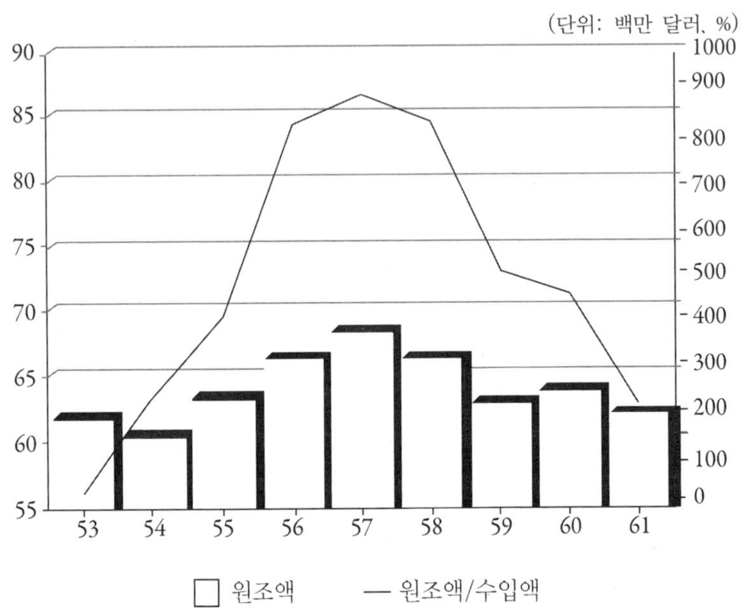

〈그림 1〉 원조의 추이(1953~1961)

자료: 〈부표 1〉, 〈부표 2〉와 동일함.

〈표 2〉 원조의 품목별 구성(1945~1961)

(단위: 백만 달러, %)

품목별 원조별	계	기술 원조	시설재	공업원료 농산물	기타 원자재	연료 및 비료	최종 소비재	기 타
GARIOA	410		41(10.0)	11(2.7)	8(2.0)	123(30.0)	205(50.0)	22(5.3)
ECASEC	202		26(13.0)	37(18.3)	10(5.0)	105(52.2)	20(10.0)	3(1.5)
CRIK	457		27(6.0)	41(9.0)	9(2.0)	78(17.0)	260(57.0)	41(9.0)
UNKRA	122	8(6.0)	85(70.0)	12(10.0)			11(9.0)	6(5.0)
ICA	1,745	30(1.7)	524(30.0)	297(17.0)	279(16.0)	506(29.0)	35(2.0)	75(4.3)
PL480	203			128(63.0)			75(37.0)	
계	3,139	38(1.2)	703(22.4)	526(16.8)	306(9.7)	812(25.9)	606(19.3)	147(4.7)

자료: 정일용, 1987, 94면에서 재인용함.

한편 당시 원조물자에서는 〈표 2〉에서 보는 바와 같이 소비재나 원·연료의 비중이 압도적으로 컸다. 원료 및 연료(공업원료 농산물, 기타 원자재, 연료 및 비료)가 전체 원조의 52.4퍼센트를 차지했으며, 소비재의 비중은 19.3퍼센트였다. 또한 생산을 위한 시설재 곧 자본재의 원조액은 22.4퍼센트로서, 이들 원조물자는 당시 공급된 자본재의 대부분을 차지하였다고 할 수 있다. 따라서 이 시기에는 주로 원조물자의 가공을 통해 소비재를 생산하는 공업화가 진행되었다. 1950년대의 대표적 산업이었던 3백산업은 원재료와 자본재를 원조에 절대적으로 의존하여 발전된 산업이다.

더욱이 원조는 한국 산업을 대기업 위주라는 특성을 갖는 것으로 하였다. 민간에 불하되는 원조물자를 몇몇 기업이 독점적으로 배정받았는데, 이는 완제품의 독점적 공급뿐만 아니라 막대한 유통이윤을 보장해 주는 것이었다. 저환율[10]이 적용된 원조물자의 불하, 저금리의 대충자금의 융자는 커다란 혜택이 아닐 수 없었던 것이다.

기술도입도 유상기술도입이 이루어지지 않아 원조에 완전히 의존했다. 1951년부터 UN 산하기관들에 의한 기술원조가 시작되었고, 1954년부터는 FOA[11]를 통한 미국의 기술원조가 시작되었다. 이 시기 기술원조의 대부분은 바로 AID를 통해서 이루어졌으며, 그 형태는 훈련생 파견, 기술자 초빙, 용역계약, 과학기재 도입 등이었다. 기술원조액은 AID 원조가 본격적으로 이루어진 1955년부터 급격히 증가하기 시작하여 1959년 0.131억 달러에 이르렀다(〈표 3〉 참조).

---

10) 이 당시 환율제도는 미 달러화에 고정된 고정환율제도였는데, 이는 미 군정 당국이 1945년 공정환율을 1달러 대 15원으로 정하면서 시작되었다. 공정환율은 실제 수준을 반영하지 못하여 시장환율이 훨씬 높았다. 그런데 원조물자의 불하 시 적용된 환율은 이러한 공정환율보다 더 낮은 것이었다.

11) FOA의 명칭은 1956년부터는 ICA로, 1961년부터는 AID/DG로 변경되었다.

<표 3> 기술원조의 재원별 추이(1951~1961)

(단위: 백만 달러)

	총 액	AID	UN	기 타
1951~1954	0.166	0.040	0.126	−
1955	0.889	0.856	0.033	−
1956	5.328	5.284	0.045	−
1957	8.847	8.770	0.077	−
1958	3.347	8.749	0.098	−
1959	13.109	12.862	0.247	−
1960	10.154	9.876	0.278	−
1961	8.520	6.685	1.360	0.475

자료: 과학기술처, 《과학기술연감》, 1969.

결국 이 시기의 한국경제는 원조를 통해 자본축적에 필요한 연료, 원료, 자본재, 기술 모두를 조달하는 대외의존적 성격을 띠었다고 할 수 있다. 원조는 물자의 공급뿐만 아니라 자금의 공급원으로서도 한국 경제에 막대한 영향을 미쳤다.

3) 대일 경제관계의 특징

이 시기에 대일 경제관계는 매우 불안정한 모습을 보였다. 그것은 상당 부분 정치적 관계로 인한 것이었다. 정부 수립 이후부터 1961년 까지 수출입에서 일본의 비중을 살펴보면 매우 변화가 심하였다는 것 을 알 수 있다(<그림 2> 참조).

1948~1949년에 연평균으로 16퍼센트이던 수출액에서 일본의 비중 은 6·25 중인 1950~1952년에는 크게 증가해서 78.7퍼센트나 되었다. 6·25 후에 30퍼센트대로 감소한 일본 비중은 1950년대 후반에 다시 증가해서 1959년에는 64퍼센트로 되었다.

한편 6·25 전에 10퍼센트 내외였던 수입액에서 일본의 비중은 6·25

〈그림 2〉 대일 수출입의존도 추이(1948~1961)

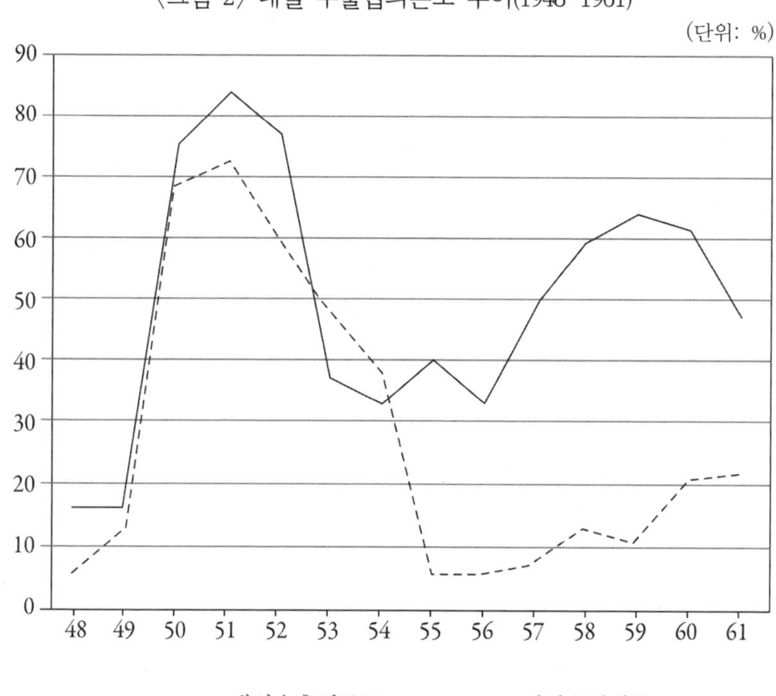

주: 1) 수입액은 원조액을 포함한 수치임.
   2) 1954년까지는 원화 기준, 1955년 이후는 달러 기준으로 작성함.
자료: 한국은행, 《경제통계연보》, 각 연도.

중인 1950~1952년에 67.0퍼센트까지 증가하였다가 6·25 후에 다시 감소해서 1955년에는 5.6퍼센트로 되었다. 그러나 이후 점차 증가해서 1960년에는 20.5퍼센트로 되었다.

수출입에서 일본 비중의 확대는 6·25가 계기가 되었다. 이 시기 수출에서 일본 비중의 증대는 일본을 통한 위탁수출 때문이었다. 수입에서 일본 비중의 급증은 당시 미국이 군수물자를 주로 일본에서 조달했기 때문이다. 이는 패전 후 일본경제가 회복되는 데 크게 도움을 준 반면,[12] 한국이 이러한 대일 수출입의 확대는 대일의존적 성격을 띠게 한 주요한 계기로 작용하였다.

1955년에는 수출입에서 일본의 비중은 급격히 줄어드는데, 이것은 휴전에 따라 전시수요가 축소된 데다가 정부의 대일 수입제한조치 등이 취해졌기 때문이었다. 그러나 일본 비중은 정치적인 단절에도 불구하고 다시 증대되었다. 당시 수출상품의 주종을 이루었던 농수산물 및 광산물의 주요 시장으로서 일본의 중요성이 증대되었을 뿐만 아니라, 원조를 제외한 자본재 등의 도입에 있어서도 대일 의존성이 높았기 때문이었다.

이 시기 대일 경제관계는 무역에 국한되어 있었다. 국교가 정상화되지 않은 상태였기 때문에 자본도입과 기술도입은 전무하다시피 하였다. 그러나 수출입의 경우 대일 교역에 대한 제재가 있었음에도 불구하고 전후 꾸준한 관계가 유지되었다.

3. 대외지향적 경제성장 체제의 형성기(1962~1981)

1) 경제상황과 대외경제정책

제1차 계획[13]이 실시된 1962년부터 제4차 계획이 끝난 1981년까지는 한마디로 수출주도적 고성장의 시기라고 할 수 있다. 경제성장률은 연평균으로 제1차 계획기간(1962~1966)에는 7.9퍼센트를, 제2차 계획기간(1967~1971)에는 9.5퍼센트를, 제3차 계획기간(1972~1976)에는

---

12) 일본은 미군의 특수(미군 및 미군인의 지출)에 의해 1951년 5.95억 달러, 1952, 1953년에는 각각 8억 달러 이상의 외화수입을 올렸다. 이 수치는 당시 수출의 60~70%에 이르는 것이었다. 中村隆英, 《日本經濟》, 1978, 167면 참조.
13) 정식 명칭은 '제1차 경제개발 5개년계획'이다. 제5차 계획부터 정식명칭이 '제5차 경제사회발전 5개년계획'으로 바뀌었으며, 1993년부터 시작된 현 계획은 '신경제 5개년계획'이다.

8.5퍼센트를, 제4차 계획기간(1977~1981)에는 5.6퍼센트를 기록하였다. 한편 수출증가율은 연평균으로 각각 38.6퍼센트, 33.8퍼센트, 29.6퍼센트, 12.3퍼센트이었다. 제4차 계획기간에 경제성장률이 5.6퍼센트로 둔화한 것은 주로 이런 수출증가 둔화에 기인한다고 보면 된다.[14] 제1차 계획은 처음에는 공업화의 방향을 수출지향적 성격의 경공업화와 수입대체적 성격의 중화학공업화의 병행에 두었다. 그러나 1962~1964년에 한편으로는 원조의 감소와 정부의 확대정책으로 인해서 외환보유고가 급격히 감소되었고 다른 한편으로는 섬유공업 등 일부 경공업 부문의 과잉설비와 실업문제가 야기되었다. 그리하여 1964년에 제1차 계획은 수정되었으며 정책방향 또한 수출지향 내지 수출증대로 전환하게 되었다. 그리고 무상원조의 감소에 직면하여 차관과 외국인 직접투자와 적극적인 도입을 위한 대책이 마련되었다. 바로 이런 정책의 전환으로 1960년대와 1970년대의 한국경제는 경제성장을 수출증대에 크게 의존하고 투자에 필요한 외자의 대부분을 차관에 의존하는 성격을 띠게 되었던 것이다.

이런 수출지향으로의 정책전환은 대외개방의 확대로 나타났다. 그러나 개방의 정도와 범위는 부분적이었다. 이것은 당시의 수출정책과 수입정책에 영향받은 바가 근데 이들 사이에는 접근방식에 큰 차이가 있었다.

수출정책은 한마디로 '수출진흥정책'으로 특징지을 수 있다. 정부는 1962~1963년에 수출증대를 위한 조치로서 선정된 수출품목에 대해서 수출보조금을 직접 지급하고 모든 수입을 수출실적에 결부시키는 수출입연계제도를 실시하였다. 이와 함께 수출을 위한 우대금융과 조세

---

14) 석유파동, 중화학공업 투자조정 등도 그 원인으로 볼 수 있다.

감면조치도 실시하였다. 그리고 1964년에는 평가절하를 통해 환율을 현실화해서 수출에 대한 가격유인을 증대시켰다.[15] 그런가 하면 1964년부터 수출입연계제도를 축소하는 대신 수출에 대한 세제지원이나 우대금융, 공공요금의 할인, 무역업 등록에 필요한 수출실적의 인상,[16] 수출진흥을 위한 수입쿼터 배정[17] 등과 같은 여러 간접지원을 계속 확대하였다.

한편 수입정책은 다음과 같았다. 1962~1963년에는 수입규제가 강화되어 반기별 무역계획을 통한 수입규제, 임시특별관세, 수출입연계제도 등이 채택되었다. 특히 반기별 무역계획은 포지티브 리스트 방식으로 매반기 초에 발표되었다. 그러나 1964년 이후 수입규제는 완화되는 모습을 보였다. 우선 관세 이외의 수단에 의한 직접적 수입규제가 완화되었다. 즉 반기별 수입품목 공고 시 점차 수입가능 품목 수는 증가되었고 수입금지 품목 수는 축소되었다.[18] 그리고 1967년 하반기부터는 종래의 포지티브 리스트 방식이 네거티브 리스트 방식으로 바뀌었다. 이 네거티브 리스트 방식의 채택은 상당수의 비(非)명시품목을 정부 승인 없이 수입할 수 있다는 점에서 수입자유화의 진전을 의미한다고 할 수 있다.

---

15) 정부는 1964년 5월 3일자로 달러당 기본환율을 130 대 1에서 255 대 1로 인상했다.

16) 1962년 공포된 수출진흥법에 따라 무역업자가 등록을 유지하기 위해서는 일정액 이상의 수출실적을 달성해야 하는데, 그 최저액이 1962년에는 5천 달러였지만 그 액수가 거의 매년 증가하여 1977년에는 100만 달러에 이르렀다.

17) 1968년부터 수출입 기별공고에서 수입쿼터의 배정은 수출용 원자재를 공급하는 국내생산자와 다액수출업체로 한정되었다.

18) 수입가능품목의 수를 보면 1964년 상반기에 1,124개, 1965년 상반기에 1,558개, 1966년 상반기에 2,240개, 1967년 상반기에 3,082개로 점차 증가했으며, 수입금지품목은 각 기에 617개, 624개, 583개, 362개로 점차 감소하는 추세를 보였다.

그러나 1967~1968년에 수입이 증가하자 정부는 당초의 계획과는 달리 1968년 하반기 수입품목 공고 시 수입제한 품목 수를 증가시켰으며, 이러한 추세는 1976년까지 계속되었다. 그런가 하면 1978년의 수입자유화 추진도 일시적인 것에 불과하였다. 그 추진은 중동건설 붐과 수출증대에 따른 국제수지 흑자에 기인했다. 그러나 수입자유화의 속도는 1979년부터 다시 둔화되었다. 이것은 그동안 개선되었던 국제수지가 1979년에 석유가를 비롯한 국제 원자재가격의 급등, 소비재 및 내수용 원자재 수입의 급증으로 급격히 악화되었기 때문이었다.

결국 이 시기는 수출증대에 주력하면서도 수입개방에는 상대적으로 제한적이고 소극적이었던 시기라고 할 수 있다. 수입개방은 1967년의 네거티브 리스트 방식의 채택, 1978년의 3차례의 수입자유화 조치 등을 통해서 부분적으로 진전되기는 했으나, 그것은 수출산업의 육성, 중화학공업제품의 수출증대 등을 위해서 부수적, 보조적으로 취해진 면이 많았다. 따라서 이 시기의 대외경제관계는 확대·개선되었으나 대외개방만을 놓고 볼 때 그 진전은 제한적인 것이었다고 할 수 있다.

이 시기에는 차관이 투자에 필요한 외자의 주된 형태이었다. 1961년까지만 해도 유일한 차관은 미국의 DLF 차관이었다. 그러나 1961년까지 그 차관의 확정액(차관협정 서명기준)은 0.188억 달러로 미미했으며 실제 도착액은 더 보잘것없었다. 게다가 미국의 원조는 감소하고 있었다. 따라서 1962년에 제1차 계획이 실시되자 투자에 필요한 외자는 유상의 차관에 의존하지 않을 수 없게 되었다. 그리하여 1962년에 기존의 〈외자도입촉진법〉(1960)을 보완하는 〈차관에 대한 지불보증에 관한 법률〉 및 〈장기 결제방식에 의한 자본도입에 관한 특별조치법〉이 제정되었다. 뿐만 아니라 IBRD, IMF, IDA 등 국제기구에 가입함으로써 공공차관의 도입기반이 조성되었다.

그러나 차관도입이 본격적으로 이루어지게 된 것은 1960년대 중반부터였다. 그리고 획기적인 전기가 된 것은 1965년의 한일국교정상화였다. 한일국교정상화는 청구권자금은 물론 공공 및 상업차관 등 일본의 자본이 유입되는 계기가 됨으로써 외자도입은 새로운 국면을 맞이하게 되었다. 당시 미국은 외자도입 선으로서 절대적인 위치를 차지하고 있었으나 한일국교정상화로 일본이 외자도입 선으로 급부상하였으며 1970년대에는 미국과 함께 주된 외자도입 선이 되었다. 또한 1966년에는 외자도입과 관련한 앞서의 세 법률이 〈외자도입법〉으로 일원화되었다. 그리고 1960년대 말부터 외국인 직접투자를 확대하려는 노력이 본격화되었으며 1970년에 제정된 〈수출자유지역설치법〉에 따라 마산에 수출자유지역이 설치되었다.

이런 외자도입을 위한 노력은 1970년대에도 지속되었다. 1972년부터 실시된 제3차 계획은 특히 중화학공업의 육성에 역점을 두었는데, 이에 필요한 방대한 규모의 투자재원 조달을 위해서 외자도입의 증대는 불가피하였다. 1970년대 중반 이후 국제수지의 호전으로 외자수요가 일시적으로 감소하기도 했으나, 1970년대 말과 1980년 초에는 고(高)국제금리, 보호무역주의, 제2차 석유파동 등과 같은 대외경제환경의 악화와 국내의 정치적 혼란, 심한 불경기 등으로 심각한 외채위기에 직면하게 되었다. 이것은 외자에 의존한 경제성장이 대내외 경제환경의 변화에 얼마나 취약한가를 보여준 것이었다.

2) 대외경제관계

(1) 무역구조의 변화

전반적으로 이 시기 수출입은 매우 높은 증가세를 기록하였다. 수출액은 1962년에 0.548억 달러이던 것이 1977년에는 100.5억 달러, 1981

년에는 212.5억 달러가 되었고 수입액은 1962년에 4.2억 달러이던 것이 1977년에는 108.1억 달러, 1981년에는 261.3억 달러가 되었다. 수출과 수입의 실질증가율은 각각 연평균 37.8퍼센트, 26.7퍼센트라는 수치를 보였다. 이것은 경제성장률이 연평균으로 7.9퍼센트였음을 고려해 볼 때 매우 높다고 할 수 있다. 따라서 무역의존도는 연평균으로 제1차 계획기간에 18.9퍼센트에서 제4차 계획기간에는 66.2퍼센트로 높아졌다. 이것은 경제 전체에서 차지하는 무역의 중요성이 커지게 되었음을 의미한다.

수출과 수입은 단순히 양적인 확대에 그치지 않고 상품구성에서도 커다란 변화를 보였다. 우선 수출상품의 구성에 있어서는 농수산물과 광산물의 비중은 제1차 계획기간에 연평균으로 30.2퍼센트와 18.9퍼센트이었으나 점차로 감소해서 제4차 계획기간에는 8.6퍼센트와 0.7퍼센트로 되었다(〈표 4〉 참조). 이와 달리 공산품의 비중은 연평균으로 제1차 계획기간에 51.0퍼센트이던 것이 매우 크게 증가해서 제4차 계획기간에는 90.5퍼센트로 되었다. 그런가 하면 수출공산품의 구성에서도 경공업제품의 비중은 연평균으로 제3차 계획기간에 58.4퍼센트이던 것이 제4차 계획기간에는 40.7퍼센트로 감소한 데 반해서, 중화학공업제품의 비중은 30.4퍼센트에서 총수출액의 반인 49.8퍼센트로 증가해서 경공업제품의 비중을 상회하게 되었다.

한편 수입상품의 구성에 있어서 제1차 계획기간에 연평균으로 72.0퍼센트로서 가장 컸던 내수용 원자재의 비중은 계속 감소해서 제4차 계획기간에는 31.1퍼센트로 된 데 반해서 자본재의 비중은 18.2퍼센트에서 27.9퍼센트로, 수입원자재의 비중은 6.0퍼센트에서 21.6퍼센트로 증가하였다. 이것은 수출지향적 성장전략에 상응한 변화를 나타내는 것이라고 할 수 있다.

〈표 4〉 수출입상품의 구성 추이

(단위: %)

		제1차 (1962~1966)	제2차 (1967~1971)	제3차 (1972~1976)	제4차 (1977~1981)
수 출	농수산물	30.2	13.8	9.7	8.6
	광산물	18.9	7.0	1.5	0.7
	공산품	51.0	79.2	88.8	90.5
	경공업제품	–	–	58.4	40.7
	중공업제품	–	–	30.4	49.8
수 입	자본재	18.2	31.7	27.7	27.9
	수출용 원자재	6.0	17.0	30.3	21.6
	내수용 원자재	72.0	45.8	28.8	31.1
	석유류	5.9	6.3	13.3	19.5

* 기간구분은 경제개발계획연도를 기준으로 한 것임.
자료: 경제기획원, 《주요경제지표》, 각 연도; 한국무역협회, 《무역통계》, 각 연도.

이 시기에는 국제수지는 만성적인 적자를 기록하였다. 무역수지(통관기준)와 경상수지의 적자는 제1차 계획기간에 18.7억 달러와 3.4억 달러를 기록하였다. 그런데 그 적자폭은 제4차 계획기간까지 계속해서 확대되었다. 그 적자는 제2차 계획기간에는 53.6억 달러와 26.6억 달러, 제3차 계획기간에는 75.6억 달러와 49.0억 달러, 제4차 계획기간에는 무려 179.7억 달러와 151.9억 달러이었다. 이런 만성적인 경상수지 적자는 결국 외자도입을 촉진시켰음은 물론이다. 그런데 만성적인 경상수지 적자는 주로 수출이 단순 조립가공형인 탓에 수입유발적인 수출기반이 국내산업에 형성된 데 기인했다고 볼 수 있다. 〈표 4〉에서 보는 바와 같이 산업 전체의 수입유발계수도 크지만 제조업의 그것은 더 크다. 그런데 중화학공업의 경우에는 제조업의 경우보다 더 크다.

1980년에는 제조업의 수입유발계수는 0.33, 중화학공업의 그것은 0.46 이었다.[19]

(2) 차관 중심의 외자도입

대외경제관계의 확대에 따른 국제수지 적자의 누적과 투자재원 확보의 필요성으로 인해서 외자도입은 계속 증가하였다. 차관, 뱅크론 및 외국인 직접투자를 합한 외자도입액은 제1차 계획기간에는 3.6억 달러였으나 제2, 3차 계획기간에는 각각 26.8억 달러와 65.1억 달러를 기록하였다. 그리고 제4차 계획기간에는 186.4억 달러가 도입되기에 이르렀다.

1970년대 말에 이르기까지 의자도입의 주된 형태는 차관이었다(〈그림 3〉 참조). 외자도입액 중 공공차관액과 상업차관액의 비중은 각각 31.8퍼센트와 43.1퍼센트를 기록함으로써, 차관이 74.9퍼센트라는 매우 큰 비중을 차지하였다. 차관도입액은 원조가 감소하기 시작한 1960년대 전반에 점차 증가하다가, 1966년부터 크게 증가해서 원조액을 상회하게 되었다. 공공차관은 사회간접자본 형성에 주로 사용된 반면 상업차관은 대부분 제조업에 배분되었다.

금융기관을 통한 뱅크론은 1970년대 전반까지는 상대적으로 적었으나, 외채위기로 인하여 1979년부터 그 도입이 급증하여 제4차 계획기간에는 그 비중이 25.9퍼센트로 크게 높아졌다. 외국인 직접투자액은 전반적으로 낮은 비중이었는데, 제3차 계획기간에는 차관기업의 부실화로 인하여 정부가 외국인 직접투자를 적극 장려함으로써 그 비중이 8.6퍼센트로 상승하였다. 그러나 제4차 계획기간에는 다시 3.7퍼센트

---

19) 한국은행, 《1985년 산업연관표 작성 개요》를 참조하기 바란다.

<그림 3> 외자도입액의 형태별 구성(1962~1981)

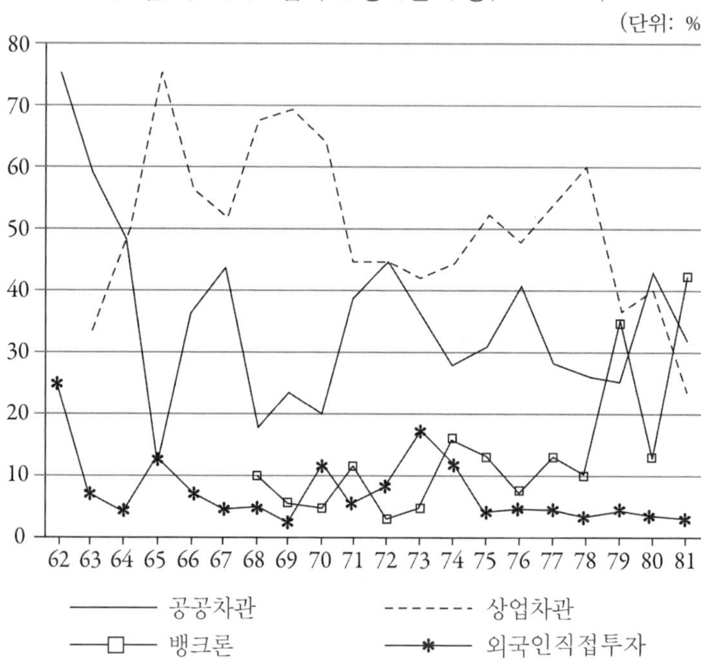

* 차관, 뱅크론, 외국인직접투자의 합계에서 차지하는 비중임.
자료: <부표 2>와 동일함.

로 하락하였다.

한편 기술도입은 제4차 계획기간에 활발하게 이루어졌다. 기술도입 건수는 제1차 계획기간에 33건에 불과하였으나 제2, 3차 계획기간에 각각 285건, 434건을 기록하였고, 제4차 계획기간에는 1,226건으로 급증하였다. 따라서 기술도입의 대가지불액도 제3차 계획기간에 0.93억 달러에 불과하던 것이 제4차 계획기간에는 4.51억 달러로 크게 증가하였다.

외자도입의 확대는 결국 1970년대 말 이후 외채위기를 야기시켰다. 그 대내적인 원인으로서 중화학공업화에 따른 과도한 외자도입의 상환부담을 안게 된 점을, 그 대외적인 원인으로서는 2차 석유파동으로

〈그림 4〉 대미일 수출입의존도 추이(1962~1981)

(단위: %)

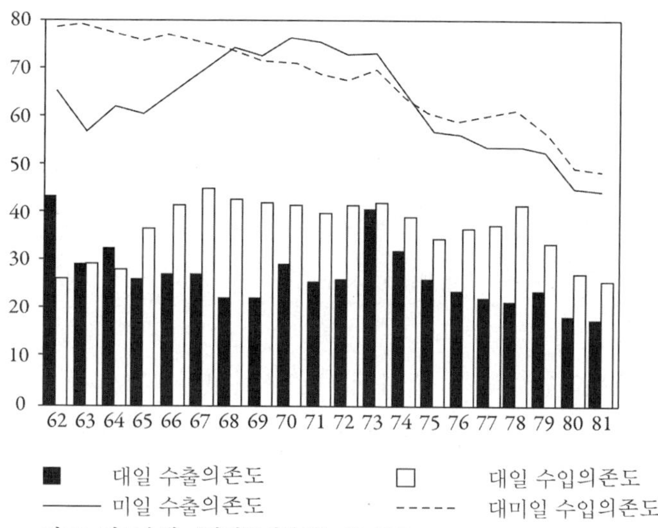

자료: 한국은행, 《경제통계연보》, 각 연도.

국제수지 적자가 확대되고 고(高)국제금리에 따라서 상환부담이 커진 점을 각각 지적할 수 있다. 1981년 말 현재 총외채는 324억 달러에 달하였는데, 이것은 GNP의 52.5퍼센트에 해당된다. 이는 한국경제가 얼마나 대외직인 충격에 쉽게 영향받는가를 잘 보여주는 것이다.

3) 대일 경제관계의 특징

(1) 대일 무역구조

이 시기 대외무역은 미국과 일본에 편중되었다. 〈그림 4〉에서 알 수 있듯이 연평균으로 수출에서 미일 비중은 61.5퍼센트, 수입에서의 그것은 66.5퍼센트이었다. 그러나 제2차 계획기간에는 각각 72.9퍼센트, 71.4퍼센트로서 특히 컸다.

그런데 이 중 일본 비중이 높아진 것은 1965년 한일국교정상화 이후였다. 총수입액에서 일본의 비중은 1964년에 27.2퍼센트이던 것이 1965년에 36.0퍼센트, 1966년에는 41.0퍼센트가 되어 미국의 비중을 상회하게 되었고 이런 상태는 그 이후에도 지속되었다. 미일 비중은 추세적으로는 하락하였으나, 상대적으로 일본 비중은 미국 비중에 비해서 적게 감소하고 있다. 이 시기에는 총수출액에서는 미국 비중이 연평균으로 35.7퍼센트로서 일본 비중 25.9퍼센트를 훨씬 웃돌았지만, 총수입액에서는 일본 비중이 35.8퍼센트로서 미국 비중 30.7퍼센트보다 높았다.

그 결과 무역수지는 제1차 계획기간에는 대미 적자가 총 9.1억 달러로서 대일 적자 6.4억 달러보다 많았으나, 제2차 계획기간부터 대일 적자가 더 크게 되었다(〈표 5〉 참조). 대일 무역적자는 계속 확대되어 제1차 계획기간에 6.4억 달러이던 것이 제4차 계획기간에는 141.3억 달러로 급증하였다. 이와 달리 대미 무역수지는 제4차 계획기간에 흑자를 기록하였다. 이러한 대일 의존의 심화는 대외지향적 성장과정의 부산물로서 이후 한국경제의 구조적 문제점으로 작용하게 되었다.

〈표 5〉 미일 무역수지 추이

(단위: 백만 달러)

기 간	제1차 (1962~1966)	제2차 (1967~1971)	제3차 (1972~1976)	제4차 (1977~1981)	제1~4차 (1962~1981)
일 본	-642	-2,761	-4,841	-14,125	-23,368
미 국	-913	-939	-92	785	-1,159
전 체	-1,870	-5,365	-7,705	-17,973	-32,913

주: 1) 통관 기준 수치임.
　　2) 기간구분은 경제개발계획연도를 기준으로 한 것임.
자료: 한국은행, 《경제통계연보》, 각 연도.

〈표 6〉 대일 수입상품의 구성 추이(1975~1981)

(단위: %)

연 도	총수입액에서의 비중					대일 수입액에서의 비중				
	식료, 직접소비재	원료	경공업제품	중공업제품	일반기계	식료, 직접소비재	원료	경공업제품	중공업제품	일반기계
1975	13.2	34.6	6.7	45.4	11.7	0.2	5.7	16.6	77.4	18.3
1976	7.5	37.9	7.5	46.8	12.1	0.1	5.1	16.8	77.3	16.2
1977	6.9	38.6	7.1	47.2	14.0	0.2	4.7	15.4	79.6	21.3
1978	6.5	33.0	6.7	53.7	17.2	0.2	3.7	12.3	83.7	25.7
1979	7.5	35.2	6.1	51.3	16.6	1.2	3.9	11.7	83.2	25.7
1980	8.5	46.5	5.4	39.6	10.4	1.8	6.1	13.0	79.0	21.3
1981	10.7	44.1	5.9	39.4	9.7	4.3	6.1	14.2	75.4	18.2
평균	8.7	38.6	6.5	46.2	13.1	1.1	5.0	14.3	79.4	21.0

자료: 한국무역협회, 《무역통계》, 각 연도.

이처럼 일본 비중이 높게 유지되고, 대일 무역수지 적자폭이 확대된 것은 다음과 같은 대일 수입구조에 기인하였다. 〈표 6〉에서 알 수 있 듯이 대일 수입에서 대부분을 차지하는 것은 중공업제품이었다. 1975~1981년의 대일 수입액에서 중공업제품의 비중은 연평균으로 79.4퍼센트에 이르렀으며, 이것은 총수입에서의 비중 46.2퍼센트에 견 주어 높은 것이었다. 더구나 중공업제품 수입에서도 일반기계류의 비 중이 높았다. 대일 수입액에서 일반기계류는 21.0퍼센트를 차지하였으 며, 일반기계류 수입액에서 차지하는 대일 수입 일반기계의 비중은 연 평균 52.1퍼센트[20]로서 그 절반을 넘었다. 이와 같이 대일 수입액에서 중공업제품의 비중이 큰 것은 수출을 위한 각종 장비와 기계의 도입 을 일본에 크게 의존하고 있다는 것을 의미한다.

---

20) 이 수치는 한국무역협회, 《무역통계》, 각 연도의 자료에 의거해서 계산한 것 이다.

(2) 대일 외자도입

미일 편중현상은 외자도입에서도 분명히 나타났다. 차관의 경우 1970년대 들어와서 IBRD 등 국제기구와 EC의 비중이 커지면서 상대적으로 줄어들기는 하였지만, 이 시기에 공공차관액과 상업차관액에서 미일의 비중은 44.7퍼센트, 46.0퍼센트를 기록하였다(〈표 7〉 참조).

차관의 경우와는 달리 외국인 직접투자와 기술도입에서 미일 비중은 지속적으로 높았다. 총외국인투자액에서 미일의 비중은 81.3퍼센트이었다. 그리고 기술도입에서 미일의 비중은 총건수의 80.4퍼센트, 총대가지급액의 69.4퍼센트이었다.

차관의 경우 미국 비중은 크기는 했으나 추세적으로는 하락한 반면, 일본 비중은 그다지 하락하지 않았다. 오히려 외국인 직접투자와 기술도입에서는 일본 비중이 컸다. 일본은 외국인 직접투자의 절반 이상인 53.0퍼센트를 점유하였고, 기술도입에서도 도입건수의 56.3퍼센트, 대가지급액의 36.0퍼센트를 차지하였다.

이 시기에 대일 차관도입이 늘어나고 외국인 직접투자와 기술도입에서 일본이 큰 비중을 차지했던 것은 그 도입이 상대적으로 미국에 비해서 용이하였고, 한일국교정상화 이후 일본 자본의 진출이 장려되고 안정성도 보장되었기 때문이다. 1965년까지 전무하던 차관도입액은 한일국교정상화 이듬해인 1966년에 공공차관과 상업차관이 0.14억 달러, 0.61억 달러가 도입된 것을 계기로 해서 계속 증가하였다. 그리하여 차관도입액은 제2차 계획기간에 5.5억 달러, 제3차 계획기간과 제4차 계획기간에는 8.5억 달러와 24.9억 달러를 기록하였다. 그리고 외국인 직접투자액도 1962~1965년에 0.04억 달러이던 것이 1966~1972년에 0.6억 달러가 되었고, 제3차 계획기간과 제4차 계획기간에는 4.1억 달러와 3.0억 달러로 증가하여 미국 비중을 상회하였다.

〈표 7〉 외자도입의 미일 의존도 추이

(단위: 백만 달러, %)

		제1차 (1962~1966)	제2차 (1967~1971)	제3차 (1972~1976)	제4차 (1977~1981)	제1~4차 (1962~1981)
차관		미 국	134(42.3)	972(43.3)	1,806(33.9)	2,695(20.5)	5,607(26.7)
		일 본	75(23.7)	547(24.3)	846(15.9)	2,490(19.0)	3,958(18.8)
		소 계	317	2,247	5,332	13,130	21,026
	공공 차관	미 국	93(68.4)	444(60.6)	752(32.7)	1,335(23.2)	2,624(29.4)
		일 본	14(10.3)	179(24.4)	405(17.6)	769(13.4)	1,367(15.3)
		소 계	136	733	2,302	5,748	8,919
	상업 차관	미 국	41(22.7)	528(34.9)	1,054(34.8)	1,360(18.4)	2,983(24.6)
		일 본	61(33.7)	368(24.3)	441(14.6)	1,721(23.3)	2,591(21.4)
		소 계	181	1,514	3,030	7,382	12,107
외국인 직접투자		미 국	16(59.3)	91(59.9)	106(18.9)	192(28.2)	405(24.5)
		일 본	5 (8.5)	39(25.7)	406(72.2)	304(44.6)	754(53.0)
		소 계	27	152	562	681	1,422
기술도입 인가(건수)		미 국	13(39.4)	61(21.4)	90(20.7)	302(24.7)	466(23.3)
		일 본	11(33.3)	203(71.2)	280(64.5)	631(51.5)	1,125(56.3)
		소 계	33	285	434	1,225	1,997
기술도입 대가지급액		미 국	0.6(75.0)	7.8(47.9)	21.3(22.1)	159.1(25.3)	188.8(33.4)
		일 본	–	5.0(30.7)	58.7(60.8)	139.8(31.0)	203.5(36.0)
		소 계	0.8	16.3	96.5	451.4	565.0

주: 1) 차관 및 외국인직접투자액은 도착기준 수치임.
  2) 기간구분은 경제개발계획연도를 기준으로 한 것임.
자료: 재무부·한국산업은행, 《한국외자도입 30년사》, 1993; 과학기술처, 《과학기술연감》, 각 연도.

대일 기술도입의 건수도 제2차 계획기간부터는 미국을 크게 웃돌았다. 그러나 그 도입형태는 상대적으로 미국에 비하여 소규모인 경우가 많았는데, 이는 기술도입 건수에 비해서 상대적으로 대가지급액의 비중이 낮았던 데서 잘 알 수 있다. 대일 기술도입을 업종별로 살펴보면, 기계, 전자전기, 정유화학, 금속부문에 집중되어 있음을 알 수 있다(〈표 13〉 참조). 1980년 말 현재로 대일 기술도입 1,014건에서 기계부문의 기술도입은 323건으로서 31.9퍼센트의 비중을 차지하였다. 그리고 전자전기부문의 기술도입이 224건, 정유화학부문의 기술도입이 184건으로서 그 다음의 순이었다.

4. 개방경제 체제로의 전환기(1982~)

1) 경제상황과 대외경제정책

1982년부터 1994년까지의 경제성장률은 연평균으로 8.9퍼센트를 기록하여 이 시기에도 한국경제는 여전히 높은 성장세를 지속하였다. 1982~1985년은 1970년대 말과 1980년대 초의 경기침체에서 벗어난 기간이었다. 이후 1985년 말부터 나타난 이른바 3저호황을 계기로 하여 한국경제는 1986~1989년에 연평균 10.8퍼센트라는 고성장을 보이면서 경상수지에서도 4년간 연속 흑자를 기록하였다. 그러나 1990년대 들어와서는 1993년까지 경기가 침체되는 양상을 보여주고 있다.

이 시기는 대외경제관계에서 앞선 시기와 다른 양상을 뚜렷이 보여주었다. 첫째, 기존의 소극적이고 부분적인 국내시장 개방정책이 적극적이고 전면적인 개방정책으로 전환되면서 개방경제 체제가 점차 확립되었다. 둘째, 차관의 비중은 급격히 감소한 데 비해서 뱅크론과 외국인 직접투자는 큰 비중을 차지하게 되었고, 기술도입도 적극적으로 이루어지는 등 외자도입의 다양화 현상이 두드러지게 전개되었다.

이른바 개방체제로의 이행[21]은 대내외적인 요인에 기인하였다. 대내적으로 정부 주도에서 민간 주도로의 전반적인 경제운용방식의 전환과 맥을 같이했다. 경제성장에 따라서 정부 주도적인 성장이 한계를 보임에 따라 민간의 자율과 경쟁이 촉진될 수 있는 시장경제의 활성화와 경제운용방식이 요청되었다. 이런 시장 및 경쟁촉진정책의 하나로서, 수입자유화율의 확대와 관세인하, 외국인 직접투자에 대한 규제완화와 기술도입의 자유화 등이 실시되었다. 이것은 1970년대까지 지속해 온 수출을 위한 소극적 수입개방 정책에서 벗어나 적극적이고 전면적인 개방정책으로의 전환을 의미하였다.

대외적으로는 미국의 시장개방 압력의 강화와 1986년에 시작된 UR 협상의 진전에 따른 농산물 및 서비스시장의 개방 압력이 개방체제를 재촉한 요인이 되었다. 미국은 무역수지 적자가 누적되면서 이를 시정하기 위해서 일본은 물론 한국을 비롯한 신흥공업국에 대해서 시장개방 압력을 강화하였다. 특히 한국의 경우 1986년 이후 경상수지 흑자가 지속되었고, 대미 무역수지도 1982~1990년에 흑자를 계속함에 따라 원화 절상압력과 더불어 시장개방의 압력을 심하게 받아야 했다. 또한 미국은 다자간 협상을 통해서도 자국이 경쟁력을 지니고 있는 농산물과 서비스 및 지적소유권의 시장개방 압력을 강화하였다. 그리하여 한국은 일부 품목에 대해서 개방 시기를 당초 계획보다 앞당기거나 국제경쟁력이 없는 농산물, 금융, 유통, 교육 분야에서마저 국내시장 개방을 하지 않을 수 없게 되었다.

---

21) 1970년대 말부터 논의되었던 개방화는 1982년에 시작된 제5차 계획(1982~1986)에서 대외경제정책의 목표로 명확히 되었으며, 1988년에 시작된 제6차 계획 수정계획(1988~1991)에서는 더 적극적인 의미의 국제화가 대외경제정책의 목표로 되었다.

　물론 이러한 개방 체제로의 전환이 일정한 모습을 띠고 나타난 것은 아니었다. 1980년대 초 경기침체에 따라 경제의 효율성 및 경쟁력 제고라는 측면에서 경제운용방식의 하나로 제기되었던 개방화는 시간이 흐름에 따라 다소 주춤하는 모습을 보이기도 하였으나, 3저호황을 계기로 다시 개방화정책이 활발하게 전개되었다. 이것은 국제수지 흑자의 지속으로 인한 물가 압박과 통상 압력의 완화를 위해서였다. 다시 국제수지가 적자로 되면서 1994년까지 대내적인 개방화 추진의 요인은 그 힘을 상당히 상실하게 되었다고 할 수 있다. 그러나 이와 달리 미국을 중심으로 한 시장개방 압력이 더욱 심해지면서 1994년까지의 개방화는 오히려 대외적 요인에 의해서 불가피하게 진전되는 측면이 많았던 것이다.

　수입자유화가 1981년부터 재개된 결과 수입자유화율은 1978년 61.3퍼센트에서 1983년 80.4퍼센트로 증가되었다. 그러나 수입자유화가 본격적으로 이루어지게 된 것은 1984년 이후였다. 1984년 2월 단계적 수입자유화 방침으로 수입자유화계획 사전예시제가 확정·발표되었으며, 이를 근거로 해서 1984년 5월과 1985년 11월 두 차례에 걸쳐 1984~1985년, 1986~1988년의 수입자유화계획이 발표되었다. 1989년에는 GATT 11조국으로의 이행 압력과 UR 협상에 대한 능동적 수용요구 등 개방 압력이 더욱 거세짐에 따라, 농산물을 비롯한 잔존 수입제한 품목의 수입자유화 3개년 계획을 발표하기에 이르렀으며, 이에 따라서 1990년부터 농산물시장은 급속히 개방되었다. 그리고 관세인하도 1983년과 1988년의 관세인하계획에 따라서 1980년대에 지속적으로 진행되었다. 뿐만 아니라 한미통상협상협의 등에 따라서 기타 비관세장벽들도 완화되었다.22) 〈표 8〉에서 보는 바와 같이 이런 상품시장 개방 정책에 따라서 수입자유화율은 1982년 76.6퍼센트에서 1992년 97.7퍼센트로 확대되었으며, 평균관세율은 1983년 23.7퍼센트에서 1992년 10.1퍼센트로 인하되었다. 특히 농수축산물의 수입자유화율은 1987~1992년에 18퍼센트포인트나 증가하여 농수축산물 시장이 급격히 개방되었음을 알 수 있다.

또한 서비스시장 개방은 개방계획이 마련되지 못한 상태에서 대외적인 압력에 의해서 각 산업별로 부분적으로 진행되고 있다. 1985년 이후 미국은 통상법 슈퍼 301조를 무기로 쌍무협상에서 서비스시장의 개방을 집요하게 요구하였으며, UR 협상에서도 서비스시장 개방이 농산물시장 개방과 함께 주요 논의대상이 되었다. 따라서 영화산업, 보험업, 해운업, 항공산업, 무역업, 유통산업, 통신산업 등에 대한 개방이 미국과 논의되면서 산업에 따라서 이미 부분적인 개방이 이루어졌거나 개방시기가 확정되었다.

〈표 8〉 상품시장 개방 추이(1982~1992)

(단위: %)

수입자유화율	1982	1985	1987	1989	1990	1991	1992
전　산　업	76.6	87.7	93.6	95.5	96.3	97.2	97.7
공　산　품	–	89.7	96.6	99.5	99.7	99.9	99.9
농 수 축 산 물	–	–	69.1	76.2	80.5	84.7	87.1
평 균 관 세 율	23.7[1]	21.3	18.1[2]	12.7	11.4	11.4	10.1

주: 1) 1983년 수치임.
　　2) 1988년 수치임.
자료: 한국무역협회, 《무역연감》, 각 연도.

이 시기에는 외자도입은 종래의 차관 일변도에서 벗어나 다양한 형

---

22) 비관세장벽의 완화에는 특별법상의 수입제한 완화, 수입선 다변화대상 축소, 수입감시제도 폐지, 특소세의 인하, 통관절차 간소화 등이 포함된다.

태로 전개되었다. 따라서 차관 이외에 뱅크론과 외국인 직접투자가 외자도입에서 차지하는 비중이 매우 커졌다. 이러한 외자도입의 다양화는 다음에 기인하였다. 첫째, 차관도입에 따른 외채누적과 원리금상환부담의 증가에 따라 발생하는 문제를 벗어나고자 하였다. 둘째, 경제성장에 따라서 대외신용도가 증가하면서 상대적으로 도입조건이 유리한 조달방식을 채택할 수 있었다. 셋째, 외국인 직접투자, 자본시장, 기술도입의 개방이 진전되었다.

자본거래상의 변화는 단순히 외자도입의 형태변화뿐만 아니라 대외진출이 적극적으로 도모되었다는 데서도 그 특징을 찾을 수 있다. 1980년대 특히 1980년대 말 이후 국내기업의 해외직접투자가 크게 증가하였다. 이와 같은 자본의 대외진출은 대외자본거래에 대한 개방이 더욱 진전되면서 계속 확대될 것으로 전망된다. 이런 자본거래상의 변화와 관련해서 자본거래에 대한 개방화 조치가 계속적으로 행해져 왔다. 우선 외국인 직접투자의 자유화는 1983년 〈외자도입법〉의 개정을 시작으로 급격히 진전되었다. 이 개정에서 외국인 직접투자의 전면적 자유화 조치가 취해졌는데, 그 주요 내용은 포지티브 리스트 방식에서 네거티브 리스트 방식으로의 외국인투자 허용방식의 전환, 외국인투자 허용비율 제한의 철폐, 자동인가제도로 도입절차 간소화, 자유송금의 보장 등이었다. 1980년대 후반에도 투자허용업종의 확대와 투자절차의 간소화 등을 통해서 외국인 투자의 자유화를 계속 추진하였는데, 1992년 말에는 외자도입법 개정과 함께 신고제도를 원칙으로 채택하기에 이르렀다. 또한 기술도입에 대한 자유화도 진전되었다. 1983년 〈외자도입법〉 개정 시 기술도입이 인가제도에서 신고제도로 전환되고 1986년에는 상표도입을 자유화하였을 뿐만 아니라, 1988년에는 기술도입의 계약조건을 관장하는 업무가 정부에서 은행으로 대부분 위임

됨으로써 기술도입과 관련된 도입절차들이 대폭 간소화되었다.

증권시장을 비롯한 국내자본시장의 개방계획은 1981년 〈자본시장 국제화 장기계획〉의 마련으로 구체화되었는데, 그 내용은 국내자본시장 개방과 해외자본시장 진출을 10여 년 동안 4단계로 나누어서 단계적으로 추진해 나간다는 것이었다. 이 계획에 따라서 1981년 외국인전용 수익증권업무 허용, 1984년 해외투자펀드(코리아 펀드)의 설립, 1985년 국내기업의 해외증권 발행의 제한적 허용, 1992년 외국인의 일정 한도 내 직접주식투자 허용 등이 행해졌다. 또한 외국 증권회사의 국내사무소 설치가 허용되었다.

2) 대외경제관계

(1) 무역구조의 변화

1982년부터 경제 전체에서 차지하는 무역비중은 감소하는 추세를 보였다. 수출입증가율은 1970년대에 비해서 크게 감소하였다. 1962~1981년에는 수출과 수입의 증가율이 연평균으로 37.8퍼센트, 26.7퍼센트이던 것이 1982~1994년에는 12.7퍼센트, 11.7퍼센트를 기록하였다. 이에 따라 무역의존도(무역비중)도 낮아졌다. 1981년 84.5퍼센트로서 정점에 달하였던 무역의존도는 계속 하락하여 1990년대에는 60퍼센트를 약간 웃도는 수준이 되었다.23)

무역수지 동향을 놓고 보면, 이 시기는 크게 세 기간으로 구분해서 살펴볼 수 있다. 첫째는 1982~1985년이다. 이 기간은 경기가 침체에서 점차 회복된 기간이다. 무역수지(통관 기준)는 64억 달러의 적자를 기록하였다. 수출증가율은 연평균으로 9.5퍼센트이었고 수입증가율은

---

23) 무역의존도는 계속 하락하는 추세를 보여 1982~1985년에 연평균으로 76.0%이던 것이 1986~1989년과 1990~1994년에는 71.8%, 61.5%로 하락하였다.

4.9퍼센트이었다. 둘째 기간은 1986~1989년이다. 이 기간은 3저호황의 기간이다. 무역수지는 매년 흑자를 기록하였으며, 그 합계는 192억 달러에 이르렀다. 수출과 수입이 다 같이 크게 증가하였으며, 수출증가율은 연평균으로 20.5퍼센트로 수입증가율 19.1퍼센트를 상회하였다. 셋째 기간은 1990~1994년이다. 이 기간은 3저호황이 사라지면서 무역수지 적자가 크게 증가한 기간이다. 무역수지 적자는 212억 달러를 기록하였다. 수출증가율은 연평균으로 9.1퍼센트를 기록함으로써 수입증가율 11.0퍼센트보다 낮았다. 이 기간 구분에 맞추어서 무역구조의 변화를 보면 다음과 같다.

수출상품의 구성은 1970년대의 구성이 그대로 유지되었다(〈표 9〉 참조). 총수출액에서 공산품의 비중은 연평균으로 93.1퍼센트이었다. 중공업제품의 비중은 연평균으로 총수출액의 53.0퍼센트로서 40.1퍼센트인 경공업제품의 비중보다 높았다. 그러나 1990년대에 들어와서 수출상품의 구성에 변화가 나타났다. 1982~1985년과 1986~1989년에 연평균으로 총수출액의 50.6퍼센트, 50.5퍼센트이던 중공업제품은 1990~1993년에는 57.8퍼센트로서 크게 증가하였다, 이런 중공업제품 비중의 증대는 1990년대에 들어와서 경공업제품의 경쟁력이 상대적으로 떨어진 반면, 중국 등 동남아시아로 중공업제품 수출이 증대된 데 따른 것으로서 중공업 중심의 수출구조가 더욱 확고하게 자리 잡고 있음을 보여주고 있다.

수입상품의 구성에서도 큰 변화는 일어나지 않았다(〈표 9〉 참조). 다만 1982~1985년 사이에 높은 비중을 차지하던 원료 및 연료수입의 비중은 석유가격의 하락으로 1986년부터 낮아졌다. 그리고 공업제품 수입비중의 경우에는 경공업제품 수입의 비중에는 별 변동이 없었으나 중공업제품 수입의 비중이 1986년부터 증가해서 1986~1989년과

<표 9> 수출입상품의 구성 추이

(단위: %)

		1982~1985	1986~1989	1990~1993	1982~1993
수 출	식료, 직접소비재	4.7	4.4	3.2	4.1
	원료 및 연료	3.4	2.2	2.6	0.7
	공산품	91.4	93.4	94.3	93.1
	경공업제품	40.8	42.9	36.5	40.1
	중공업제품	50.6	50.5	57.8	53.0
수 입	식료, 직접소비재	5.8	4.6	5.1	5.2
	원료 및 연료	39.9	28.4	28.9	32.4
	공산품	54.3	66.9	66.6	62.6
	경공업제품	6.6	8.9	9.9	8.5
	중공업제품	47.7	58.0	56.7	54.1

자료: 경제기획원, 《주요경제지표》, 각 연도; 한국무역협회, 《무역통계》, 각 연도.

1990~1993년에는 연평균으로 총수입액의 58.5퍼센트와 56.7퍼센트를 기록하였다. 이처럼 중공업제품 수입의 비중이 오히려 증가하고 있는 것은 국내산업의 생산구조가 취약하다는 것을 입증하고 있다고 할 수 있다.

수출의 수입유발계수는 1990년에 0.33으로서 투자 및 소비의 수입유발계수보다 높았다(<표 10> 참조). 그리고 제조업의 경우 수입유발계수는 1975년과 1980년에 0.34, 0.38이던 것이 1985년과 1990년에는 0.36, 0.31을 기록함으로써 아직까지 수입유발적 생산구조를 유지하고 있음을 알 수 있다.

(2) 외자도입의 다양화

외자도입액은 1980년대 초의 외채위기를 반영해서 1982년부터 1985년까지 계속해서 증가하였으며, 1985년 한 해의 외자도입액은 52

<표 10> 수입유발계수의 추이

(단위: %)

연 도	소 비	투 자	수 출	계
1975	0.19	0.52	0.36	0.29
1980	0.23	0.42	0.38	0.30
1985	0.19	0.34	0.37	0.27
1990	0.18	0.28	0.33	0.25

주: 1) 최종수요항목별 수입 유발계수 = 최종수요항목별 수입 유발액 / 항목별 최종
수요액
2) 제조업의 수입유발계수는 1975년에 0.34, 1980년에 0.38, 1985년에 0.36, 1990년
에 0.31이었음.
자료: 한국은행.

억 달러에 이르렀다.[24]

그리하여 외채액은 1985년에 467억 달러로 증가하였으며, 1980년대
전반 내내 외채액의 대GNP 비율은 50퍼센트를 상회하였다. 또한 부
채상환부담률(DSR)은 1987년에는 30.1퍼센트를 기록하기도 하였다.
그러나 3저호황과 국제금융시장의 호전에 따라서 외채액은 급속히 감
소하기 시작하였으며, 따라서 외채부담도 상당히 경감되었다. 그러나
1990년 이후의 국제수지 적자의 확대로 외채액은 다시 증가하여 1993
년에는 439억 달러, 1994년에는 573억 달러로 되었다.

이 시기에는 차관액의 비중은 상대적으로 감소한 반면, 뱅크론액과
외국인 직접투자액의 비중은 증가하였음을 알 수 있다(<그림 5> 참조).
외자도입액에서의 공공차관과 상업차관의 비중은 계속 감소해서
1982~1994년에는 24.1퍼센트, 18.4퍼센트를 기록하였다. 이것은 31.8
퍼센트, 43.1퍼센트이던 1962~1981년의 비중에 비해서 크게 감소되었
음을 말해 준다. 더욱이 1990년 이후에는 정부의 적극적인 도입 억제

---

24) 3저호황이 끝난 해인 1989년에는 22억 달러이었다.

<그림 5> 외자도입액의 형태별 구성(1982~1994)

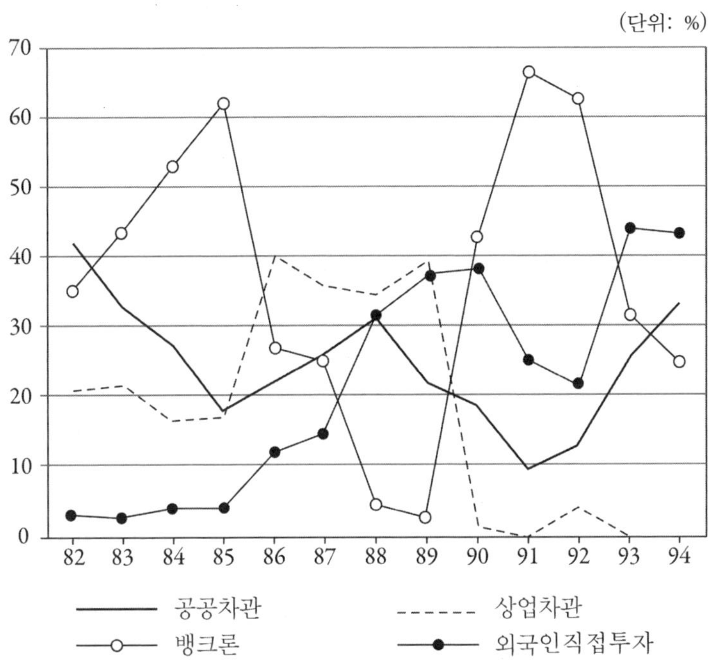

* 차관, 뱅크론, 외국인직접투자의 합계에서 차지하는 비중임.
자료: <부표 2>와 동일함.

등으로 그 비중이 16.8퍼센트, 1.2퍼센트에 그침으로써 차관은 외자도입의 주 형태로서의 위치를 상실하였다.

이와 달리 뱅크론액의 비중은 크게 증가하였다. 그러나 그 비중은 기간에 따라서 크게 달랐으며, 1982~1985년에는 49.3퍼센트, 1986~1989년에는 17.3퍼센트, 1990~1994년에는 51.1퍼센트이었다. 이런 기복은 무역수지 동향에 상응함을 알 수 있다. 이미 앞에서 본 것처럼 무역수지는 1982~1985년에 64억 달러의 적자, 1986~1989년에 192억 달러의 흑자, 1990~1994년에 212억 달러의 적자이었던 것이다.

더욱이 이 시기에 주목되는 것은 외국인 직접투자액의 변화이다.

1982년부터 1985년까지 전체 외자도입액의 3.4퍼센트에 불과하던 외국인 직접투자의 비중은 1986년부터 급격히 증가해서 1985~1989년에는 20.8퍼센트 1990~1994년에는 30.9퍼센트를 기록하였다. 이런 외국인 직접투자의 비중 증대는 차관도입의 감소 등 다른 형태의 외자도입이 축소된 데에도 기인하였으나, 주로 외국인 직접투자의 절대액이 크게 증가된 데 기인하였다. 이것은 외채위기에 따라서 정부가 적극적인 개방화정책 등으로 외국인 직접투자를 유도하였고, 올림픽 등이 가세하였기 때문이라고 할 수 있다.

이와 함께 주목되는 또 다른 것은 국내기업의 대외직접투자가 1990년 이후 크게 증가하고 있다는 점이다. 1982년부터 1988년까지 연간 1~2억 달러[25]에 불과하던 국내기업의 대외직접투자액은 1989년에 4.9억 달러로 크게 증가된 이후, 1990년부터는 매년 10억 달러를 웃돌고 있다.[26] 그 결과 1990년부터는 1991년을 제외하고 국내기업의 대외직접투자액이 국내에 들어오는 외국인 직접투자액을 넘어서기까지 하였다(〈그림 6〉 참조). 이것은 생산여건이 악화된 경공업을 중심으로 국내기업들이 보다 생산 조건이 좋은 중국, 동남아시아로 진출하였기 때문이다.

한편 기술도입은 계속 증가하는 추세를 보였다. 기술도입 건수는 1982~1985년에 1,561건이던 것이 1985~1989년에는 2,668건으로 증가하였고, 1990~1994년에는 3,082건으로 급증하였다. 그러나 기술도입의 대가지급액은 건수의 증가보다 큰 확장세를 보여, 1982~1985년에 7.7억 달러이던 것이 1986~1989년에 25.0억 달러로 증가하였고,

---

25) 예외적으로 1987년에는 4억 달러이었다.
26) 대외직접투자액은 1990년 10.2억 달러, 1991년 11.1억 달러, 1992년 12.2억 달러, 1993년 12.6억 달러이었다.

〈그림 6〉 한국의 대외직접투자 추이

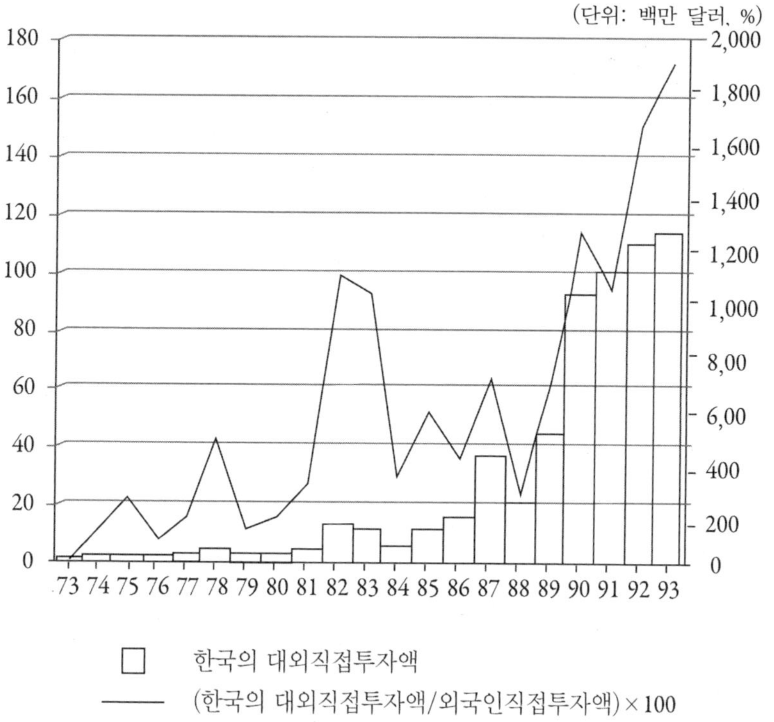

자료: 재무부, 《재정통계월보》, 각 호; 〈부표 2〉.

1990~1994년에는 53.4억 달러에 달하였다. 이런 건수 증가와 금액 증
가 사이의 괴리는 기술노입액의 건당 규모가 차츰 커지고 있다는 것
을 의미한다.

3) 대일 경제관계의 특징

(1) 대일무역의 특성

이 시기에는 1970년대에 비해서 무역시장의 다변화가 상당히 진전
되었다. 수출입액에서 미일의 비중은 1960~1970년대에 견주어 크게

감소된 연평균 47.5퍼센트, 50.3퍼센트를 기록하였으며, 특히 1990년대에 들어와서는 더욱 낮아져서 1990~1994년에 그것은 40.5퍼센트, 49.7퍼센트이었다.

그런데 총수출액에서는 미국 비중이 연평균으로 31.0퍼센트로서 일본 비중 16.5퍼센트를 훨씬 웃돌았으나 총수입액에서는 일본 비중이 27.1퍼센트로서 미국 비중 23.2퍼센트를 넘어섰다(〈표 11〉 참조). 그 결과 대미 무역수지는 415억 달러의 흑자였으나 대일 무역수지는 723억 달러의 적자를 기록하였다.

〈표 11〉 미일의 무역 비중과 무역수지 추이

(단위: 백만 달러, %)

	수출의존도		수입의존도		무역수지	
	미 국	일 본	미 국	일 본	미 국	일 본
1982~1985	33.4	15.0	22.9	23.7	10,204	−10,813
1986~1989	36.8	18.7	23.2	31.7	30,264	−18,580
1990~1994	24.5	16.0	23.5	26.2	1,069	−42,877
1982~1994	31.0	16.5	23.2	27.1	41,536	−72,270

* 무역수지는 통관기준임.
자료: 한국은행, 《경제통계연보》, 각 연도.

이처럼 총수입액에서 일본의 비중이 크고 대일 무역수지 적자폭이 큰 것은 1962~1981년에서와 마찬가지 이유에서였다. 즉 대일 수입액에서 중공업제품의 비중이 큰 데 있었다. 대일 수입액에서 중공업제품의 비중은 연평균으로 84.1퍼센트로서 매우 컸다(〈표 12〉 참조). 그것은 1975~1981년의 79.4퍼센트를 웃도는 것이었다(〈표 6〉 참조). 그리고 대일 수입액에서 일반기계류는 1975~1981년의 21.0퍼센트보다 큰 연평균 25.4퍼센트를 기록하였으며, 일반기계류 수입액에서 차지하는

〈표 12〉 대일 수입상품의 구성 추이(1982~1993)

(단위: %)

연 도	총수입액에서의 비중					대일 수입액에서의 비중				
	식료, 직 접소비재	원료	경공업 제품	중공업 제품	일반기계	식료, 직 접소비재	원료	경공업 제품	중공업 제품	일반기계
1982 ~1985	5.9	39.8	6.6	47.7	10.7	0.6	4.3	14.4	80.7	22.2
1986 ~1989	4.6	28.5	8.9	58.0	16.1	0.3	3.0	10.6	86.1	25.6
1990 ~1993	5.1	28.3	9.9	56.7	17.2	0.5	3.9	10.1	85.5	28.4
평 균	5.2	32.2	8.5	54.1	14.7	0.5	3.7	11.7	84.1	25.4

자료: 한국무역협회,《무역통계》, 각 연도.

대일 수입 일반기계류의 비중은 연평균으로 47.1퍼센트[27]이었다. 한국은행에 따르면 1990년 현재 공산품 가운데 가장 일본 비중이 높은 품목은 일반기계류와 각종 전기전자 기기용품 등 자본재 및 중간재의 성격을 띤 것이었다.[28] 이들 품목의 수입은 국내생산을 위해서 절대적으로 필요한 것이기 때문에, 엔고 현상 등의 요인에도 불구하고 지속되었던 것이다.

(2) 외자도입의 변화

외자도입에서의 일본 비중은 감소하는 추세에 있지만 여전히 높다고 할 수 있다(〈표 13〉 참조). 1982~1994년에 공공차관액에서 일본의 비중은 15.2퍼센트로서 1962~1981년의 그것과 비슷하였다. 상업차관

---

27) 이 수치는 한국무역협회,《무역통계》, 각 연도의 자료에 의거해서 계산한 것이다.

28) 1995년 2월 한국은행 보도자료에 따르면 상품별 대일 수입의존도가 적어도 10% 이상인 품목은 일반산업용 기계 12.3%, 특수산업용 기계 19.9%, 컴퓨터·사무기계 12.3%, 정밀기기 21.9%, 산업용 전기기기 12.7%, 전자기기 부분품 18.3%이다.

액에서 일본의 비중은 38.4퍼센트로서 1962~1981년의 21.4퍼센트보다 크게 상승하였으며,29) 특히 1986~1989년에는 상업차관액은 23.4억 달러에 달하였다.

이 시기에는 일본으로부터의 직접투자가 크게 늘었다. 외국인 직접투자액에서 일본의 비중은 39.2퍼센트이었고, 특히 1986~1989년에는 52.8퍼센트에 이르렀다. 일본으로부터의 직접투자액을 기간별로 보면, 1982~1985년에 2.2억 달러이던 것이 1986~1989년에는 14.8억 달러, 1990~1994년에는 14.6억 달러로 크게 증가하였다. 1986~1989년에 일본으로부터의 직접투자액이 증가한 것은 국제수지 적자보전 및 올림픽을 위한 정부 정책에 주로 기인한 것으로 생각된다. 그러나 1990년부터 제조업을 중심으로 한 일본의 직접투자는 크게 축소되었다.

재정경제원의 자료에 따르면 1962년부터 1995년 4월까지 일본의 직접투자액은 인가 기준으로 50.9억 달러이며, 그 중 제조업과 서비스업의 비중은 48.7퍼센트, 50.9퍼센트이었다. 특히 숙박업에 대한 직접투

〈표 13〉 외자도입액에서 미일 의존도 추이

(단위: %)

기 간	공공차관		상업차관		직접투자		기술도입			
							도입 건수		대가지급액	
	미국	일본	미국	일 본	미국	일 본	미국	일본	미국	일 본
1982~1985	28.0	5.2	24.7	24.4	44.9	31.7	22.9	51.9	53.1	25.1
1986~1989	2.2	20.1	2.6	46.6	26.4	52.8	29.3	47.5	47.1	32.6
1990~1994	0.0	32.0	0.0	100.0	31.7	31.9	31.8	42.1	50.6	37.7
1982~1994	14.6	15.2	11.8	38.4	31.0	39.2	29.0	46.1	49.8	34.9

자료: 〈부표 2〉와 동일함.

---

29) 1990~1994년에 일본 비중이 100%가 된 것은 이 기간에 상업차관이 거의 없었음을 감안할 때 별로 큰 의미가 없다.

자액은 19.1억 달러로서 전체의 37.5퍼센트에 이르렀다. 그리고 제조업에서는 전기전자, 화공, 운송용 기기, 기계, 섬유 및 의류의 순으로 높았다.[30]

기술도입에서는 도입 건수에서 일본의 비중은 1962~1981년의 그것보다 낮아지기는 하였으나 46.1퍼센트로서 절반에 가까웠다. 그러나 기술도입 대가지급액에서의 비중은 상대적으로 낮았으며, 1982~1985년에는 25.1퍼센트, 1986~1989년에는 32.0퍼센트, 1990~1994년에는 37.7퍼센트이었다. 이것은 일본으로부터의 기술도입이 미국에 견주어 상대적으로 소규모였음을 의미한다.

일본으로부터의 기술도입에서는 건수를 기준으로 할 때 〈표 14〉에서 알 수 있는 것처럼 정유화학, 금속, 전기전자, 기계산업이 큰 비중을 차지하고 있고 그 중에서 가장 큰 것은 기계산업이다.

〈표 14〉 대일 기술도입의 산업별 구성 추이

(단위: 건, %)

	정유화학		금 속		전기전자		기 계		총 계	
	건 수	비 중	건 수	비 중	건 수	비 중	건 수	비 중	건 수	비 중
1974	12	22.6	6	11.3	10	18.9	15	28.3	53	100.0
1980	184	18.2	100	9.9	224	22.1	323	31.9	1,014	100.0
1986	385	17.5	170	7.7	473	21.5	696	31.7	2,199	100.0
1987	453	18.1	188	7.5	549	21.9	782	31.2	2,507	100.0
1988	508	18.2	198	7.1	631	22.6	881	31.5	2,795	100.0

* 도입 건수는 누적치이며 인가 기준임.
자료: 과학기술처, 《과학기술연감》, 각 연도.

---

30) 전기전자는 6.6억 달러, 화공은 4.6억 달러, 운송용 기기는 3.4억 달러, 기계는 3.2억 달러, 섬유 및 의류는 2.5억 달러이었다.

앞에서 차관도입에서 일본의 비중은 1982년부터 미국 비중에 비해서 커졌음을 알 수 있었다. 그러나 이것은 차관도입에서 대일 의존이 심화되었음을 의미하지는 않는다. 1980년대에 들어와서 차관의 중요성이 감소함에 따라서 일본으로부터의 차관도입의 중요성도 감소하였다고 할 수 있다. 그런가 하면 직접투자한 일본의 제조업체는 상대적으로 여건이 악화된 한국을 오히려 떠나는 경향마저 있다. 그러나 많은 기술이 일본으로부터 도입된다는 점, 기술도입이 기계 등의 기초산업에 집중되어 있다는 점 등은 아직도 기술의 측면에서 대일 의존적 성격이 완화되지 않았음을 말한다고 할 것이다. 게다가 직접투자도 제조업보다는 숙박업 등의 서비스업에 편중되어 있다.

5. 결 론

이 글은 해방 이후 50년간의 대외경제관계의 전개과정을 살펴보고, 그 특징과 문제점을 찾는 데 그 목적을 두었다. 한국의 대외경제관계는 확대·개방화의 길을 걸어 왔다. 이것은 한편으로 한국경제의 고성장에 크게 기여해 왔으나, 다른 한편으로는 한국산업의 대외의존적 성격을 지속시켜 왔다. 해방 이후 1950년대까지 한국경제는 원조에 크게 의존하였고, 1960년대부터 대외지향적 성장전략이 채택되어 무역규모가 증대하고 차관 등 외자도입과 기술도입이 본격화되면서 대외의존적 성격은 심화되어 지금까지 지속되고 있다.

대외의존적 경제의 가장 큰 문제점은 국내경제가 대외적 충격에 의해서 심한 영향을 받는다는 것이다. 1970년대 말과 1980년대 초에 경험하였던 경기침체와 외채위기는 무엇보다도 제2차 석유파동과 고국제금리 등 대외경제환경의 악화에 따른 것이었다. 그리고 1980년대 중반에 있었던 3저호황 역시 대외적 요인이 한국경제에 끼친 영향을 실감케 해 주었다.

더욱이 대일 의존이 해방 이후 50년이 된 오늘날에도 지속되고 있다는 것은 대외경제관계에서 가장 큰 문제점의 하나라고 할 수 있다. 한일국교정상화 이래 지금까지 무역이나 외자도입에서 일본 비중은 매우 컸다. 대일 의존적 성격은 이러한 양적인 측면뿐만 아니라 질적인 측면에서도 심각해서, 국내생산의 핵심적 부품과 자본재의 상당수가 일본으로부터의 수입과 기술도입에 의존하고 있는 것이 현실이다.

제조업의 기초가 되는 일반기계류 수입액에서 대일 수입 일반기계류의 비중은 연평균으로 절반을 상회하였다. 그리고 일본으로부터의 기술도입에서도 기초산업에서의 기술도입이 대다수를 차지하였다. 외국인 직접투자에서도 일본 비중이 컸던 것은 대일 의존적 성격이 단순히 교역의 측면에 그치지 않았음을 보여준다. 대일 의존적 성격은 생산구조, 기술 등의 측면으로까지 확대되어, 일부 산업의 경우 그 생산과 수출을 위해서 대일 수입에 상당 부분 의지하여야 했다. 그러므로 이런 측면에서 대일 의존적 성격이 변화하지 않는 한 대일 수입의 축소와 대일 무역수지 적자의 해소는 기대하기 어려운 것이다. 그리고 이런 대일 의존적 성격은 한국경제기 성장히는 데 제약요소로 작용하고 있다.

1990년대에 들어와서 한국경제를 둘러싼 대외경제환경은 급변하고 있다. 최근 다자간 협상기구인 WTO 체제의 출범 등으로 자유화, 개방화 추세가 강해지고 있고, 동시에 쌍무적 무역협상을 통해서 자국경제를 보호하려는 움직임이 심화되고 있다. 그리고 지역적으로 중국, 동남아시아 등이 주요 교역상대국으로 부각되고 있으며, 특히 중국은 향후 가장 비중이 큰 교역상대국의 하나이면서 강력한 경쟁국이 될 것으로 전망된다.

이 와중에서 세계경제에서의 한국경제의 위치는 변화하고 있다. 선진국의 개방압력을 심하게 받는 동시에 중국, 동남아시아 등 후발국의 추격을 받고 있다. 한편에서는 중공업 중심의 수출구조 형성이나 대외직접투자의 확대에서 나타나듯이 선진국과 유사한 대외경제관계가 형성되어 가고 있다. 그러나 다른 한편에서는 대일 의존의 지속에서 알 수 있듯이 저개발국의 성격을 벗어나지 못하고 있는 것이다. 따라서 이런 대외경제환경의 변화에 능동적으로 대처하지 못한다면 한국경제는 더 이상의 성장을 기대하기 어렵다 할 것이다. 더욱이 통일을 대비하기 위해서도 이것은 더욱 절실히 요청되는 일이다.

이런 상황변화에 대응해서 정부는 적극적인 개방화 정책을 추진하고 있으나, 그것은 장기적인 안목이 결여된 것으로 평가된다. 정부의 개방화정책은 대미 협상과정에서도 보여지듯이 국민적 합의도출을 외면한 채 외압에 밀려 임기응변적으로, 그리고 그 부작용에 대한 대책이 충분히 마련되지 않은 채 시행되고 있는 감이 없지 않다. 뿐만 아니라 정부가 취하고 있는 개방화정책을 통해서 지난 50년간 지속되어 온 한국 산업의 대외의존적 성격이 해소되기를 기대하기란 어려운 것으로 보인다. 모름지기 개방화는 '선 대처능력 확보, 후 개방'이라는 원칙 아래서 추진되어야 전면적 개방화가 초래하게 될 여러 부작용을 피할 수 있는 것이다. 1995년 초 대책 없는 급속한 개방화로 발생한 멕시코의 경제위기는 우리에게 시사하는 바가 크다고 할 것이다.

그 경제의 기초가 대외경제환경의 변화에 의해서 크게 흔들리고, 그 생산구조가 핵심적인 부품, 자본재를 해외에 의존하고 있는 상황에서 한 나라 경제의 안정적이고 지속적인 성장을 기대하기란 어렵다고 아니할 수 없다. 이런 의미에서 한국경제의 대외경제관계 및 생산구조를 대외의존에서 벗어나는 방향으로 재정립하는 것이 해방 50주년을 맞는 우리의 일차적인 과제일 것이다. 그럴 때에만 한국경제는 향후 예상되는 개방화와 보호무역의 파고, 한반도를 둘러싼 일본과 중국의 영향력 증대 가능성, 통일에 대한 장애요소들을 극복할 수 있을 것이다.

<부표 1> 대외거래 추이

(단위: 백만 달러, %)

연도	경제성장률 (GNP 기준)	수출 수출액	수출 증가율	수입 수입액	수입 증가율	무역수지	경상수지	연도	경제성장률 (GNP 기준)	수출 수출액	수출 증가율	수입 수입액	수입 증가율	무역수지	경상수지
1945		4.7		8.1				1970	7.6	835.2	34.2	1,984.0	8.8	−1,148.8	−623
1946		3.1	−33.6	11.2	37.8	−8.1		1971	8.0	1,067.6	27.8	2,394.3	20.7	−1,326.7	−848
1947		22.2	607.7	41.8	272.0	−19.5		1972	4.6	1,624.1	52.1	2,522.0	5.3	−897.9	−371
1948		16.0	−28.0	19.7	−52.9	−3.7		1973	12.6	3,225.0	98.6	4,240.3	68.1	−1,015.3	−309
1949		12.5	−21.7	16.4	−16.8	−3.9		1974	8.0	4,460.4	38.3	6,851.8	61.6	−2,391.5	−2,023
1950		13.0	4.1	2.1	−87.3	10.9		1975	6.1	5,081.0	13.9	7,274.4	6.2	−2,193.4	−1,887
1951		7.7	−41.3	20.3	873.9	−12.7		1976	11.9	7,715.3	51.9	8,773.6	20.6	−1,058.3	−314
1952		27.7	262.4	214.2	954.7	−186.4		1977	10.1	10,046.5	30.2	10,810.5	23.2	−764.1	12
1953		39.6	42.7	345.4	61.3	−305.9		1978	9.4	12,710.6	26.5	14,971.9	38.5	−2,261.3	−1,085
1954	5.1	24.2	−38.8	243.3	−29.6	−219.1		1979	6.8	15,055.5	18.5	20,338.6	35.8	−5,283.2	−4,151
1955	4.5	18.0	−25.9	341.4	40.3	−323.4		1980	−3.9	17,504.9	16.3	22,291.7	9.6	−4,786.8	−5,321
1956	−1.4	24.6	36.9	386.1	13.1	−361.5		1981	5.5	21,253.8	21.4	26,131.4	17.2	−4,877.7	−4,646
1957	7.6	22.2	−9.7	442.2	14.5	−420.0		1982	7.5	21,853.4	2.8	24,250.8	−7.2	−2,397.5	−2,650
1958	5.5	16.5	−25.9	378.2	−14.5	−361.7		1983	12.2	24,445.1	11.9	26,192.2	8.0	−1,747.2	−1,606
1959	3.8	19.8	20.4	303.8	−19.7	−284.0		1984	8.5	29,244.9	19.6	30,631.4	17.0	−1,386.6	−1,373
1960	1.1	32.8	65.7	343.5	13.1	−310.7		1985	6.6	30,283.1	3.6	31,135.7	1.7	−852.5	−887
1961	5.6	40.9	24.5	316.1	−8.0	275.3		1986	11.9	34,714.5	14.6	31,583.9	1.4	3,130.6	4,617
1962	2.2	54.8	34.1	421.8	33.4	−367.0	−56	1987	12.3	47,280.9	36.2	41,019.8	29.9	6,261.1	9,854
1963	9.1	86.8	58.4	560.3	32.8	−473.5	−143	1988	12.0	60,696.4	28.4	51,810.6	26.3	8,885.6	14,161
1964	9.6	129.1	48.7	404.4	−27.8	−275.3	−26	1989	6.9	62,377.2	2.8	61,464.8	18.6	912.4	5,055
1965	5.8	175.1	35.7	463.4	14.6	−288.4	−9	1990	9.6	65,015.7	4.2	69,843.7	13.6	−4,828.0	−2,179
1966	12.7	250.3	43.0	716.4	54.6	−466.1	−103	1991	9.1	71,870.1	10.5	81,524.9	16.7	−9,654.7	−8,728
1967	6.6	320.2	27.9	996.3	39.1	−676.0	−195	1992	5.0	76,631.5	6.6	81,775.3	0.3	−5,143.7	−4,529
1968	11.3	455.4	42.2	1,462.9	46.8	−1,007.5	−440	1993	5.8	82,235.9	7.3	83,800.1	2.5	−1,564.3	385
1969	13.8	622.5	36.7	1,823.6	24.7	−1,201.1	−549	1994	8.2	96,013.2	16.8	102,348.2	22.1	−6,335.0	−4,778

주: 1) 경제성장률은 1970년 이전은 1975년 불변가격, 1971년 이후는 1990년 불변가격 기준(단, 1994년은 잠정치).
　　2) 수출입액과 무역수지는 통관 기준, 경상수지는 국제수지 기준임.
　　3) 1945~1951년 자료는 원 및 환 표시 수출입자료를 당시의 한국은행 공정환율로 환산한 것임.
　　4) 1950년 수출입액은 6·25로 인한 자료 소실로 서울 및 인천세관의 1950년 3~6월 자료 미포함.
자료: 한국은행 《경제통계연보》, 각 연도; 통계청, 《한국통계연감》, 각 연도; 조선은행(한국은행), 《경제연감》, 1949, 1957.

<부표 2> 외자도입 추이

(단위: 백만 달러, 건)

	공공차관	상업차관	뱅크론	직접투자	소 계	원 조	기술도입 도입건수	기술도입 대가지급		공공차관	상업차관	뱅크론	직접투자	소 계	원 조	기술도입 도입건수	기술도입 대가지급
1945									1970	115	367	25	66	573	138	92	2.4
1946						5			1971	303	345	90	43	781	108	47	4.3
1947						50			1972	324	326	20	61	731	82	53	6.8
1948						175			1973	403	461	49	191	1,104	32	67	11.5
1949						180			1974	385	603	218	163	1,369		88	17.8
1950						116			1975	477	801	200	62	1,540		99	26.5
1951						59			1976	713	839	131	85	1,768		127	30.4
1952						106			1977	636	1,241	300	102	2,279		169	58.1
1953						161			1978	817	1,913	328	101	3,159		297	85.1
1954						194			1979	1,089	1,578	1,522	195	4,384		291	93.9
1955						154			1980	1,516	1,403	440	131	3,490		222	107.2
1956						237			1981	1,690	1,247	2,239	152	5,328		247	107.1
1957						237			1982	1,868	914	1,549	129	4,460		308	115.7
1958						383			1983	1,494	973	1,981	122	4,570		362	149.5
1959						321			1984	1,424	858	2,800	193	5,275		437	213.2
1960						222			1985	1,024	964	3,597	235	5,820		454	295.5
1961						245			1986	880	1,620	1,072	477	4,049		517	411.0
1962	3			1	7	199	7		1987	1,109	1,558	1,092	626	4,385		637	523.7
1963	43	24		5	73	232	3		1988	891	988	119	894	2,892		751	676.3
1964	12	12		1	25	217	1		1989	475	860	50	812	2,197		763	888.6
1965	5	35		6	61	158	4		1990	418	30	990	895	2,333		738	1,087.0
1966	73	110		14	197	132	18		1991	429	0	3,151	1177	4,757		581	1,183.8
1967	106	124		11	241	133	36	0.7	1992	486	150	2,359	803	3,798		533	850.6
1968	70	268	40	19	397	127	51	1.3	1993	420	0	520	730	1,670		707	–
1969	139	410	30	13	592	140	59	2.1	1994	740	0	550	970	2,260		523	–

주: 차관 및 외국인직접투자는 도착 기준임.
자료: 재무부·한국산업은행, 《한국외자도입 30년사》, 1993; 과학기술처, 《과학기술연감》, 각 연도; 재정경제원, 내부자료.

<부표 3> 대외의존도 추이

(단위: 백만 달러, %)

	수출의존도	수입의존도	무역의존도	외 채	외채/GNP	DSR		수출의존도	수입의존도	무역의존도	외 채	외채/GNP	DSR
1953	3.2	9.8	13.0				1974	28.1	40.1	68.2	5,937	32.8	11.2
1954	2.1	7.4	9.5				1975	28.0	38.2	66.2	8,456	41.8	12.0
1955	2.9	10.0	12.9				1976	31.2	34.4	65.6	10,533	38.4	10.6
1956	2.3	13.2	15.5				1977	31.8	33.9	65.7	12,648	35.9	10.2
1957	2.2	12.0	14.2				1978	29.9	34.7	64.6	14,871	30.3	12.1
1958	2.8	10.8	13.6				1979	28.0	36.5	64.5	20,287	35.3	13.3
1959	3.4	10.3	13.7				1980	34.6	45.8	80.4	27,170	48.5	13.1
1960	4.1	12.7	16.8				1981	37.5	47.0	84.5	32,433	52.2	14.3
1961	6.3	14.9	21.2				1982	35.5	42.5	78.0	37,083	56.4	16.2
1962	6.0	16.6	22.6	89		0.7	1983	36.3	40.2	76.5	40,378	53.4	15.7
1963	5.4	15.8	21.2	157		0.9	1984	36.5	40.0	76.5	43,063	51.8	16.6
1964	6.7	13.5	20.2	177		2.6	1985	35.3	37.5	72.8	46,729	55.9	18.7
1965	6.5	15.9	22.4	206		5.0	1986	39.0	36.0	75.0	44,510	43.3	20.8
1966	11.9	20.3	32.2	392	10.6	2.9	1987	41.1	35.3	76.4	35,570	27.6	30.1
1967	13.6	22.4	36.0	645	15.0	5.2	1988	38.9	32.2	71.1	31,150	18.4	13.2
1968	14.7	25.9	40.6	1,199	23.1	5.2	1989	33.2	31.3	64.5	29,370	14.4	9.8
1969	15.4	26.0	41.4	1,800	27.3	7.8	1990	33.0	31.6	64.6	31,700	13.1	8.0
1970	16.0	25.3	41.3	2,245	27.7	18.2	1991	28.8	32.0	60.8	39,140	13.9	4.6
1971	16.1	26.5	42.6	2,922	30.8	20.4	1992	29.5	31.2	60.7	42,680	14.5	5.0
1972	20.5	25.6	46.1	3,587	33.5	18.4	1993	29.4	29.0	58.4	43,870	16.5	9.1
1973	29.7	33.5	63.2	4,260	32.5	14.2	1994	30.3[1]	31.1[1]	61.4[1]	56,850	18.8[1]	6.2

주: 1) 잠정치임.
자료: 재무부·한국산업은행, 《한국외자도입 30년사》, 1993; 한국은행, 《국민계정》, 1994; 한국은행, 《조사통계월보》, 각 호.

<부표 4> 대일의존도 추이

(단위: %)

	수출 의존도	수입 의존도	외자도입의존도			기술도입의존도			수출 의존도	수입 의존도	외자도입의존도			기술도입의존도	
			공공차관	상업차관	직접투자	도입건수	대가지급				공공차관	상업차관	직접투자	도입건수	대가지급
1948	15.9(5.8)	5.9(16.3)						1972	25.1(46.7)	40.9(25.7)	19.4	31.3	34.4	67.9	54.2
1949	16.1(4.2)	13.0(18.3)						1973	39.8(32.2)	40.8(28.2)	25.3	15.0	90.6	68.7	50.1
1950	75.5(4.9)	69.1(10.5)						1974	30.9(33.5)	38.2(24.8)	32.2	17.2	80.4	71.6	56.1
1951	83.6(8.3)	72.8(3.8)						1975	25.1(30.7)	33.5(25.9)	12.8	15.0	51.6	59.6	62.7
1952	77.1(33.1)	59.2(11.3)						1976	22.9(32.3)	35.3(22.4)	7.7	5.5	57.6	59.8	68.5
1953	37.5(47.8)	47.7(16.6)						1977	21.4(31.0)	36.3(22.6)	11.9	27.9	52.0	48.5	43.8
1954	32.9(56.4)	38.2(22.0)						1978	20.7(31.9)	40.0(20.3)	12.0	30.6	44.6	53.2	32.9
1955	40.4(41.0)	5.6(22.8)						1979	22.3(29.1)	32.7(22.6)	10.5	24.7	64.1	54.6	24.2
1956	33.1(44.4)	5.4(22.4)						1980	17.4(26.3)	26.3(21.9)	9.0	21.5	24.4	55.9	26.3
1957	48.7(18.4)	7.6(24.8)						1981	16.5(26.6)	24.4(23.2)	20.4	7.9	32.2	43.7	33.0
1958	59.4(17.4)	13.2(55.3)						1982	15.6(28.6)	21.9(24.6)	4.1	9.8	17.8	53.2	25.3
1959	64.0(10.8)	10.7(48.6)						1983	13.9(33.7)	23.8(23.6)	4.6	20.8	26.2	55.5	24.8
1960	61.5(11.1)	20.5(38.9)						1984	15.7(35.8)	24.9(22.4)	4.6	21.2	47.2	49.7	24.9
1961	47.5(16.7)	21.9(45.4)						1985	15.0(35.5)	24.3(20.8)	8.9	44.8	29.4	50.2	25.2
1962	42.8(21.9)	25.9(52.2)	0.0		0.0	0.0		1986	15.6(40.0)	34.4(20.7)	11.5	40.9	56.0	51.1	31.5
1963	28.6(28.0)	28.4(50.7)	0.0	0.0	0.0	0.0		1987	17.8(38.7)	33.3(21.4)	16.3	36.8	59.9	48.2	34.6
1964	29.6(27.6)	27.2(50.0)	0.0	0.0	0.0	0.0		1988	19.8(35.3)	30.7(24.6)	22.0	63.7	49.6	47.1	31.7
1965	25.1(35.2)	36.0(39.3)	0.0	0.0	0.0	0.0		1989	21.6(33.1)	28.4(25.9)	41.3	55.2	49.1	45.0	30.8
1966	26.5(38.3)	41.0(35.4)	19.2	55.5	7.1	61.1		1990	19.4(29.8)	26.6(24.3)	47.4	100.0	40.4	45.1	31.4
1967	26.5(42.9)	44.5(30.6)	24.5	37.1	9.1	69.4	41.0	1991	17.2(25.8)	25.9(23.2)	48.5	–	17.3	47.7	31.5
1968	21.9(51.7)	42.5(30.8)	24.3	32.8	10.5	64.7	37.7	1992	15.1(23.6)	23.8(22.4)	35.4	100.0	21.7	43.5	24.2
1969	21.4(50.2)	41.3(29.1)	15.1	21.5	38.5	71.2	48.0	1993	14.1(22.1)	23.9(21.4)	29.3	–	39.7	40.5	–
1970	28.1(47.3)	40.8(29.5)	11.3	22.6	19.7	72.8	43.8	1994	14.1(21.4)	24.8(21.1)	13.1	–	44.3	32.1	–
1971	24.5(49.8)	39.5(28.3)	33.7	18.3	41.9	76.6	50.9								

주: 1) 각 항목의 총액 중 일본이 차지하는 비중임.
　　2) ( ) 안은 미국이 차지하는 비중임.
자료: 재무부·한국산업은행, 《한국외자도입 30년사》, 1993; 과학기술처, 《과학기술연감》, 각 연도;
　　　한국은행, 《경제통계연보》, 각 연도; 통계청, 《한국통계연감》, 각 연도; 조선은행(한국은행), 《경제연감》, 1949, 1957.

참고문헌

과학기술처, 《과학기술연감》, 각 연도.

경제기획원, 《외채백서》, 1981.

대한민국정부(1993), 《신경제 5개년계획(1993~1997)》, 1993.

__________(1993), 《제6차 경제사회발전 5개년계획 수정계획(1988~1991)》, 1988.

__________(1993), 《제5차 경제사회발전 5개년계획 수정계획(1984~1986)》, 1983.

__________(1993), 《제5차 경제사회발전 5개년계획(1982~1986)》, 1981.

대한상공회의소, 《한국경제통계요람》, 1990.

박정재, 《한국경제100년—한국경제의 근대화과정》, 한국생산성본부, 1971.

재무부·한국산업은행, 《한국외자도입 30년사》, 1993.

전국경제인연합회 편, 《한국경제정책 40년사》, 1986.

정일용, 〈6·25 동란 후 미국원조의 성격과 귀결〉, 《한국경제론》, 학현 변형윤 박사 화갑기념논문집, 비봉출판사, 1987.

통계청, 《주요경제지표》, 각 연도.

_____, 《한국통계연감》, 각 연도.

한국기독교사회문제연구원 편, 《한국경제와 자본자유화》, 민중사, 1985.

한국무역협회, 《무역통계》, 각 연도.

__________, 《무역연감》, 각 연도.

__________, 《무역통계연보》, 각 연도.

한국은행, 《경제통계연보》, 각 연도.

_______, 《국제수지》, 각 월호.

_______, 《산업연관표》, 각 연도.

《광복 50주년 기념논문집》(1995)

국제경제협력과 그 영향
: 한국경제에 미친 영향

1. 국제협력의 규모와 내용

총외자도입 실적은 1971년 말 현재로 채무확정 기준으로는 약 37.8
억 달러, 물자도착 기준으로는 약 27.5억 달러에 이르는 것으로 알려
지고 있다. 그동안 도입된 외자의 연도별·형태별 실적을 보면 〈표 1〉
과 같다.

1970년 말 현재 미국이 전체의 40.2퍼센트, 일본이 19.4퍼센트로 이
두 나라의 외자가 총도입 실적의 60퍼센트를 점하고 있다. 미국 외자
는 재정차관에서, 일본 외자는 상업차관에서 더 큰 비중을 점하고 있
다. 또 IBRD, IDA, AD 등 국제기구로부터 받은 외자가 재정차관 형
태로 2.2억 달러(1970년 말 현재)나 도입되어 총재정차관 실적의 25퍼
센트 선을 점하고 있다.

그리고 우선 도입된 차관의 산업별 구성을 보면 1971년 말 현재로
물자도착 기준으로 전체의 42.7퍼센트가 제조업에 들어왔고 그 나머지
가 농림수산업 4.3퍼센트, 전력업 19.6퍼센트, 건설업 4.4퍼센트, 운수·

〈표 1〉 형태별·연도별 외자도입 실적(물자도착 기준)

(단위: 백만 달러)

	1956 ~66	1967	1968	1969	1970	1971	합계
재 정 차 관	140.8	105.6	70.2	138.9	115.3	303.4	874.2
상 업 차 관	184.1	124.0	268.4	408.9	366.7	345.2	1,697.3
(정부지보)	171.8	66.4	66.5	25.6	11.6	36.4	378.3
(시은지보)	5.2	39.0	161.7	366.0	276.9	275.9	1,124.7
(지보불요)	7.1	18.7	40.1	17.2	78.2	32.9	194.2
소 계	324.9	229.6	338.6	547.8	482.0	648.6	2,571.5
직 접 투 자	26.3	7.7	19.2	12.7	66.1	42.9	174.8
합 계	351.2	237.3	357.8	560.5	548.1	691.5	2,746.3

출처: 경제기획원 및 한국은행(1971년도 연차보고서) 자료에서 작성.

보관업 13.3퍼센트 등으로 배분되었다. 또 제조업의 업종별 구성은 섬유(주로 화학섬유) 8.9퍼센트, 화학(주로 화학비료) 8.6퍼센트, 토석·유리(주로 시멘트) 6.0퍼센트 등의 순위를 보여 이 3개의 업종이 제조업 차관도입 실적의 55퍼센트를 상회하고 있다.

다음에 직접투자의 산업별 구성을 보면 1971년 말 현재로 전체의 88.3퍼센트인 223.1백만 달러(358건)가 제조업에서 나머지가 전력업, 관광업 등에서 이루어졌다. 그리고 제조업의 업종별 구성을 보면 기·전자공업이 67건에 전체의 19.2퍼센트로서 수위를 점하고 있고 정유공업 14.1퍼센트(4건), 섬유공업 9.0퍼센트(40건), 화학공업 8.1퍼센트(44건), 비료공업 7.6퍼센트(2건) 등의 순위로 되어 있다.

1971년 말까지의 외자상환 실적은 재정차관이 약 25백만 달러, 상업차관이 약 383백만 달러로 합계 408백만 달러에 이르고 있다. 물론 이 수치는 차관원금의 상환분만을 나타낸다. 참고로 이자지급 및 배당송금 실적을 보면 이자지급은 약 2억 1천만 달러, 배당송금은 약 2천3

백만 달러이다. 그리하여 1971년 말 현재의 채무 잔액은 채무확정 기준으로는 약 33.8억 달러, 물자도착 기준으로는 약 23.4억 달러에 이르고 있다. 1970년 11월 말 현재로 유상기술도입 실적은 총 210건에 이른다. 이 기술은 대개 차관계약에 부수하여 도입되는데 제조·가공기술을 비롯하여 장치·운수·관리기술에 이르기까지 다양한 내용을 갖는다. 도입국별로는 우리나라 기술패턴의 전통에 비추어 일본 기술이 전체의 70퍼센트 이상으로 압도적인 비중을 점하고 있으며, 산업별로는 건설업과 전력업의 몇 가지 예외를 제외하면 전부 제조업을 대상으로 하고 있다. 제조업 중에서도 또한 기계공업 계통이 전체의 절반을 점하고 나머지가 화학공업, 금속공업, 섬유공업 등의 기술로 되어 있다.

2. 한국경제에 끼친 긍정적 효과

지난 약 10년 동안 우리나라의 투자재원조달에서 외자(해외저축)가 점한 비중을 보면 해외저축의 비중이 높다. 경제성장은 투자를 통해서 이루어지므로 높은 해외저축은 높은 투자를 통해서 높은 경제성장을 초래하게 된다. 이렇게 보면 그간의 한국경제가 거둔 높은 경제성장을 긍정적으로 받아들인다면, 그것을 투자 면에서 가능케 한 조건으로서 외자의 의의는 자못 큰 바가 있다. 여기서 우리는 외자도입이 한국경제의 성장 면에 끼친 제1차적인 기여를 찾게 된다.

이러한 제1차적인 기여와 함께 외자도입이 경제성장에 끼친 다른 또 하나의 측면으로서 우리는 산업구조 또는 공업구조의 변동, 즉 광공업 중심 및 그 중에서 중화학공업 중심으로 산업구조(공업구조)의 고도화 현상을 들 수 있다. 우선 산업구조의 변동을 볼 때 취업자를 기준으로 하든, 부가가치를 기준으로 하든 광공업 비중이 괄목할 만큼 높아졌다. 예를 들면 1960~70년 기간 중 광공업의 부가가치 비중은 15.1퍼센트에서 28.0퍼센트로 늘어났다. 또 제조업의 업종별 구성에서도 중화학공업에 속하는 업종의 비중이 1960~69년 기간 중 취업자 기준으로 29.4퍼센트에서 34.3퍼센트로, 부가가치 기준으로 30.0퍼센트에서 44.4퍼센트로 각각 신장되어 이른바 중화학공업화율의 제고를 가져왔다. 이러한 산업구조의 고도화 또는 중화학공업화는 결국 동 산업(업종)부문에 투자된 외자의 힘에 의하여 가능했다고 보아도 당연할 것이다. 그것은 앞의 외자의 산업별 도입구성에서도 이미 본 바와 같이 외자가 제조업에 많이 들어왔고 그 중에서도 다시 섬유공업을 예외로 한다면 주로 화학공업, 비료공업, 정유공업, 시멘트공업, 제철공업 등 중화학공업부문에 속하는 업종을 대상으로 하여 들어왔다는 점에서도 충분히 그 근거를 찾아볼 수 있다.

외자도입이 국제수지에 미치는 효과에는 양적인 것과 음적인 것이 있다. 전자는 수입대체 효과와 수출증가 효과이며 후자는 원리금상환 부담과 수입대체·수출증대를 위한 필요원자재의 수입효과이다. 따라서 양적인 효과와 음적인 효과의 차가 바로 외자도입의 국제수지 효과라고 할 수 있다. 그러나 이에 대한 실제의 계수적인 분석은 매우 어려운 일이다. 여기서는 한국무역연구소가 여러 가지 방법을 이용해서 외자도입의 국제수지 효과를 시산해 본 결과를 인용·설명하기로 한다. 동 연구소의 보고서에 따르면 1962~79년간 외자도입의 수입대체 효과는 1,665백만 달러, 수출증가 효과는 804백만 달러, 소요원자재 수입액은 1,865백만 달러, 원리금 상환액은 394백만 달러이며 따라서 순차액은 212백만 달러에 이르는 것으로 되어 있다. 그러나 이것을 연도별로 볼 때 외자의 원리금상환이 본격화하는 1968년부터는 원금상환까지 감안한 국제수지 효과가 오히려 음의 수치를 나타내고 있다

(단, 이자지급만을 감안하면 흑자임).

이에서 경상수지 적자를 장기자본수지 흑자로 조정하는 외자도입의 국제수지 개선효과는 지극히 단기적인 것임을 알 수 있고 동 자본수지 자체가 적자로 전환할 때 또한 경상수지의 흑자를 통한 그 보전이 어렵게 됨을 충분히 알 수 있다. 이것이 어려울 때 국제수지의 균형은 하는 수 없이 또 다른 외자의 도입을 통한, 즉 차환용 외자의 도입확대를 통해서 해결할 수밖에 없다.

도입기술이 국내기술에 미친 효과를 어떠한 계수적으로 파악하기란 불가능하다. 단지 선진기술의 도입은 일반적으로 국내기술 면의 애로부문을 타개하고 상대적으로 낮은 기술분야를 보완해주는 기능을 가지며 나아가 국내 기술개발의 기반을 형성시켜 줌으로써 국내 기술수준의 기반적인 향상을 도모할 수 있게 하는 효과를 갖는다.

그런데 도입기술을 충분히 소화·습득하여 자기 것으로 만들기 위해서는 우선 도입되는 기술의 수준(질)이 국내 기술수준에 접근한 것이어야 하며 또 동 기술부문에 참여하는 기술자의 개별적인 경험을 제도적으로 자료화하여 보급할 수 있는 태도를 갖추어야 한다. 그러나 이러한 기술수용상의 조건에 비추어 그간 우리나라는 도입된 기술의 양에 비하여 우리 것으로의 전수효과는 작았다고 하는 것이 일반적인 평가이다(과학기술처, 《차관기업의 기술도입실태조사에 관한 연구》 참조).

한편 외자도입은 이상의 생산기술 면에서의 향상만이 아니라 기업경영 측면에서 그 능력을 개발·향상시키는 효과를 갖는다. 즉 외자도입은 우선 자본장비율의 제고를 통해 노동생산성의 향상을 가져오고, 둘째 경영방법이나 회계제도 나아가 시장개척방식 등에 이르기까지 외자공여국의 발달된 경험과 제도를 배울 수 있는 기회를 제공한다.

사실 그간의 외자도입은 생산기술의 개발 면보다도 이 경영기술의 향상에 더욱더 기여했다고 보는 것이 타당할지도 모른다.

1962년 12월 말 고용규모를 기준으로 할 때 1970년 현재 고용량은 약 44.7퍼센트가 증가하고, 이 중에서 산업별로는 특히 광공업이 75.1퍼센트로 가장 많이 증가하였다. 이러한 고용증대 규모가 외자도입에 어느 정도 영향받았는가를 알기 위한 방편으로 1967~70년간의 총투자 중 해외순차입의 비율(22.3%)을 이 기간 중의 고용증대량에 곱해 보면 전 산업의 경우 약 660천 명, 광공업의 경우, 131천 명이 각각 늘어난 것으로 된다. 그런데 농림·수산업부문에 외자도입은 거의 무시해도 좋을 만큼 적었으므로 이를 제외한 고용증가 효과는 결국 332천 명 정도에 이르는 계산이 된다.

3. 한국경제에 끼친 부정적 효과

외자도입을 통한 경제발전의 궁극적인 목표가 국민경제의 자립화에 있었다고 함은 재론의 여지가 없겠으나 그간의 성장결과는 오히려 역의 방향을 걸어왔다. 자본·원자재·기술 등 생산요소의 해외조달 비중을 높임으로써 국민경제가 해외(주로 외자공여국) 경제정세의 변동에 민감하게 되었다. 이를 단적으로 보여준 것이 닉슨의 달러방위 조치와 일본의 엔화 평가절상 조치 그리고 미국의 섬유류 수입규제조치 등에 따른 국내경제의 심한 동요였다.

국민경제의 대외의존 정도를 보는 1차적인 지표는 물론 무역의존도(GNP 중 수출입비중)가 된다. 그동안 수출지상 정책에 따라 전 공산품의 약 40퍼센트를 수출시장에 의존할 만큼 이 무역의존도가 높아졌음은 거론의 여지가 없겠으며 특히 우리의 경우 외자의 주공여국인 미국과 일본 두 나라에 수출입편향 현상이 문제가 되겠다.

　이 밖에 또 국민경제의 대외의존 현상을 보는 지표로서 기업의 주요 업종별 고정부채 중 외채의 비중과 주요 수출상품의 소요원자재 수입의존도가 있는데, 이들을 살펴보면 각각 〈표 2〉 및 〈표 3〉과 같다.
　물론 국민경제의 대외의존 문제를 이와 같은 몇 가지 지표에 의해서 분석하는 것만으로 만족할 수는 없다. 오히려 그것은 국민생활필수품(의료, 유류, 비료 등)을 외자기업에 의해서 공급받지 않을 수 없다는 사실, 또는 '영남화학'이나 '진해화학'과 같은 합작투자기업의 경우에서 볼 수 있는 것처럼, 기업 가동 후 겨우 4개년 만에 투자원금에 해당하는 과실(果實)송금이 이루어졌고(이는 농민이 그만큼 비싼 비료를 사용했다는 뜻임) 그러고도 또 투자원금은 계속 남아 있다는 사실 등에

〈표 2〉 주요 업종별 고정부채의 구성(1969년 제조업)

(단위: %)

	외 채	은행채	기 타	합 계
제　　　　분	11.7	11.6	76.7	100.0
제　　　　당	16.0	27.2	56.8	100.0
면　　　　방	56.7	11.5	31.8	100.0
모　　　　방	64.3	19.5	16.2	100.0
화　섬　　방	82.7	12.0	5.3	100.0
비　　　　료	84.4	14.0	1.6	100.0
플 라 스 틱	65.6	31.6	2.8	100.0
정　　　　유	86.8	0.2	13.0	100.0
고　　　　무	32.9	61.0	6.1	100.0
시　멘　트	46.2	22.8	31.0	100.0
철　　　　강	60.6	36.5	2.9	100.0
금 속 제 품	22.8	61.3	15.9	100.0
가 전 기 품	21.6	46.1	32.3	100.0
조　　　　선	0.3	62.1	37.6	100.0
자　동　차	78.0	10.4	11.6	100.0

출처: 대한상공회의소.

비추어서 더 실감있게 평가되어야 할 것이다.

흔히들 해방 후 외원(外援)경제의 영향으로 농업의 정체와 소비재산업 중심의 산업구조 왜곡화 현상이 초래된 것으로 본다. 무상외원과 대치되는 유상외자가 가져온 영향도 근본적으로 이와 다를 바가 없었다. 원조자금으로 공급되던 소비재 및 원자재가 이 나라에 건설된 외자기업에 의해서 직접 생산·공급되는 체제로 바뀌었을 뿐 대체로 소비재공업 중심의 개발방향이라던가 외자기업 이윤보장을 위한 곡가정책의 요구 등은 다를 바가 없었다.

그리하여 산업별로는 1차산업(농업)의 정체와 소비재공업의 발달 및 그를 기초로 한 3차산업의 기형적 발달 등의 현상을 초래하고 또

〈표 3〉 주요 수출상품별 원자재 수입의존도(1971년 9월 현재)

(단위: %)

	가득률	수출의존도	그 중 대월 수입의존도
의 류	30	70	95
메 리 야 스	30	70	100
스 웨 터	70	30	100
직 물 및 원 사	40	60	100
가 발	50	50	70
철 강 제 품	20	80	100
금 속 양 식 기	55	45	100
신 발 류	40	60	50
합 성 수 지	30	70	100
통 조 림	85	15	100
합 판	20	80	−
전 자 제 품			
부 품	40	60	10
기 기	50	50	90

출처: 상공부.

기업적 측면에서는 외자제휴기업과 비외자제휴기업, 즉 독과점적 대기업과 그렇지 못한 중소기업으로 이중구조를 형성하는 등 산업 간, 업종 간, 기업 간 격차와 불균형을 심화시켰다. 이러한 격차는 또한 지역 간이나 계층 간에도 확대되었다.

최근 특히 중소기업의 도산문제, 도시지역에서의 개발경기 붐의 소진에 따른 실업현상(대개 이농민으로서 도시 3차산업 부문에서 불완전취업의 완전실업화, 이들은 다시 귀농현상을 빚고 있음) 등 사회적 문제로까지 확대되고 있는 이 이중구조 문제에 대해 물론 그 전적인 원인을 외자경제의 영향 탓으로 돌릴 수는 없을지도 모른다. 그러나 외자경제하의 수많은 저개발국에서 경제적 민족주의 즉 반(反)외자의 물결을 불러일으키게 했던 현실적 기초가 바로 이러한 외자에 의한 그 사회의 이중구조화 현상에 있었다고 함은 부정할 수 없을 것이다.

외자경제가 소비재공업 중심의 개발과 이를 기초로 3차산업을 기형적으로 발달시킨다고 함은 전술한 바와 같다. 그런데 외자에 의해 건설되는 소비재공업은 각종 전기기기제품에서 전형적으로 볼 수 있는 것처럼 새로운 종류의 소비재를 개발·공급하게 되어 자연히 국민의 소비성향을 높이게 마련이다. 이러한 소비성향 제고는 또 고급재에 대한 수입성향의 제고를 가져와 외자도입국의 수입을 증대하게 된다. 그리하여 오히려 국내의 저축성향을 저해하는 작용을 하게 된다.

또 외자경제가 국민소비생활에 미치는 영향은 여기에 그치는 것이 아니다. 그것은 석탄을 석유로 대체시킨다든가 천연섬유제품을 화학섬유제품으로 전환시키는 데에서 보듯이 국민의 소비구조 자체를 변화시키게 된다. 소비재의 고급화 또는 소비생활의 근대화로 규정될 수도 있는 이러한 현상은 앞서 설명된 국민경제의 대외의존 문제와 결부하여 한층 더 국민경제를 해외에 의존시키는 상승작용을 하게 된다.

외자기업이 일반적으로 국내의 토착중심기업의 시장을 침탈하면서 독과점화를 꾀한다는 것은 이미 알려진 사실이다. 이러한 독점화 현상은 자연적으로도 독과점이윤의 보장을 위한 독과점가격을 형성하게 되어 일반국민은 국제시세보다도 상대적으로 비싼 가격수준으로 외자기업 제품을 소비하게 된다. 물론 이 경우 해당 제품의 수입금지 조치가 필요조건이다.

외자원리금 상환요구와 관련하여 이러한 높은 독과점가격의 형성은 결국 국내 물가수준을 하방경직적으로 만들 뿐만 아니라 적극적으로는 상승작용의 기초가 된다. 물론 물자차관의 경우에서 볼 수 있듯이 외자도입은 제1단계에서는 국내 물가수준을 안정시키는 작용을 한다. 그러나 이는 어디까지나 단기적인 해석으로 실제로는 인플레요인을 이자를 붙여 연기하는 데 불과하다. 따라서 지금 우리나라의 인플레 압력도 바로 이러한 논리의 구체화로 받아들여질 수 있다.

4. 결 언

그동안 외자도입은 한국경제의 경기를 유지시켜 높은 경제성장을 가능하게 한 원동력으로서 역할을 해왔다. 그러나 그간의 외자정책은 다다익선의 추구였다고 볼 수 있으며 그 결과 수출지향적 산업시설은 포화상태로까지 확대되었다. 그런데 현재 외자기업은 원리금상환 부담, 국내시장의 제약 등에 우리나라의 외자와 무역의 가장 큰 상대국인 미국과 일본 경제의 불황 등이 가세함으로써 심한 고통을 겪고 있다. 그렇다면 현재 한국경제가 겪고 있는 불황에서 국제협력 특히 외자도입의 종합적 귀결도 볼 수 있지 않을까?

《노동공론》(1972. 6)

석유파동이 세계경제 및 한국경제에 끼친 영향

1. 머리말

1973년 10월 중동전쟁 때의 아랍 산유국들의 석유무기화 조치로 인한 석유파동은 국제경제 질서 및 각국 경제에 큰 타격을 주었다. 우리나라 경제도 예외는 아니어서 석유파동으로 인해 물가, 경기, 무역 등 경제의 전반에 걸쳐 큰 충격을 받고 있다. 이로 인해 작년 하반기 이래 전 세계적으로, 또 우리나라에서도 석유파동에 관련된 논의가 빈번하였고, 앞으로도 상당 기간 논의는 계속될 것이다. 그러나 본론에 들어가기 전에 명백히 해둘 것이 두 가지 있다.

하나는 주지하는 바와 같이 석유파동은 요즈음 논의되고 있는 국제경제 정세의 변화 중의 한 가지이며, 따라서 국제 정세의 변화와 연관돼 있다는 것이다. 그리고 석유파동이 1960년대부터 논의되고 있는 국제경제 정세의 변화를 갑자기 악화시킨 것은 사실이나 석유파동이 국제경제 정세의 흐름의 방향을 바꾼 것은 아니다. 아니 오히려 국제경제 정세의 변화에 있어서 그 흐름의 방향을 더욱 명백히 한 것에 불과하다. 이런 의미에서 우리는 석유파동을 돌연한 국제경제 정세의 변화

로 파악하기보다는 국제경제 정세의 지속적인 흐름상의 한 사건으로
보아야 할 것이다.

다음, 오늘날 우리나라 경제가 당면하고 있는 여러 가지의 어려운
문제, 예컨대 물가상승, 경기후퇴, 국제수지의 악화 등의 원인을 생각
할 때 그것이 석유파동에만 있고, 따라서 불가피한 것이었다고 생각하
는 것은 사태의 일면만을 보는 태도라는 것이다. 주어진 객관적 여건
만이 사태를 결정하는 게 아니라 주체적인 여건이 또한 사태를 결정
하는 것이다.

똑같은 석유파동을 겪고 있는 나라들 중에도 각기 그 물가상승이나
국제수지 악화의 정도가 다른 것이다.

이상과 같은 두 가지 관점에 입각하여 본 소론에서 석유파동이 세
계경제 및 한국경제에 끼친 영향을 차례로 생각해 보겠다.

2. 석유파동이 세계경제에 끼친 영향

1973년 1월에 배럴당 2달러 60센트에 불과했던 원유공시가(아라비
안 레이트)가 그간 조금씩 계속 올라 동년 8월에는 3달러가 되었으나
10월 중동전쟁 때 아랍 산유국의 석유 무기화 조치로 5달러 12센트로
급등하였고 그 후에도 석유감산 및 석유금수 조치로 1974년 1월에는
다시 배로 껑충 뛰어 11달러 65센트가 되었다. 겨우 1년 사이에 4배로
가격이 인상된 것이다. 1974년에 들어와서 실제로 석유금수 조치는 풀
어져서 공급량은 다시 옛 수준으로 복귀되었으나 가격은 계속 높은
수준으로 유지되고 있다. 석유파동이란 처음에는 석유 공급량의 감소
와 석유가의 폭등이란 두 가지 현상을 가리켰으나 어느새 석유공급량
의 감소란 현상은 사라져버리고 지금은 석유의 고가격이란 현상만 남

아 있는 것이다. 따라서 앞으로 전개할 석유파동에 대한 논의도 주로 석유의 고가격이란 현상만을 대상으로 하게 될 것이다. 물론 석유공급량의 감소도 있으나 이는 고가격에 기인한 소비억제에서 말미암는 것이지 산유국 측의 공급억제에 있는 것은 아니다. 결국 석유파동도 산유국과 국제 석유자본의 가격인상 조작에 기인한 것이지, 즉 경제적 요인에 기인한 것이지 다른 어떤 정치적 요인에 기인한 게 아니란 것이 사후적으로 드러나게 된 것이다.

이와 같은 석유파동은 국제 경제정세 및 각국 경제에 직간접적으로 큰 충격을 주었다. 세계경제에 끼친 영향이란 이 국제경제 정세 및 각국 경제에 끼친 영향을 말한다. 이들은 상호 연관되어 있으므로 이를 하나로 묶어 살펴보자. 우선 석유파동은 가장 직접적으로 국제 원자재 파동을 격화시켰다.

1) 국제 자원파동의 격화

작년에는 비단 석유만이 아니라 양곡을 비롯한 각종 농산물, 각종, 금속, 원곡 등 이른바 원자재의 국제 시세가 폭등하였다. 〈표 1〉에서 보듯 각종 국제 원자재 가격지수는 1973년 1년 동안에 약 2배로 뛰었다. 국제 원자재 시세가 상승하게 된 것은 원래 2차 대전 후 각국이 모두 불황(즉 경기침체)을 막고 완전고용을 지속시키기 위해 계속적으로 확대 재정·금융정책을 실시하여 왔기 때문에 원자재에 대한 세계적 수요가 공급보다 더 빨리 증가해온 데 있다고 할 것이다. 따라서 〈표 1〉에서 볼 수 있듯이 1972년에도 국제 원자재의 시세는 상승하였으며, 그 전에도 점진적이긴 하나 꾸준히 상승하여 왔다. 그러나 1973년에 갑자기 국제 원자재 시세가 폭등하게 된 것은 우선 동년 7월의 미국의 농산물 및 고철의 수출규제 조치에 기인한 것이다. 이것은 미

<표 1> 주요 국제 상품시세 지수변동 추이

	1971. 12 (A)	1972. 12 (B)	1973			
			3월 말	6월 말	9월 말	12월 말 (C)
Reuter	537.4	753.0	862.4	980.77	1,185.7	1,374.8
AP-DJ(현)	144.35	189.49	202.23	235.53	312.12	340.51
Financial Times	80.95	100.80	130.59	153.39	188.23	210.96
Moody	374.8	478.0	516.1	552.8	649.7	690.9

	1974		상승률(%)		
	1월 말	2.15(D)	B/A	C/B	D/C
Reuter	1,431.4	1,492.3	40.1	82.6	8.5
AP-DJ(현)	338.77	359,32	31.3	79.7	5.5
Financial Times	221.74	232.78	24.5	109.3	10.3
Moody	721.8	772.3	27.5	44.5	11.8
평균상승률 (단순)			30.9	79.0	9.0

자료: 한국은행, 《월간도매물가》 2, 1974, p. 25.

국이 지속적인 국제수지 악화를 개선하기 위해 취한 보호무역주의적 조치인 것이다. 여기에 석유파동이 가세하자 각 원자재 수출국이 이에 대한 대항조치로 모두 자국 보유의 원자재에 대해 수출규제 조치를 취함으로써 국제 원자재 파동이 작년에 격화된 것이다. 결국 국제 원자재 파동은 원자재 수출국의 경제적 민족주의에 의해 야기된 것이며, 이에 석유파동이 결정적으로 작용했다고 할 것이다. 이 중에서 석유파동이 가장 극적으로 등장하여 우리의 눈에 띄게 된 것이다. 그리고 그 거래량이 커서 다른 품목보다 크게 영향을 미쳤다.

이 국제 자원파동은—물론 이 속에 석유파동이 포함된다—세계 인플레 및 각국의 국제수지, 그리고 국제통화 위기 등에 영향을 미쳤다. 그러나 우선 국제 자원파동은 직접적으로 각국의 수입물가를 상승시켜서 각국의 인플레를 가속시켰다.

2) 세계 인플레의 격화

〈표 2〉에서 보듯이 각국은 1973년에 물가상승률이 예년에 비해 매우 높아졌다. 이처럼 작년에 격화된 세계 인플레의 요인으로서는 여러 가지를 들 수가 있다. 우선 기본적인 것으로서는 앞서 국제 자원파동에서도 언급된 정부의 확대 재정·금융정책으로 인한 유효수요의 지속적 증가이다. 사실 2차 대전 이후 선진국들은 마이너스 성장률을 기록한 일이 없다. 동시에 물가도 항상 상승만 해왔지 결코 하락한 일이 없다. 정부의 경기대책, 즉 확대 재정·금융정책이 성공적으로 실시돼 왔다고 볼 수 있는 것이다(물론 이 확대 재정·금융정책이 아무런 문제점을 발생시키지 않는다는 말은 아니다).

〈표 2〉 주요국의 물가상승률 추이(연말 기준)

(단위: %)

	1951		1966~1970 평균		1971		1972		1973	
	도매	소비자	도매	소비자	도매	소비자	도매	소비자	도매	소비자
미　　　국	1.9	5.8	2.5	4.8	3.9	3.3	6.6	3.4	18.2	8.8
일　　　본	25.0	11.8	2.1	6.3	−1.2	4.3	5.8	5.7	29.0	19.1
영　　　국	13.5	12.1	4.2	5.0	6.0	9.0	6.7	7.7	10.2	10.6
서　　　독	16.8	13.0	1.1	2.6	3.3	6.3	4.3	6.6	8.5	7.8
프　랑　스	25.9	21.6	4.3	4.8	3.8	6.0	8.6	7.1	19.2	8.5
대　　　만	−	−	2.0	2.2	2.6	12.0	7.2	4.3	40.3	29.7
태　　　국	4.9	6.0	1.7	3.5	1.7	2.1	13.9	6.4	27.1	20.1
필　리　핀	−6.1	−2.1	8.6	8.7	13.1	16.9	7.0	−2.1	46.1[1]	16.9[1]
평　　　균	11.7	9.7	3.3	4.7	4.2	7.5	7.5	4.9	24.8	15.2

주: 1) 11월 현재 전년동기대비 상승률임.
자료: *International Financial Statistics* 및 각국 중앙은행 월보.

세계 인플레의 두 번째의 요인으로 들 수 있는 것은 국제유동성의 증가이다(이는 다음에 고찰할 국제통화 위기의 현상이다). 미국의 달러화,

서독의 마르크화, 일본의 엔화 등이 국제 간의 무역확대 및 자본거래의 확대로 국외로 다량 유출되었고(특히 달러의 과도 유출로 인한 유로달러), 또한 SDR이 창출되어 국제유동성이 증가하였다. 국내에서 통화량의 증가가 인플레의 요인이 되는 것처럼, 이와 같은 국제유동성의 증가가 각국의 수입수요를 증가시켜 인플레를 야기시켰다고 볼 수 있는 것이다.

다음으로 들 수 있는 것은 지금까지 각국 정부가 취한 물가억제 정책으로 인해 억제되어 왔던, 언젠가는 인상되어야 했던 제반 가격(임금이나 공공요금, 기타 억제되어 왔던 제반 상품가격)들이 정부의 억제가 풀리자 일시에 표면화했다는 것이다. 그러나 역시 작년의 국제 인플레는 석유파동을 비롯한 국제 원자재 파동에 가장 크게 기인함을 부정할 수는 없다. 그리고 수출입을 통해 인플레가 세계 각국에서 동시적으로 진행되고 있는 것이다. 최근 석유가격을 비롯하여 각종 원자재의 국제시세가 안정을 보이고 있어 일단 급격한 물가상승은 끝난 것 같다. 이는 가격기구가 정부의 각종 간섭에도 불구하고 아직도 기본적으로 자원(배분)을 맡고 있는 자유경제권에서 가격의 상승으로 인해 공급이 증가된 데 기인하는 것이다. 그러나 석유가격의 폭등으로 인해 파괴되었던 가격체제가 다시 안정되려면 그동안 상승이 뒤떨어졌던 임금 및 제반 가격들이 계속 상승할 것이 전망된다.

그런데 최근의 국제 인플레의 특징은 그것이 불황과 동시에 진행하는 이른바 스태그플레이션이란 것이다.

3) 각국 경기의 침체

석유파동으로 인해 격화된 세계 인플레는 각국의 경기침체를 초래하고 있다. 〈표 3〉에서 보듯이 선진 24개국의 경제협력기구인 OECD

(Organization of Economic Cooperation & Development)는 선진 각국의 1974년의 경제성장률이 떨어질 것을 전망하고 있다.

정부가 경제활동에 적극적으로 개입하여 고용정책을 실시하고 있는 2차 대전 후의 자유경제권에서 경제성장률이 마이너스로 나타나는 일은, 즉 국민총생산이 감소하는 일은 거의 없다. 따라서 성장률의 둔화를 보통 경기의 침체라고 부른다.

최근의 인플레가 경기침체를 동반하는 것은 대략 다음의 몇 가지로 설명할 수 있을 것이다.

〈표 3〉 OECD의 1974년 경제예측

국 별	GNP 성장률 (%)	GNP 디플레이터 (%)	경상수지 (백만 달러)
미 국	0.00 (5.9)	8.5 (5.2)	−4,00 (+1,150)
영 국	−2.50 (5.6)	12.5 (7.5)	−8,000 (−3,700)
서 독	0.75 (5.5)	8.5 (7.2)	−1,000 (+4,000)
프 랑 스	4.25 (6.3)	12.7 (7.5)	−3,500 (+400)
이 탈 리 아	1.00 (5.2)	13.0 (10.7)	−5,500 (−2,200)
일 본	1.75(10.4)	16.5 (11.5)	−7,500 (−50)
캐 나 다	4.25 (7.0)	8.0 (5.4)	0 (−600)

주: ( ) 안은 1975년 실적.
자료: 한국은행, 《주간내외경제》, 1974. 3. 11호.

첫째로는 각국이 인플레 억제를 위해 긴축정책을 취하기 때문이다. 최근의 각국의 인플레는 국제 자원파동으로 인한 수입물가의 상승에 기인하므로 긴축정책은 물가의 상승을 저지하지는 못하나 물가상승의 속도를 억제하고, 또 수입원자재와 직접 관련이 없는 상품으로의 인플레 파급을 억제할 수는 있을 것이다. 그러나 긴축정책으로 인한 수요의 감소는 생산을 위축시키는 것이다.

다음은 물가의 상승에 따른 수요의 감소이다. 가격이 상승하면 수요

의 법칙에 따라 수요는 응당 감소한다. 이에 따라 생산이 감소하게 된
다. 정상적인 가격기구 아래에서는 가격이 상승하면 수요만 감소할 뿐
만 아니라 공급도 증가하여, 공급이 수요를 초과하게 되어 가격이 하
락하여야 한다. 그러나 최근의 인플레 아래서는 초과수요만이 인플레
의 원인이 아니라 수입원자재 가격의 상승이 인플레의 주요 원인이므
로 수요 억제만으로는 인플레의 상승을 억제할 수 없다. 또한 가격의
상승에 기인한 수요의 감소에 따른 경기의 침체를 타파하기 위해서는
가격의 하락이 필요하나 생산비 상승으로 인해 가격 하락이 불가능하
여 가격기구의 매개적 기능을 통해 경기침체를 벗어날 수가 없는 것
이다. 즉 가격의 하방경직성으로 말미암아 인플레와 불황의 지속이란
딜레마에 빠져 있는 것이다.

인플레가 경기침체를 동반하는 또 하나의 요인은 수출의 감소를 들
수 있다. 이는 특히 원자재 수입국에 해당되는 요인이다. 원자재가격
특히 석유가격의 폭등으로 인해 석유 수입국들의 국제수지는 악화한
다. 이를 만회하기 위해 이들 국가는 수입을 억제하고 수출을 장려하
게 된다. 이뿐만이 아니라 앞서 든 두 가지 이유로 이들 나라는 모두
경기가 침체하여 수입수요가 감소된다. 이로 인해 서로 간의 수출은
감소하므로 경기는 서로 침체하게 되는 것이다. 이처럼 현재 각국은
인플레와 불황을 서로 수출입하고 있는 것이다. 이 무역에 관해서 자
세히 살펴보자.

4) 국제무역의 주축 및 각국 간의 국제수지 불균형의 심화

〈표 3〉에서와 같이 각국은 석유파동으로 인해(석유가격의 폭등으로
인해) 1974년에 모두 방대한 경상수지 적자를 면치 못할 것이 예상된
다. 실제 석유파동 이래로 석유 수입국(세계의 대부분의 국가)들은 모두

급속히 경상수지의 악화에 직면하고 있다. 산유국은 아니지만, 다른 풍부한 원자재를 수출하는 국가들의 국제수지는 개선되고 있으나 대부분의 국가들은 국제수지가 급속히 악화되고 있다.

국제수지 불균형이 국제적으로 논의되기 시작한 것은 다음에서 논할 국제통화위기에서도 말하겠지만 1960년대 초부터이다. 그러나 석유파동은 종래와 국가 간의 국제수지 불균형의 구조를 완전히 바꾸어 놓았다. 종래에는 미국과 영국이 국제수지 적자국이었고 EC 국가 및 일본은 흑자국이었으나 이제는 이들 국가가 모두 다 국제수지 적자국이 되었다. 그리고 종래 계속 국제수지 적자를 지속해 오던 대부분의 저개발국은 그 적자폭이 더욱 확대되었다. 이로 인해 각국은 모두 불필요한 수입을 억제하고 수출을 적극 확대하려고 보호무역주의를 강화하고 있다. 그러나 이런 무역전쟁은 결국 다른 나라에 불황과 국제수지 적자를 수출하는 것에 불과하며 세계무역이 위축되어 서로가 더욱더 곤경에 빠질 뿐이다. 이는 1차 대전 후의 무역전쟁을 통해 잘 알고 있는 사실이다.

그리고 국제유동성이 산유국에 집중됨으로써 이 오일 달러가 다시 산유국 밖으로 되돌아가지 않는 한, 세계무역은 유동성 즉 대외 지불 수단의 부족으로 위축될 것이다.

다음에는 각국 간의 국제수지 불균형의 지속 문제에 국제유동성 문제의 다른 한 측면인 국제통화 위기를 석유파동과 연관시켜 살펴보자.

5) 국제통화위기의 심화

국제통화위기란 국제통화의 대외가치 변동으로 인한 국제외환시장 (국제금융시장)의 교란을 말한다. 즉 각국 통화의 교환비율의 불안정으로 인한 국제시장의 교란을 말한다. 이는 세계무역의 축소 및 각국의 경제발전과 경기변동을 야기시킨다.

2차 대전 후 기축통화는 달러였으므로 국제통화위기는 달러의 대외 가치의 동요에서 야기된 것이다. 따라서 국제통화위기는 달러의 대외 가치가 하락하기 시작한 1960년대부터 계속되어 와서 아직까지 해결 되지 못하고 있는 문제이다.

이 국제통화위기의 원인으로서는 대략 다음의 셋을 들 수 있다. 하 나는 미국의 지속적인 국제수지의 적자에 기인한 달러의 일방적 유출 의 지속이며(〈표 4〉 참조), 둘째는 유동성 딜레마와 고정환율제의 채택 으로 인한 국제수지 조절기구의 부재라는 IMF 체제 자체의 문제점이 요, 셋째는 다국적기업의 투기적 자본이동이다.

〈표 4〉 미국의 국제수지(시기별 주요 항목별)

(단위: 100만 달러)

	1946~49 연평균	1950~54 연평균	1955~57 연평균	1958~60 연평균	1961~64 연평균	1965~67 연평균	1968~70 연평균	1946~70 총 계
국 제 수 지 (유동성 베이스)	+1,539	−1,686	−546	−3,649	−2,642	−2,079	−3,836	−43,166
무 역 수 지	+6,893	+2,029	+4,476	+3,068	+5,555	+4,243	+1,131	+98,690
(수 출)	(+13,266)	(+12,528)	(+17,016)	(+17,403)	(+22,154)	(28,836)	(+37,353)	(+468,361)
(수 입)	(−6,374)	(−10,498)	(−12,541)	(−14,355)	(−16,599)	(−24,593)	(−36,221)	(−369,671)
해 외 군 사 비 원 조 차 관	−6,561	−7,186	−7,936	−7,996	−8,518	−9,579	−10,660	−207,976
(해외군사비지출)	(−592)	(−1,813)	(−3,022)	(−3,210)	(−2,986)	(−3,698)	(−4,747)	(−67,500)
(대 외 원 조)	(−3,472)	(−4,807)	(−4,274)	(−3,639)	(−3,371)	(−3,018)	(−2,421)	(−94,678)
(정 부 차 관)	(−2,497)	(−548)	(−640)	(−1,147)	(−2,161)	(−2,863)	(−3,492)	(−45,798)
민 간 해 외 투 자	−715	−1,096	−2,634	−3,063	−4,661	−4,558	−5,898	−75,530
(그 중 직접투자)	(−590)	(−677)	(−1,739)	(−1,409)	(−1,889)	(−3,422)	(−3,636)	(−43,916)
해 외 투 자 수 익	+1,234	+2,018	+2,849	+3,474	+5,441	+7,661	+10,394	+109,917
(그 중 민 간)	(+1,162)	(+1,811)	(+2,625)	(+3,139)	(+4,989)	(+7,081)	(+9,526)	(+100,769)
외국의 대미투자	+395	+1,310	+1,649	+2,317	+2,616	+3,518	+9,180	+65,424
동 수 익	−268	−417	−565	−865	−1,282	−2,142	−4,248	−31,744

자료: *Survey of Current Business*, June 1968 및 June 1971에서 작성.

이 세 요인으로 인해 스미소니언 체제까지 붕괴된 채 각국 통화의 환율은 불안정한 상태를 아직 벗어나지 못하고 있고, 국제금융시장도 불안적인 상태로 있어 안정적이며 풍부한 국제유동성을 제대로 공급해 주지 못하고 있다. 이와 같은 국제통화 위기를 석유파동은 다음 몇 가지 점에서 더욱 악화시킬 것이 분명하다.

우선 각국의 외환이 산유국으로 집중됨으로써 국제유동성은 부족해질 것이다. 오일 달러가 다시 국제금융시장으로 환원된다 하더라도 비산유국이 계속 무역수지 적자를 계속하는 한, 지금까지 기축통화 역할을 해왔던 달러, 서독 마르크, 일본 엔 등의 대외신용은 하락하여 평가절하를 강요당할지 모른다. 더욱이 석유파동으로 인한 무역수지 적자를 메우기 위한 각국의 무역전쟁은 경쟁적인 상호 평가절하를 야기시킬 위험성이 크다. 다음 국제유동성이 산유국으로 집중됨으로써 국제금융시장의 이자율이 높아지고 있다(〈표 5〉 참조).

〈표 5〉 유로달러 금리 추이(90일)

(단위: %)

일 자	연 리	일 자	연 리
1973. 12. 21	10.56~10.69	1974. 3. 8	8.75~8.88
1974. 1. 4	9.50~9.63	3. 15	8.81~8.94
1. 11	9.50~9.63	3. 22	9.38~9.50
1. 18	9.63~9.75	3. 29	9.75~9.88
1. 25	9.13~9.25	4. 5	9.94~10.10
2. 1	8.75~8.88	4. 12	10.25~10.38
2. 8	8.38~8.50	4. 19	10.25~10.38
2. 15	8.32~8.44	4. 26	10.25~10.38
2. 22	8.63~8.75	5. 3	11.00~11.13
3. 1	8.50~8.63	5. 10	11.50~11.60

자료: 한국은행, 《주간내외경제》, 각 호.

그리고 끝으로 오일 달러가 투기자본화함으로써 국제금융시장을 교란시킬 가능성도 있다. 앞서 국제통화위기의 마지막 요인으로서 다국적기업의 투기적 자본이동을 들었는데, 여기에 오일 달러까지 투기성 자금으로 가세하면 국제통화위기는 더욱 악화될 수 있다.

6) 경제적 민족주의의 팽배와 국제경제의 다원화

석유파동은 1960년대 말부터 현저화하기 시작한 국제경제 정세의 변화—자원파동, 세계 인플레, 국제통화위기—를 더욱 악화시켜서 세계무역을 위축시키고 각국의 경기를 침체시키고 있다. 이와 같은 어려운 대내외적 국면을 맞아 각국이 대처하는 방향은 거의가 동일한 것 같다. 경제적 민족주의의 팽배 내지 재강화가 바로 그것이다. 원래 IMF의 기본목표가 자유무역을 통한 세계무역의 원활한 확대를 통한 각국의 균등한 경제발전이었으나, 이는 어디까지나 미국의 압도적인 경제우위를 바탕으로 한, 또한 이 미국의 우위를 지속시키려는 팍스아메리카나(Pax Americana) 체제였다. 그러나 서구 및 일본의 경제력 회복으로 미국의 우위는 점점 상실되어 갔으며, 이 과정에서 국제통화위기, 세계 인플레, 국제자원 파동문제 등이 발생한 것이다. 이 문제에 대처하는 데에서 각국 간의 이해 대립은 표면화되었으며, 석유파동이 이러한 문제들을 더욱 악화시키자 각국의 이해 대립은 더욱 표면화되고 있다. 각국은 국내경제의 안정과 발전을 위해 더욱 보호무역주의 또는 경제의 블록화를 강화하고, 자국 보유자원의 수출을 더욱 제한하려 하며 국제금융시장에서 더 많은 돈을 끌어 들이려 하고 있다.

이와 같이 경제적 민족주의의 팽배는 바꿔 말하면 곧 국제경제의 다원화다. 각국이 종래의 대미 종속적 위치에서 각기 벗어나 대등하게 자국의 이해를 주장하고 있는 것이다.

이와 같은 경제적 민족주의의 팽배와 국제경제의 다원화 과정에서 하나 유의할 것은 바로 이 과정에서 선진국의 저개발국에 대한 그들의 유리한, 상대적으로 강한 경제력을 행사하는 데 조금도 주저함이 없다는 것이다. 각국이 경쟁적으로 자국의 경제적 이익을 도모할 때 저개발국이 선진국에 비해 그 힘이 약하므로 불리한 사태의 진전을 강요당하고 있는 것이다. 예컨대 미국이나 서구의 섬유 수입규제조치 같은 것이다. 최근 들어 선진국은 대(對)저개발국 비관세장벽을 더욱 강화하고 있다. 이와 같은 여건 아래에서 한국경제는 어떠한 영향을 받고 있는가를 살펴보자.

3. 석유파동이 한국경제에 미친 영향

석유파동이 세계 각국에 모두 심한 충격을 주고 있어도 그 충격의 크기는 각국의 주체적 여건에 따라 다르다. 예컨대 물가상승률도 심한 나라가 있고 비교적 덜한 나라가 있는 것이다.

석유파동은 직접·간접으로 국제경제 정세의 변화를 통하여 우리나라에 영향을 미치고 있다. 이하에서 한국경제의 특수성과 연관시켜서 이를 고찰해 보겠다.

1) 물가의 폭등

물가상승률을 연 3퍼센트 이내로 묶기 위해 1972년 8·3조치 이후에 정부가 취한 모든 정책수단(사채상환의 연기, 저금리, 저곡가, 저환율, 공공요금 인상 억제, 개별가격의 직접통제 등)에도 불구하고, 1973년 하반기부터 상승하기 시작한 물가는 1974년에 들어와서 겨우 두 달 동안에 20.2퍼센트나 상승하였다(도매물가 기준). 당초 수입물가를 고려에 넣

<표 6> 한국의 무역 및 수입의존도(1956~1973)

연 도	무역의존도 (%)	수입의존도 (%)	연 도	무역의존도 (%)	수입의존도 (%)
1956	17.9	16.3	1966	25.3	18.7
1957	16.3	14.7	1967	28.5	21.6
1958	14.5	12.3	1968	33.7	25.7
1959	12.4	9.9	1969	35.8	26.7
1960	9.9	9.0	1970	34.8	24.5
1961	15.6	13.8	1971	40.6	28.1
1962	17.8	15.7	1972	42.4	25.8
1963	17.2	14.9	1973	60.9	34.6
1964	19.2	14.9	1967~1973 평균	39.5	26.7
1965	21.4	15.5			

자료: 한국은행, 《경제통계연보》.

<표 7> 최근 각국의 물가상승률과 수입의존도

(단위: %)

국 별	1966~1970년 평균 W.P.I. 상승률[1]	1972년 W.P.I. 상승률	1973년 W.P.I. 상승률	수입/GDP 100[2] (수입의존도)
미 국	2.5	6.6	18.2	4.4
일 본	2.1	5.8	29.0	9.6
영 국	4.2	6.7	10.0	18.3
서 독	1.1	4.3	8.5	16.0
프 랑 스	4.3	8.6	19.2	13.0
대 만	2.0	7.2	40.3	27.9
태 국	1.7	13.9	27.1	19.8[3]
필 리 핀	8.6	7.0	46.5	8.7
한 국	8.0	8.5	15.1	24.5

주: 1) W.P.I.는 연말 기준임.
　　2) 1970년도 기준임.
　　3) 태국의 수입의존도는 1969년 기준임.
자료: 한국은행, 《월간도매물가》, 1974. 2, p. 17; 《한국의 국민소득》, 1973.

지 않은 정부의 계획이 오산이었다.

<표 8> 우리나라 수입품의 구성(1973)

	수입액 (백만 달러)	구성비 (%)		수입액 (백만 달러)	구성비 (%)
1. 자본재	1,199	27.8	화학 펄프	70	1.6
2. 주요 원자재 (26개 품목)	1,602	37.0	고　　철	91	2.1
9개 품목	1,309	30.3	미　　곡	113	2.6
원　　유	310	7.2	소　　맥	221	5.0
원　　면	119	2.8	3. 기타원자재	1,268	29.4
원　　모	37	0.9	4. 소비재	251	5.8
원　　목	292	6.8	합 계	4,320	100
원　　당	55	1.3			

자료: 한국은행, 《주간내외경제》, 1974. 3. 11, p. 8

　　최근 우리나라 물가의 상승이 석유파동에 따른 가열된 국제 자원파동으로 인해 야기된 것은 사실이나 우리나라 물가가 수입물가에 의해 좌우되기 시작한 것은 결코 최근이 아니라 1960년대 초부터다(변형윤, <최근 한국의 인플레의 원인과 대책>, 《경영실무》, 1974. 3 참조). 이는 우리나라 수입의존도가 1960년대 초부터 높아졌기 때문이다. <표 6>에서와 같이 우리나라 수입의존도는 1960년대 이후 계속 높아져 와서 작년에는 34.6퍼센트나 된다. <표 7>에서 볼 수 있듯이 우리나라의 수입의존도는 다른 나라에 비해 매우 높으며 같은 자원수입국인 일본보다도 2.5배나 높다. 그리고 <표 7>에서 볼 수 있듯이, 일반적으로 보아 수입의존도가 높은 나라일수록 1973년의 물가상승률이 높은 것이다. 물론 이 둘이 꼭 정비례하지는 않는데, 이는 각국의 물가정책이나 경제적 여건이 다르기 때문이다. 특히 우리나라는 수입의존도가 높을 뿐만 아니라 <표 8>에서 볼 수 있듯이 수입의 66.4퍼센트가 원자재이므로 국제 자원파동의 영향을 직접적으로 받은 것이다. 그리고 석유는 기초 에너지이기 때문에 그 가격인상의 일반물가에 대한 파급효과가

<표 9> 잡직류 수출실적 및 L/C 내도(來到) 상황

(단위: 달러)

품 목	1974 계획	수 출(실적)			L/C 내도		
		1973.4	1974.4	증가율 (%)	1973.4	1974.4	증가율 (%)
계	1,695	271	474	75	465	442	−4
피 복 류	645	101	195	93	196	179	−9
면 제 품	252	27	53	96	55	38	−31
직 물 류	240	32	72	95	92	86	−7
스 웨 터	220	39	63	62	45	64	42
홀 치 기	95	23	27	17	28	15	−46
생 사	80	19	24	26	14	22	57
기 타	163	25	40	60	31	38	23

자료: 상공부, 수출진흥위원회 확대회의, 1974. 5.

다른 원자재보다도 큰 것이다. 또한 2절 1항에서 지적한 바와 마찬가지로 가격체계가 새로 확립될 때까지 미처 오르지 못한 가격들이—예컨대 임금 등—계속 올라 인플레는 연초와 같은 폭등은 아니더라도 꾸준히 오를 것이 예상된다. 그리고 최근의 인플레가 경기침체와 더불어 진행되고 있는 것도 우리나라의 경우 역시 예외가 아니다.

2) 경기의 침체

최근의 세계 인플레는 인플레와 경기침체가 동시적으로 진행하는 이른바 스태그플레이션인데 우리나라에서도 이 현상이 일어나고 있다.

우리나라의 경우 최근의 경기침체는 주로 두 가지 요인에 기인하는 것 같다. 우선 하나는 정부의 인플레 대책인 긴축정책이요, 다른 하나는 수출수요의 감소이다. 특히 후자의 경우 각국이 보호무역주의를 강화함으로 인해 우리나라처럼 국제경쟁력이 취약한 국가는 타격을 받기 쉬운 것이다. <표 9>에서 볼 수 있듯이 우리나라 섬유류의 L/C 내도(來到)가 1974년 4월 현재 작년 4월보다 감소하고 있다. 우리나라의 경우 더욱이 수출의존도가 높아(작년의 경우 26.3퍼센트) 수출의 경기에 미치는 영향은 매우 큰 것이다. 작년의 고도성장은 수출호황에 힘입은 바 크다. 같은 논리로 수출의 부진은 우리나라 경기에 큰 타격을 줄 것이다.

경기의 침체로 인해 민간투자는 감소하거나 성장세가 둔화되고, 재고는 증가하며 출하는 줄고, 산업생산은 줄거나 그 성장세가 둔화하는 게 나타나고 있다(〈표 10〉 참조).

〈표 10〉 생산 · 출하 · 재고 동향(1970=100. 0)

	1973	1974			
	12	1	2	3	4(P)
산업 생산 지수 (계 절 조 정)	203.7	212.9	243.2	228.9	233.9
출 하 지 수	215.0	186.2	187.1	202.6	200.6
재 고 지 수	151.0	166.3	171.5	184.2	199.0

주: 1974년 4월은 잠정치.
자료: 경제기획원, 《생산·출하·재고 동향 통보》, 1974. 4.

이처럼 수출의 감소로 인해 경기만 침체되고 있을 뿐만 아니라 국제수지도 악화되고 있다.

3) 국제수지의 악화

〈표 11〉에서 볼 수 있듯이 수출호조에 힘입어 작년 분기에 최초로 흑자를 기록한 우리나라 무역수지는 석유파동을 중심으로 한 국제 자원파동으로 인해 급격히 다시 적자로 악화되고 있다.

석유파동 및 국제 자원파동 아래서 풍부한 수출자원을 갖고 있지

〈표 11〉 경상거래 수급실적

(단위: 백만 달러)

	1973		1974	증감액	
	1/4	4/4	2/4	전분기비	전년동기비
경 상 거 래	49.3	213.8	−287.5	−501.2	−336.7
무 역 수 지	−28.3	93.9	−351.4	−445.3	−323.1
수　　　출	503.5	1,066.9	944.7	−122.2	441.2
수　　　입	531.8	973.0	1,296.1	323.1	764.3
무 역 외 수 지	77.6	119.9	64.0	−55.8	−13.6
수　　　입	178.1	268.3	215.3	−53.0	37.3
지　　　급	100.4	148.4	151.3	2.9	50.9

자료: 한국은행, 《조선월보》 5, 1974.

〈표 12〉 우리나라 수출품 구성

(1) 주요 품목의 비중　　　　　　　　　　　　　　　　(단위: 백만 달러)

	1970	1971	1972	1973
생　　　사	35.8 (4.3)	39.3 (3.7)	53.9 (3.3)	72.8 (2.3)
합　　　판	91.7(11.0)	124.3(11.6)	153.6 (9.5)	270.8 (8.4)
섬 유 사	13.6 (1.6)	42.3 (4.0)	43.9 (2.7)	85.8 (2.7)
면 직 물	26.4 (3.2)	31.0 (2.9)	34.8 (2.1)	56.5 (1.8)
합 섬 직 물	10.0 (1.2)	14.4 (1.3)	38.5 (2.4)	103.6 (3.2)
전 기 기 기	43.9 (5.3)	68.5 (6.4)	125.2 (7.7)	312.5 (9.7)
의　　　류	160.5(19.2)	226.9(21.2)	305.4(18.8)	433.1(13.5)
신 발 류	17.3 (2.1)	37.4 (3.5)	55.4 (3.4)	106.4 (3.3)
가　　　발	100.9(12.1)	69.9 (6.5)	73.8 (4.5)	81.5 (2.5)
합　　　계	500.1(60.0)	654.0(61.1)	884.5(54.5)	1,523.0(47.4)

주: (　) 안은 구성비(%).

(2) 공산품의 비중　　　　　　　　　　　　　　　　　　　　　(단위: %)

	1968	1969	1970	1971	1972	1973
일 차 산 품	25.3	22.6	17.4	13.7	12.0	12.6
공 산 품[1]	74.7	77.4	82.6	86.3	88.0	87.4

주: 1) SITC No. 11, 23(2311 제외), 25, 26, 35, 41, 43, 5, 6, 7, 8, 9 (9410 제외).
자료: 관세청.

<표 13> 각국의 단위면적당 쌀 생산량

(단위: MT/ha)

	1970	1971	1972
프 랑 스	4.3	3.8	2.6
그 리 스	5.0	4.5	4.6
포 르 투 갈	4.6	3.8	3.7
일 본	5.6	5.2	6.0
한 국	3.3	3.3	3.3

자료: 농수산부, 《주간내외경제》, 〈양곡편〉, 1973.

못한 비산유국들은 모두 무역수지 적자를 면치 못하고 있다. 이 적자를 메우기 위해서 각국은 수입을 억제하고 있다. 각국은 필수적인 원자재를 제외한 국내 대체가 쉬운 경공업품은 모두 수입을 억제하고 있다. 우리나라는 〈표 12〉에서 보듯이 거의가 공산품이며 그 중에서도 노동집약적인 경공업품 중심이다. 따라서 각국의 수입규제의 첫 번째 대상품목인 것이다. 반면 앞서 본 바와 같이 우리나라의 수입품은 66.4퍼센트가 원자재이다. 이 원자재는 그 양의 감소의 폭이 매우 좁다. 왜냐하면 원자재는 산업생산의 기초자료이기 때문이다.

또한 우리나라의 경우 수입대체도 힘들다. 부존자원이 빈약한 것은 어쩔 수 없으나 국내 산업구조가 취약하기 때문이다, 농업도 생산성이 낮으며(〈표 13〉), 또한 중화학공업도 85퍼센트 이상이 최종생산부문에 집중돼 있어 원자재 생산부문인 1차 및 중간생산부문이 취약하다(〈표 14〉 참조). 이처럼 원자재를 해외에 의존하고 있기 때문에 수출외화가득률도 낮고, 또한 1차 및 중간생산부문의 중화학공업이 취약함으로 인해 수출상품도 노동집약적인 상품으로 편중돼 있으며, 그 결과 국제경쟁력이 약하여 현재처럼 무역전쟁의 외중에서 타격을 받기가 쉬운 것이다. 이처럼 우리나라는 원자재를 수입하고 노동집약적인 경공업품을 수출하는 무역구조를 갖고 있기 때문에 무역의 가격조건도 나빠지고 있으며, 또한 수량조건도 나빠지고 있어서 무역수지의 악화가 나타나고 있는 것이다.

<표 14> 중화학공업의 구성(부가가치 기준)

(단위: %)

	1963	1969	1971		1963	1969	1971
1차생산부문	2.2	1.0	1.4	최종생산부문	74.8	85.2	85.4
제철 및 제강	2.0	0.0	0.7	기타화학 및 화학제품	23.8	27.4	17.9
은제련 및 정련 등	0.2	1.0	0.7	석유 석탄제품	7.5	18.1	25.2
중간생산부문	23.0	13.8	13.2	토석 유리	19.0	13.2	15.2
기타 1차 철강제품	7.2	7.9	6.8	금속제품	7.3	4.5	5.5
기타 1차 비철강 제품	1.6	0.4	1.1	기타 기계	1.5	1.0	1.9
공업용기초화학	6.4	0.8	1.6	기타 전기	5.4	6.5	8.7
원동기공작기계	2.1	1.0	1.0	수송기기	10.2	14.6	11.0
산업용 기계	3.5	2.0	1.5	합 계	100.0	100.0	100.0
전동기 산업용 전기	2.1	1.7	1.4				

주: 1971년은 1963, 1969년과 산업분류에 약간의 차이가 있음.
자료: 경제기획원, 《광공업센서스》.

그리고 우리나라 수출에 대한 또 하나의 장애는 우리나라 수출이 지역적으로 미국과 일본에 편중되고 있다는 것이다(<표 15> 참조). 그런데 최근 보호무역주의를 가장 강화하는 국가가 미국과 일본이다. 자원파동의 도화선이 미국의 농산물 및 고철의 수출제한 조치였음은 전술한 바와 같거니와 미국은 작년 수입규제 조치를 강화하기 위한 입법조치를 취하는 등 보호무역주의적 정책을 가장 강하게 취하고 있는 선진국이다. 또한 일본은 석유 다소비국으로서 급속히 국제수지가 악화되어 가고 있어 수입규제를 강화해 갈 것이 확실하다. 수출시장의

70퍼센트가 미국과 일본에 편중된 우리나라는 미국과 일본의 이러한 보호무역정책에 의해 수출에 어려움을 맞을 것이 분명한 것이다.

〈표 15〉 수출지역의 구성

		1968	1969	1970	1971	1972	1973
미	국	51.7	50.2	47.3	49.8	46.7	31.6
일	본	21.9	21.4	28.1	24.5	25.1	38.5
유	럽	8.0	8.9	9.1	8.2	10.2	11.8
기	타	18.4	19.5	15.1	17.5	18.0	18.0
합	계	100.0	100.0	100.0	100.0	100.0	100.0

자료: 관세청.

4. 맺는말

이상에서 살펴본 바와 같이 현재 우리나라는 석유파동으로 인해 악화된 국제경제 정세 아래에서 인플레의 등귀, 경기 침체 및 국제수지 악화라는 세 가지 어려움을 피하지 못하고 있다. 물론 우리나라가 석유파동이라는 세계적인 격랑 속에서 예외일 수는 없으나 우리는 다른 나라보다도 더 심하게 어려움을 당하는 것 같고, 이 어려움에서 벗어나는 것도 다른 나라보다 더 어려울 것 같다. 이는 우리나라의 경제가 대내외적으로 취약하기 때문이라고 여겨진다. 높은 무역의존도, 원재료를 수입하고 노동집약적인 까닭에 외화가득도 낮은 경공업품을 수출하는 무역구조, 그리고 수출지역의 편중 등이 대외적 취약구조이며 비자립적 산업구조가 대내적 취약구조이다. 그리고 비자립적 산업구조는 대외적인 여러 취약구조의 토대가 되고 있는 것이다. 이와 같은 문제점은 항상 숨어있던 것으로서 석유파동으로 인해 이 문제점들이 표면화된 데 불과하다.

돌이켜 보면 지금까지 우리나라 경제개발에는 장기적 안목이 부족하였던 것 같다. 예컨대 한쪽에선 외자를 들여다가 정유공장을 세우고 또 한쪽에선 외자를 들여다가 자동차 공장을 세운 것 등이 그것이다. 우리나라 경제가 나아갈 기본방향이 자립적 산업구조의 확립임은 부언을 요하지 않을 것이다. 농업의 생산성을 높이고(이에는 곡가문제와 경지문제가 해결되어야 할 것이다), 원자재 생산부문인 1차 및 중간생산 중화학공업을 육성시켜야 할 것이다(자원파동을 고려하여 중화학공업화 계획은 추진되어야 할 것이다). 그리고 이를 위한 자본은 외자보다는(왜냐하면 그들의 이해와 우리 국민경제의 이해가 일치하지 않기가 쉽기 때문이다) 낭비를 억제하여(현재 우리는 많은 낭비를 하고 있다. 예컨대 수많은 유흥가, 호화 내구소비재의 범람, 호화 아파트 건설 붐 등) 얻은 저축으로 조달하도록 하는 것이 바람직하다고 할 수 있을 것이다.

《서울공대》(1974)

국제보호무역주의와 경제외교

보호무역주의의 배경

2차 세계대전 이후 1970년대 초까지 국제경제질서의 양대 지주는 미 달러화를 기축통화로 삼고 고정환율제를 원칙으로 삼는 IMF 체제와 자유·무차별·호혜·다각무역주의를 기본원리로 하고 세이프 가드 조항(긴급수입제한조항)의 발동도 엄격한 운용과 감시를 전제로 하는 GATT 체제였다. 이 양 체제는 그 존립기반을 미국 경제력의 절대적 우위에서 찾고 있었고, 또 미국의 이해를 대변하는 것이었다고 할 수 있다.

즉, 세계의 모든 국가가 2차 세계대전 중에 입은 생산시설의 파괴로 해서 미국으로부터의 수입에 크게 의존할 수밖에 없던 상황 아래서는 자유무역은 곧 미국의 자유로운 수출을 의미하는 것이었으며, 또 이러한 자유무역의 순조로운 신장을 위해서는 각국의 환시세의 안정 곧 고정환율이 필요했던 것이다. 그리고 미 달러화의 국제 공신력은 미국의 무역수지의 막대한 흑자가 미국의 대외원조와 대외투자로 인한 자본수지의 흑자를 충분히 상쇄해주는 한 확고한 것이었고, 따라서 미 달러화는 기축통화로서의 역할을 훌륭하게 수행할 수 있었다.

그러나 1960년대에 들어서서 유럽과 일본의 경제가 부흥되자 미국 경제력의 절대적 우위는 사라지게 되었고, 미국의 국제수지가 적자를 나타내게 됨에 따라 미 달러화의 국제공신력은 흔들리게 되었고, 또 미국의 수입제한은 점차 강화하게 되었다. 그리하여 양 체제는 1960년대부터 동요하기 시작했다.

이처럼 1960년대부터 동요하기 시작한 양 체제는 1970년대 초에 미국을 비롯한 각국의 수입제한의 강화, 미 달러화의 금태환 정지, 주요국의 변동환율제로의 이행으로 일대 위기를 맞이하게 되었고, 이러한 양 체제의 위기는 1973년 10월의 산유국의 석유무기화 조치에서 비롯된 자원파동(주로 석유파동)으로 더욱더 심화되었다.

그리고 이 파동에 기인하는 불황, 국제수지 악화가 각국으로 하여금 국내산업 보호, 실업대책, 국제수지 개선을 위해서 정도의 차이는 있으나 수입제한조치를 더욱 강화하게 만든 것은 사실이다. 따라서 현재 일련의 수입제한의 움직임, 즉 보호무역주의적인 동향은 이미 1960년대에 배태(胚胎)한 것이라고 할 수 있을 것이다.

수입제한의 유형

현재 각국은 관세율 인상, GSP(일반특혜관세제)의 철폐, 수입감시제, 수입과징금제 등을 통해서도 수입제한을 한다. 그러나 주로 다음과 같은 비관세장벽을 통해서 수입제한을 하는 것이 보통이다.

상쇄관세: 이것은 상품의 제조 혹은 수출에 대해서 직·간접으로 부여하는 장려금 혹은 보조금을 상쇄할 목적으로 부과되는 특별관세를 말한다. 이 세에 있어서 가장 어려운 점은 보조금의 성격규정, 관세의

부과기준인 '실질적인 손해'의 범위규정 등인 것으로 알려져 있다.

반덤핑관세(혹은 덤핑방지관세): 이것은 어떤 나라의 상품이 정상적인 가격 이하로 수입되어 수입국의 산업에 '실질적인 손해'를 주거나 손해를 줄 우려가 있고, 또 국내산업의 확립을 실질적으로 지연시킬 때 부과되는 특별관세를 말한다.

수량제한: 이것은 수입품의 가격과는 관계없이 수량(혹은 수입액)에 대해서 직접적인 한도를 설정함으로써 한 나라의 수입량을 제한하는 것을 말한다. 이에는 할당제, 수입금지, 수입허가제 등이 있다.

할당제: 이에는 포괄적 할당(global quota), 상무적 할당제, 관세 할당제(tariff quota)가 있다. 포괄적 할당제는 특정 상품의 각국으로부터의 수입량(혹은 수입액)을 전체로 묶어 일정 기간 동안 고정된 한도 내로 제한하는 것을 뜻하고, 쌍무적 할당제는 상무협정에 의해서 정해진 한도 내로 제한하는 것을, 관세할당제는 일정 한도까지는 일반관세로 수입을 허가하지만 그 한도를 초과하는 분에 대해서는 고율관세를 부과하는 것을 각각 말한다.

수입금지제: 이것은 수입을 금지하는 것을 말한다.

수입허가제: 이것에는 임의적 수입허가제(discretionary licensing)와 자동적 수입허가제(automatic licensing)가 있다. 전자는 수입허가를 수시로 필요에 따라서 특별히 발급하는 것을, 후자는 신청에 따라 수입허가를 자동적으로 발급하는 것을 각각 말한다. 후자의 경우에는 특정 지정품목에 대해서, 혹은 특정 지정품목을 제외한 기타 품목에 대해서 자동적으로 허가하는 것이 일반적이다.

수출자율규제: 이것은 수입국의 수입제한조치를 미연에 방지하는 것을 목적으로 수출국 스스로가 수출을 규제하는 것을 말한다.

상술한 할당제에서 수출자율규제까지는 GATT 협정 제11조 제1항에서 금지되어 있는데, 이 조항을 위배하는 수입제한은 '잔존수입제한'이라고 불린다.

수입담보금제: 이것은 수입신청 시에 정해진 수입담보금을 외국환은행 혹은 정부 지정기관에 예치시키는 것을 말한다.

수입제한의 각국 동향

현재 주요 선진국은 상술한 여러 조치들을 통해서 수입제한을 하고 있다. 주요 선진국의 수입제한 동향을 간단히 살펴보면 다음과 같다.

미국은 참치, 섬유류, 신발류, 의류, 자동차, 금속제 양식기, 특수강 등을 수입제한 하고 있다. 이 중 특수강은 1975년 1월부터 발효한 1974년 통상법에 의거하되 1975년 6월에 맨 처음으로 취해진 수입제한품목이다. 한국에 대해서는 현재 섬유류, 신발류, 금속제 양식기, 특수강 등을 수입제한 하고 있고 앞으로는 양송이 통조림, 핸드백, 조미료, 볼트·너트, 전자시계, TV수상기 등도 수입제한 할 것이라고 한다.

일본은 참치, 우육, 생사, 견제품, 화학제품 등을 수입제한 하고 있다. 한국에 대해서는 건오징어, 김, 참치, 생사, 견연사, 견직물 등을 수입제한 하고 있다.

EC는 경제통합의 과도기가 끝난 1970년 1월 이후의 통상협상(협정을 필요로 하는 것) 수입제한 등에 대해서는 원칙적으로 EC 전체로서 행하기로 되어 있다. EC 전체로서는 농산물, 우육, 양송이 통조림, 섬유류, 신발류, 의류, 패스너 등을 수입제한 하고 있다. 한국에 대해서는 섬유류, 양송이 통조림, 신발류, 조미료, 양말, 스테인리스제 양식기 등도 수입제한 하고 있다.

영국은 유럽 국가 중에서 가장 수입제한의 움직임이 강한 나라의 하나이다. 섬유류, 의류, TV 등을 수입제한 하고 있는데 노사로부터의 여러 가지 품목에 대한 수입제한 요구가 강화되고 있다. 한국에 대해서는 직물류, 사카린, 가방류 등을 수입제한 하고 있고 앞으로는 신발류, 금속제 양식기, TV 등도 수입제한 할 것이라고 한다.

프랑스는 EC 전체로서 수입제한 하고 있는 품목 외에 개별적으로 라디오, 타일류 등을 수입제한 하고 있다. 한국에 대해서는 타일류, 라디오, 우산, 편철, 포장용품 등을 수입제한 하고 있고 앞으로는 신발류 등도 수입제한 할 것이라고 한다.

서독은 EC 전체로서 수입제한 되고 있는 품목 외에 개별적으로 수입제한 하는 일을 되도록 피하고 있으나, 한국에 대해서 앞으로 금속제 양식기 등을 수입제한 할 것으로 예상된다고 한다. 이탈리아도 영국과 마찬가지로 유럽 국가 중에서 가장 수입제한의 움직임이 강한 나라의 하나이다. EC 전체로서 수입제한 되고 있는 품목 외에 많은 품목에 대해서 수입제한을 하고 있다. 한국에 대해서는 패스너, 의류 등을 수입제한 하고 있다.

캐나다는 모사, 섬유류, 직물류, 의류 등을 수입제한 하고 있다. 한국에 대해서는 섬유류, 가발, 작업용 장갑 등을 수입제한 하고 있고, 앞으로는 양말류, 혁제의류, 신발류, 섬유로프 등도 수입제한 할 것이라고 한다. 스웨덴은 신발류, 직물류, 의류 등을 수입제한 하고 있다. 한국에 대해서는 섬유류, 신발류 등을 수입제한 하고 있고, 앞으로는 전기제품, 식료품 등도 수입제한 할 것이라고 한다.

호주는 선진국 중에서 가장 대폭적인 수입제한을 하고 있는 나라이다. 자동차 외에 섬유류, 신발류, 타이어, 가방류, 세탁기, 냉장고, TV, 타일류, 철강판 등을 수입제한 하고 있다. 한국에 대해서는 신발류, 직물 및 섬유사, 특수강, 철강, 세탁기, 냉장고, 가방류 등을 수입제한 하고 있다. 물론 호주의 이와 같은 대폭적인 수입제한조치에 대해서는 OECD 등은 말할 것도 없고 관계국으로부터 많은 비판과 조기철회의 교섭을 받고 있다.

보호무역에 대한 낙관 견해

이러한 보호무역주의적인 동향에 대해서는 낙관적으로 보는 견해가 많은 것처럼 이야기된다. 경기회복에 따라서 그것이 퇴색해가리라는 견해, 즉 주로 그것을 일시적인 현상으로 보는 견해나 선진국들이 1974년 5월의 OECD 회의에서 결정한 수입제한 자숙선언을 1975년, 1976년에 걸쳐서 각각 1년간 연장한 것에 기대를 거는 견해나, 신국제라운드 혹은 도쿄라운드라고 불리는 GATT의 다각적 무역협상이 예정보다 늦어졌지만 금년 중의 타결을 목표(당초의 목표는 1975년 중 타결)로 삼고 있는 것에 기대를 거는 견해나, 다른 나라에 많은 영향을 주는 미국의 1974년 통상법이 신국제라운드의 실현에 기여하리라고 보는 견해나, 1973년부터의 불황이 1930년대의 불황의 재래라고 외쳐진 데 비해 대체적으로 수입제한의 움직임이 약한 것에 그쳤고 또 연쇄반응을 별로 일으키지 않았다는 견해 등이 그것들이다.

물론 경기회복은 적어도 경기순환의 과정에서 생긴 단기적이고 일시적인 보호무역주의적인 움직임을 감쇄하는 효과를 갖고 있는 것이 사실이다. 그러나 국내산업 보호를 목적으로 하는 산업정책에 기인하는 그것은 경기회복만으로는 해소되지 않을 것이라고 할 수 있을 것이다.

선진국의 수입제한 자숙선언에 기대를 거는 것도 있음직한 일이다. 그러나 그런 선언이 있은 뒤에도 호주는 주로 산업정책에 기인해서 수입제한을 새로이 하거나 강화했다. 호주는 국내생산의 비율을 일정으로(자동차의 경우에는 20%) 유지한다는 산업정책을 채택하고 있다.

GATT의 신국제라운드는 세계무역의 축소를 방지하고 자유무역의 유지 추진을 목적으로 하고 있다. 이 신국제라운드의 발족 경위는 다음과 같다. 이른바 케네디라운드는 관세인하에 많은 성과를 거둔 것이 사실이다. 그러나 공산품의 경우에는 큰 성과를 거두었지만 농산품과 비관세장벽의 경우에는 별로 이렇다 할 성과를 거두지 못했다. 그런데 한편으로는 1960년대 후반부터 주요 선진국이 수입제한조치를 취하기 시작하고 또 경제블록의 결성에 대한 우려가 싹트기 시작했다. 이리하여 1971년 무렵부터 일본, 캐나다, 스웨덴 등이 새로운 다각적 무역협상을 모색하여 오던 중 1972년 제28차 GATT 연차총회에서 1973년부터 GATT 내에서의 새로운 국제라운드를 발족하자는 롱 사무총장의 제안을 확인하고 1973년 9월 일본 도쿄에서 개최된 GATT 각료회의가 도쿄선언을 채택함으로써 신국제라운드는 발족을 보게 된 것이다. 그러나 이 신국제라운드는 미국의 1974년 통상법의 발효 후에도 별다른 진전을 보지 못하고 있었다. 그러던 중 1975년 11월의 랑부예 주요국 정상회담에서 금년 말까지의 협상타결에 대해서 합의를 보았고 동 12월의 GATT 무역협상위원회에서 동 취지의 실질상의 합의가 성립된 것을 계기로, 각 협상 그룹 즉 관세, 비관세장벽, 농산품, 열대산품, 세이프 가드, 섹터 어프로치의 6개 그룹과 농산품 그룹의 서브그룹(곡물, 식육, 낙농품) 등이 그룹별로 작업을 진행시켜 그 중 농산품 그룹과 비관세장벽 그룹에서 어느 정도의 성과를 거두었다.

그러나 미국의 1974년 통상법에 OMA(수출질서유지를 위한 2개국 협정)가 규정되어 있는 데서 GATT의 제19조(세이프 가드 조항)의 개정으로 발전될 가능성이 있고 또 미국 이외의 일부 EC 가입국도 별개의 관점에서 동 조항의 불비를 지적하고 있어 동 조항의 개정을 둘러싼 논쟁이 어떻게 진전될 것인지가 앞으로 커다란 관심사이다.

비관적인 전망

미국의 1974년 통상법은 내용적으로는 1962년 통상확대법에 비하여 수입제한 발동조건의 완화 등으로 보호무역주의적인 성격을 띨 가능성을 갖고 있다고 할 수 있다. 수입제한조치의 실시를 위해서는 ITC(국제무역위원회)와 대통령의 결정이 필요하게 되어 있기 때문에 사전에 그것을 점검할 수 있는 길은 터 있지만, 분명히 동 법은 운용 여하에 따라서는 보호무역주의적인 방향을 나타내는 것이 될 수 있다. 사실 동 법의 입안에 커다란 영향을 준 윌리엄스 보고서(대통령의 자문위원인 국제무역투자위원회의 보고서)에서는 "국제수지 불균형 완화의 책임은 각국이 평등하게 부담을 져야 한다"고 하여 종래에 각국에 앞장서서 자유무역주의를 주장해 온 미국이 앞으로는 각국과 평등한 입장에 서서 공평하게 권리와 의무를 부담할 것을 강조하고 있다. 거기에다 카터 정부의 국내우선 정책은 보호무역주의적인 경향을 강화시키는 것으로 해석되고 있다.

사실 떠들썩했던 데 비해서 수입제한의 움직임이 약한 것에 그쳤고, 또 연쇄반응을 별로 일으키지 않았다고 할 수 있을 것이다. 1975년의 GATT 보고서도 "보호무역으로 기우는 세계적인 추세는 인정되지만, 전반적으로는 자유무역의 전면적 위협이 되지는 않는다"고 강조하고 있다. 그러나 각국에는 후발국에 추월되어 보호정책 없이는 유지될 수 없는 정체산업이 존재하며 또 그것이 점차 증가하고 있다면, 또한 실업률이 계속 높은 수준에 있다고 한다면 반드시 그렇게만 말할 수 없을 것이다.

그뿐 아니다. GATT의 신국제라운드와 더불어 세계무역 신장에 유리한 국제환경을 이룩하기 위한 노력, 즉 일반특혜관세제의 개선, 국제경제협력회의, UNCTAD 회의, 국제통화제도의 개혁 등이 각국의 이해관계와 자원민족주의의 강화 등으로 결실을 맺기까지에는 상당히 오랜 시간이 걸릴 가능성이 크다고 볼 수 있다.

자원민족주의도 1960년 후반부터 강화되기 시작했으며 그것의 가장 성공한 대표적인 예는 1973년 10월에 취해진 석유 무기화 조치에서 찾아볼 수 있을 것이다. EC를 비롯한 경제블록의 강화도 고려하지 않을 수 없을 것이다. 경제블록은 블록 내부의 이익만을 중시하여 블록 외부에 대해서 수입제한을 강화하는 경우도 있을 수 있다.

결국 이렇게 보면 현재의 보호무역주의적인 동향에 대해서 낙관적으로만 볼 수 없다고 할 수 있을 것이다. 어떻게 보면 그 동향은 앞으로도 개선될 여지가 희박하다고 할 수 있을는지 모른다. 앞에서도 말한 바와 같이 그것은 이미 1960년대에 배태한 것이라는 것을 간과해서는 안 될 것이다.

한국경제외교의 문제

현재 우리나라 수출상품은 상술한 바와 같이 보호무역주의적인 동향으로 해서 수입제한을 당하고 있고, 또 앞으로 수출규모의 확대에 따라 우리나라 수출상품이 각국에서 차지하는 비중이 커질수록 더욱더 수출제한의 대상이 될 것임은 틀림없는 사실이라고 할 수 있다. 말하자면 우리나라의 수출환경은 보호무역주의적인 동향으로 인해 악화되고 있고 또 더욱더 악화될 것이 예상된다.

그렇다면 금년의 수출목표의 달성을 위해서는 물론 앞으로의 계속적인 수출확대를 위해서 악화되고 있는 수출환경의 개선을 도모하여야 할 것이다. 다행히도 금년의 수출목표 달성을 위한 수출환경의 개선을 위해서 외무부는 많은 나라와의 무역협정의 체결과 무역회담의 개최를 실현하고 미국, 캐나다, 일본 등을 상대로 기동성 있는 외교교섭을 적극적으로 전개하여 수입제한의 예방, 철폐 또는 완화를 기하는 한편 GATT 등의 다자간협상에 적극 참여하도록 한다고 한다. 그리고 필요에 따라서 민간외교를 권장 또는 주선함은 말할 나위도 없다.

또한 상공부는 섬유 등 현재의 주종 품목 의존을 탈피하여 새로운 다액수출품목의 개발 등을 추진함으로써 외무부의 그러한 노력을 뒷받침해주기로 한다고 한다. 그리고 가발 등의 경우처럼 수입제한이 예상되는 품목에 대해서는 수출업계의 수출자율규제를 강화하는 한편 수출지역과 시기 등도 조정하여 덤핑을 방지하고 수출질서를 확립해 갈 방침이라고 한다.

따라서 그와 같은 정부와 업계의 노력이 실효를 거두었으면 할 따름이다. 그러나 그러면서도 다음의 세 가지를 특별히 지적해 두고자 한다. 첫째는 해외시장의 새로운 정보를 신속·정확하게 수집할 수 있도록 하는 정부의 정보망의 정비 강화와 그것을 보완하기 위한 민간 정보망의 육성 강화를 전제로 적극적인 경제외교를 전개하여야 한다는 것이다. 얼마만큼 이 정보망이 제대로 기능할 수 있는가가 결국은 외국의 수입제한의 동향을 신속·정확히 알아내서 새로운 혹은 앞으로 예상되는 수입제한품목이 무엇인가를 알 수 있게 함으로써 사전에 적절하게 대처할 수 있게 하느냐를 결정해준다고 할 수 있다. 물론 그것이 새로운 유리한 수출품목과 수출지역의 파악도 가능케 함은 또한 사실이다. 현재로서는 경공업품만 아니라 특수강, 전자계산기, 가정용

전력제품 등의 중화학공업제품도 수입제한 대책으로 되어 있으며 앞으로는 그 대상이 더욱더 확대될 것이다.

둘째는 우리나라 기업의 해외직접투자를 권장하고 그것이 실현될 수 있도록 적극적으로 경제외교를 전개하여야 한다는 것이다(이것은 특히 해외직접투자가 아직 행해지고 있지 않는 나라나 자원보유국의 경우에 해당될 것이다). 해외직접투자는 투자업종과 기업, 그리고 대상지역에 따라서 그 지역에 단독 혹은 합작으로 현지 판매회사를 설립하거나 생산공장 혹은 조립공장을 설립하는 형태로 이루어질 수 있다. 이 해외직접투자는 우선 수입제한조치의 우회수단으로서의 효과를 갖는다. 사실 선진국의 다국적기업은 관세 및 비관세장벽 등의 수입제한조치를 우회하는 방법으로 해외직접투자를 하고 있다.

그러나 이러한 효과 외에 해외직접투자는 다음과 같은 효과를 더 갖는다. 첫째로 그것은 우리나라 기업을 자원보유국으로 진출케 하여 자원의 안정적 공급원을 확보할 수 있게 하고, 나아가서 효율적인 자원수입 마케팅 활동을 통해서 저렴한 가격으로 자원을 확보할 수 있게 한다. 둘째로 그것은 공장설립 착수 당시에 소요되는 플랜트, 원료, 소비재를 수출할 수 있게 하며 또 공장의 운영과 더불어 원자재 공급을 포함한 현지 판매시장의 확대에 의한 현지 수입수요의 증가를 통해서 수출을 확대할 수 있게 한다. 셋째로 그것은 효율적인 시장조사 활동, 제품(품질, 디자인, 포장), 가격정책, 광고, 전시 등의 수출마케팅 활동을 통해서 적극적인 수출시장 개척과 안정적인 시장 확보를 기할 수 있게 한다. 넷째로 수출품의 해외유통마진을 흡수할 수 있게 한다. 즉 FOB가격과 현지도매가격의 차액인 유통마진을 취득할 수 있게 한다. 다섯째로 수입관세와 수송비를 절약할 수 있게 한다. 제품의 규격과 성질에 따라서는 포장 및 수송비가 큰 비중을 차지하는 그것을 해결해주는 셈이다. 특히 전자제품의 경우에는 부품으로 수송할 때 수송비와 관세가 크게 절감된다. 끝으로 제품의 보관, 애프터서비스 등을 가능케 하여, 현지시장의 수요를 더욱 충족시키게 하며 나아가서 수출시장을 확대시킨다.

정부 차원에서 외국의 경제개발계획에 참여하는 일도 직간접으로 해외직접투자와 동일한 효과를 초래한다고 할 수 있을 것이다.

셋째는 수입자유화 혹은 수입개방은 어디까지나 점진적으로 또 한정된 범위 내에서 이루어져야 한다는 전제 아래 경제외교를 전개하여야 한다는 것이다. 수입개방이 수출확대를 초래한다는 것은 말할 나위도 없다. 그러나 그것은 우리나라의 경우에는 우리나라의 수입제한조치에 대한 적극적인 설득에 한계를 느꼈을 때 그리고 무역수지의 악화를 별로 초래하지 않는 범위 내에서 일단 생각할 수 있는 조치라고 할 수 있을 것이다. 우리나라의 경우에는 수입과 연계한 수출의 확대는 결코 무역수지의 개선을 가져오지 않게 되어 있기 때문이다. 도리어 무역수지의 개선을 기하면서 수출의 다른 효과 즉 경제성장, 고용 등에 대한 효과도 아울러 기할 수 있게 하는 수출확대를 추구하는 것이 바람직하다고 할 수 있을 것이다. 그런 의미에서 정부에서 이미 일부 내걸고 있는 내수산업에 대한 수요자극은 필요한 것이라고 할 수 있다. 아니, 사실은 이것이 수출과 관련해서 생각할 때보다 기본적인 것으로 삼아야 하지 않을까 생각한다. 그와 같은 수요자극이 국내시장의 구매력의 함양과 확대를 위한 각종의 조치를 전제로 함은 물론이다. 앞으로 경제외교를 전개함에 있어서는 단기·장기를 가리지 않고 적어도 상술한 세 가지 점에 유의할 필요가 있을 것이다.

그러나 말하자면 우리나라에 대한 홍보 전문지식이나 기술을 필요로 하는 나라에 대한 전문가나 기술자의 파견 등과 같이 우리나라 상

품수출을 위해서 필요한 유리한 여건 조성에 부단히 힘쓰는 것도 못
지않게 중요한 일이라는 것을 잊어서는 안 될 것이다.

《신동아》(1977. 3)

개방 압력에의 대응

머리말

한국의 대외경제관계에 있어서 커다란 변화의 조짐이 나타나고 있다. 작년 가을 미 상무성은 한국산 앨범에 대해 64.81퍼센트라는 엄청난 고율의 덤핑판정을 내려 한국의 앨범업계를 도산시켰고, 서울 거리에는 때 아닌 앨범 '풍년'이 들었다. 물론 앨범의 대미 수출액은 1984년에 3천6백만 달러로, 앨범 수출이 막혔다 하여 한국경제가 곧 어떻게 되는 것은 아니지만, 예비판정 때의 4.04퍼센트가 최종판정에서 낮아지기는커녕 오히려 훨씬 높아졌으니 미국 측의 처사에 대해 괘씸한 생각이 앞서는 것은 비단 필자만의 느낌은 아닐 것이다.

그러나 날로 격화되는 한·미 간 무역마찰의 측면에서 보면, 한국산 앨범에 대한 덤핑판정 사건은 그야말로 빙산의 일각에 지나지 않는다. 컬러 TV의 덤핑판정을 비롯해 섬유·신발·철강제품 등 우리나라의 대미 수출의 주종 품목들이 대부분 가격·수량 등의 각종 수입규제를 받고 있다. 1985년 상반기 중 우리의 대미 수출의 42.7퍼센트가 미국 측의 각종 수입규제의 대상이 되고 있다.

그뿐만이 아니다. 한국 국내시장의 개방을 집요하게 요구해 온 미국 측은 이른바 〈통상법 301조〉를 발동해 보험시장, 나아가서 우리에겐 이름조차 생소한 지적소유권에 대해서도 즉각적인 개방 및 보호조치를 강요해 온 결과, 최근 일련의 협상을 통해 그들의 요구를 대부분 관철시키는 데 성공하였다. 그에 대한 우리 국민의 불만이 조금이라도 가라앉기는커녕, 채 표출되기도 전에 원화의 평가절상을 요구하는 미국 측의 기민함과 지칠 줄 모르는 정열(?)에 어떻게 대처해야 할까를 생각하기 전에 그저 아연실색할 따름이라는 것이 우리 국민의 일반적 느낌인 것 같다. 혈맹과 전례 없는 한·미 유대관계를 강조·홍보해 온 우리 정부에 강한 불신감과 함께, 당사자인 미국에 대해서는 당혹감을 넘어서 일종의 배신감마저 느끼고 있는 것이 일반적인 국민여론이다.

또한 대학가에서는 '불황실업 강요하는 미제국주의 몰아내자'는 구호가 등장하였다. 더욱이 우리와 엇비슷한 입장에 있는 대만·싱가포르나 이와 같은 모든 압력들을 받아 마땅하다고 생각되는 일본과 비교해 보면, 우리 민족이 머나먼 미국 땅에서 '동네북'이 되고 있다는 감정을 지울 수 없는 것이 우리네 솔직한 심정이다. 심각한 문제는 여기에 그치지 않는다. 수입규제와 시장개방 압력의 돌풍 속에서 드러나고 있지 않으나, 우리 정부가 추진하고 있는 일련의 금융 및 자본자유화 조치도 매우 심각한 문제점을 내포하고 있다.

이러한 일련의 변화에 우리는 어떻게 대처해야 할 것인가? 현재 우리가 겪고 있는 이러한 어려움은 단순히 외부환경의 변화에 기인하는 우연적·일시적 현상이 아니며, 따라서 임기응변식의 미봉책이나 요행에 의해서는 결코 극복될 수 없다. 오히려 작금의 현실을 그간의 우리 경제정책의 허구성과 우리가 안고 있는 구조적 모순의 표출로 이해하는 비판적이고 정확한 현실인식에 기초하여, 이러한 위기를 구조적 전환과 진정한 발전의 계기로 삼는 현명한 대처방안이 요구된다 하겠다.

우리 경제의 구조적 문제점들은 최근의 대규모 개방화 조치로 해결될 수 있는 성질의 것이 아니며 오히려 악화되고 있다. 이것을 상품시장 및 서비스시장의 개방, 그리고 자본자유화의 경우로 나누어 살펴보기로 하자.

상품시장의 개방

최근의 미국 측의 수입규제와 상품시장 개방압력에 대해서는 지금껏 많은 논의들이 있어 왔으므로, 여기서는 필자의 입장에서 간단히 그간의 논점을 정리하고 보완하는 데 그치고자 한다.

첫째, 현재 제기되고 있는 한·미 간 무역마찰 또는 무역전쟁에 대한 미국 측 주장의 가장 큰 근거는 미국의 막대한 무역수지적자이다. 그 규모는 1984년에 1천5백억 달러에 달하며, 이 중 대일 무역적자는 370억 달러에 이른다. 계속해서 확대일로에 있는 미국의 무역수지적자는 미국경제, 나아가 세계경제 전체를 위협하고 있다. 그러나 많은 경제전문가들은 미국의 무역적자는 미국경제의 악화를 가져온 원인이 아니며 오히려 만성적인 재정적자(1984년 2천1백억 달러)와 그로 인한 고금리 및 달러화의 고평가가 원인이 된 미국경제의 국제경쟁력 약화의 결과일 뿐이라고 주장한다. 즉 미국은 자국의 경제정책 실패에 따른 모순들을 엉뚱하게 한국 등 여러 나라에 대해 수입규제 혹은 시장개방 압력 등을 통해 전가하고 있다는 것이다.

그러나 미국의 국제경쟁력 약화의 이면에는 금리인하나 달러화의 평가절하 등의 응급조치에 의해서는 극복되기 어려운 더 근본적인 원인이 있다. 1960년대 이후 계속된 제조업 생산성의 침체와 그에 따른 서비스산업 등 3차산업이 급속히 비대화되면서 미국경제가 과거의 생동감을 상실한 것이다. 결국 EC의 경제력 회복, 일본의 급속한 발전과 함께 1960년대 말, 1970년대 초에 걸친 IMF-GATT 체제의 붕괴를 시작으로 전후 미국 헤게모니 아래의 세계경제질서가 재편성되는 과정을 겪고 있는 것이다. 이 과정에서 미국의 전반적 경제 악화와 제조업 경쟁력 상실이라는 결과가 생겨난 것이다.

이러한 현상은 '위대한 미국'의 재건을 표방했던 레이건 집권 이후에도 개선되기는커녕 더욱 악화되어 그나마 미국이 우위를 확보하고 있던 컴퓨터 등의 하이테크 분야에서도 점차 일본에 대한 경쟁력을 잃어가고 있는 실정이다. 이러한 상황 속에서 2차산업의 대부분이 수입규제 없이는 견딜 수가 없게 된 것이다.

이렇게 볼 때 미국이 조만간 국제경쟁력을 회복하여 수입규제가 완화된다는 것은 쉽게 기대하기 어렵다. 결국 임시방편의 통상외교를 통해서는 우리가 입는 피해를 약간 줄일 수 있을지는 모르나, 문제 자체의 해결을 기대할 수는 없다. 최근의 일본 엔화, 서독 마르크화 등 주요 경쟁국 통화의 대폭적인 평가절상에도 불구하고 미국의 무역수지 적자가 별로 감소하지 않고 있다는 사실, 미국 측의 압력이 서비스산업 및 지적소유권 등에 집중되고 있다는 사실이 이를 뒷받침해 준다.

여기서 이제까지의 대외지향적 성장전략의 재검토에 기초한 국민경제의 구조전환의 필요성이 제기된다. 현재 상황에서는 우리가 시장을 개방한다 하더라도 일본으로부터의 수입이 급증할 뿐 미국과 무역균형이 이루어진다는 보장이 없다. 우리가 1984년에 개방한 품목을 보더라도 국가별 국내시장 점유율은 일본이 44퍼센트인 데 비해 미국은 16퍼센트에 불과하다. 개방정책만으로는 미국의 수입규제를 완화시킨다는 소기의 목표를 달성할 수 없다.

둘째, 우리가 미국과의 무역마찰을 겪으면서 더욱더 부당하고 심각하다는 느낌이 드는 것은 우리가 일본·대만 등과는 달리 만성적인 국제수지적자 상태에 있으며, 또한 매년 GNP의 6퍼센트가량을 국방비에 지출하고 있다는 사실이다. 더욱이 대미 관계만을 보더라도 우리가 경상수지흑자를 보인 것은 1983년 이후의 수년에 지나지 않는다.

더욱이 경제통계에는 포착되지 않는 각종 군사장비 구매분(연간 10억 달러), 해외진출 건설회사들이 해외에서 직접 구입하는 건설장비 등의 구매액을 포함한다면 우리의 대미 흑자라는 것도 문제될 만한 크기는 아니다. 그런데 우리는 대일 무역에서는 1984년 한 해의 무역수지만도 30억 달러가 넘는 적자를 기록하였으며, 무려 5백억 달러를 넘는 외채부담(우리 기업의 해외 차입분 포함)을 안고 있다.

그러나 미국의 입장에서 본다면 한국의 대일 무역적자 여부는 관심의 대상이 되지 못한다. 문제는 한국과 미국 간의 무역관계일 뿐이다. 외채문제를 포함해서 미국에 대해 그 이상의 무엇을 기대한다는 것은 냉엄한 국제경제 현실에 대한 터무니없는 오해이다. 그러나 일본으로부터의 수입(중간재 및 자본재)을 대미 수입으로 전환한다면 대미 무역마찰이 어느 정도 해결되리라고 생각해볼 수 있다.

하지만 그것이 현실적으로 매우 곤란하다는 데 문제의 핵심이 있다. 1970년대 한국경제의 성격을 결정짓는 중화학공업화 과정은 일본과 매우 밀접한 분업관련 속에서 이루어졌다. 그 결과 나타난 무역 패턴을 좀 극단적인 형태로 요약한다면, 미국에서 원료(대개 1차산품)를 구입하고 자본재 및 주요 중간재는 대부분 일본에서 수입하여 최종소비재 중심의 가공생산물을 주로 미국 시장에 수출하는 구조이다.

한국의 막대한 대일 무역적자와 최근 몇 년간의 대미 흑자는 이러한 산업·무역구조에 기본적으로 기인한다. 문제는 이러한 대외관계가

구조화되어 그 변화가 그리 쉽지 않다는 점이다. 정부는 올해 들어 엔고로 인해 대일 수입이 감소하여 대일 적자가 축소될 것을 기대하였으나 현실은 오히려 대일 적자가 확대되고 있다. 그 기본 원인은 엔고로 인해 일본 제품의 수입가격이 크게 상승하였으나, 일본으로부터의 수입체질이 구조화되어 있는 까닭에 부품 및 기계류의 대일 수입이 비탄력적이어서 가격상승의 부담만 전가 받은 데 있다. 따라서 장기적 안목에서 주요 부품 및 기계류의 국산화(중간생산재 및 기초생산재 산업의 건설) 등 내부지향적 발전전략으로의 전환이 절실히 요구된다.

많은 사람들이 한국과 미국은 6·25나 베트남전을 통해 함께 해온 혈맹이며, 또한 한국은 힘에 겨운 방위비 부담을 안고 있고 한국의 안보는 동시에 미국이나 일본의 안보 정책의 일환이기도 하다는 사실을 강조한다. 그러나 한국의 안보 문제를 바라보는 미국 측의 태도는 미국의 이해관계에 기초하여 철저히 양면적이다.

한편에서 우리가 GNP 6퍼센트의 방위비 부담을 거론할 때는 군사·안보 문제와 무역 문제는 전혀 다른 별개의 것임을 강조한다. 그러나 다른 한편에서는 한국이 안보 면에서는 미국의 커다란 도움과 혜택을 받으면서 경제 문제에서는 미국 측에 불리한 태도를 고수하는 것은 어불성설이라는 것이다.

군사·안보 문제에 대해 문외한인 필자가 거듭 이러한 이야기를 하는 것은 여러 차례에 걸친 대미 협상 과정에서 우리 정부가 보인 비자주적 태도나 미국 측의 강압적 자세가 이러한 문제와도 관련이 있다는 생각에서지만, 더욱 중요한 것은 우리의 현실에 대한 미국 측의 이해와 온정을 바라는 것이 큰 효과가 없을 것이라는 점을 강조하고자이다. 한·미 간의 이해관계의 상충은 어느 정도 불가피하다. 문제는 우리가 그러한 충격을 흡수할 수 있는 내부적 조건 및 능력을 쌓아 나가는 것이다.

셋째, 미국의 기본 정책은 엄밀히 말해 자유무역주의도 보호무역주의도 아니다. 다만 자국의 국제경쟁력이 약한 시점이나 부문에서는 각종 수입규제·산업보호정책을 취하고, 반대의 경우에는 자유로운 국제교역을 주장할 뿐이다. 즉 미국의 대외경제정책은 자국의 이익을 수호한다는 기본 원칙이 있고 상황과 조건에 따라 그 구체적 내용이 변화할 따름이다. 완전한 의미의 쌍무적 자유무역주의는 19세기 영국에서도 제대로 실천된 적이 없다고 할 수 있다. 우리가 당혹해하는 미국의 정책변화 역시 정도의 심화일 뿐이지 저개발국에 대한 수입규제는 꾸준히 지속되어 왔다.

즉 자유무역원칙을 천명한 GATT에서 저개발국의 주요 수출품인 섬유류를 떼어 내어 법적 규제 대상화한 1973년의 이른바 다자간 섬유협정(MFA)을 비롯, 그 이전에도 면직물 수출에 대한 단기 국제협약을 계속 연장하면서 수입할당제를 실시해 왔다. 1979년 MFA의 1차 기한연장이 발효되면서는 섬유 외에 철강·신발·일부 전자제품 등에 대해서도 GATT 규정의 정상적인 적용을 제외하였다.

1982년의 제2차 기한연장에서도 보호무역주의적 성격은 더욱 강화되었으며, 최근 체결된 MFA 3차 기한연장에서는 미국 측은 저개발국에 부여해 온 일반특혜관세 GSP의 축소를 무기삼아 과거 협정에서는 규제 대상에 포함되지 않았던 라미·린네·실크 등을 규제대상에 추가하고, 한국·대만 등의 대미 수출증가율을 6년간 1퍼센트로 묶는 데 성공하였다. 우리 측은 대미 섬유·신발류 수출에 큰 타격을 주게 될 이른바 〈더몬드 법안〉의 상원 표결에서 유리한 입장을 얻기 위함이라는 명목 아래 일방적인 양보를 하였다. 결국 문제의 법안은 부결되었으나 그것이 우리의 양보의 미덕의 결과인지는 쉽게 수긍이 가지 않는다.

오히려 양보를 통해서는 미국의 수입규제·시장개방 압력을 철회시킬 수 없으며 더욱더 많은 양보를 낳게 될 뿐이다. 전 국민의 광범위한 지지에 기초한 자주적·민주적 입장의 견지가 요구된다.

넷째, 엄밀히 말해 현재의 개방화 추세는 단순한 외부적 압력의 결과로 치부할 수만은 없다. 국내에도 이른바 개방론자들이 많으며 시장개방을 통해 이익을 얻는 계층도 존재한다. 개방을 둘러싼 최근의 논쟁은 잘 알려져 있으므로 더 이상 언급할 필요는 없을 것이다. 그러나 그 논쟁이 주로 개방의 속도나 시기에 대한 공방일 뿐, 이제까지의 개발전략이나 구조적 문제와 관련한 더욱 근본적이고 원칙적인 논의는 충분히 이루어지지 못하고 있는 실정이다.

어떠한 경제정책이 국민 모두에게 골고루 이익을 가져다준다면 그 이상 바람직한 정책은 없을 것이다. 그러나 그것은 이상적인 바람에 지나지 않으며 어떠한 정책도 실시 과정에서 상대적으로 이익을 보는 계층과 손해를 보는 계층을 수반하기 마련이다. 개방정책도 예외일 수는 없으며 따라서 진행되고 있는 논쟁도 이러한 점을 고려하지 않고서는 공허한 것이 되기 쉽다.

이제까지 한국경제의 기본적인 개발전략은 광범위한 농민 및 도시영세민의 희생, 노동자계층의 열악한 생산조건과 저임금에 기초한 독점대자본 위주의 수출 중심의 대외지향적 전략이었다. 결국 그 결과 농민층, 도시영세민, 노동자계층의 전반적인 희생 위에 중소기업 및 내수산업의 상대적 열악화를 초래하였다.

현 상태에서 구조전환을 수반하지 않는 일방적 개방정책은 이러한 현상을 더욱 심화시킬 것이다. 먼저 산업구조의 측면에서 보면 수출산업이나 대기업보다는 내수산업이나 중소기업의 피해가 클 것이다. 중소기업은 해외로부터의 대규모 상품유입에 효과적으로 대응할 능력을

결여하고 있는 반면에, 대기업은 나름대로 확보하고 있는 경쟁력 외에
도 해외자본과의 합작·기술 도입을 통해 우위를 지킬 수 있을 것이다.
그 결과는 상당수의 중소기업의 몰락이나 침체, 진정한 의미에서의 산
업연관·기업 간 관련의 제고와는 거리가 먼 계열화 등을 통해 독점대
기업을 비대화시킬 것이다.

더욱이 현재와 같은 독점대자본 위주의 성장전략 아래서는 경쟁을
필요로 하는 독점품목일수록 오히려 해외부문과의 경쟁으로부터 더욱
보호되는 구조를 갖기 마련이다. 실제로 1981~83년의 우리나라 전체
의 수입자유화율은 각각 74.7퍼센트, 76.6퍼센트, 80.4퍼센트인 데 비
해, 독과점품목의 수입자유화율은 같은 기간에 각각 43.3퍼센트, 44.5
퍼센트, 48.8퍼센트에 불과하며, 관세율도 24퍼센트 대 36퍼센트(1983
년)로 독과점품목이 오히려 더욱 보호받고 있다. 소비자 보호, 물가인
하 효과, 국제경쟁력 강화를 위해서는 수입자유화가 필요하다는 개방
론의 입장에서 볼 때도 역설적인 현상이 아닐 수 없다.

결국 시기상조의 수입개방은 국내의 대기업과 중소기업, 그리고 수
출산업과 내수산업 사이의 균형적 발전을 저해함으로써 자립경제기반
의 확충이라는 국민경제적 요구를 좌절시키게 될 것이다.

노동자계층을 비롯한 광범위한 민중계층의 문제는 그것이 바로 그
들의 생존권과 직결된다는 점에서 더욱 심각하다. 우리는 이미 무분별
한 농산물 수입으로 인한 농민층의 막대한 피해를 경험한 바 있다. 앨
범파동 때는 관련업계의 침체·도산에 따른 산업문제가 제기되었다. 그
때는 규모가 작아서 어느 정도 뒷마무리가 가능했는지 모르나 대규모
수입개방의 경우는 문제가 다르다.

미국 측이 수입규제판정을 내릴 때 가장 중요한 기준 중 하나가 바
로 미국 산업의 고용상태에 끼친 영향이다. 결국은 수입규제나 시장개

방을 통해 미국 측의 실업이 전가·수출되는 것이다. 개방정책의 이론적 근거라 할 수 있는 비교우위론은 비교우위산업을 중심으로 경제가 운영될 때 비교열위산업의 도태·포기에 따라 배출되는 실업인구를 완전히 흡수하여 완전고용상태에 도달한다는 것이 암묵적으로 전제되어 있다. 이러한 전제가 우리의 경우 충족될 수 있느냐는 상당히 회의적이다. 더욱이 이제까지 국제경쟁력의 대부분을 저임금과 세계최장의 노동시간을 통해 확보해 온 우리 경제는 개방으로 인하여 제반 노동조건을 더욱 악화시키는 방향으로 치닫게 될 가능성이 너무나 크다.

노동자계층의 이해관계가 정책결정 과정에 적극적으로 반영될 수 있는 메커니즘 부재, 각종 노동법의 반(反)노동자성 등의 현실의 조건을 생각해 볼 때, 시장개방 등에 따르는 외적 충격은 노동자계층의 실업·장시간 노동·저임금 등의 형태로 흡수될 공산이 크다. 개방정책의 추진 과정에서 무엇보다도 먼저 고려되어야 할 것이 바로 민중의 생존권 보장이다.

서비스시장의 개방

서비스시장의 경우는 문제가 더욱 심각하다. 미국 측이 상품시장보다 특히 서비스시장의 개방을 집중적으로 요구하고 있는 배경은, 기본적으로는 미국 제조업의 국제경쟁력이 크게 약화된 반면 탈공업화·사회화되면서 서비스산업이 크게 비대화되어 있으며, 또한 그 부문이 선진 마케팅 등을 통해 월등한 국제경쟁력을 확보하고 있다는 점이다.

미국은 1985년 9월 7일 통상법 301조를 발동하여 일본·EC 등과 함께 우리나라에 대해 상품시장 개방의 확대와 보험업을 중심으로 통신·정보, 은행·금융, 여행·관광, 영화, 호텔·숙박업, 항공·운수업 등

12개 분야의 서비스시장을 개방할 것을 요구하였다(1차). 주목할 것은 아시아의 '4인방' 중 대만·홍콩·싱가포르는 제외되고 유독 우리나라만 포함되었다는 점과 대상국으로 지목된 나라들 중에서도 서비스시장 개방을 요구당한 것은 우리나라뿐이라는 사실이다. 또 같은 해 10월 16일에는 통상법 301조와 "미국의 특허나 저작권을 침해했다고 판단되는 경우 수입을 금지할 수 있다"는 통상관세법 337조를 적용하여 저작권·소프트웨어·물질특허를 망라한 지적소유권의 전면보호를 추가로 요구하였다(2차). 〈단순한 무역전쟁이 아니라 전면 경제선언〉(《동아일보》, 1985. 9. 10)이라는 표현이 실감이 나는 상황이다.

　그러나 미국 측의 요구는 아무런 정당한 근거를 갖지 못한다. 먼저 미통상법 301조는 미국이 무역상 보복조치를 취할 수 있는 근거를 마련한 조항으로, 1974년 제정된 이 301조에는 "대통령은 불공정하고 불합리하며 차별적이고 모순된 외국의 법률·정책 그리고 조치를 제거하기 위해 자신의 권한 범위 내에서 모든 적절하고도 가능한 정책을 취해야 한다"고 되어 있다. 동 법은 1984년 말에 강화·보완되어 외국 측의 그러한 통상제한 조치에 대해 해당 상품 혹은 분야와는 무관한 기타 상품이나 분야에서도 권한을 행사할 수 있게 되어 있다.

　최근에는 이를 더욱 강화하는 법안이 의회에 상정되었다 한다. 그 구체적 적용절차를 보면, 외국의 무역정책상의 불공정에 대해 미국 내 이해관계인이 청원을 하거나, 대통령이 지시를 내리면 미 통상대표부(USTR)는 일단 상대국과 7~12개월간의 시한협상을 하고 그 결과가 미국의 이익에 위배된다고 판단하면 대통령이 보복조치를 취할 수 있게 되어 있다.

　한 나라가 정당한 필요에 의해 산업을 정책적으로 육성·보호하는 것은 기본적인 경제주권이다. 문외한의 법률상식으로 보더라도 이 법은 미국의 국내법 이상의 무엇도 아니다. 실제 무역마찰의 대상이 되고 있는 상품과 전혀 무관한 상품에 대해 미국 측의 임의적·재량적 판단에 의해 마음대로 보복조치를 취할 수 있다는 것은 힘의 우위를 기초로 한 반(半)폭력적이며 경제주권에 대한 명백한 침해이다.

또 미국 측이 거론하는 공정한 자유무역 정신의 결집체인 〈관세 및 무역에 관한 일반협정〉(GATT)은 상품의 교역에 국한되며 서비스의 거래에는 하등의 효력이나 의미를 갖지 못한다. 즉 서비스시장의 교역 환경에 대해서는 아무런 국제적 합의가 존재하지 않는 것이다. 올해 안에 타결될 GATT의 신다자간협정(New Round)에 서비스교역을 포함시키자는 미·일의 주장도 그 편파성 때문에 브라질·인도 등 많은 저개발국들의 반발에 부딪쳐 준비단계에서부터 난항을 거듭하고 있는 실정이다. 도대체 한·미 간에는 보험 등 서비스시장에 관한 아무런 쌍무협정이 없으므로 엄밀하게는 불공정거래라는 말 자체가 성립되지 않는 것이다.

그러나 지난 7월 말에 일괄 타결된 한미통상협상은 철저히 비공개로 진행된 끝에 미국 측의 요구를 거의 일방적으로 수락하였다. 미국 측은 "우리가 얻어낼 수 있는 것은 최대한 다 얻어냈다"며 큰 만족을 표시했다. 하다못해 공개협상을 해서 회담진행 과정을 국민에게 알리기만 했어도 여론 형성을 통해 어느 정도 효과를 낼 수 있었을 것이라는 느낌을 지울 수 없다. 굴욕적 통상외교라는 말이 큰 무리는 아니라고 생각된다.

여기서는 협상결과에 대한 자세한 언급은 피하고 몇 가지 우려되는 점만을 적어 본다. 보험·금융 등 서비스산업은 그 특성상 선·후진국 간 격차가 그 어느 산업보다도 크게 마련이어서 서비스시장 개방은 상품시장의 경우보다 특히 심각한 문제를 야기할 수 있다.

현재 우리나라에 있는 기존의 2개 미국계 손해보험회사의 1985년 4~7월의 4개월간 보험료 증가율은 AHA사 25.7퍼센트, CIGNA사 37.0퍼센트, 평균 손해율은 각각 60.3퍼센트, 31.9퍼센트로서 한국 보험회사의 평균 보험료 증가율 18.0퍼센트, 평균 손해율 74.0퍼센트를 압도하면서 꾸준히 시장을 확대하고 있다. 우리 보험시장은 가입률이 30퍼센트를 밑도는 잠재력이 큰 3조 6천억 원의 시장이라 한다. 보험상품의 제한적 허용, 철저한 단계적 개방이 절실히 요구되는 부문인 것이다. 일본이 10년간에 걸쳐 보험시장을 개방하면서 철저한 후속조치에 의해 외국계 생명보험 6개사, 손해보험 4개사의 점유율이 각 1.2퍼센트, 2.8퍼센트에 불과한 것과는 너무나 큰 대조가 된다.

금융 및 은행의 경우는 사태가 더욱 심각하다. 우리나라의 외국은행 지점의 업무점유율은 1983년 말 현재 대출 11.5퍼센트, 총자산 8.5퍼센트로 일본의 3.5퍼센트, 4.3퍼센트; 대만의 7.8퍼센트, 6.7퍼센트; 서독의 2.2퍼센트, 2.1퍼센트를 훨씬 웃돈다.

오히려 은행 및 금융업은 지나치게 개방되어 있다 해도 과언이 아니다. 또한 1985년 1년간 외국은행 52개 국내지점의 순익은 915억 원으로 1984년(693억 원)에 비해 32.1퍼센트의 증가율을 기록했다. 이는 국내 5개 시중은행의 순익 388억 원의 거의 3배에 이른다. 이는 정책금융대출 의무, 지불준비금 의무의 면제와 그들의 선진 영업기술에도 기인하지만, 외국은행에 대한 각종 특혜조치에 힘입은 바 크다. 83년의 경우 외국은행 지점의 총자본이익률은 1.3퍼센트로 국내 시중은행의 0.2퍼센트를 압도할 뿐 아니라, 세계 주요 은행의 총자본이익률 0.6~0.7퍼센트를 크게 웃돈다는 사실이 이를 입증해 준다. 우리나라가 외국은행에 대해 허용하고 있는 주요 특혜조치는 다음과 같다.

① 구속성예금 수입에 대한 제한 완화(10% 이내 저축성 예금 폐지)

② 환매채업무 취급 허용

③ 콜(call)거래방식 개선

④ 스왑(SWAP) 특별한도 1억 달러 증액

⑤ 국민투자기금에 대한 적립률 완화

⑥ 수출어음의 중앙은행 재할인 등

1980년대 후반에는 외국은행과 국내은행의 모든 업무상 차별을 철폐하였다는 정부 방침이고 보면 이러한 현상은 앞으로 더욱 심화될 전망이다. 금융·은행 개방은 단기적으로는 부족한 외자유입에 어느 정도 도움이 될지는 모르나 여러 가지 문제점을 야기하게 될 것이다.

첫째, 국내의 잉여가 투자수익의 형태로 해외로 유출됨으로써 국내 자본형성에 마이너스 요인으로 작용할 것이다.

둘째, 금융 측면에서의 자주성·자율성을 제약당함으로써 통화정책 등 각종 경제정책의 자율적·효율적 운영에 장애요인이 된다.

셋째, 외국은행의 대출활동이 독점대기업을 중심으로 이루어지고 있어서 이러한 추세가 지속될 경우 국내경제구조의 왜곡에 기여할 것이다. 특히 양자의 유착관계는 특별한 주의를 요한다.

지적 소유권의 경우도 많은 문제를 안고 있다. 저작권의 경우 어느 정도의 보호는 불가피할 것이다. 그러나 보호범위와 속도가 너무 빠르다고 생각된다. 더욱이 1977년부터 10년간을 소급 보호한다거나 저작권 등의 법률개정 시 미국 측과 사전협의를 거친다는 조항은 전혀 납득할 수 없는 처사이다.

소프트웨어나 물질특허의 보호는 절대적으로 시기상조이다. 물질특허는 자국이 신물질 개발능력을 갖춘 뒤에 비로소 도입할 수 있는 것이다. 실제로 물질특허제도를 도입한 나라는, 현재 미국·일본·영국·프랑스·서독 등 대부분이 선진국이며, 그 시기도 일본이 1976년, 스위스가 1978년에야 인정한 것이다. 소프트웨어의 경우는 미국에서도 1980년에야 법제화하였다. 자체 개발의 소프트웨어가 별로 없고 물질특허는 전무한 상태에서 외국의 그것을 보호하는 것은 기술도입·특허권 사용에 대한 로열티 등을 통해 국내의 잉여를 유출시키는 것은 물론이고 관련 산업의 대외경쟁력을 크게 약화시킬 것이다. 미국 측의 요구도 기본적으로는 자국산업의 경쟁력 회복을 위한 준비 조치로 이해해야 할 것이다. 또한 물질특허제도의 도입이 국내 기술개발을 촉진시킨다는 것도 지나치게 낙관적인 전망이라 생각되며, 오히려 외국에 대한 기술의존이 심화될 가능성이 크다 하겠다.

자본자유화 정책

현재는 한·미 무역마찰의 회오리 속에서 주된 관심대상으로 부각되지 못하고 있으나 우리 경제의 장래의 향방과 관련하여 더욱 중요하고 근본적인 문제는 광범위한 자본자유화정책이라 할 것이다. 상품시장 개방이나 서비스시장 개방이 외국의 압력을 기본 동력으로 하여 진행되고 있음에 비해, 자본자유화는 기본적으로 국내적 요구에 기초하여 이루어지고 있다는 점에 특색이 있다. 그러나 그 과정에서도 국제자본의 이해관계는 여전히 관철되고 있음은 물론이다. 자본자유화는 크게 나누어 증권(주식)시장의 개방과 외국인 직접투자에 대한 문호개방으로 나누어 생각할 수 있다.

정부는 1981년 1월 증권시장 개방을 위해 다음의 〈표〉와 같은 장기계획을 밝히고 외국인에게 증권투자 문호를 개방하기로 하였다. 이에 따라 한국투자신탁과 대한투자신탁 회사가 1981년 11월 외국인 전용 수익증권을 발행하여 1984년 현재 발매실적이 5천만 달러에 이르게 되었다. 또한 일본의 주요 증권회사가 한국에 사무소를 설치하여 한국 증권시장 개방화 진전에 따른 영업활동의 기반구축에 나서고 있다.

<표> 증권시장 개방계획

단 계	추진계획
1단계(1981~1984)	·수용태세 정비단계 1. 국제 투자신탁의 제한적 허용 　—외국인에 의한 국내 증권의 간접 취득 2. 외국 증권회사의 국내 사무소 설치 허가 3. 증권 관계기관의 인력 양성
2단계(1985년 이후)	·외국인의 국내 증권 직접 취득 제한적 허용
3단계(1980년대 말)	·외국인 증권투자의 본격적 허용 및 국내 기업의 해외 증권발행 촉진
4단계(1990년대)	·내국인의 해외 증권투자의 제한적 허용 및 완전 개방화 추진

1984년 8월에는 일본의 이른바 저팬 펀드(Japan Fund)를 본 따 대우 증권과 미국 회사의 합작으로 공동설립한 코리아 펀드(Korea Fund)사가 뉴욕에서 주식을 발행하였다. 이는 코리아 펀드사가 한국 내 자본시장에서 거둔 투자수익을 자사 주식에 대한 배당으로 지급하는 것으로 간접방식의 외국인 투자가 허용된 것이다. 이로써 계획상의 1단계 자본자유화조치는 큰 차질 없이 완수되었다.

이어 1985년 11월에는 2단계로서 전환사채(CB), 신주인수권부사채(BW), 주식예탁증서(DR) 등 주식관련 증권의 해외 발행을 허가하였다. 대상이 되는 기업은 순 자산규모 5백억 원 이상, 발행계약 당시 기준주가가 가중주가 평균 이상이고, 최근 2년간 매년 주당 순이익이 액면가의 20퍼센트 이상인 현대자동차·삼성전자·금성사 등 14개 대기업이다. 자본시장 개방은 대외개방의 최종단계이며, 이들 기업은 1년 6

개월이 지나면 주식으로 바꿀 수 있는 전환사채를 해외에서 발행하게 되며, 1987년 하반기에는 외국인 투자가가 국내주식을 직접 취득할 수 있게 된다. 이는 그 시점에서 외국인의 국내주식 매매 및 배당금, 주식 처분 대금 등의 송금에 대한 규제가 크게 완화되리라는 것을 의미한다. 현재 유럽시장에서 발행된 삼성전자·대우중공업의 전환사채는 커다란 인기를 끌고 있다고 한다.

현재 우리나라의 주가는 꾸준한 상승세에도 불구하고 아직 매우 낮은 수준이다. 주가 수익률(PER, 주가를 주당 이익금으로 나눈 값)은 8배 정도로 미국의 17.2배, 일본의 42.5배에 훨씬 미달하는 것은 물론 홍콩·대만의 10배, 싱가포르의 12배에 비해서도 크게 낮다.

특히 주식시장을 개방했을 때 일본의 과잉 여유자본의 유입이 매우 활발하게 될 것이며, 이는 매우 우려할 만한 사태라 하지 않을 수 없다. 또한 외국은행을 통한 외채 대신 우리 기업 명의의 각종 외화표시채권의 직접 발행을 통해 외채를 도입하는 기업이 크게 늘어나고 있다. 1985년 한 해만도 현대건설의 2건, 1억 5천만 달러를 포함해 7개 기업이 8건, 3억 5천만 달러를 외화표시채권 발행이라는 직접금융 방식을 통해 외자를 조달하였다.

외국인 직접투자에 대한 문호도 지속적으로 급속히 개방되고 있다. 우선 정부는 1984년 7월 외자도입법을 개정하였다. 그 주된 내용은, 첫째, 투자허용업종을 명시하는 방식(positive system)에서 투자불허부문만을 명시하고 그 밖의 품목은 자유로이 투자할 수 있도록 하는 방식(negative system)으로 변경하였고, 둘째, 기술도입 계약에 대한 인가제를 허가제로 바꾸었다. 이어 1985년 10월에는 서비스, 기타 제조업 부문을 포함하는 102개 업종을 외국인 투자 자유화업종으로 추가하였다. 이로써 외국인 투자가 자유화된 업종은 660개(66.1%)에서 762개

(76.3%)로 늘어났으며, 서비스업 등을 제외한 제조업 부문의 자유화율은 92.5퍼센트에 달하였다. 이와 함께 외자심의회의 인가를 받아야 할 외국인 투자액 규모를 상향 조정하는 등 각종 투자 절차를 간소화하였다. 이러한 제반 조치에 힘입어 외국인 투자액은 1983년의 75건, 2억 6천8백만 달러에서 1984년 103건, 4억 2천만 달러로 건수로는 37퍼센트 금액으로는 57퍼센트가량 급증하였으며, 이러한 추세는 1985년 이후에도 계속되고 있다.

이러한 각종 자본자유화 추세는 결코 날로 국제화·개방화되어 가는 세계경제 추세에 대한 능동적 대처라는 식으로 예찬될 성질의 것이 결코 못 된다. 현재 우리나라의 자본자유화 추세의 본질은 1960년대 이래 차관 위주의 성장전략이 빚은 구조적 모순들이 외채 누적이라는 계기를 통해 표출되고 있는 것으로 파악되어야 한다. 1950년대 말 미국 원조의 격감에 따른 민족자립경제 수립요구가 좌절되면서 1960년대 이후 차관도입에 의한 공업화 전략이 급속하게 추진되었다. 1962~82년의 기간 중 해외저축(외채)에 의한 투자재원은 총투자의 25퍼센트에 이른다. 초기의 기여를 해왔음은 부인할 수 없다. 그러나 만성적인 경상수지적자로 인해 외자도입이 계속 증대하고 그에 따른 과도한 원리금 상환부담은 기본적인 정책전환을 요구하게 되었다.

물론 1970년대에도 외국인 직접투자를 유치하고자 하는 정책이 실시되었으나 그 효과는 미미한 것이었다. 외채 총액은(해외진출 국내 회사의 해외차입을 포함하여) 이미 5백억 달러를 넘어섰으며, GNP에 대한 외채잔액의 비중은 1980~1982년 평균 52.5퍼센트로 아르헨티나에 이어 세계 2위이며, 원리금 상환부담이 가중됨에 따라 차환율(중장기 외자도입액에 대한 원리금 상환액의 비율, roll-over ratio)은 1982년의 경우 무려 94.7퍼센트에 이르렀다. 이에 따라 해외저축에 의한 경제성장률은 1965~69년의 4.0퍼센트에 비해 1980~82년에는 0.1퍼센트에 불과하였다. 더욱이 외채 구성 또한 악성의 단기채나 변동금리부 외채가 많아 숫자로 나타나는 이상의 심각한 문제를 안고 있다.

결국 외자(차관)는 우리 경제의 자본축적에 대한 커다란 부담으로 전화하게 된다. 여기에 국제금융환경의 악화라는 외적 조건까지 가중되어 나타난 필연적 결과가 바로 자본자유화(외국인 직접투자) 정책인 것이다. 이 과정에서 원조-차관-직접투자라는 국제자본의 자기 전개 논리는 그대로 관철되는 것이다.

그러나 외채문제 해결을 위한 응급조치 목적의 자본자유화는 결코 건전한 것이 될 수 없다. 먼저 주식시장의 경우, 지금과 같이 주가가 낮은 상태에서의 시장개방은 주가상승에 따른 차익을 대외로 유출시키며 또한 해외자본에 의한 국내 기업지배를 초래할 것이다. 물론 어느 정도의 규제조치가 따르겠지만 기본적으로 해외자본의 이해가 관철되리라는 것을 이제까지 역사가 보여준다. 특히 매년 5백억 달러에 달하는 국제수지흑자를 바탕으로 세계 제1의 채권국으로 부상하고 있는 일본의 과잉자본에 의한 대량침투를 막을 길이 없다. 또한 배당이윤(매매차액)의 송금을 통해 국내의 잉여가 해외로 유출되고 추가적인 국내 자본형성은 여전히 어려움을 겪게 될 것이다.

외국인 직접투자 역시 국내산업의 대외종속을 심화시킬 것이다. 외국인 투자기업과의 경쟁에 따라 다수의 중소기업이 많은 어려움을 겪게 될 것이고, 결국 이는 우리 경제의 자립경제 기반을 잠식하는 과정이 될 것이다. 또한 계속적인 투자유지를 위해서는 1970년대 초의 외국인 투자기업에 대한 임시특례법과 같은 반노동자 입법이 계속 유지·강화될 것이다. 또한 서비스산업에 대한 외자기업 진출은 과도한 소비문화를 조장하고 가뜩이나 비정상적으로 비대화된 서비스산업 부문을 더욱 확대시켜서 경제의 역동성이 떨어지게 된다.

다른 정책보다도 특히 자본자유화정책은 일단 본궤도에 오르게 되면 궤도 수정이 매우 어렵다. 우리가 현재 안고 있는 구조적 모순을 회피하거나 자본자유화를 통해 일시적인 안이한 문제해결을 꾀하는 어리석음을 범해서는 안 된다. 아직 늦지 않았다. 장기적 안목에서 자립경제 수립이라는 과제를 향한 철저한 구조전환이 이루어져야 한다.

맺음말

우리 경제는 지금 격동하는 세계경제 상황 속에서 심각한 위기국면을 맞고 있다. 그러나 필자는 이 국면이 오히려 우리 경제의 진정한 발전을 위한 구조적 전환의 절호의 기회가 될 수 있다는 점을 강조하고 싶다.

현재 우리 경제가 안고 있는 제반 어려움은 결코 일시적이거나 우연적인 교란현상으로 이해될 수는 없다. 오히려 그것은 그간의 우리 경제가 수행해 온 독점대자본 위주, 수출 주도의 대외지향적 성장과 전후의 세계경제질서의 재편성 과정의 필연적인 산물로서 구조적 현상으로 이해되어야 한다.

따라서 통상외교의 활성화나 국내시장개방 등과 같은 미봉적인 정책으로는 현재의 문제점들이 극복될 수 없다. 오히려 그간의 우리 경제의 성장 과정·자본축적 과정에 대한 비판적 인식의 토대 위에서 그것이 안고 있는 문제점들을 근원적으로 해결할 수 있는 장기적 안목의 정책이 요구된다. 그것은 필연적으로 자립적 민족경제의 건설과 광범위한 민중계층의 생활 개선을 그 내용으로 담게 될 것이다.

돌이켜 보면, 1950년대 말의 원조경제의 붕괴 과정, 1970년대의 오일쇼크 등 구조적 전환의 기회를 살리지 못했던 역사가 우리에게는 있다. 또다시 그러한 어리석음을 되풀이해서는 안 된다.

그것을 위한 가장 기본적인 전제로서, 모든 다른 경제정책과 마찬가지로 개방정책도 철저한 국민적 합의에 기초해 이루어져야 한다. 중요한 것은, 국민적 합의는 결코 일사불란한 지시체제나 일방적 홍보를 통해 달성될 수 없다는 점이다. 일부 관료나 식자층의 신념이나 철학에 의해 언제까지나 우리 경제를 이끌어 갈 수 있다는 생각은 위험한 발상이다. 국민 각 계층, 특히 이제까지 소외되어 왔던 노동자·농민 등 민중계층의 요구가 적극적으로 표현되고 결집될 수 있어야 한다. 저들의 진정한 요구의 수렴 없이는 자립경제란 허상에 불과하다. 개방에 반대하는 민중의 요구를 국제정치·경제환경에 대한 털끝만큼의 이해도 결여한 무지의 소치로 치부해서는 안 된다. 국민 대다수는 결코 무지하거나 어리석지 않다. 역사가 그것을 증명해 준다.

《외국문학》(1986. 가을)

Trade Liberalization
in The Asia-Pacific Region[*]

The importance of the role of trade in the present international economic system cannot be overly emphasized. Almost every country has developed its economy through some form of international exchange of goods and services. Thus, trade promotion has been the single most significant theme in the world economy, with free trade considered the most ideal world economic system by the majority of the economists.

However, strong protectionist tendencies still exist in the global economy. Although protectionism has an internal logic of its own, it has the potential to hurt further world economic development. Moreover, the present protectionist trends combined with the uncertainty of the Uruguay Round negotiations and the specter of a "Fortress Europe" may be a threat to the establishment of an strengthened free trade system under the GATT auspices.

It will not be an easy task to achieve successful trade liberalization due to these

---

[*] 이 글은 변형윤과 노재봉이 함께 쓴 글이다.

protectionist trends. Global trade liberalization will be especially difficult under the present circumstances as each country puts its economic needs ahead of others. Hence, regional trade liberalization, as the second best solution, may be the most plausible option in this current world environment.

In this paper, we will deal with trade liberalization in the Asia-Pacific region. For this purpose, we will first provide the background to the discussion about trade liberalization in this region by examining the changes in the world economic environment and the characteristics of the regional economy. Next, we will introduce the preconditions and principles for achieving successful regional trade liberalization and suggest the most efficient method for accomplishing it. Finally, we will describe the benefits and prospects for trade liberalization in the Asia-Pacific region.

1. Background to Trade Liberalization in The Asia-Pacific Region

Recently, the economics of the Asia-Pacific region have shown interest in regional trade liberalization. Such interest has been prompted by certain regional characteristics, changes in the world economic environment, and the rise of APEC.

A. Characteristics of the Region

There are several characteristics of the Asia-Pacific economy of note. These characteristics provide the basis for or against economic cooperation in the region.

First, the economics of the region are heterogeneous in various respects. The wide spectrum in the development level, economic structure, size, trade dependency and endowment of natural resources has two implications for economic cooperation in the region. One is that the economies complement each other. This is due to the fact that they have complementary production factors and industrial structure. As a result, economic cooperation would be mutually beneficial and vertical division of the production process among the countries in the region would be possible. The other is that the realization of homogeneous region as in Western Europe for the formation of the European Common market, achieving economic cooperation the Asia-Pacific region is expected to be a difficult task.

On the other hand, despite the apparent heterogeneity of the economies of the region, they also share several common factors. The foreign sectors hold an important place in the economies of this region. In particular, the four "dragons" induced successful economic growth by means of export promotion. Moreover, most of the countries have grown rapidly, with rates far above the average world economic growth rate. Another common factor is that these economies are highly interdependent on each other. Table 1 shows the trade flow among APEC members in the year 1989.

The average intra-regional trade ratio in this region is 55.68 percent, which is slightly higher than that of the EC. These common factors have promoted economic cooperation, resulting in several institutions such as the Pacific Basis Economic Council(PBEC), the Pacific Trade and

Table 1. Trade Flow among APEC Members in 1989

(Unit: US$1,000,000)

	Exports to the World	Imports from the world	World Trade Balance	Exports to Members[*]	Imports from Members[**]	Intra-regional Trade Balance
United States	363,807	493,632	−129,845	161,837 (44.48)	38,742 (48.36)	−76,905
Canada	120,673	117,146	3,527	96,311 (79.81)	86,865 (74.15)	9,446
Japan	274,597	209,635	64,962	152,192 (55.42)	108,626 (51.82)	43,566
Australia	37,037	40,941	−3,904	21,533 (58.14)	23,824 (58.19)	−2,292
New Zealand	8,849.0	8,810.3	38.7	5,316.2 (60.08)	5,535.0 (62.82)	−218.8
Korea	62,371	61,556	815	41,401 (66.38)	41,849 (67.99)	−448
Singapore	44,769	49,694	−4,925	26,691 (59.62)	29,952 (60.27)	−3,261
Thailand	20,028.2	25,296.1	−5,267.9	10,910.6 (54.48)	15,173.0 (59.98)	−4,262.4
Philippines	7,753.9	11,163.3	−3,411.4	5,457.8 (70.39)	6,545.6 (58.62)	−1,087.8
Indonesia	21,396	16,467	5,469	16,580 (75.58)	9,651 (58.61)	6,929
Malaysia	25,049	22,588	2,461	17,141 (68.43)	15,283 (67.66)	1,858
Brunei	1,931.4	1.493.9	437.5	1,568.5 (81.21)	821.3 (54.98)	747.2

Note: * Intra-regional export ratio of each country is denoted in parentheses.
** Intra-regional import ratio of each country is denoted in parentheses.
Source: Calculated from "Direction of Trade Statistics", Yearbook, 1990.

Development Conference(PAFTAD), the Pacific Economic Cooperation Conference(PECC), and the Asia-Pacific Economic Cooperation(APEC). While the former three are non-government institutions, the latter is a meeting of official government representatives. Two ministerial meetings have been held by APEC so far to discuss how to strengthen economic cooperation among the Asia-Pacific countries. APEC, however, is not only an economic movement, but a political and social one as well. If APEC evolves as scheduled, it will provide many economic benefits to its members such as structural adjustment, economic growth, and a strengthened position from which to negotiate with the EC.

Lastly, although this region has shown a desire to cooperate, the actual process for economic cooperation is at the elementary state. Currently, the only framework for cooperation in the Asia-Pacific region is that provided by APEC, with the exception of the Canada-United States Free Trade Agreement. While the present State of economic cooperation reflects the difficulties of realizing cooperation in the region, it is also and indication of the high potential benefits of cooperation.

B. Changes in the World Economic Environment

The most significant events at the end of this century are the 1992 EC integration and the economic reforms of socialist countries. If these two events are successfully implemented and combined, the so-called "European Common Home" would be realized. Even if the integration in Europe does not evolve to this extent, the impact of changes in Europe on the world economy would be substantial. It would alter the world economic structure.

Presently, the 1992 integration is proceeding as planned. Despite the remaining conflicts of interest, members of the EC will remove all intra-regional trade barriers according to schedule. Apart from the skepticism regarding the single political entity of the integrated EC, the EC will be the industrialized world's single largest market.

Although the EC Council has already announced that they will not raise external barriers as they dissolve their internal barriers, many countries are worried about the forthcoming situation. As a result, various non-EC countries have started to implement countermeasures. The Asia-Pacific economic cooperation, which was strengthened recently with the opening of the first ministerial-level meeting in Canberra in 1989, can be interpreted as one of them.

The Asia-Pacific region accounts for approximately 50 percent of the world population, while its trading volume accounts for about 40 percent of world trade. Thus, this region has the potential to be a counterpart of the EC if it articulates its "collective" voice.

The economic reforms of socialist countries including the Soviet Union affect the world economy in many ways. Although it remains to be seen whether perestroika and glasnost will be successful, these reforms would have mixed effects on the developing economies in the Asia-Pacific region. In terms of unfavorable effects, investments would flow into Eastern European countries or the Soviet Union, away from Asia-Pacific, causing a short-run shortage of capital flows into the developing countries of this region. Furthermore, if the reforms are successful and the socialist economies are fully adjusted to the capitalistic market system, the developing economies in the Asia-Pacific region would be confronted with a more competitive economic environment due to the entry of these new players.

Under these circumstances, developing countries in the Asia-Pacific need to devise measures to induce foreign capital and increase their competitiveness through structural economic changes. To achieve this economic cooperation may be the most useful tool.

Of course, there is also a positive side to reforms in Eastern Europe. The developing countries in the Asia-Pacific region will have access to a larger market.

The increased purchasing power resulting from economic reform in the socialist economies will create new demand for products from the developing countries. In addition, a horizontal division of labor between the socialist and the developing economies would increase the productivity of both.

C. The Rise of APEC

When APEC was first established in 1989, the agenda of the meeting was not firmly constructed and the members were uncertain of its results. This was partly due to the fact that this was the first time for member countries to get together in this type of meeting and partly because too much emphasis was put on the heterogeneity of the economies in the region. The developed countries in the region were skeptical of economic gains from cooperation with the developing countries, while the developing countries worried about the fair distribution of benefits resulting from such cooperation. However, with changes in the world economic environment, including the European integration in 1992 and increasing protectionist trends, APEC members have begun to recognize the importance of regional economic cooperation and the significant role that APEC can play in promoting such cooperation.

Even in its short history, APEC has developed work projects with high potential for practical economic benefits. APEC is trying to realize those work projects through various working group meetings, seminars, and forums. Although it will take time for those projects to generate actual economic gains, its results are expected to be very positive. However, members agree that the promotion of economic cooperation through these work projects will be limited. Thus, to further invigorate the APEC progress members have added trade liberalization to the APEC agenda.

2. Preconditions for Trade Liberalization

To promote trade liberalization, several preconditions should be met. Some preconditions are political and social, while others are economic. Skepticism regarding the feasibility of economic cooperation including trade liberalization among the member economies in the region persists. The developed countries are suspect that cooperation with the developing countries would be too slow to materialize real economic benefits, given the state of the developing countries. On the other hand, the developing countries worry about the possible monopolization of the economic benefits by the developed countries. There is also the concern that the superpowers like Japan and the United States will exert too much influence in the region. As such, trade liberalization cannot even begin to be implemented at this point. The most important precondition for successful trade liberalization the region is for the countries to establish and "Asia-Pacific Identity," which would provide a cohesive regional group identity based on mutual trust and interest. In addition, each country in the region should try to maintain stable domestic politics as it has the potential to greatly affect the implementation of a trade liberalization grogram.

Besides social and political preconditions, there are also economic preconditions which should be met. To successfully implement trade liberalization, macroeconomic policies of participating countries need to be harmonized with each other. Without this, the effectiveness of trade liberalization will be compromised. Indeed to facilitate trade liberation, macroeconomic polities of member countries should remain stable and be aimed at preventing inflation and reducing unemployment.

Lastly, a specific theoretical framework for trade liberalization must be specified. Although there are already various threats about trade liberalization, a theory which is appropriate for the region has not yet been fully developed. Since a reasonable framework could expand the consensus for trade liberalization, countries should put their efforts to developing one through meetings and seminars where experts, scholars, and officials can discuss the modality for such action.

3. Trade Liberalization Principles

As we consider alternative ways to accomplish trade liberalization, we must take into consideration the specific economics situation of the region.

First, trade liberalization should be directed at establishing a trade balance. Continuous structural trade deficits will promote protectionist

Table 2. Global*, Intra-regional and Outer-regional Trade Balances
of APEC Members in 1989

Outer-region intra-region	Surplus	Deficit
Surplus	Japan(+) Malaysia(+)	Canada(+) Indonesia(+) Brunei(+)
Deficit	Mew Zealand(+) Korea(+)	United States(−) Australia(−) Singapore(−) Thailand(−) Philippines(+)

Note: * Positions on global trade are denoted in parentheses. Plus(+) and minus(−) signs denoted surplus and deficit, respectively.

tendencies in countries, which will have a negative effect on the trade liberalization process.

Table 2 shows the APEC members' positions on global trade, intra-regional trade, and outer-regional trade. Generally, surplus countries should work to decrease their surpluses while deficit countries decrease their deficits. The efforts of the countries in the first and second quadrant to decrease intra-regional surpluses and those in the fourth to decrease intra-regional deficits are positively connected to the recovery of the global trade balances. This means that these countries could achieve better positions through the recovery of intra-regional trade balances. Countries in the third quadrant seem to represent a contradiction in that decreasing intra-regional deficits lead to greater global trade surpluses, i.e., efforts to correct intra-regional trade imbalances lead to bigger global trade imbalances. However, since the intra-regional deficit amounts and global surplus amounts are not very large, they may be ignored, as the countries' trade is almost balanced both at the intra-regional and global levels.

Second, trade liberalization should be based on a non-exclusive and non-discriminatory principle. Regional trade liberalization does not necessarily mean forming a regional trading bloc. This principle guarantees that trade liberalization remains consistent with the multilateral trading system of the GATT. It also makes it possible to avoid unnecessary trade conflicts with countries outside the region. Furthermore, it would maximize the trade creation effects by eliminating potential negative trade diversion effects, that is, blocking inefficient diversion of imports.

Of course, there is the free rider problem associated with this principle. Countries in the region will not be able to gain reciprocal concessions from countries of other regions at least in the short run. However, this problem could be alleviated by promoting trade liberalization in sectors of special interest to the region. That is, countries should choose sectors which make-up a high proportion of the region's trade and in which gains for the regional economies could be significant.

If we agree that regional trade liberalization is ultimately a movement toward global trade liberalization, the free rider problem can be viewed as being only a transitory phenomenon and a non-exclusive and non-discriminatory principle can then be adopted without much difficulty. Moreover, following such a principle will eliminate any problems with GATT Article XXIV.

Third, trade liberalization should be implemented according to "distributiva justitia." Namely, the obligations of each country should be decided according to the capacity of the economy, that is, on a distributive basis rather than equity. This principle exempts the developing countries from the burden of having to contribute to the liberalization process equal to that of the developed countries. Thus, it increases the possibility of achieving successful trade liberalization by inducing practical contributions. Also, a compensation scheme should be concretely developed. It has been observes that past attempts at forming preferential trade areas have failed due to the lack of a definite scheme.

Fourth, countries in the region should pay attention to non-tariff barriers and make every effort to abolish them. Non-tariff barriers have greater protective effects than tariffs. That is, the economic cost of non-tariff barriers seem to be greater than the tariff equivalent of these barriers.

Although tariffs on manufactured goods have been substantially reduced under several GATT rounds, non-tariff barriers have rather increased. World Bank classification of non-tariff barriers is introduced in Table 3. There has been no progress in the negotiations for non-tariff barriers. Non-tariff barriers are attractive to protectionists and have been imposed as substitutes for tariffs as they are neither transparent nor easily measurable.

In order for the freetrading system to survive, non-tariff barriers must be substantially reduced. The first step is to collect definitive information about non-tariff barriers of each country. Although each country will be

Table 3. World Bank Classification of Non-tariff Measures

	Type I Trade Restrictive Intent	Type II Secondary Trade Restrictive Intent	Type III Spillover Effects on Trade
Operating directly on trade volumes	− Global import quotas − Bilateral import quotas − Restrictive licensing − Voluntary export restrains − Embargoes − Government procurement − State-trading practices − Domestic-content regulations	− Communications media restrictions − Quantitative Advertising restrictions	− Government manufacturing and distribution monopolies − Government structural and regional development policies affecting trade − Ad hoc government balance of payments measures − Various in fiscal schemes Government-finance defense, aerospace and non-military projects
Operating on prices/costs	− Variable import levies − Advance deposit requirements − Anti-dumping duties − Countermailing charges − Subsidies to import competitors − Credit restrictions importers − Discriminatory internal freight costs − Orderly marketing arrangements	− Packaging and labelling regulations − Health and sanitary regulations − Safety and industrial standards − Border tax adjustments − User taxes and excises − Customs procedures − Exchange restrictions − Disclosure regulations	− External transport charges and government sanctioned international transport agreements − Port transfer costs

Source: Adapted from Laird and Yeats(1988).

reluctant to release such information, the development of a consensus among countries that making non-tariff barriers transparent is a necessary prerequisite for trade liberalization could make the information more accessible.

Fifth, trade policy must be made more transparent. This has two implications: (1) Transparency of domestic trade policy is needed to eliminate the public's support for a protectionist regime. Since trade liberalization is highly political, adoption of this principle and public education regarding the cost of protectionism will strengthen the support for free trade; (2) Transparency is needed to understand the causes of trade tensions by correcting misconcepts about trade. The most prevailing misconcept is "bilateral trade balance." Trade does not have to be balanced bilaterally. What should be balanced is total exports to the world and total imports from the world. The other misconcept is that trade balance can be recovered by using trade policy appropriately. The following simple national accounting identity proves that this is not true.

$$(\text{Savings} - \text{Investment}) + (\text{Tax Revenue} - \text{Government spending})$$
$$= (\text{Exports} - \text{Imports})$$

Namely, attainment of an external balance must be accompanied by the change of the savings and investment balance or the fiscal balance. Correction of these misconceptions will provide a good starting basis for trade liberalization.

Sixth, real exchange rated in the region should be kept stable, as trade is greatly affected by fluctuations in real exchange rates. In addition, the exchange rates should be decided through a competitive mechanism. Since the foreign currency markets are directly related to trade, if those markets are controlled artificially, distortions in the exchange rates will hurt trade liberalization efforts.

Lastly, a comprehensive approach would be more effective than a gradual one. Although a gradual trade liberalization process is easier to handle at the initial stage, it is very hard to maintain and develop. Thus, a swift and drastic trade liberalization program which will have the higher probability of success should be implemented.

4. The Trade Liberalization Process

To implement efficient trade liberalization, we suggest a three stage approach. Those three states are: the initial stage, the negotiation stage, and the realization stage.

In the initial stage, preparation for the promotion of regional trade liberalization should be undertaken—namely, the countries in the region should develop a scenario and analyze its potential effects. Although the actual liberalization process does not begin at this stage, this phase is very critical in laying out a sound framework for the liberalization program.

Developing a scenario is very difficult due to the uncertainty of future economic situations and outcomes. Although there is no nest way or right solution, the work must be based on a careful analyses of economic factors. First of all, the countries should decide which sectors are the most appropriate and plausible for trade liberalization. For this purpose, it is necessary to identify sectors in which the region will receive the greater portion of the gains from trade liberalization. Since countries have different interests, unanimity in choosing sectors would be almost impossible. Hence, it is desirable to make a ranking of the various sectors through joint research undertakings. Next, how and at what speed trade barriers, such as quantitative restrictions, tariffs, non-tariff barriers of those selected sectors should be reduced will have to be decided. To do this, countries must analyze the effects of the schemes on the welfare of the related economies. Lastly, research on a compensation scheme is necessary. It is generally argued that developed countries will benefit more from trade liberalization than the developing countries. Thus, to a certain extent, obligation of the developing countries to promote the trade liberalization should be alleviated.

Actual negotiations for trade liberalization will occur during the second stage. Even though the trade liberalization schemes were developed through the cooperative efforts of various economies in the previous stage, drawing up a final agreement taking time and patience may be required.

The third stage is the realization of trade liberalization. Member countries should keep in mind that the ultimate goal of regional liberalization is to facilitate liberalization on a global scale. Thus, although the gains at the beginning may be not so huge, countries in the Asia-Pacific should promote the process, in anticipation of the greater benefits to be derived from the implementation of global trade liberalization.

5. Conclusion

In this paper, we examined the background to trade liberalization in the Asia-Pacific region and suggested some preconditions, principles, and the process for realizing such a program. Implementation of trade liberalization will help sustain the high economic growth of the region and greatly enhance the welfare of the member countries. The trade liberalization effect of the Asia-Pacific region on welfare remains to be analyzed. However, we could induce the same message as in the trade policy payoff matrix in Figure 1; trade liberalization gives the largest benefits to the liberalizing countries themselves.

Although in the short-run trade liberalization may deepen the trade deficit, in the long-run, if proper consideration of such things as the trade balance has been taken into account, trade liberalization would improve the trading position of the participating countries.

The negative effects of trade liberalization on employment and income distribution have also been frequently mentioned. Employment in less competitive sectors would be negatively affected, and workers in those sectors would have less income. However, these unfavorable effects will be offset by the gains in the more competitive sectors. Of course, in countries with weak economic structures, the balance will not be readily restored in this manner. However, that problem can be solved through distributive obligations and compensation schemes.

As yet, no thorough examination of the prospects and potentials of regional trade liberalization has been undertaken. However, changes in the world economic environment and the need for the trade promotion in the region provide the incentive for in-depth researchers in this area, and hopefully the catalyst for trade liberalization in the Asia-Pacific region.

Figure 1. Trade Policy Payoff Matrix

(Changes in GDP in 1988 in U.S. $Billion)

	North America No Change		North America Protects		North America Liberalized	
EC No Change			EC	−80	EC	94
			Asia−Pacific*	−2	Asia−Pacific	54
			North− America**	−24	North− America	93
			Total	−106	Total	241
EC Protects	EC	−52	EC	−132	EC	42
	Asia−Pacific	−1	Asia−Pacific	−18	Asia−Pacific	38
	North− America	−40	North− America	−64	North− America	53
	Total	−108	Total	−214	Total	133
EC Liberalizes	EC	117	EC	37	EC	211
	Asia−Pacific	9	Asia−Pacific	7	Asia−Pacific	63
	North− America	31	North− America	7	North− America	124
	Total	157	Total	51	Total	398

Notice: * Asia−Pacific contains Japan, China, ANIEs., ASEAN, Australia, New Zealand, India, Pakistan, Bangladesh, and Sri Lanka.

    ** North America contains the United States and Canada.

Source: Adapted from Stoeckel, Pearce, and Banks(1990)

REFERENCES

Bhagwati, J. and T. Srinivasan(1983). *Lectures on international trade*, The MIT Press.

Cecchini, P., M. Catinat, and Al. Jacquemin(1988). *The European Challenge 1992: The Benefits of a Single Market*, Wildwood House, Aldershot, UK

IMF(1990), *Direction of Trade Statistics*, Washington, DC.

Kim, Chungsoo(1990). "Regional Economic Cooperation Bodies in the Asia−Pacific: Working Mechanism and Linkages", *Asia−Pacific Economic Cooperation: The Way Ahead*, p. 122~169, KIEP, Korea.

Laird, S. and A. Yeats(1988). *Trends in Non−tariff Barriers of Developed Countries*, 1966−86, World Bank, Washington, DC.

Stoeckel, A., E. Peace, and G. Banks(1990). *Western Trade Blocs: Game, Set or Match for Asia−Pacific and World Economy?*, Centre for International Economics, Canberra.

WEFA(1991). *World Economic Outlook*, Volume 1.

______(1991). *World Economic Outlook*, Volume 3.

Research in Asian Economic Studies(1994)

환율변동의 추세와 물가

1. 문제의 제기

올해 들어서 환율은 급속하게 상승하고 있다. 5월 9일 현재로 대미 환율은 달러당 394.7원으로 연초의 374.1원에 견주면 5.5퍼센트가 오른 것이다. 이는 일시에 오른 것이 아니라 1월부터 4월까지 꾸준히 조금씩 오른 데 특징이 있다. 이런 점에서 한꺼번에 13퍼센트나 오른 작년 6·26 환율인상조치와 구별된다.

정부는 앞으로도 계속하여 이와 같은 점진적 방법에 의하여 1964년 단일변동환율제로 이행한 뒤에 약 5년간 환율을 사실상 고정화함으로써 누적된 여러 가지 병폐를 시정해보려는 의도를 가지고 있는 듯하다. 이와 같은 추세는 당연히 경제에 관심을 가진 사람들의 촉각을 곤두세우고 있으며, 이러한 조치가 국민경제 전반에 미칠 영향에 대해서 많은 우려를 표명하기도 하고 또 환영하기도 하는 것 같다.

환율의 인상을 환영하는 사람들은 지금까지 환율은 그 실세를 반영하지 못한 채 원화가 지나치게 높게 평가됨으로써 국제수지의 악화와 가격구조의 왜곡을 가져왔으므로, 이를 시정하기 위해서는 환율이 실세를 반영하도록 인상되어야 한다는 주장이며, 환율인상에 우려를 나타내는 사람들은 우리가 과거에 경험했던 환율인상-물가등귀-환율인상의 악순환이 되풀이됨으로써 환율인상조치의 본래 의도가 실현되지 못한 채 악성 인플레만을 조장하지 않을까 염려하는 것이다.

이와 같은 우려가 있음에도 정부 측에서는 환율의 점진적인 인상을 추진하고 있으며, IMF 측에서도 이러한 정부의 조치를 반기면서, 적어도 올해 상반기 말까지 이 조치가 지속되기를 권고하고 있다.

이처럼 환율인상에 대한 이론(異論)이 분분한 가운데 다음과 같은 문제가 제기된다.

첫째, 과거 환율안정화정책 아래서 물가는 어떠한 변동을 보여 왔던가? 둘째, 과거 환율안정화정책으로 어떠한 파생적 효과들이 발생하였던가? 셋째, 환율의 인상으로 기대되는 효과는 무엇이며, 이는 환율인상조치를 합리화해줄 수 있는가?

이하에서는 이러한 문제들을 검토해 보기로 한다.

2. 환율변동과 물가의 추이

1964년 단일변동환율제를 실시한 이래 환율의 변동은 비교적 안정적이었다. 즉 1964년의 단일변동환율제의 실시 당시의 97.3퍼센트라는 대폭적인 환율인상을 제외하면 그 뒤부터 1968년까지 상당히 안정되었다. 다만 1969년부터 약간 오름세를 보이기 시작하여 1971년 6·26 환율인상조치의 결과는 연평균 17.9퍼센트의 급속한 환율등귀에까지 이르게 되고(〈표 1〉 참조) 올해 들어서도 계속 상승세를 보이고 있는 것이다.

물론 연대 전체의 외환시장의 수급사정을 보면 무역수지에서 외원

<표 1> 환율과 전국도매물가

	환 율 (달러당 원)	전년 대비 증가율	전 국 도매물가	전년 대비 증가율
1964	256.53	97.3	–	
1965	272.06	6.1	68.5	10.0
1966	271.46	−0.2	74.6	8.9
1967	274.60	1.2	79.4	6.4
1968	281.50	2.5	85.8	8.1
1969	304.45	8.2	91.6	6.8
1970	316.65	4.0	100.0	9.2
1971	373.30	17.9	108.6	8.6

출처: 한국은행, 《경제통계연보》, 1971 및 《통계월보》, 1972. 3월호

(外援)의 초과수요가 항상 존재하고 있어 환율인상의 잠재적 요인은 상당히 컸던 것으로 생각된다.

그러나 무역외수지와 자본수지의 사정(예컨대 베트남특수에 따른 파월 기술자의 송금용역수출 및 외자도입)으로 외원공급사정이 원활하게 되자 이 문제는 해소되었다. 무역외수지와 자본수지의 사정이 외원공급원을 늘려주지 못한 1971년에 외환보유고가 5천만 달러 감소하고(<표 2> 참조) 환율이 대폭 인상되었다는 것은 우연의 일치라고 보아서는 안 될 것이다.

그러면 60년대 후반기의 이러한 환율의 안정은 국내 물가수준의 안정과 일치하는 것이었는가? <표 1>을 보면, 그 답은 부정적이다.

환율은 1965~1970년의 6년 동안 연평균 3.6퍼센트씩 등귀하고 있는데, 전국도매물가는 같은 기간에 연평균 8.2퍼센트의 상승을 보여주고 있기 때문이다. 오늘의 외환정책의 딜레마는 60년대 후반기의 환율과 물가의 괴리현상에서 싹트고 있었다.

그러면 이러한 환율과 물가의 괴리는 어디에서 온 것인가? 그것은 물론 환율안정정책에서 결과된 것은 아니다. 그것은 오히려 물가에 원

<표 2> 외환수급액

	무역수입	무역지급	무역수지 잔고	경상수지 잔고	자본수지 잔고	외환보유 증감(−)
1962	56,702	195,846	−139,144	−46,653	…	−38,422
1963	85,337	211,341	−126,004	−70,625	…	−37,152
1964	115,147	164,658	−49,511	9,840	…	−733
1965	172,257	244,036	−71,779	15,652	…	9,396
1966	248,360	324,489	−76,129	119,070	…	97,493
1967	320,226	605,065	−284,839	4,476	98,168	111,446
1968	464,912	897,232	−432,320	−126,221	193,037	59,120
1969	604,904	966,988	−362,084	−24,468	144,244	143,118
1970	815,949	1,154,611	−338,662	−68,664	90,451	34,047
1971	1,036,772	1,380,005	−343,233	−151,101	93,471	−49,020

주: (…)는 미상임.
출처: 한국은행, 《경제통계연보》, 1971 및 《통계월보》, 1972. 3월호.

인을 두고 있는 것이다. 즉 정부가 물가정책에 실패했기 때문이다.

더 정확히 표현하면, 정부가 낮은 국내저축 수준하에서 고투자율과 고성장률을 목표로 한 고도성장정책을 추진함으로써 물가안정을 외면한 데 있다. 그러므로 어떤 의미에서 60년대의 인플레는 개발인플레의 속성을 지닌다.

그러면 환율과 물가의 괴리 속에서 환율의 안정은 어떠한 경로를 거쳐 물가에 어떻게 작용하였을까. 환율의 변동은 1차적으로 수입상품 도매물가에 작용한다. 아래 <표 3>을 보면 환율증가율은 수입상품 도매물가 등귀율과 괴리되지 아니하고 대체로 변화의 시간과 정도가 일치하고 있다. 즉 1966~1970년의 5년 동안에 환율의 연평균 증가율과 수입상품 도매물가의 연평균 증가율은 다 같이 3.1퍼센트를 나타내고 있다.

이와 같은 수입상품 도매물가의 안정은 제조업의 제품원가에 안정적으로 작용함으로써 국내 도매물가의 안정에 기여하게 된다. <표 4>

〈표 3〉 환율변동과 수입상품 도매물가 변동

	환 율 (달러당 원)	증가율(%)	수입상품 도매물가 증가율(%)
1964	256.53	97.3	40.0
1965	272.06	6.1	20.0
1966	271.46	−0.2	2.3
1967	274.60	1.2	1.6
1968	281.50	2.5	−1.2
1969	304.45	8.2	4.3
1970	316.65	4.0	8.0
1971	373.30	17.9	7.1

출처: 한국은행, 《경제통계연보》, 1971 및 《통계월보》, 1972. 3월호.

〈표 4〉 도매물가와 수입물가 사이의 괴리도

	도매물가 지수 (A)	수입상품 도매물가 지수(B)	괴리도 (A−B)	A의 증가율	B의 증가율	괴리도 (전년도 증가율)
1965	68.5	86.5	−18.0	10.0	20.0	−10.0
1966	74.6	88.5	−13.9	8.9	2.3	6.6
1967	79.4	89.9	−10.5	6.4	1.6	4.8
1968	85.8	88.8	−3.0	8.1	−1.2	9.3
1969	91.6	92.6	−1.0	6.8	4.3	2.5
1970	100.0	100.0	0.0	9.2	8.0	1.2
1971	108.6	107.1	1.5	8.6	7.1	1.5

출처: 한국은행, 《경제통계연보》, 1971 및 《통계월보》, 1972. 3월호.

는 수입상품 도매물가의 변동과 전국도매물가 사이의 괴리 현상을 설명한다. 수입상품 도매물가가 비교적 안정적이었던 1966~70년의 시기에 전국도매물가는 크게 오름으로써 두 개 물가의 전년 대비 증가율 사이의 괴리는 매우 크게 확대되었다.

물론 이와 같은 급격한 물가등귀는 개발계획 자체에 기인하는 것이긴 하지만 이러한 국내물가의 등귀에 대하여 환율안정기의 수입상품 도매물가의 안정은 억제적 역할을 담당하는 것이다.

즉 1965~68년의 시기에 환율이 안정되면 안정될수록 전국도매물가의 등귀율은 둔화하고 있는 것이다.

한편 우리가 여기서 간과해서는 안 될 것은 수입상품 도매물가가 1969년부터 급속히 등귀함에 따라 국내물가변동과의 괴리가 급격히 축소되면서 국내물가도 오름세를 보인다는 점이다. 이는 수입상품 도매물가가 환율등귀로 인하여 국내물가에 대한 안정화 기여를 상실하고 있음을 설명해준다.

한편 수입상품 도매물가와 전국도매물가 사이의 괴리를 생산재와 소비재로 나누어보면 〈표 5〉와 〈표 6〉에서 보는 바와 같이 소비재 도매물가와 괴리가 매우 크다.

이것은 수입수요가 주로 투자재수요로 이루어지고 있으므로 수입상품 도매물가의 소비재 도매물가에 대한 안정화 작용이 점차 약화되고 있음을 설명해준다. 또 최근의 환율인상은 생산재 도매물가와 소비재

〈표 5〉 생산재 도매물가와 수입물가 사이의 괴리도

	생산재 도매(A)	수입상품 도매물가 (B)	괴리도 (A-B)	A의 증가율	B의 증가율	괴리도 (전년도 증가율)
1965	75.3	86.5	-11.2	17.7	20.0	-2.3
1966	81.0	88.5	-7.5	7.6	2.3	5.3
1967	83.4	89.9	-6.5	3.0	1.6	1.4
1968	88.0	88.8	-0.8	5.5	-1.2	6.7
1969	91.0	92.6	-1.6	3.4	4.3	-0.9
1970	100.0	100.0	0.0	9.9	8.0	1.9
1971	106.2	107.1	-0.9	6.2	7.1	-0.9

출처: 한국은행, 《경제통계연보》, 1971 및 《통계월보》, 1972. 3월호.

<표 6> 소비재 도매물가와 수입물가의 괴리도

	소비재 도매물가 (A)	수입상품 도매물가 (B)	괴리도 (A-B)	A의 증가율	B의 증가율	전년 대비 증가율의 괴리도
1965	64.6	86.5	−21.9	5.0	20.0	−15.0
1966	70.6	88.5	−17.9	9.3	2.3	7.0
1967	77.0	89.9	−12.9	9.1	1.6	7.5
1968	84.6	88.8	−4.2	9.9	−1.2	11.1
1969	92.0	92.6	−0.6	8.7	4.3	4.4
1970	100.0	100.0	0.0	8.7	8.0	0.7
1971	110.5	107.1	3.4	10.5	7.1	3.4

출처: 한국은행, 《경제통계연보》, 1971 및 《통계월보》, 1972. 3월호.

도매물가 모두에 대하여 갖는 수입상품 도매물가의 안정화 작용을 약화시키고 있음도 설명해준다.

3. 환율안정정책하의 환율·물가의 괴리와 경제발전

이처럼 60년대의 우리나라 외환정책은 한마디로 환율안정정책이라고 규정할 수 있고 또 사실상 오랫동안 환율은 안정되어 왔다.

그러나 다른 한편에서 국내저축 여력을 초과하는 고도성장정책의 추진은 어느 정도 양적 성장을 이룩하는 데 기여하였지만, 저축과 투자의 차이를 확대함으로써 큰 개발인플레를 야기하였다. 이러한 개발인플레는 물가와 환율의 괴리 현상을 가져오고 환율과 물가의 괴리는 다시 가격구조의 변화를 가져옴으로써 60년대의 우리나라 경제의 성장 과정에 여러 가지 불균등한 발전양상을 초래하게 되었다.

첫째, 환율안정정책은 물가등귀의 억제에 크게 기여하였다. 제1차 5개년계획기간 중의 제2, 3차년도인 1963~64년에 조성된 외환위기 또는 경제위기는 일단 재정·금융의 긴축정책과 개방체제화로 수습되었으나, 그 뒤의 고도성장정책의 추진은 새로운 물가등귀 요인을 갖게 되었다. 그리고 이러한 물가등귀 압력을 어느 정도 억제하여 준 것은 환율안정정책과 수입의 무제한적 개방이었던 것이다.

만일 이러한 환율안정정책과 수입의 자유화가 없었다면 60년대 후반기의 물가는 초악성인플레였을 것이다. 즉 1963~64년의 연평균 27.5퍼센트 이상의 전국도매물가 등귀는 1965년 이후부터는 연평균 10퍼센트 안팎으로 둔화되었다.

이것은 풍부하고 저렴한 수입물가의 공급이 국내저축 여력을 크게 상회하여 투자하는 고도성장정책의 추진으로 말미암아 급속한 통화량의 팽창으로 나타나는 구매력의 증가를 흡수하여 주었다는 것을 의미한다. 또 여기서 저렴한 수입가격은 환율안정정책의 거의 전적인 결과임을 간과해서는 안 된다.

물론 물가등귀 억제는 환율안정에만 기인하는 것은 아니다. 저농산물가격정책도 주요 농산물 및 공산물 가격안정에 크게 기여하였다. 그러나 이것도 환율안정화정책과 관련이 깊다. 즉 농산물가격의 안정은 쌀·밀 심지어 고추·참깨 등 해외농산물의 풍부하고 저렴한 수입으로 성공한 것이며 이는 다시 저임금의 기반을 조성함으로써 공산품의 코스트 푸시를 진정시키는 한편 공산품의 수입확대를 통하여 아울러 공산물가격 등귀를 억제하였다.

둘째, 이와 같은 환율안정정책의 결과는 다른 일련의 경제정책과 관련하여 농·공업의 불균형 발전을 격화시켰다. 즉 값싼 농산물의 수입으로 저임금-저농산물가격정책이 유지됨에 따라 공업에 견주어 농업은 상대적으로 정체되는 모습이 나타나게 되었다.

셋째, 환율안정화정책은 그 밖의 일련의 개방체제적 경제정책과 함께 국제수지 역조를 급속한 속도로 확대하였다. 이는 다시 외환시장의 수급 불균형을 급속하게 초래하였다. 이러한 외환수급의 불균형화는 외환보유고가 충분히 존재하는 한 문제는 없었지만, 그렇지 못할 때 환율인상에 큰 압력으로 다시 작용하게 된다.

넷째, 환율안정화정책은 값싼 수입물자의 확대를 통해 일단 국내물가를 안정시켰지만 국민의 소비생활이 외국제품을 선호하게 됨으로써 국내산업은 상대적으로 위축되게 되었다. 이는 국민경제의 대외의존성을 더욱 가속화시키는 악순환의 계기로 된다.

다섯째, 환율안정화는 수입촉진과 마찬가지로 외환도입도 촉진하게 된다. 즉 국내물가가 급속히 등귀하는 여건 속에서 자본의 값은 해외의 것이 훨씬 싸진다. 이자가 싸다는 것뿐만 아니라, 외국자본 자체가 우리의 가치척도인 원화로 따져 싸게 평가되기 때문이다. 마침내 외자도입은 붐을 조성하게 되고 1971년 말 현재로 총외자도입액이 약 27.5달러(물자도착 기준)에 이르게 되었다.

여섯째, 국내물가가 등귀하는데 환율이 안정되면, 국내제품가격이 국제물가보다 높게 평가되므로 수출은 어렵게 된다. 이를 극복하려면 그 어느 때보다도 수출지원정책이 강화되지 않으면 안 될 것이다.

사실상 수출지원정책은 금융정책, 조세정책, 관세정책에 이르기까지 광범위한 범위에 걸쳐 크게 강화되었다. 지난 10년 동안 연평균 40퍼센트 이상의 수출신장은 거의 전적으로 수출지원정책에 힘입었다고 할 수 있다.

이러한 차별적 수출지원정책은 지원을 받지 못하는 산업부문, 예컨대 국내시장에 기반을 둔 중소기업과 농업에 상대적으로 정체적 효과를 주어 산업 간의 불균형 발전을 촉진하게 된다.

일곱째, 물가등귀하의 환율안정정책은 수출산업으로 하여금 원자재를 조달할 때 해외원자재를 선호하게 한다. 왜냐하면 해외원자재가 국내원자재보다 가격이 낮아지기 때문이다. 원자재의 수입의존도는 수출산업이 원자재 수입을 선호하게 됨에 따라 매우 높아지게 되었다. 뿐만 아니라 수출산업의 원자재 수입의존도가 확대됨에 따라 수출산업의 성장이 가져오는 전후방 연관효과가 축소되게 된다. 즉 수출산업은 그 성장에 따른 보완적 산업이나 파생적 산업의 유발을 별로 가져오지 못하였다. 즉 수출산업만 홀로 성장하는 이른바 공업부문의 불균등 발전을 가속화시켰다.

끝으로 환율안정화정책을 얼마나 오래 유지할 수 있는가는 국내물가가 환율안정정책 및 일련의 물가안정정책의 힘을 입어 얼마나 안정되느냐에 달려 있다. 국내물가가 등귀하면 일국은 일방적으로 환율안정을 무작정 유지할 수는 없게 된다. 사실상 그동안의 환율안정정책으로 물가등귀율을 둔화하였다.

그러나 물가가 안정된 것은 아니었다. 물가는 연평균 10퍼센트 안팎의 수준을 유지하였다. 이는 어떤 의미에서 악성인플레의 범주에 속한다. 따라서 이것은 다시 환율인상을 촉진하고 그리하여 이른바 환율-물가의 누적적 악순환의 관계가 성숙하게 된 것이다.

더욱이 환율변동과 물가변동 사이의 차이가 크면 클수록 그 뒤에 오는 환율의 인상이 가져올 물가에 대한 충격은 그만큼 커지게 된다. 정부는 그동안의 고도성장정책이 빚어 놓은 모든 경제의 불균형 발전 때문에 물가에 대한 충격을 두려워하여 종래의 환율안정정책과 수출확대정책을 유지하여 온 감이 없지 않다. 이와 같이 인플레하의 환율안정정책은 국민경제의 발전의 불균등화를 촉진하여 왔다. 그러나 이러한 경제의 불균등 발전의 모습은 환율안정정책에서 초래된 것으로 보아서는 안 되고 어디까지나 물가안정의 실패, 고도성장정책에 따른 개발인플레에서 초래된 것으로 보아야 할 것이다.

4. 환율인상의 문제점과 전망

이상에서 본 바와 같이 환율안정화정책은 물가를 억제하는 데는 큰 기여를 하였으나, 물가구조의 왜곡을 통한 국내적·국제적 불균형의 심화를 가져와, 산업 간의 불균형, 국제수지의 불균형 등을 야기하였다.

그리고 근년에 진행되는 점진적 환율인상조치는 바로 이 불균형의 시정을 목표로 하고 있다는 것도 지적하였다. 그러면 환율의 인상은 현재의 우리나라 경제에 어떤 효과를 미칠 것인가? 우선 국제수지 개선을 위한 수출의 증대 가능성에 관해서 보자. 환율의 인상은 단기적으로 수출의 증대에 대한 유인이 될 것이다.

그러나 원자재에 대한 해외의존도가 큰 우리나라의 실정에서 볼 때 그 효과는 그리 크지 못할 것이다. 특히 현재와 같이 수출지원에 크게 의존하는 수출풍토에서 수출에 대한 지원이 명목적으로 환율인상 후에도 변화가 없다면, 환율인상으로 인한 생산비의 상승은 수출업자의 실수입보다도 더 크게 증대할 가능성이 있으며, 그만큼 수출증가에 대한 환율의 유인은 줄어든다고 볼 수 있다. 1차산품은 가득률이 높기 때문에 수출증대효과가 클 수 있으나 우리나라 수출총액에서의 비중은 대단히 낮다. 또 해외시장에서 우리 수출상품의 수요의 가격탄력성은 별로 크지 못한 것으로 판단되므로, 환율인상의 수출증대 효과는 회의적이다. 환율인상의 수입억제 효과를 검토해 보면 식량, 원목, 원면, 고철, 원유 및 수출용 원자재가 전체 수입의 75퍼센트를 점하고 있고 특히 원당, 천연고무, 원목, 양모, 원면, 원유 등 주요한 원자재의 수입이 30퍼센트에 이르고 있다. 이러한 비경쟁형 수입은 환율이 인상되더라도 그에 대체할 국산품이 전무하므로, 환율인상의 수입억제 효과는 적어도 단기적으로는 거의 기대할 수 없을 것이다. 그리고 그 수입수요가 주로 개발계획안 자체에 포함된 개발수요이므로, 그 억제 효과는 더욱 기대하기 어려운 것으로 볼 수 있다.

다음 환율인상이 외자도입에 미치는 효과를 보면, 외자도입이 과거의 환율안정화정책으로 인하여 어느 정도 촉진된 것은 인정할 수 있으나, 원칙적으로 외자도입이 이루어지는 것은 상업적 수익성보다도 개발계획 자체를 수행하는 데 필요한 국내저축과 투자소요량의 차에 의해 결정되는 것이므로 환율인상 자체에 의한 외자도입의 감소는 거의 기대하기 힘들 것이다.

각종 수출지원정책에 의한 국내 경제의 왜곡을 환율인상이라는 간접지원책으로 전환한다는 것은 앞에서도 본 바와 같이 간접지원정책의 효과가 그리 크지 못하므로 수출증대정책을 계속 추진하려 하는 한 이런 전환은 거의 기대할 수 없을 것이다.

물가에 대한 환율인상의 효과는 직접적으로는 수입상품의 원화가격 상승에 의해 나타나고, 간접적으로는 차관의 원리금상환 부담이 늘어 차관기업의 제품가격에 이 원리금상환 부담이 전가됨으로써 나타나게 될 것이다. 이깃은 원자재를 수입에 의존하는 기업, 또는 차관에 의해 건설된 모든 기업의 제품에 타당할 것이다.

그러므로 환율인상으로 말미암은 물가의 상승은 불가피하며 이는 다시 가격구조의 변화를 동시에 수반할 것이다.

이렇게 볼 때 환율인상으로 국제수지의 개선을 가져올 수출의 증대와 수입의 감소는 적어도 단기적으로는 기대하기 어렵다.

또 차관의 도입에 미치는 영향도 그다지 크지 못하다. 따라서 이러한 목적을 달성하려면 환율조작이 아니라 더 직접적인 방법, 즉 지나친 성장목표 설정으로 인한 초과수요 현상 자체를 완화하는 시책, 경영합리화를 통한 국제경쟁력의 강화, 소비억제, 중화학공업의 육성 등이 더 소망스럽다. 그러나 1964년 이래로 사실상 고정되었던 환율로 말미암아 수입의존적 상품과 기타 상품 간의 지나치게 왜곡된 상대가격구조를 시정하는 것이 국민경제의 균형적 발전을 위하여 요구된다면 차라리 일시적인 물가의 등귀를 각오하고서라도 환율을 일시에 인상하고 이를 안정화시키는 여러 보완조치를 동시에 취함으로써, 국내 산업의 해외의존도를 낮추고, 국산화 가능품목의 개발을 촉진하는 것이 더 소망스럽다고 생각한다.

《상공시대》(1972. 5)

‘스태그플레이션’하의 국제수지와 고용문제
: 1975년 한국경제의 과제

1. 머리말

현재 공산권과 산유국들을 제외하고 전 세계적으로 인플레와 불황이 동시적으로 진행하는 스태그플레이션이 만연하고 있다. 한국도 74년 하반기부터 스태그플레이션이 본격화하고 있다. 이 스태그플레이션은 75년에도 계속될 것이라고 세계 대부분의 경제연구기관의 보고서가 일치된 전망을 내리고 있다.

물론 현재의 이 세계적인 스태그플레이션의 직접원인은 석유파동을 중심으로 73년 하반기에 갑자기 폭발한 국제 자원파동이었다. 그러나 국제 자원파동은 결코 중동전쟁을 계기로 한 산유국들의 석유수출의 제한조치라는 비경제적 요인만으로 설명될 수는 없는 것이다. 국제 자원파동도 기본적으로는 2차 대전 이후 선·후진국을 막론하고 가격기구의 수요·공급의 조절기능이 왜곡된 상태 아래서 누적되어 왔던 초과수요의 압력에 기인한 것이었다. 석유와 양곡을 제외한 대부분의 원자재의 국제시세가 74년 하반기 이래로 다시 중동전 이전의 수준으로 떨어진 후에도 계속 스태그플레이션이 진행되고 있는 것은 공산권을 제외한 자본주의국가들에서 그동안 재화와 용역의 수급조절기능을 맡아 왔던 가격기구가 왜곡되어 있음을 다시 한 번 증명해주고 있다.

그런데 현재의 세계적인 스태그플레이션은 국가 간의 무역전쟁을 동시에 유발시키고 있다. 엄청나게 높아진 수입원유가격으로 인한 대외지출의 급증에 따른 국제수지의 악화를 막기 위해 산유국을 제외한 대부분의 비공산권 국가들은 강력한 하역규제정책을 취하고 있다. 지금까지 자유무역주의를 주창하던 미국을 비롯한 선진공업국들도 보호무역주의적 정책으로 급속히 전환하고 있는 것은 널리 알려진 바이다.

이처럼 산유국들을 제외한 모든 비공산국가들이 선후진국을 막론하고 스태그플레이션과 국제수지 악화라는 문제에 당면하여 2차 대전 후 최대의 경제위기에 동시적으로 봉착하고 있는 것이다. 그러나 국가마다 인플레, 불황, 국제수지 악화의 정도가 각기 다르다. 특히 한국처럼 외자에 의한 외연적인 경제성장정책을 추구하여 왔기 때문에 대외적으로 취약한 산업구조 및 무역구조를 갖고 있는 국가일수록 스태그플레이션과 국제수지 악화의 정도도 심하고 이에 대처할 방안을 찾기도 힘들다. 우선 각국의 인플레를 비교해 보면 74년 7월 말 기준 전년 말 대비 도매물가지수의 상승률은 미국이 14퍼센트, 영국이 16퍼센트, 서독이 9퍼센트, 일본이 15퍼센트, 대만이 17퍼센트인 데 비해 한국은 32퍼센트이다. 동일한 충격일지라도 자체 내의 흡수능력의 여하에 따라서 그 영향의 심도가 각기 다른 것이다.

현재 한국경제가 이렇게 어려운 처지를 맞게 된 것도 기본적으로는 한국경제 내부에 기인하는 것이다. 따라서 한국경제는 종래의 외자와 수출을 중심으로 한 외연적 성장정책을 반성하여야 할 시점에 온 것 같다.

이하에서는 최근 부쩍 논의의 대상이 되고 있는 스태그플레이션의 내용과 그것이 함축하고 있는 의미를 먼저 고찰해 본 다음 대외의존적인 한국경제구조를 살펴보고 끝으로 스태그플레이션하에서의 국제수지와 고용문제에 대한 새해의 전망과 대책을 12월 7일에 정부가 취한 환율인상과 주요 품목의 가격 인상 및 자율화조치와 관련지어 생각해 보기로 하겠다.

2. 스태그플레이션—가격기구의 하방경직화

종래의 경제논리로는 스태그플레이션은 현실적으로 발생하기 불가능한 것이었다. 왜냐하면 인플레, 즉 일반물가의 상승은 초과수요에 기인하는 것이요, 초과수요란 곧 호황을 말하는 것이기 때문이다. 또한 경기가 침체하면 초과수요가 수요부족으로 변하게 되므로 디플레가 발생하는 것이 당연하기 때문이다.

그러면 현재 경기가 침체하는데도 불구하고 물가는 계속 상승하는 것은 무엇 때문인가? 즉 현재 스태그플레이션은 왜 발생하고 있는가? 이는 가격기구가 하방경직화하였기 때문이다. 원래 자본주의경제 아래서는 모든 가격은 상하로 자유로이 변동하여야 하는 것이나 현재 대부분의 상품가격은 상승은 자유로우나 하락은 자유롭지 못하다. 따라서 수요가 줄더라도 가격은 잘 하락하지 않는다. 이와 같은 현상은 2차 대전 이후 약 30년 동안 거의 모든 비공산국가들에서 일반물가가 하락한 적이 한 번도 없다는 데서 확인하여 볼 수 있다. 그럼에도 스태그플레이션의 현상이 최근에 와서야 논의되기 시작한 것은 2차 대전 이후 지금까지 일반물가가 하락한 일이 없지만 같은 기간 동안에 지금과 같은 현저한 경기침체와 높은 일반물가 상승이 동시에 모든 국가에서 발생한 일이 없기 때문이다. 2차 대전 이후 선·후진국을 막론하고 일반물가가 하락한 적은 없으나 경기가 항상 모든 나라에서 호황은 아니었으므로 경기침체와 일반물가의 상승이 동시적으로 진행하였던 경험이 국가에 따라서는 있는 것이다. 예컨대 40년대 말과 60년대 초의 미국, 50년대 초의 서독, 60년대 초·중반의 한국 등이다. 단지 현재의 스태그플레이션과 비교할 때 그 정도가 작았으며 또한 세계적으로 동시에 모든 국가에서 발생하지 않았을 뿐이다.

물가의 상승요인으로서는 생산비의 상승과 초과수요의 두 가지를 들 수 있음은 주지하는 바이다. 그러나 생산비가 상승하였더라도 총수요가 상당기간 동안 지속적으로 감소하는 한 일반물가는 하락하지 않을 수 없다. 따라서 생산비의 상승은 인플레의 충분한 요인이 될 수 없다. 생산비가 상승할 때 물가가 상승하기 위해서는 수요부족, 곧 공급과잉이 지속적으로 발생하지 않을 것이 필수적인 조건이다. 이는 두 가지를 통해 이루어져 왔다. 하나는 생산자에 의한 공급조절—이는 독과점품목의 경우에만 가능하다—이었으며 다른 하나는 정부의 확대 재정·금융정책에 의한 유효수요 창출이었다. 이 두 가지가 2차 대전 이후 가격의 하방경직성을 고착시킨 요인이다.

그러나 독과점품목이라도 사회의 총수요가 전반적으로 부족하다면 그 가격조작에도 한계가 있게 되므로 결국 '포스트 케인지언'적인 정부의 확대 재정·금융정책이 가격기구의 하방경직성의 주요인이었다고 볼 수 있다. 고용 또는 성장에 우선순위를 두고 경기가 침체의 기미만 보이면 정부는 유효수요 창출 정책을 시행하곤 하였으므로 가격이 하락할 수가 없었으며 이로 인해 인플레 심리도 형성되어 가격의 하방경직성이 더욱 고착된 것이다. 가격의 하방경직성이 고착됐기 때문에 석유파동으로 인해 제반 가격이 상승하고 수출수요와 국내수요가 감퇴하여 경기가 침체되어도 일반물가가 하락하지 않아 스태그플레이션이 발생하고 있는 것이다.

이렇게 보면 2차 대전 이후 각국에서 지속적으로 추구하여 온 확대정책이 초과수요 압력을 누적시켜 와서 이것이 국제 자원파동과 이로 인한 인플레를 낳았을 뿐만 아니라 동시에 이 확대정책은 가격기구를 하방경직화시켜 가격기구의 인플레 수습능력도 잃게 하여 스태그플레이션이 발생하고 있는 것이라고 할 수 있다.

위와 같은 논리는 현재 한국의 스태그플레이션에도 그대로 적용된다. 해방 이후 항상 적자재정(곧 확대 재정·금융정책)으로 인해 가격의 하방경직성은 고착되어 왔다. 이로 인해 경기의 침체 또는 불황이 발생하더라도 인플레는 지속하고 있는 것이다.

3. 한국경제의 해외의존성

현재 한국경제는 물가, 경기, 국제수지의 세 가지 면에서 매우 어려운 처지에 놓여 있다. 74년 11월 말 기준 전년 말월 대비로 도매물가는 37.0퍼센트 상승하였으며 11월 말까지 74년의 무역적자는 21.68억 달러에 이르고 있으며 74년 10월 말의 전년 동월 대비 재고지수는 55.8퍼센트나 상승하였다.

이와 같이 한국경제가 어려운 처지에 놓이게 된 직접요인은 물론 작금의 세계적인 스태그플레이션이지만 이토록 한국경제가 크게 흔들리고 있는 것은 한국경제가 지나치게 해외의존적인 데 기인한다.

우선 인플레의 정도가 대부분의 외국에 견주어 한국이 훨씬 높은 것은 한국의 수입의존도가 다른 국가들보다 더 높은 데 기인한다. 73년의 한국의 수입의존도는 38.2퍼센트인데 이는 일본의 9.6퍼센트(70

년), 서독의 16.0퍼센트(70년), 프랑스의 13.0퍼센트(70년)는 말할 것도 없고 대만의 27.9퍼센트(70년)나 태국의 19.8퍼센트(69년)보다도 훨씬 높은 것이다. 이처럼 수입의존도가 높기 때문에 수입물가가 국내물가에 미치는 영향이 큰 것이다.

한국에서는 60년대 이후 물가는 수입물가에 의해 주도되어 왔다. 물론 정부의 적자재정으로 인한 초과수요가 인플레의 기본 요인이었으나 인플레의 정도를 결정하는 것은 수입물가였다. 60년대 전반기에 심한 인플레가 발생하였던 것은 같은 기간에 수입물가가 대폭 상승하였기 때문이며, 60년대 후반기에 국내물가가 비교적 안정적이었던 것은 수입물가가 안정적이었기 때문이다. 60년대 초부터 수입물가가 국내물가를 주도하게 된 것은 한국의 수입의존도가 15퍼센트를 웃도는 높은 수준으로 되었기 때문이다.

한국의 인플레의 또 하나의 요인으로서는 독과점의 관리가격을 들지 않을 수 없다. 차관업체인 경우 수입대체산업에 투자한 독과점기업이 많다. 이들 독과점기업들은 국내에서의 독과점적인 위치를 이용하여 또한 동종 품목의 수입제한정책의 울타리 안에서 관리가격을 형성하여 경쟁품목들보다 가격인상을 쉽게 달성한다. 이런 현상은 내구소비재에서 자주 볼 수 있다.

다음 한국의 불황도 해외수요의 감퇴에 따른 수출수요의 감소에 기인하고 있다. 한국의 73년의 수출의존도는 33.2퍼센트에 이르고 있다. 이 수출의존도는 1차산품 및 용역까지 모두 포함한 것이므로 공산품의 경우만 본다면 시장의 해외의존도는 더욱 높아질 것이다. 74년의 주요 품목의 생산대수출비를 보면 면사가 61.4퍼센트, TV가 52.7퍼센트, 나일론이 55.9퍼센트, 폴리에스터가 54.1퍼센트, 파이버가 40.0퍼센트, 생사가 97.0퍼센트 그리고 합판이 63.6퍼센트이다. 이처럼 시장의 해외의존도가 높기 때문에 해외수요 감퇴가 국내경기에 결정적으로 영향을 미칠 수 있는 것이다.

수출의 감소는 국내경기를 침체시킬 뿐 아니라 국제수지마저 악화시키고 있다. 왜냐하면 한국의 수출입 상품구조가 원자재 및 자본재를 수입하고 소비재를 수출하는 형태이기 때문이다. 이로 인해 수출은 물량 베이스로 해외경기에 탄력적이어서 현재 세계적인 스태그플레이션 과정에서 급속히 감소하는 데 반해 수입은 국내경기에 비탄력적이어서 별로 감소하지 않고 있다. 더욱이 석유파동을 중심으로 한 국제 원자재파동 과정에서 소비재는 원자재에 비해 수출가격조건이 악화하여 한국의 국제수지를 더욱 악화시키고 있다.

위에서 본 바와 같이 한국은 높은 수출입 의존도와 취약한 수출입 상품구조로 인해서 작금의 세계적인 스태그플레이션과 무역전쟁 과정에서 매우 어려운 처지에 놓이고 있다. 그런데 이와 같이 높은 수출입 의존도와 취약한 수출입 상품구조는 모두 대외적으로 취약한, 즉 비자립적인 한국의 산업구조에 기인하는 것이다.

한국의 산업구조의 비자립성은 두 가지 점에서 지적할 수 있다. 하나는 소비지향적 산업구조라는 것이다. 우선 상업 및 서비스업이 과도하게 비대하여 인적·물적 자원이 비생산적 활동에 많이 낭비되고 있다는 것이다. 다음은 직접적인 생산활동을 하는 산업일지라도 소비적 산업인 호화주택 건설업, 사치성 내구소비재 제조업 등이 과도하게 발달했다는 것이다.

이와 같은 소비지향적 산업은 선진국 모방형이어서 자본과 인적·물적 자원을 낭비하여 경제개발에 필요한 국내 자본축적을 저해하고 있어 자본의 해외의존을 심화시키고 있다. 저개발국에서 자본축적의 가장 큰 원천은 바로 이 낭비적 산업에 소비되는 자본일 것이다.

다른 하나는 불균형적인 산업구조라는 것이다. 비록 전 산업이 소비 지향적이라고 할지라도 산업 간 균형이 이루어져 있다면 경제는 자립 적일 수가 있을 것이다. 미국을 비롯한 선진국들은 전 산업이 소비지 향적이라고 할지라도 산업 간 균형이 이루어져 있기 때문에 그 경제 가 자립적일 수가 있는 것이다.

한국의 산업 간 불균형은 바로 1차산업, 광업, 그리고 기초중화학공 업의 상대적 낙후를 말한다. 농림·수산업 그리고 광업이 그동안의 공 업화 위주의 경제개발계획 추진과정에서 결과적으로 경시되어 왔음은 부언할 필요가 없으므로 여기서는 기초중화학공업(1차 및 중간부문의 중화학공업)의 낙후에 대해서만 간단히 언급하기로 한다.

원자재는 천연원자재와 이를 가공하여 제조된 원자재의 둘로 나눌 수 있다. 천연원자재란 원유, 생고무, 원당, 광석 등 부존자원에서 채 취하는 것이므로 국내 부존자원이 부재하는 경우에는 이의 국내생산 대체가 불가능하므로 이의 수입을 줄이는 길은 국내소비를 줄이는 방 법밖에 없다. 그러나 선철, 강괴, 화학계 원료, 색소 등의 제조된 원자 재들은 이를 생산하는 산업, 곧 1차생산부문의 중화학공업의 육성을 통해 수입을 줄이고 국내자급을 달성할 수 있다.

다음 중간생산부문의 중화학공업에서 생산되는 자본재(주로 생산기 계)의 경우를 보면 이 부문은 중화학공업의 세 부문 중에서도 가장 기 술집약적인 부문이어서 한국과 같은 저개발국이 이 부문을 육성하는 데는 한계가 있을 것이다. 고도의 생산성을 지닌 생산기계 등의 수입 은 불가피하게 계속될 수밖에 없는 것이다. 그러나 한편으로 중간생산 부문의 중화학공업의 육성을 통해 자본재의 국내자급도 상당한 정도 로 이루어질 수 있을 것이다.

이렇게 보면 기초중화학공업 중에서도 1차 생산부문의 중화학공업이 주로 우리가 시급히 육성해야 하고 또한 육성이 가능한 부문이라고 생각된다.

물론 그동안의 제조업의 현저한 성장은 공업구조의 개선을 가져왔다. 즉 중화학공업의 발달을 초래하였다. 공업구조를 보면 경상가격생산액 기준으로 62년에 중화학공업 30.7퍼센트, 경공업 69.3퍼센트, 63년에 중화학공업 32.9퍼센트, 경공업 67.1퍼센트이던 것이 71년에는 중화학공업 37.3퍼센트, 경공업 62.7퍼센트, 72년에는 중화학공업 33.8퍼센트, 경공업 66.2퍼센트로 되었다. 그러나 발달한 중화학공업은 원자재나 자본재를 생산하는 기초중화학공업이 아니고 원자재나 자본재를 사용하여 조립하거나 최종손질을 가하는 최종생산부문의 중화학공업이다. 기초중화학공업이 전 중화학공업에서 차지하는 비중은 부가가치 기준으로 63년의 25.2퍼센트에서 오히려 71년에는 14.6퍼센트로 하락하고 있다(〈표 1〉 참조).

이상과 같은 한국의 산업구조의 비자립성이 한국의 높은 수출입 의존도와 취약한 수출입 상품구조의 원인이다. 농림·수산·광업 그리고 기초중화학공업이 낙후되었기 때문에 원자재와 자본재의 국내생산이 부족하여 해외에서 원자재 및 자본재를 도입하지 않을 수 없어 수입의존도가 높아졌다. 또한 이로 인하여 원자재와 자본재를 수입하고 소비재인 경공업제품을 수출하는 수출입 상품구조가 형성되었다. 73년의 한국의 수출입 상품구조를 보면 27.8퍼센트가 자본재, 66.4퍼센트가 원자재이며 소비재는 5.8퍼센트에 불과하다. 반면 동년의 수출 상품구조를 보면 72.2퍼센트가 소비재인 경공업제품이며 15.2퍼센트가 자본재, 12.3퍼센트가 1차산품 곧 원자재이다.

뿐만 아니라 국내산업 전반이 균형 있게 발전하지 못하고 제조업인 수입대체산업과 수출산업만 편중적으로 발전하고 농업, 수산업, 광업

〈표 1〉 중화학공업의 구성(부가가치 기준)

(단위: %)

	1963	1969	1971
1차 생산부문	2.2	1.0	1.4
제철 및 제강	2.0	0.0	0.7
동제련 및 정련 등	0.2	1.0	0.7
중간생산부문	23.0	13.8	13.2
기타 1차 철강제품	7.2	7.9	6.8
〃 비철강제품	1.6	0.4	1.1
공업용기초화학	6.4	0.8	1.6
원동기 공작기계	2.1	1.0	1.0
산업용기계	3.5	2.0	1.5
전동기 산업용 전기	2.1	1.7	1.4
최종생산부문	74.8	85.2	85.4
기타 화학 및 화학제품	23.8	27.4	17.9
석유 석탄 제품	7.5	18.1	25.2
초석유리	19.0	13.2	15.2
금속제품	7.3	4.5	5.5
기타 기계	1.5	1.0	1.9
기타 전기	5.4	6.5	8.7
수송기기	10.2	14.6	11.0
	100.0	100.0	100.0

주: 71년은 63, 69년과 산업분류에 약간의 차이가 있음.
자료: 경제기획원, 《광공업센서스》.

등 여타 산업이 낙후됨으로 인해 국내시장이 협소하게 되었는데 이것이 시장의 해외의존도를 높인 중요한 요인 가운데 하나인 것이다.

한국의 산업구조가 이렇게 비자립적으로 된 것은 두 가지로 설명될 수 있다. 우선 하나는 그간 한국의 공업화 과정에서 투자재원의 많은 부분이 외자로 조달되었다는 것이다. 국내총투자의 재원 중 해외저축이 차지하는 비율이 60년에서 65년까지는 평균 62.5퍼센트에 달했고 66년에서 70년까지는 평균 38.9퍼센트에 이르렀으며 71년에서 73년까

〈표 2〉 국민저축과 해외저축

(단위: %)

	국 내 총 투 자	국 민 저 축	해 외 저 축	통 계 상 불 일 치
1960	100.0	13.2	78.3	8.5
61	100.0	29.9	65.2	4.9
62	100.0	12.1	83.4	4.5
63	100.0	33.8	58.0	8.2
64	100.0	50.8	48.1	1.1
65	100.0	49.6	42.2	8.2
66	100.0	54.6	39.0	6.4
67	100.0	54.0	40.2	5.8
68	100.0	51.0	43.1	5.9
69	100.0	58.8	36.9	4.3
70	100.0	60.0	35.4	4.6
71	100.0	56.9	44.0	-0.9
72	100.0	71.7	26.7	1.6
73	100.0	79.5	18.5	2.0

자료: 한국은행, 《경제통계연보》(1974), p. 300.

지는 평균 29.7퍼센트에 달하였다(〈표 2〉 참조). 한국에 도입된 외자의 투자업종을 보면 농·수산·광업은 거의 없고, 대부분이 제조업이다. 제조업 중에서도 주로 철광·석유·화학·금속·수송기기·전기기기·기계·목재·제지 등 자본재 및 원자재를 거의 해외에서 도입하여야 하는 업종들이다. 외자들로서는 이와 같은 업종에 투자하는 것이 자기들에게 유리할 것이다.

한국의 산업구조의 비자립성을 초래한 또 하나의 요인은 그동안의 경제개발계획의 수립 및 집행 과정에서 산업구조적인 면의 고려가 결여되었다는 것이다. 그동안 모든 투자재원이 외자에 의해 조달되었던 것도 아니고 외자를 도입하더라고 산업구조적인 관점에서 선별적으로 도입하여야 했을 것이다. 외자를 도입하여 정유공장과 자동차공장을 동시에 건설함으로써 해외의 원자재와 자본재에 대한 수입수요를 상

호 유발시켜 온 것과 같은 예는 한국의 외자도입정책이 어떠한 것인
가를 잘 나타내고 있다고 하겠다.

4. 인플레와 고용과 국제수지의 딜레마—새해의 경제전망—

75년에도 스태그플레이션과 국제수지 악화가 계속될 것은 틀림없는
사실이라고 할 수 있다. 앞에서 보았듯이 한국이 현재 인플레, 불황,
그리고 국제수지 악화의 문제에 당면하고 있는 것은 한국의 산업구조
가 비자립적임으로 인해 물가, 경기 그리고 국제수지 모두가 해외의
물가와 경기에 의해 좌우되고 있기 때문에 세계적인 스태그플레이션
이 해소되거나 한국의 산업구조가 자립기반을 확립하지 못하는 한 한
국경제가 인플레와 불황 그리고 국제수지 악화에서 벗어날 수는 없는
것이다. 자립적 산업구조가 1, 2년 이내에 확립 가능한 것도 아니고 세
계적인 스태그플레이션은 75년 말이나 풀릴 것 같기 때문이다.

선진국들 특히 한국의 수출입에서 약 70퍼센트의 비중을 차지하고
있는 미국과 일본의 경우에는 스태그플레이션은 75년에야 해소될 가
능성이 있는 것으로 전망되고 있다. 즉 미국의 경우 74년에는 마이너
스의 GNP 성장률(실질), 높은 실업률, 두 자리의 물가상승률이 예측되
고 있으나 75년 하반기부터 경기는 회복되기 시작하여 동년의 GNP
성장률은 플러스가 되고 실업률도 낮아지고 물가상승률도 한 자리로
되어 인플레가 잡힐 것으로 예측되고 있다. 그리고 일본의 경우도 대
체로 동일하게 예측되고 있다. 다만 GNP 성장률이 미국의 그것보다
큰 것이 다른 뿐이다. 그런데 한국의 경기와 미국의 그것 사이에는 대
체로 6개월, 한국의 경기와 일본의 그것 사이에는 약 3~4개월의 시차
가 있는 것으로 알려져 있다. 따라서 한국은 특별한 일이 없는 한

1976년에 가서야 높은 인플레, 불황, 국제수지 악화에서 벗어날 수 있을 것으로 생각된다.

그렇다면 앞으로 정책과제는 불황과 인플레, 즉 스태그플레이션과 국제수지 악화를 어느 정도까지 줄이느냐의 문제로 귀착된다고 할 수 있을 것이다.

그런데 경기와 국제수지는 수출증대를 통해 동시에 대처할 수 있으나 물가는 경기와 국제수지에 대해 ‘트레이드오프’ 관계에 있다. 경기와 물가는 원래 트레이드오프 관계에 있는 것이다. 스태그플레이션 아래서도 이 관계는 그 대책의 수립과정에서 그대로 적용된다. 스태그플레이션 아래서 가격기구가 하방경직화되어 경기가 침체되어도 물가가 하락하진 않으나 물가의 나선적 폭발을 막기 위해서는 총수요를 억제하여야 하므로 인플레의 수습을 위해서는 경기의 희생이 불가피하다. 만일 경기를 부양하려고 긴축정책을 완화하면 그만큼 물가는 상승한다. 따라서 스태그플레이션에 대해서 어떠한 대책을 취하느냐의 문제는 우선 물가와 경기의 양자 중 어느 것을 택일하느냐의 문제로 된다. 그런데 현재 한국은 물가와 경기 못지않게 국제수지가 국민경제의 중대 문제로 등장하고 있다. 비단 무역수지 적자만이 아니라 74년에는 7억 달러에 달한 외자와 원리금상환과 과실송금문제까지 겹쳐 국제수지는 현재 한국경제가 당면한 가장 어려운 문제 가운데 하나로 대두되고 있다. 그런데 한국의 국제수지 문제를 해결하는 기본적 방법은 수출증대이다. 왜냐하면 수입은 거의가 원자재 및 자본재로 되어 있기 때문에 수입을 감소시키기란 어렵기 때문이다. 현재와 같은 제한된 여건 아래서 단기적으로 수출증대에 유효한 방법은 환율인상뿐이다. 그러나 환율인상은 수입물자의 국내가격을 인상시켜 인플레를 더욱 가속시킨다.

결국 현재의 한국경제가 처해 있는 어려운 처지에 어떤 정책으로 대처할 것이냐는 물가안정을 희생시키고 국제수지와 고용 문제의 완화에 주력할 것이냐 아니면 고용과 국제수지 문제의 완화를 뒤로 미루고 계속 물가안정에 주력할 것이냐의 두 가지 가운데 어느 하나의 선택 문제로 귀결된다고 할 수 있다.

12월 7일의 환율인상조치와 유류, 가격, 전기, 철도요금 인상조치 및 12월 16일의 주요 품목의 가격인상 및 자율화조치는 정부가 위의 양자 중 전자를 선택한 것으로 여겨진다. 즉 물가를 희생시키고 경기와 국제수지를 개선시키기로 한 것으로 보인다.

현재 한국의 주 수출대상지역인 미국, 일본 및 유럽 국가들은 세계적인 스태그플레이션 과정에서 종래의 성장과 고용 위주의 고압경제에서 안정을 더 중시하는 저압경제로 이행하여 가고 있다. 따라서 한국도 70년대 초반과 같은 수출드라이브정책을 통한 고도성장을 앞으로는 기대하기 어려울 것이다. 더욱이 이번의 스태그플레이션 과정에서 한국의 비자립적 산업구조가 얼마나 국민경제를 불안정하게 하고 있는가가 드러났으므로 한국경제도 앞으로는 안정과 자립의 방향으로 나아가야 할 것이다.

안정을 위해서는 고도성장 추구정책을 지양하고 지속적으로 안정기조를 견지해 나가면서 독과점업체의 가격조작을 규제하고 기업의 경영합리화 노력을 통해서 생산율을 절감시키는 등의 정책을 추구할 필요가 있을 것이다. 그리고 장기적으로는 동원을 극대화하고 또한 소비지향적 산업에 투자되는 자본을 축적하여 투자재원화하여 외자의존도를 줄이고 농림·수산업과 광업 그리고 기초중화학공업을 육성하여 국내시장을 확대시키는 동시에 자립적인 산업구조를 확립해야 한다.

물론 이와 같은 정책의 추구와 병행해서 경기가 회복될 때까지 불

황으로 인해 발생하는 실업을 흡수하기 위해서 정부가 12·7조치에서
이미 밝힌 바 있는 취로사업의 확대, 중소기업에 대한 투자의 증가 등
이른바 케인스적인 실업정책이 추구되어야 함은 말할 나위도 없다.

《금융》(1975. 1)

수출산업 구조고도화의 과제
: 무역협회 심포지엄에서

수출을 해보아야 손에 떨어지는 것은 별로 없다는 수출업자들의 얘기를 우리는 가끔 듣는다. 이는 우리나라 수출산업구조 어딘가에 맹점이 있기 때문이다. 다시 말해 우리나라 수출산품구조는 2차산품 중심인데도 불구하고 2차산품 자체는 아직도 지극히 노동집약적이고 단용소비재적인 경공업품 등의 구조를 지닌 때문이다. 수출 부가가치를 높이고 국내산업 관련성을 최대한으로 높이기 위해서는 수출산업의 구조고도화 방향이 합리적으로 설정되어야 하는 한편 그에 따른 정책과제가 철저하게 이행되어야 한다. 다음은 지난 8일 무협 주최로 열린 〈수출산업 고도화 과제〉란 심포지엄에서 발표된 변형윤 서울대 교수의 발표내용을 간추린 것이다. ― 편집자

수출산업의 구조고도화란 수출하는 재화의 구성에서 1·2차산품별 또는 2차산품(공산품) 가운데서도 경공업제품보다 중화학제품의 구성비가 높아져감을 뜻한다.

왜 경제발전 과정에서 산업구조이든 수출산업구조이든 구조고도화에 정책적으로 긍정적인 의의가 부여되는가.

산업구조의 고도화는 생산의 우회화를 가져오기 때문이다.

경제발전은 바로 생산방식 우회도의 심화로 나타난다. 생산방식의 우회화는 제조·가공 단계의 심화를 의미하게 되므로 그것은 바로 재화의 부가가치율을 높이는 결과가 된다. 더욱이 국제 간의 교역에 있어서 그것은 국제경쟁력을 높이고 교역조건을 유리하게 하며 결국 외화가득률도 높이게 되는 것이다. 이런 메커니즘 때문에 산업구조의 고도화는 경제가 발전된 형태로 나아가는 것으로 인식하고 긍정적으로 받아들이는 것이다.

그런데 구조고도화 문제는 무조건 2차산품의 구성비, 나아가 중화학공업화의 제고로 받아들여져서는 안 된다. 그 같은 구조고도화는 경우에 따라 형식적인 고도화에 불과하고 조그마한 외부적 충격에도 크게 흔들리는 구조취약화가 될 수 있다. 산업별 구성변동비가 구조고도화의 전부는 아니다.

또 수출산업의 구조고도화를 다룰 때 고도화 자체의 목표와 현실적인 수출규모 확대 목표 간의 상관관계도 문제로 대두된다.

만약 수출확대라는 정책목표를 달성하기 위해 구조고도화가 요청된다면 이는 합리적으로 소망스럽게 달성되기 어렵다. 왜냐하면 우리나라는 처음부터 구조고도화 측면을 무시한 채 수출의 확대에만 치우쳐 온 결과로 이 양자 간에 하나의 상반관계, 즉 트레이드오프 관계가 형성되어 있기 때문이다. 이는 바로 현재 우리 경제 또는 수출산업이 당면한 정책과제인 동시에 주된 문제점이다.

이와 같은 몇 가지 기초적인 전제 아래 우리나라 수출상품구조의 현상과 특징은 무엇인가.

첫째 비록 우리나라 수출산업구조가 2차산품 중심으로 빠르게 변화했으나 그것은 대부분 노동집약적인 경공업제품, 이를테면 섬유류 합판, 가발 등의 수출증대를 통해 이루어진 것이다. 그러나 2차산품 구성 그 자체는 아직도 지극히 노동집약적이고 단용소비재적인 경공업품으로 이루어지고 있다.

둘째로 농수산품이든 광산품이든 1차산품의 수출비중이 줄고 2차산품 비중이 늘었다고 하는 것이 과거 1차산품 그대로 수출하던 것을 지양하고 그것을 원료로 다시 가공하여 수출함으로써 이루어진 것은 결코 아니다. 물론 그러한 산품별 변화를 가져온 경우도 상당히 있을 것은 틀림없다. 그러나 대개는 수출 2차산품의 원재료를 해외에서 수입해 그것을 제조·가공한 뒤 다시 수출하는 과정으로 이루어진 것이다.

그러므로 앞에서 본 수출구조 고도화개념에 비추어 본다면 이 같은 특징은 바람직한 변화일 수 없다. 다시 말해 비록 2차산품 중심으로 수출구조가 크게 편향되었다 하더라도 그것을 가지고 우리나라 수출산업 구조가 고도화되었다고 말하기는 어렵다.

끝으로 우리나라 수출은 높은 수입유발률을 갖기 때문에 이의 역수인 외화가득률은 낮을 수밖에 없는 구조적 특징을 갖고 있다. 무협의 시산에 따르면 지난해 우리나라 수출의 수입유발률은 33.7퍼센트에 이르렀고 이에 따라 수출의 외화가득률은 66.3퍼센트에 그쳤다.

이런 몇 가지 특징들이 수출산품구조가 현재 직면하고 있는 문제점인 동시에 정책적으로 타결해야 할 과제이다.

구조고도화의 기본방향은 자원부족 상태에 따라 1차적으로 제약을 받고 또 여러 가지 산업기술적 조건이나 시장여건에 따라서 영향을 받을 것이기 때문에 이러한 주어진 여건을 충분히 감안한 다음 국내분업 연관성을 최대한으로 높이는 데서 찾아야 할 것이다.

구조고도화의 기본방향을 이렇게 설정하고 볼 때 자연스럽게 몇 가지 정책과제가 드러난다.

우선 기초·중간생산재공업을 개발해야 한다. 중화학공업이라 하여 모두 국내 분업체제를 강화시켜 주는 것은 아니다. 사실 기초적인 생산재공업의 자체 개발 없이는 궁극적으로 우회생산 과정의 심화가 이루어질 수 없고, 또 대외거래에서 경쟁력 강화와 교역조건의 개선, 나아가 외화가득률의 제고가 이루어질 수 없다.

그다음 기술이 개발되어야 한다. 외국과의 분업관련을 단절하고 국내산업 상호 간의 분업체제를 긴밀히 하기 위해서는 기본적으로 기술적 뒷받침이 확립되어야 한다. 오늘날 우리에게 가장 중요한 기술은 고도로 발달한 선진국 플랜트 설치나 운전에 따른 기술이 아니고 비록 낮은 수준이라 하더라도 국산 플랜트 개발에 따른 기술이다.

기술개발 과제와 더불어 수출품의 가공도도 높여야 한다. 수출상품의 고액화와 고부가가치화를 실현하기 위해서는 이 가공도가 높아져야 한다.

국내 분업 연관성의 제고라는 구조고도화의 기본 방향과는 직접적인 관련이 없다고 볼 수 있지만, 우리 현실에 비추어 자원절약과 공해방지에 따른 정책과제를 특별히 지적할 수 있다. 우리의 자원사정에 비추어 수출산업도 자원절약의 방향으로 개발해야 한다는 것은 두말할 여지도 없고 또 그동안 공업화 추진으로 인한 산업공해의 심화도도 갈수록 높아져 가고 있다.

이 같은 구조고도화를 위한 정책과제는 더욱 장기적으로 다루어야 한다.

《서울경제신문》(1975. 10. 11)

국제경제의 변화

대체로 1972년 무렵부터 1974년에 걸쳐 겪었다고 할 수 있는 자원파동을 계기로 국민경제는 종전의 염가·무제한의 자원시대, IMF·GATT 체제의 건재시대, 디맨드 풀 인플레이션 시대, 케인스적 확대정책·고도성장정책 추구시대에서 고가·유제한의 자원시대, IMF·GATT 체제의 심한 동요시대, 코스트 푸시 인플레이션 시대, 안정정책·저성장정책 추구시대로의 전환을 겪고 있다. 이 전환은 결코 갑작스런 것도 새로운 것도 우연적인 것도 아니며, 단지 2차 세계대전 이후부터 특히 1950년대부터의 국제경제 변화의 연장일 뿐이다.

왜냐하면 이 전환의 직접적인 계기가 된 지난번 자원파동의 원인인 자원에 대한 국제적인 초과수요 누적과 자원민족주의 강화는 제2차 세계대전 이후 특히 1960년대부터 계속해서 존재해 온 것이며 IMF-GATT 체제의 동요, 코스트 푸시 인플레이션 등도 역시 1960년대부터 나타난 현상이기 때문이다. 결국 지난번 자원파동은 이와 같은 1960년대부터 제기되어 온 국제경제의 여러 문제점을 폭발시키고 또 국제경제의 전환을 가속시킨 것이다.

앞에서 밝힌 바와 같이 지난번 자원파동의 원인으로 자원에 대한 국제적인 초과수요 누적과 자원민족주의 강화 두 가지를 들 수 있다. 제2차 세계대전의 종결과 더불어 대부분의 저개발국은 선진국의 식민지 통치에서 벗어나 정치적인 독립을 획득했다. 그러나 그들의 경제는 여전히 빈곤과 선진국의 예속에서 벗어나지 못했다. 이와 같은 상태에서 벗어나기 위한 저개발국의 노력은 국내적으로 경제개발계획의 실시와 대외적으로는 자원민족주의의 주장으로 나타났다. 이 같은 노력은 1950년대에도 나타났으나 1960년대에 접어들면서 본격화되었다.

자본과 기술의 부족으로 선진국과의 무역에서 만성적인 국제수지 적자를 벗어나지 못하는 저개발국이 그들의 경제적인 비자립 상태에서 벗어나고자 그들의 유일한 협상무기인 자원에 대한 주권을 확보하려는 것은 당연하고 필연적인 추세이다.

사실 세계 자원은 저개발국이 대부분 보유하고 있음에도 불구하고 이 자원은 선진국의 다국적기업에 의해서 소유되고 개발되고 있었다. 예컨대 석유의 경우 이른바 '메이저 세븐'이라는 선진국의 석유자본이 전 세계 석유생산량의 61.1퍼센트를 차지하고 있는데, 그 중 70.2퍼센트가 해외, 즉 그들이 소유하고 있는 저개발국 내의 유전에서 채굴한 것이었다(1969년 기준).

1964년 3월 제1차 UNCTAD 총회에서 77개 저개발국이 선진국에 대해서 최혜국조약의 일반적인 적용과 원조에서 무역으로의 이행을 요구한 이후 1967년 7월 알제리아(Algeria) 헌장의 채택, 1968년 2월 제2차 UNCTAD 총회, 1971년 11월 리마헌장 채택, 1972년 4월 제3차 UNCTAD 총회 및 1973년 9월 알제 선언을 거쳐 1974년 5월 '자원 및 개발에 관한 UN 특별총회'에서 저개발국 자원에 대한 항구주권 주장이 채택되기에 이른 것이다.

물론 자원의 국제시세가 이들 자원보유국의 카르텔에 따라 결정되고 있는 가장 대표적인 것은 석유이다. 그러나 자원보유국에 의해서 자원의 국제시세 및 공급량이 결정되는 경향은 계속 강화되어 갈 것이다. 그리고 자원보유국이 보유자원을 이용해서 남북문제 해결을 요구하는 강도가 커질수록 자원민족주의는 강화될 것이다.

지난번 자원파동은 우선 자원의 국제시세를 급등시킴으로써 염가·무제한의 자원시대를 끝나게 하고, 고가·유제한의 자원시대 문을 열었다. 이것은 석유에서 그 좋은 예를 찾아볼 수 있을 것이다. 자원민족주의가 점차 강화되어 가고 있는 경향을 생각하면 염가·무제한의 자원시대는 다시는 오지 않을 것이라고 할 수 있다.

지난번 자원파동은 다음에 IMF-GATT 체제를 심하게 동요시켰다. 제2차 세계대전 이후 1970년대 초까지 국제 경제질서의 양대 지주는 달러화를 기축통화로 하고 고정환율제를 원칙으로 삼는 IMF 체제와 자유무역주의를 원칙으로 삼는 GATT 체제였다.

이와 같이 1960년대 초부터 동요되기 시작한 IMF-GATT 체제는 1970년대 초에 있었던 달러화의 금태환 정지, 주요국의 변동환율제로 이행, 각국의 무역규제 강화로 심하게 동요되었다. 그런데 지난번 석유파동은 이와 같은 IMF-GATT 체제의 심한 동요를 더욱더 격화시켰다. 그리하여 보호무역주의 경향도 더욱더 강화되었다.

또한 지난번 자원파동은 각국의 수입물가를 인상시켜 비공산지역의 모든 국가에서 인플레이션을 앙진시켰고 또 하나의 코스트 푸시 인플레이션을 야기시켰다. 물론 자원파동 이전에도 제2차 세계대전 이후 거의 모든 국가에서 인플레이션은 계속되어 왔다. 그러나 그것은 선진국의 경우에는 1950년대까지, 저개발국의 경우에는 확대정책·고도성장정책 추구에서 오는 초과수요에 기인하는 디맨드 풀 인플레이션이었다. 비록 선진국의 경우 이미 1950년대부터 주로 임금상승에 기인하는 코스트 푸시 인플레이션에 직면해오고 있기는 했지만, 지난번 자원 파동에 기인하는 자원의 국제시세 급등은 이와 같은 종래 선진국의 인플레이션 외에 자원가격의 상승에 기인하는 코스트 푸시 인플레이션이라는 또 하나의 새로운 인플레이션을 야기시켰다.

이러한 자원파동을 계기로 한 국제경제의 변화 말고 제2차 세계대전 이후 각국에서 경제복지 사상이 강화되어 왔고 이 경향이 최근 더욱 강화되고 있음을 간과해서는 안 될 것이다. 종래의 확대정책·고도성장정책의 추구는 나라에 따라서 정도의 차이는 있었지만 인플레이션 문제뿐 아니라 소득분배 문제, 공해 문제 등의 경제복지 문제를 경시하는 경향을 나타나게 했다.

그러나 점차 누구를 위한, 또 무엇을 위한 경제성장이냐에 대한 국민의 인식이 높아가고 있다. 즉 국민생활의 안정과 복지가 경제성장 못지않게 중요하다는, 그리고 경제성장이 곧 국민의 경제복지와 직결되지 않는다는 평범한 사실을 인식하는 정도는 강화되고 있다.

우리나라는 이러한 국제경제의 변화 속에서 경제성장, 수출확대, 국제수지 개선, 물가안정, 소득분배의 공정 등을 추구하고 있다. 따라서 소기의 성과를 거두기 위해서는 우리는 앞으로 이러한 국제경제의 변화를 충분히 감안해서 슬기롭게 대처하는 지혜를 가질 필요가 있다.

그러나 이 밖에 중공이 우리나라의 무역경쟁국으로 등장하고 있고 또 후발 저개발국이 우리나라를 추격해 오고 있다는 사실에도 주목할 필요가 있을 것이다.

《대학주보》(1979. 4. 16.)

대담

외채 언제까지 쉬쉬할 건가[*]

5백억 달러 육박하는 한국 외채

최청림 우리나라의 외채(外債) 문제를 안이하게 보는 견해들이 있는 것 같습니다. 그러나 상환 등 여러 가지의 문제점들이 도사리고 있는데, 이것을 낙관적으로만 볼 수는 없는 시점에 오지 않았느냐는 생각입니다. 일부 외채를 다루는 사람들은 아직은 걱정 없다면서 핑크빛 전망을 하고 있습니다. 그런데 그게 과연 옳은 전망인지, 지금의 외채 실태와 앞으로의 전망, 그리고 위험도를 변 선생님께서 심층 진단해 주셨으면 합니다.

우선 우리나라의 외채 규모가 어느 정도인지, 세계에서 몇 위를 차지하고 있는지, 그 현상부터 이야기해 주십시오.

변형윤 외채를 보는 견해에 낙관론과 비관론이 있는데, 문제는 정책을 결정하는 쪽이 어느 쪽을 택하는가 하는 데 있습니다. 일단은 결정하는 쪽에서 취하는 입장은 낙관론인 것 같아요. 한데 여러 지표를 통

---

* 이 글의 대담자는 최청림 《조선일보》 경제부장과 변형윤 교수이다.

해서 본다면 반드시 낙관만 할 수는 없습니다.

현재 우리나라의 외채 규모는 413억 달러 정도인 것으로 알고 있습니다. 연말에 가면 430억 달러로 늘어나리라 봅니다.

최청림 작년 말의 정부 통계는 4백억 9천4백만 달러로 나와 있고, OECD(경제협력개발기구) 통계를 보면 410억 달러예요. 이 통계들은 국내 기업과 은행들이 현지금융을 꿔다 쓴 것은 뺀 거죠. 현지금융도 실제로는 외채로 보아야 합니다. 그래야 외채 관리도 편리하고 말입니다.

순수외채와 현지금융을 합치면 작년 말 우리 외채는 470억 달러 정도로 보아야 하고, 올 연말에는 5백억 달러를 약간 넘어설 것으로 보입니다. 현지금융이 더 들어올 가능성이 있으니까요.

변형윤 정부에서 1년 이상짜리, 즉 중장기 외채와 단기외채만 가지고 외채를 이야기해서는 안 될 겁니다. 현지금융도 포함돼야지요.

최청림 우리나라의 외채는 브라질, 멕시코, 아르헨티나에 이어 세계 4위죠.

변형윤 한국이 아르헨티나보다 많다는 설도 있어요. 브라질과 멕시코는 8백억~9백억 달러라는 워낙 엄청난 규모의 외채를 안고 있고, 3위와 4위는 별 차이가 없지요. 3위건 4위건 문젭니다.

최청림 묘한 건 세계 청소년 축구 4강이 외채 4강이란 겁니다(웃음). 우리나라의 외채 구조를 얘기해보죠.

변형윤 단기외채의 비중이 크다는 점을 우선 지적할 수 있습니다. 82년에는 38.7퍼센트까지 올라갔다가 작년에는 35.1퍼센트로 조금 줄긴 했어요. 그리고 또 지적해야 할 것은 총외채 중 변동금리외채가 65퍼센트(260억 달러)나 차지하고 있다는 점입니다.

최청림 73년까지는 단기외채의 비중이 20퍼센트 미만이었어요. 그런데 이게 자꾸 늘어났습니다. 이것은 곧 우리나라 외채 구조 자체도 취약성을 가지고 있다는 거죠.

변형윤 단기외채를 줄이면서 장기외채로 바꿔 나가야 합니다. 단기외채의 비중이 커진다는 것은 곧 외채 상환의 위험이 늘어난다는 것을 뜻하죠.

최청림 오일쇼크 이후 그렇게 돼 왔어요. 그리고 변동금리외채란 국제금리가 1퍼센트포인트 오르면 우리가 외채 원리금에 대해 지급하는 이자액이 2억 7천만 달러가량 늘어난다는 것을 의미합니다. 금리의 영향을 받지 않는 건실한 중장기외채가 많아야 하는데 우리에게 불리한 단기외채가 많은 것은 왜 그렇다고 보십니까.

변형윤 그건 이런 게 아닐까요. 우리나라 기업이 빚에 의존하고 있는데, 장기외채를 얻으려면 상당한 시간이 걸리는 반면, 단기외채는 얻기가 수월하기 때문인 것 같아요.

최청림 통계를 보면, 금융을 단계적으로 자율화하면서 외환 위기가 닥칠 때마다 외국은행을 국내로 끌어들였습니다. 이 외국은행들이 한국에 와서 단기외채를 한국 정부에 채워주는 역할을 했어요. 단기외채가 늘어나는 데 있어서 그것도 큰 역할을 한 겁니다. 외국은행 국내지점이 들여온 단기외채는 82년에 39억 달러, 83년에는 35억 달러에 이릅니다.

매달 갚는 원리금 60~70억 달러

변형윤 우리가 매달 갚아야 할 원금과 이자가 60~70억 달러 되는 것으로 알고 있습니다. 이 돈을 조달하는 데 가장 쉬운 방법이 외국은행 국내지점을 통하는 거죠. 그 비중이 점점 커진다고 하는 것은 무척 걱정스러운 일입니다.

최청림 특히 요즘처럼 국제 고금리 추세가 계속될 때 변동금리외채가 많아지는 것은 큰 부담이죠.

변형윤 외채 4대국과 저개발국, 개발도상국 중에서도 한국이 점차적으로 금융기관에서 빌려오는 단기외채가 많아지고 있는 것이 두드러진 현상이라는 글을 본 적이 있습니다. 그리고 올해 8월 말까지의 무역외수지를 보면 2~3억 달러의 마이너스를 기록하고 있는데, 이게 변동금리에 따르는 이자 부담 때문이라고 하더군요.

최청림 잠시 정리해 본다면 우리나라의 외채는 절대액이 많을뿐더러 구조도 취약하기 짝이 없습니다.

변형윤 전경련에서 발표한 《민간경제백서》를 보니까 국가별 단기외채 비율이 나와 있습니다. 82년도 통계인데, 브라질 15퍼센트, 멕시코 27.2퍼센트, 아르헨티나 21.2퍼센트로 우리보다 훨씬 적어요. 단기외채액은 우리가 브라질보다 더 많다는 얘깁니다.

최청림 브라질은 자원의 부국이고 우리는 자원이 없습니다. 그들하고 우리는 달라요. 브라질은 언젠가 정신만 차리고 경제개발을 잘하게 되면 외채를 갚는 데 있어 우리보다 한결 유리합니다. 반면에 우리는 개미같이 벌어도 갚기가 힘들어요.

경상수지의 절반을 빚 갚는 데 써

변형윤 그리고 국토면적당 외채 규모를 뽑아 놓은 자료가 있어요. 우리가 ㎢당 41만 3천 달러인 데 비해 브라질이 1만 달러, 멕시코가 4만 3천 달러, 아르헨티나가 1만 4천 달러로 돼 있습니다. 국토면적으로 따지면 우리 외채 규모가 브라질보다 40배가 넘어요. 멕시코나 아르헨티나 역시 자원이 풍부한 나라 아닙니까.

최청림 외채상환능력을 나타내는 주요 지표로 DSR(Debt Service Ratio)라는 게 있는데, 그 이야기 좀 해주십시오. 원리금상환부담률이라고도 하죠.

변형윤 보통 알려진 것은 중장기외채만 따진 것으로 83년에 15.4퍼센트였습니다. 여기에 단기외채까지 합치면 19.3퍼센트가 돼요.

최청림 73년에 14.8퍼센트였다가 처음으로 경상수지흑자를 냈던 77년에 11.9퍼센트였습니다. 그랬다가 80년에 18.7퍼센트, 82년에 20.9퍼센트를 기록했고 83년에는 19.3퍼센트였어요. DSR이 어느 정도일 때 위험 수준입니까.

변형윤 적정 기준은 없지만 대개 20퍼센트를 넘어서면 위험하다고 봅니다.

최청림 필리핀, 파키스탄, 인도, 페루, 수단, 자이르 같은 경제구조가 취약한 나라의 경우에는 DSR이 10퍼센트라도 위험수위가 될 수 있죠. 채무 연기라든가 상환 재조정 같은 사태에 이르게 됩니다.

변형윤 그렇습니다. 또 단기외채의 비중이 크면 DSR이 작더라도 위험합니다. 건설용역, 서비스 수출 등을 합친 수출의 규모가 작으면 DSR이 커지고, 그렇게 되면 원리금을 부담할 수가 없어져 결국은 지불정지에 이르게 되죠. 그리고 우리나라에서 중장기외채의 원리금을 매년 들여오는 신규 중장기외채로 갚고 있는 심각한 상황을 간과해서는 안 될 겁니다.

최청림 빚 얻어서 빚 갚는 식이죠.

변형윤 그걸 차환율(借換率, Roll-over Ratio)이라고 하는데, 81년에 60.3퍼센트였던 것이 82년에는 95.2퍼센트까지 올라갔었습니다. 매우 중요한 지표죠.

최청림 그것이 83년에는 조금 좋아져서 53.3퍼센트로 떨어졌습니다. 83년의 원리금 상환액은 58억 2천6백만 달러였는데 이 가운데 원금이 24억 7천만 달러였죠. 우리 실정이 경상수지의 절반을 빚 갚는 데 쓰고 있습니다.

변형윤 그리고 GNP에 대한 외채 비율을 볼까요. 80년에 48.4퍼센트에서 82년엔 52.7퍼센트, 83년에는 53.4퍼센트로 점점 늘어나고 있습니다. 82년 통계를 다른 나라와 비교해 보면, 브라질이 30퍼센트, 멕시코가 51퍼센트, 아르헨티나가 53.3퍼센트로 멕시코와 아르헨티나는 우리와 엇비슷합니다. 이건 무얼 말하는가 하면, 외채의 절대액이 크다는 겁니다. 우리나라 국민 1인당 외채액은 1천 달러가 넘어요.

최청림 그렇습니다. 국민 1인당 1백만 원 가까운 외채를 안고 있는 거죠.

변형윤 이게 왜 심각한가 하면, 이 통계가 어제 태어난 어린애까지 포함한 것이라는 점 때문이죠. 그 애는 태어나면서부터 1백만 원의 빚을 안고 있는 겁니다(웃음).

최청림 우리가 입고 마시고 먹고 쓰는 모든 것이 외국자본에 빚지고 있습니다. 우리의 생활 구석구석에 외채라는 짐이 얹혀 있는 거죠. 한국은행이 발표한 자료에 각국의 연체위험도를 수치로 뽑은 것이 있습니다. 이것을 보면 브라질이 0.9, 멕시코가 0.6, 아르헨티나가 0.7, 필리핀이 0.4, 칠레가 0.3인 데 비해 우리나라는 0.002로 그 중 낮습니다. 우리나라 사람들이 피땀 흘려서 빚을 갚고 있다는 얘기죠.

변형윤 우리나라 사람들은 열심히 빚 갚는 국민이라고 봐야겠군요.

좋다, 좋다, 돈 꿔가라

최청림 또 국제사회에서 신임도를 재는 컨트리 리스크에 의한 평가가 있습니다. 《유러머니》(*Euromoney*)지는 우리나라를 116개국 가운데 31위에 올려놓았고, 《인스티튜셔널 인베스터》(*Institutional Investor*)지는 107개국 중 31위라고 했어요. 한데 아시아개발은행(ADB) 자료를 보면 아시아에서 방글라데시 다음으로 신용이 나쁜 국가로 우리나라를 평가하고 있습니다. 조사연구기관마다 평가 결과가 다르더군요.

변형윤 그렇습니다. 우리나라가 수출액을 늘려가고 있으니, 그만큼 외화를 벌어들이는 것으로 높이 평가할 수 있겠죠. 그러나 ADB처럼 한국의 실상을 구석구석 알면 다르게 해석할 수 있는 거죠.

최청림 국제금융기관이 우리의 신용도를 높이 평가하는 것은 달리 말하면 돈을 더 많이 꿔주기 위한 것이라고 볼 수 있겠어요. 우리나라는 돈장사의 좋은 고객이니 말입니다.

변형윤 정부 쪽에서 들으면 귀 따가워 하겠지만 국제금융기관의 입장은 '좋다, 좋다, 돈 꿔가라'는 거 아니겠습니까.

최청림 미국이나 돈 많은 나라들로서는 개발도상국 가운데 마음 놓고 돈 꿔줄 나라가 좀체 없는 거예요. 멕시코라든지 필리핀 같은 나라가 골치를 썩이지 않습니까. 그런데 한국은 그런대로 상환 능력이 괜찮아 보이니까 자꾸 꿔 가라고 하는 거죠. 이런 얘기가 국제금융가에 나돌고 있습니다.

변형윤 그런데 국제금융가에서 들여올 수 있는 것이 중장기외채가 아니라 단기외채예요. 그래서 우리의 외채 구조에서 단기외채가 차지하는 부분이 점차 커지는 거죠. 우리가 이 단기외채를 도외시하고 중장기외채만으로 따진다면 외환위기라든가 외채위기라는 실상을 제대로 보지 못하고 넘어갈 소지가 있는 겁니다.

최청림 선진국이 우리에게 돈을 꿔주려고 부리는 술책에 넘어간다거나 그런 술책을 정책 판단의 자료로 삼는 관리가 있다면 그건 자못 위험한 일입니다.

변형윤 그렇죠. 정책 담당자들은 얼마 정도 외채 사정이 나빠지고 있느냐 하는 데 신경을 써야죠. 78년부터 83년까지 평균 잡아 본다면 매년 55억 달러 정도의 외채가 늘어났지요. 이것은 국제수지가 악화됐기 때문이라고 봅니다. 경상수지적자가 되는 거죠.

경제적 위기관리 제대로 못해

최청림 외채가 늘어나게 된 요인을 좀더 구체적으로 얘기한다면 우선 2차 오일쇼크 이후 더 많은 외화를 들여서 기름을 사왔고, 냉해로 인한 흉작 때문에 쌀 등 농작물을 많이 들여왔습니다. 거기다 고금리 때문에 이자 부담이 갑자기 많아졌고 국제 원자재 시세가 높아졌던 점을 들 수 있겠습니다.

그런 요인들 외에 또 이런 생각을 해봤습니다. 10·26, 12·12, 과도정부로 이어지는 정권교체 시기에 안보적 측면에서만 위기관리를 했지, 경제적 측면에서는 위기관리를 제대로 못했던 겁니다. 빠듯하게 관리해도 외채가 늘어나는 판인데, 정신이 없었기 때문에 손쓸 겨를이 없었던 거죠. 즉 1차 목표는 안보와 정국안정이었다는 불가피한 측면이 있었다고 봅니다.

변형윤 이야기가 될 만한 요인인 것 같습니다.

최청림 그리고 정권안보적 측면에서 쌀을 더 많이 사왔다는 점을 지적해야겠군요. 지금도 그때 들여온 쌀이 많이 쌓여 있습니다. 1천8백만 섬의 정부양곡 재고가 있어요. 변 선생님은 외채가 늘어날 수밖에 없었던 근본적인 이유가 어디에 있다고 보십니까.

변형윤 우리나라는 대기업일수록, 그것도 중화학공업 계통일수록 외채를 많이 지고 있습니다. 오일쇼크를 겪으면서도 중화학공업화 시책 때문에 중화학공장이 계속 세워졌어요. 그런 공장이나 기업들이 외채에 의존해서 운영됐던 겁니다.

최청림 그것은 본질적인 문제라고 봅니다. 중화학에 과잉중복투자를 했기 때문에 막대한 외자가 소요됐어요. 이와 관련해서 국내저축 문제를 이야기해 보죠.

변형윤 국내 기업들은 대개 자기자본비율이 높아지는 게 아니라 오히려 떨어졌습니다. 그동안 너무 높은 성장률만 내세웠기 때문에 투자규모가 커질 수밖에 없었던 데 비해 국내저축은 적었어요. 이런 국내저축과의 차이로 인해 외채를 들여와야 했던 겁니다. 국내저축률이 낮아서 해외저축, 즉 외채를 가지고 투자한 거죠.

최청림 우리나라의 국내저축률은 19퍼센트로, 일본이나 대만의 30퍼센트에 비해 너무 낮은 것 아닙니까.

변형윤 그렇습니다. 일부 공무원들 사이에서는 외국 돈은 꿔 오기 쉬운데 저축은 늘리기 어려우니까 밖에서 돈을 주겠다고 하니 자꾸 들여와 쓰면 되지 않느냐는 생각을 하는 모양이에요. 여러 면에서 외자선호적인 분위기가 조성돼 온 겁니다.

최청림 성급하게 성장하려니 외국 돈을 꿔다 쓸 수밖에 없었던 것 아니겠어요?

변형윤 정부에서는 경제성장을 하게 되면 저축이 된다고 했고, 경제개발계획이 끝나는 해에는 외채가 없어질 거라고 하곤 했는데 결국 그렇지 않았던 것 아니겠어요? 정상적으로 성장한 선진국의 경우를 보면 제품을 만들어서 우선 국내시장에다 팔고 그 여분을 수출했어요. 우리의 경우는 그게 아니고 수출이 아니면 안 된다고 여겨왔죠.

별 흔적 없이 사라진 외채

최청림 대만이나 일본 같은 경우는 농업부문의 발전을 토대로 해서 구매력·저축력이 생겼기 때문에 국내시장도 있고 저축도 되는 거죠. 우리는 관련산업이 발전되지 않아서 그렇게 되질 않았습니다. 예를 들면 컬러TV나 VTR의 부품 대부분을 외국에서 사오기 때문에 부가가치가 별로 없지요. 수출하려고 부품을 외국서 사오니 달러가 우리나라 땅에 떨어질 수가 없는 거죠.

변형윤 그렇습니다. 원자재·중간재를 외국에 의존하고 있어요. 우리도 필요성을 느껴서 부품 생산을 하곤 하지만 항상 외국보다 늦습니다. 그래서 결과적으로 특히 일본에 크게 의존하게 됐어요. 이런 현상은 수입 구조에 그대로 나타나고 있습니다. 83년도 우리나라 총수입에서 원료·연료가 차지하는 비율이 37퍼센트였고 경공업제품이 9.9퍼센트, 중화학공업제품(일반기계류·전기 전자기구·화학제품)이 46.5퍼센트였어요. 이것들은 부품 또는 원자재, 자본재입니다. 이 중 중화학공업제품의 80.1퍼센트가 일본에서 수입한 거예요. 그 결과 일본과의 무역불균형이 초래되는 거죠.

최청림 그런 우리나라에서 외채를 과연 효율적으로 사용했습니까? 과거엔 외채를 들여다가 공장·도로·댐을 건설하는 등 사회간접자본에 투자를 했기 때문에 흔적이 남았었는데, 79년 이후에는 흔적도 없이 외채가 사라졌습니다.

변형윤 외채를 효율적으로 사용했느냐 하는 문제를 측정하는 정해진 기준은 없습니다. 그러나 크게 볼 때 효율적으로 썼다고는 할 수 없죠. 외채를 들여와 공장을 짓기보다는 다급한 문제를 해결하는 데 썼으니까요.

최청림 브라질이나 멕시코 같은 나라보다는 효율적으로 사용했지만 비효율적으로 쓴 측면이 있습니다. 원자력 플랜트를 예로 든다면 우리나라에서 킬로와트당 시설비용은 대만보다 30퍼센트 비싸게 먹혔어요. 중화학 투자도 그렇죠. 가동도 못하게 공장을 막 지어서는 쓸모없게 돼버렸습니다.

변형윤 같은 규모의 공장을 짓는다고 할 때, 대만에서는 1천만 달러에 지을 것을 우리나라에서는 1천5백만 달러가 든다고 합니다.

GM은 미군 1개 사단?

최청림 이건 제3공화국 비화입니다만, 외채를 들여오는 과정에서 유출했던 예가 있습니다. 대통령이 불러서 '가져와라' 했답니다. 그랬더니 가져와서 기업 잘하는 사람도 있고 안 가져온 사람도 있었다고 하더군요. 우리가 외채를 끌어오는 데만 급급했지 효율적으로 사용했는가 하는 사후관리는 없는 형편인 것 같습니다.

변형윤 외채의 효율적 관리에 소홀했던 점이 있었습니다. 이건 매우 중요한 문젠데, 이제까지의 경험을 통해 알뜰하게 계획을 세우고 낭비가 없도록 해야 합니다.

최청림 외채와 관련해서 우리나라의 정책 패턴이라든지 소비 패턴에 문제가 있음을 지적하지 않을 수 없군요.

변형윤 그렇죠. 소비절약, 물자절약에 소홀했어요.

최청림 이른바 외채 4대국의 패턴이 비슷합니다. 중남미 3국은 축구, 데킬라, 삼바로 상징되는데 그러한 소비적 풍토로 통치하고 있어요. 우리의 경우도 프로 스포츠라든지, 곧 있으면 잘살 것처럼 유도해서 국민의 기대욕구를 높이고, 그에 따라 국민들 사이에는 소비풍조와 향락적 분위기가 만연하고 있습니다. 제3공화국 때도 곧 잘사는 나라가 된다고 해서 흥청거리게 만들어 소비로 탕진한 외채가 많지 않습니까.

작년에 《타임》지가 후진국 외채 특집을 냈던데, 의미심장한 글이 있었습니다. 외채를 줄이는 길 두 가지를 제시했는데 그 하나가 성장률을 내려야 한다는 거였어요. 그렇지만 그렇게 되면 실업률이 높아질 거라면서, 실업률이 높아지면 사회적 반발세력이 생기게 되기 때문에 통치 차원에서 성장률을 낮출 수는 없다는 거죠. 그러니 외채는 늘어날 수밖에 없다는 겁니다. 설명을 덧붙인다면 1퍼센트 성장에 따른 고용효과는 5만 명이라는 통계가 나와 있습니다.

또 한 가지 《타임》지가 제시한 것은 소비수준을 동결해야 한다는 것이었어요. 그런데 이것도 국민의 불만을 유발하기 때문에 통치자로서는 곤란하다는 거죠. 국민의 소비욕구를 만족시켜줘야 하므로 외채는 늘어난다는 얘깁니다. 《타임》지의 이 기사는 외채 문제를 정치적 차원에서 바라본 날카로운 것이었습니다.

변형윤 그거 아주 센스있는 지적이로군요. 그리고 외채안보론(外債安保論)이라는 게 있었는데 그 얘기 좀 할까요. 미국의 GM이 신진자동차와 합작을 해서 한국에 들어왔죠. 그것을 두고 미군 1개 사단이 주둔하는 것과 마찬가지라고 했어요. 왜냐하면 미국이 자기 돈을 받아가기 위해 한국을 지킬 거라는 얘깁니다.

최청림 걸프사가 들어올 때도 그런 얘기가 있었습니다. 그 얘기는 어느 정도 일리는 있지만, 그런 요인이 경제적 요인과 겹쳐서 외채는 늘어나기만 한 거죠.

변형윤 우리 사회의 지도급 인사가 가진 사고방식이 그랬습니다. '빚 많은 게 무슨 문제냐. 우리나라 지켜 준다는데' 이런 식이죠. 이런 생각이 많은 사람들에게 영향을 끼쳐 외채라는 것을 대수롭지 않게 보게 됐어요. 둔감해진 겁니다.

최청림 외채를 줄이려면 어떻게 해야 한다고 보십니까.

산업구조의 개선 시급해

변형윤 외채가 늘어나는 원인들을 철저하게 찾아내서 손질을 해야 겠죠. 우선 경상수지적자를 줄여야 하는데 불필요한 수입을 억제해야 할 것이고 그러기 위해서는 무엇보다도 물자를 아껴야 합니다. 또 부족한 국내저축이 늘어날 수 있는 여건이 마련돼야죠. '쓰는 사람 따로, 버는 사람 따로'라는 속담이 있긴 하지만 우리 산업역군, 건설역군들이 피땀으로 벌어들인 외화를 아껴 써야 합니다. 쓸데없이 무슨 위성중계니 국제회의니 하는 것은 자꾸 하지 말아야죠.

최청림 수출을 할수록 수입이 늘어난다는 건 수입유발적인 우리 산업구조에 문제가 있는 것 아닙니까.

변형윤 물론이죠. 산업구조가 개선돼야 합니다. 부품산업이나 소비재산업을 육성해서 그 뒷받침을 받아 수출이 이루어져야죠.

최청림 그리고 재정·환율·금리정책이 일관되게 가야 하는 것 아니겠습니까.

변형윤 정부 쪽에서는 성장률이 높아야 좋다고들 자꾸 그러는데, 실은 고용 흡수적 정책을 쓰면 성장률이 좀 낮아도 괜찮습니다. 건전한 중소기업의 육성은 이런 측면에서 매우 중요한 일이죠.

최청림 근본적인 외채 급증 원인은 국내저축이 잘되지 않기 때문이죠. 그런데 지나친 저금리로 은행이 저축 기능을 발휘하지 못하고 있는 실정입니다. 이걸 해결하자면 금리 기능을 정상화시켜야 한다는 논의가 일고 있고, 제1금융권도 활성화해야 합니다.

변형윤 저축을 늘리려면 금리를 높여야 하는데, 금리를 높이자니 기업이 큰 부담을 안게 될 테고 해서 이러지도 저러지도 못하는 곤경에 처해 있는 것으로 보입니다. 이 문제는 어느 부문만 보지 말고 관련된 전체를 망라해서 결국은 제도적 금융기관으로 돈이 들어가게끔 해야 하는 거죠.

빚잔치 끝에 어쩌려고……

최청림 인플레 경제하에서 외채를 도입만 하면 땅을 사두든지 해서 부자가 됐습니다. 민간이 자기 신용으로 외채를 들여와야 하며 기업이 망하더라도 정부가 지원해주지 말아야 합니다. 대만에서는 외자관련 사업이라 하더라도 기업이 망할 경우 정부가 지원을 해주지 않아요.

기업들이 수익성도 따져보지 않은 채 급한 마음에 무차별로 단기금융을 들여왔던 겁니다. 기업은 계속 돌아가야 한다는 '팽이 이론'에 의해서죠. 우리나라에서 성장 원동력이 된 공로도 있으나 한국경제의 후유증을 심하게 남긴 두 개의 악법이 있습니다. 그 하나가 〈해외건설촉진법〉이죠. 공사만 따면 남든 안 남든 은행에서 무조건 자동 지불해준 겁니다. 심지어 어떤 기업은 해외에서 밑지고 들어온 경우도 있어요. 최근에 이 법이 조금 바뀌어 자동지급보증에서 선별지급보증으로 된 걸로 알고 있습니다. 또 하나의 악법은 〈외자도입촉진법〉인데, 이것 역시 비슷한 내용을 담고 있어요.

또 금융자율화 문제도 짚고 넘어가지 않을 수 없습니다. 외국은행은 우리나라에서 단기금융 장사만 하고 있기 때문에 우리나라의 외채구조를 나쁘게 만들었어요. 외환위기 때 우리 정부는 이들 외국은행에 매달렸습니다. 반면에 우리 금융기관은 해외에서 무얼 합니까. 돈 꿔오는 일밖에는 못하고 있어요.

변형윤 자본의 자율화, 금융의 국제화를 해나가면서 우리는 일본의 예를 교훈 삼아야 할 필요가 있습니다. 그들은 버틸 대로 버티면서 국익을 생각했어요. 또 플랜트 수출을 하기 위한 연불수출을 지원하려고 외국서 돈을 들여온다는 것도 큰 문젭니다. 통제할 수 있는 규모일 때 손질을 해두지 않으면 위험한 지경에 이를 수도 있어요. 정책 당국자는 낙관적인 얘기만 하지 말고, 가능한 범위 내에서 감추지 말고 국민에게 실상을 알려야 합니다. 국민적 합의로 외채 문제를 해결해야죠.

최청림 정치의 안정도 긴요하겠는데 정치의 안정이 국민적 합의에 의한 것이라야겠죠.

《월간 조선》(1984. 10)

외채를 줄이는 길

IBRD·IMF 총회가 지난 10월 11일 막을 내렸다. 예상했던 대로 총회의 가장 큰 쟁점은 외채문제였다. 비록 이 외채문제가 해결될 수 있는 전기를 마련했다고는 해도 이번 총회에서도 여전히 선·후진국 간에 이에 대한 상당한 견해차가 있음을 보여준 것이 사실이다.

저개발국들은 외채위기가 미국의 달러화 강세, 고금리, 선진국들의 수입규제 등에 기인하므로 보다 포괄적이고 항구적인 해결책이 마련되어야 한다는 입장을 보였다. 저개발국들의 의견이 가장 많이 집약되어 있다고 할 수 있는 G-24 장관회의는 공동성명에서 채무구조조정의 전면 확대와 함께 이런 조정에는 채무국의 정치·경제·사회적 여건이 감안되어야 하며 원리금 상환부담도 부당하게 무거워서는 안 된다고 주장했다.

또 이 공동성명은 상업은행이 지불할 이자지급액의 상당 부분을 연장시키거나 다시 융자하는 해결방안을 모색해야 하며, 채무국에 큰 부담을 주는 이자율 변동 시에는 이를 보상할 수 있는 IMF의 새로운 융자제도를 신설할 것을 요청하는 한편 태스크포스를 설치하여 외채해결방안을 강구하고 정치적 협상을 통해서 해결할 것을 제의했다.

이에 대해서 선진국들은 외채위기는 저개발국들의 잘못된 정책에 기인하기 때문에 저개발국들의 계속적인 경제구조조정의 추진이 선행되어야 한다고 주장했다. 그리고 이를 위한 지원도 지원받을 준비가 되어 있는 나라를 지원하는 케이스 바이 케이스 방식으로 행해야 한다고 주장했다. 선진국들의 의견을 반영하고 있는 IMF 잠정위원회의 공동성명은 채무국들이 건전하고 지속적인 경제성장으로 회귀하기 위해서는 선진국들의 성장정책 추진·이자율의 인하추진 및 저개발국들의 효과적인 정책수단의 마련과 보호무역주의에 대한 강력한 저지책들이 선결요건이라고 천명했다.

따라서 외채문제의 해결에는 많은 난관이 가로놓여 있고 또 비록 해결된다고 해도 상당한 시일이 걸린다고 보아야 할 것이다. OECD 자료에 따르면 이른바 4대 채무국을 포함하는 신흥공업국(NICs)의 외채는 1982년 말 현재 저개발국 총외채의 43퍼센트를 차지하고 있다고 한다. 따라서 신흥공업국의 공동보조에 기대할 수도 있다. 그러나 4대 채무국의 하나인 우리나라는 우리나라대로 외채문제의 해결을 위해서 별도의 독자적인 해결 노력을 시도할 필요가 있다.

외채를 감소시키기 위해서는 국내저축의 증대와 함께 국제수지 개선이 절실하게 필요함은 말할 나위도 없다. 필요한 투자재원을 국내저축으로 완전히 충당하지 못하면 부족분은 해외저축(외채)에 의존하지 않을 수 없으므로 국내저축을 증대시키지 않으면 안 되며 그런 의미에서 소비절약이 강력하게 요청된다. 특히 우리나라는 일본, 대만에 비해서 국민저축률, 특히 가계저축률이 매우 낮다는 것은 이미 잘 알려져 있는 사실이다. 외채감소를 위해서 국제수지의 개선이 절대적으로 필요하다는 것은 아무리 강조해도 남음이 없다.

그러나 국제수지의 개선이라고 해도 국제수지에는 경상수지·기초수지·종합수지가 있으므로 어떤 수지를 의미하는가가 분명해야 한다. 경상수지는 무역수지(상품의 수출입차)·무역외수지(서비스의 수출입차)·이전거래(순) 또는 이전수지의 합계를, 기초수지는 경상수지에 장기자본수지를 합한 것을, 종합수지는 기초수지에 단기자본수지와 오차 및 누락을 합한 것을 말한다. 맨 끝의 종합수지적자는 곧 금융기관의 외채를 나타낸다.

그러나 보통 국제수지라고 할 때는 경상수지의 의미로 사용된다. 따라서 국제수지 개선은 보통 경상수지의 개선을 의미하는데 경상수지 개선을 위해서는 무역수지·무역외수지·이전수지의 개선이 필요한 셈이다. 그러나 한 나라의 국제거래에서 상품의 수출입이 가장 큰 비중을 차지하므로 그 중에서도 무역수지의 개선이 무엇보다도 중요함은 말할 나위도 없다. 그러기에 경상수지 개선을 위해서는 우선 상품의 수출확대와 수입절감이 필요하게 되어 있다.

그러나 우리나라가 1982년 이후 경상수지가 개선되었다고 해서 반드시 외채의 감소를 의미하는 것은 아니라고 할 수 있을 것 같다. 1981년까지만 해도 오차 및 누락이 −3억 내지 −4억 달러에 불과했던 것이 1982년에는 무려 4배 내지 3배나 되는 −12억 9천6백만 달러에 달하고 있다. 따라서 경상수지적자는 1981년에 비해서 20억 달러나 감소했지만 오차 및 누락이 9억 달러나 증가했으므로 종래식으로 따지면 실제에 있어서는 약 10억 달러밖에 감소하지 않았다고 볼 수 있다. 사실 금융기관의 외채를 나타내는 종합수지적자는 도리어 4억 달러나 증가했다. 1981년에 경상수지적자, 오차 및 누락, 종합수지적자가 46억 4,960만 달러, −4억 1,060만 달러, 22억 9천7백만 달러이던 것이 1982년에는 26억 4,960만 달러, −12억 9,550만 달러, 27억 1,120만 달러로 되어 있다.

경상수지적자와 함께 종합수지적자를 아울러 주시할 필요성은 올해 8월까지의 국제수지 동향을 보면 더욱더 뚜렷해질 것이다. 경상수지적자는 1984년보다 4억 5천만 달러 감소했지만 오차 및 누락은 3억 달러밖에 감소하지 않았으며 종합수지적자는 도리어 6억 달러 증가한 것이다. 다시 말하면 금융기관의 외채는 6억 달러 증가한 것이다. 1984년의 경상수지적자 13억 7,130만 달러, 오차 및 누락 −8억 8천6백만 달러, 종합수지적자 10억 1,780만 달러인 데 비해서 올해 8월까지의 그것들은 각각 9억 1천6백만 달러, −5억 9천6백만 달러, 16억 4백만 달러이다.

여기서 알 수 있는 것처럼 외채의 감소를 위해서 국제수지 개선이 필요하며 따라서 경상수지의 개선이 가장 중요하지만 종합수지의 개선도 못지않게 중요하다. 경상수지의 개선과 함께 종합수지의 개선이 실현될 때 비로소 외채 감소는 실현된다고 할 수 있다. 종합수지적자를 증가시키는 경상수지만 개선하는 것은 별로 의미가 없다. 전반적인 외자절약, 즉 기업과 산업·가계·정부의 동시적인 외자절약의 필요성은 바로 여기에서 찾을 수 있다. 그러나 무엇보다 기업과 산업의 외자절약, 특히 한전을 비롯한 정부기업 및 정부투자기업의 그것이 가장 강조되어야 하지 않을까 생각된다. 이들 정부기업 및 정부투자기관의 외채는 우리나라 총외채의 약 26퍼센트를 차지하고 있다고 한다. 그리고 정부의 솔선수범도 역시 우선해서 강조해야 함은 물론이다.

어떻든 최근 몇 년 동안 우리나라 국제수지의 경험에 비추어 볼 때, 외채감소와 관련해서는 적어도 경상수지의 개선만을 중시할 것이 아니라 그와 아울러 종합수지의 개선도 중시할 필요가 있다. 경상수지가 개선되었다고 해서 외채가 감소된다는 단순논리는 버려야 한다고 생각한다. 경상수지가 개선되면서도 종합수지는 악화되는 경우는 얼마든지 있을 수 있기 때문이다.

　그런 의미에서 나는 외자절약을 위한 우리 모두의 노력을 강조하면서도 다른 한편에 있어서는 자칫하면 국제수지를 작성하는 실무자들이 의심받는 일이 절대로 없었으면 하는 마음이 간절하다. 경상수지가 개선되면서도 종합수지는 악화되는 국제수지 동향을 나타내는 통계가 혹시 경상수지의 개선을 나타내기 위해서 거기에 포함시켜 계산할 금액을, 일반적으로 덜 관심을 갖는 혹은 그 의미가 무엇인지를 잘 모르는 종합수지 쪽으로 돌리려는 실무자들의 고의의 소산으로 받아들여질 여지는 얼마든지 있는 것이다.

《재정》(1985. 11)

실속 있는 수출에 눈 돌려야

1985년 11월까지의 수출총액은 264억 6천2백만 달러라고 한다. 따라서 만약 12월의 수출액이 36억 달러에 이르면 3백억 달러를 돌파하게 되는 셈이다. 그리고 만약 3백억 달러를 돌파하게 되면 1964, 1971, 1977, 1981년과 함께 기록에 남는 해가 되기도 한다.

수출 총액은 1964년에 1억 달러를, 1971년에 10억 달러를, 1977년에 1백억 달러를, 1981년에 2백억 달러를 각각 상회했다.

비록 당초 목표인 330억 달러에는 못 미치지만 3백억 달러는 이런 의미를 지니는 수치이다. 그러나 이 수출 실적은 다른 한편에 있어서는 이제야말로 건성이 아니고 심각하게 그리고 본격적으로 그동안 수출의 문제점을 부각시키고, 그것에 의거해서 앞으로의 수출증대 방안을 찾아내는 일이 무엇보다도 절실하다는 것을 말해주는 것이기도 하다. 그러면 문제점은 무엇인가.

우선, 시장이 미국과 일본으로 편중돼 있다. 그동안 수출시장의 다변화를 위한 노력을 지속해온 것은 사실이지만 그 비중이 약 50퍼센트나 된다. 즉 1983년에는 47.5퍼센트(미국 33.6%, 일본 13.9%), 1984년에는 50.5퍼센트(미국 35.8%, 일본 15.5%)이다. 미국이 가장 큰 시장이고 일본이 그 다음으로 큰 시장이지만 양자 간의 차는 매우 크다.

이처럼 미국의 비중이 가장 크기에 미국의 수입규제는 우리 수출에 커다란 타격을 주게 돼 있다. 품목별로는 미국에는 자본재, 비내구 및 내구소비재, 공업용원연료(금속)를, 일본에는 식료 및 직접소비재, 공업용원연료(조원료 광물성연료)를 주로 수출하고 있다.

그러나 수입에서는 시장이 이들 두 나라에 편중돼 있는 것은 마찬가지이면서도 그 비중의 차이가 거의 없는 데다 도리어 1984년에는 그 순위가 뒤바뀌어 있고 품목도 수출의 경우와 거의 정반대로 되어 있다.

미국과 일본의 비중은 1983년에는 47.8퍼센트(미국 24.0%, 일본 23.8%) 1984년에는 47.3퍼센트(미국 22.4%, 일본 24.9%)이며, 미국에서는 식료 및 직접소비재(소맥·쌀·옥수수), 공업용원연료(원면과 설면)를, 일본에서는 공업용원연료(화학섬유사·면직물·화학섬유직물·금속), 자본재(수송기계 제외), 비내구소비재(라디오·TV 및 부품·승용차·시계·악기·녹음기)를 주로 수입하고 있다. 대체로 일본에서 주로 수입하는 제품은 소재와 부품이다(22.4%).

둘째로, 수입유발적이다. 그동안 중화학공업제품의 수입계수가 낮아진 것은 사실이지만 여전히 매우 크다. 특히 기초화학제품·일반기계·정밀기계·전자통신기계·수송기계 등이 그러하다. 이것은 일본의 수치와 비교해 보면 뚜렷해진다. 사실 이들 제품의 생산부문은 자급자족률이 매우 낮은 부문이기도 하다.

이들 제품은 주로 일본에서 수입한다. 수출용 수입이 수입총액에서 차지하는 비중이 1983년에 35.7퍼센트, 1984년에 39.4퍼센트나 되는 것은 바로 수출이 수입유발적이라는 것을 반영하는 것이라고 볼 수 있다.

이와 같이 수출이 수입유발적이기에 수출증대는 곧 수입증대를 초래하게 돼 있으므로 무역수지적자의 개선은 매우 어려우며, 또 환율인상은 수입소재·부품의 원화가격의 상승→제조원가의 제고→가격인상으로 이어지게 되어 있으므로 일정 기간 뒤에는 도리어 가격경쟁력을 약화시키는 효과를 갖게 돼있다.

셋째로, 외화가득률이 낮다. 그리고 중소기업제품의 수출비중이 낮다. 외화가득률은 그동안 높아진 것이 사실이지만 70퍼센트대에 이른 것은 1981년부터이며, 1983년에는 71.7퍼센트에 불과하다. 외화가득률이 낮은 것은 수출이 수입유발적이라는 것을 반영하거나 과당경쟁에 기인하는 염가수출을 반영한다고 할 수 있다.

1981년까지는 중소기업협동조합 회원업체의 수출액 비중을, 1982년부터는 중소기업 직수출분의 비중을 나타내는 관계로 그동안 단속이 있기는 해도 1980년대에 들어서부터 중소기업제품의 수출비중이 점차로 낮아지는 경향을 나타내고 있음을 알 수 있다.

수출총액과 공산품수출액에서의 비중은 1980년에 32.1퍼센트와 34.8퍼센트이던 것이 1983년에는 20.2퍼센트와 21.4퍼센트에 불과하다. 이처럼 비중이 낮은 것은 그동안 수출이 대기업제품 중심이었음을 반영한다고 할 수 있다.

규제 안 받는 제품에 통상외교 강화

이상이 일단 잘 알려져 있는 우리 수출의 문제점이 아닌가 생각된다. 따라서 우리 제품이 현재 미국을 비롯한 선진국으로부터 강한 수입규제를 받고 있고 후발국인 중국 등에게도 세찬 추격을 받고 있다. 이러한 가운데 수출증대, 나아가 무역수지적자 개선을 위해서는 이 문제점을 착실하게 해결해 나갈 필요가 있다.

보도된 바에 따르면 선진국 19개국으로부터 수출규제를 받고 있는 제품의 수출액은 그들 나라에 대한 총수출액의 38.6퍼센트나 되며 미국만을 따지면 40퍼센트를 상회한다고 한다(1984년 44%).

우선, 수출시장의 다변화를 계속 추진하도록 한다. 즉 수입규제가 없는 시장으로 수출을 돌려야 한다. 물론 이때 일본으로부터 주로 수입하는 소재·부품의 수입시장 다변화, 현지 합작기업의 설립, 신상품의 개발 등이 전제가 된다. 그리고 미국 등의 선진국에 대해서는 아직 수입규제를 받고 있지 않는 제품의 수출을 관민의 적극적인 통상외교의 강화 등을 통해 증대시키는 노력도 전제가 된다.

둘째, 소재·부품의 국산화율을 높여 가도록 해야 한다. 즉 중화학공업의 소재·부품 생산부문을 적극적으로 육성하도록 한다. 중화학공업의 제조업에서 차지하는 비중, 즉 중화학공업 비율은 부가가치 기준으로 보나, 생산액 기준으로 보나, 또 경상가격표시로 보나, 불변가격표시로 보나, 1978년 무렵부터 50퍼센트를 상회하고 있다.

그러나 중화학공업을 기초생산재 생산부문, 중간생산재 생산부문, 최종생산재(소비재) 생산부문으로 구분하여 그 구성을 보면 1981년에는 최종생산재 생산부문이 53.1퍼센트를 차지하고 있고, 기초생산재 생산부문은 5.1퍼센트, 중간생산재 생산부문은 41.8퍼센트를 차지하고 있다. 다시 말하면 소재·부품 생산부문의 육성에 있어서 중소기업의 적극적인 참여를 유도하도록 해야 한다는 것이다. 선진국에서는 이 부문에서 중소기업의 비중이 큰 것이 사실이다.

그러므로 이 부문의 적극적인 육성이 필요한데, 이는 외화가득률을 제고시킬 것이다. 또 일본으로부터의 수입 감소를 통해서 대일 무역수지적자도 감소시킬 것이다.

전체 무역수지적자가 1983년에는 19억 6천9백만 달러, 1984년에는 13억 8천6백만 달러인데, 대일 무역수지적자는 각각 28억 8천만 달러, 30억 3천8백만 달러나 된다. 따라서 그 육성은 나아가 전체 수입의존도, 무역수지적자의 감소 등도 초래할 것이다. 1984년 수출액이 1,697억 1천9백만 달러나 되면서도 일본의 수입의존도가 낮은 것(1984년 11.0%)도 사실은 소재·부품 생산부문의 적극적인 육성에 기인하는 바가 크다.

셋째로, 외화가득률을 우선하도록 한다. 이것은 소재·부품 생산부문의 적극적인 육성과 과당경쟁 방지를 통한 제값받기를 전제로 한다. 실속을 위주로 할 때에는 실제 가득액의 크기가 더 중요함은 재론의 여지가 없을 것이다.

넷째로, 중소기업을 수출기업화하도록 한다. 이것은 중소기업의 적극적인 육성을 전제로 한다. 이때 중소기업을 소재·부품 생산부문뿐 아니라 기계공업 등에도 적극적으로 진출시키도록 한다. 선진국에서는 기계공업 같은 데에 중소기업이 많이 진출해 있으며 수출에서 큰 비중을 차지하고 있다.

그러나 수출증대를 위해서는 이상의 노력 외에 계속해서 경영합리화, 생산성 향상, 기술개발을 통한 제품의 고급화, 물가안정, 통상정보망의 강화 등을 적극적으로 추구해야 한다. 경영합리화, 생산성 향상, 물가안정은 국제경쟁력을 강화시키며 제품의 고급화는 후발국의 추격을 뿌리칠 수 있게 할 뿐 아니라 시장다변화에도 도움을 주고 통상정보망의 강화는 신속하고 정확한 대응을 가능하게 하기 때문이다. 물가안정과 관련해서는 특히 환율의 신중한 관리가 강조된다.

어떻든 우리나라는 선진국의 강한 수입규제와 후발국의 세찬 추격 속에서 수출증대를 실현시켜야 한다. 따라서 매우 어려운 처지에 놓여 있음은 틀림없다.

　그러나 그렇더라도 이제부터는 착실하게 실속을 차리는 방향으로 실마리를 풀어가야 할 것이 아닌가 하는 생각이 든다. 그리고 어쩐지 이것이 그동안의 우리 수출이 주는 귀중한 교훈인 것 같다는 것이 나의 솔직한 심정이다.

《대우가족》(1985. 12)

나라의 빚

최근에 보도된 바에 따르면 국가채무, 즉 나라의 빚은 1985년 말 현재로 21조 5,233억 원이라고 한다. 이 액수는 동년 GNP의 29.8퍼센트에 해당한다. 그리고 1984년 말에 비해서 9.4퍼센트가 증가했음을 나타낸다. 1985년의 GNP 증가율(경제성장률)이 5.1퍼센트이므로 국가채무는 GNP보다 훨씬 크게 증가한 셈이다,

그러나 보다 더 놀라운 일은 국가채무가 1980년에 1975년의 3.6배나 되었는데 1985년에는 그 1980년의 2.2배가 되었다는 사실이다(이것은 1975년의 7.9배나 되었음을 나타낸다). 그러면 이러한 국가채무의 급증 원인은 무엇이라고 할 수 있는가. 한마디로 그것은 정부보증의 급증에 주로 기인한다고 말할 수 있다.

사실 국가채무를 정부차입금, 국채, 국고채무부담, 정부차관, 정부보증으로 나눌 때 정부보증은 1985년에 가장 비중이 큰 정부차관(34.0%)보다 약간 낮은 33.7퍼센트의 비중을 차지하고 있지만 1980년에는 정부차관(39.0%)보다 훨씬 낮은 24.2퍼센트였을 뿐 아니라 정부차관이 1980년의 1.9배로 증가한 데 비해서 3배로 증가했다. 다른 정부차입금, 국채, 정부의 외상물품구입 또는 외상공사발주를 뜻하는 국고채무부

담은 이 정부보증에 못 미치는 증가배수를 보여주고 있음은 말할 나위도 없다.

그런데 정부보증은 다름 아닌 산업은행·중소기업은행·한국전력 등의 25개 정부투자기관의 빚보증이 아닌가. 그렇다면 과연 이런 정부보증이 급증해도 되는 것인가. 게다가 아직도 정부차관과 정부보증의 비중은 합쳐서 1980년에는 64.2퍼센트, 1985년에는 67.7퍼센트나 된다.

국가채무는 현 세대가 갚지 못하면 다음 세대가 갚아야 한다. 따라서 국가채무의 누적은 곧 현 세대에서 다음 세대로 세부담이 전가됨을 의미한다. 만약 이것이 사실이라면 현 세대로서 책임을 다하기 위해서라도, 혹은 조상으로서 자손들에게 떳떳하기 위해서는 말할 것도 없고 그들로부터 비난을 덜 받기 위해서라도 국가채무의 급증은 방지해야 할 것이 아닌가. 그런 의미에서 정부차관과 정부보증, 특히 정부보증의 급증 방지를 위한 전력투구는 강조되지 않을 수 없다. 아니 욕심을 부려서 그 축소를 위한 노력마저 강조하고 싶다.

《매일경제신문》(1986. 7. 22)

한국 시장개방 기술축적 시간 벌어야

쌀시장을 개방하라, 서비스시장을 개방하라는 등 미국을 중심으로 한 선진국의 요구가 계속 밀어닥치고 있다. 선진국들이 한편으로 경제 블록을 형성하고, 다른 한편으로는 다른 나라들에게 시장을 개방하라 고 요구하는 현실의 이면에는 자국 상품의 경쟁력을 높이고, 자국의 경제문제를 해결하려는 목적이 깔려 있다고 할 수 있다.

비록 개방화 물결이 움직일 수 없는 현실이라 하더라도, 모든 것을 체념한 채 올바로 대처할 방안도 없이 시장개방만을 능사로 삼아서는 안 될 것이다. 선진국의 요구에 맹목적으로 순응하는 것은 향후 우리 산업이 경쟁력을 상실하고, 많은 사회적 문제를 야기할 수 있기 때문 이다.

먼저 우려되는 것은 시장개방이 국내 경제기반을 약화시키지 않을 까 하는 것이다. 우리는 대만의 전자제품 시장이 시장개방 이후 일본 제품으로 뒤덮인 것을 기억하고 있다. 그래도 대만의 산업구조는 중소 기업 위주였기 때문에 다른 제품생산으로 쉽게 전환할 수 있었고, 이 때문에 대만의 전자산업은 완전히 붕괴하지 않았다.

그러나 우리나라의 경우 시장이 완전 개방되었을 때, 국내가격보다 훨씬 낮은 가격으로 출혈수출을 하면서도 고전을 면치 못하고 있는 국내기업 제품이 국제경쟁력을 상실할 가능성이 매우 크다. 왜냐하면 대기업 중심의 경직된 생산구조가 지속되어 대만보다 상황대처 능력이 뒤떨어져 있고, 또 유통구조가 복잡다기하고 영세하기 때문이다.

더욱이 우려되는 것은 기술능력의 축적기회를 잃어버리지 않을까 하는 것이다. 실제로 시장개방에서 문제가 되는 것은 냉장고, 컬러텔레비전과 같은 일반화되고 표준화된 제품이 아니다. 이미 우리나라가 국제경쟁력을 갖고 있는 이들 제품은 시장개방으로 오히려 품질개선의 효과도 얻을 수도 있을 것이다. 문제되는 것은 고기술, 고부가가치 제품이다. 국제시장에서 경쟁을 해야 될 제품도, 우리가 기술개발에 부심해야 할 제품도 바로 이들 제품이다. 그러나 국내에서 예를 들면 국산 워크맨과 CD플레이어가 일본 제품에 밀려 생산이 곤란하게 되면, 그 이상의 첨단 제품을 만들 수 있는 기술능력이 축적되기는 어려울 것이다.

그리고 시장개방은 단순히 이러한 경제적 문제에 국한되는 것만은 아니다. 현재 가장 중요한 문제의 하나인 농산물시장의 개방 문제만 해도 그렇다. 단순히 쌀 수입을 통한 국내 농산물가격의 하락이라는 경제적 문제 이외에 농민실업, 전통문화의 파괴, 식량의 대외의존 등 농민뿐만 아니라 일반 대중의 삶에 직접적으로 영향을 미칠 수 있는 사회적 문화적 문제가 엄연히 존재하는 것이다. 따라서 시장개방은 경제적 잣대만으로 고려되거나 평가되어서는 안 된다. 이렇게 볼 때 시장개방은 크게 다음과 같은 원칙 아래 이루어져야 할 것이다.

우선 시장개방은 전 국민적인 문제이므로 시장개방의 내용과 시기는 반드시 국민적 합의에 기초해야 한다. 그래야만 정부의 자의적 선택을 방지할 수도 있고, 대외협상력도 강화될 수 있을 것이다. 이때 국민적 합의는 반드시 민주적인 절차를 통해 도출되어야 할 것이다.

다음으로 시장개방은 '선 대응능력, 후 개방'이라는 방식으로 이루어져야 한다. 이를 위해서는 모든 경제주체의 노력이 필요하다. 현 시대가 기술경쟁의 시대임을 감안할 때, 대기업은 시설 및 연구개발투자에 더욱더 주력해야 할 것이며, 정부와 대기업은 중소기업이 기술개발의 담당자로 성장할 수 있도록 도와야 할 것이다. 또 소비자는 기업들이 기술개발에 주력할 수 있도록 감시의 눈을 강화해야 한다.

이상과 같은 경제주체의 노력과 대응력을 갖추어 가면서 점진적으로 시장개방이 이루어져야만, 직면하고 있는 국제화시대에 우리나라 경제가 제대로 대응해 나아갈 수 있을 것이다.

자유무역론자로 알려진 애덤 스미스나 케인스도 자국의 이익을 위해서는 보호무역적 조치를 서슴지 않고 내세웠다는 사실을 상기할 필요가 있을 것이다.

《내일신문》(1993. 10. 9, 창간호)

학현 변형윤 약력

1927년 1월 6일 황해도 황주읍 예동리에서 출생

학 력

경기중(5년제) 졸업(1944). 서울상대 졸업(1951). 경제학 박사(서울대, 1968).

현 직

서울대 명예교수(1992~). 대한민국 학술원 회원(1993~). 서울사회경제연구소 이사장(1993~). 한국경제발전학회 이사장(2007~).

전 직

서울상대 강사·교수(1955~75); 학장(1970~75).
경제개발5개년계획 평가교수(1966~80).
UN 경제개발연수원 강사(1968).
서울대 사회과학대학 교수(1975~80, 1984~92); 해직(1980), 복직(1984).
서울대 교수협의회장(1980, 1987~89).
한국계량경제학회장(1986). 한국경제학회장(1989).
경제정의실천시민연합 공동대표(1989). 한겨레신문사 이사(1991). 포항공대 이사(1996~2005). 한겨레통일문화재단 이사장(1996). 서울시정개발연구원 이사장(1996). 통일부 통일고문(1998). 한국외대 이사장(1998~2001). 제2건국위 대표공동위원장·고문(1998~ 2003). 상지대 이사장(2004~07).

상 훈

다산경제학상(1985), 서울특별시 문화상(2001), 국민훈장 무궁화장(2000).

주요 저서

《경제수학》(1957), 《통계학》(1958), 《한국경제론》(편저, 1977), 《한국경제의 진단과 반성》(1980), 《반주류의 경제학》(편역, 1981), 《분배의 경제학》(1983), 《현대경제학연구》(1985), 《한국경제연구》(1986), 《경제를 되새기며》(2000).